Manual
de
Processo Administrativo

Manual de Processo Administrativo

2017 • 3ª Edição

Mário Aroso de Almeida
Professor da Faculdade de Direito da Universidade Católica Portuguesa

ALMEDINA

MANUAL DE PROCESSO ADMINISTRATIVO

AUTOR
Mário Aroso de Almeida
1ª Edição: Outubro, 2010

EDITOR
EDIÇÕES ALMEDINA, S.A.
Rua Fernandes Tomás, nºs 76-80
3000-167 Coimbra
Tel.: 239 851 904 · Fax: 239 851 901
www.almedina.net · editora@almedina.net

DESIGN DE CAPA
FBA.

PRÉ-IMPRESSÃO
EDIÇÕES ALMEDINA, SA

IMPRESSÃO E ACABAMENTO
PENTAEDRO, LDA
Janeiro, 2017

DEPÓSITO LEGAL
420017/17

ALMEDINA | GRUPOALMEDINA

BIBLIOTECA NACIONAL DE PORTUGAL – CATALOGAÇÃO NA PUBLICAÇÃO
ALMEIDA, Mário Aroso de
Manual de processo administrativo. – 3ª ed. – (Manuais universitários)
ISBN 978-972-40-6890-9
CDU 342

SIGLAS E ABREVIATURAS

CCP – Código dos Contratos Públicos
CPA – Código do Procedimento Administrativo
CPC – Código de Processo Civil
CPTA – Código de Processo nos Tribunais Administrativos
CRP – Constituição da República Portuguesa
ETAF – Estatuto dos Tribunais Administrativos e Fiscais
LAV – Lei de Arbitragem Voluntária
LPTA – Lei de Processo nos Tribunais Administrativos
RRCEE – Regime da Responsabilidade Civil Extracontratual do Estado e demais entidades públicas, aprovado pela Lei nº 67/2007, de 31 de Dezembro
STA – Supremo Tribunal Administrativo
TCA – Tribunal Central Administrativo

As referências em nota de rodapé a "O Debate Universitário" referem-se ao primeiro de dois volumes que, sob o título "Reforma do Contencioso Administrativo – Trabalhos Preparatórios – O Debate Universitário", foi publicado pelo Ministério da Justiça em Novembro de 2000 e que reúne intervenções proferidas no âmbito da discussão pública que conduziu à aprovação do actual ETAF e do CPTA (existe nova publicação desses textos, pela Coimbra Editora, acompanhados de mais alguns inéditos, sob o título "Reforma do Contencioso Administrativo", volume I)

Os artigos referidos ao longo do texto sem outra indicação pertencem ao CPTA

NOTA PRÉVIA À 3ª EDIÇÃO

Na segunda edição deste livro, procedeu-se à sua atualização em função da profunda revisão do regime do processo administrativo introduzida pelo Decreto-Lei nº 214-G/2015, de 2 de outubro, procurando dar conta das muitas e relevantes novidades que dela resultaram.

Encontrando-se esgotada a segunda edição, foi julgado oportuno proceder, neste momento, à publicação de uma terceira edição, na qual, para além da correção de múltiplas deficiências de ordem formal entretanto detetadas, se procurou ir um pouco mais além no tratamento dos aspetos mais relevantes da revisão, abordando questões em relação às quais a anterior edição era omissa. No futuro haverá oportunidade de aperfeiçoar o texto, em função dos contributos que, com o tempo, possam vir a ser recolhidos da doutrina e sobretudo da análise da jurisprudência que se virá a formar em torno da aplicação dos novos regimes introduzidos. Deste modo se deixa um contributo para esse esforço coletivo que a entrada em vigor de reformas legislativas sempre traz consigo.

MÁRIO AROSO DE ALMEIDA

NOTA PRÉVIA À 2ª EDIÇÃO

Na nota prévia à segunda edição da minha *Teoria Geral do Direito Administrativo*, expliquei que essa edição surgia mais cedo do que o esperado, em virtude da revisão entretanto ocorrida do CPA. Neste caso, devo dizer que esta segunda edição surge mais tarde do que o esperado, em virtude do longo período de tempo durante o qual houve que aguardar pela revisão do ETAF e do CPTA.

Tive o prazer e a honra de integrar a comissão que iniciou os seus trabalhos de revisão do CPA e do ETAF e do CPTA em setembro de 2012. Todos passaram, pois, a partir dessa data, a aguardar a revisão – que, no que diz respeito ao ETAF e ao CPTA, só viria a concretizar-se três anos mais tarde, com a publicação do Decreto-Lei nº 214-G/2015, de 2 de outubro. Uma vez finalmente concretizada a revisão, procede-se, naturalmente, à atualização deste livro em função dela, que ao longo da obra designaremos por *revisão de 2015*.

E são muitas e relevantes as novidades surgidas.

A mais relevante é, evidentemente, o desaparecimento da estrutura dualista das formas de processo não-urgentes, com a substituição da *ação administrativa comum* e da *ação administrativa especial* por uma única nova forma de processo, designada por *ação administrativa*.

E digo "nova forma de processo" porque, a meu ver, é, na verdade, disso que se trata. Com efeito, embora mantendo, como é natural, muitos traços da anterior *ação administrativa especial*, que são, afinal, traços mais ou menos tradicionais do nosso contencioso administrativo, a nova forma da *ação administrativa* possui traços distintivos muito marcados. É, na verdade, a primeira vez que as leis do processo administrativo consagram e regulam – a exemplo do que, desde há muito, sucede no processo civil – um *processo declarativo comum* submetido a um regime completamente estruturado, que regula todas as suas fases, ainda que com remissões para o processo civil e sem prejuízo da aplicabilidade supletiva deste.

Mas há muitas outras novidades, ainda que muitas delas não correspondam a ideias novas, na medida em que têm a sua origem, muitas vezes sem alterações, no texto de revisão do ETAF e do CPTA que tive a honra de preparar em 2008 e a que já fazia referências pontuais na primeira edição deste livro, mas que não chegou, na altura, a concretizar-se em lei. Ao lado de algumas inovações, a revisão de 2015 dá, assim, resposta a alguns problemas desde há muito identificados, mas a que só agora foi possível corresponder.

E, nesse plano, a mais relevante das novidades é a concretização, oito anos depois, da transposição, no plano processual, da Diretiva 2007/ /66/UE, que já há muito tardava, e que é objeto dos novos artigos 103º-A e 103º-B do CPTA. Na verdade, o legislador já tinha procedido à transposição da Diretiva nos aspetos de direito substantivo que ela comporta, quer através da consagração no CCP do período *stand still* e do regime de invalidade consequente dos contratos públicos, quer na consagração no RRCEE do estranho regime do nº 2 do artigo 7º em matéria de responsabilidade por violação do Direito europeu da contratação pública. Mas faltava a transposição no plano processual, que só agora foi concretizada.

Quanto a este aspeto, não posso deixar, no entanto, de introduzir duas breves notas.

A primeira, para assinalar que existe uma conexão evidente entre o regime processual de transposição da Diretiva e a determinação, no plano substantivo, do período *stand still*. Quando, em 2008, surgiu o CCP, não compreendi a pressa na fixação desse período pelo mínimo admitido pela Diretiva, de dez dias, sem qualquer articulação com o regime aplicável à tutela jurisdicional aplicável nesse domínio – num domínio em que, ao contrário de outros, o nosso ordenamento jurídico previa um prazo específico e curto, de um mês, para a utilização do contencioso pré-contratual urgente. Uma vez devidamente transposta a Diretiva no plano processual, a sequência natural, a que o legislador, compreensivelmente, não se abalançou numa revisão de leis de processo, será, a meu ver, a de se alterar o período de *stand still*, de dez dias para um mês.

A segunda nota é para confessar o meu cepticismo no que diz respeito ao reforço da efetividade da tutela jurisdicional que o novo regime dos artigos 103º-A e 103º-B poderá proporcionar a quem dele beneficie. Procede-se à transposição da Diretiva, mais uma vez, pelo mínimo que ela admite. Mas há que reconhecer que a Diretiva não vai muito longe na garantia de uma tutela jurisdicional efetiva, pelo que esse mínimo se afigura muito insuficiente, para o efeito alegadamente pretendido.

A meu ver, a efetividade da tutela jurisdicional no contencioso administrativo em geral, e, portanto, no contencioso pré-contratual em particular, não pode depender de juízos de ponderação de prejuízos que, na prática, tendem a favorecer a prossecução do interesse público, mas da célere emissão de decisões de mérito, que determinem quem, efetivamente, tem razão quanto ao fundo das questões. Como é sabido, não se tem mostrado fácil alcançar este desiderato – embora, a meu ver, o poder político tenha, na verdade, perdido muitas décadas sem (quase) nada, na verdade, fazer para o prosseguir efetivamente. Mas, já que o domínio da contratação pública é um domínio de algum modo privilegiado, por merecer os favores do Direito da União Europeia no sentido do reforço da tutela, parece-me que seria interessante atentar na experiência muito positiva que, nos últimos anos, tem sido desenvolvida no Direito espanhol, com a instituição de entidades para-jurisdicionais próprias para a resolução célere dos litígios neste domínio.

Já vai longa esta nota prévia. Não deixarei, em todo o caso, de acrescentar que, para além das novidades trazidas pela revisão de 2015, também se procede, naturalmente, nesta edição, à atualização do livro, por referência às novas questões que a aplicação do processo administrativo tem suscitado durante o período decorrido desde a publicação da primeira edição, dando sumária conta da mais relevante jurisprudência e doutrina. Naturalmente, maior desenvolvimento ficará para a nova edição do *Comentário*, que publico com o Senhor Juiz Conselheiro Carlos Fernandes Cadilha.

MÁRIO AROSO DE ALMEIDA

PREFÁCIO

No propósito de fornecer aos meus alunos de Direito Processual Administrativo uma síntese do regime introduzido pela reforma do contencioso administrativo, publicada em 2002 e entrada em vigor em 2004, publiquei, na imediata sequência dessa reforma, um livro intitulado *O Novo Regime do Processo nos Tribunais Administrativos*, que foi objecto de 4 edições, esgotadas em pouco tempo, e algumas reimpressões.

O propósito de o vir a completar com a abordagem de alguns temas nele omissos, compondo, assim, um *Manual de Processo Administrativo*, conduziu-me, no entanto, à decisão de não dar continuidade a esse livro através da publicação de novas edições. Indisponibilidades várias e, sobretudo, o significativo esforço exigido pela preparação e subsequente actualização do *Comentário ao Código de Processo nos Tribunais Administrativos*, entretanto publicado em co-autoria com o Juiz Conselheiro Carlos Alberto Fernandes Cadilha, determinaram, porém, que esse projecto fosse sendo adiado, com prejuízo para os alunos, pelo qual não posso deixar de me penitenciar.

À medida que o tempo foi passando, fui, em todo o caso, sentindo de forma crescente que o projecto não podia ser adiado por mais tempo, mercê das evoluções resultantes da prática jurisprudencial da aplicação da reforma e de alterações legislativas com repercussões sobre a matéria, que tornavam cada vez mais evidentes as insuficiências do meu texto de 2005, ainda que complementado, para efeitos lectivos, por apontamentos adicionais, facultados aos alunos. Até chegar ao momento em que a necessidade da publicação deste *Manual* se tornou inelutável.

A obra que agora se apresenta aos leitores não é, pois, como o Autor certamente gostaria, uma obra acabada, expressão do atingimento de um ponto sedimentado de maturação. Em futuras edições, haverá, por isso, que suprir deficiências e omissões, e, sobretudo, que integrar algumas lacunas, resultantes da opção de não abordar alguns temas por agora. Em todo o caso, julgo ter conseguido cumprir o propósito primacial que me moveu: o de fornecer aos meus alunos os elementos indispensáveis para a preparação da disciplina de Direito Processual Administrativo e de disponibilizar à comunidade jurídica em geral mais um instrumento de interpretação e análise do regime do processo administrativo, que, em complemento à abordagem sistemática contida no *Comentário ao Código de Processo nos Tribunais Administrativos,* sintetize os aspectos essenciais do regime do processo administrativo.

*

* *

No plano metodológico, cumpre informar que na elaboração deste livro foi adoptada a metodologia que melhor se adequa à filosofia que me parece dever presidir ao ensino do processo administrativo, e que é a que se orienta no sentido de promover a afirmação da autonomia científica do seu objecto.

É natural que a maior sensibilidade que os administrativistas tendem a revelar, quando se debruçam sobre a matéria do contencioso administrativo, para as questões (prévias) e as implicações (laterais) de direito substantivo que, a seu propósito, se colocam contribua para que o ensino do processo administrativo seja, por vezes, marcado por uma certa tendência para a adopção de uma linha de abordagem eminentemente substantivística. Pela minha parte, penso, no entanto, que a necessidade da elaboração, no plano técnico-processual, das soluções adequadas a dar resposta às questões que se colocam no domínio do processo administrativo exige a adopção de uma perspectiva de carácter eminentemente processual, no âmbito da qual a abordagem de matérias sem conteúdo processual deve ter apenas lugar a título instrumental, na medida em que seja indispensável ou venha a propósito da exposição da matéria processual.

Como é evidente, a inclusão deste tipo de matérias não pode deixar de ter lugar em alguns domínios, na medida em que certos institutos de

Direito Administrativo assumem uma relevância específica no âmbito processual. Isto explica, desde logo, a especial atenção que, na primeira parte, entendi dever dedicar ao tema do *objecto* dos processos administrativos. Mas também a matéria da determinação do sentido e alcance do conceito de *relação jurídica administrativa* não pode deixar de ser tratada a propósito da questão da delimitação do âmbito da jurisdição administrativa, dado ser nesse conceito que, sem mais especificações, o artigo 212º, nº 3, da CRP e o artigo 1º do ETAF fazem assentar o critério de atribuição aos tribunais administrativos da competência comum em matéria administrativa.

Em todo o caso, só se procede à abordagem de temas de direito substantivo na medida do necessário à determinação do exacto sentido e alcance dos regimes processuais: tais temas não são, portanto, abordados *ex professo*, como temas de direito substantivo que são, mas *a propósito* dos temas de direito processual para os quais são relevantes – no pressuposto de que a respectiva abordagem, a título principal, encontra o lugar próprio no âmbito da disciplina de Direito Administrativo.

Tome-se, assim, o exemplo significativo do tema dos limites funcionais dos poderes dos tribunais administrativos. Em minha opinião, a sede própria para a abordagem deste tema, a título principal, é a disciplina de Direito Administrativo, pois é nessa sede que, no âmbito do estudo das relações que se estabelecem entre as funções do Estado, deve ser leccionado o essencial da problemática do relacionamento entre a função administrativa e a função jurisdicional – e isto, tanto no plano da caracterização e diferenciação, em abstracto, de cada uma das funções, como no plano específico do estudo da extensão e limites dos poderes discricionários da Administração, do qual resulta a determinação da medida dos poderes de fiscalização dos tribunais administrativos, uma vez que lhes é vedado pronunciarem-se sobre o mérito ou a conveniência das actuações administrativas. Por este motivo, entendo não dever erigir este tema em ponto autónomo da exposição.

Isto não significa, porém, que não seja feita referência ao tema nos domínios específicos de actuação processual em que a questão se coloca com maior acuidade, com destaque para o da caracterização das pretensões de condenação da Administração à prática de actos administrativos que podem ser deduzidas perante os tribunais administrativos e do alcance das correspondentes pronúncias judiciais, à face do disposto no artigo 71º do CPTA. Este é, pois, um tema a referir *a propósito* das matérias abordadas a título principal, sem ser, em si mesmo, objecto de tratamento autónomo, a título principal.

Por outro lado, cumpre referir que, em minha opinião, o enquadramento histórico tem sido objecto de uma atenção que não se justifica no âmbito da leccionação do processo administrativo.

Não menosprezo, naturalmente, a enorme importância de que se revestiu a opção política que foi tomada na França na sequência da Revolução de 1789, de se subtrair a actividade da Administração Pública à apreciação dos tribunais, para a submeter à fiscalização dos órgãos do contencioso administrativo, para a génese do *sistema de administração executiva,* de matriz francesa, em que ainda hoje vivemos e do Direito Administrativo que, por acção dos órgãos do contencioso administrativo, no seu seio se formou desde o século XIX. Não me parece, porém, que a disciplina de processo administrativo seja a sede adequada para a abordagem deste tema, que, por dizer respeito à própria caracterização, em aspectos fundamentais, do nosso *sistema de administração,* encontra na disciplina de Direito Administrativo a sede própria de exposição e análise. É, com efeito, no âmbito desta disciplina que, a meu ver, se deve proceder à descrição e análise do complexo processo evolutivo ao longo do qual "o Conselho de Estado [francês] segregou o Direito Administrativo tal como uma glândula segrega a sua hormona" (para utilizar a sugestiva expressão de *Prosper Weil,* entre nós retomada por *Diogo Freitas do Amaral*), tal como, de um modo geral, à caracterização dos modelos históricos e comparatísticos a que, do ponto de vista da organização política do Estado, tem obedecido o relacionamento institucional entre a Administração Pública e o Poder Judicial.

Por outro lado, se a génese histórica do contencioso administrativo radicou no propósito de proporcionar à Administração Pública um foro privativo constituído por órgãos administrativos que não eram verdadeiros tribunais, perante o qual ela estivesse colocada numa posição mais favorável do que aquela que lhe corresponderia se fosse submetida ao julgamento dos tribunais judiciais – posição mais favorável que decorria do reconhecimento de um estatuto processual de privilégio em relação aos particulares e da imposição aos órgãos incumbidos de a julgar de drásticas limitações quanto aos seus poderes de jurisdição –, a verdade é que, a meu ver, o regime do processo administrativo que hoje existe em Portugal não deve ser apresentado numa perspectiva de continuidade, mas numa perspectiva de ruptura em relação a esse modelo histórico.

Justifica-o, em particular, o novo quadro normativo emergente da reforma introduzida em 2002, que veio completar, neste domínio, o processo de plena instituição do Estado de Direito democrático em Portugal que tinha sido iniciado com a transformação, ainda em 1974, dos tribunais administrativos em verdadeiros tribunais, integrados no Poder Judicial. Com efeito, a existência, na nossa ordem jurídico-constitucional, de tribunais administrativos deve-se, nos nossos dias, apenas ao reconhecimento da absoluta necessidade da existência de uma jurisdição especializada em razão da sempre crescente complexidade das questões que se colocam no âmbito das relações jurídicas administrativas. Por outro lado, o novo regime do processo administrativo emergente da reforma veio, de harmonia com os princípios da teoria geral do processo, conferir, por fim, poderes de plena jurisdição aos juízes administrativos e definir o estatuto dos sujeitos do processo administrativo em moldes que, consagrando a existência de condições de efectiva igualdade entre as partes, repudiam os privilégios injustificados de que a Administração tradicionalmente beneficiava neste domínio.

Estão, pois, a meu ver, criadas as condições para que se possa imprimir uma nova orientação ao ensino do processo administrativo, num sentido primacialmente dirigido a dar conta dos moldes em que se constituem e desenvolvem as relações processuais administrativas. Sem pôr em causa, naturalmente, o nosso *sistema de administração executiva*, nem o princípio da separação e interdependência dos poderes, que se projecta, naturalmente, na delimitação dos poderes de pronúncia dos tribunais administrativos. Mas apenas assumindo que estas são *realidades substantivas*, e que a tarefa que, no domínio específico do processo administrativo, hoje se impõe é a de proceder à sua construção dogmática e científica a partir do novo quadro normativo disciplinador das relações processuais administrativas, inspirado por valores de índole especificamente processual e, portanto, dotado de autonomia em relação ao direito substantivo e à envolvente externa ao processo que dele, naturalmente, decorre.

Tudo o que ficou dito explica, entretanto, a opção de, na presente obra, não ser dedicada atenção autónoma à organização dos tribunais administrativos. Na verdade, a tendência tradicional para se sobrevalorizar a importância da matéria respeitante à organização dos tribunais administrativos no ensino do processo administrativo é uma decorrência da excessiva atenção tradicionalmente reservada às raízes históricas do sistema e à respectiva evolução a partir do modelo do contencioso administrativo clássico. No que se refere à caracterização do modelo pelo qual se rege a organização dos tribunais administrativos dos nossos dias, é, porém, sabido que, tal como sucede com os tribunais judiciais, os tribunais administrativos são, hoje, verdadeiros tribunais, integrados no Poder Judicial. Não vejo, por isso, razão para que o nosso estudo deva integrar componentes, em matéria de organização judiciária, que não têm correspondência na correspondente disciplina de processo civil.

Do que acaba de ser dito decorre que não subscrevo o entendimento que, no âmbito da nossa disciplina, preconiza o ensino, não apenas do *Direito Processual Administrativo,* mas de um universo mais vasto de temas, que, reportando-se ao *complexo específico de tribunais (organização dos tribunais)* cuja actividade versa sobre *um núcleo específico de litígios (âmbito da jurisdição)* e se desenvolve segundo um *conjunto específico de regras processuais (regime de processo),* corresponde a uma *realidade compósita,* o *Direito do Contencioso Administrativo,* que compreende o próprio Direito da Organização Judiciária, na parte em que este diz respeito aos tribunais administrativos e fiscais: o Direito Judiciário Administrativo. A meu ver, o estudo do processo administrativo, nos nossos dias, pode e deve ser objecto, a exemplo do que sucede com a disciplina de processo civil, de uma disciplina de direito processual, vocacionada para o ensino do *Direito Processual Administrativo.*

É o que proponho no presente livro, cuja exposição não se apresenta, por isso, estruturada em três partes, segundo um modelo em que a parte dedicada ao *processo administrativo* seria precedida de duas outras, formalmente dedicadas, respectivamente, aos temas da *Jurisdição Administrativa* (sua definição e delimitação constitucional e legal) e da *Organização dos Tribunais Administrativos* (sua identificação e competências). Pelo contrário, optou-se por centrar a atenção no conceito de *processo administrativo* e, por conseguinte, por abordar por referência a esse conceito – e, portanto, na medida da sua relevância em relação a ele –, tanto a matéria da organização e competências dos tribunais administrativos, como a da delimitação do âmbito da jurisdição administrativa.

Com efeito, só uma vez estabelecido, em cada caso, que a jurisdição pertence aos tribunais administrativos, e não aos tribunais judiciais, é que aqueles tribunais se podem considerar competentes para apreciar os litígios que forem submetidos à sua apreciação. O enquadramento no âmbito da jurisdição administrativa de qualquer litígio que seja submetido à apreciação dos tribunais administrativos constitui, portanto, um pressuposto do qual depende a competência do tribunal e, portanto, a admissibilidade da acção. E o mesmo vale para o enquadramento do mesmo litígio, já dentro do âmbito da jurisdição administrativa, no concreto quadro de competências do tribunal a cuja apreciação ele foi submetido: também esse enquadramento constitui um pressuposto processual, do qual depende a competência do tribunal e, portanto, a admissibilidade da acção. É, pois, nesta perspectiva que será analisada, tanto a matéria da delimitação do âmbito da jurisdição administrativa, como a da organização e distribuição de competências entre os tribunais administrativos: por referência ao processo administrativo e, portanto, na medida em que, tanto a correspondência do litígio que é submetido à apreciação de um tribunal administrativo ao âmbito das matérias que correspondem à jurisdição administrativa, como ao quadro das competências que, dentro da jurisdição administrativa, estão concretamente atribuídas a esse tribunal, são *pressupostos do processo administrativo,* atinentes a um dos *sujeitos do processo administrativo,* que é o *tribunal,* dos quais depende a regular constituição da relação processual.

Esta opção permite abordar a matéria da organização dos tribunais administrativos a título instrumental, apenas na medida do indispensável à exposição da matéria processual, *a propósito* da relevância de que, para a regular constituição da relação processual, se reveste a observância do quadro de competências que a lei faz corresponder às diferentes categorias de tribunais da jurisdição administrativa, com o que se evita a tentação de utilizar a disciplina de processo administrativo para suprir as lacunas de que reconhecidamente enfermam os planos curriculares das nossas Faculdades de Direito no domínio do Direito da Organização Judiciária.

Em jeito de conclusão quanto a este ponto, pode dizer-se que o desenvolvimento lógico das premissas que acabam de ser enunciadas conduz à estruturação do presente trabalho em duas partes. Na primeira parte, são abordadas temáticas atinentes à *estática da relação processual administrativa,* cuja apreciação se reveste de precedência lógica em relação à do regime atinente à constituição e desenvolvimento da lide processual, e que se reportam aos *elementos essenciais (sujeitos e objecto)* do processo administrativo e aos pressupostos processuais que lhes dizem respeito. A segunda parte, é, entretanto, dedicada à *dinâmica da relação processual administrativa*, com especial enfoque na constituição, modificação e extinção da lide no âmbito do processo declarativo, em primeiro grau de jurisdição e em via de recurso, ao que acresce a matéria respeitante aos processos cautelares e aos processos executivos.

A meu ver, é adequado que a enunciação e caracterização dos principais tipos de pretensões que podem ser deduzidos perante os tribunais administrativos e dos pressupostos processuais de que depende a respectiva dedução sejam objecto de exposição em momento separado e prévio ao da exposição do regime relativo à constituição, desenvolvimento e extinção da instância. Deste modo, separa-se com clareza a matéria atinente à constituição, desenvolvimento e extinção da instância e, portanto, das relações jurídicas que, em juízo, se desenvolvem durante a lide processual administrativa, das matérias que são prévias e exteriores à lide, designadamente na medida em que respeitam à caracterização das pretensões que, nessa sede, podem ser deduzidas e dos respectivos pressupostos processuais.

A exposição correspondente à primeira parte desdobra-se, entretanto, em dois componentes. No título primeiro, é fornecido um conjunto de noções fundamentais a propósito dos *sujeitos* e do *objecto* do processo administrativo. No título segundo, é, depois, abordada a matéria dos *pressupostos processuais* (ou *condições de admissibilidade das acções*), que são, precisamente, apresentados por referência aos elementos essenciais de que anteriormente se falou: sujeitos (*tribunal* e *partes*) e *objecto* do processo administrativo.

A inclusão, na fase inicial da exposição, de um título primeiro dedicado aos *sujeitos* e ao *objecto* do processo administrativo tem, a meu ver, a vantagem de permitir completar a breve introdução dos estudantes nos aspectos essenciais que caracterizam o universo do processo administrativo, na medida em que o momento da caracterização de âmbito geral, tanto da posição do tribunal administrativo, como das partes, constitui o ensejo para se falar, tanto da consagração constitucional da jurisdição administrativa e fiscal, da sua identidade e razão de ser e do princípio da plenitude dos poderes dos tribunais administrativos (consagrado no art. 3º do CPTA), como da dimensão constitucional de tutela subjectiva do contencioso administrativo que decorre do princípio da tutela jurisdicional efectiva (consagrado nos arts. 268º, nºs 4 e 5, da CRP e 2º do CPTA) e dos diferentes papéis que ao Ministério Público cumpre desempenhar no processo administrativo.

A meu ver, a abordagem sequencial do tema dos sujeitos (e, em especial, das partes) e do objecto do processo tem, entretanto, a vantagem de permitir fornecer, num primeiro segmento da exposição, uma visão panorâmica dos diferentes planos em que o processo administrativo é chamado a desempenhar as funções de tutela que lhe incumbem, chamando, assim, a atenção para a função instrumental que ao processo deve corresponder, ao serviço das partes e da adequada discussão e elucidação das questões substantivas que por elas são submetidas à apreciação dos tribunais administrativos.

*

* *

Esta obra surge num contexto em que, decorridos mais de seis anos sobre a data da entrada em vigor dos diplomas legais que presentemente disciplinam o essencial do regime do processo administrativo – o Estatuto dos Tribunais Administrativos e Fiscais e o Código de Processo nos Tribunais Administrativos –, já é possível, pelo menos em alguns domínios, começar a ter uma perspectiva do modo como eles têm vindo a ser objecto de aplicação pelos nossos tribunais administrativos.

Compreende-se, por isso, que, no presente texto, se dê conta das principais questões que têm sido suscitadas na jurisprudência e do sentido em que elas têm sido resolvidas – e, quando tal se afigura justificado, que nele se proceda à apreciação crítica do tratamento doutrinal e jurisprudencial que tem vindo a ser dado a alguns problemas.

Em termos gerais, não posso deixar, entretanto, de formular, neste momento, duas notas a este propósito.

A primeira, para reconhecer e louvar o excelente trabalho que, de um modo geral, tem vindo a ser desenvolvido, em condições muito difíceis a todos os níveis, pelos magistrados que, sobretudo nos tribunais de primeira instância, tiveram de enfrentar o embate da entrada em vigor da reforma, com todas as dificuldades que, para todos os operadores judiciários, envolve a aplicação de um regime inteiramente novo, que, para mais, implicou uma mudança de paradigma do nosso contencioso administrativo, e em condições de trabalho particularmente difíceis.

A segunda, para lamentar que, a propósito de várias questões emblemáticas, sobretudo relacionadas com os domínios dos processos principais urgentes e dos processos cautelares, em que com maior acuidade se joga a concretização do imperativo constitucional do direito à tutela jurisdicional efectiva, alguma jurisprudência, com a complacência da doutrina mais conservadora, venha adoptando orientações que denunciam alguma insensibilidade aos valores constitucionais do Estado de Direito democrático que inspiraram a reforma.

Na verdade, durante o período de quase trinta anos que mediou entre a data da entrada em vigor da Constituição da República Portuguesa de 1976 e a data da entrada em vigor da reforma do processo administrativo, a jurisprudência administrativa portuguesa – em sentido radicalmente diverso daquele que, em contexto relativamente paralelo, foi vivido em Espanha – mostrou-se complacente com as gravosas limitações que o regime então vigente impunha à existência de uma tutela jurisdicional efectiva no âmbito do processo administrativo. Já na vigência do CPTA, mostra-se, no entanto, em diversos e muito significativos domínios, surpreendentemente inventiva na limitação do alcance dos institutos que mais longe procuram ir na tentativa de concretizar o direito a uma tutela jurisdicional efectiva junto dos tribunais administrativos: basta ver as teses construídas no sentido de limitar o âmbito de aplicação do processo de intimação para protecção de direitos, liberdades e garantias (artigo 109º), do decretamento provisório de providências cautelares em situações de especial urgência (artigo 131º), do decretamento de providências em situações de evidência da procedência da pretensão do requerente no processo principal (artigo 120º, nº 1, alínea *a*)) ou da condenação à abstenção da prática de actos administrativos (artigo 37º, nº 2, alínea *c*)), assim como o modo como tende a proceder-se ao preenchimento dos critérios de atribuição de providências cautelares (artigos 120º e 132º).

Em boa verdade, não parece haver nisto, no entanto, qualquer contradição. E não posso deixar de assumir que o facto não me surpreende.

É sabido que Portugal não tem, nunca teve, tradição democrática. Sempre viveu no temor reverencial do poder executivo. Durante o Estado Novo, o processo administrativo estava cuidadosamente rodeado de toda uma parafernália de formalismos quase intransponíveis que permitiam aos tribunais administrativos furtar-se a exercer, em quase todos os casos, os (escassos) poderes que a legislação lhes conferia, desse modo evitando perturbar a prossecução dos fins da Administração Pública. A reforma de 2002 retirou, em grande medida, aos tribunais administrativos o resguardo que daí resultava, mas, havendo essa vontade, é sempre possível adoptar perspectivas formalistas, mesmo no contexto de um quadro normativo que, manifestamente, as pretendeu afastar: basta ver o que se tem passado a propósito da questão (fundamental) da interpretação do nº 3 do artigo 132º.

Por outro lado, a doutrina administrativa mais conservadora tende a preocupar-se sobretudo em sublinhar o que os tribunais administrativos *não podem fazer*, passando, no essencial, a mensagem de que os tribunais administrativos devem, sobretudo, preocupar-se em conter-se no exercício dos seus poderes, preservando as prerrogativas da Administração para assegurar a prossecução dos seus fins, que, sendo públicos, são, afinal, de todos nós, e, por isso, não devem ser, por regra, perturbados na sua marcha. Subjacente a este discurso, está uma concepção que tende a sobrevalorizar a prossecução do interesse público, presuntivamente identificado com o que as instâncias do Poder em cada momento configuram como tal, em contraponto a uma visão pejorativa daqueles que contra ele se insurgem, tendencialmente encarados como titulares de interesses egoísticos que pretendem fazer prevalecer sobre o interesse de todos, recorrendo a estratagemas e expedientes.

Este discurso é muito perigoso, pois vai ao encontro da natural tendência da jurisprudência administrativa para procurar resguardar-se do confronto com o poder executivo. E é estimulado pelo discurso marcadamente autoritário que preside ao nosso viver colectivo. Não posso deixar, na verdade, de recordar, a este propósito, que quando, na sequência da entrada em vigor da reforma, em 1 de Janeiro de 2004, começaram a surgir os primeiros casos mediáticos de embate da justiça administrativa com o poder executivo, se multiplicaram, na imprensa, os editoriais e artigos de opinião, insurgindo-se contra o "governo dos juízes", e isto, só porque, num caso ou noutro, tinham sido concedidas providências cautelares, algo de raro e quase nunca visto ao longo de todo o século XX em Portugal... – tendo, até, em dado momento, chegado a falar-se, infundadamente, do espectro de uma "contra-reforma" legislativa, dirigida a restabelecer o adequado equilíbrio entre os poderes do Estado: provavelmente, o "equilíbrio" que existia durante o Estado Novo...

Pela minha parte, julgo ser insuspeito de alguma vez ter defendido soluções radicais para o problema (fundamental) do equilíbrio entre as funções do Estado. E, como tem sido reconhecido pela doutrina mais qualificada, a reforma trilhou, nessa matéria, um caminho equilibrado, que se limitou a dar cumprimento ao imperativo constitucional do artigo 268º, nºs 4 e 5, sem conferir aos tribunais administrativos mais poderes do que aqueles que, em conformidade com o princípio constitucional da separação e interdependência dos poderes, lhes devem pertencer num Estado de Direito democrático.

O importante é, portanto, sublinhar que esses poderes não podem deixar de ser exercidos em plenitude, com a extensão com que a Constituição e a lei os conferem, a partir de uma visão despreconceituosa, que coloque, acima de tudo, o postulado da dignidade da pessoa humana e o direito inalienável que a todos não pode deixar de ser reconhecido de se dirigirem aos tribunais administrativos em busca das providências que julguem necessárias para obterem uma tutela jurisdicional efectiva. A isto acresce a função, que a lei também confere aos tribunais administrativos, de fiscalizarem a legalidade objectiva da actividade administrativa, que está na base do alargamento a todo um conjunto de pessoas e entidades da legitimidade para recorrerem a estes tribunais em defesa de outros interesses da comunidade, que não apenas os seus próprios direitos e interesses individuais. Também a estas pessoas e entidades deve ser assegurada a possibilidade de obterem a tutela efectiva dos interesses para os quais buscam protecção junto dos tribunais administrativos.

É esta a sagrada missão a que os tribunais administrativos são chamados e para a consecução da qual é dever de toda a comunidade jurídico-administrativa contribuir – e, em particular, dever qualificado da doutrina, sobre a qual pesam especiais responsabilidades.

MÁRIO AROSO DE ALMEIDA

INDICAÇÕES DE LEITURA

A exposição divide-se em duas partes. Na primeira parte, procede-se à identificação dos principais tipos de pretensões que podem ser accionados perante os tribunais administrativos e aos pressupostos de cujo preenchimento depende a respectiva accionabilidade (os chamados pressupostos processuais). Na segunda parte, procede-se à identificação do regime normativo aplicável às formas processuais através das quais as pretensões podem ser accionadas, tanto no plano declarativo, como no plano cautelar e no plano executivo.

A propósito de cada um dos principais tipos de pretensões, a exposição desdobra-se, portanto, em três planos: caracterização do conteúdo da pretensão em causa e do alcance da pronúncia do tribunal que a julgue procedente; pressupostos processuais de que depende a accionabilidade da pretensão perante os tribunais administrativos; regime normativo aplicável à forma processual através do qual a pretensão deve ser accionada.

Assim, a matéria correspondente aos principais tipos de pretensões accionáveis encontra-se distribuida do modo que se passa a indicar (os nºs indicados não correspondem às páginas, mas às rubricas em que o texto se encontra dividido e que são referenciadas no Índice):

I. Impugnação de actos administrativos:

a) conteúdo da pretensão e alcance da pronúncia que a julgue procedente: nºs 24 a 26;

b) pressupostos processuais de que depende a sua accionabilidade: nºs 65, 72, 78, 79, 81 e 82 (competência do tribunal), nºs 99 e 100 (legitimidade activa), nºs 109, 110 e 115 (legitimidade passiva) e nºs 118 a 142 (impugnabilidade do acto, tempestividade da impugnação e não aceitação do acto);

c) regime processual da acção (acção administrativa): nºs 169 a 185.

II. Condenação à prática de actos administrativos:

a) conteúdo da pretensão e alcance da pronúncia que a julgue procedente: nºs 28 a 31;

b) pressupostos processuais de que depende a sua accionabilidade: nºs 69, 70, 78, 79, 81 e 82 (competência do tribunal), nº 101 (legitimidade activa), nºs 109, 110 e 115 (legitimidade passiva) e nºs 143 a 151 (requerimento, decisão negativa ou omissão, tempestividade e eventual impugnação administrativa necessária);

c) regime processual da acção (acção administrativa): nºs 169 a 185.

III. Impugnação de normas regulamentares:

a) conteúdo das pretensões e alcance das pronúncias que as julguem procedentes: nºs 32 a 35;

b) pressupostos processuais de que depende a sua accionabilidade: nºs 65, 78, 79, 81 e 82 (competência do tribunal), nº 102 (legitimidade activa), nºs 109 e 110 (legitimidade passiva) e nº 152 (pressupostos quanto ao objecto);

c) regime processual da acção (acção administrativa): nºs 169 a 185.

IV. Condenação à emissão de normas regulamentares:

a) conteúdo da pretensão e alcance da pronúncia que a julgue procedente: nº 36;

b) pressupostos processuais de que depende a sua accionabilidade: nºs 65, 78, 79, 81 e 82 (competência do tribunal), nº 103 (legitimidade activa), nºs 109 e 110 (legitimidade passiva) e nº 153 (pressupostos quanto ao objecto);

c) regime processual da acção (acção administrativa): nºs 169 a 185.

V. Ações administrativas urgentes (contencioso eleitoral, dos procedimentos de massa e pré-contratual urgente: arts. 97º a 103º-B):

a) conteúdo da pretensão e alcance da pronúncia que a julgue procedente: nºs 24 a 26, 50 e 51;

b) pressupostos processuais de que depende a sua accionabilidade: nºs 65, 69, 70, 72, 78, 79, 81 e 82 (competência do tribunal), nºs 99 a 101 (legitimidade activa), nºs 109, 110 e 115 (legitimidade passiva) e nºs 118 a 135, 137 a 142 e 158 e 159 (impugnabilidade do acto, não aceitação do acto e tempestividade da impugnação);
c) regime processual da acção (processo declarativo urgente): nºs 186 e 187 (e 169 a 185).

VI. Intimação para prestação de informações, consulta de documentos e passagem de certidões:

a) conteúdo da pretensão e alcance da pronúncia que a julgue procedente: nº 52;
b) pressupostos processuais de que depende a sua accionabilidade: nºs 69, 79, 81 e 82 (competência do tribunal), nº 106 (legitimidade activa), nºs 109 e 110 (legitimidade passiva) e nº 160 (pressupostos quanto ao objecto);
c) regime processual da acção (processo declarativo urgente): nº 189.

VII. Intimação para protecção de direitos, liberdades e garantias:

a) conteúdo da pretensão e alcance da pronúncia que a julgue procedente: nºs 53 a 56 (cfr. também nº 214);
b) pressupostos processuais de que depende a sua accionabilidade: nºs 64, 65, 69, 79, 81 e 82 (competência do tribunal), nº 107 (legitimidade activa), nºs 109 e 110 (legitimidade passiva) e nº 161 (pressupostos quanto ao objecto);
c) regime processual da acção (processo declarativo urgente): nº 190.

VIII. Acções relativas a contratos (interpretação, validade e execução):

a) conteúdo das pretensões e alcance das pronúncias que as julguem procedentes: nºs 38, 39 e 41;
b) pressupostos processuais de que depende a sua accionabilidade: nºs 66, 79, 81 e 82 (competência do tribunal), nº 103-A (legitimidade activa), nºs 109, 110 e 114 (legitimidade passiva) e nº 154 (tempestividade no caso da impugnação do contrato);
c) regime processual da acção (acção administrativa): nºs 169 a 185.

IX. Acções de responsabilidade civil extracontratual e acções de objecto similar:

a) conteúdo das pretensões e alcance das pronúncias que as julguem procedentes: nºs 42 a 45;
b) pressupostos processuais de que depende a sua accionabilidade: nºs 67, 69, 70, 72, 73, 79, 81 e 82 (competência do tribunal), nº 96 (legitimidade activa) e nºs 109 e 110 (legitimidade passiva);
c) regime processual da acção (acção administrativa): nºs 169 a 185.

X. Acções de condenação à realização de prestações de facto (positivo ou negativo), de coisa ou de quantia:

a) conteúdo das pretensões e alcance das pronúncias que as julguem procedentes: nºs 29, 40 e 46 a 49;
b) pressupostos processuais de que depende a sua accionabilidade: nºs 69, 70, 79, 81 e 82 (competência do tribunal), nº 96 (legitimidade activa) e nºs 109 e 110 (legitimidade passiva);
c) regime processual da acção (acção administrativa): nºs 169 a 185

XI. Extensão de efeitos de sentenças (artigo 161º):

a) conteúdo da pretensão e alcance da pronúncia que a julgue procedente: nº 57;
b) pressupostos processuais de que depende a sua accionabilidade: nº 57;
c) regime processual da acção: nºs 57 e 256.

XII. Regime aplicável em caso de cumulação de pedidos:

- nºs 20 (requisitos), 80 e 82 (competência dos tribunais em razão da hierarquia e do território), 112 (coligação), 163 e 166 (forma do processo).

REFERÊNCIAS BIBLIOGRÁFICAS

Ao longo da exposição, apenas são indicadas em nota de rodapé as referências bibliográficas em que o texto directamente se apoia ou cuja indicação é considerada indispensável, pela sua especial relevância a propósito de pontos específicos. As restantes indicações constam das três listas que se seguem. Na primeira dessas listas, procede-se à indicação das obras nacionais de âmbito geral, cuja consulta permite ir mais longe no aprofundamento da generalidade dos temas nelas abordados. Na segunda, procede-se a uma selecção de referências nacionais de âmbito sectorial, respeitantes a aspectos específicos ou, em todo o caso, a áreas temáticas circunscritas dentro do objecto da nossa disciplina. Na terceira, dá-se indicação de um conjunto de obras referentes a outros ordenamentos jurídicos, cuja consulta permite aos interessados conhecer o quadro geral do regime aplicável ao processo administrativo noutros países. Como o propósito primacial deste livro é, no entanto, o de fornecer a estudantes de Direito os elementos indispensáveis para a preparação do estudo da nossa disciplina, à face do vigente direito positivo português, estas últimas indicações têm um âmbito circunscrito, limitando-se ao essencial para quem pretenda ir mais longe no aprofundamento dos seus conhecimentos numa perspectiva de direito comparado, pela qual, na presente obra, foi assumida a opção de não se enveredar.

REFERÊNCIAS NACIONAIS DE ÂMBITO GERAL

1. Manuais e obras de divulgação

- Diogo Freitas do Amaral/Mário Aroso de Almeida, Grandes linhas da reforma do contencioso administrativo, 3ª ed., Coimbra, 2004
- Isabel Celeste Fonseca, Direito Processual Administrativo – Roteiro Prático, 3ª ed., Porto, 2011
- João Caupers, Introdução ao Direito Administrativo, 11ª ed., Lisboa, 2013, pp. 371 segs.
- José Carlos Vieira de Andrade, A Justiça Administrativa (Lições), 14ª ed., Coimbra, 2015
- Vasco Pereira da Silva, O contencioso administrativo no divã da psicanálise – Ensaio sobre as acções no novo processo administrativo, 2ª ed., Coimbra, 2009
- Wladimir Brito, Lições de Direito Processual Administrativo, 2ª ed., Coimbra, 2008

2. Obras colectivas e colectâneas

- Carla Amado Gomes/Ana Fernanda Neves/Tiago Serrão (coordenação), O anteprojeto de revisão do Código de Processo nos Tribunais Administrativos e do Estatuto dos Tribunais Administrativos e Fiscais em Debate, Lisboa, 2014
- Casalta Nabais (coordenação), A Reforma da Justiça Administrativa, Coimbra, 2005
- Colaço Antunes/Sainz Moreno (coordenação), O acto no contencioso administrativo. Tradição e Reforma, Coimbra, 2005
- Vasco Pereira da Silva (coordenação), Novas e velhas andanças do contencioso administrativo – Estudos sobre a reforma do processo administrativo, Lisboa, 2005
- Os trabalhos preparatórios da reforma de 2002 foram reunidos em 3 volumes, publicados pela Coimbra Editora em 2003, sob o título genérico "Reforma do Contencioso Administrativo" (existe publicação parcial anterior do Ministério da Justiça, com data de 2000, a que se reportam as citações do vol. I, O Debate Universitário, que são feitas em notas de rodapé)

3. Legislação anotada e dicionários

- Mário Aroso de Almeida/Carlos Alberto Fernandes Cadilha, Comentário ao Código de Processo nos Tribunais Administrativos, 3ª ed., Coimbra, 2010 (abreviadamente citado apenas como: *Comentário*)

- Mário Esteves de Oliveira/Rodrigo Esteves de Oliveira, Código de Processo nos Tribunais Administrativos, vol. I, Coimbra, 2004
- Carlos Fernandes Cadilha, Dicionário de contencioso administrativo, Coimbra, 2006

4. Obras referidas ao quadro normativo anterior à reforma de 2002

- AAVV, Contencioso administrativo, Braga, 1986
- Barbosa de Melo, Direito Administrativo II, policop., Coimbra, 1987
- Diogo Freitas do Amaral, Direito Administrativo, vol. IV, policop., Lisboa, 1988
- Sérvulo Correia, Contencioso Administrativo, policop., Lisboa, 1990
- Vasco Pereira da Silva, Ventos de mudança no novo contencioso administrativo, Coimbra, 2000
- Vieira de Andrade, A Justiça Administrativa (Lições), 3ª ed., Coimbra, 2000

REFERÊNCIAS NACIONAIS DE ÂMBITO SECTORIAL

1. **Conceitos fundamentais da teoria geral do processo** (com relevância para a preparação da matéria do processo administrativo, atenta a sua validade de âmbito geral)

- Antunes Varela/J. Miguel Bezerra/Sampaio e Nora, Manual de processo civil, 2ª ed., Coimbra, 1985
- José Lebre de Freitas, A ação declarativa comum – À luz do Código Revisto, 3ª ed., Coimbra, 2013
- José Lebre de Freitas, Introdução ao processo civil – Conceito e princípios gerais, 3ª ed., Coimbra, 2013
- Miguel Teixeira de Sousa, Estudos sobre o novo processo civil, 2ª ed., Lisboa, 1997
- Miguel Teixeira de Sousa, Introdução ao processo civil, 2ª ed., Lisboa, 2000
- Paulo Pimenta, Processo Civil Declarativo, Coimbra, 2014

2. **Evolução histórica do contencioso administrativo**

- Maria da Glória Garcia, Da Justiça Administrativa em Portugal – Sua origem e evolução, Lisboa, 1994
- Sérvulo Correia, Direito do Contencioso Administrativo, vol. I, Lisboa, 2005, pp. 439 segs.

3. Tribunais administrativos

- António Cândido de Oliveira, Organização judiciária administrativa (e tributária), Coimbra, 2003
- Jorge Miranda, "Os parâmetros constitucionais da reforma do contencioso administrativo", in Cadernos de Justiça Administrativa nº 24
- Maria da Glória Garcia, Do Conselho de Estado ao actual Supremo Tribunal Administrativo, 2ª ed., Lisboa, 2008
- Mário Aroso de Almeida, Anotação ao artigo 212º, in Jorge Miranda/ /Rui Medeiros, Constituição Portuguesa Anotada, tomo III, Coimbra, 2007
- Rosendo Dias José, "Administrar justiça e governar/administrar a justiça", Cadernos de Justiça Administrativa nº 95

4. Objecto do processo e cumulação de pedidos

- Mário Aroso de Almeida, "O objecto do processo no novo contencioso administrativo", in Cadernos de Justiça Administrativa nº 36
- Mário Aroso de Almeida, "Sobre as regras de distribuição do ónus material da prova no recurso contencioso de anulação de actos administrativos", Cadernos de Justiça Administrativa nº 20
- Miguel Teixeira de Sousa – "Cumulação de pedidos e cumulação aparente no contencioso administrativo", in Cadernos de Justiça Administrativa nº 34
- Rui Chancerelle de Machete, "A relevância processual dos vícios procedimentais no novo paradigma da justiça administrativa portuguesa", Revista de Direito do Ambiente e Ordenamento do Território nº 13

5. Impugnação de actos administrativos

- Alberto da Costa Reis, "A identificação dos atos suscetíveis de impugnação através da ação administrativa especial", Cadernos de Justiça Administrativa nº 95
- Diogo Freitas do Amaral/Paulo Otero, "Eficácia subjetiva das sentenças de provimento no recurso contencioso de anulação", in Estudos em Homenagem ao Prof. Doutor Manuel Gomes da Silva, Coimbra, 2001, pp. 519 segs.
- Mafalda Carmona, "Relações jurídicas poligonais, participação de terceiros e caso julgado na anulação de atos administrativos", in Estudos em Homenagem ao Prof. Doutor Sérvulo Correia, vol. II, Coimbra, 2010, pp. 695 segs.

6. Condenação à prática de actos administrativos

- António Cadilha, "Os poderes de pronúncia jurisdicionais na ação de condenação à prática de ato devido", in Estudos em Homenagem ao Prof. Doutor Sérvulo Correia, vol. II, Coimbra, 2010, pp. 161 segs.
- Dora Lucas Neto, "Um novo olhar sobre objeto do processo na ação de condenação à prática de atos administrativos", Revista do CEJ nº 13
- Esperança Mealha, "A condenação à prática de acto devido na jurisprudência", Revista do Ministério Público nº 117
- Rui Chancerelle de Machete, "A condenação à prática de acto devido – algumas questões", Cadernos de Justiça Administrativa nº 50
- Vieira de Andrade, "Os poderes de cognição e de decisão do juiz no quadro do atual processo administrativo de plena jurisdição", Cadernos de Justiça Administrativa nº 101

7. Contencioso das normas regulamentares

- Carla Amado Gomes, "Dúvidas não metódicas sobre o processo de impugnação de normas no Código de Processo nos Tribunais Administrativos", Cadernos de Justiça Administrativa nº 60
- Carlos Blanco de Morais, "Brevíssima nota sobre a revisão do CPTA e do ETAF em matéria de contencioso regulamentar", Cadernos de Justiça Administrativa nº 65
- Mário Jorge Lemos Pinto, Impugnação de normas e ilegalidade por omissão (no contencioso administrativo português), Coimbra, 2008

8. Formas do processo

- Carlos Carvalho, "A ação administrativa especial no contexto do contencioso administrativo: algumas questões e reflexões", Cadernos de Justiça Administrativa nº 94
- José Mário Ferreira de Almeida, "As reformas do processo civil e do contencioso administrativo: autonomia e convergência", Cadernos de Justiça Administrativa nº 106
- Sérvulo Correia, "Unidade ou pluralidade de meios processuais principais no contencioso administrativo", Cadernos de Justiça Administrativa nº 22
- Sérvulo Correia, "Da ação administrativa especial à nova ação administrativa", Cadernos de Justiça Administrativa nº 106

9. Partes processuais

- Carla Amado Gomes, "Ação pública e ação popular na defesa do ambiente – Reflexões breves", Em Homenagem ao Prof. Doutor Diogo Freitas do Amaral, Coimbra, 2010
- Carlos Fernandes Cadilha, "Legitimidade processual", Cadernos de Justiça Administrativa nº 34
- Carlos Fernandes Cadilha, "Legitimidade plural e relação jurídica administrativa", Cadernos de Justiça Administrativa nº 62
- Mário Aroso de Almeida, "Sobre a legitimidade popular no contencioso administrativo português", Cadernos de Justiça Administrativa nº 101
- Paulo Otero, "Os contra-interessados em contencioso administrativo: fundamento, função e determinação do universo em recurso contencioso de acto final de procedimento concursal", in Estudos em Homenagem ao Prof. Doutor Rogério Soares, Coimbra, 2001
- Pedro Marchão Marques, "A legitimidade processual no contencioso administrativo pré-contratual", Revista do Ministério Público nº 106
- Rui Chancerelle de Machete, "Legitimidade dos contra-interessados na acção administrativa comum e especial", in Estudos em Homenagem ao Prof. Doutor Marcello Caetano, vol. II, Coimbra, 2006

10. Processos urgentes (em especial, procedimentos de massa, contencioso pré-contratual e intimação para protecção de direitos, liberdades e garantias)

- Ana Celeste Carvalho, "A acção de contencioso pré-contratual – perspectivas de reforma", Cadernos de Justiça Administrativa nº 76
- Carla Amado Gomes, "Pretexto, contexto e texto da intimação para protecção de direitos, liberdades e garantias", in Estudos em Homenagem ao Professor Doutor Inocêncio Galvão Telles, vol. V, Coimbra, 2003
- Carla Amado Gomes, "Mais uma urgência no contencioso administrativo", Cadernos de Justiça Administrativa nº 111
- Carlos Fernandes Cadilha/António Cadilha, O contencioso pré-contratual e o regime de invalidade dos contratos públicos, Coimbra, 2013
- Fernanda Maçãs, "As formas de tutela urgentes previstas no Código de Processo nos Tribunais Administrativos", Revista do Ministério Público nº 100
- Isabel Celeste Fonseca, Dos novos processos urgentes no contencioso administrativo (função e estrutura), Lisboa, 2004

- ISABEL CELESTE FONSECA, "Contencioso administrativo autárquico: a protecção de direitos fundamentais", Direito Regional e Local nº 1
- JORGE REIS NOVAIS, "Direito, liberdade ou garantia: uma noção constitucional imprestável na justiça administrativa?", Cadernos de Justiça Administrativa nº 73
- MARGARIDA OLAZABAL CABRAL, "Processos urgentes principais – Em especial, o contencioso pré-contratual", Cadernos de Justiça Administrativa nº 94
- SOFIA DAVID, Das Intimações. Considerações sobre uma (nova) tutela de urgência no Código de Processo nos Tribunais Administrativos, Coimbra, 2005

11. Recursos jurisdicionais

- ANTÓNIO ABRANTES GERALDES, Recursos no novo Código de Processo Civil, 2ª ed., Coimbra, 2014
- CARLOS CARVALHO, "Os recursos jurisdicionais na reforma do contencioso administrativo", Cadernos de Justiça Administrativa nº 106
- MÁRIO TORRES, "Três falsas ideias simples em matéria de recursos jurisdicionais no contencioso administrativo", in Estudos em Homenagem a Francisco José Velozo, Braga, 2002
- MIGUEL ÂNGELO CRESPO, O recurso de revista no contencioso administrativo, Coimbra, 2007

12. Processos cautelares

- ANA GOUVEIA MARTINS, A tutela cautelar no contencioso administrativo (em especial, nos procedimentos de formação dos contratos), Coimbra, 2005
- CARLA AMADO GOMES, "O regresso de Ulisses: um olhar sobre a reforma da justiça cautelar administrativa", in Cadernos de Justiça Administrativa nº 39
- DORA LUCAS NETO, "Meios cautelares", Cadernos de Justiça Administrativa nº 76
- FERNANDA MAÇÃS, "A tutela pré-cautelar em revisão: breves reflexões", Cadernos de Justiça Administrativa nº 106
- MÁRIO AROSO DE ALMEIDA, "Artigo 128º do CPTA: realidade e perspetivas", Cadernos de Justiça Administrativa nº 93
- MIGUEL PRATA ROQUE, "Cinco anos de reforma da tutela cautelar – do enamoramento iniciático à monotonia conjugal", Cadernos de Justiça Administrativa nº 76

- Paulo Pereira Gouveia, "Meios cautelares: hoje e amanhã", Cadernos de Justiça Administrativa nº 94
- Sofia Henriques, A tutela cautelar não especificada no novo contencioso administrativo português, Coimbra, 2006
- Tiago Amorim, "Apontamentos sobre as condições de procedência das providências cautelares no novo processo administrativo", in Revista da Ordem dos Advogados, Ano 63, I/II

13. Processos executivos

- Cecília Anacoreta Correia, A tutela executiva dos particulares no Código de Processo nos Tribunais Administrativos, Coimbra, 2013
- Marco Real Martins, "Sentenças substitutivas de atos administrativos sob o signo da tutela jurisdicional efetiva – em especial, nos procedimentos de formação de contratos públicos", O Direito, Ano 143º
- Rui Chancerelle de Machete, "Execução de sentenças administrativas", Cadernos de Justiça Administrativa nº 34
- Rodrigo Esteves de Oliveira, "Processo executivo: algumas questões", in A reforma da justiça administrativa, Coimbra, 2005

14. Outras referências

- Mário Aroso de Almeida, Anulação de actos administrativos e relações jurídicas emergentes, Coimbra, 2002: nesta obra são abordados diversos temas relevantes para o objecto do nosso estudo: objecto do processo, cumulação de pedidos, execução de sentenças de anulação de actos administrativos, causas legítimas de inexecução, actos consequentes, etc. (indicações mais específicas são fornecidas em nota de rodapé ao longo da exposição)

REFERÊNCIAS DOUTRINAIS REFERENTES A OUTROS ORDENAMENTOS JURÍDICOS

1. Direito Comparado

- Sérvulo Correia, Direito do Contencioso Administrativo, vol. I, Lisboa, 2005: contém a análise sistemática dos sistemas francês, alemão, inglês e brasileiro
- Aldo Piras (coordenação), Administrative Law: The Problem of Justice, 3 vols., Giuffrè, Milão, 1991

- Jeanne Lemasurier, Le contentieux administratif en droit comparé, Economica, Paris, 2001
- Michel Fromont, Les recours contre les actes administratifs en six pays européens, P.U.F., Paris, 2007

2. Espanha

- Alberto Palomar Olmeda, Tratado de la Jurisdicción Contencioso-Administrativa, 2 vols., 2ª ed., Aranzadi, Madrid, 2012
- Jesús González Pérez, Manual de Derecho Procesal Administrativo, 3ª ed., Thomson-Civitas, Madrid, 2001
- Jesús González Pérez, Comentarios a la Ley de la Jurisdicción Contencioso-Administrativa, 7ª ed., Thomson-Civitas, Madrid, 2013
- Juan Alfonso Santamaría Pastor, La ley reguladora de la jurisdicción contencioso-administrativa – Comentario, Iustel, Madrid, 2010
- Juan Jose González Rivas/Ignacio Aranguren Pérez, Comentarios a la Ley reguladora de la Jurisdicción Contencioso-Administrativa 29/1998, de 13 de julio, 2ª ed., Thomson-Civitas, Madrid, 2008
- Juan José Torres/Fernández Nieto/Manuel Rivero González, Comentarios a la Ley de la Jurisdicción Contencioso-Administrativa de 1998, 4ª ed., Thomson-Civitas, Madrid, 2010

3. França

- Bernard Pacteau, Manuel de Contentieux Administratif, 3ª ed., P.U.F., Paris, 2014
- Bernard Pacteau, Traité de Contentieux Administratif, P.U.F., Paris, 2008
- Dominique Turpin, Contentieux Administratif, Hachette Education, Paris, 2011
- Jean-Claude Ricci, Contentieux Administratif, 3ª ed., Hachette Education, 2012
- Olivier Gohin, Contentieux Administratif, 8ª ed., Lexis Nexis, Paris, 2014
- Raymond Odent, Contentieux Administratif, 2 vols., Dalloz, Paris, 2007
- René Chapus, Droit du Contentieux Administratif, 13ª ed., Montchrestien, Paris, 2008

4. Itália

- Aldo Sandulli, Diritto Processuale Amministrativo, in Corso di Diritto Amministrativo diretto da Sabino Cassese, 2ª ed., Giuffrè, Milão, 2013
- Aldo Travi, Lezioni di Giustizia Amministrativa, 11ª ed., Giappichelli, Turim, 2014
- Carlo Emanuele Gallo, Manuale di Giustizia Amministrativa, 7ª ed., Giappichelli, Turim, 2014
- Cirilo Gianpiero Paolo, Il Nuovo Diritto Processuale Amministrativo, in Trattato di Diritto Amministrativo diretto da Giuseppe Santaniello, Wolters Kluwer/Cedam, Milão, 2014
- Francesco Caringella, Corso di Diritto Processuale Amministrativo, 2ª ed., Milão, 2005
- Francesco Caringella/Mariano Protto, Manuale di Diritto Processuale Amministrativo, 2ª ed., Dike Giuridica, 2012
- Franco Gaetano Scoca (coordenação), Giustizia Amministrativa, 4ª ed., Giappichelli, Turim, 2011
- Mario Nigro, Giustizia Amministrativa, 6ª ed., Il Mulino, Bolonha, 2002

5. Alemanha

- Friedhelm Hufen, Verwaltungsprozessrecht, 9ª ed., Munique, 2013
- Friedrich Schoch/Eberhard Schmitt-Assmann/Rainer Pietzner, Verwaltungsgerichtsordnung Kommentar, vols. I e II, C.H. Beck, Munique (obra actualizável por fascículos)
- Kopp/Schenke, Verwaltungsgerichtsordnung – Kommentar, 21ª ed., C.H. Beck, Munique, 2015
- Rolf Schmidt, Verwaltungsprozessrecht, 17ª ed., Schmidt, Grasberg, 2015
- Walter Schmitt Glaeser/Hans Detlef Horn, Verwaltungsprozessrecht, 17ª ed., Boorberg, Estugarda, 2015
- Wolf-Rüdiger Schenke, Verwaltungsprozessrecht, 14ª ed., C.F. Müller, Heidelberg, 2014
- Santiago González-Varas, La jurisdicción contencioso-administrativa en Alemania, Civitas, Madrid, 1993

6. Inglaterra

- Clive Lewis, Judicial Remedies in Public Law, 5ª ed., Sweet & Maxwell, Londres, 2014

- HARRY WOOLF/JEFFREY JOWELL/ANDREW LE SUEUR/CATHERINE DONNELY, De Smith' s Judicial Review, 7ª ed., Sweet & Maxwell, Londres, 2013
- MICHAEL FORDHAM, Judicial Review Handbook, 6ª ed., Hart Publishing, 2012
- PAUL CRAIG, Administrative Law, 7ª ed., Sweet & Maxwell, 2012
- WILLIAM WADE/CHRISTOPHER FORSYTH, Administrative Law, 11ª ed., Oxford University Press, Oxford, 2014

Introdução

1. Objecto do estudo e orientação metodológica

1. O termo *processo* é utilizado, em Direito, em diferentes acepções.

a) Desde logo, como o conjunto sequencial dos actos jurídicos que são praticados na propositura e desenvolvimento de uma acção perante o Poder Judicial. Nesta acepção, contrapõe-se, designadamente, o conceito de *processo* – atinente a uma sequência encadeada de actos jurídicos relativos ao exercício da função jurisdicional – ao conceito de *procedimento,* que se optou por reservar para designar as sequências encadeadas de actos jurídicos relativos ao exercício das demais funções do Estado, designadamente da função administrativa: neste sentido, o artigo 1º, nº 1, do CPA define o *procedimento administrativo* como "a sucessão ordenada de actos e formalidades tendentes à formação e manifestação da vontade da Administração Pública ou à sua execução".

b) Depois, como o conjunto das peças escritas que corporizam os actos jurídicos que são produzidos pelos diferentes sujeitos processuais à medida que se desenvolve o *processo* (na acepção indicada na alínea anterior) e que, tradicionalmente, eram reunidas num ou mais volumes encadernados (embora esta realidade venha mudando recentemente com a desmaterialização informática dos processos). Nesta acepção, o conceito também é utilizado, no entanto, fora do âmbito do exercício da função judicial, designadamente no âmbito do exercício da função administrativa (cfr. artigo 1º, nº 2, do CPA).

c) O termo *processo* ainda é utilizado para designar o ramo do Direito que estabelece as regras de conduta a observar pelos sujeitos processuais, tanto na propositura da acção, como na actividade que lhes cumpre desenvolver ao longo do desenvolvimento subsequente do *processo,* na acepção indicada na alínea *a).* Nesta acepção, o conceito tende a ser utilizado para designar os diferentes ramos do Direito nos quais o *Processo,* enquanto ramo de Direito, se desdobra. Neste sentido, fala-se, assim, por exemplo, em *Processo Civil,* em *Processo Penal,* em *Processo do Trabalho* ou em *Processo Administrativo* para referir o *Direito Processual Civil,* o *Direito Processual Penal,* o *Direito Processual Laboral* ou o *Direito Processual Administrativo:* ou seja, os diferentes ramos nos quais se desdobra o *Direito Processual.*

d) Enfim, o termo ainda é utilizado para designar a disciplina que, no âmbito da ciência jurídica, procede ao estudo sistemático de cada um dos referidos ramos do Direito. Nesta acepção, pode, pois, dizer-se que se estuda *Processo* e, mais concretamente, que, por exemplo, se estuda *Processo Civil, Processo Penal, Processo do Trabalho* ou *Processo Administrativo.*

Pela riqueza de conteúdos que, como se vê, o termo *processo* carrega consigo, é, a nosso ver, adequado erigi-lo no conceito nuclear em torno do qual deve gravitar o objecto do nosso estudo.

Neste sentido, propomo-nos aqui estudar *Processo Administrativo,* na medida em que o nosso propósito é o de introduzir o leitor no estudo sistemático do *Direito Processual Administrativo,* enquanto ramo do Direito que estabelece as regras de conduta a observar pelos sujeitos processuais na propositura e desenvolvimento da sequência encadeada de actos jurídicos, a que se dá o nome de *acção,* que corre termos perante uma estrutura específica de tribunais, que são os tribunais administrativos.

A análise incidirá, naturalmente, sobre os termos em que o Direito Processual Administrativo regula os *processos administrativos,* na primeira das acepções atrás indicadas. E, nessa perspectiva, veremos quais são os actos jurídicos que devem ser praticados na propositura e desenvolvimento das acções perante os tribunais administrativos e por que forma o Direito Processual Administrativo estabelece a sequência encadeada pela qual esses actos jurídicos devem ser praticados – o que se costuma designar por *tramitação do processo.*

Mas não apenas isso. A adequada compreensão do regime do *processo administrativo* exige incursões muito relevantes em domínios conexos com outros ramos do Direito: em particular, o Direito da Organização Judiciária, por um lado; e o Direito Administrativo, pelo outro.

No que toca ao Direito da Organização Judiciária, não poderemos deixar de começar, na verdade, por ver em que termos se encontra constitucionalmente instituída e legalmente estruturada a jurisdição administrativa. Com efeito, existe uma óbvia relação de precedência lógica entre a existência da jurisdição administrativa e o processo administrativo, que não existiria se ela não existisse[1]. Desde logo por evidentes razões de ordem pedagógica, justifica-se, por isso, que a aproximação ao estudo do processo administrativo parta do reconhecimento de que, se esse conceito existe hoje em Portugal, é porque, na nossa ordem jurídico-constitucional, existe uma dualidade de jurisdições, da qual decorre a existência de tribunais administrativos, com o âmbito de jurisdição, por um lado, e a organização e competências, pelo outro, que a CRP e o ETAF lhe conferem.

Por outro lado, e no que respeita ao Direito Administrativo, cumpre ter presente que o processo não é um fim em si mesmo, mas antes se destina a servir a tutela de situações substantivas. Nisto se traduz a sua essencial instrumentalidade, enquanto meio primacialmente dirigido a possibilitar o exercício de direitos e outras situações jurídicas substantivas. Ora, "a compreensão da instrumentalidade processual requer a explicitação do objecto para o qual o processo serve de meio de exercício e de tutela e o conhecimento da posição das partes em juízo"[2]. Com efeito, a específica configuração que, muitas vezes, assumem as situações materiais a submeter à apreciação dos tribunais exige que o Direito Processual preveja formas específicas de processo que se lhes adequem. Ao modo como se encontra regulado o processo administrativo não são, portanto, indiferentes as especificidades das questões de Direito Administrativo que através dele devem ser apreciadas e decididas pelos tribu-

[1] Como teremos oportunidade de ver, os tribunais administrativos estão integrados na jurisdição administrativa e fiscal, sendo que o ramo administrativo e o ramo fiscal são as duas partes integrantes de uma única jurisdição: cfr. *infra*, nº 12. Como o nosso estudo se circunscreverá, porém, ao processo administrativo, deixando de lado o processo tributário ou fiscal, falaremos normalmente da *jurisdição administrativa* para, de modo abreviado, nos referirmos ao ramo administrativo da jurisdição administrativa e fiscal.

[2] Cfr. Miguel Teixeira de Sousa, "Aspectos metodológicos e didácticos do Direito Processual Civil", *Revista da Faculdade de Direito de Lisboa*, vol. XXXV, p. 387.

nais administrativos. Compreende-se, assim, que a exposição do regime do processo administrativo envolva importantes incursões pelo Direito Administrativo, necessárias para a adequada compreensão das soluções processuais. É sobretudo no Título Primeiro da Primeira Parte, respeitante, a título introdutório, aos *elementos essenciais do processo administrativo* – sujeitos, por um lado, e objecto do processo administrativo, pelo outro –, que a exposição incidirá sobre estes aspectos, com a vantagem de, uma vez adquiridos os pressupostos a reter a respeito de cada um deles, se poder depois avançar para o estudo, como foi dito, dos termos em que o Direito Processual Administrativo regula os processos administrativos no ordenamento jurídico vigente em Portugal.

2. Conceitos fundamentais da Teoria Geral do Processo

2. Como já foi referido, pode dizer-se que o *Processo*, enquanto ramo de Direito, se desdobra em vários ramos. O *Processo Administrativo* é um desses ramos. São, por isso, aplicáveis ao processo administrativo todo um conjunto de conceitos fundamentais que, embora tendo sido historicamente elaborados no âmbito e por referência ao processo civil, se deve hoje entender que são conceitos fundamentais da Teoria Geral do Processo. Como serão dados como pressupostos ao longo do estudo que iremos empreender, justifica-se que, a título introdutório, se proceda, nesta sede, à sua sintética recapitulação[3].

2.1. *Tutela declarativa, cautelar e executiva*

3. Tal como sucede em processo civil, o ponto de partida para o estudo do processo administrativo reside na distinção fundamental que separa, por um lado, os *processos declarativos* dos *processos executivos* e, por outro lado, os *processos principais* dos *processos cautelares.*

[3] Adopta-se como ponto de referência, ao longo da exposição subsequente, José Lebre de Freitas, *Introdução ao Processo Civil,* Coimbra, 1996, cujo conteúdo, em diversos segmentos, se acompanha de perto. Para a exposição sintética dos conceitos, cfr. também Miguel Teixeira de Sousa, *Introdução ao Processo Civil,* Lisboa, 2000.

a) No que se refere à primeira das distinções, os *processos declarativos* dirigem-se à declaração do Direito, à resolução dos litígios através da proclamação, pelo tribunal, da solução que o Direito estabelece para as situações concretas que são submetidas a julgamento. Em princípio (e, portanto, sem prejuízo da previsão legal da existência de outros títulos executivos para além das decisões proferidas pelos tribunais), os *processos executivos* existem, por seu turno, para obter do tribunal a adopção das providências materiais que concretizem, no plano dos factos, aquilo que foi juridicamente declarado pelo tribunal no processo declarativo (ou que, em todo o caso, consta de outro título que a lei reconhece como executivo), adequando os factos ao Direito, a situação que existe àquela que, segundo as normas, deve existir.

O processo declarativo é, portanto, desencadeado para que o tribunal *diga o Direito,* através da emissão de uma sentença; o processo executivo é desencadeado para que o tribunal *execute o Direito,* através da adopção, pelo próprio juiz, por funcionários judiciais ou por outras entidades colocadas ao serviço do tribunal, de providências concretas que coloquem a situação de facto que existe em conformidade com o Direito que foi declarado. No processo declarativo, o tribunal profere uma decisão; no processo executivo, o tribunal adopta providências que dão execução coactiva à decisão ou que constrangem o obrigado a cumprir o que foi determinado por sentença (ou por outro título com força executiva).

No processo administrativo, a distinção é claramente assumida na medida em que, após ter regulado os processos declarativos (em primeira instância, nos artigos 35º a 111º) e os processos cautelares (nos artigos 112º a 134º), o CPTA dedica um Título específico, o Título VII (artigos 157º a 179º), aos processos executivos.

b) No que se refere à segunda das distinções enunciadas, entre *processos principais* e *processos cautelares,* ela pode ser genericamente traçada da seguinte forma. No processo declarativo, o autor exerce o seu direito de acção, com vista a obter uma pronúncia que, dizendo o Direito, proporcione a tutela declarativa adequada à situação jurídica que o levou a dirigir-se ao tribunal. No processo cautelar, o autor no processo declarativo, já intentado ou ainda a intentar, pede ao tribunal a adopção de uma providência destinada a impedir que, durante a pendência do processo declarativo, se constitua uma situação irreversível ou se produzam danos de tal modo gravosos que ponham em perigo, no todo ou pelo menos em parte, a utilidade da decisão que se pretende ver proferida naquele processo.

O processo cautelar não possui autonomia, funcionando como um momento preliminar ou como um incidente do processo declarativo (que por isso é designado como *processo principal* em relação ao cautelar), cujo efeito útil visa assegurar e, portanto, ao serviço do qual se encontra. Desde logo por este motivo, a tramitação dos processos cautelares obedece a um modelo específico que a lei regula em separado, por confronto com as formas de processo que estabelece para os processos principais. Por outro lado, os processos cautelares tendem a obedecer a uma estrutura simplificada, que os adeque à urgência com que devem ser decididos.

Isto mesmo sucede no processo administrativo. Com efeito, o CPTA dedica um Título autónomo, o Título IV (artigos 112º e seguintes), aos processos cautelares, que configura como urgentes (cfr. artigo 36º, nº 1, alínea *f)*).

Ao contrário do que, entre nós, tradicionalmente se faz no processo civil, o CPTA não fala, entretanto, em *procedimentos cautelares,* mas em *processos cautelares.* Pelo menos no domínio específico do processo administrativo, a solução justifica-se desde logo pela conveniência em reservar a expressão *procedimento* para o *procedimento administrativo,* conceito que, como vimos (cfr. nº 1), se faz corresponder à tramitação das decisões administrativas, regulada por normas de Direito Administrativo, e não à tramitação de decisões judiciais, regulada por normas de Direito Processual. Isto, naturalmente, sem se deixar de reconhecer que os processos dirigidos à adopção de providências cautelares apresentam características próprias, que, como foi dito, os distinguem dos processos principais.

Como resulta dos termos da distinção enunciada entre as duas categorias de processos, os processos declarativos têm precedência lógica sobre os processos executivos. Com efeito, na maioria das situações, o processo executivo é desencadeado na sequência de um processo declarativo, com vista a tentar obter a concretização, no plano dos factos, do que, no processo declarativo, o juiz decidiu no plano do Direito. Justifica-se, por isso, que o estudo dos processos declarativos preceda o dos processos executivos e, portanto, que se deixe para uma fase mais avançada da exposição a análise dos termos em que estes últimos são regulados no CPTA. Como já vimos, a mesma precedência lógica é, aliás, reflectida na estrutura do CPTA.

Por outro lado, a falta de autonomia e, portanto, a instrumentalidade dos processos cautelares em relação aos processos (declarativos) principais também justifica que o seu estudo seja remetido para um segundo momento, em relação à análise dos processos (declarativos principais) por referência aos quais eles se definem. Como já vimos, a mesma precedência lógica é também reflectida na estrutura do CPTA. O estudo dos termos em que os processos cautelares são regulados no CPTA também será, por isso, objecto de análise numa fase mais avançada da exposição, imediatamente após o estudo dos processos declarativos e antes do dos processos executivos.

Por este motivo, os conceitos fundamentais de teoria geral do processo que, a título introdutório, se procuram sistematizar de seguida dizem apenas respeito ao processo declarativo, em que, como foi dito, o autor exerce o seu direito de acção, com vista a obter uma pronúncia que, dizendo o Direito, proporcione a tutela declarativa adequada à situação jurídica que o levou a dirigir-se ao tribunal.

2.2. *Relação processual e sujeitos do processo declarativo*

4. O processo declarativo tem o seu início com a *propositura* da acção pelo autor, mediante a entrega ou envio da *petição inicial*, na qual o autor solicita ao tribunal uma providência que alega ser necessária para tutelar os seus direitos ou interesses. Com a apresentação da petição inicial, o autor dá o impulso sem o qual não pode existir o processo, já que os tribunais são órgãos passivos, que só actuam por iniciativa de quem a eles se dirige, solicitando a adopção de providências que lhes proporcionem a tutela jurisdicional a que alegam ter direito.

Com a propositura da acção pelo autor constitui-se a *instância*, ou seja, a *relação jurídica processual* que se vai desenvolver entre as partes e o tribunal ao longo de toda a pendência da causa – relação dinâmica que, nesse primeiro momento, ainda se estabelece apenas entre o autor, que propõe a acção, e o tribunal ao qual o autor solicita a adopção da providência a que alega ter direito.

Na petição inicial, o autor identifica, contudo, o sujeito ou sujeitos que deverão sofrer os efeitos da providência que é requerida ao tribunal. Estes são os sujeitos contra os quais a acção é proposta e que nela hão-de figurar, portanto, perante o tribunal, como *demandados*, em posição contraposta à do autor. A partir do momento em que a secretaria do tribunal procede à *citação* do demandado ou dos demandados, dando-lhes conhecimento de que a acção foi proposta contra eles e de que, por isso, dispõem de um prazo para, querendo, a contestarem, a relação processual estende-se, pois, ao demandado ou aos demandados, passando a intercorrer, quer entre as partes (autor, por um lado, e demandado ou demandados, pelo outro), quer entre cada uma delas e o tribunal.

Partes e tribunal são, assim, os *sujeitos do processo declarativo*, os intérpretes que vão dar corpo à sucessão de actos e formalidades em que o processo se vai concretizar durante a pendência da causa, até que ocorra alguma das circunstâncias que determinam a extinção da instância.

2.3. *A forma do processo declarativo: constituição, desenvolvimento e extinção da instância*

5. A instância declarativa constitui-se, como vimos, com a *propositura* da acção pelo autor, mediante a entrega ou envio da *petição inicial*, e com a *citação* do demandado ou dos demandados para contestarem, com o que se completa o triângulo da relação processual intercorrente entre as partes (autor, por um lado, e demandado ou demandados, pelo outro) e o tribunal.

De acordo com o princípio da *tipicidade legal das formas de processo*, a lei estabelece os *modelos de tramitação* que devem seguir os diferentes processos, desde o momento em que a acção é proposta perante o tribunal até ao momento em que este vem a proferir a correspondente decisão. A partir do momento em que se constitui a instância, o processo segue, pois, os seus termos, de acordo com o modelo de tramitação legalmente previsto.

A este modelo dá-se o nome de *forma do processo*. O conceito de *forma do processo* designa, pois, o conjunto ordenado de actos e formalidades que devem ser observados na propositura e desenvolvimento da acção em tribunal. A previsão legal de diferentes formas de processo resulta de uma opção do legislador no sentido de que os processos não devem ter todos a mesma tramitação, mas devem ser, pelo contrário, reconduzidos a *tipos* diferenciados, e de que a tramitação dos processos correspondentes a cada tipo deve obedecer a uma sequência específica de actos e formalidades. E são vários os critérios que podem levar o legislador a prever múltiplas formas de processo, assim como a dividir os processos por tipos, determinando a que formas de processo devem corresponder os diferentes tipos legalmente previstos e delimitados.

Em termos genéricos e tendenciais, pode, em todo o caso, dizer-se que a primeira fase da instância é a dos *articulados*, isto é, dos documentos escritos (petição inicial do autor, contestação dos demandados e eventuais articulados adicionais) em que cada uma das partes apresenta as suas alegações sobre a matéria de facto e a matéria de direito envolvidas na controvérsia submetida à apreciação do tribunal.

Segue-se a fase do *saneamento e condensação do processo*, em que, em princípio, os articulados chegam pela primeira vez ao contacto do juiz, ao qual incumbe verificar a regularidade da constituição da instância e promover, quando seja caso disso, o suprimento de eventuais irregularidades que possam ser sanadas. O processo pode terminar nesta fase, se houver lugar a absolvição da instância ou ao julgamento antecipado da causa. Caso contrário, cabe ao juiz determinar que o processo avance para uma fase de produção de prova, na qual as questões de facto controvertidas, relevantes para a decisão da causa, serão objecto de prova em juízo.

Na fase da *produção de prova*, são realizadas as diligências e cumpridos os actos julgados necessários ao esclarecimento dos factos controvertidos relevantes para a tomada da decisão, tais como relatórios periciais, audição de peritos, inquirição de testemunhas, etc.

A instância pode, entretanto, ser suspensa ou extinguir-se sem o decurso de todas estas fases, nos casos legalmente previstos.

2.4. *Objecto do processo declarativo*

6. O processo declarativo tem um *objecto*, que é a matéria sobre a qual o tribunal é chamado a pronunciar-se. O tribunal só pode pronunciar-se sobre o objecto do processo, tal como ele foi determinado pelas partes.

Como foi dito (cfr. nº 4), o processo declarativo tem o seu início com a entrega ou envio ao tribunal da petição inicial, na qual o autor dirige um *pedido* ao tribunal, solicitando-lhe que emita uma sentença com um determinado conteúdo.

O pedido dirige-se, assim, antes de mais, à providência a conceder pelo juiz, à sentença que o autor solicita ao tribunal, através da qual vai ser actuada a tutela jurídica pretendida: por exemplo, a condenação de *A* a pagar a quantia de *X*. Mas o pedido também exprime a formulação de uma *pretensão* por parte do autor, que se dirige à produção de um efeito jurídico, o efeito jurídico que há-de resultar da sentença e que, consoante os casos, se pode traduzir no reconhecimento, por parte do tribunal, da existência ou inexistência de uma situação, de um efeito ou de um facto jurídico, individualizado em função dos respectivos factos ou elementos constitutivos: a chamada *causa petendi* ou *causa de pedir*.

Neste sentido, parece poder dizer-se que, à partida – isto é, tomando por referência o momento da citação do demandado ou dos demandados, em que se completa a constituição da relação processual –, o *objecto do processo declarativo* se define por referência à *pretensão* formulada pelo autor. É, com efeito, sobre o bem ou mal fundado da pretensão do autor, dirigida ao reconhecimento, como foi dito, da existência ou inexistência de uma situação, de um efeito ou de um facto jurídico, que, em primeira linha, vai incidir a discussão (o litígio) que, ao longo do processo, se estabelece entre as partes e, por fim, a própria apreciação a realizar pelo tribunal.

O objecto do processo identifica-se, portanto, à partida, pelo pedido e pela causa de pedir, tal como deduzidos pelo autor. Isto, naturalmente, sem prejuízo da possibilidade de o objecto inicial do processo vir a ser ampliado ou restringido durante a pendência da causa, por iniciativa do autor ou dos demandados, de acordo com os (generosos) termos em que tal possibilidade é legalmente admitida.

A determinação precisa do objecto do processo declarativo é, designadamente, determinante para a correcta delimitação da força de caso julgado material da sentença que, no âmbito desse processo, venha a ser proferida pelo tribunal sobre a questão material que foi submetida ao seu julgamento. Com efeito, se, por hipótese, *A* for absolvido de (ou condenado *a*) pagar a *B* a quantia de *X* porque a tanto se obrigou por contrato celebrado com *B* na data *Y*, o que impede que, em novo processo, *A* venha a ser (porventura, de novo) condenado a pagar a *B* a mesma quantia com fundamento no mesmo contrato é o efeito de caso julgado material que, no processo em que a sentença de condenação foi proferida, se formou por referência ao objecto desse processo, atinente ao *débito de X fundado no contrato datado de Y*. A referida absolvição (ou condenação) não impede, portanto, *B* de propor nova acção contra *A*, de novo dirigida a obter a condenação ao pagamento da mesma quantia *X*, mas agora, por hipótese, com fundamento noutro contrato, celebrado na data *Z*, ou em responsabilidade civil extracontratual emergente de facto ilícito e culposo cometido por *A* na data *W*, etc.

2.5. *Condições de existência, admissibilidade e procedência da acção declarativa – decisões de mérito e de absolvição da instância*

7. A apresentação de uma petição inicial perante um tribunal exprime o exercício do *direito de acção*, direito fundamental à jurisdição, que a CRP – no artigo 20º, em termos gerais, e no artigo 268º, nºs 4 e 5, no domínio específico do processo administrativo – a todos reconhece, de se dirigirem aos tribunais para deles solicitarem a adopção das providências de que aleguem ter necessidade para tutela dos seus direitos ou interesses. Desde que a petição inicial satisfaça os requisitos formais mínimos de que depende a sua admissão pela secretaria, ela faz nascer um processo e dá lugar à emissão de uma decisão por parte do tribunal requerido.

Questão distinta é a de saber se todos os que se dirigem aos tribunais alegando a necessidade de uma providência jurisdicional têm direito a obtê-la. O direito de acção é um direito subjectivo público que se esgota na possibilidade de quem quer que seja accionar os tribunais com base na *afirmação* da titularidade de uma situação jurídica digna de tutela. Tanto basta para que o autor faça nascer um processo e lhe assista o direito a obter uma decisão da parte do tribunal ao qual se dirigiu. Diferente questão é, depois, a de saber se essa decisão vai ser favorável à pretensão do autor, julgando *procedente* a acção por si proposta, pois isso depende do preenchimento de um conjunto de requisitos, tanto de natureza substantiva, como de natureza processual.

Para que o autor obtenha uma sentença de procedência, que lhe reconheça razão e lhe atribua a providência solicitada, é, na verdade, e antes de mais, necessário que a instância, a relação processual entre as partes e o tribunal, tenha sido regularmente constituída – ou que, no caso de o não ter sido, seja possível sanar a irregularidade ocorrida.

A regularidade da constituição da instância depende da observância de um conjunto de *requisitos de admissibilidade* do julgamento do mérito da causa, a que é correntemente dado o nome de *pressupostos processuais*.

A falta de pressupostos processuais é tendencialmente sanável, cabendo, aliás, ao juiz promover o suprimento da falta dos pressupostos processuais que sejam susceptíveis de sanação. Nos casos, porém, em que não seja possível ou, em todo o caso, não haja lugar a sanação, a falta de pressupostos processuais constitui uma *excepção dilatória*, que conduz à emissão de uma decisão de *absolvição da instância*, pela qual a instância se extingue sem que o tribunal se pronuncie sobre o *mérito da causa*, isto é, sobre o objecto do processo, as questões substantivas que ele tinha sido chamado a resolver.

Como a decisão de absolvição da instância não julga o mérito da causa, ela não adquire força de caso julgado material, mas apenas de *caso julgado formal*, efeito que se esgota dentro do processo em que a decisão foi proferida, sem se impor fora desse processo. Só por si, a absolvição da instância não impede, portanto, a propositura de nova acção com o mesmo objecto (a acção pode, no entanto, não poder voltar a ser proposta por outras razões: por exemplo, por já ter expirado o prazo dentro do qual podia ser proposta); como também não impede o julgamento quanto ao mérito dessa nova acção, caso a excepção dilatória anteriormente verificada tenha, entretanto, cessado ou seja, dessa feita, sanada.

Sempre que não haja lugar à absolvição da instância, mas ao julgamento sobre o mérito da causa, a emissão de uma sentença favorável à pretensão do autor, que julgue procedente a acção proposta, depende, entretanto, naturalmente, do preenchimento dos pressupostos de direito substantivo que, em cada caso, sejam necessários para que, no julgamento do mérito da causa, o tribunal reconheça razão ao autor e, por isso, lhe atribua a providência por ele solicitada. As *condições de procedência da acção* são, assim, os pressupostos de que, de acordo com as normas de direito substantivo aplicáveis em cada caso, depende o reconhecimento, por parte do tribunal, do bem fundado da pretensão formulada pelo autor. Não dizem, pois, respeito ao Direito Processual, ao qual não cumpre resolvê-las.

PRIMEIRA PARTE
Elementos Essenciais e Pressupostos do Processo Administrativo

TÍTULO PRIMEIRO
Elementos Essenciais do Processo Administrativo

CAPÍTULO PRIMEIRO
Sujeitos do Processo Administrativo

§ 1º – O Tribunal Administrativo

8. De acordo com o artigo 209º da CRP, além do Tribunal Constitucional, existem, na vigente ordem jurídico-constitucional portuguesa, as seguintes categorias de tribunais: o Supremo Tribunal de Justiça e os tribunais judiciais de primeira e de segunda instância; o Supremo Tribunal Administrativo e os demais tribunais administrativos e fiscais; e o Tribunal de Contas.

Para além, portanto, do Tribunal Constitucional e do Tribunal de Contas, a CRP consagra, assim, a existência, na ordem jurídica portuguesa, de uma *dualidade de jurisdições.* Existem, com efeito, na nossa ordem jurídica, duas ordens de tribunais: os tribunais judiciais, cujo órgão de cúpula é o Supremo Tribunal de Justiça; e os tribunais administrativos e fiscais, cujo órgão de cúpula é o Supremo Tribunal Administrativo.

Isto mesmo é confirmado pela simetria com que, nos seus artigos 210º (e 211º) e 212º, respectivamente, a CRP regula, em seguida, cada uma das jurisdições e, em particular, pelo modo como, por um lado, no artigo 210º, nº 1, a CRP estabelece que "o Supremo Tribunal de Justiça é o órgão superior da hierarquia dos tribunais judiciais, sem prejuízo da competência própria do Tribunal Constitucional"; e, por outro lado, no artigo 212º, nº 1, estabelece que "o Supremo Tribunal Administrativo é o órgão superior da hierarquia dos tribunais administrativos e fiscais, sem prejuízo da competência própria do Tribunal Constitucional".

Acrescenta, entretanto, o artigo 217º, no seu nº 1, que "a nomeação, a colocação, a transferência e a promoção dos juízes dos tribunais judiciais e o exercício da acção disciplinar competem ao Conselho Superior da Magistratura" e, no seu nº 2, que "a nomeação, a colocação, a transferência e a promoção dos juízes dos tribunais administrativos e fiscais, bem como o exercício da acção disciplinar, competem ao respectivo conselho superior, nos termos da lei".

Por outro lado, quando o artigo 215º da CRP se refere à "magistratura dos tribunais judiciais", ele está apenas a referir-se aos *tribunais judiciais,* a que se reportam os artigos 210º e 211º, e não aos tribunais administrativos e fiscais. Evidencia-o o conteúdo dos nºs 2, 3 e 4 do artigo 215º, que se referem aos mesmos três degraus da hierarquia dos tribunais judiciais (tribunais de primeira instância, tribunais de segunda instância e Supremo Tribunal de Justiça) que são mencionados no artigo 209º, nº 1, alínea *a),* e no artigo 210º. Quando, portanto, nesse contexto, o artigo 215º, nº 1, da CRP estabelece que "os juízes dos tribunais judiciais formam um corpo único e regem-se por um só estatuto", o preceito tem exclusivamente em vista os juízes dos *tribunais judiciais,* a que se referem os artigos 210º e 211º, e não os juízes dos tribunais administrativos e fiscais.

Isto explica o disposto no artigo 57º do ETAF, aprovado pela Lei nº 13/2002, de 19 de Fevereiro, que reza o seguinte: "Os juízes da jurisdição administrativa e fiscal formam um corpo único e regem-se pelo disposto na Constituição da República Portuguesa, por este Estatuto e demais legislação aplicável e, subsidiariamente, pelo Estatuto dos Magistrados Judiciais, com as necessárias adaptações".

9. Segundo dispõe o artigo 212º, nº 3, da CRP, cujo sentido e alcance adiante haverá oportunidade de analisar (cfr. nº 69), "compete aos tribunais administrativos e fiscais o julgamento das acções e recursos contenciosos que tenham por objecto dirimir os litígios emergentes de relações

jurídicas administrativas e fiscais": isto é, no essencial, administrar a justiça em nome do povo nos litígios cuja resolução dependa da aplicação de normas de Direito Administrativo ou de Direito Fiscal.

A existência, entre nós, da jurisdição administrativa e fiscal tem razões históricas que a explicam[4], mas justifica-se, hoje, no quadro jurídico-constitucional do Portugal democrático – tal como, aliás, também sucede na maioria dos países europeus –, por razões que se prendem com a vastidão e complexidade do universo das relações jurídicas que são disciplinadas pelo Direito Administrativo e pelo Direito Fiscal.

Nas sociedades modernas, é, na verdade, cada vez mais complexa e intrincada a rede de relações jurídicas que resulta da interpenetração dos domínios do público e do privado. E mais intensa a litigiosidade que se gera em torno do exercício de poderes públicos. É a consequência da forte intervenção dos poderes públicos na vida social, designadamente nos planos autorizativo e de fiscalização, dirigido à prevenção de riscos, e da regulação da actividade desenvolvida pelos agentes económicos. Imbrincada com o cada vez mais forte reconhecimento de que, num Estado de Direito democrático, os sujeitos privados são titulares de direitos e interesses dignos de tutela jurídica perante os poderes públicos. Daqui resulta uma enorme pressão da sociedade sobre a Justiça, a quem é exigida uma tutela cada vez mais eficaz contra as actuações ilegítimas dos poderes públicos.

Mas, do mesmo passo, existe a consciência de que a intervenção do poder judicial, neste domínio, não deve ultrapassar os limites que decorrem da vontade expressa pelos órgãos democraticamente legitimados para o efeito. E, neste sentido, estabelece o artigo 3º, nº 1, do CPTA que aos tribunais administrativos apenas compete julgar, "no respeito pelo princípio da separação e interdependência dos poderes, [...] do cumprimento pela Administração das normas e princípios jurídicos que a vinculam e não da conveniência ou oportunidade da sua actuação".

[4] Para o enquadramento histórico e comparatístico do processo administrativo, a que não podemos proceder aqui, cfr., por todos, a exaustiva análise de SÉRVULO CORREIA, *Direito do Contencioso Administrativo*, vol. I, Lisboa, 2005, em volume integralmente dedicado ao tema, e que, a pp. 439 segs., oferece uma vasta panorâmica da génese e evolução do contencioso administrativo português. Para ir, entretanto, mais longe, constituem, naturalmente, referência obrigatória os exaustivos estudos de MARIA DA GLÓRIA GARCIA, *Da Justiça Administrativa em Portugal – Sua origem e evolução*, Lisboa, 1994, e *Do Conselho de Estado ao actual Supremo Tribunal Administrativo*, 2ª ed., Lisboa, 2008.

Não se trata, pois, de pretender que os tribunais *administrem*, sobrepondo os seus próprios juízos subjectivos aos daqueles que exercem a função administrativa, mas de pretender que os tribunais *julguem* da conformidade da actuação dos poderes públicos com as regras e os princípios de Direito a que eles se encontram obrigados – e que, no exercício da função jurisdicional que lhes incumbe, profiram as sentenças e demais providências, tanto no plano executivo, como no plano cautelar, adequadas para fazer prevalecer o Direito sobre as eventuais condutas ilegítimas dos poderes públicos.

Como se compreende, esta é uma incumbência que, pela delicadeza que envolve, se reveste, em qualquer ordenamento jurídico, da maior importância, mas também da maior complexidade, pelo que bem justifica o mais elevado grau de especialização dos magistrados chamados a desempenhá-la.

10. Como demonstra o exemplo de alguns países europeus, a começar pela Espanha, a especialização em matéria administrativa e fiscal não exige, em todo o caso, a necessária instituição de uma dualidade de jurisdições, podendo ser, teoricamente, assegurada pela criação de tribunais especializados no seio dos próprios tribunais judiciais de primeira instância, assim como de secções especializadas nos tribunais judiciais de segunda instância e no Supremo Tribunal de Justiça.

A necessidade de assegurar a efectiva especialização dos juízes administrativos e fiscais exige, contudo, que, mesmo nesse modelo, a carreira dos juízes administrativos seja separada da dos demais juízes, processando-se a evolução na carreira nos tribunais e secções especializados como se de uma jurisdição separada se tratasse. A não ser assegurado este requisito fundamental, é altamente desaconselhável a eliminação do modelo vigente, de dualidade de jurisdições, na medida em que tal solução envolveria o risco da diluição dos juízes administrativos, que são em reduzido número, no universo dos juízes dos tribunais judiciais, cuja carreira não contempla, presentemente, qualquer espécie de especialização. Facilmente sucederia, portanto, que, senão mesmo mercê da livre circulação de juízes entre tribunais especializados e não especializados, pelo menos por ocasião da sua transição dos tribunais de primeira instância para os de segunda instância, ou destes para o Supremo, juízes sem qualquer formação específica e que nunca antes julgaram matéria administrativa ou fiscal passassem a fazê-lo – e, para mais, quando em instâncias superiores, com responsabilidades acrescidas.

11. Tal como sucede com os tribunais judiciais, também os tribunais administrativos e fiscais se encontram organizados em três níveis: os tribunais de primeira instância, os tribunais de segunda instância e o Supremo Tribunal Administrativo.

Os tribunais administrativos e fiscais de segunda instância são presentemente dois, tomam a designação de *tribunais centrais administrativos Norte e Sul* e têm sede, respectivamente, no Porto e em Lisboa.

O ETAF regula, em separado, os tribunais de primeira instância que julgam em matéria administrativa, que designa por *tribunais administrativos de círculo,* e os que julgam em matéria fiscal, que designa por *tribunais tributários* (cfr. artigos 8º, nº 1, e 39º a 50º do ETAF). Sucede, porém, que, conforme previsto no artigo 8º, nº 3, do ETAF, quase todos os tribunais administrativos de primeira instância foram agregados, por determinação do Ministro da Justiça (Portaria nº 1418/2003, de 30 de Dezembro), a tribunais tributários de primeira instância, com o que cada um dos tribunais agregados (administrativo e tributário) passaram, assim, a corresponder a uma secção especializada em matéria administrativa e em matéria fiscal de um único tribunal, que adopta a designação de *tribunal administrativo e fiscal.* A única excepção tem lugar em Lisboa, onde, atendendo à sua maior dimensão, o tribunal administrativo de círculo e o tribunal tributário não funcionam agregados (cfr. artigo 2º do Decreto-Lei nº 182/2007, de 9 de Maio).

Conforme estabelece o artigo 3º do Decreto-Lei nº 325/2003, de 29 de Dezembro, na redacção resultante do artigo 1º do Decreto-Lei nº 182/ /2007, de 9 de Maio, existem, assim, hoje, em Portugal, tribunais administrativos e fiscais de primeira instância com sede em Almada, Aveiro, Beja, Braga, Castelo Branco, Coimbra, Funchal, Leiria, Loulé, Mirandela, Penafiel, Ponta Delgada, Porto, Sintra e Viseu. Ao que acrescem o tribunal administrativo de círculo de Lisboa e o tribunal tributário de Lisboa. A área de jurisdição de cada um dos tribunais encontra-se estabelecida no mapa anexo ao Decreto-Lei nº 325/2003, de 29 de Dezembro, na redacção resultante do DecretoLei nº 182/2007, de 9 de maio.

12. A agregação dos tribunais administrativos e fiscais em tribunais de competência mista, com secções especializadas em matéria administrativa

e em matéria fiscal, tanto na primeira instância (nos referidos *tribunais administrativos e fiscais*), como nos tribunais superiores (nos tribunais centrais administrativos e no Supremo Tribunal Administrativo: cfr. artigos 12º, nº 2, e 32º, nº 1), não compromete a identidade própria de cada um dos dois ramos desta jurisdição. Cada secção tem, com efeito, os seus próprios juízes e funcionários. E o processo administrativo e o processo tributário regem-se por regimes distintos, que prevêem meios diferenciados de acesso à justiça. No processo administrativo, esse regime está fundamentalmente definido no CPTA. No processo tributário, esse regime está fundamentalmente definido na parte do Código de Procedimento e Processo Tributário atinente à matéria, que não será aqui estudada.

§ 2º – As Partes

13. Como já vimos (cfr. nº 4), *partes* num processo declarativo são os sujeitos jurídicos que nele figuram como autor e como demandados e, portanto, o *autor* que desencadeou o processo, formulando a pretensão perante o tribunal, e aquele ou aqueles contra quem a acção foi proposta e que foram citados como *demandados* para contestar a petição do autor.

Em primeiro lugar, portanto, o *autor.*

14. Por regra, os processos administrativos são desencadeados por particulares: pessoas privadas, singulares ou colectivas, que se dirigem aos tribunais administrativos alegando a ofensa de um direito subjectivo ou de um interesse legalmente protegido por parte de uma entidade pública.

Esta é apenas uma das dimensões da litigiosidade administrativa, mas é, indiscutivelmente, a mais relevante, tanto do ponto de vista quantitativo, como do ponto de vista qualitativo: do ponto de vista quantitativo, na medida em que, estatisticamente, corresponde à esmagadora maioria das situações; e do ponto de vista qualitativo, por ser aquela que se reveste de maior importância, na medida em que envolve o exercício, por parte dos alegados lesados, do seu direito fundamental de acesso à justiça administrativa.

Complementando as disposições, de âmbito genérico, do artigo 20º, a CRP consagra, aliás, no artigo 268º, nºs 4 e 5, como um direito fundamental de natureza análoga aos direitos, liberdades e garantias, o direito fundamental que a todos assiste de recorrerem à justiça administrativa em defesa dos seus direitos e interesses legalmente protegidos, explicitando as principais dimensões em que esse direito fundamental se concretiza, tanto no plano da tutela declarativa, como no plano da tutela cautelar.

De referir que a fórmula que, neste como em muitos outros casos, é geralmente utilizada, dos "direitos ou interesses legalmente protegidos", tem o propósito e o alcance de cobrir, não apenas as situações de *direito subjectivo*, em que o quadro normativo aplicável assegura ao interessado a satisfação plena do seu interesse dirigido a um bem da vida, como também as situações de *interesse legalmente protegido*, em que, embora não lhe assegure essa satisfação plena, o quadro normativo aplicável permite ao interessado aspirar à satisfação desse interesse, exigindo a observância, por parte das entidades públicas envolvidas, das normas ou princípios pelas quais pode passar a satisfação desse interesse. Pense-se, desde logo, no exemplo do titular de um interesse pretensivo dirigido à obtenção de uma licença cuja atribuição depende da formulação de juízos discricionários, naturalmente parametrizados pela observância de certas regras ou princípios jurídicos. Esta é uma situação de *interesse legalmente protegido* porque a satisfação do interesse individual se encontra legalmente dependente do exercício de poderes discricionários por parte da Administração, em termos de o interessado não poder alegar a titularidade de um verdadeiro *direito* à obtenção da situação de vantagem em causa, mas apenas de um *interesse legalmente protegido*, que lhes permite exigir que a Administração exerça os seus poderes sobre a matéria no respeito pela lei e pelos princípios jurídicos aplicáveis[5].

15. Cumpre, porém, advertir de que nem sempre a autoria, no processo administrativo, corresponde ao paradigma que acaba de ser referido. O que bem se compreende, na medida em que, como, no essencial, os processos administrativos se dirigem a fiscalizar a legalidade administrativa e o respeito pela legalidade administrativa é, em si mesmo, um interesse público, as leis do processo administrativo são generosas no reconhecimento de legitimidade para a propositura de acções junto dos tribunais administrativos. Sem prejuízo dos desenvolvimentos de que

[5] Sobre esta matéria, cfr. MÁRIO AROSO DE ALMEIDA, *Anulação de actos administrativos e relações jurídicas emergentes*, Coimbra, 2002, pp. 160 segs., e as amplas referências aí indicadas.

cada um deles será objecto no momento próprio, cumpre, pois, de momento, inventariar os principais tipos de situações em referência[6].

a) Como a seu tempo se verá (cfr. nº 99), as acções de impugnação de actos administrativos podem ser intentadas, não só por quem alegue a ofensa de um direito ou um interesse legalmente protegido, no sentido explicitado no nº precedente, mas, de um modo geral, por quem apenas alegue a titularidade de um interesse directo e pessoal (cfr. artigo 55º, nº 1, alínea *a)*). Por outro lado, também pessoas colectivas, designadamente sindicatos e associações profissionais, podem propor acções relacionadas com interesses que lhes cumpra defender (cfr., designadamente, o artigo 55º, nº 1, alínea *c)*).

b) Existe, entretanto, a chamada *acção pública,* que é exercida por entidades públicas, no exercício de um *dever de ofício,* e não por particulares, em defesa dos seus direitos ou interesses.

O caso mais relevante diz respeito ao *Ministério Público,* a quem o CPTA reconhece amplos poderes para propor acções junto dos tribunais administrativos, em defesa da legalidade, do interesse público, de interesses difusos e de direitos fundamentais (cfr. artigos 9º, nº 2, 55º, nº 1, alínea *b),* 68º, nº 1, alínea *c),* 73º, nº 3, 77º, nº 1, 77º-A, nº 1, alínea *b),* e nº 3, alínea *c),* e 104º, nº 2). No exercício da acção pública, o Ministério Público também pode dar, aliás, continuidade a certos tipos de acções intentadas por particulares, em caso de desistência ou outra causa de extinção dessas acções (cfr. artigo 62º), e possui legitimidade irrestrita para recorrer de toda e qualquer decisão proferida pelos tribunais administrativos (cfr. artigos 141º, nº 1, 152º, nº 1, e 155º, nº 1).

Mas o CPTA também admite a possibilidade da existência de outros casos de acção pública, a cargo de outras entidades, designadamente no âmbito dos processos de impugnação de actos administrativos (cfr. artigo 55º, nº 1, alínea *e)*).

c) Avulta ainda a chamada *acção popular,* que o CPTA configura em duas modalidades bem distintas entre si, embora ambas tenham em comum a circunstância de corresponderem a acções propostas por cidadãos, indi-

[6] Com o que mais não se pretende do que evidenciar a "tripla funcionalidade" do processo administrativo, a que se refere Sérvulo Correia, *Direito do Contencioso Administrativo*, vol. I, pp. 735 e 744.

vidualmente ou em grupo, no gozo dos seus direitos civis e políticos, em defesa de valores que interessam ao conjunto da comunidade, sem terem necessariamente de respeitar individualizadamente aos autores.

A primeira dessas modalidades, prevista, com âmbito geral, no artigo 9º, nº 2, corresponde ao universo das acções que podem ser intentadas em defesa de valores e bens constitucionalmente protegidos, como a saúde pública, o ambiente, o urbanismo, o ordenamento do território, a qualidade de vida, o património cultural e os bens do Estado, das Regiões Autónomas e das autarquias locais – no que constitui uma concretização do direito de acção popular que a CRP consagra como um direito, liberdade e garantia de participação política, no seu artigo 52º, nº 3. A segunda modalidade, corresponde à acção popular de impugnação de actos administrativos praticados por órgãos autárquicos, que qualquer cidadão recenseado na localidade respectiva pode intentar nos termos do artigo 55º, nº 2.

d) Muitas vezes, os processos administrativos são desencadeados por entidades públicas contra outras entidades públicas, no âmbito dos chamados *litígios interadministrativos*, em que se confrontam entre si interesses estatutariamente atribuídos a diferentes entidades públicas.

Pense-se, por exemplo, em litígios entre autarquias locais e o Estado, como aqueles em que uma autarquia local impugne uma decisão do Ministério da Cultura que recuse parecer favorável à realização de um empreendimento de interesse local. E, em termos gerais, na legitimidade que o artigo 9º, nº 2, reconhece às autarquias locais para se substituir aos membros da respectiva comunidade local na propositura de acções em defesa de valores e bens constitucionalmente protegidos, como a saúde pública, o ambiente, o urbanismo, o ordenamento do território, a qualidade de vida, o património cultural e os bens do Estado, das Regiões Autónomas e das autarquias locais.

De igual modo, um órgão de uma entidade pública é hoje admitido, em certas circunstâncias, a impugnar uma decisão tomada por outro órgão da mesma entidade pública (cfr. artigo 55º, nº 1, alínea *d)*, do CPTA) (cfr. *infra*, nº 100). Para além dos litígios interadministrativos, os tribunais administrativos também são, pois, hoje palco de *litígios intra-administrativos*, gerados no seio de uma mesma entidade pública.

16. Como a seu tempo se verá com maior detenção (cfr. nº 69), o critério de delimitação do âmbito da jurisdição administrativa não é um critério estatutário, mediante o qual se atribua aos tribunais administrativos a competência para julgar as acções intentadas contra entidades públicas. O critério geral é, pelo contrário, o de que, por regra, os tribunais administrativos são competentes para dirimir os litígios de natureza administrativa, cujo julgamento depende da aplicação do Direito Administrativo, independentemente da natureza jurídica dos sujeitos envolvidos.

Ora, daqui decorrem duas importantes consequências, quanto a saber quem pode figurar como demandado no processo administrativo.

(i) Por regra, as acções do processo administrativo são intentadas contra entidades públicas, na medida em que, na esmagadora maioria dos casos, essas acções dirigem-se a obter, reagir contra ou procurar impedir decisões ou providências adoptadas ou a adoptar por essas entidades, no exercício das funções que o Direito Administrativo lhes confere. Mas nem todas as acções dirigidas contra entidades públicas são necessariamente propostas nos tribunais administrativos: isso depende da aplicação dos critérios materiais de delimitação do âmbito da jurisdição administrativa.

(ii) Nem todas as acções propostas nos tribunais administrativos são, contudo, intentadas contra entidades públicas.

Cumpre, desde logo, sublinhar que à conduta da entidade pública demandada estão frequentemente associados particulares que também têm de figurar, ao lado daquela, como demandados no processo. É desde logo assim quando há particulares que são beneficiários da decisão tomada pela entidade pública, cujos interesses se opõem aos do autor que se insurge contra essa decisão, ou que, em todo o caso, viram a sua situação jurídica definida pela decisão, pelo que esta só pode ser posta em causa num processo em que lhes seja reconhecida a possibilidade de participarem. Nestes casos, demandados têm de ser, tanto a entidade pública, como os interessados particulares, que a lei designa como *contra-interessados* (cfr. artigos 10º, nº 1, 57º e 68º, nº 2) (cfr. *infra*, nº 115).

Por outro lado, demandado exclusivo é, desde logo, um particular nos casos em que a acção é proposta por uma entidade pública, quando o demandado esteja constituído, para com essa entidade, em deveres emergentes de relações jurídicas reguladas pelo Direito Administrativo e a entidade pública não possa fazer valer os correspondentes direitos a não ser pela via jurisdicional.

O processo administrativo pode mesmo ter apenas sujeitos privados como partes. Seja porque se trata de um particular que reage contra a conduta de outro particular a quem foi confiado o exercício de poderes públicos e que, por isso, pratica actos administrativos (hoje, cfr. artigo 148º do CPA); seja porque se trata de um particular que reage contra a violação ou a ameaça de violação, por parte de outro particular, de deveres que para ele resultam de normas, actos ou contratos administrativos, sem que as autoridades administrativas competentes, solicitadas a intervir, tenham adoptado as providências adequadas para impedir ou pôr cobro a tal situação (cfr. artigos 37º, nº 3, e 109º, nº 2).

A isto acresce que, como é sabido, a lei substantiva tende, hoje, por uma razão ou por outra, a equiparar, para certos efeitos, às pessoas colectivas de direito público certas pessoas colectivas de direito privado, estendendo-lhes a aplicabilidade de regimes de Direito Administrativo que, de outro modo, não lhes seriam aplicáveis. Daqui resulta que muitas acções contra pessoas colectivas de direito privado têm de ser propostas nos tribunais administrativos.

§ 3º – O Ministério Público

17. Ao contrário dos sujeitos auxiliares do processo, como os peritos ou as testemunhas, que, naturalmente, também intervêm nos processos administrativos, mas em moldes que não se diferenciam do processo civil, pelo que aqui não merecem referência especial, uma palavra deve ser dedicada ao Ministério Público, em virtude do conjunto de papéis que ele pode desempenhar nos tribunais administrativos, cujo quadro genérico resulta do artigo 51º do ETAF.

Como já foi referido, o Ministério Público pode ser *autor* em processos administrativos, quando propõe acções no exercício da chamada *acção pública* (cfr. nº 15), que o artigo 9º, nº 2, estende ao domínio da propositura de acções em defesa dos interesses constitucionalmente protegidos nele indicados.

Mas, como prevê o artigo 11º, nº 1, no seu inciso final, o Ministério Público também representa o Estado, fazendo as vezes de seu advogado, nas acções administrativas que sejam propostas contra este. Já nas ações propostas contra condutas (activas ou omissivas) de órgãos administrativos do Estado no exercício de poderes de autoridade, a legitimidade passiva é do Ministério a que esses órgãos pertençam, e não do Estado (cfr. artigo 10º, 2), razão pela qual o patrocínio já não incumbe ao Ministério Público. Resulta da formulação restritiva do artigo 51º do ETAF que ao Ministério Público não incumbe representar qualquer outra entidade, que não o Estado; e mesmo em relação ao Estado, com a ressalva que decorre do disposto no artigo 10º, nº 2, que, no âmbito da atuação dos Ministérios, confere legitimidade a estes, e não ao Estado: sobre estas questões, cfr. *infra*, nº 91 e 109.

Para além disto, o artigo 85º e o artigo 146º, nº 1, em sede de recurso, conferem ao Ministério Público o poder de intervir nos processos administrativos em que não seja parte, quando entenda que tal se justifica em função da matéria que esteja em causa, "em defesa dos direitos fundamentais dos cidadãos, de interesses públicos especialmente relevantes ou de algum dos valores ou bens referidos no nº 2 do artigo 9º" – sendo de notar que, com a revisão de 2015, essa possibilidade de intervenção foi estendida a todos os processos que sigam a forma da ação administrativa, pelo que tem um âmbito mais alargado do que sucedia anteriormente, em que apenas podia ter lugar nos processos que seguiam a forma da ação administrativa especial.

A intervenção do Ministério Público nos processos em que não é parte prevista no artigo 85º visa contribuir para o melhor esclarecimento dos factos ou a melhor aplicação do direito nos processos da ação administrativa em primeiro grau de jurisdição, podendo traduzir-se na emissão de um parecer sobre o mérito da causa, que exprime uma opinião sobre o sentido em que o caso deve ser decidido pelo tribunal, ou num requerimento dirigido a solicitar a realização de diligências instrutórias, no caso em que tal é admitido pelo nº 3 do artigo 85º (cfr. infra, nº 172).

A previsão do artigo 85º é o que hoje resta dos amplos poderes de intervenção que, no regime precedente, eram reconhecidos ao Ministério Público nos processos em que não era parte, e que se consubstanciavam na previsão legal de dois momentos de intervenção necessária em todos os processos, para emissão do *visto inicial* e do *visto final*, em que o Ministério Público tinha, inclusivamente, a possibilidade de suscitar questões de índole processual que pudessem obstar à apreciação do mérito da causa por parte do tribunal. Hoje, como se vê, a intervenção não é obrigatória nem ocorre mais de uma vez em cada processo: tem lugar uma única vez, na fase processual em que o artigo 85º a prevê, e só quando o Ministério Público considere que ela se justifica, em função da relevância da matéria em causa; e não pode versar sobre questões de índole processual, mas apenas sobre questões de carácter substantivo.

O Ministério Público ainda tem intervenção no âmbito dos recursos jurisdicionais que não tenha interposto, ao que acresce a legitimidade para a interposição de recursos jurisdicionais de decisões ilegais, de recursos para uniformização de jurisprudência e de recursos de revisão (cfr. artigos 141º, nº 1, 152º, nº 2, e 155º[7]).

[7] Adverte-se para o facto de que os mais relevantes estudos específicos sobre o papel do Ministério Público no quadro da reforma do processo administrativo (Sérvulo Correia, "A reforma do contencioso administrativo e as funções do Ministério Público", in *Estudos em Homenagem a Cunha Rodrigues*, vol. I, Coimbra, 2001, pp. 295 segs., e Carlos Fernandes Cadilha, "A reforma do contencioso administrativo: a intervenção do Ministério Público no recurso contencioso de anulação", *Revista do Ministério Público* nº 83, pp. 45 segs.) ainda são do período da discussão pública que conduziu à reforma introduzida pelo actual ETAF e pelo CPTA, pelo que oferecem uma visão sobre a matéria que não corresponde à realidade hoje vigente, tal como descrita no texto. A mais circunstanciada apreciação na doutrina mais recente pertence a Sérvulo Correia, *Direito do Contencioso Administrativo*, vol. I, pp. 729 segs.

CAPÍTULO SEGUNDO
Objecto do Processo Administrativo

18. Como sabemos (cfr. *supra*, nº 6), todo o processo declarativo tem um *objecto*, que são as questões jurídicas sobre as quais o tribunal é chamado a pronunciar-se no âmbito desse processo através da emissão da correspondente sentença. Sem prejuízo das vicissitudes por que pode passar ao longo do desenvolvimento da instância, mercê das ampliações ou restrições a que possa ser submetido, nos termos da lei processual, o objecto do processo é identificado, à partida, por referência à *pretensão* formulada pelo autor, que se dirige, por um lado, à providência a conceder pelo juiz, à sentença que o autor solicita ao tribunal, através da qual vai ser actuada a tutela jurídica pretendida, e, por outro lado, à produção de um efeito jurídico, o efeito que há-de resultar da sentença e que, consoante os casos, se pode traduzir no reconhecimento, por parte do tribunal, da existência ou inexistência de uma situação, de um efeito ou de um facto jurídico, individualizado em função dos respectivos factos ou elementos constitutivos: a chamada *causa petendi* ou *causa de pedir*. Neste sentido, pode dizer-se que, à partida, o *objecto do processo* se define por referência à *pretensão* formulada pelo autor, identificada pelo pedido e pela causa de pedir que por ele foram deduzidos.

É ao nível do objecto do processo que se estabelece a conexão entre o processo e o direito substantivo. O objecto de cada processo identifica-se, com efeito, por referência aos factos a que se reportam as questões submetidas ao julgamento do tribunal e à qualificação que desses factos fazem as normas de Direito substantivo a aplicar à resolução dessas questões: num primeiro momento, ainda por referência às alegações iniciais produzidas pelo autor na petição inicial; depois, também por referência às alegações produzidas pelos demandados; a final, por referência à própria realidade substantiva a que se reporta o processo, tal como o tribunal a apreenda e reflicta na sentença que julgue o mérito da causa.

No presente capítulo, pretende-se dar conta, numa perspectiva de conjunto, dos principais tipos de questões substantivas que podem constituir objecto de processos administrativos e, portanto, identificar o *objecto do processo administrativo no seu conjunto*, que de algum modo corresponde à soma dos objectos possíveis dos processos que podem ser intentados perante os tribunais administrativos.

Tal abordagem afigura-se, desde logo, extremamente útil por permitir apreender uma visão de conjunto da realidade da litigiosidade que é submetida à apreciação dos tribunais administrativos. Mas também, e sobretudo, porque, como já foi referido (cfr. nº 1), permite abordar, nesta fase introdutória, uma série de aspectos prévios de direito substantivo que as soluções processuais consagradas no CPTA pressupõem e que se afigura útil não ter de retomar quando, ao longo da exposição subsequente, nos debruçarmos especificamente sobre o regime do processo administrativo.

19. Ao contrário do que sucedeu no passado, não vigora, hoje, no nosso ordenamento jurídico um regime de tipicidade ou *numerus clausus* quanto aos tipos de pretensões que podem ser deduzidos perante os tribunais administrativos. Desde que se inscrevam no âmbito da jurisdição destes tribunais, todo o tipo de pretensões pode ser deduzido e, como proclama o artigo 2º, nº 1, todas as pretensões regularmente deduzidas em juízo[8] encontram a via processual que lhes permitirá obter a decisão judicial que as aprecie com força de caso julgado[9].

Daqui resulta, naturalmente, que previsões como as do artigo 2º, nº 2, ou do artigo 37º, nº 1, mais não pretendem do que ilustrar, a título meramente exemplificativo, os principais tipos de pretensões que podem ser objecto de processos administrativos. Não se trata, pois, de elencos

[8] Veja-se, a propósito, o que ficou dito *supra, sub* nº 4, sobre as condições de existência, de admissibilidade e de procedência do processo declarativo.

[9] Neste sentido, Sérvulo Correia, *Direito do Contencioso Administrativo*, vol. I, pp. 757-758, caracteriza o novo modelo pelos atributos da *omnicompreensividade, completude* e *adequação*.

fechados, mas meramente exemplificativos, embora, como se verá ao longo do presente capítulo, os respectivos enunciados sejam úteis para a melhor compreensão dos principais tipos de questões que podem ser submetidos à apreciação dos tribunais administrativos. Este é um primeiro pressuposto que estará subjacente à exposição subsequente.

20. Por outro lado, cumpre advertir para o facto de que a exposição subsequente tem de ser lida com a importante ressalva de que, também ao contrário do que sucedia no regime precedente, o CPTA introduziu no processo administrativo o *princípio da livre cumulabilidade de pedidos,* que se encontra consagrado no artigo 4º[10]. Resulta deste princípio que os diferentes tipos de pretensões que podem ser deduzidos perante os tribunais administrativos não têm de ser artificialmente associados a meios processuais separados entre si, mas podem ser deduzidos em conjunto, no âmbito de um só processo, desde que exista uma conexão entre os pedidos deduzidos, resultante do facto de a respectiva causa de pedir ser a mesma e única ou de os pedidos estarem entre si numa relação de prejudicialidade e dependência, ou do facto de a procedência dos pedidos principais depender essencialmente da apreciação dos mesmos factos ou da interpretação e aplicação das mesmas normas (cfr. artigo 4º, nº 1). São, assim, *meramente exemplificativos* os elencos de cumulações possíveis que, a título indicativo, o CPTA enuncia no artigo 4º, nº 2.

Em princípio, a cumulação de pedidos é uma *faculdade* que assiste ao interessado e que ele é, portanto, livre de optar por exercer ou não. Existe, no entanto, pelo menos um tipo de situação em que se coloca a questão de saber se não existirá um *ónus* neste domínio: referimo-nos à situação em que o interessado pretende a substituição de um acto administrativo de conteúdo positivo por outro acto, de conteúdo diferente: pense-se no exemplo do concorrente num concurso que contesta a legalidade do acto de adjudicação praticado em favor de outro concorrente, considerando que esse acto deve ser substituído por outro distinto. Não parece que, neste caso, o interessado possa pedir a condenação sem impugnar o acto. Para a análise do problema, cfr. *infra*, nº 130.

[10] Para a análise deste princípio, cfr. Miguel Teixeira de Sousa, "Cumulação de pedidos e cumulação aparente no contencioso administrativo", *Cadernos de Justiça Administrativa* nº 34, pp. 33 segs.

A consagração do *princípio da livre cumulabilidade de pedidos* implica que as previsões dos artigos 2º, nº 2, e 37º, nº 1, para além de conterem, como já foi dito, elencos *meramente exemplificativos,* não enunciam tipos de pretensões a que tenham de corresponder diferentes meios processuais e, portanto, a propositura de acções separadas: trata-se, muito simplesmente, de elencos de pretensões que, quando for caso disso, podem ser cumuladas num único processo. É, pois, com esta ressalva que deve ser lida a exposição subsequente: por conseguinte, sempre que nos referirmos a cada tipo de pretensão dedutível perante os tribunais administrativos e à natureza meramente declarativa, constitutiva ou condenatória de que se revestirá a acção mediante a qual cada um deles for deduzido, deve ter-se presente que, numa mesma acção, que pode ter, portanto, natureza mista (v.g., constitutiva – de anulação de um acto administrativo – e condenatória – à substituição desse acto por outro ou à reparação dos danos por ele causados), podem ser deduzidos diferentes tipos de pretensões, desde que, *in casu,* entre eles exista uma conexão juridicamente relevante.

21. Tal como sucede em processo civil, também em processo administrativo pode, hoje, afirmar-se sem reservas que, consoante o fim a que se dirigem, as acções declarativas podem ser de três espécies: de simples apreciação, de condenação ou constitutivas. O CPTA não dá relevância expressa ao facto, não contendo, assim, preceito correspondente ao do artigo 10º, nº 3, do CPC. Não há, no entanto, por que não considerar aplicável em processo administrativo o que no artigo 10º do CPC se dispõe sobre a matéria, por aplicação da previsão genérica do artigo 1º do CPTA.

Tal como sucede em processo civil, também as acções declarativas que são propostas nos tribunais administrativos podem ter, por isso, em função do respectivo objecto, uma de três finalidades:

a) Obter a declaração jurisdicional da existência ou inexistência de um direito ou de um facto (cfr. artigo 10º, nº 3, alínea *a),* do CPC). São as acções dirigidas à obtenção das chamadas *sentenças meramente declarativas ou de simples apreciação,* em que o efeito jurídico a resultar da sentença, a que se dirige a pretensão do autor, se resume ao reconhecimento, por parte do tribunal, da existência ou inexistência do direito ou do facto. A existência de processos administrativos dirigidos à emissão de sentenças meramente declarativas ou de simples apreciação é expressamente reconhecida pelo CPTA, no artigo 39º, nº 1, e decorre, incidentalmente, de previsões como as dos artigos 2º, nº 2, alíneas *f)*, *g)* e *l)*, e 37º, nº 1, alíneas *f)*, *g)* e *l)*, assim como do artigo 50º, nº 1, na parte em que se refere à declaração de nulidade dos actos administrativos impugnados, e nº 4, que se refere à declaração de inexistência de actos administrativos.

b) Exigir a prestação de uma coisa ou de um facto, pressupondo ou prevendo a violação de um direito (ou interesse legalmente protegido) (cfr. artigo 10º, nº 3, alínea *b)*, do CPC). São as acções dirigidas à obtenção de *sentenças de condenação,* em que o efeito jurídico a resultar da sentença, a que se dirige a pretensão do autor, é o reconhecimento de uma situação jurídica, o direito (ou interesse dirigido) à prestação da coisa ou do facto, com o alcance constitutivo de submeter o devedor que é objecto da condenação à possibilidade de vir a ser executado se não cumprir o disposto na sentença. A existência de processos administrativos dirigidos à emissão de sentenças de condenação é expressamente reconhecida em numerosas disposições do CPTA, sendo de realçar as previsões dos artigos 2º, nº 2, alíneas *b)*, *c)*, *e)*, *h)*, *i)*, *j)* e *l)*, 3º, nº 2, 37º, nº 1, alíneas *b)*, *c)*, *e)*, *h)*, *i)*, *j)* e *l)*, e nº 3, e 66º.

c) Introduzir uma modificação na ordem jurídica existente (cfr. artigo 10º, nº 3, alínea c), do CPC). São as acções dirigidas à obtenção de *sentenças constitutivas,* em que o efeito jurídico a resultar da sentença, a que se dirige a pretensão do autor, é o reconhecimento do novo efeito decorrente do alcance constitutivo da sentença, assim como dos factos constitutivos em que ele assenta. Como, por regra, as autoridades públicas exercem os seus poderes através da emissão de actos jurídicos unilaterais, passíveis de impugnação junto dos tribunais administrativos, revestem-se de especial importância, em processo administrativo, aqueles que se dirigem à obtenção de sentenças constitutivas, dirigidas à anulação de actos administrativos ou à declaração de ilegalidade de normas regulamentares – embora a impugnação de actos administrativos, quando sejam nulos, não se dirija à obtenção de uma sentença constitutiva, de anulação, mas a uma sentença meramente declarativa ou de simples apreciação da respectiva nulidade (cfr. artigo 50º, nº 1).

No enunciado dos principais tipos de pretensões que podem ser deduzidos perante os tribunais administrativos, atenderemos, pois, ao critério classificatório que agora acaba de ser exposto, procedendo assim à identificação dos tipos de pretensões que se dirigem à emissão de sentenças meramente declarativas ou de simples apreciação, de sentenças de condenação e de sentenças constitutivas.

22. Como já foi recordado (cfr. nº 5), a lei estabelece os *modelos de tramitação* que devem seguir os diferentes processos, desde a propositura da acção até ao momento em que o tribunal vem a proferir a correspondente decisão. Ao modelo de tramitação do processo dá-se o nome de *forma do processo*, designação que, desse modo, corresponde ao conjunto ordenado de actos e formalidades que devem ser observados na propositura e desenvolvimento da acção em tribunal.

A previsão legal de diferentes formas de processo resulta de uma opção do legislador no sentido de que os processos não devem ter todos a mesma tramitação, mas devem ser reconduzidos a *tipos* diferenciados, sendo que a tramitação dos processos correspondentes a cada tipo deve obedecer a uma sequência específica de actos e formalidades. O campo de aplicação de cada forma de processo é estabelecido pela lei por referência aos tipos de pretensões que devem ser deduzidos em juízo de acordo com o correspondente modelo de tramitação. São, portanto, as especificidades características de certos tipos de pretensões que conduzem o legislador a diferenciar os processos por tipos, determinando a forma de processo que deve corresponder a cada um dos tipos legalmente previstos e delimitados.

É assim que o CPTA tipifica diferentes formas de processo.

Até à revisão de 2015, o enquadramento que o CPTA dava aos diferentes tipos de pretensões que podiam ser deduzidos perante a jurisdição administrativa, ao nível da estruturação das formas do processo declarativo – tal como ele resultava do Código e, portanto, sem prejuízo de outras formas especiais, consagradas em legislação avulsa – consubstanciava-se na previsão de quatro formas de processo de âmbito de aplicação circunscrito, que o Código qualificava como *urgentes*, e de duas formas de processo que, por contraposição, se podiam qualificar como *não-urgentes* e de *amplo espectro de aplicação*, que o Código designava como *acção administrativa comum* e como *acção administrativa especial*.

Portanto, sem prejuízo da existência de quatro formas de processos declarativos urgentes de âmbito circunscrito de aplicação, o CPTA estruturava os processos declarativos *não-urgentes,* que correspondiam à esmagadora maioria das pretensões dedutíveis perante os tribunais administrativos, segundo um *modelo dualista,* assente na contraposição entre as formas da *acção administrativa comum* e da *acção administrativa especial.* Seguiam a forma da acção administrativa especial os processos de impugnação de actos administrativos e normas regulamentares e os processos dirigidos à condenação da Administração à emissão desse tipo de actos, em caso de recusa ou omissão; nos restantes casos, ou seja, sempre que estivessem em causa pretensões pertencentes ao âmbito da jurisdição administrativa mas não relacionadas com o exercício de poderes administrativos de autoridade, consubstanciados na emissão ou omissão de actos administrativos ou normas regulamentares, o processo seguia a forma da acção administrativa comum. O modelo dualista adoptado assentava, pois, na contraposição, *no plano substantivo,* entre pretensões que se reportavam e pretensões que não se reportavam ao exercício de poderes de autoridade, consubstanciado na emissão ou omissão de actos administrativos e normas regulamentares[11].

Hoje, deixou de ser assim: com a revisão de 2015, foi afastada a estrutura dualista anterior, pelo que todos os processos que correspondiam às duas formas referidas de processo passaram a ser submetidos a uma única nova forma de processo, chamada de *ação administrativa* (cfr. artigo 37º).

A nosso ver, nem por isso deixou, no entanto, de ter relevância, não só no plano substantivo, mas também no plano processual, distinguir as pretensões relativas a atos administrativos e regulamentos, na medida em que, mesmo após a revisão de 2015, o CPTA não deixou, como é natural, de fazer depender a dedução dessas pretensões de pressupostos processuais específicos ou, em todo o caso, com um regime próprio, que não se

[11] A opção por este modelo dualista reconduzia-se, no essencial, à matriz que – sem prejuízo da previsão de processos acessórios – já no regime anterior ao CPTA presidia à contraposição entre dois modelos de tramitação dos processos declarativos que corriam perante os tribunais administrativos: o modelo do *contencioso das acções* (de responsabilidade civil e sobre contratos), tradicionalmente subordinado à forma do processo de declaração do CPC (cfr. artigo 72º, nº 1, da LPTA), e o modelo do *recurso contencioso,* submetido a um modelo de tramitação especificamente regulado pelas normas do contencioso administrativo (cfr. artigo 24º da LPTA) e que era primacialmente aplicado no domínio da impugnação de actos administrativos e de normas regulamentares (cfr. artigos 64º e 67º da LPTA), embora, com a LPTA, também passasse a ser aplicado no domínio (residual) das acções para reconhecimento de direitos ou interesses (cfr. artigo 70º da LPTA).

aplica aos demais tipos de pretensões. Continua, por isso, a revestir-se de grande importância identificar e caracterizar estes tipos de pretensões, para o efeito de determinar o conteúdo do regime processual próprio que lhes corresponde.

Tal como faziámos na primeira edição, embora por referência à dualidade *ação administrativa comum/ação administrativa especial*, entendemos pois que, também nesta nova edição, continua a justificar-se a adoção da contraposição entre as pretensões que se reportam e aquelas que não se reportam ao exercício de poderes de autoridade da Administração, concretizados na prática de atos administrativos e regulamentos, como ponto de referência para a identificação, a que no presente capítulo nos propomos, dos principais tipos de pretensões que podem ser objecto do processo administrativo. Ao que acrescentaremos a referência aos tipos específicos de pretensões que o CPTA associa às formas especiais de processos urgentes e ainda ao caso particular das pretensões de extensão de efeitos de sentenças, previstas no artigo 161º.

Como já foi referido, no enunciado subsequente, não deixaremos, por outro lado, de identificar os tipos de pretensões que se dirigem à emissão de sentenças meramente declarativas ou de simples apreciação, de sentenças de condenação e de sentenças constitutivas, por referência ao critério classificatório extraído do artigo 10º do CPC.

PRIMEIRA SECÇÃO
Pretensões respeitantes a actos administrativos e normas regulamentares

23. Na presente secção, vamos identificar as pretensões respeitantes a actos administrativos e normas regulamentares que podem ser deduzidas nos tribunais administrativos, procedendo, em relação a cada tipo de pretensão, à caracterização do seu conteúdo e do alcance da pronúncia do tribunal que a julgue procedente. Como haverá oportunidade de ver, as pretensões deste tipo tanto podem dirigir-se à emissão de pronúncias meramente declarativas ou de simples apreciação (de declaração de nulidade), como de pronúncias constitutivas (de anulação) e de condenação (à emissão ou não emissão dos actos jurídicos em causa).

§ 1º – Pretensões respeitantes a actos administrativos

24. São quatro os tipos de pretensões que podem ser deduzidos por referência a actos administrativos.

Dois desses tipos de pretensões correspondem ao conceito de *impugnação de actos administrativos,* tal como ela é hoje delimitada pelo nº 1 do artigo 50º: referimo-nos à anulação e à declaração de nulidade de actos administrativos (de conteúdo positivo: quanto a este ponto, cfr. artigo 51º, nº 4). Sendo que, destas, as acções de anulação dirigem-se à emissão de uma sentença constitutiva, enquanto as ações de declaração de nulidade se dirigem à emissão de uma sentença meramente declarativa ou de simples apreciação.

Como resulta do nº 4 do artigo 50º, o CPTA assume, entretanto, de harmonia com o novo regime do CPA[12], que as ações de declaração de inexistência de atos administrativos não são ações de impugnação, porque, quando não existe ato administrativo, não há objeto a impugnar, mas ações meramente declarativas ou de simples apreciação às quais, por razões de ordem prática, determina, em todo o caso, que se apliquem aspetos muito pontuais do regime da impugnação de atos administrativos.

Os outros dois tipos de pretensões dirigem-se à emissão de sentenças de condenação: respectivamente, de condenação à emissão de um acto administrativo cuja emissão foi ilegalmente recusada ou omitida e de condenação à abstenção da prática de um acto administrativo cuja emissão se perspectiva como provável, mas ainda não ocorreu.

A pretensão impugnatória emerge perante um acto administrativo de conteúdo positivo, que foi praticado no propósito de introduzir uma nova definição na ordem jurídica, alterando o quadro jurídico pré-existente. A pretensão condenatória surge num contexto em que a Administração não satisfaz pretensões dirigidas à prática de atos administrativos, seja porque se recusa a satisfazer um requerimento dirigido à emissão de um acto administrativo ou, em todo o caso, se abstém, permanecendo omissa, de praticar um acto administrativo que alegadamente deveria praticar, seja porque, em qualquer caso, não dá integral satisfação a pretensões que nesse sentido lhe foram dirigidas.

[12] Sobre esse regime, cfr. MÁRIO AROSO DE ALMEIDA, *Teoria Geral do Direito Administrativo*, 3ª ed., Coimbra, 2015, pp. 262 segs.

O CPTA prevê diferentes formas de processo respeitantes a actos administrativos: a acção administrativa, regulada no Título II (artigos 37º a 96º), e as acções administrativas urgentes, reguladas no Título III (artigos 97º a 103º-B). Na presente Secção, referir-nos-emos às pretensões respeitantes a actos administrativos em termos gerais, dedutíveis segundo a forma da acção administrativa. Na Terceira Secção faremos referência às particularidades das pretensões dedutíveis segundo as formas da acção administrativa urgente.

1. Impugnação de actos administrativos

1.1. *Modalidades de impugnação de actos administrativos*

25. São requisitos de *validade* dos actos administrativos aqueles que a lei põe como condição de cuja observância depende que eles devam ser aceites como instrumentos incontestáveis de modificação da ordem jurídica. Se um acto administrativo for praticado sem observar determinado requisito de validade, ele é *inválido* e isto significa que ele pode ser contestado, pode ser atacado, perante a própria Administração e perante os tribunais. Se a invalidade do acto for reconhecida, ele é destruído, desaparece da ordem jurídica e tudo deve ser feito para reconstituir a situação que deveria existir se ele nunca tivesse sido praticado e tudo tivesse, por isso, acontecido sem ele.

As duas formas que pode assumir a invalidade dos actos administrativos são a *nulidade* e a *anulabilidade.* A nulidade é *excepcional:* os actos administrativos só são nulos quando a lei expressamente o determina, pelo que, por regra, os actos administrativos inválidos não são nulos, mas apenas anuláveis.

As duas modalidades de impugnação têm, assim, por objeto a *declaração de nulidade* e a *anulação* dos atos administrativos (cfr. artigo 50º, nº 1).

a) Declaração de nulidade de actos administrativos – Do regime da nulidade, tal como está definido no artigo 161º do CPA, decorrem as seguintes consequências. O acto nulo é ineficaz desde o início, pelo que não pode ser objecto de actos de segundo grau; por regra, a nulidade pode ser invocada a todo o tempo, a título principal ou incidental, por qualquer interessado; existe o direito de resistência passiva contra as determinações contidas no acto nulo. Tal como a declaração de inexistência de acto administrativo, a declaração da nulidade é uma sentença meramente declarativa ou de simples apreciação, que se limita a reconhecer que o acto impugnado é nulo, pelo que nunca produziu efeitos jurídicos. Não existe, por isso, o ónus de se proceder à impugnação do acto nulo perante os tribunais administrativos.

Normalmente, existe, contudo, interesse em pedir a declaração da nulidade para tornar claro, perante a Administração e eventuais terceiros, que não podem ser extraídas quaisquer consequências do acto e, no caso de ele ser objecto de execução material, para que sejam adoptadas as medidas necessárias ao restabelecimento de uma situação que, tanto quanto possível, se aproxime daquela que deveria existir se o acto nulo nunca tivesse sido executado – valendo, neste último domínio, o regime aplicável às situações em que houve execução de actos que vieram a ser anulados.

b) Anulação de actos administrativos – Ao contrário do que sucedia no passado, o CPA define, hoje, o regime da anulabilidade dos actos administrativos no artigo 163º, que se pode sintetizar nos seguintes traços característicos. A *anulabilidade* de um acto jurídico significa que esse acto *pode ser anulado,* está sujeito ao risco de vir a ser anulado. A anulabilidade não faz com que o acto não produza efeitos. O acto produz, portanto, efeitos, devendo ser cumprido por quem, em circunstâncias normais, seria obrigado a fazê-lo. Os efeitos do acto são, no entanto, produzidos a título precário, na medida em que podem ser destruídos desde o início, se o acto vier a ser anulado. O acto será anulado se for praticado um outro acto, que pode ser um acto administrativo (que o CPA hoje qualifica de *anulação administrativa*) ou uma sentença de anulação. A anulação administrativa ou a sentença de anulação *determinam a anulação* do acto, o que significa que não só reconhecem e declaram que ele é anulável, mas extraem logo daí a devida consequência, eliminando o acto, destruindo-o, fazendo com que ele desapareça da ordem jurídica, como se nunca tivesse sido praticado.

A anulabilidade dos actos administrativos pode ser invocada por um amplo conjunto de entidades e por qualquer interessado que possa retirar uma vantagem da anulação (cfr. *infra*, nº 99 e 100). De um modo geral (cfr., no entanto, *infra*, nº 125), recai sobre os interessados o ónus de procederem à impugnação tempestiva dos actos administrativos anuláveis. Tais actos só podem ser impugnados perante a própria Administração ou perante o tribunal administrativo competente, e, neste último caso, só dentro dos prazos legais, sendo que o prazo regra é de um ano para o Ministério Público e de três meses para os eventuais interessados (cfr. artigo 58º). Uma vez expirados, por sua vez, os diferentes prazos que, para os diferentes tipos de situações, hoje estabelece o artigo 168º do CPA, também a própria Administração deixa, por sua vez, de poder proceder à anulação administrativa.

A sentença de anulação é uma sentença constitutiva, que tem o alcance de destruir retroactivamente o acto anulado, constituindo a Administração no dever de restabelecer uma situação que, tanto quanto possível, se aproxime daquela que deveria existir se o acto nunca tivesse sido praticado (cfr. artigo 173º). O mesmo sucede com a anulação administrativa (cfr. artigo 172º do CPA).

1.2. *Objecto dos processos de impugnação de actos administrativos*

26. Embora tradicionalmente se diga que o objecto do processo de impugnação de um acto administrativo é o acto administrativo impugnado, com essa fórmula não se pretende fazer apelo ao conceito técnico de *objecto do processo (Streitgegenstand)*, tal como ele foi configurado pela ciência processual, mas apenas pretende dizer-se que o objecto (mediato) da sentença de anulação (ou de declaração de nulidade), ou seja, o *quid* sobre o qual se vão projectar os seus efeitos é o acto administrativo que é anulado (ou que é declarado nulo).

O objecto do processo impugnatório define-se, *em primeira linha*, por referência à pretensão impugnatória que o autor deduz em juízo. É, na verdade, essa pretensão que, *em primeira linha*, o autor (impugnante) pede ao tribunal que reconheça ser fundada. O acto impugnado não deixa, em todo o caso, de desempenhar um papel verdadeiramente central no processo impugnatório, na medida em que surge como o *objecto do ataque (Angriff)* que nele se move e, portanto, como o *objecto da anulação ou declaração de nulidade* que o tribunal proferirá se vier a julgar procedente a acção.

É, entretanto, desde há muito, pacificamente reconhecido que o caso julgado material formado pela sentença de anulação ou de declaração de nulidade de actos administrativos não se limita ao reconhecimento da invalidade do acto anulado ou declarado nulo, mas também se estende à definição, em maior ou menor medida, dos termos em que (não) se deve processar o exercício futuro do poder manifestado através desses actos, com a consequente proibição da reincidência, por parte da Administração, nas ilegalidades cometidas com a prática do acto anulado ou declarado nulo em que se fundou a sua invalidação[13].

Isto significa que o processo de anulação ou declaração de nulidade de actos administrativos possui um objecto compósito, na medida em que a pretensão que nele é deduzida pelo autor tem uma dupla dimensão: por um lado, dirige-se à concreta anulação ou declaração de nulidade do acto impugnado, fundada no reconhecimento da sua invalidade; mas, por outro lado, também se dirige ao reconhecimento, por parte do tribunal, de que a posição que a Administração assumiu com o acto impugnado não era fundada, seja porque não se encontravam reunidos os elementos constitutivos do poder exercido com a prática do acto impugnado (vícios quanto aos pressupostos e porventura quanto ao conteúdo do acto), seja por se terem verificado factos impeditivos ou extintivos que obstavam ao exercício desse poder, pelo menos nos termos em que teve lugar (vícios de procedimento, de forma ou no exercício de poderes discricionários). Nesta segunda dimensão, o objecto do processo é, assim, o *accertamento* negativo do poder manifestado através do acto impugnado em que ele foi praticado[14].

Nesta perspectiva se compreende a solução do artigo 95º, nº 3, na parte em que impõe ao tribunal o dever de se pronunciar sobre todos os vícios que tenham sido invocados contra o acto impugnado e, assim, de porventura reconhecer a procedência de vários deles – com o que se evita que, tendo o tribunal anulado um acto administrativo por um determinado vício, a Administração possa vir renovar o acto invocando um argumento que já tinha invocado da primeira vez e cuja legalidade o interessado já da primeira vez tinha contestado, mas sem que o tribunal sobre ele se tivesse pronunciado.

[13] Cfr., por todos, Mário Aroso de Almeida, *Sobre a autoridade do caso julgado das sentenças de anulação de actos administrativos*, Coimbra, 1994, pp. 117 segs.

[14] Cfr., a propósito, Mário Aroso de Almeida, *Anulação de actos administrativos e relações jurídicas emergentes*, Coimbra, 2002, pp. 188 segs.

Como, na mesma perspectiva, se compreendem as soluções consagradas no artigo 141º, nºs 2 e 3, que admitem que qualquer das partes pode recorrer de uma sentença que, embora lhe seja favorável quanto à questão da anulação do acto, lhe possa ser desfavorável na parte em que se tenha pronunciado pela procedência ou improcedência de determinado vício, produzindo assim um alcance preclusivo diferente daquele que a parte desejaria. É assim que, mesmo tendo obtido uma anulação fundada em vício de forma, o autor pode recorrer da sentença na parte em que julgou improcedente a alegação de violação de lei, de modo a impedir que o acto anulado possa ser renovado; ou que, mesmo tendo o tribunal baseado a anulação na procedência de vários vícios, apenas um dos quais era um vício de fundo, a Administração pode recorrer da sentença apenas na parte em que esta julgou procedente esse vício, por forma a não ficar impedida de renovar o acto anulado.

Na verdade, a consagração legal destas soluções traduz o reconhecimento, que visa potenciar, de que a anulação ou a declaração de nulidade do acto administrativo assenta na negação do poder da Administração que praticou esse acto, nos termos e circunstâncias concretas em que ela exerceu esse poder. Do que se trata é, assim, de cobrir com a autoridade do caso julgado da sentença o reconhecimento dessa negação do poder da Administração, na extensão com que ela foi reconhecida em juízo, atendendo aos fundamentos da sentença à semelhança do que, em processo civil, se admite suceder com as sentenças de improcedência, cujo caso julgado é delimitado em função dos concretos fundamentos da sentença, e com as sentenças de simples apreciação negativa, em que, precisamente, se reconhece a inexistência de situações jurídicas[15].

Na ausência de dados normativos inequívocos e por apego ao arquétipo proveniente do processo civil, a jurisprudência mostra-se, contudo, tradicionalmente reticente em ultrapassar o entendimento segundo o qual cada causa de invalidade invocada contra o acto impugnado corresponde a uma pretensão impugnatória autónoma e admitir que a pretensão impugnatória que o autor faz valer em juízo se reporta ao acto impugnado, na globalidade das causas de invalidade que contra ele possam ser deduzidas, sem que a identificação ao longo do processo de causas de invalidade não invocadas *ab initio* envolva, por isso, a ampliação do objecto do processo[16].

[15] Cfr. ainda M. Aroso de Almeida, *Anulação de actos administrativos...*, pp. 171 segs.

[16] Para a exposição do entendimento em referência no texto, cfr., por todos, o Acórdão do Supremo Tribunal Administrativo (Pleno) de 19 de Janeiro de 1993, Proc. nº 24 606. Pelo

Pela nossa parte, não vemos, porém, fundamento para associar a cada causa de invalidade do acto impugnado uma determinada pretensão anulatória, fundada numa específica causa de pedir. Pelo contrário, é mais curial configurar a pretensão anulatória em termos unitários, admitindo que, no processo, ela é discutida em plenitude.

Na verdade, cumpre ter presente que, quando o ordenamento jurídico faz corresponder à ilegalidade de um acto administrativo a sanção da anulabilidade, essa opção não assenta no circunstanciado entendimento, por parte do legislador, de que essa ilegalidade se consubstanciou na lesão de determinados interesses, para a protecção dos quais essa norma teria sido estabelecida, pelo que deve ser colocado na disponibilidade dos titulares desses interesses o poder de decidirem se pretendem atribuir relevância invalidante a essa violação através do exercício de um poder substantivo de anulação (vulgo, *direito potestativo*) que, para o efeito, lhes seria conferido.

Como não podia deixar de ser, é, na verdade, pacificamente aceite que as razões pelas quais a anulabilidade foi assumida como o regime-regra no domínio da invalidade dos actos administrativos não se prendem com o propósito de colocar a invalidação destes actos na dependência da vontade de sujeitos concretos, legitimados a provocar essa invalidação, no exercício de um direito potestativo de anulação que lhes fosse especificamente conferido em função de cada tipo de vício. As ditas razões prendem-se com a circunstância de o modelo da anulabilidade dar a resposta adequada aos interesses que se pretendiam ver acautelados neste domínio e que estavam relacionados com o propósito de promover a eficácia no desenvolvimento da acção administrativa e a estabilidade e segurança jurídicas que resultam da rápida consolidação das definições introduzidas pelos actos administrativos, desde que não sejam objecto de uma revogação ou impugnação tempestivas.

Como é evidente, nem quem impugna um acto administrativo está a exercer um poder que lhe tenha sido especificamente conferido pela lei substantiva de dar relevância a uma causa de invalidade de que esse acto padeça, nem o tribunal administrativo, quando anula o acto, está a certificar a regularidade do exercício desse poder substantivo. Isto resulta, desde logo, com grande evidência dos amplíssimos termos em que é reconhecida a legitimidade para impugnar, que se estende aos titulares de um mero interesse directo e pessoal na anulação (cfr. *infra*, nº 99). Com efeito, a posição de quem se proponha reagir contra um acto

contrário, no sentido preconizado no texto, cfr., no entanto, Acórdão do Tribunal Central Administrativo Sul de 31 de Março de 2005, Proc. nº 482/04.

administrativo não se define por referência a cada um dos específicos vícios de que o acto possa enfermar (e ao momento em que tome conhecimento desses vícios), mas, genericamente, por referência aos efeitos que o acto visa introduzir na ordem jurídica e ao momento em que esses efeitos se projectam na esfera jurídica do interessado. A partir do momento em que alguém é afectado na sua esfera jurídica pelos efeitos que decorrem do conteúdo de um acto inválido, fica, na verdade, automaticamente legitimado a fazer valer contra esse acto todo e qualquer possível vício de que ele possa enfermar. O seu interesse em impugnar não se funda, portanto, em cada uma das específicas causas que possam determinar a invalidade, isto é, no tipo específico de vícios de que o acto possa enfermar, mas, muito simplesmente, na conexão que se estabelece entre os efeitos do acto inválido e a sua própria esfera jurídica[17].

Ora, a partir do momento em que se reconheça, como se afigura forçoso, que, no domínio da impugnação de actos administrativos, o legislador não recorre à técnica de fazer corresponder a cada específica causa de invalidade de que o acto a impugnar possa padecer a titularidade de um específico direito potestativo de anulação na esfera de quem é legitimado a impugná-lo, afigura-se absolutamente injustificado insistir, por acrítico mimetismo com o que se passa noutros ramos do Direito, na tese de que, nos processos de impugnação de actos administrativos, as pretensões anulatórias se definem em função de específicas causas de pedir, que se individualizam em função das específicas causas de invalidade que possam ser imputadas ao acto – como se, nesta sede, pudesse estar em causa o exercício de um *feixe* de direitos potestativos de anulação, cada um dos quais sustentado na alegação de uma causa de invalidade imputada ao acto impugnado.

Mas não só nos parece infundada a transposição para os processos de impugnação de actos administrativos do pretenso postulado segundo o qual a cada causa de invalidade corresponde uma pretensão anulatória, fundada numa específica causa de pedir, como nos parece que existem boas razões para sustentar, pela positiva, que a pretensão anulatória que é deduzida no processo de impugnação de actos administrativos deve ser construída em termos unitários, por referência ao acto impugnado, no conjunto de todas as possíveis causas de invalidade de que ele possa padecer.

Com efeito, o reconhecimento, pelo juiz, do bem fundado da pretensão anulatória dirigida contra um acto administrativo é o resultado de um processo em

[17] Este aspecto foi sublinhado com grande clareza por SÉRVULO CORREIA, *Direito do Contencioso Administrativo*, vol. I, pp. 741-744, que precisamente nesta óptica relaciona a questão da legitimidade para impugnar com o regime do artigo 95º, nº 3.

que, na realidade, o que se discute é *o bem fundado da pretensão que a Administração fez valer com o acto impugnado* e, portanto, o resultado de um processo que só é julgado procedente se e na medida em que for negado o poder da Administração, enquanto autora do acto atacado. Por este motivo, há, neste domínio, uma *inversão das posições processuais das partes*, por comparação com as posições que lhes correspondem no quadro da relação jurídica substantiva. Com efeito, embora, na relação processual, seja o impugnante quem surge como autor e a Administração figure como parte demandada, a verdade é que, no plano substantivo, é a Administração quem é o titular da pretensão, que ela assumiu, pela positiva, com o acto que praticou, pelo que lhe corresponde a posição substantiva de autora, enquanto ao interessado na anulação corresponde a posição substantiva de demandado, que se vê forçado a *contestar* em juízo a posição assumida pela Administração, através da impugnação do acto que por ela foi praticado[18].

Por conseguinte, também se devem inverter, na análise do processo impugnatório, os termos que presidem à análise dos processos de outro tipo, o que se reveste de especial importância no que diz respeito à definição das regras de repartição do ónus da prova no processo impugnatório. Como estas regras devem, com efeito, atender às posições substantivas que correspondem às partes na relação material que se encontra subjacente ao processo impugnatório, uma das mais importantes consequências que decorrem do reconhecimento de que o objecto do processo impugnatório se concretiza na negação do poder exercido com a emissão do acto impugnado, pelo que a averiguação do seu fundamento depende da apreciação dessa questão segundo as regras próprias que lhe devem corresponder, é a de que o acto impugnado deve ser anulado sempre que não se demonstre em juízo que os respectivos pressupostos se encontravam preenchidos e é sobre a Administração que recai o ónus de demonstrar o preenchimento desses pressupostos[19].

A perspectiva enunciada conduz ao reconhecimento de que todas as possíveis causas de invalidade de que padeça o acto impugnado integram

[18] Cfr. M. Aroso de Almeida, *Anulação de actos administrativos...*, pp. 195 segs. Para a circunstanciada crítica deste entendimento, que nesta sede não pode ser respondida, cfr., entretanto, Vasco Pereira da Silva, *O contencioso administrativo no divã da psicanálise*, pp. 306 segs.

[19] Para o desenvolvimento desta ideia, assumida nos importantes Acórdãos do Supremo Tribunal Administrativo de 24 de Novembro de 1999, Proc. nº 32 434, e sobretudo de 26 de Janeiro de 2000, Proc. nº 37 739, cfr. Mário Aroso de Almeida, "Sobre as regras de distribuição do ónus material da prova no recurso contencioso de anulação de actos administrativos", *Cadernos de Justiça Administrativa* nº 20, p. 38.

a mesma causa de pedir, que se reporta ao acto impugnado na globalidade das causas de invalidade que contra ele possam ser deduzidas, sem que a identificação em juízo de qualquer delas envolva, por isso, uma ampliação do objecto do processo[20]. Por conseguinte, recai sobre o autor, ao longo do processo impugnatório, o ónus de invocar todos os eventuais vícios de que tenha conhecimento superveniente que possam ser invocados contra o acto impugnado, para o que dispõe da possibilidade de apresentar um articulado superveniente, ao abrigo do artigo 86º. E se o processo impugnatório vier a ser julgado improcedente, o caso julgado constitui um obstáculo de natureza substantiva a que o interessado volte a impugnar de novo *o mesmo acto*, ainda que porventura esteja em prazo para o fazer, invocando causas de invalidade que devia ter invocado mas não invocou da primeira vez.

A nosso ver, nesta perspectiva deve ser lida a solução do artigo 95º, nº 3, na parte em que impõe ao tribunal o dever de identificar, ele próprio, "a existência de causas de invalidade diversas das que tenham sido alegadas". Com efeito, esta solução não constitui mera expressão do princípio *iura novit curia*, que se limita a permitir que o juiz aplique uma norma que o autor não tenha indicado, ou uma norma diferente daquela que por ele tivesse sido erradamente indicada, desde que o autor tenha qualificado correctamente a conduta como ilegal, por referência ao conteúdo material de uma norma efectivamente existente[21] – o que já se afiguraria indiscutível, mesmo na ausência da previsão do artigo 95º, nº 3, cuja intervenção, para esse efeito, não é, de resto, necessária. A determinação introduzida pelo artigo 95º, nº 3, tem em vista algo de qualitativamente distinto do mero exercício do poder de (re)qualificação normativa dos argumentos invocados, que é inerente ao princípio *iura novit curia*. Está em causa a identificação, no *episódio da vida* que foi trazido a juízo, de ilegalidades diversas daquelas que foram alegadas pelo autor, pois quanto maior for o número de vícios que o tribunal identifique por sua própria iniciativa, maior será a extensão das preclusões que da sentença se projectarão sobre o ulterior exercício do poder por parte da Administração.

Ora, desde que se aceite que a pretensão anulatória que é deduzida no processo impugnatório se reporta ao acto impugnado na globalidade

[20] No mesmo sentido, cfr. João Caupers, *Introdução ao Direito Administrativo*, p. 435-436.

[21] Cfr. M. Aroso de Almeida, *Sobre a autoridade...*, pp. 90-91.

das causas de invalidade que contra ele possam ser deduzidas, sem que a identificação em juízo de qualquer delas envolva, por isso, uma ampliação do objecto do processo, será de reconhecer que a identificação, pelo tribunal, de causas de invalidade não invocadas não o afasta do objecto do processo – com o consequente alargamento dos poderes inquisitórios que o artigo 90º, nº 3, confere ao juiz, uma vez que a procura da verdade material pelo juiz só tem como fronteira os limites do processo.

1.3. *Nota à margem: enquadramento das ações de inexistência de actos administrativos*

27. Como foi dito, a impugnação de actos administrativos, tal como o CPTA hoje a configura no nº 1 do artigo 50º, dirige-se à anulação ou à declaração de nulidade de actos administrativos. Afigura-se, hoje, pois, forçoso distinguir de forma clara a situação de declaração de inexistência de acto administrativo das situações de impugnação de actos administrativos inválidos, dirigidas a obter a anulação ou a declaração de nulidade de tais actos.

Com efeito, só nas situações de invalidade estamos na presença de um acto administrativo que veio pôr em causa uma situação jurídica estática detida pelo impugnante, tratando-se, por isso, de aferir da validade de tal acto. Pelo contrário, a declaração de inexistência de acto administrativo dirige-se ao reconhecimento, por parte do tribunal, de que, em determinadas circunstâncias, apenas existe a aparência de um acto administrativo que, na realidade, não foi produzido e, portanto, o reconhecimento jurisdicional de que, no caso concreto, não existe qualquer acto administrativo.

Cumpre, na verdade, recordar que, tanto o conceito de *existência*, como o conceito de *validade* do acto administrativo estão relacionados com o preenchimento de exigências que ao acto administrativo são impostas pela ordem jurídica. A distinção entre os conceitos pressupõe, por isso, a distinção entre os requisitos a que cada um deles está ligado. Como as normas estabelecem requisitos de existência e requisitos de validade, um acto administrativo só existe se preencher os requisitos de existência e só é válido se, para além dos requisitos de existência, também preencher os requisitos de validade. São requisitos de *existência* de um acto administrativo os *elementos constitutivos do conceito de acto administrativo*, tal como o artigo 148º do CPA os configura. Para que uma determinada declaração possa, portanto, ser qualificada como *acto administrativo,* é necessário que apresente um conjunto de características que correspondam às exigências que, no referido preceito, o ordenamento jurídico coloca para a existência de um acto administrativo. De outro modo, não teremos um acto administrativo, mas estaremos perante uma situação de inexistência de acto administrativo.

Importa, pois, sublinhar, para evitar equívocos, que as declarações que não reúnem as características próprias do acto administrativo não devem ser qualificadas como *actos administrativos inexistentes,* na medida em que essa expressão é uma contradição nos próprios termos: com efeito, ou bem que estamos perante um acto administrativo, e ele existe, ou bem que não existe acto administrativo, e então não podemos dizer que estamos perante um acto administrativo que se caracteriza pela inexistência. Deve apenas dizer-se, perante cada manifestação que não é um acto administrativo, que não existe um acto administrativo nesse caso e, por isso, falar-se, a esse propósito, da *inexistência de qualquer acto administrativo.* Com efeito, a *inexistência* não é uma forma de invalidade que possa afectar um acto administrativo, pela simples razão de que o primeiro e indispensável requisito para que se possa falar da invalidade de um acto administrativo é que estejamos perante um acto administrativo e, portanto, que ele exista – ou seja, que estejamos perante uma manifestação que possa ser qualificada como um acto administrativo.

É, pois, a esta luz que devem ser enquadradas as situações em que, por razões de segurança jurídica, um interessado se dirige a um tribunal administrativo para pedir que este declare que determinada pronúncia que, pelo menos aparentemente, foi emitida por um órgão da Administração Pública *não é* um acto administrativo porque não preenche os requisitos necessários para poder ser qualificada como um acto administrativo. Nestas situações, em que se pede a *declaração de inexistência de acto administrativo,* o que, na realidade, o interessado solicita ao tribunal é que ele reconheça que, na situação em causa, não existe, não foi praticado um acto administrativo[22].

[22] Para mais desenvolvimentos quanto ao ponto abordado no texto, cfr. M. Aroso de Almeida, *Teoria Geral...*, pp. 262 segs. Para a síntese, em termos particularmente rigorosos, da mesma ideia, cfr. Aldo Maria Sandulli, *Il procedimento amministrativo,* Milão, 1940, pp. 313-317.

Esta sentença é uma sentença meramente declarativa ou de simples apreciação, como hoje resulta, muito claramente, do novo regime do nº 1 do artigo 39º.

2. Condenação à prática de actos administrativos

28. Dando cumprimento ao imperativo decorrente do artigo 268º, nº 4, da CRP, o CPTA confere aos tribunais administrativos o poder de procederem à determinação da prática de actos administrativos legalmente devidos: mais precisamente, à *condenação* à prática desses actos.

Foi, deste modo, ultrapassada uma tradicional limitação do contencioso administrativo de tipo francês, apenas explicável por razões históricas radicadas no lastro cultural herdado do modelo de Administração autoritária edificado durante o período do absolutismo. Com efeito, se, com a instituição do Estado de Direito liberal, o Poder Administrativo aceitou submeter-se a regras jurídicas e à fiscalização do cumprimento dessas regras, é bem sabido que essa aceitação não se deu sem reservas nem limites. O Poder Administrativo aceitou submeter-se a algumas regras, que só com o decurso do tempo se foram alargando, e só aceitou submeter-se à fiscalização de órgãos que não eram verdadeiros tribunais, integrados no Poder Judicial, nem tinham poderes de plena jurisdição, pois, no domínio do exercício dos poderes de autoridade da Administração, não lhes era permitido proferir sentenças de condenação à prática de actos administrativos ou de normas regulamentares. Uma vez assegurada, no termo de uma evolução histórica longa e conturbada, a integral subordinação da Administração a regras jurídicas e a atribuição da fiscalização do cumprimento dessas regras a verdadeiros tribunais, trata-se agora de completar o círculo e conferir aos tribunais administrativos os poderes de plena jurisdição que são próprios do Poder Judicial.

Como resulta do artigo 66º, nº 1, não está aqui apenas em causa a condenação da Administração à prática de actos administrativos, mas também a fixação de um prazo determinado, dentro do qual esses actos devem ser praticados. Quando, no caso concreto, se verifiquem circunstâncias que permitam suspeitar de que o titular do órgão competente oporá resistência ao cumprimento da decisão e exista, por isso, um fundado receio de incumprimento, o tribunal pode considerar justificada a imposição ao referido titular, logo na sentença de condenação, de uma sanção pecuniária compulsória (artigos 3º, nº 2, e 95º, nº 4). O titular obrigado ficará, nesse caso, pessoalmente obrigado ao pagamento de uma quantia pecuniária por cada dia de atraso que se venha a verificar no cumprimento da sentença, para além do prazo que nela tiver sido estabelecido (cfr. artigo 169º, nº 1).

29. Como já atrás foi referido, anteriormente à revisão de 2015, o CPTA fazia corresponder formas diferenciadas de processo (respetivamente, a ação administrativa especial e a ação administrativa comum) às ações pelas quais se pretendesse a condenação à prática de atos administrativos ou à realização pela Administração de prestações de outro tipo. Hoje, existe uma única forma comum, a da ação administrativa (cfr. artigo 37º).

Mas nem por isso deixa de se revestir de interesse distinguir as situações em que há lugar à propositura de uma acção de condenação à prática de um acto administrativo, daquelas em que peça a condenação da Administração à realização de prestações, que podem ter por objecto o pagamento de quantias, a entrega de coisas ou a prestação de factos, e que têm em comum o facto de não dependerem da prática de um acto administrativo: e isto, como refere o artigo 37º, nº 2, alinea *j)*, ou porque o necessário acto administrativo já foi praticado (e, portanto, o direito já foi constituído por acto jurídico praticado ao abrigo de disposições de direito administrativo), ou porque não tem por que o ser (porque o direito decorre directamente de normas jurídico-administrativas e não envolve a emissão de um acto administrativo).

É que é diferente o regime dos pressupostos processuais aplicável num caso e noutro, designadamente no que diz respeito ao prazo de propositura das ações (cfr. artigos 41º e 69º). E isto, porque é substantivamente diferente a situação em que o particular está colocado perante o exercício de poderes administrativos de autoridade ou quando é titular de um direito de crédito no âmbito de uma relação jurídica paritária com a Administração.

Por esse motivo, temos sublinhado a necessidade de se relativizar o papel que ao acto administrativo deve corresponder no âmbito das relações jurídicas administrativas através do reconhecimento de que nem todas as pretensões dos particulares perante a Administração se dirigem à emissão de actos administrativos contra cuja recusa se justifique a imposição do pesado ónus de reagir dentro de prazos curtos, e, pelo contrário, de que o exercício de poderes de autoridade por parte da Administração obedece a um *princípio de tipicidade* e, portanto, sempre que a lei não coloca a Administração em condições de exercer esse tipo de poderes, deve entender-se que esta está colocada numa posição de paridade nas relações jurídicas que estabelece com os particulares (ou com outras entidades públicas)[23].

Por conseguinte, quando um particular já é titular de um direito a uma prestação, sem que, nos termos da lei, a constituição desse direito dependa de decisão unilateral a tomar pela entidade administrativa obrigada ao correspondente cumprimento, não pode deixar de entender-se que o requerimento mediante o qual ele exige o cumprimento não se dirige à emissão de um acto administrativo que constitua o direito (que já pré-existe), nem que o seu eventual indeferimento não consubstancia um acto administrativo que a Administração esteja em posição de emitir no exercício de um poder de definição unilateral do Direito no caso concreto. Por este motivo, a reacção contra esse indeferimento (tal como contra um eventual silêncio perante o requerimento) não tem por que ser dirigida à condenação à prática de um acto administrativo, mas à condenação da Administração à realização da prestação devida – com a importante consequência de não estar submetida ao preenchimento dos pressupostos processuais específicos de que depende, designadamente do ponto de vista da tempestividade, a actuação das pretensões dirigidas à condenação à prática de actos administrativos[24] (ainda sobre esta matéria, cfr. *infra*, nº 40).

30. Após a revisão de 2015, passou a ser possível a dedução de pedido de condenação à prática de ato devido, não só perante atos de indeferimento ou perante o silêncio da Administração perante o requerimento apresentado, mas também em algumas situações em que houve lugar à prática de atos administrativos de conteúdo positivo, sem necessidade de o pedido surgir associado ao pedido de anulação ou declaração de nuli-

[23] Para mais desenvolvimentos quanto a este ponto, cfr. Mário Aroso de Almeida, *Teoria Geral...*, pp. 219 segs.

[24] Cfr. Mário Aroso de Almeida, *Anulação de actos administrativos...*, pp. 89 segs., e "Implicações de direito substantivo da reforma do contencioso administrativo", *Cadernos de Justiça Administrativa* nº 34, pp. 74-76.

dade dos atos em causa. É o que sucede nos casos previstos na alínea c) do nº 1 e na alínea *b)* do nº 4 do artigo 67º, que se referem aos atos administrativos que não satisfaçam integralmente a pretensão do interessado (atos parcialmente desfavoráveis) ou que este pretenda ver substituídos por outros, em conformidade com o quadro normativo. De momento, centraremos, no entanto, apenas a atenção no tipo de situação que, para o efeito que, nesta sede, nos ocupa, se reveste de maior interesse, que diz respeito às situações em que foi praticado um ato de indeferimento. Adiante daremos conta das questões específicas que se colocam nas situações atípicas em que a ação de condenação é praticada perante um ato administrativo de conteúdo positivo (cfr. *infra*, nºs 129 e 130).

Importa, com efeito, notar que, quando foi praticado um ato de indeferimento, o objeto do processo de condenação à prática do ato devido não se confunde com o dos processos de impugnação de actos administrativos, pois não é delimitado por referência aos concretos fundamentos em que se possa ter baseado o acto de indeferimento eventualmente proferido[25]. Como claramente se estabelece no artigo 66º, nº 2, "ainda que a prática do acto devido tenha sido expressamente recusada, o objecto do processo é a pretensão do interessado e não o acto de indeferimento, cuja eliminação da ordem jurídica resulta directamente da pronúncia condenatória". E também no artigo 71º se determina que, quando chamado a condenar a Administração a praticar um acto devido, o tribunal não se pode limitar a devolver a questão ao órgão administrativo competente, mas antes se deve pronunciar "sobre a pretensão material do interessado".

Qualquer destes preceitos faz apelo à ideia de que, mesmo quando confrontado com um acto administrativo de indeferimento ou de recusa da apreciação de um requerimento, o titular de uma posição subjectiva de conteúdo pretensivo que deduza um pedido de condenação à prática de um acto administrativo não vai discutir em juízo o acto negativo, por referência aos estritos termos em que ele se possa ter baseado, mas vai fazer valer a sua própria posição pretensiva, em todas as dimensões em que ela se desdobra. O processo de condenação é um processo em que o autor faz valer a posição subjectiva de conteúdo pretensivo de que é

[25] Em geral sobre o tema, cfr. M. Aroso de Almeida, "O objecto do processo no contencioso administrativo", *Cadernos de Justiça Administrativa* nº 36, pp. 9-10.

titular, pedindo o seu cabal reconhecimento e dela fazendo, portanto, o objecto do processo.

Quando há acto de indeferimento, o processo não deixa de ser, a nosso ver, um processo impugnatório, na medida em que existe *(i)* a imposição legal de um *ónus de reacção contra o acto negativo*, que é, assim, assumido como um acto administrativo que define unilateralmente a situação do interessado e tende a estabilizar-se – ainda que dentro dos limites decorrentes do artigo 13º, nº 2, do CPA – se não for objecto de reacção no prazo de três meses (cfr. artigo 69º, nº 2), associada ao *(ii)* reconhecimento da existência de um inarredável momento lógico (ainda que implícito) de eliminação do acto negativo – momento que o artigo 66º, nº 2, assume, no pressuposto de que, tal como sucede nos recursos de plena jurisdição do contencioso francês (onde se reconhece que o momento eliminatório, ainda que implícito, do acto negativo possui prioridade lógica sobre o momento condenatório), a eliminação do acto negativo é um requisito indispensável para que a Administração possa ficar de novo constituída, por determinação do tribunal, no dever de praticar um acto administrativo sobre a mesma matéria[26].

Mas trata-se de uma *impugnação de plena jurisdição*, uma vez que a eliminação do acto negativo tem lugar no âmbito de um processo dirigido à condenação à prática de outro acto administrativo no lugar daquele que foi praticado, pelo que o seu objecto não se centra no acto negativo – e, portanto, na contestação dos fundamentos em que este se possa ter baseado, por referência ao momento em que foi praticado –, mas na pretensão dirigida à prática do acto devido – e, portanto, na questão de saber se, no momento em que ao tribunal cumpre decidir, estão preenchidos os elementos constitutivos da pretensão e não existem elementos impeditivos, modificativos ou extintivos que lhe possam ser contrapostos.

Se, num caso concreto, a Administração tiver indeferido a pretensão do interessado com base na falta do preenchimento de um requisito prévio, sem ter, portanto, sequer chegado a apreciar o mérito da pretensão deduzida, a circunstância de estarmos perante um processo de condenação, dotado de um objecto alargado, permite que a questão prévia em que o acto negativo se baseou, se for julgada infundada, seja ultrapassada

[26] Em geral sobre este ponto, cfr. M. Aroso de Almeida, *Anulação de actos administrativos...*, pp. 106 segs.

e, por via disso, que a discussão em juízo se centre na questão de fundo, que aquele acto nem sequer tinha considerado[27]. Neste sentido, impõe-se ao autor o ónus da alegação dos elementos constitutivos do seu direito à prática do acto devido, tal como à entidade demandada o ónus da alegação dos elementos impeditivos, modificativos ou extintivos que se lhe possam opor.

Uma consequência de o objecto do processo ser definido deste modo é a de que ele não cristaliza no tempo, por referência ao momento em que o eventual acto de indeferimento tenha sido praticado, sendo, por isso, de reconhecer a relevância das eventuais superveniências que sejam juridicamente atendíveis, do ponto de vista do direito material aplicável. Com o que se produz uma sentença que, pretendendo efectivamente disciplinar a ulterior conduta das partes, não se reporta ao passado, mas ao momento em que vem a ser proferida e, portanto, às circunstâncias de facto e de direito que, nesse momento, devem ser consideradas juridicamente relevantes para a resolução do caso.

Importa, no entanto, notar, quanto a este ponto, que nem toda a superveniência normativa surgida durante a pendência da acção de condenação é juridicamente atendível, para o efeito de determinar a improcedência da acção, sucedendo que a revisão de 2015 introduziu no CPTA um importante preceito a este respeito, que consta do nº 3 do novo artigo 45º-A.

Com efeito, o nº 2 deste novo artigo estabelece que a superveniência normativa que impeça a satisfação da pretensão do interessado implica a substituição do objeto do processo dirigido à obtenção da prestação que, até aí, era devida, num processo dirigido a obter o correspondente sucedâneo indemnizatório – com o que estende, e, a nosso ver, bem, a aplicação do regime do artigo 45º a uma situação de improcedência da pretensão originária do autor, em razão da superveniência normativa entretanto ocorrida. Mas o nº 3 acrescenta que só se considera que a superveniência normativa é impeditiva da procedência da ação, com a consequência que o nº 2 lhe associa, "quando se verifique que, mesmo que a pretensão do autor tivesse sido satisfeita no momento próprio, a referida alteração teria o alcance de lhe retirar a titularidade da correspondente

[27] Não existe, entretanto, o risco de, deste modo, se proceder a um condicionamento ilegítimo do poder discricionário de que a Administração eventualmente disponha, na medida em que a pronúncia judicial não tocará os aspectos que envolvam exercício de poderes discricionários, limitando-se a declarar os aspectos vinculados do exercício da função.

situação jurídica de vantagem, constituindo-o no direito de ser indemnizado por esse facto". Ou seja: mesmo após a superveniência de norma que já não permite que ela seja atribuída, a licença que tinha sido ilegalmente recusada ou omitida ainda é devida e deve ser concedida, por referência ao quadro normativo anterior, quando se verifique que, se ela tivesse sido concedida no momento em que o deveria ter sido, não fora a ilegalidade cometida, o novo quadro normativo já não teria o alcance de a colocar em causa[28].

Outra consequência projecta-se no plano da prova. Como o interessado faz valer em juízo a posição subjectiva de conteúdo pretensivo de que é titular, é natural que sobre ele recaia o ónus de demonstrar o bem fundado da sua pretensão, o preenchimento dos respectivos elementos constitutivos, ao que a Administração caberá contrapor a demonstração dos eventuais factos impeditivos ou extintivos que lhe possam ser oponíveis. No momento em que venha a ser proferida, a sentença definirá a posição do interessado e os termos da conduta a adoptar pelas partes, com o alcance de precludir a possibilidade de a Administração ainda vir depois a invocar novos argumentos em novo acto de indeferimento, subsequente ao trânsito em julgado da sentença.

Neste sentido foi assinalado na doutrina que, neste domínio, se acentua a instrumentalidade das eventuais ilegalidades de carácter formal ou procedimental em que a Administração possa ter incorrido na emissão do eventual acto de conteúdo negativo: com efeito, se, nos termos da lei, o autor tiver direito à emissão de um acto de conteúdo vinculado, basta-lhe invocar o fundamento legal que impõe a emissão desse acto com esse conteúdo para obter ganho de causa na acção. Em relação a este tipo de actos, o autor não tem interesse em invocar ilegalidades formais ou procedimentais em que possa ter incorrido o acto de conteúdo negativo eventualmente praticado[29].

[28] Como facilmente se compreende, tanto a solução do nº 2, como a do nº 3 do novo artigo 45º-A, revestem-se de grande importância, sobretudo para o reforço da efetividade da tutela jurisdicional de quem se vê confrontado com a recusa ou omissão ilegal de atos administrativos. Ambas decorrem de soluções preconizadas na nossa dissertação de doutoramento: cfr. M. Aroso de Almeida, *Anulação de actos administrativos...*, pp. 706 segs.

[29] Cfr. Rui Chancerelle de Machete, "A relevância processual dos vícios procedimentais no novo paradigma da justiça administrativa portuguesa", *Revista de Direito do Ambiente e Ordenamento do Território* nº 13 (2006), pp. 27 segs.

De igual modo se pode acrescentar que, quando, em juízo, se comprove que, por estar em causa o exercício de um poder estritamente vinculado, o autor não pode aspirar à emissão de um acto de conteúdo diferente do acto negativo que porventura foi praticado com vício de forma ou de procedimento (v.g., falta de fundamentação), o autor não é titular de uma pretensão dirigida à prática de um acto de conteúdo positivo, pelo que não pode obter a condenação à substituição do acto negativo ilegalmente praticado[30]. A nosso ver, não existe, porém, aqui qualquer especificidade que, quanto a este ponto, diferencie as acções de condenação à prática de acto administrativo. Com efeito, a jurisprudência já tradicionalmente procede, no âmbito dos processos de impugnação de actos administrativos, ao aproveitamento dos actos administrativos de conteúdo vinculado, com o argumento de que, na ponderação dos valores da tutela jurisdicional do autor e da economia de procedimentos, não se justifica invalidar esse tipo de actos quando a invalidação teria apenas o efeito de obrigar a Administração a substituí-los por outros necessariamente com o mesmo conteúdo. E a solução encontrou, mesmo, recente consagração legal, no novo nº 5 do artigo 163º do CPA[31]. Ora, a questão coloca-se, a nosso ver, nos mesmos termos, no domínio da condenação à prática de actos administrativos.

Com efeito, parece-nos claro que o destinatário de um acto negativo não fundamentado tem direito a um acto que, ainda que negativo, seja devidamente fundamentado e, portanto, assiste-lhe, em tese, o direito a exigir em tribunal a substituição do acto negativo ilegal de que foi objecto por outro que não incorra na mesma ilegalidade: a nosso ver, nisto se concretiza, *in casu*, o seu direito à prática de um acto administrativo devido. E é neste contexto que se coloca, então, a questão de saber se, tal como sucede no domínio da impugnação de actos administrativos, também neste domínio se justifica obrigar a Administração a substituir o acto negativo por outro, num contexto em que, por haver vinculação, o novo acto teria necessariamente o mesmo conteúdo daquele que foi praticado, embora com vício de forma ou de procedimento. Ora, quanto a esta questão, não vemos motivo para adoptar orientação diferente daquela que, já no regime anterior ao CPTA, era seguida pelos tribunais administrativos, no âmbito da impugnação contenciosa dos actos de conteúdo negativo, que à época existia: parece-nos, pois, justificado aplicar os critérios que tradicionalmente presidem

[30] Cfr. Rui Chancerelle de Machete, "A condenação à prática de acto devido – algumas questões", *Cadernos de Justiça Administrativa* nº 50, p. 7; Esperança Mealha, "A condenação à prática de acto devido na jurisprudência", *Revista do Ministério Público* nº 117 (2009), p. 185.
[31] Sobre o respetivo regime, cfr. Mário Aroso de Almeida, *Teoria Geral*..., pp. 274 segs.

à orientação jurisprudencial do aproveitamento dos actos administrativos, recusando a condenação quando ela conduziria necessariamente, por haver vinculação, à substituição do acto negativo por outro com o mesmo conteúdo.

As coisas já não se passam, naturalmente, assim fora dos domínios de estrita vinculação, em que, pelo contrário, assumem relevo autónomo as exigências legais de forma e de procedimento, na medida em que se encontram funcionalmente direccionadas a promover a obtenção da melhor decisão administrativa possível, e, por conseguinte, o interessado pode e deve reagir contra o acto negativo viciado por ilegalidades formais ou procedimentais pedindo a condenação à prática de um novo acto que, quanto mais não seja, não reincida nas mesmas ilegalidades.

31. Questão complexa e decisiva para a exacta compreensão do alcance dos processos de condenação à prática de actos administrativos, previstos e regulados nos artigos 66º e segs., é a de saber qual a extensão dos poderes de pronúncia de que dispõe o tribunal neste domínio[32]. Com efeito, estamos num dos domínios em que de forma mais delicada se coloca a questão da fronteira entre o domínio do *administrar*, que não se pretende dos tribunais, sobrepondo os seus próprios juízos subjectivos aos daqueles que exercem a função administrativa, e o domínio do *julgar*, em que do que se trata é de verificar a conformidade da actuação dos poderes públicos com as regras e os princípios de Direito a que eles se encontram obrigados e, por isso, de determinar, no exercício da função jurisdicional, em que moldes se deve processar o exercício legítimo dos poderes públicos.

Ponto de partida é o postulado de que o tribunal não se pode intrometer no espaço próprio que corresponde ao exercício de poderes discricionários por parte da Administração. Só deste modo se assegura o respeito pelo princípio da separação e interdependência de poderes, por força do qual aos tribunais administrativos só cumpre dizer e aplicar o Direito, tal como ele resulta das normas e princípios jurídicos que vinculam a Administração (cfr. artigo 3º, nº 1). Do mesmo postulado resulta, entretanto, o imperativo de que o tribunal deve dizer e aplicar o Direito, em toda a extensão com que as normas e os princípios jurídicos sejam chamados a intervir para dirimir os litígios jurídico-administrativos e, portanto, que

[32] Em geral sobre o tema, cfr. M. Aroso de Almeida, "O objecto do processo no novo contencioso administrativo", pp. 10 segs.

ao tribunal cumpre determinar todas "as vinculações a observar pela Administração na emissão do acto devido". Este é o sentido genérico do disposto no artigo 71º.

Faça-se notar que, a nosso ver, pode ser atribuído o maior alcance possível aos poderes sem deixar de reconhecer-se que eles encontram o seu limite, como não pode deixar de ser, no princípio da separação e interdependência de poderes, que, de modo equilibrado, é recebido no artigo 3º. Tudo depende, na verdade, do entendimento que se assume do princípio da separação dos poderes. O entendimento tradicional deste princípio preconizava que os tribunais administrativos só fossem admitidos, por via de regra, a ter uma intervenção de sentido negativo sobre o exercício dos poderes administrativos, que se esgotasse na eliminação da ordem jurídica das manifestações de poder ilegalmente emitidas pela Administração. Tudo o mais, considerava-se que já constituiria uma intromissão ilegítima no exercício da função administrativa, quanto mais não fosse, porque, a partir do momento em que se admitisse que os tribunais administrativos se pudessem pronunciar, pela positiva, sobre os termos em que o poder administrativo devia ser exercido, ficava aberta a porta a eventuais abusos por parte do poder judicial, em (ao menos, potencial) detrimento dos espaços de valoração próprios do exercício da discricionariedade administrativa.

Pelo contrário, o entendimento subjacente ao CPTA é o de que quando, em determinada matéria, o quadro normativo aplicável reserva para a Administração o poder de introduzir a definição jurídica primária através da prática de um acto administrativo, a Administração beneficia de uma *reserva de princípio* quanto ao poder de definir o Direito nessa matéria. Por isso, o interessado que, por hipótese, tenha direito à emissão do acto em causa – no exemplo, a licença de construção – deve começar por requerer à Administração a respectiva emissão. E, em princípio, mesmo que a Administração não emita o acto devido, o interessado não pode, sem mais, pedir ao tribunal que se substitua à Administração na emissão desse acto. Mas já lhe pode pedir que imponha à Administração o dever de praticar o acto, em toda a extensão em que as vinculações normativas permitam tal imposição (cfr. artigo 71º). Pois emitir uma tal pronúncia é aplicar a lei e o Direito. Emitindo essa pronúncia, o tribunal está, por isso, a proporcionar ao interessado a adequada tutela judicial no plano declarativo.

Não se trata, desde modo, de eliminar os espaços de decisão próprios da Administração – espaços que o CPTA tem, pelo contrário, o escrupuloso cuidado de salvaguardar, sendo vários os preceitos em que, a propósito do exercício dos poderes de condenação dos tribunais administrativos, é salvaguardado o respeito pelos "espaços de valoração próprios do exercício da função administrativa"[33]. Apenas se trata de assumir que, por incumbência constitucional, sobre os tribunais administrativos, enquanto órgãos de soberania com competência para administrar a justiça em nome do povo nos litígios emergentes de relações jurídicas administrativas, recai o sagrado dever de fazer cumprir a lei e o Direito, em toda a extensão em que a conduta da Administração se deva pautar por regras e princípios jurídicos. Os tribunais administrativos não julgam, portanto, da conveniência ou oportunidade da actuação administrativa (artigo 3º, nº 1). Mas não podem deixar de exercer, em plenitude, a função (jurisdicional) de que estão incumbidos, pronunciando-se, em toda a extensão em que as normas jurídicas aplicáveis o permitam, sobre os termos em que a Administração deve definir o Direito através da prática do acto administrativo que lhe cumpra emitir. Recusá-lo para evitar abusos seria o mesmo que recusar aos tribunais judiciais o poder de condenarem os particulares para evitar que também esses tribunais exorbitassem dos seus poderes, impondo deveres que, para os particulares, não resultassem da lei, em condições passíveis de porem em causa o espaço da respectiva autonomia privada.

Cumpre, pois, assumir que os espaços de intervenção da função administrativa e da função jurisdicional são espaços confinantes, entre si separados por uma ténue linha de fronteira. E a partir do momento em que se assiste ao (inevitável) reforço dos poderes dos tribunais administrativos, é natural que possamos vir a ser confrontados, na prática, com situações pontuais em que essa fronteira seja indevidamente ultrapassada pelos novos tribunais. O princípio da tutela jurisdicional efectiva perante os poderes públicos não se compadece, porém, com a sobrevivência das limitações tradicionais, que se propunham eliminar esse risco à custa dos tribunais administrativos e da plenitude da função de tutela que lhes cumpre assegurar, através da criação de uma espécie de *zona de protecção*, de *terra de ninguém* entre uma função e a outra e, portanto, através da configuração do contencioso administrativo como uma *jurisdição amputada* de componentes essenciais ao exercício verdadeiro e próprio da função jurisdicional em matéria administrativa.

A identificação das possíveis aplicações do regime estabelecido no artigo 71º exige, entretanto, que se distingam diferentes tipos de situações possíveis, consoante o grau de concretização com que o dever de actuar

[33] Cfr. artigos 3º, nº 1 e nº 4, 167º, nº 6, e 179º, nº 5; e artigos 71º, nº 2, 95º, nº 5, 168º, nº 3, e 179º, nº 1.

da Administração – e, portanto, o quadro da relação jurídica relacionada com a prática ou omissão do acto em causa – resulte das normas jurídicas aplicáveis. Trata-se, afinal, de averiguar o que deve o tribunal considerar *devido*, em cada caso concreto.

Vejamos, pois.

1º Por regra, a "condenação à prática de acto devido" dirige-se à prática de um acto administrativo ilegalmente recusado ou omitido. Para que haja, portanto, condenação, é necessário que a recusa ou omissão do acto tenha sido efectivamente ilegal. Ou seja, que exista vinculação quanto à oportunidade da prática do acto, em termos de se poder afirmar que, no caso concreto, a Administração agiu ilegalmente pelo facto de não ter agido ou se ter mesmo recusado a agir.

A condenação será proferida quando a lei for clara no sentido de impor o dever de agir *(situações de vinculação quanto à oportunidade da actuação)* ou quando o tribunal considere, atendendo às circunstâncias concretas do caso, que a Administração não tem outra alternativa do que agir e que o autor está constituído no poder de exigir essa actuação *(situações de redução da discricionariedade quanto à oportunidade da actuação)*.

2º Em segundo lugar, "condenação à prática de acto devido" não é necessariamente condenação à prática de um acto cujo conteúdo esteja legalmente pré-determinado, resultando estritamente vinculado do quadro normativo aplicável. Também é possível a condenação da Administração à prática de actos administrativos de conteúdo discricionário, desde que a emissão desses actos seja devida[34].

Tal como sucede, no direito alemão, no âmbito da *Verpflichtungsklage*, a "condenação à prática de acto devido" não intervém, pois, apenas quando esteja em causa a adopção de actos de conteúdo estritamente vinculado. Também quando a prática do acto administrativo ilegalmente recusado ou omitido envolva o exercício de poderes discricionários, o tribunal pode condenar a Administração a praticá-lo, traçando, em maior ou menor medida, o quadro, de facto e de direito, dentro do qual esses poderes discricionários deverão ser (re)exercidos[35].

[34] Cfr. também CARLOS CADILHA, "O silêncio administrativo", *Cadernos de Justiça Administrativa* nº 28, p. 34 e nota 29.

[35] Já neste sentido, cfr. MÁRIO AROSO DE ALMEIDA, "Pronúncias judiciais e sua execução na reforma do contencioso administrativo", *Cadernos de Justiça Administrativa* nº 22, p. 77; SÉR-

Neste sentido, determina o artigo 71º, nº 2, que, quando a emissão do acto devido envolva a formulação de juízos discricionários, o tribunal deve determinar o conteúdo do acto a praticar sempre que a apreciação do caso concreto "permita identificar apenas uma solução como legalmente possível" *(situações de redução da discricionariedade a zero)*. Nos demais casos, deve "explicitar as vinculações a observar pela Administração na emissão do acto devido", sem precisar o sentido da decisão a tomar. Só em último caso será, pois, de admitir que o tribunal se limite a condenar genericamente a Administração a decidir, sem mais precisões, por não dispor de elementos que lhe permitam estabelecer quaisquer parâmetros quanto aos termos em que o poder deverá ser exercido.

3º Do que acaba de ser dito resulta que os processos de condenação à prática de actos administrativos são *processos de geometria variável*, no sentido em que não conduzem todos à emissão de pronúncias judiciais com idêntico alcance[36].

a) O processo de condenação à prática de um acto administrativo contém, naturalmente, especificações quanto ao conteúdo do acto a praticar nas situações em que a lei confere ao autor o direito a um acto administrativo com um determinado conteúdo ou, pelo menos, constitui a Administração no dever estrito de praticar um acto com um conteúdo determinado – situações, portanto, de estrita vinculação da Administração quanto ao conteúdo. Neste caso, o tribunal condena a Administração à prática de um acto administrativo com um determinado conteúdo[37].

b) Como claramente assume o artigo 71º, não é, porém, só nos casos de estrita vinculação legal que o processo se pode dirigir (e pode efectivamente conduzir) à condenação da Administração à prática de um acto administrativo com um conteúdo determinado. Essa condenação

vulo Correia, "O recurso contencioso no projecto da reforma: tópicos esparsos", *Cadernos de Justiça Administrativa* nº 20, pp. 13-14.

[36] Como se dirá ao longo do texto subsequente, o quadro tipológico que de seguida se passa a enunciar e que, no essencial, coincide com aquele que já noutros lugares tivemos oportunidade de apresentar, acaba de ser integralmente corroborado pelo muito interessante levantamento de jurisprudência a que procedeu Esperança Mealha, "A condenação à prática de acto devido na jurisprudência", *Revista do Ministério Público* nº 117 (2009), pp. 181 segs.

[37] Ilustra este tipo de situação o Acórdão do Tribunal Central Administrativo Sul de 17 de Janeiro de 2008, Proc. nº 1376/06, a que se refere Esperança Mealha, *op. cit.*, pp. 191-192.

também pode ter lugar nas situações em que, embora a lei confira, em abstracto, à Administração certos poderes de conformação do conteúdo do acto, a verdade é que, no caso concreto, se deve, objectivamente, reconhecer que só lhe resta praticar um acto com um determinado conteúdo, porque "a apreciação do caso concreto permite identificar apenas uma solução como legalmente possível"[38].

Na verdade, a verificação da existência de ilegalidades num acto de conteúdo negativo praticado no exercício de poderes discricionários permite ao tribunal especificar os aspectos vinculados a observar pela Administração, condenando-a a substituir o acto ilegal por outro que não reincida nas ilegalidades cometidas e, portanto, a que observe as normas e princípios anteriormente violados. Ora, em princípio, a especificação dos limites que o dever de não reincidir nas eventuais ilegalidades cometidas projecta sobre o reexercício do poder possui, naturalmente, um alcance negativo, estabelecendo apenas as modalidades de actuação que à Administração ficam vedadas e que o tribunal deverá precisar, tanto quanto as circunstâncias do caso lho permitam. Mas ela pode ter um alcance positivo, quando as circunstâncias concretas em presença permitam afirmar que houve uma *redução da discricionariedade a zero*, "ou porque a escolha já foi realizada, ou porque a avaliação subjectiva já teve lugar no decurso da fase instrutória do procedimento administrativo, ou ainda porque a concreta circunstância do caso elimina a possibilidade de escolha"[39]. Quando seja este o caso, verificando-se que, nas concretas circunstâncias do caso, mais não resta à Administração do que emitir um acto com um determinado conteúdo, o tribunal deve condená-la à emissão de tal acto.

c) Quando não possa condenar a Administração à prática de actos administrativos com um conteúdo determinado, o tribunal deve, na medida do possível, "explicitar as vinculações a observar pela Administração na emissão do acto devido": é o que impõe a parte final do nº 2 do artigo 71º. Como foi dito na alínea anterior, fora da hipótese particular aí mencionada, de redução da discricionariedade a zero, a especificação dos limites que o dever de não reincidir nas eventuais ilegalidades em que incorreu o acto negativo ilegalmente praticado projecta sobre o reexercício

[38] Ilustra este tipo de situação o Acórdão do Tribunal Central Administrativo Sul de 29 de Novembro de 2007, Proc. nº 2977/07, a que se refere Esperança Mealha, *op. cit.*, pp. 190-191.
[39] J. Pacheco de Amorim, *O Debate Universitário*, p. 382.

do poder possui, por regra, um alcance negativo, identificando apenas as modalidades de actuação que à Administração ficam vedadas. É isto que o tribunal deve precisar, tanto quanto as circunstâncias do caso lho permitam, para dar cumprimento ao dever de "explicitar as vinculações a observar pela Administração na emissão do acto devido"[40].

Na verdade, sempre que esteja em causa o exercício de poderes discricionários da Administração, a densificação do conteúdo da sentença condenatória passa, em maior ou menor medida, pela identificação e afirmação das ilegalidades em que incorreu o eventual acto de conteúdo negativo. É esse *accertamento* judicial que projecta um efeito preclusivo mais ou menos amplo sobre o subsequente reexercício do poder por parte da Administração.

Como o objecto do processo de condenação à prática de acto devido é mais amplo do que aquele que, no quadro normativo precedente, correspondia ao recurso contencioso de anulação dos actos de conteúdo negativo, e, por isso, podem ser mais numerosas as questões apreciadas pelo tribunal, é naturalmente mais amplo o efeito preclusivo operado pela correspondente sentença. Mas, do ponto de vista qualitativo, continua a tratar-se de um efeito preclusivo, com a mesma natureza daquele que, no modelo tradicional do contencioso de tipo francês, era tradicionalmente reconhecido às sentenças de anulação de actos administrativos de conteúdo negativo. A nosso ver, continua, por isso, a ser útil lançar mão, neste domínio, da elaboração jurisprudencial e doutrinal acumulada, ao longo dos anos, a propósito do efeito preclusivo das sentenças de anulação de actos negativos. Trata-se, na verdade, de *traduzir para positivo* as vinculações que, pela negativa, eram deduzidas das tradicionais sentenças de anulação de actos negativos[41].

d) Em último caso, a sentença pode ter, no entanto, de limitar-se apenas à *condenação da Administração a praticar um qualquer acto administrativo,* sem conter quaisquer especificações quanto ao conteúdo do acto a praticar. Neste caso, o tribunal limita-se a condenar a Administração a

[40] Ilustram este tipo de situação os Acórdãos do Supremo Tribunal Administrativo de 3 de Novembro de 2005, Proc. nº 239/05, e do Tribunal Central Administrativo Sul de 26 de Outubro de 2006, Proc. nº 1844/06, a que se refere Esperança Mealha, *op. cit.*, pp. 187-190.

[41] Sobre o efeito preclusivo em referência no texto, seu sentido e alcance, cfr. M. Aroso de Almeida, *Sobre a autoridade...*, pp. 138 segs. e 164 segs.

(re)apreciar a pretensão do interessado, proferindo nova decisão sobre ela, porventura explicitando algumas vinculações a observar, mas sem determinar o conteúdo do acto a praticar a final[42].

A emissão de uma sentença em que o tribunal se limite a condenar a Administração a (re)apreciar a pretensão do interessado pode ocorrer em dois tipos de situações:

- situações de inércia ou omissão, em que a Administração não deu qualquer contributo para que a questão pudesse ser colocada em juízo em termos mais concretizados do que aqueles em que ela, à partida, surge abstractamente configurada nas normas, e, portanto, não forneceu elementos que permitam ao tribunal densificar parâmetros a observar no exercício (que não será reexercício) do poder;
- situações em que a Administração tenha invocado infundadamente a existência de questões prévias para se recusar a apreciar a pretensão que perante ela tinha sido formulada: neste tipo de situações, o tribunal só pode verificar que as questões prévias não existiam e, com base nessa verificação, condenar a Administração a pronunciar-se sobre o mérito da pretensão. Como, também nesta hipótese, a Administração não exerceu (não chegou a exercer) os poderes de valoração quanto ao mérito da pretensão que a lei lhe conferia, o tribunal não pode pronunciar-se sobre os termos em que se processou esse exercício, para o efeito de estabelecer parâmetros a esse propósito.

É natural que a tarefa do tribunal se encontre mais facilitada para explicitar as vinculações a observar na emissão do acto devido quando tenha sido instruído o procedimento e proferida uma decisão formal sobre o mérito da pretensão formulada pelo interessado, do que nas situações de omissão ou de recusa de apreciação do requerimento, pois, em prin-

[42] Ilustram este tipo de situação os Acórdãos do Tribunal Central Administrativo Norte de 4 de Janeiro de 2007, Proc. nº 1113/04, e de 26 de Julho de 2007, Proc. nº 648/04, a que se refere Esperança Mealha, *op. cit.*, pp. 186-187: na verdade, em situações em que "a Administração detém uma ampla margem de decisão no âmbito de procedimentos que ainda estão numa fase preambular" e em que a Administração não tenha "apreciado a pretensão do autor, nem instruído o respectivo procedimento, cabendo-lhe, antes de decidir o pedido do interessado, realizar uma série de actos e operações pertencentes ao *munus* da função administrativa", mais não resta do que a condenação da Administração no dever de decidir a pretensão do autor, "desenvolvendo a actividade procedimental necessária para a emissão do acto administrativo".

cípio, naquele caso, o tribunal disporá de elementos, provenientes da informação reunida no processo instrutor, que lhe permitirão precisar os contornos da situação e, portanto, proferir uma decisão de conteúdo mais densificado. Para que, no entanto, os dois tipos de situações em referência possam conduzir à emissão de uma mera sentença de condenação da Administração a (re)apreciar a pretensão do interessado, é, por regra, necessário que esteja em causa o exercício de um poder de decisão que, embora vinculado quanto à oportunidade, não seja vinculado quanto ao conteúdo, por a lei conferir poderes discricionários à Administração quanto à determinação do conteúdo.

Na verdade, a Administração não beneficia, no nosso ordenamento jurídico, de uma prerrogativa procedimental, que, por definição, impeça o tribunal de a condenar a praticar um acto com um determinado conteúdo quando não tenha havido instrução do procedimento administrativo[43]. Do ponto de vista formal, os poderes de cognição do tribunal não se encontram, à partida, limitados pelo eventual facto de o requerimento do interessado não ter tido seguimento, nem ter havido instrução do procedimento. A questão deve, portanto, ser analisada em função do concreto quadro normativo aplicável a cada tipo de acto e da natureza da prova necessária para demonstrar o preenchimento dos respectivos pressupostos, para o efeito de se verificar se o tribunal pode ter acesso aos factos, mesmo sem ter havido instrução procedimental, para o efeito de verificar se existe ou não o dever de praticar um acto administrativo com um determinado conteúdo. Por regra, deve entender-se que sim[44].

[43] Cfr. VASCO PEREIRA DA SILVA, *O contencioso administrativo no divã da psicanálise*, p. 252. Na verdade, como nota RUI MACHETE, "A relevância processual...", p. 32, "moldada segundo a inspiração da «Verpflichtungsklage» alemã, [a acção de condenação à prática de acto devido] requer, como aquela, um acesso directo aos factos sem a intermediação do acto administrativo e a reconstrução hipotética do caminho que a Administração deveria ter seguido para satisfazer a pretensão material do autor". Em geral sobre o tema, cfr. também COLAÇO ANTUNES, "O juiz administrativo, súbdito da prova procedimental?", in *Estudos em Homenagem ao Prof. Doutor Marcello Caetano*, vol. II, Coimbra, 2006, pp. 105 segs.

[44] Diferente entendimento seria inaceitável, porquanto tributário do entendimento clássico que tendia a configurar o procedimento administrativo como uma primeira instância em relação à qual o recurso contencioso funcionaria como uma espécie de instância de controlo, essencialmente vocacionada para a formulação de juízos de direito sobre os elementos de facto colhidos no procedimento, na qual não haveria lugar à produção de prova quanto aos factos. Advirta-se para o facto de que este entendimento, que nunca vigorou no contencioso

Portanto, quando a prova que seja possível produzir no âmbito do processo jurisdicional permita concluir que a Administração estava constituída no dever de praticar um acto com determinado conteúdo, o tribunal deve condená-la a emiti-lo, ainda que, *in casu*, ela não tenha dado seguimento ao requerimento do interessado, nem instruído o procedimento[45].

Uma última nota muito importante: mesmo quando o autor pede a condenação da Administração à prática de um acto administrativo de conteúdo determinado, que, porventura, seja favorável aos seus interesses, deve entender-se que a sua pretensão compreende um pedido dirigido à eventual emissão de uma condenação de alcance mais limitado, no caso de o tribunal entender que não existe o dever de emitir um acto com o conteúdo pretendido. Vamos, assim, admitir, v.g., que o autor, por entender que foram violadas várias regras e princípios jurídicos pelo acto de conteúdo negativo que foi praticado, considera que dessa violação resulta apenas uma solução como legalmente possível, pelo que pede a condenação à emissão de um acto de deferimento da sua pretensão. Se o tribunal entender, no entanto, que, apesar das ilegalidades cometi-

administrativo português, vigorou até há pouco tempo no direito italiano, pelo que se afiguram perigosas eventuais tentativas de transposição, neste domínio, de construções de origem italiana (cfr. Jorge Cortês, "Acção de condenação à prática do acto devido: poderes de pronúncia do tribunal", *Revista do Ministério Público* nº 107 (2006), p. 63 – o Autor sublinha, no entanto, o relevo que, entre nós, assume o princípio do inquisitório a pp. 78 segs. do mesmo escrito). A rejeição desta perspectiva é, entretanto, claramente assumida no direito alemão, no qual se outorgam ao tribunal amplíssimos poderes inquisitórios quanto ao apuramento dos factos, e afigura-se, na verdade, incompatível com "a assunção básica da nossa cultura jurídica" de que o controlo do respeito da Administração pelo direito objectivo material "só oferece garantias suficientes se for confiado a um tribunal que julgue sobre um material de facto que ele mesmo coligiu" (R. Ehrhardt Soares, "A propósito de um projecto legislativo: o chamado Código de Processo Administrativo Gracioso", *Revista de Legislação e de Jurisprudência* nº 3702, p. 262). Diferente solução implicaria a evidente desvalorização da tutela jurisdicional, que, a nosso ver, nem o reconhecimento da dimensão garantística do procedimento administrativo impõe, nem o enquadramento constitucional da justiça administrativa autoriza.

[45] A nosso ver, apenas poderão constituir obstáculo legal a essa possibilidade, porque, nesse caso, o acesso à prova estará excepcionalmente limitado, as situações em que, nos termos da lei, a verificação do preenchimento de algum dos pressupostos do acto seja competência exclusiva, no âmbito da instrução do procedimento, de um organismo especializado da Administração Pública, em termos que permitam afirmar que a lei pretende conferir um monopólio a tal organismo no exercício de uma função verificativa de carácter técnico, a que nem através do recurso a peritos o tribunal se pode substituir.

das, não se encontra precludida a possibilidade da emissão de novo acto de conteúdo negativo, não deve julgar improcedente a acção, mas condenar a Administração a praticar um novo acto, em substituição do anterior, explicitando as vinculações a observar na emissão do novo ato, devendo, na verdade, entender-se que o pedido dirigido à emissão desta pronúncia condenatória está compreendido no pedido formalmente deduzido, que se dirigia a uma condenação de maior alcance. Neste preciso sentido dispõe hoje o nº 3 do artigo 71º.

3. Condenação à não emissão de atos administrativos

31-A. Com carácter inovatório, o CPTA introduziu, no ordenamento jurídico português, a previsão, no artigo 37º, nº 1, alínea *c)*, da possibilidade da condenação da Administração à não emissão de actos administrativos, que corresponde à *vorbeugende Unterlassungsklage*, existente no direito processual administrativo alemão[46].

Este preceito deve ser interpretado, à luz do princípio da tutela jurisdicional efectiva, numa perspectiva aberta e flexível, que lhe permita funcionar como uma *válvula de segurança* do sistema de tutela jurisdicional, nas situações em que a utilização dos mecanismos impugnatórios tradicionais, assentes numa lógica de tutela exclusivamente reactiva, não se mostre apta a proporcionar uma tutela jurisdicional efectiva.

Não se deixa, deste modo, de assumir como ponto de referência o modelo de *tutela reactiva*, que o CPTA, aliás, consagra, e, portanto, de atribuir prioridade à tradicional via da impugnação de actos administrativos de conteúdo positivo, complementada pela ampla previsão de instrumentos de tutela cautelar, a começar pela suspensão da eficácia dos actos impugnados. Tal como sucede no Direito alemão, também entre nós se deve, na verdade, aceitar que a via normal de tutela dos particulares perante o exercício dos poderes da Administração é a via reactiva, da impugnação dos actos administrativos, e não a via preventiva, dirigida a atalhar, *a priori*, ao próprio exercício desses poderes, através da condenação da Administração a nem sequer emitir um acto administrativo.

[46] Cfr., por todos, FRIEDHELM HUFEN, *Verwaltungsprozeßrecht*, 4ª ed., Munique, 2000, pp. 331-332; CARL-HERMAN ULE, *Verwaltungs Archiv*, vol. 65 (1974), pp. 291 segs.

É, na verdade, essa a solução que melhor se compagina com o reconhecimento, claramente subjacente ao nosso sistema jurídicoconstitucional, da necessidade de, à partida, proporcionar à Administração os meios necessários à mais eficaz prossecução dos interesses públicos colocados a seu cargo. Cumpre ter, na verdade, presente que o acto administrativo é um instrumento que o direito substantivo coloca à disposição da Administração porque o legislador considera indispensável à mais eficaz prossecução dos interesses públicos que a Administração disponha, em múltiplos domínios, da possibilidade de definir o Direito através da emissão de declarações jurídicas capazes de se projectarem unilateralmente na esfera jurídica dos seus destinatários independentemente da vontade destes, de produzirem de imediato os efeitos jurídicos a que se dirigem e de, por regra, se consolidarem na ordem jurídica se não forem impugnadas dentro de prazos relativamente curtos. E é neste quadro de ideias que se inscreve e compreende o regime da impugnação dos actos administrativos ilegais, tal como o CPTA o estabelece.

Do que se trata é, em todo o caso, de assumir que a via reactiva deve ceder a prioridade à via preventiva sempre que o princípio da tutela jurisdicional efectiva o exija – isto é, quando, nas circunstâncias do caso concreto, exista uma situação de carência de tutela que justifique a intervenção preventiva do tribunal, por se dever considerar que a via impugnatória não se mostra capaz de assegurar ao interessado uma tutela jurisdicional efectiva. Como tem sido defendido na doutrina alemã, a condenação da Administração a não praticar um acto administrativo deve, assim, depender da titularidade, por parte do autor, de um *interesse processual qualificado*[47]. E nesse sentido se orienta a nova previsão que, a este respeito, foi introduzida no nº 2 do artigo 39º.

Mas afigura-se altamente inconveniente, neste como em muitos outros domínios, ceder à tentação de procurar, pela via doutrinal, tipificar as categorias de situações que se devem considerar aqui abrangidas. Pelo contrário, é perante cada caso concreto, e com a abertura de espírito necessária à adequada concretização do princípio da tutela jurisdicional efectiva, que ao julgador caberá identificar as situações de ameaça da prá-

[47] Cfr., por exemplo, Schmitt Glaeser, *Verwaltungsprozeßrecht,* 14ª ed., Stuttgart etc., 1997, p. 198; F. Hufen, *Verwaltungsprozeßrecht,* pp. 335-336. No mesmo sentido, entre nós, Sérvulo Correia, *Direito do Contencioso Administrativo,* vol. I, pp. 774-775.

tica de um acto administrativo lesivo que não se compadecem com uma tutela meramente reactiva, pela via impugnatória.

Pela nossa parte, limitamo-nos, por conseguinte, a admitir, a título meramente exemplificativo, que o referido interesse qualificado tenderá a existir em situações em que o acto em perspectiva seja de molde a causar, logo que praticado, danos irreversíveis, que uma eventual reacção apenas *a posteriori*, pela via da impugnação, ainda que acompanhada do eventual recurso à tutela cautelar, só dificilmente se apresente capaz de prevenir ou remover completamente. Isto pode suceder com actos administrativos cujos efeitos, por natureza, se esgotem num prazo curto ou em relação aos quais exista o risco, ou a certeza, de que serão objecto de execução material imediata – seja porque isso desde logo resulta do próprio tipo legal do acto (pense-se em actos cuja própria regulação normativa os associa à operação material pela qual são executados, em termos de se dever mesmo, em certos casos, considerar que a lei configura o acto como uma manifestação que está ínsita na operação de execução), quer porque, embora isso não resulte do tipo legal, se procede normalmente à execução imediata desse tipo de actos por razões de urgência ou há razões objectivas para acreditar que assim sucederá no caso concreto em presença.

A condenação da Administração a não praticar um acto administrativo também deve poder ter lugar quando a Administração tenha manifestado a intenção de praticar um acto administrativo, mas protele a concretização desse propósito, sem desencadear um procedimento, ou sem lhe dar seguimento, nem assumir que desistiu da ideia. Se, neste tipo de situação, a intenção em causa for ilegal e a sua concretização for lesiva da esfera jurídica do interessado, deve ser-lhe reconhecida a possibilidade de agir pela via contenciosa para pôr cobro à situação de incerteza em que se encontra[48].

[48] Cfr., por todos, Wolf-Rüdiger Schenke, *Verwaltungsprozeßrecht*, 6ª ed., Heidelberg, 1998, pp. 108-109.

§ 2º – Pretensões respeitantes a normas regulamentares

32. Estão aqui em causa os litígios relacionados com as normas emanadas no exercício da função administrativa, que, para simplificar, designaremos como *normas regulamentares,* o que compreende toda e qualquer norma cuja emissão se processa no exercício de poderes conferidos pelo Direito Administrativo, uma vez que, seja qual for o ramo do direito em que as normas regulamentares irão ser objecto de aplicação, as regras sobre a sua produção (competência, forma, etc.) são de Direito Administrativo, pelo que incumbe aos tribunais administrativos fiscalizar a observância dessas regras[49] [50].

1. Desaplicação incidental de normas regulamentares

33. Em princípio, quando um particular é objecto de uma decisão concreta que lhe aplica uma norma regulamentar que considera ilegal, ele pode e deve reagir contra essa decisão concreta, suscitando o incidente da ilegalidade da norma regulamentar aplicada. Se o tribunal julgar procedente o incidente, recusa-se a aplicar a norma regulamentar que considera ilegal e, com esse fundamento, anula ou declara nula a decisão impugnada. Deste modo se evitam as consequências da norma regulamentar ilegal.

Omisso quanto a este ponto, o CPTA passou a referi-lo, após a revisão de 2015, no novo nº 3 do artigo 73º. Apesar das referências específicas, em matéria de legitimidade, que constam deste preceito, parece, no entanto, que o regime nele previsto continua a valer, tal como sucedia anteriormente, em relação a qualquer um dos legitimados à impugnação de actos administrativos, nos termos do artigo 55º.

[49] No mesmo sentido, a propósito da reforma de 1984/1985, cfr. MÁRIO ESTEVES DE OLIVEIRA, "A impugnação e anulação contenciosa dos regulamentos", *Revista de Direito Público,* Ano I, nº 2, p. 43.

[50] A mais circunstanciada análise do contencioso das normas regulamentares ainda se encontra no livro de MÁRIO JORGE LEMOS PINTO, *Impugnação de normas e ilegalidade por omissão,* Coimbra, 2008, que, a pp. 9-12, inclui uma breve apreciação do conteúdo do texto de revisão do CPTA que foi elaborado em 2008 e que, no essencial, veio a encontrar consagração na revisão de 2015.

2. Declaração da ilegalidade de normas regulamentares sem força obrigatória geral

34. Há casos, porém, em que a norma regulamentar lesa directamente os destinatários, sem que haja lugar à tomada de decisões concretas de aplicação. Pense-se, desde logo, no exemplo das normas que impõem a proibição de uma conduta, que fixam horários de funcionamento de estabelecimentos comerciais ou tabelas de preço a observar na comercialização de determinados produtos. Para estes casos, o artigo 73º prevê a possibilidade da impugnação directa da norma regulamentar.

Até à revisão de 2015, os interessados, neste caso, só podiam obter, da parte do tribunal, uma *declaração de ilegalidade sem força obrigatória geral*, isto é, uma declaração de que a norma impugnada era ilegal que só valia para o interessado, pelo que operava como uma recusa de aplicação da norma, ainda que proferida a título principal. Com efeito, com a referida declaração o interessado só podia "obter a desaplicação da norma", com o alcance de impedir que a norma lhe fosse aplicável. Como a questão da ilegalidade da norma não era, nesse contexto, suscitada a título incidental, para sustentar a invalidade de um acto concreto de aplicação, em processo dirigido contra este acto, mas era suscitada directamente, a título principal, contra a própria norma, que era diretamente impugnada, o tribunal pronunciava-se sobre ela a título principal. Mas não a eliminava da ordem jurídica, limitando-se, igualmente, a reconhecer a sua ilegalidade com efeitos circunscritos à situação do interessado, para o efeito de o subtrair ao seu âmbito de aplicação.

Este regime foi objecto de fortes críticas, que, de um modo geral, se afiguravam pertinentes[51], pelo que, já no texto de revisão do CPTA que foi preparado em 2008 e não teve seguimento, elas eram, de um modo geral, acolhidas, sendo nele, por conseguinte, prevista a eliminação da modalidade de impugnação de normas regulamentares sem força obrigatória geral. A solução acabou por ser acolhida na revisão de 2015, nos mesmos precisos termos que se encontravam previstos naquele texto.

[51] Cfr. Carlos Blanco de Morais, "Brevíssima nota sobre a revisão do CPTA e do ETAF em matéria de contencioso regulamentar", *Cadernos de Justiça Administrativa* nº 65, pp. 3 segs.; Vasco Pereira da Silva, *O contencioso administrativo no divã da psicanálise*, pp. 411 segs.; Carla Amado Gomes, "Dúvidas não metódicas sobre o novo processo de impugnação de normas do CPTA", *Cadernos de Justiça Administrativa* nº 60, pp. 3 segs.

Assim, a possibilidade da *declaração de ilegalidade sem força obrigatória geral* passou a estar apenas prevista, no nº 2 do artigo 73º, para os casos abrangidos pela restrição prevista no artigo 72º, nº 2. Só há, pois, lugar à referida declaração nas situações em que, invocando o autor a existência de inconstitucionalidade da norma impugnada, está vedada aos tribunais administrativos a declaração de ilegalidade dessa norma com força obrigatória geral.

Só ao Tribunal Constitucional compete, com efeito, declarar, com força obrigatória geral, a inconstitucionalidade de quaisquer normas e, portanto, também das normas ditadas pela Administração. Mas a restrição prevista no artigo 72º, nº 2, só vale para a declaração de ilegalidade com força obrigatória geral. A declaração de ilegalidade sem força obrigatória geral pode, por isso, basear-se na inconstitucionalidade da norma impugnada. Tal como, aliás, também se poderia basear na inconstitucionalidade da norma o pedido da sua desaplicação incidental, no âmbito do processo de impugnação do acto administrativo de aplicação, se a norma não fosse directamente aplicável e houvesse, portanto, lugar à prática de um acto desse tipo. Em qualquer dos casos, o tribunal procede, na verdade, à desaplicação da norma, sendo essa decisão passível de recurso para o Tribunal Constitucional – sendo esse recurso obrigatório para o Ministério Público, no caso de estar em causa um decreto regulamentar, como tal promulgado pelo Presidente da República[52].

3. Declaração de ilegalidade de normas regulamentares com força obrigatória geral

35. Segundo hoje dispõe o nº 1 do artigo 73º, a declaração de ilegalidade de normas regulamentares com força obrigatória geral, que implica a respectiva eliminação da ordem jurídica, com os efeitos retroactivos e repristinatórios delimitados no artigo 76º, pode ser sempre pedida, não só pelo Ministério Público, como já sucedia anteriormente à revisão de

[52] O regime do CPTA pressupõe, pois, que a reserva constitucional de jurisdição do Tribunal Constitucional apenas compreende a declaração de inconstitucionalidade de normas com força obrigatória geral, e não situações de desaplicação, ainda que a título principal, e não incidental, como aquela que é contemplada no nº 2 do artigo 73º. No mesmo sentido, cfr. VIEIRA DE ANDRADE, *A Justiça Administrativa*, 15ª ed., Coimbra, 2016, p. 207.

2015, mas também "por quem seja diretamente prejudicado pela vigência da norma ou possa previsivelmente vir a sê-lo em momento próximo", pelas pessoas e entidades legitimadas pelo nº 2 do artigo 9º e pelos "presidentes de órgãos colegiais, em relação a normas emitidas pelos respetivos órgãos" – no que representa uma extensão da legitimidade anteriormente apenas prevista, no artigo 55º, nº 1, alínea *e)*, para a impugnação de atos administrativos.

Estabelece, entretanto, o nº 4 do mesmo artigo 73º que o Ministério Público tem o dever de pedir a declaração de ilegalidade com força obrigatória geral quando tenha conhecimento de três decisões de desaplicação de com fundamento em ilegalidade, bem como de recorrer das decisões de primeira instância que declarem a ilegalidade com força obrigatória geral.

No que diz respeito aos prazos de impugnação, cumpre notar que, de harmonia com o novo regime do artigo 144º do CPA, o artigo 74º passou, na revisão de 2015, a estabelecer um regime diferenciado para as situações de arguição de ilegalidade formal ou procedimental da qual não resulte inconstitucionalidade e que não se traduzam na carência absoluta da forma legal ou na preterição de consulta pública exigida por lei. Assim, embora a regra seja a de que a declaração de ilegalidade de normas regulamentares pode ser pedida a todo o tempo, a arguição das ilegalidades referidas está submetida ao prazo de seis meses, contado da data da publicação das normas.

No que se refere aos fundamentos em que se pode basear o pedido de declaração de ilegalidade com força obrigatória geral, não são invocáveis perante os tribunais administrativos "os fundamentos previstos no nº 1 do artigo 281º da Constituição da República Portuguesa" (cfr. artigo 72º, nº 2), na medida em que, como vimos atrás, só ao Tribunal Constitucional compete declarar, com força obrigatória geral, a inconstitucionalidade de quaisquer normas.

O juiz não está, entretanto, limitado, na sua apreciação, pelos argumentos que possam ser invocados contra a norma ou normas impugnadas, podendo decidir "com fundamento na ofensa de princípios ou normas jurídicas diversos daqueles cuja violação haja sido invocada" (cfr. artigo 75º).

O âmbito da eficácia da declaração de ilegalidade com força obrigatória geral, estabelecido no artigo 76º, é inspirado no regime do artigo

282º da CRP, respeitante aos efeitos das declarações de inconstitucionalidade ou de ilegalidade com força obrigatória geral que são proferidas pelo Tribunal Constitucional. Em princípio, a declaração de ilegalidade com força obrigatória geral produz efeitos retroactivos (artigo 76º, nº 1). Ficam, no entanto, ressalvadas (pelo artigo 76º, nº 4, primeira parte) as situações consolidadas, que o CPTA identifica com os casos julgados e também com os actos administrativos que já não possam ser impugnados. Deste modo se parece salvaguardar na justa medida o valor da segurança jurídica, que, no regime anterior ao CPTA, se procurava assegurar através da regra da eficácia *ex nunc* da declaração de ilegalidade da norma.

Os casos julgados e os actos administrativos consolidados cedem, em todo o caso, perante o princípio da aplicação retroactiva da norma sancionatória mais favorável, tal como ele se encontra consagrado no artigo 282º, nº 3, da CRP (artigo 76º, nº 4, parte final). Por outro lado, o juiz ainda pode decidir, segundo critérios de proporcionalidade, que a retroactividade seja afastada ou, pelo menos, limitada por decisão do juiz, "quando razões de segurança jurídica, de equidade ou de interesse público de excepcional relevo, devidamente fundamentadas, o justifiquem" (artigo 76º, nº 2). Mas, neste caso, o nº 3 do artigo 76º tem o cuidado de salvaguardar o interesse do autor diretamente prejudicado pela vigência da norma imediatamente operativa na eliminação dos efeitos lesivos causados pela norma na sua esfera jurídica.

A nosso ver, quando o tribunal opte por limitar os efeitos da sua pronúncia quanto ao passado, lançando mão do mecanismo previsto no artigo 76º, nº 2, perante um pedido de declaração de ilegalidade com força obrigatória geral deduzido por um interessado lesado por norma directamente aplicável, mas já julgada ilegal em três casos concretos, há responsabilidade da Administração pelos danos causados ao lesado – e, quanto a nós, responsabilidade por facto ilícito, dado que a eventual limitação de efeitos da declaração por parte do juiz, ao abrigo do artigo 76º, nº 2, não tem o alcance de tornar válida a norma em causa, para o efeito de impedir os eventuais interessados de impugnarem os eventuais actos administrativos que tenham sido praticados ao seu abrigo e ainda estejam em tempo de ser impugnados, mesmo em momento ulterior ao da declaração[53].

[53] Em sentido contrário, cfr. CARLA AMADO GOMES, "A suspensão da eficácia de regulamentos imediatamente exequíveis", *Revista Jurídica (da Associação Académica da Faculdade de Direito de*

Como é evidente, a desaplicação incidental de normas ilegais, para o efeito da invalidação dos actos que nelas se basearam, não depende da declaração de ilegalidade dessas normas com força obrigatória geral. Por conseguinte, não faz sentido que essa desaplicação fique inviabilizada pelo facto de um tribunal já ter reconhecido, com força obrigatória geral, a ilegalidade das normas em causa, embora com a ressalva de que essa declaração apenas valeria para o futuro. Com essa ressalva, o tribunal não pretendeu, nem poderia pretender, tornar válidas para o passado as normas em causa. Ele apenas pretendeu que, com alcance geral, elas só fossem eliminadas da ordem jurídica para o futuro – sem prejuízo, naturalmente, da possibilidade da sua desaplicação nos processos em que a sua invalidade possa vir a ser incidentalmente suscitada. Neste mesmo sentido aponta, a nosso ver, a nova solução do nº 3 do artigo 76º.

4. Condenação à emissão de regulamentos

36. O CPTA introduziu, no artigo 77º, um inovador dispositivo que permite reagir contra a omissão ilegal de normas administrativas cuja adopção "seja necessária para dar exequibilidade a actos legislativos carentes de regulamentação". Entretanto, o nº 1 do novo artigo 137º do CPA veio fixar em 90 dias o prazo regra dentro do qual, no silêncio da lei, devem ser adotadas tais normas. O CPA estabelece, por outro lado, que, em caso de omissão de regulamento devido dentro do prazo legal, os interessados diretamente prejudicados pela situação, sem prejuízo da possibilidade de recurso à tutela jurisdicional, nos termos do artigo 77º do CPTA, podem requerer a emissão do regulamento ao órgão com competência na matéria (artigo 137º, nº 2) e reagir contra a omissão ilegal através de reclamação ou recurso para o órgão administrativo competente para o efeito, caso exista.

Na redação anterior à revisão de 2015, falava-se, na epígrafe do artigo 77º, numa "declaração de ilegalidade por omissão", discutindo-se se o artigo previa ou não uma verdadeira condenação à emissão de normas regulamentares. A revisão do CPTA veio clarificar o ponto no sentido que já nos parecia o mais correto, explicitando, tanto na epígrafe, como

Lisboa) nº 21, p. 298, nota 135, para quem a responsabilidade, neste domínio, seria por facto lícito porque o tribunal teria "como que ratificado" os efeitos passados.

no texto do artigo, que o que nele está em causa é uma verdadeira condenação. Tornou-se assim mais claro que as pronúncias jurisdicionais proferidas ao abrigo do artigo 77º reconhecem a existência de deveres e impõem o respetivo cumprimento, estabelecendo um prazo para o efeito; que a eventual inobservância desse prazo constitui um acto de desobediência em relação à sentença, que habilita o beneficiário da mesma a desencadear os mecanismos de execução adequados, isto é, a fixação de um prazo limite, com imposição de uma sanção pecuniária compulsória aos responsáveis pela persistência na omissão (cfr. artigos 164º, nº 4, alínea *d)*, 168º e 169º); e que, quando o considere justificado, atendendo às circunstâncias concretas do caso, o tribunal pode proceder, desde logo, à imposição de sanção pecuniária compulsória, ao abrigo da previsão dos artigos 3º, nº 2, e 95º, nº 4, no próprio momento em que reconheça a ilegitimidade da situação de omissão e, por isso, fixe o prazo dentro do qual a omissão deve ser suprida.

Acrescente-se que, em nosso entender, o disposto no nº 5 do artigo 95º não é aplicável às ações de condenação à emissão de regulamentos. Com efeito, não é, a nosso ver, no capítulo III do Título II, que se limita a regular a marcha do processo, mas no capítulo II, em que reúne as disposições particulares a cada um dos principais tipos de pretensões que podem ser deduzidos perante os tribunais administrativos, que o Código estabelece os correspondentes poderes de pronúncia do juiz. A sede própria para definir os poderes de pronúncia do juiz nas ações de condenação à emissão de regulamentos reside, pois, no nº 2 do artigo 77º, e não no nº 5 do artigo 95º. Deve, por isso, entender-se que este último preceito pressupõe – e, por conseguinte, só é aplicável a – ações cujo objeto comporte a determinação do conteúdo de atos jurídicos ou comportamentos a adotar pela Administração e é nesse pressuposto que admite a possibilidade de o tribunal explicitar as vinculações a observar pela Administração, desse modo estendendo a essas ações o regime previsto no nº 2 do artigo 71º para as ações de condenação à prática de ato devido. O preceito tem, assim, em vista as ações em que o tribunal seja chamado a determinar o conteúdo dos atos jurídicos e comportamentos que a Administração deve adotar para dar cumprimento ao dever que se lhe imponha de remover as consequências da sua atuação ilegal, procedendo ao restabelecimento das situações jurídicas ofendidas.

A origem do preceito permite, aliás, a nosso ver, comprová-lo. Com efeito, antes da revisão de 2015, o correspondente preceito do nº 3 do artigo 95º só tinha, na verdade, expressamente em vista as situações em que, com o pedido de anulação ou de declaração de nulidade de um ato administrativo fosse cumulado pedido de condenação da Administração à adoção dos atos e operações necessários para reconstituir a situação que existiria se o ato impugnado não tivesse sido praticado. Ora, se, com a revisão de 2015, o nº 5 do artigo 95º deixou de incluir essa referência, foi para estender a aplicabilidade do respetivo regime também aos casos em que pretensões de restabelecimento de situações ilegalmente perturbadas não resultem da prática de atos administrativos impugnáveis, mas da adoção de operações materiais por parte da Administração – paradigmaticamente, atuações desenvolvidas em *via de facto,* sem o necessário fundamento num ato jurídico que as legitimasse. O que bem se compreende, se se tiver presente que, ao contrário do que sucedia até 2015, o artigo 95º, hoje, não regula apenas os processos correspondentes à antiga forma da ação administrativa especial, mas também aqueles que anteriormente correspondiam à forma da ação administrativa comum (cfr., a propósito, *infra,* nº 43).

A nosso ver, o preceito não deixa, assim, de continuar, hoje como antes, a ter apenas em vista as situações em que no processo sejam deduzidas pretensões do tipo revisto na alínea *i)* do artigo 37º, nº 1, dirigidas a obter a condenação da Administração à adoção de meros atos jurídicos e operações materiais de restabelecimento de direitos ou interesses violados, e não as pretensões típicas de condenação à prática de atos administrativos e de regulamentos, em relação às quais os poderes de pronúncia do juiz são objeto de regulação própria, respetivamente, no artigo 71º e no artigo 77º, nº 2[54].

[54] Na mesma linha, cfr. Vieira de Andrade, *A Justiça Administrativa,* 15ª ed., Coimbra, 2016, p. 224, nota 537.

SEGUNDA SECÇÃO
Pretensões não respeitantes a actos administrativos e normas regulamentares

37. O segundo grande bloco de tipos de pretensões que podem constituir objecto do processo administrativo corresponde ao universo das situações em que são colocadas questões correspondentes ao âmbito da jurisdição administrativa, mas que não se reportam ao exercício de poderes de autoridade, consubstanciado na emissão ou omissão de actos administrativos e normas regulamentares.

Como resulta do teor do artigo 37º, trata-se de um conjunto muito heterogéneo de situações, cujo enunciado não se compadece com qualquer pretensão de exaustividade[55]. Apenas procederemos, por isso, de seguida à identificação dos principais tipos de pretensões, assinalando, quando seja caso disso, os aspectos do respectivo regime substantivo que justificam uma referência, do ponto de vista do seu enquadramento processual.

§ 1º – Pretensões dirigidas à obtenção de pronúncias de conteúdo meramente declarativo ou de simples apreciação

38. Como é natural, só uma parcela reduzida das pretensões que aqui se enquadram é dirigida à emissão de sentenças meramente declarativas ou de simples apreciação. Com efeito, estas sentenças proporcionam apenas o reconhecimento da existência ou inexistência de direitos ou factos, o que, tal como sucede em processo civil, por regra, só em situações excepcionais se justifica, do ponto de vista da existência do necessário interesse processual[56]. São, na verdade, as pretensões dirigidas à

[55] Como já foi assinalado, as previsões do artigo 37º, nº 1, mais não pretendem do que ilustrar, a título meramente exemplificativo, os principais tipos de pretensões que podem ser objecto de actuação processual pela via da acção administrativa. Não se trata, pois, de um elenco fechado, mas meramente exemplificativo – embora, como se verá ao longo da exposição subsequente, se trate de um elenco bastante completo e muito útil para a identificação dos principais tipos de pretensões.

[56] Cumpre, na verdade, ter presente que as situações mais frequentes e relevantes de emissão de sentenças meramente declarativas ou de simples apreciação em processo administrativo correspondem às acções de declaração de nulidade de actos administrativos.

emissão de sentenças meramente declarativas ou de simples apreciação que o nº 1 do artigo 39º tem directamente em vista, ao impor-lhes a exigência de um interesse processual específico, que se pode fundar na existência de situações graves de incerteza objectiva[57], na conveniência em pôr cobro a afirmações ilegítimas por parte da Administração ou mesmo na necessidade de evitar futuras condutas lesivas da sua parte, perante ameaças de lesão, resultantes do fundado receio da verificação de condutas lesivas num futuro próximo, determinadas por uma incorrecta avaliação da situação existente[58].

Pertencem a este tipo as pretensões correspondentes à previsão das alíneas *f)* e *g)* do nº 1 do artigo 37º, dirigidas à obtenção do reconhecimento de situações jurídicas subjectivas (ou seja, de direitos ou interesses legalmente protegidos), de qualidades ou do preenchimento de condições, que podem resultar da lei ou ter sido constituídas por regulamento ou por acto administrativo.

Como foi atrás assinalado (cfr. *supra*, nº 27), também se dirigem à obtenção de decisões de conteúdo meramente declarativo ou de simples apreciação as pretensões dirigidas a obter a declaração de inexistência de atos administrativos, que não têm, como vimos, por objeto a impugnação de atos administrativos, mas a obtenção do reconhecimento de que, em determinado contexto, não foi praticado qualquer ato administrativo.

Também se enquadram na categoria em referência as pretensões dirigidas a obter a declaração de nulidade dos contratos cuja apreciação se encontra submetida à jurisdição administrativa (cfr. *infra*, nº 66), assim como as acções de interpretação de contratos, em que se pretende obter do tribunal o esclarecimento do sentido controvertido de cláusulas contratuais. As correspondentes acções tanto podem ter de ser propostas por contraentes privados, como por contraentes públicos, na medida em que, tanto num, como no outro caso, se trata de domínios

[57] Para o exemplo da situação de incerteza que pode existir quando a lei imponha directamente, sem necessidade da mediação de acto administrativo, limites, restrições ou condicionamentos aos direitos individuais cujos contornos não sejam claros e, por isso, careçam de concretização, cfr. Vasco Pereira da Silva, *O contencioso administrativo no divã da psicanálise*, pp. 447-448.

[58] Para a ilustração de situações cobertas pela previsão do artigo 39º, cfr. Carlos Cadilha, "Legitimidade processual", *Cadernos de Justiça Administrativa* nº 34, p. 17. O mesmo faz o CPC alemão (ZPO), no § 256.

em que os contraentes públicos não podem determinar unilateralmente o Direito aplicável através da emissão de acto administrativo (cfr. artigo 307º, nº 1, do CCP), pelo que, em caso de litígio, têm de recorrer à via jurisdicional.

§ 2º – Pretensões dirigidas à obtenção de pronúncias de conteúdo constitutivo

39. Tal como sucede em processo civil, é natural que fora do âmbito do contencioso da impugnação de actos administrativos e normas regulamentares, escasseiem as pretensões dirigidas à emissão de sentenças constitutivas. Têm, em todo o caso, conteúdo constitutivo pelo menos as sentenças de anulação dos contratos cuja apreciação se encontra submetida à jurisdição administrativa (cfr. *infra*, nº 66), acções que tanto podem ter de ser propostas por contraentes privados, como por contraentes públicos, na medida em que os contraentes públicos não podem decretar unilateralmente a anulação dos seus contratos através da emissão de acto administrativo (cfr. artigo 307º, nº 1, do CCP), pelo que, em caso de litígio, têm de recorrer à via jurisdicional.

§ 3º – Pretensões dirigidas à obtenção de pronúncias de conteúdo condenatório

1. Caracterização geral

40. Tal como sucede em processo civil, é natural que fora do âmbito do contencioso da impugnação de actos administrativos e normas regulamentares, a esmagadora maioria das pretensões accionáveis se dirijam à emissão de sentenças de condenação. Essas pretensões tanto podem ser deduzidas por particulares, seja contra entidades públicas, seja contra outros particulares, como por entidades públicas, contra particulares ou contra entidades públicas.

Como já foi assinalado (cfr. *supra*, nº 16), são, hoje em dia, relativamente numerosos os processos administrativos desencadeados por entidades públicas contra outras entidades públicas, no âmbito dos chamados *litígios interadministrativos*, em que se confrontam entre si interesses estatutariamente atribuídos a diferentes entidades públicas. Daí a referência no artigo 37º, nº 1, alínea *n)*, que, após a eliminação da distinção entre ação administrativa comum e especial, tanto tem, hoje, naturalmente, em vista actos administrativos ou regulamentos – como, desde logo, sucede com aqueles em que um órgão de uma entidade pública é admitido a impugnar decisões tomadas por outro órgão da mesma entidade pública (cfr. artigo 55º, nº 1, alínea *d)*, do CPTA e, a esse propósito, *infra*, nº 100) –, como os litígios que se inscrevam no quadro de relações jurídicas paritárias ou de cooperação entre as entidades públicas envolvidas, sem envolverem a prática de actos que exprimam o exercício de poderes de autoridade de uma delas sobre a outra.

Depois de já atrás nos termos referido às pretensões de condenação à emissão de atos administrativos e regulamentos, interessam-nos agora as pretensões de condenação dirigidas à realização de prestações que podem ter por objecto o pagamento de quantias, a entrega de coisas ou a prestação de factos, mas não dependem da prática de um acto administrativo. E isto, em dois tipos de circunstâncias:

1ª – Não há que praticar um acto administrativo, porque o direito decorre directamente de normas jurídico-administrativas e não envolve a emissão de um acto administrativo. É o que, desde logo, sucede no âmbito das relações contratuais que não tenham, naturalmente, por objeto a prática de um ato administrativo (ato contratualmente devido, a que hoje faz referência expressa a alínea *b)* do nº 1 do artigo 37º), assim como no das relações de responsabilidade civil extracontratual, em que, tradicionalmente entre nós, se entende que a Administração não tem o poder de dizer o Direito através da emissão de um acto administrativo que determine se deve ou não proceder à reparação dos danos; mas o mesmo vale no domínio das indemnizações pela imposição de sacrifícios ou de aplicação do instituto do enriquecimento sem causa.

Também constituem exemplo deste tipo de situação o direito do trabalhador ao pagamento do seu vencimento mensal, no âmbito da relação jurídica de emprego, que corresponde a um verdadeiro direito de crédito, cuja constituição, mês a mês, na sua esfera jurídica, não depende da emissão, em cada mês, de um acto administrativo mediante o qual a entidade patronal decida atribuir-lhe esse direito.

2ª – O necessário acto administrativo já foi praticado e, portanto, o direito já foi constituído por acto jurídico praticado ao abrigo de disposições de direito administrativo. Pense-se desde logo no exemplo do direito ao pagamento de uma pensão que já foi constituído na esfera do interessado por acto administrativo de conteúdo favorável, mas que não tem sido satisfeito através do correspondente pagamento.

Nos tipos de situações enunciados, não está em causa a prática de actos administrativos, mas a realização de *simples actuações* ou *actos reais*, para utilizar a terminologia alemã, isto é, a realização de prestações a que a Administração se encontra obrigada, sem dispor do poder de as recusar através de uma pronúncia susceptível de ser qualificada como um acto administrativo de indeferimento. Por conseguinte, a eventual recusa da Administração em entregar a coisa ou a quantia a que está obrigada, ou a prestar o facto, não corporiza um acto administrativo de indeferimento, contra o qual se imponha reagir dentro de um prazo limitado, pedindo a condenação à prática de um ato administrativo, nos termos dos artigos 66º e segs.[59].

Como demonstra a lição do direito comparado, o que, nesta matéria, cumpre fazer, é, portanto, identificar os tipos de situações das quais a lei directa ou imediatamente faz derivar vínculos obrigacionais que oneram a Administração. É assim que, recorrendo ao exemplo alemão, se poderá afirmar que constituem meras actuações da Administração actos e operações como o pagamento de vencimentos, remunerações, pensões ou benefícios da segurança social, a restituição de coisas ou de quantias, a prestação de cuidados de saúde ou de educação, a prestação de informações, etc. – ponto é que, quando a titularidade do direito a receber estas prestações dependa da prévia emissão de um acto administrativo atribu-

[59] Nas palavras de ROSENDO DIAS JOSÉ, *O Debate Universitário*, p. 32, trata-se, deste modo, de reconhecer que, dependendo do concreto contexto de cada tipo de situação, "os particulares se apresentam perante a Administração não apenas à espera da luz do acto administrativo, mas também com direitos próprios, desde logo direitos de personalidade e direitos fundamentais. Depois, também, direitos a prestações, factos e comportamentos, bem como direitos sobre coisas. E ainda, detendo uma qualidade ou preenchendo certas condições, com base nelas, os particulares hão-de poder reclamar não apenas um direito substantivo, mas também o prosseguimento da apreciação de outros requisitos de certa pretensão no procedimento adequado".

tivo, este acto já tenha sido praticado e, portanto, o direito às prestações já se tenha constituído na esfera do interessado: caso contrário, há que requerer a emissão do acto e, se este for omitido ou recusado, há que propor uma acção de condenação à sua emissão, nos termos dos artigos 66º e segs.

2. Pretensões relativas ao incumprimento de contratos (arts. 4º, nº 1, al. *e)* do ETAF e 37º, nº 1, alínea *l)*, do CPTA)

41. Enquadram-se na categoria em referência as pretensões respeitantes ao incumprimento dos contratos cuja apreciação se encontra submetida à jurisdição administrativa (cfr. *infra*, nº 66). Essas pretensões podem dirigir-se, tanto a exigir o cumprimento do contrato, como a fazer valer a responsabilidade contratual decorrente do seu incumprimento, e tanto podem ter de ser propostas por contraentes privados, como por contraentes públicos: pelo menos, no âmbito das relações constituídas por contratos que a lei não qualifique como contratos administrativos.

No âmbito das relações contratuais administrativas, em princípio, as acções deste tipo tenderão a ser propostas apenas por contraentes privados, na medida em que o CCP, para além de conferir aos contraentes públicos, nos artigos 302º e 307º, muito amplos poderes de definição unilateral do Direito através da emissão de actos administrativos, ainda consagra, no artigo 325º, a solução inédita e muito discutível de erigir o contrato administrativo em título executivo e conferir ao contraente público o poder de proceder à execução forçada das prestações em relação às quais exista uma situação de incumprimento por parte do co-contratante, com o que dispensa o contraente público, nessa circunstância, da necessidade de recorrer, seja para que efeito for, à tutela jurisdicional[60].

Nos casos em que, nos termos do nº 2 do artigo 307º do CCP, o contraente público exerça o poder de emitir actos administrativos relativos à execução dos contratos, ele também fica dispensado de propor uma acção no âmbito da qual teria o ónus de fazer valer a sua posição perante

[60] Sobre o regime em referência no texto, cfr. MÁRIO AROSO DE ALMEIDA, *Teoria Geral...*, pp. 444 segs., e PEDRO GONÇALVES, "Cumprimento e incumprimento do contrato administrativo", in *Estudos de Contratação Pública – I*, Coimbra, 2008, pp. 614 segs.

o tribunal e é, pelo contrário, o co-contratante quem fica constituído no ónus de recorrer à tutela jurisdicional, para propor a necessária acção de impugnação do acto administrativo. Neste contexto, o artigo 4º, nº 2, al. *g)*, explicita a possibilidade, que decorre do princípio da livre cumulabilidade de pedidos, de o contraente privado cumular numa mesma acção qualquer pedido relacionado com questões de interpretação, validade ou execução do contrato com a impugnação de eventual acto administrativo praticado pelo contraente público no âmbito da relação contratual.

3. Pretensões de responsabilidade civil extracontratual (art. 4º, nº 1, al. *f)* do ETAF e art. 37º, nº 1, al. *k)* do CPTA)

42. Enquadram-se na categoria em referência as pretensões em matéria de responsabilidade civil extracontratual cuja apreciação se encontra submetida à jurisdição administrativa (cfr. *infra*, nº 67), que, por isso mesmo, constam, na alínea *k)*, do elenco dos tipos de pretensões exemplificativamente enunciados no nº 1 do artigo 37º.

Como já foi referido, entende-se tradicionalmente entre nós que a Administração não tem o poder de dizer o Direito através da emissão de um acto administrativo que determine se deve ou não proceder à reparação dos danos. Por conseguinte, não pode ser qualificada como acto administrativo de conteúdo negativo a declaração median te a qual a Administração, tendo sido solicitada a reparar os danos que causou, se recuse a fazê-lo, porventura alegando que não está constituída no dever de o fazer; e o mesmo vale para os domínios das indemnizações pela imposição de sacrifícios ou de aplicação do instituto do enriquecimento sem causa. Por este motivo, não há, nesse domínio, que propor uma acção de condenação à prática de um acto administrativo, mas que propor uma acção de condenação à realização das prestações reparatórias devidas.

Justifica-se, entretanto, a este propósito, uma referência ao disposto no artigo 38º que, embora não seja apenas aplicável às acções de responsabilidade civil extracontratual movidas contra a Administração Pública, tem, em todo o caso, no que a estas acções diz respeito, o alcance de tornar claro que a impugnação dos actos administrativos ilegais não constitui um pressuposto processual do qual dependa a actuação em juízo das eventuais pretensões dirigidas à reparação dos danos por eles causados. Como claramente refere o artigo 38º, nº 1, a existência ou não, em processos não-impugna tórios, da possibilidade (e em maior ou menor extensão) de o tribunal conhecer, a título incidental, da ilegalidade de actos administrativos depende da opção que, nessa matéria, for feita pela lei substantiva[61].

Desse ponto de vista, ao assumir expressamente que o domínio por excelência em que a lei substantiva admite que os tribunais podem conhecer, a título incidental, da ilegalidade de actos administrativos ilegais que não tenham sido tempestivamente impugnados é o da responsabilidade pelos danos causados por esses actos, o artigo 38º, nº 1, apresenta-se em conformidade com a solução que, no plano substantivo, estabelece que a não utilização da via processual adequada à remoção da ordem jurídica dos actos administrativos ilegais não tem o efeito automático de extinguir o direito à reparação dos danos por eles causados, ainda que a ponderação desse facto, do ponto de vista do concurso de culpa do lesado, possa conduzir à redução ou mesmo à exclusão daquele direito[62]: a solução está hoje consagrada no artigo 4º do RRCEE.

Refira-se, no entanto, que, de acordo com o artigo 50º, nº 3, a impugnação de um acto administrativo "exprime a intenção, por parte do autor, de exercer o direito à reparação dos danos que tenha sofrido, para o efeito de interromper a prescrição deste direito, nos termos gerais" (do artigo 323º do Código Civil). Embora assuma que a impugnação do acto administrativo lesivo não constitui um pressuposto processual da actuação do direito à reparação dos danos causados por esse acto, o CPTA não deixa, deste modo, de reconhecer que a impugnação do acto lesivo é um instrumento dirigido a fazer cessar a situação lesiva e, assim, a evitar a produção de novos danos, que deve ser utilizado no quadro das providências a adoptar pelo lesado para ver restabelecida a sua situação jurídica[63]. Por conseguinte, entende que a impugnação do acto lesivo exprime a intenção de exercer o direito à reparação dos danos, para o efeito de interromper a prescrição deste direito.

[61] Para a critica, nesta perspectiva, da tradicional abordagem do problema, no plano processual, da óptica da falta de autonomia das acções sobre responsabilidade em relação ao clássico recurso contencioso de anulação, cfr. Margarida Cortez, *Responsabilidade da Administração por actos administrativos ilegaís e concurso de omissão culposa do lesado,* Coimbra, 2000, pp. 159 segs. e 248 segs.
[62] Cfr. ainda Margarida Cortez, *op. cit.*, pp. 274 segs.
[63] Cfr. Mário Aroso de Almeida, *Anulação de actos administrativos...*, p. 455.

Note-se, em todo o caso, que o alcance da previsão do artigo 50º, nº 3, é limitado, na economia do Código, na medida em que é hoje possível cumular no processo impugnatório o pedido dirigido à reparação dos danos causados pelo acto impugnado. Ora, num tal contexto, tenderão a ser muito menos numerosos do que sucedia no regime anterior ao CPTA os casos em que o interessado começa por impugnar o acto ilegal para só mais tarde, uma vez obtida a decisão de anulação ou declaração de nulidade do acto, propor a acção de responsabilidade por danos.

4. Pretensões dirigidas ao restabelecimento de direitos ou interesses violados e ao pagamento de indemnizações devidas pela imposição de sacrifícios, e pretensões fundadas no instituto do enriquecimento sem causa (art. 37º, nº 1, alíneas *i)* e *m)*)

43. Na sua alínea *i)*, o artigo 37º, nº 1, autonomiza, no elenco das previsões que enuncia a título exemplificativo, as pretensões dirigidas à "condenação da Administração à adopção das condutas necessárias ao restabelecimento de direitos ou interesses violados". Estas pretensões têm *carácter restitutivo* ou dirigem-se *à cessação e remoção de consequências* de actuações ilegais da Administração, que tanto podem ter-se consubstanciado em actos jurídicos (paradigmaticamente, actos administrativos de conteúdo positivo ilegais), como em operações materiais (paradigmaticamente, actuações desenvolvidas em *via de facto,* sem o necessário fundamento num acto jurídico que as legitimasse).

A exemplo do que sucede no direito alemão, a autonomização deste tipo de pretensões justifica-se porque as pretensões que, para as pessoas e entidades afectadas, resultam das actuações ilegais da Administração não se definem propriamente por referência à adopção de determinados actos jurídicos ou de certas operações materiais, mas ao restabelecimento da situação jurídica violada, enquanto tal: conceito a que, entre nós, tem sido dado o nome de *reconstituição da situação actual hipotética.* É isto que o interessado exige da Administração, cabendo a esta concretizar o cumprimento do dever que sobre ela impende, de remover as consequências da sua actuação ilegal através da adopção de todos os actos jurídicos e operações materiais que se mostrem necessários[64].

[64] Cfr., a propósito, M. Aroso de Almeida, *Anulação de actos administrativos...*, p. 499.

A nosso ver, são as situações em que no processo são deduzidas pretensões deste tipo que os nºs 5 e 6 do artigo 95º têm em vista (cfr., a propósito, *supra*, nº 36). Com efeito, a determinação do conteúdo dos atos jurídicos e comportamentos que a Administração deve adotar para dar cumprimento ao dever que se lhe imponha de remover as consequências da sua atuação ilegal, procedendo ao restabelecimento das situações jurídicas ofendidas, pode envolver a formulação de valorações próprias do exercício da função administrativa: pense-se, a título de exemplo, nas operações necessárias para reconstituir a carreira de um servidor público, na sequência da anulação do ato que o tenha demitido ilegalmente. Ora, para esses casos, o nº 5 do artigo 95º visa estender a este domínio o regime que o nº 2 do artigo 71º estabelece para a condenação à prática de atos administrativos.

Por outro lado, em situações de outro tipo, em que o quadro normativo permita ao tribunal especificar o conteúdo dos atos e operações a adotar, pelo que se está num espaço reservado à formulação de valorações próprias do exercício da função administrativa, mas a instrução realizada não permitiu obter os elementos de facto suficientes para que o tribunal possa proceder a essa especificação, acrescenta o nº 6 do artigo 95º a previsão da possibilidade de o tribunal notificar a Administração para apresentar uma proposta fundamentada sobre a matéria, em função do que ainda poderá ordenar a realização de diligências complementares antes de proferir sentença. Deste modo se procura, na medida do possível, evitar, neste domínio, a emissão de condenações genéricas, a liquidar em execução de sentença.

Faça-se, entretanto, notar que, com a revisão de 2015, se tornou clara, como vínhamos preconizando, a aplicabilidade geral do regime que agora consta dos nºs 5 e 6 do artigo 95º, também aos casos em que as pretensões de restabelecimento não resultem da prática de actos administrativos, mas da adopção de operações materiais por parte da Administração.

Cumpre, por último, notar que, quando esteja em causa o restabelecimento da situação jurídica perturbada por um acto administrativo impugnável, a correspondente pretensão não será, por regra, deduzida autonomamente, mas cumulada, desde logo, no âmbito da própria acção de impugnação do acto ilegal; e, a não o ter sido, também pode ser objecto de uma forma específica de processo, o processo de execução das sentenças de anulação de actos administrativos (também aplicável aos casos de declaração de nulidade ou inexistência de tais actos), previsto e regulado nos artigos 173º e segs. (cfr. *infra*, nºs 251 segs.).

Na verdade, o processo de execução de sentenças de anulação de actos administrativos foi concebido para dar resposta a situações em que, no âmbito de uma acção de impugnação, um tribunal proferiu uma sentença de anulação (ou de declaração de nulidade) de um acto administrativo, sem se pronunciar sobre as consequências daí advenientes, e em que, em primeira linha, o beneficiário da anulação (ou de declaração de nulidade ou de inexistência) pretende obter a condenação da Administração a extrair dela as devidas consequências, cumprindo os deveres em que, por esse facto, tenha ficado (re)constituída. Está, por isso, estruturado, em primeira linha, como um processo declarativo a intentar contra a Administração e que funciona como uma via processual específica, instituída para a actuação processual das pretensões complementares em relação à pretensão de invalidade do ato administrativo, que, embora o pudessem ter sido, não tenham sido cumuladas no processo impugnatório e se dirijam a obter o cumprimento, por parte da Administração, do *dever de executar a sentença de anulação* que se lhe impõe, dela extraindo as consequências devidas.

Em bom rigor, o processo de execução de sentenças de anulação de actos administrativos caracteriza-se por uma estrutura dicotómica, que parte de uma *necessária fase declarativa*, para chegar, se for caso disso, a uma *eventual fase executiva*. Por esse motivo é previsto e regulado no Título VII do CPTA, que disciplina os processos executivos, e também por esse motivo procederemos à circunstanciada análise do seu regime quando, no Título III da Segunda Parte, estudarmos o regime dos processos executivos. Mas é inegável a sua natureza essencialmente declarativa, da qual resulta que, na sequência da anulação ou da declaração de nulidade de um acto administrativo, ele pode ser utilizado para obter a condenação da Administração ao restabelecimento das situações jurídicas postas em causa pelo acto ilegal.

44. Justifica-se uma referência ao facto de que, por razões incompreensíveis, a revisão de 2015 retirou do elenco das pretensões exemplificativamente enumeradas no nº 1 do artigo 37º a previsão da "condenação ao pagamento de indemnizações decorrentes da imposição de sacrifícios por razões de interesse público".

A nosso ver, a eliminação dessa referência não tem, no entanto, qualquer consequência prática, na medida em que, independentemente da existência ou não dessa menção, a jurisdição administrativa é a sede naturalmente competente para atribuir as indemnizações decorrentes da imposição de sacrifícios por razões de interesse público. É, na verdade, inquestionável a natureza administrativa das relações jurídicas em que estas indemnizações se inscrevem, como hoje claramente resulta do artigo 16º do RRCEE. A situação enquadra-se, por isso, sem margem para dúvidas, na previsão da nova alínea *o)* do nº 1 do artigo 4º do ETAF.

Isto, naturalmente, sem prejuízo, tal como já sucedia antes da revisão de 2015, das importantes excepções previstas em lei especial, de entre as quais, naturalmente, avulta as que decorrem do Código das Expropriações, que confere aos tribunais judiciais, e não aos tribunais administrativos, a competência para a atribuição das indemnizações devidas por expropriação, assim como pelas demais modalidades de imposição de sacrifícios a que o mesmo Código se refere (cfr. ainda *infra*, nº 72).

45. De referir ainda, no elenco exemplificativo do nº 1 do artigo 37º, a referência autónoma, na alínea *m)*, às pretensões fundadas no instituto do enriquecimento sem causa, que é aplicável no âmbito das relações jurídico-administrativas e que, tendo por objecto a realização de prestações que, tal como vimos suceder no domínio da responsabilidade civil extracontratual, não envolvem o exercício de poderes de autoridade[65].

5. Outras pretensões dirigidas a obter a realização de prestações de facto, de coisa ou de quantia, designadamente em situações emergentes de *via de facto* (art. 4º, nº 1, als. *i)* e *k)* do ETAF e art. 37º, nº 1, al. *j)* do CPTA)

46. O artigo 37º, nº 1, alínea *j)*, do CPTA faz referência genérica aos outros tipos de pretensões dirigidas a obter a realização de prestações de facto, de coisa ou de quantia.

Como já foi referido (cfr. nºs 29 e 40), constituem exemplo deste tipo de situações, casos em que, no âmbito da concreta relação jurídica em causa, não há que praticar um acto administrativo, porque o direito decorre directamente de normas jurídico-administrativas e não envolve a

[65] Em geral sobre o tema, cfr. ALEXANDRA LEITÃO, *O enriquecimento sem causa da Administração Pública*, Lisboa, 1998.

emissão de um acto administrativo. É o caso paradigmático do direito do trabalhador ao pagamento do seu vencimento mensal, no âmbito da relação jurídica de emprego, que corresponde a um verdadeiro direito de crédito, cuja constituição, mês a mês, na sua esfera jurídica, não depende da emissão, em cada mês, de um acto administrativo mediante o qual a entidade patronal decida atribuir-lhe esse direito: por conseguinte, qualquer erro que seja cometido no processamento dos seus vencimentos não envolve a prática de um acto administrativo impugnável, pelo que deve ser objecto de reacção através da propositura de uma acção creditória, dirigida a obter os vencimentos devidos[66]. Também constituem exemplo do tipo genérico de situações em presença, casos em que foi praticado um acto administrativo que constituiu o credor no direito às prestações que exige na acção: é o caso do direito ao pagamento de uma pensão que foi constituído na esfera do interessado por acto administrativo de conteúdo favorável, mas que não é satisfeito através do correspondente pagamento. Também neste caso o interessado deve propor uma acção creditória, dirigida a obter os pagamentos em dívida.

47. Justificam aqui menção especial as pretensões dirigidas à condenação à remoção de situações constituídas em *via de facto,* sem título que as legitime, que a nova alínea *i)* do nº 1 do artigo 4º do ETAF veio, hoje, tornar claro que devem ser deduzidas perante a jurisdição administrativa e fiscal, e não perante os tribunais judiciais. Este será um ponto a desenvolver em próxima edição deste livro.

6. Pretensões dirigidas à abstenção de condutas (artigo 37º, nº 1, al. *h)*)

48. De entre o universo das pretensões aqui em análise, merecem referência autónoma aquelas que se dirigem à abstenção de condutas, na medida em que pertencem ao domínio da chamada *tutela inibitória,* que visa prevenir lesões, agindo contra agressões que ainda não se concretizaram, mas apenas se perfilam sob a forma de ameaça. Está, pois, em causa a dedução de *pretensões preventivas, dirigidas à condenação à omissão de per-*

[66] Para mais desenvolvimentos e precisões quanto a este ponto, cfr., entretanto, Mário Aroso de Almeida, *Teoria Geral...*, pp. 227 segs., com outras referências.

turbações ilegais ainda não ocorridas e, portanto, à imposição de deveres de abstenção. Estas pretensões tanto podem ser accionadas contra a Administração como contra particulares – desde que esteja em causa a violação de deveres ou obrigações de natureza jurídico-administrativa. Dirigem-se à obtenção de uma *tutela inibitória*, primacialmente vocacionada para a protecção da integridade de direitos absolutos e de personalidade, em situações de ameaça de agressões ilegítimas.

Embora não se lhes refira expressamente, mas apenas aos pedidos de simples apreciação, parece de entender que o nº 1 do artigo 39º também tem em vista este tipo de situações quando se refere ao "fundado receio de que a Administração possa vir a adoptar uma conduta lesiva". E, com efeito, afigura-se de exigir um especial cuidado na verificação da existência de um *interesse em agir* sempre que o autor se dirija a tribunal com intuitos preventivos, alegando o propósito de evitar lesões que ainda não se concretizaram. É assim no que respeita à condenação à não emissão de atos administrativos, hoje expressamente contemplada no nº 2 do artigo 39º, e a que nos referimos atrás, mas também no que respeita à condenação à abstenção de operações materiais.

7. Condenação de particulares à realização de prestações de facto, de coisa ou de quantia (art. 37º, nº 1, al. *h)*, e nº 3)

49. Como é sabido (cfr. *supra*, nº 16), podem ser demandados particulares nos tribunais administrativos.

Podem ser demandados, desde logo, por entidades públicas, quando estas não disponham de poderes de auto-tutela que lhes permitam praticar actos administrativos impositivos e, desse modo, prescindir do recurso à tutela jurisdicional. Revestem a forma da acção administrativa os processos intentados por entidades públicas para demandar particulares, em ordem a obter a respectiva condenação à adopção ou abstenção de comportamentos (cfr. artigo 37º, nº 1, alínea *h)*)[67]. Pelo modo como se encontra redigido o artigo 37º, nº 3, não parece que a dedução de preten-

[67] Como refere Rosendo Dias José, *O Debate Universitário*, p. 31, enquadra-se aqui a "necessidade de a Administração obter a apreciação jurisdicional da verificação de certos factos constitutivos do seu direito a uma quantia ou outra prestação, para a qual não está em condições de obter título válido pelos meios de decisão e execução que lhe são próprios (artº 155º do CPA)".

sões da Administração contra particulares se enquadre nesse preceito. A nosso ver, ela encontra antes cobertura na cláusula geral do corpo do nº 1 e, especificamente, na sua alínea *h)*[68].

Particulares também podem ser demandados nos tribunais administrativos por outros particulares. Como já foi referido, isso ocorre, desde logo, quando os particulares demandados tenham actuado ao abrigo de disposições de Direito Administrativo, praticando actos equiparados aos actos de autoridade que são praticados pelas autoridades públicas. Quando seja, no entanto, esse o caso, os tipos de pretensões a actuar contra tais actos são estruturalmente idênticos àqueles a que já atrás nos referimos, que podem ser accionados contra os próprios actos praticados pelas entidades públicas. Não nos interessam, por isso, neste momento (sobre o assunto, cfr. *infra*, nº 123).

Mas o artigo 37º, nº 3, admite que particulares também possam ser demandados por outros particulares nos tribunais administrativos quando, mesmo que tenham actuado como simples particulares, eles não tenham observado ou ameacem não observar vinculações jurídico-administrativas a que se encontram obrigados, sem que as autoridades administrativas competentes tenham adoptado as medidas adequadas para impedir ou pôr cobro à situação de violação.

Segundo dispõe o artigo 37º, nº 3, este tipo de pretensão pode ser accionado por particulares cujos direitos ou interesses sejam directamente ofendidos. Parece estar, por isso, excluída, neste âmbito, a possibilidade do exercício da acção pública e da acção popular[69]. Por outro lado, para que possa pedir que o demandado seja condenado a adoptar ou a abster-se de certo comportamento, de modo a assegurar o cumprimento das normas ou obrigações em causa, é necessário que o autor tenha previamente solicitado às autoridades competentes que adoptassem as medidas adequadas, sem que estas o tenham feito, e, naturalmente, que, do ponto de vista substantivo, lhe assistisse o poder de exigir da Administração a adopção dessas medidas, por estar em causa a violação de normas que protegem os seus direitos ou interesses. Com efeito, este meio de tutela é um *sucedâneo* da acção de condenação, dirigida contra a autoridade

[68] A tutela cautelar adequada nos processos em que a Administração demande um particular é, entretanto, a intimação para a adopção ou abstenção de uma conduta, prevista no artigo 112º, nº 2, alínea *i)*: cfr. infra, nº 208.

[69] Cfr. também Vieira de Andrade, *A Justiça Administrativa*, p. 209.

administrativa omissa, que o autor não está, naturalmente, impedido de utilizar. Do que se trata é, apenas, de proporcionar-lhe um meio porventura mais expedito e eficaz de reagir contra condutas que, na realidade, são imputáveis a particulares, ainda que com o beneplácito da Administração, que as devia prevenir e reprimir.

É o que, por exemplo, sucede quando determinada actividade desenvolvida por um particular viole normas de direito administrativo dirigidas a proteger o direito dos outros a viver num ambiente de vida humano, sadio e ecologicamente equilibrado. Se a actividade lesiva desenvolvida pelo privado em violação de normas de direito administrativo não tinha de ser iniciada ao abrigo de uma decisão formal da Administração ou tiver sido, em todo o caso, desencadeada sem que essa decisão tivesse sido emitida, ou se ela tiver sido desenvolvida em desconformidade com o título ao abrigo do qual ela se tinha iniciado, a Administração tem o dever de intervir para pôr cobro à situação. Os lesados têm, por isso, o poder de exigir essa intervenção e, se ela for omitida, de exigir do próprio lesante que ponha termo à sua actividade lesiva[70].

É interessante e tem sido debatida a questão da natureza da relação jurídica que constitui objecto das acções previstas no artigo 37º, nº 3. A nosso ver, este preceito mais não faz do que reflectir a circunstância de que as normas de Direito Administrativo têm, em grande medida, particulares por destinatários e, portanto, de que as *relações jurídico-administrativas* não devem ser definidas segundo um critério estatutário, reportado às entidades públicas, mas segundo um *critério teleológico,* reportado ao escopo subjacente às normas aplicaveis (para mais desenvolvimentos quanto a este ponto, cfr. *infra,* nº 69). São, assim, *jurídico-administrativas* as *relações jurídicas* que, independentemente do estatuto dos sujeitos nelas intervenientes, sejam *reguladas por normas de Direito Administrativo*: isto é, segundo a melhor doutrina, por normas que atribuam prerrogativas ou imponham deveres, sujeições ou limitações especiais por razões de interesse público, que não intervêm no âmbito de relações de natureza jurídico-privada[71].

[70] Para mais desenvolvimentos, cfr. MÁRIO AROSO DE ALMEIDA, "O novo contencioso administrativo em matéria de ambiente", *Revista Jurídica do Urbanismo e do Ambiente* nº 18/19, pp. 118-119 e 124-126.

[71] Como é sabido, a atribuição de prerrogativas ou a imposição de deveres, sujeições ou limitações especiais por razões de interesse público tendem a ser hoje reconhecidas como os traços distintivos que permitem qualificar as normas como normas de direito administrativo:

São, por isso, de Direito Administrativo as relações jurídicas litigiosas que eclodem entre privados, designadamente no domínio das agressões ao ambiente, quando a actividade dos particulares se encontra regulada por normas de Direito Administrativo e a lesão que, no desenvolvimento dessa actividade, eles causam às condições ambientais de outrem resulta especificamente da infracção dessas normas

Não podemos, por isso, subscrever o entendimento segundo o qual, no contexto a que nos estamos a reportar, as relações entre os particulares seriam de Direito Privado, pois só poderiam ser de Direito Administrativo as relações bilaterais que se estabelecem entre cada um dos particulares e a Administração[72]. Para nós, a relação poligonal ou multipolar que, no contexto descrito, co-envolve os dois particulares e a Administração é, toda ela, uma relação jurídica administrativa, pelo que também é de Direito Administrativo o segmento dessa relação que envolve os dois particulares entre si[73]: com efeito, como o particular inadimplente está a violar normas de Direito Administrativo que protegem direitos ou interesses do particular lesado, do que se trata é de reconhecer que essas normas não se limitam a legitimar o lesado a exigir a intervenção da Administração para prevenir ou reprimir a situação de violação, mas também lhe conferem o direito de exigir do inadimplente que se abstenha de violar essas normas e que ponha cobro a qualquer conduta que se consubstancie na sua violação.

cfr. Diogo Freitas do Amaral, *Curso de Direito Administrativo*, vol. I, 3ª ed., Coimbra, 2006, pp. 159-160.

[72] Cfr. Pedro Gonçalves, "A acção administrativa comum", in *A reforma da justiça administrativa*, Coimbra, 2005, pp. 139-140.

[73] Referimo-nos à chamada *relação horizontal*, cuja relevância jurídico-administrativa, assumida pelo artigo 37º, nº 3, tende hoje a ser também reconhecida pela doutrina alemã: a propósito, cfr. Rui Chancerelle de Machete, "A legitimidade dos contra-interessados nas acções administrativas comuns e especiais", pp. 620 e 625.

TERCEIRA SECÇÃO

Pretensões dedutíveis segundo as formas dos processos especiais urgentes (artigos 97º a 111º) e pretensão de extensão de efeitos de sentenças (artigo 161º)

1. Ação administrativa urgente

50. O CPTA prevê diferentes formas de processos de impugnação e condenação à prática de actos administrativos: no Título II, prevê as ações que podemos qualificar como ordinárias, que, como estabelece o artigo 37º, seguem a forma da acção administrativa, regulada nos artigos 78º e segs.; depois, no Título III, prevê, prevê, nos artigos 97º a 103º-B, as formas da ação administrativa urgente, que são adotadas, nos domínios do contencioso eleitoral (artigo 98º), do contencioso dos procedimentos de massa (artigo 99º) e do contencioso pré-contratual (tal como delimitado no artigo 100º, nº 1).

No caso do contencioso eleitoral, estão em causa litígios relativos aos processos eleitorais que legislação especial não submeta à apreciação do Tribunal Constitucional ou dos tribunais judiciais (cfr. artigo 4º, nº 1, alínea *m)*, do ETAF). Isso significa que estão excluídos os litígios relativos a todas as eleições que se realizam em Portugal por sufrágio directo e universal dos cidadãos eleitores, para os órgãos de soberania e as autarquias locais; e incluídos os litígios relacionados com a eleição dos titulares de órgãos que se realizam no seio de entidades administrativas, como as instituições públicas de ensino superior, os hospitais, etc.

Na revisão de 2015, foi, entretanto, introduzida uma nova forma de processo especial urgente, do contencioso dos procedimentos de massa (artigo 99º), que visa assegurar que são intentados dentro do mesmo prazo, mais curto, de um mês, no mesmo tribunal, o da sede da entidade demandada, e submetidos a uma tramitação de urgência, os múltiplos processos a que podem dar origem procedimentos relativos a concursos de pessoal, realização de provas e recrutamento que, por envolverem mais de 50 pessoas, o CPTA qualifica como procedimentos de massa. Para além da celeridade acrescida que se visa imprimir nestes casos, a utilidade de os diferentes processos em causa serem intentados dentro do mesmo prazo, mais curto, e no mesmo tribunal reside na possibilidade da sua apensação, quando se preencham os correspondentes pressupostos de admissibilidade.

O CPTA optou, entretanto, por atribuir ao terceiro dos processos especiais urgentes previstos no Título III o nome de "*contencioso pré-contratual*". A designação é deduzida da expressão "*actos pré-contratuais*", que é correntemente utilizada para qualificar os actos administrativos praticados no âmbito do procedimento de formação dos contratos públicos. Como refere o artigo 100º, nº 1, esta forma de processo apenas corresponde, porém, aos litígios relativos a actos administrativos praticados no âmbito do procedimento de formação de determinados tipos de contratos: após a revisão de 2015, esses contratos são os contratos de empreitada de obras públicas, de concessão de obras públicas, de concessão de serviços públicos, de aquisição ou locação de bens móveis e de aquisição de serviços. A razão para isso reside na circunstância de serem esses os contratos hoje abrangidos pelo âmbito de aplicação de duas Directivas da União Europeia, as Directivas do Conselho nº 89/665/CEE, de 21 de Dezembro, e nº 92/13/CEE, de 25 de Fevereiro, que, entre outras coisas, exigem que os Estados membros da União Europeia criem condições para a rápida resolução dos litígios que possam surgir a propósito dos procedimentos de formação daqueles contratos[74]. As referidas Directivas foram revistas pela Directiva nº 2007/66/CE, do Parlamento Europeu e do Conselho, de 11 de Dezembro de 2007, tendo a revisão de 2015 procedido, através do aditamento dos novos artigos 103º-A e 103º-B, à transposição para o ordenamento jurídico português desta última Directiva no plano da tutela jurisdicional.

As três formas de processo mencionadas têm por objecto pretensões que, na ausência destas formas processuais urgentes, seriam objecto da acção administrativa. Neles se podem fazer valer pretensões de impugnação de atos administrativos e de condenação à prática de atos administrativos.

[74] As referidas Directivas não se limitam, no entanto, a exigir maior celeridade aos processos de impugnação dos actos pré-contratuais, disciplinando outros aspectos relacionados com esse. O artigo 188º do CPTA e o artigo 2º da Lei nº 15/2002, de 22 de Fevereiro, que aprovou o CPTA, transpõem essas outras dimensões das Directivas, assim como o CCP, no plano substantivo.

No que diz respeito aos processos do contencioso eleitoral, isso já resultava do regime que hoje corresponde ao artigo 98º, nº 1, que reitera que esses processos não são meramente cassatórios, mas de plena jurisdição, o que significa que o tribunal não possui apenas poderes de anulação, mas também de condenação. E o mesmo resulta, no que diz respeito ao contencioso dos procedimentos de massa, do modo genérico como o nº 1 do artigo 99º delimita o seu âmbito de aplicação por referência ao "contencioso dos atos administrativos praticados no âmbito de procedimentos de massa".

Já no que respeita ao contencioso pré-contratual, a revisão de 2015 veio dar consagração expressa, no nº 1 do artigo 100º, ao entendimento que, mesmo sem lei, os tribunais administrativos já vinham assumindo[75], procedendo a uma interpretação extensiva do regime, de estender o âmbito de aplicação desta forma de processo a ações de condenação à prática de actos administrativos. E, na verdade, nada justificava que, no importante domínio do contencioso relativo aos procedimentos de formação dos contratos referidos no artigo 100º, nº 1, que é autonomizado no CPTA precisamente porque o Direito da União Europeia preconiza o reforço da tutela dos eventuais lesados por ilegalidades cometidas, existisse uma diminuição da efectividade dessa tutela, por comparação com o regime ordinário da acção administrativa[76]. Como hoje torna claro o nº 1 do artigo 100º, no âmbito do contencioso pré-contratual, tanto podem ser, portanto, deduzidas pretensões impugnatórias, dirigidas contra actos administrativos de conteúdo positivo, como pretensões de condenação à prática de actos administrativos, em situações de omissão ou recusa da prática de tais actos (para mais desenvolvimentos sobre cada um destes tipos de pretensões, cfr. *supra*, nº 24 segs).

Por outro lado, o artigo 103º submete ainda ao regime do contencioso pré-contratual a impugnação dos programas dos procedimentos, dos cadernos de encargos e outros documentos conformadores dos procedimentos pré-contratuais. Este artigo aplica-se às situações em que haja interesse em suscitar a questão da legalidade de determinações contidas

[75] Cfr. Acórdão do Supremo Tribunal Administrativo de 24 de Novembro de 2004, in *Cadernos de Justiça Administrativa* nº 53, pág. 3, e acórdão do Tribunal Central Administrativo Sul de 13 de janeiro de 2005, Proc. nº 394/04.

[76] Já neste sentido, cfr. MÁRIO AROSO DE ALMEIDA/CARLOS FERNANDES CADILHA, *Comentário...*, pp. 667-668, com outras referências.

nestes documentos, pedindo a invalidação dessas determinações. Pelo menos no que respeita aos programas e demais documentos conformadores dos procedimentos, temos aqui configurada uma modalidade específica de impugnação directa de normas, que dispensa os interessados da necessidade de aguardarem pela prática de eventuais actos concretos de aplicação para suscitarem, incidentalmente, a questão da ilegalidade da norma aplicada (para outros desenvolvimentos quanto às especificidades de ordem processual associadas a este tipo específico de pretensão, cfr. *infra*, nº 159).

51. No que especificamente diz respeito ao contencioso pré-contratual urgente, regulado nos artigos 100º a 103º-B, foi referido que ele resulta da transposição para o nosso ordenamento jurídico de duas Directivas da União Europeia, as Directivas do Conselho nº 89/665/CEE, de 21 de Dezembro, e nº 92/13/CEE, de 25 de Fevereiro, na parte em que estas Directivas exigem que os Estados membros da União Europeia criem condições para a rápida resolução dos litígios que possam surgir a propósito dos procedimentos de formação daqueles contratos. O aditamento dos novos artigos 103º-A e 103º-B, que foi introduzido pela revisão de 2015, visou, entretanto, adequar o regime do contencioso pré-contratual urgente à nova redação das referidas Directivas que resultou da Directiva nº 2007/66/CE, do Parlamento Europeu e do Conselho, de 11 de Dezembro de 2007.

Com efeito, no propósito de promover a efectividade da tutela jurisdicional dos interessados no domínio da contratação pública regulada pelo Direito da União Europeia, esta Directiva veio estabelecer que, entre o momento da adjudicação e o momento da celebração do contrato, devia mediar obrigatoriamente um intervalo de tempo não inferior a dez dias (o chamado *período stand still*), que permita aos eventuais interessados arguirem a existência de ilegalidades cometidas durante o procedimento de formação do contrato; e que, por outro lado, também devia ser imputado um efeito suspensivo automático aos meios de tutela que, nesse contexto, fossem utilizados para fazer valer as referidas ilegalidades.

No que diz respeito ao *período stand still*, a Directiva já tinha sido transposta pelo CCP, que o fixou pelo mínimo de dez dias. Faltava, entretanto, transpor o regime respeitante ao efeito suspensivo automático dos meios de tutela jurisdicionais utilizados. Foi o que foi feito no novo artigo 103º-A, que veio estabelecer, no seu nº 1, que "a impugnação de atos de adjudicação no âmbito do contencioso pré-contratual urgente faz suspender automaticamente os efeitos do ato impugnado".

O preceito acrescenta, entretanto, que, em alternativa, a referida impugnação também faz suspender "a execução do contrato, se este já estiver celebrado". Este aspeto deve ser devidamente salientado, na medida em que corresponde a uma opção autónoma do legislador nacional, que não resulta do regime da Directiva, e que tem em consideração o facto de que o período *stand still* fixado pelo CCP em dez dias é muito inferior ao prazo de um mês, dentro do qual o contencioso pré-contratual urgente pode ser acionado, nos termos do artigo 101º. Pode, assim, suceder – e, na realidade, frequentemente sucederá – que os interessados lancem mão do contencioso pré-contratual urgente num momento em que já expirou o *período stand still* estabelecido no CCP e, portanto, em que o contrato pode já ter sido celebrado. Daí o interesse de se estender o efeito suspensivo decorrente da impugnação contenciosa do ato de adjudicação à "execução do contrato, se este já estiver celebrado".

De referir, em qualquer caso, que, com a revisão de 2015, o artigo 45º-A, para o qual remete o nº 6 do artigo 102º, veio tornar claro que quando, na pendência do processo, se verifique que, após a anulação do ato impugnado, já não seria possível reinstruir o procedimento pré-contratual, por entretanto ter sido celebrado e executado o contrato, se considera constituída uma situação de impossibilidade de proferir a sentença pretendida pelo impugnante, que o constitui automaticamente no direito à indemnização devida por esse facto, nos termos do artigo 45º. A previsão, para além de garantir o direito à indemnização devida, reveste-se de especial interesse por nela se assumir que o facto de um contrato público ter sido celebrado e executado impossibilita a reinstrução do procedimento pré-contratual, para o efeito de se proceder à substituição do ato de adjudicação ilegal por outro que não padeça das mesmas ilegalidades (para mais desenvolvimentos quanto a estes aspetos, cfr. *infra*, nºs 179 e 180).

2. Intimação para prestação de informações, consulta de documentos e passagem de certidões

52. Nos artigos 104º a 108º, o CPTA institui uma forma específica de processo urgente que visa dar resposta mais célere às questões que possam surgir no domínio particularmente sensível do exercício dos direitos dos cidadãos à informação e de acesso aos documentos administrativos, que se encontram consagrados nos nºs 1 e 2 do artigo 268º da CRP como direitos de natureza análoga aos direitos, liberdades e garantias: trata-se do processo de *intimação para a prestação de informações, consulta de processos e passagem de certidões*, cujo campo de intervenção, como refere o artigo 104º, nº 1, compreende, assim, a tutela do direito à informação procedimental, regulado nos artigos 82º a 85º do CPA, e do direito à informação extraprocedimental, regulado pela Lei nº 46/2007, de 24 de Agosto. Os elementos constitutivos, bem como os limites próprios dos direitos que podem ser accionados através deste processo são estabelecidos por estes preceitos de direito substantivo.

A prestação de informações e do acesso a documentos e a passagem de certidões são prestações cuja realização se consubstancia em meras actuações administrativas: nem o pedido de informação, de acesso a documentos ou de passagem de certidão é objecto da apresentação de um requerimento dirigido à prática de um acto administrativo, já que o interessado não pretende, nesse contexto, a tomada de uma decisão definidora da sua situação jurídica, mas a obtenção de uma simples prestação que se cifra numa informação, numa certidão ou no acesso a documentos; nem a satisfação do pedido envolve o exercício de qualquer poder de autoridade, mas apenas a realização de actos internos e operações materiais, pelo que a pronúncia através da qual o órgão requerido defira ou indefira o pedido não é um acto administrativo, que exprima o exercício de um poder de decisão concreta da Administração[77].

À partida, a dedução deste tipo de pretensões poderia seguir a forma da acção administrativa. Não é, no entanto, assim porque, em razão da presuntiva urgência na satisfação das situações jurídicas substantivas em causa, o CPTA prevê esta forma específica de processo urgente, mediante

[77] Cfr. Raquel Carvalho, *O direito à informação administrativa procedimental*, Porto, 1999, pp. 256 segs.; Mário Aroso de Almeida, *Teoria Geral...*, p. 230.

a qual se faz valer de modo mais célere o direito a prestações que, se não houvesse urgência nem fosse possível a adopção de um processo simplificado, seriam accionadas segundo a forma da acção administrativa.

3. Intimação para protecção de direitos, liberdades e garantias

53. Nos artigos 109º a 111º, o CPTA institui a *intimação para protecção de direitos, liberdades e garantias*, que pode ser requerida quando a célere emissão de uma decisão de mérito que imponha "a adopção de uma conduta positiva ou negativa se revele indispensável para assegurar o exercício, em tempo útil, de um direito, liberdade ou garantia, por não ser possível ou suficiente, nas circunstâncias do caso, o decretamento provisório de uma providência cautelar, segundo o disposto no artigo 131º" (artigo 109º, nº 1).

Embora também dê cumprimento a determinação que nesse sentido resultava do artigo 20º, nº 5, da CRP, trata-se de uma forma de processo de âmbito claramente mais alargado, pois pode ser utilizada em defesa de todo o tipo de direitos, liberdades e garantias, e não apenas em defesa dos direitos, liberdades e garantias pessoais, a que apenas se refere o artigo 20º, nº 5, da CRP: com efeito, embora pudesse não o ter feito, o legislador optou por ir além da mera concretização deste preceito constitucional, estendendo o âmbito de intervenção deste processo de intimação à protecção de todo e qualquer direito, liberdade ou garantia – o que, naturalmente, inclui os direitos de natureza análoga, uma vez que, nos termos da Constituição, o regime dos direitos, liberdades e garantias se aplica aos direitos fundamentais de natureza análoga (cfr. artigo 17º da CRP)[78].

Embora com hesitações, pode dizer-se que a jurisprudência tem adoptado uma postura de relativa abertura, que não se afigura criticável, no que respeita à delimitação concreta das situações jurídicas subjectivas que considera exprimirem o exercício de direitos, liberdades e garantias,

[78] Cfr. Carla Amado Gomes, "Pretexto, contexto e texto da intimação para protecção de direitos, liberdades e garantias", in *Estudos em Homenagem ao Prof. Doutor Inocêncio Galvão Telles*, vol. V, Coimbra, 2003, p. 556; Fernanda Maçãs, "As formas de tutela urgente previstas no Código de Processo nos Tribunais Administrativos", pp. 218-219. Na jurisprudência, cfr., por exemplo, os acórdãos do TCA Norte de 13 de Janeiro de 2005, Proc. nº 203/04, e de 26 de Janeiro de 2006, Proc. nº 1157/05.

que tem, por vezes, estendido a situações em que as situações subjectivas em causa resultam da concretização legislativa de direitos fundamentais, como, v.g., tem sucedido no domínio de direitos sociais, como o ensino superior, a saúde ou a segurança social[79].

No que diz respeito ao conteúdo da decisão que dê provimento ao processo, há a distinguir dois tipos de situações. Em princípio, o juiz "determina o comportamento concreto a que o destinatário é intimado e, sendo caso disso, o prazo para o cumprimento e o responsável pelo mesmo", podendo impor, desde logo ou em despacho ulterior, o pagamento de sanção pecuniária compulsória para o caso do incumprimento da intimação (artigo 111º, nºs 2 e 4). Quando esteja, porém, em causa a obtenção "de um acto administrativo estritamente vinculado, designadamente de execução de um acto administrativo já praticado", o artigo 109º, nº 3, confere ao tribunal o poder de proceder à execução específica desse dever, emitindo sentença constitutiva, destinada a produzir os mesmos efeitos do acto devido e, portanto, a substituir o acto ilegalmente recusado ou omitido. Repare-se que, em circunstâncias normais, a execução judicial específica do dever de a Administração praticar um acto estritamente vinculado só pode ser obtida no âmbito de um processo executivo, uma vez definitivamente inobservada a sentença que tenha condenado a Administração à prática desse acto ou uma vez obtido título com idêntica força executiva (cfr. artigos 164º, nº 4, e 167º, nº 6, e *infra*, nº 244). Esta é, pois, uma situação excepcional, determinada pela urgência.

54. O processo de intimação para protecção de direitos, liberdades e garantias tanto pode ser intentado contra a Administração, em ordem à adopção, por parte desta, de uma conduta positiva ou negativa (artigo 109º, nº 1), como "contra particulares, designadamente concessionários, para suprir a omissão, por parte da Administração, das providências adequadas a prevenir ou reprimir condutas lesivas dos direitos, liberdades e garantias do interessado" (artigo 109º, nº 2).

[79] Aplaudindo essa postura, expressa, por exemplo, no acórdão do TCA Sul de 6 de Junho de 2007 (Processo nº 2539/07), veja-se a anotação a este acórdão de JORGE REIS NOVAIS, "Direito, liberdade ou garantia: uma noção constitucional imprestável na justiça administrativa?", *Cadernos de Justiça Administrativa* nº 73, pp. 44 segs. Em sentido crítico, pelo contrário, VIEIRA DE ANDRADE, *Justiça Administrativa*, p. 231.

Trata-se, pois, de um instrumento que se define pelo conteúdo impositivo da tutela jurisdicional a que se dirige, cobrindo, de modo transversal, todo o universo das relações jurídico-administrativas. O seu campo de aplicação tanto pode, por isso, abranger as situações em que a tutela do direito fundamental passe pela abstenção da prática de um acto administrativo ou de outro tipo de conduta da Administração; pela realização de qualquer prestação, por parte da Administração, que não envolva a prática de um acto administrativo; ou pela adopção ou abstenção de uma conduta por um particular; como abranger as situações em que a tutela do direito fundamental se dirige à emissão de um acto administrativo (ou, sendo caso disso, de uma norma regulamentar) ou passa pela impugnação de acto administrativo ou norma regulamentar.

Basta pensar na situação paradigmática da proibição ilegal da realização de uma manifestação, por ocasião da deslocação a Portugal, em data próxima, de uma personalidade estrangeira. Numa situação deste tipo, não faz sentido a concessão de uma providência cautelar – que seria a suspensão da eficácia do acto administrativo que impôs a proibição – porque a manifestação não pode realizar-se a título precário e provisório, sem prejuízo de uma decisão definitiva a tomar apenas mais tarde (que, no caso, seria, no âmbito da acção acção administrativa de impugnação, a decisão sobre invalidar ou não o acto de proibição). Com efeito, se a realização da manifestação fosse permitida a título cautelar, isso faria com que, uma vez realizada a manifestação, o processo principal se tornasse inútil. O que, em situações deste tipo, é necessário, é obter, em tempo útil e, por isso, com carácter de urgência, uma decisão definitiva sobre o mérito da causa, que não se compadece com a adopção de uma providência cautelar, de carácter precário e provisório (sobre este ponto, cfr. *infra*, nº 214), utilizando uma forma de processo que, neste caso, se substitui a uma ação administrativa tendo por objeto a impugnação de ato administrativo.

A exigência, imposta na parte final do artigo 109º, nº 1, de "não ser possível ou suficiente, nas circunstâncias do caso, o decretamento provisório de uma providência cautelar, segundo o disposto no artigo 131º", coloca a delicada questão da delimitação em concreto do âmbito das situações em que se deve entender que a eventual adopção de uma providência cautelar – e, porventura, o seu decretamento provisório, segundo o disposto no artigo 131º – não é capaz de evitar a constituição de uma situação irreversível ou a emergência de danos de difícil reparação e, por conseguinte, que existe uma situação de verdadeira urgência que justifica o recurso a esta forma de intimação.

Pense-se no exemplo do estudante a quem é negado o acesso ao ensino superior. A providência cautelar que porventura determine a sua admissão a título precário evita os insuportáveis danos que resultariam da necessidade de aguardar pela decisão a tomar no processo de condenação à prática do acto devido; mas não será que, afinal, ela dá causa a danos igualmente insuportáveis se, após vários anos de frequência do curso, ou mesmo após a conclusão deste, a pretensão do interessado vier a ser julgada improcedente no processo principal? Não estaremos, neste caso (e muitos outros se poderiam figurar), perante uma situação em que qualquer decisão que se tome em sede cautelar não é capaz de evitar danos insuportáveis, pelo que a única solução compatível com o princípio da tutela jurisdicional efectiva é a de admitir o interessado a propor uma intimação que lhe permita obter uma decisão célere sobre o próprio mérito da causa?

A questão é complexa e delicada. Numa primeira abordagem, tenderíamos a resolvê-la recorrendo à conhecida distinção entre situações em que a adopção da providência cautelar origina uma situação de *irreversibilidade jurídica* e situações em que ela apenas pode provocar uma situação de *irreversibilidade fáctica*[80].

A adopção da providência origina uma situação de *irreversibilidade jurídica* quando, no plano jurídico, a providência decide formalmente a própria questão de fundo sobre a qual versa o processo principal, esvaziando desse modo o objecto do processo. É o que sucede no exemplo atrás sugerido da providência que permitisse a realização de uma manifestação que tinha sido proibida, como também sucede no caso da providência que concedesse um tempo de antena ou impusesse a realização de um debate entre candidatos durante um determinado período eleitoral. Em situações deste tipo, justifica-se o recurso à intimação para protecção de direitos, liberdades e garantias na medida em que a única solução é, de facto, decidir se a manifestação ou o debate devem ser ou não autorizados, ou se o tempo de antena deve ser ou não concedido, e essa decisão não pode, por natureza, ser tomada a título precário e provisório, só podendo ser, por isso, tomada no âmbito de um processo principal.

A questão de saber se a adopção ou a recusa da providência envolvem o risco da constituição de uma situação de *irreversibilidade fáctica*, em virtude dos eventuais efeitos materiais que dela decorrem, já não contende com a fronteira entre

[80] Para o apelo, neste domínio, à distinção, cfr. ANA GOUVEIA MARTINS, *A tutela cautelar no contencioso administrativo (em especial, nos procedimentos de formação de contratos)*, Coimbra, 2005, p. 361.

processo urgente e tutela cautelar, mas diz apenas respeito à ponderação dos critérios de que depende a atribuição das providências cautelares. Com efeito, não está aqui em causa a adopção de uma providência que, no plano jurídico, decida formalmente a questão de fundo colocada no processo principal, esvaziando desse modo o objecto desse processo, mas a adopção de uma providência cujo conteúdo jurídico não se confunde com aquele que deve corresponder à sentença a proferir no processo principal, por claramente se assumir como provisório e cautelar. Na verdade, na hipótese de alguém ser provisoriamente admitido na Universidade e concluir o curso na pendência do processo principal, não é juridicamente impossível extrair consequências da eventual sentença de improcedência que venha a ser proferida no processo principal. Com efeito, é juridicamente possível recusar efeitos à licenciatura obtida nestas circunstâncias e, desse modo, salvaguardar o efeito útil da sentença a proferir no processo principal. No plano jurídico, a situação é, pois, inteiramente diferente daquela que se verifica no caso da proibição de uma manifestação, da recusa da atribuição de um tempo de antena ou da recusa do direito de participar num debate eleitoral, em que não há como deixar de reconhecer que a providência cautelar que porventura permitisse a realização da manifestação, a utilização do tempo de antena ou a participação no debate teria o alcance de esvaziar da capacidade de produzir qualquer efeito jurídico útil a eventual sentença de improcedência que viesse a ser proferida no processo principal.

Note-se que é da natureza das providências cautelares que, muitas vezes, para evitar consequências irreversíveis ou de difícil reparação de certo tipo, é necessário adoptar providências que comportam, também elas, o risco da produção de consequências irreversíveis ou difíceis de reverter de tipo diferente no plano puramente fáctico. A nosso ver, esta circunstância não faz, só por si, com que se transite para o terreno da intimação. O que se impõe é, no momento de aplicar os critérios do artigo 120º, ponderar devidamente as alternativas, de modo a escolher a solução mais equilibrada, atendendo à concreta configuração (e, portanto, ao peso relativo) dos interesses em presença. Com efeito, mesmo que se esteja perante uma situação em que não se pode deixar, em qualquer caso, de constituir uma situação de irreversibilidade fáctica, se a equilibrada ponderação das circunstâncias conduzir o tribunal à conclusão de que existe uma desproporção entre os interesses em confronto que favorece a posição do requerente da providência, o tribunal deve conceder a providência com base no reconhecimento de que é mais justo que seja a Administração a ver-se confrontada com uma situação irreversível de sentido desfavorável à sua posição, no caso da eventual improcedência do processo principal, do que condenar o requerente da providência cautelar a ver-se confrontado com uma consabida situação de causa legítima de inexecução da sentença que porventura lhe venha a dar ganho de causa no processo principal.

Como é natural, a jurisprudência sobre a matéria mostra-se um tanto titubeante. No entanto, têm sido tomadas decisões importantes de convolação de processos cautelares em processos de intimação para protecção de direitos, liberdades e garantias em situações de irreversibilidade fáctica do tipo apontado[81].

55. Não nos parece que o âmbito de intervenção desta intimação esteja configurado em moldes excessivamente restritivos. Com efeito, cumpre ter presente que o normal e desejável é que os processos se desenrolem nos moldes considerados mais adequados ao cabal esclarecimento das questões, o que exige tempo, o tempo necessário à produção da prova e ao exercício do contraditório entre as partes. Não é, por isso, aconselhável abusar dos processos urgentes, em que a celeridade é necessariamente obtida através do sacrifício, em maior ou menor grau, de outros valores, que, quando ponderosas razões de urgência não o exijam, não devem ser sacrificados[82]. Afigura-se, pois, justificado atribuir prioridade aos processos não-urgentes, devidamente complementados por um sistema eficaz de atribuição de providências cautelares, efectivamente apto a evitar a constituição de situações irreversíveis ou a emergência de danos de difícil reparação. E reservar os processos urgentes para as situações de verdadeira urgência na obtenção de uma decisão sobre o mérito da causa, que são aquelas para as quais, na verdade, não seja suficiente a utilização de um processo não urgente, ainda que complementado pelo decretamento, mesmo que provisório, de providências cautelares[83].

[81] Constituem, a nosso ver, exemplos de situações em que a questão se colocou o acórdão do TCA Norte de 12 de Março de 2009, Proc. nº 2236/08, em que se entendeu que devia ser objecto de decisão de fundo e não provisória, e, por isso, de intimação uma situação na qual se fazia valer o interesse no ingresso num curso superior e, também reportados a processos com esse objecto os Acórdãos do TCA Norte de 25 de Janeiro de 2007, Proc. nº 678/06, e de 1 de Março de 2007, Proc. nº 683/06.

[82] Nesta linha, cfr. José Lebre de Freitas, *Introdução ao processo civil*, Coimbra, 1996, p. 113.

[83] No sentido da não inconstitucionalidade do condicionamento legalmente imposto à utilização da intimação para protecção de direitos, liberdades e garantias, cfr. Acórdãos do Tribunal Constitucional nº 5/2006 (publicado in *Jurisprudência Constitucional* nº 10, pp. 61 segs., com anotação concordante de Anabela Costa Leão) e nº 198/2007.

56. Durante os primeiros anos de aplicação do CPTA, foi-se, entretanto, colocando, na prática, a questão de saber se o processo de intimação podia ser convolado num processo cautelar, quando não se preenchesse o requisito estabelecido na parte final do artigo 109º, nº 1[84].

Pela nossa parte, pronunciámo-nos, a esse respeito, na primeira edição deste livro, no sentido de que, quando, tendo sido chamado a proferir uma intimação para protecção de direitos, liberdades e garantias, o juiz considerasse que existia o risco da lesão iminente e irreversível de um direito, liberdade e garantia, mas entendesse que não se encontrava preenchido um pressuposto de que, nos termos da lei processual, depende a utilização dessa via principal, por ser "suficiente, nas circunstâncias do caso, o decretamento provisório de uma providência cautelar, segundo o disposto no artigo 131º", ele devia proceder, tão depressa quanto possível, ao decretamento provisório da providência cautelar adequada, convidando, entretanto, o interessado a apresentar o requerimento cautelar necessário para dar seguimento ao correspondente processo cautelar.

Do ponto de vista técnico, afigurava-se-nos, na verdade, que, se o requerimento da intimação permitisse ao juiz reconhecer que, nas circunstâncias do caso, se preenchiam os pressupostos para a atribuição do decretamento provisório de uma providência cautelar, ele preenchia os requisitos mínimos indispensáveis para poder ser convolado num requerimento de decretamento provisório de providência cautelar, para o efeito da atribuição de tal decretamento nos termos do artigo 131º. E à luz do princípio da tutela judicial efectiva e do imperativo constitucional da efectividade dos direitos, liberdades e garantias, parecia-nos que, por estarem em causa situações de especial urgência directamente relacionadas com a necessidade de assegurar o exercício em tempo útil de direitos, liberdades e garantias, não pode ser, neste domínio, proferida uma decisão de mera absolvição da instância no processo de intimação indevidamente intentado.

Se, entretanto, dentro do prazo que para o efeito lhe fosse fixado por ocasião do decretamento provisório, o interessado não apresentasse

[84] Cfr. Mário Aroso de Almeida/Carlos Fernandes Cadilha, *Comentário...*, pp. 729-730. No sentido da convolação, cfr. Acórdãos do TCA Sul de 30 de Setembro de 2004, Proc. nº 270/04, e do TCA Norte de 25 de Janeiro de 2007, Proc. nº 270/04, e, na doutrina, Carla Amado Gomes, "Pretexto, contexto e texto da intimação para protecção de direitos, liberdades e garantias", p. 565; Vieira de Andrade, *Justiça Administrativa*, 10ª ed. (2009), p. 278, nota 636..

o requerimento cautelar, defendíamos, naturalmente, que o juiz deveria declarar a caducidade da providência provisoriamente decretada[85]. Quanto à acção principal não-urgente a intentar, ela poderia ser proposta na pendência do processo cautelar, nos termos gerais (cfr. *infra*, nº 210).

Já na hipótese de o juiz entender que não estava preenchido o pressuposto de que depende a utilização desta intimação porque, nas circunstâncias do caso, era suficiente a utilização de uma forma de processo não-urgente, acompanhada da adopção de uma providência cautelar, e nem sequer se preenchiam os pressupostos de que, nos termos do artigo 131º, dependia o decretamento provisório das providências cautelares, o juiz não concederia, naturalmente, esse decretamento provisório, mas não deveria deixar de promover a convolação do processo de intimação num processo cautelar, convidando, para o efeito, o autor a substituir o requerimento da intimação que tinha apresentado pelo requerimento cautelar necessário para desencadear um processo cautelar.

Ora, é este o regime que, na revisão de 2015, foi consagrado no novo artigo 110º-A.

4. Pretensão de extensão de efeitos de sentenças (artigo 161º)

57. O artigo 161º consagra um inovador regime, de inspiração espanhola (cfr. artigo 110º da Lei da jurisdição contencioso-administrativa espanhola de 1998), que procura dar resposta ao fenómeno – que, com frequência, tem lugar em processo administrativo – de a aplicação, por parte de uma mesma entidade pública, de um determinado regime normativo a toda uma multiplicidade de destinatários, levar esses interessados a desencadear, contra essa entidade, um elevado número de processos, todos com idêntico objecto, que recai sobre a mesma questão material. Na circunstância descrita, o artigo 161º faculta a quem não tenha lançado mão, no momento próprio, do meio processual adequado para fazer valer

[85] A nosso ver, a solução proposta dava resposta às dificuldades opostas à possibilidade de convolação directa do processo de intimação em processo cautelar, fundadas na circunstância de que o conteúdo de uma petição de intimação é substancialmente diverso do de um requerimento cautelar: a propósito, cfr. FERNANDA MAÇÃS, "Meios urgentes e tutela cautelar – perplexidades quanto ao sentido e alcance de alguns mecanismos de tutela urgente", in *A Nova Justiça Administrativa (CEJ)*, Coimbra, 2006, p. 99.

os seus interesses, a possibilidade de exigir que a entidade pública em causa se comporte para consigo como se tivesse sido ele a obter sentenças transitadas em julgado que, na realidade, foram proferidas contra essa mesma entidade no âmbito de processos intentados por terceiros[86].

Na nova configuração do regime do artigo 161º que resultou da revisão de 2015, são elementos constitutivos da pretensão de extensão de efeitos que, na sentença ou acórdão cuja extensão de efeitos se pretende, o tribunal tenha julgado procedente uma pretensão perfeitamente idêntica àquela que o interessado teria, ele próprio, accionado se tivesse, também ele, recorrido à tutela jurisdicional contra a mesma entidade administrativa; e que, no mesmo sentido, tenham sido proferidas por tribunais superiores cinco sentenças transitadas em julgado ou, existindo uma situação de processos em massa, nesse sentido tenham sido decididos em três casos, por sentença transitada em julgado, os processos seleccionados segundo o disposto no artigo 48º. Por outro lado, a nova alínea *b)* do nº 2 do artigo 161º passou a exigir ainda que não tenha sido proferido número superior de sentenças, também transitadas em julgado, em sentido contrário ao das sentenças referidas, nem serem estas contrárias a doutrina assente pelo Supremo Tribunal Administrativo em recurso para uniformização de jurisprudência.

Ao interessado cabe naturalmente demonstrar o preenchimento dos pressupostos da extensão de efeitos. O artigo 161º, nº 5, estabelece entretanto que, no caso de haver contra-interessados que não tenham tomado parte no processo em que a sentença foi proferida, a extensão dos respetivos efeitos só pode ser requerida se o interessado tiver, ele próprio, lançado tempestiva mão da via judicial, embora esse processo se encontre pendente.

O pedido de extensão de efeitos é, em primeira linha, deduzido perante a própria entidade administrativa, podendo ser logo nessa sede extrajudicialmente resolvida a questão (cfr. artigo 161º, nº 3). Na hipótese, entretanto, de a Administração não dar acolhimento à pretensão que, nesse sentido, lhe foi apresentada pelo interessado, o artigo 161º admite que ele se dirija ao tribunal que proferiu a sentença cujos efeitos ele pretende ver estendidos, para lhe pedir que, uma vez comprovada a existên-

[86] Para a circunstanciada apreciação do regime do artigo 161º, cfr. João Tiago Silveira, "A extensão dos efeitos de sentenças a casos idênticos no contencioso administrativo", in *Estudos em Homenagem a Miguel Galvão Teles*, vol. I, Coimbra, 2012, pp. 827 segs.

cia da exigida identidade de situações entre o caso julgado em tribunal e aquele que lhe diz respeito, ele determine a extensão ao seu caso dos efeitos da sentença ou acórdão que naquele caso foi proferida – ou seja, que emita uma pronúncia que, determinando que na esfera jurídica do interessado se produzam os mesmos efeitos que a precedente sentença, em situação jurídica perfeitamente idêntica, tinha projectado na esfera jurídica de outrem, vai equivaler, em relação ao interessado, à sentença que este teria obtido se tivesse intentado um processo do mesmo tipo daquele no âmbito do qual a sentença foi proferida.

A pronúncia de extensão de efeitos vai ser proferida no âmbito de um processo declarativo, ainda que sumário, no qual o tribunal tem de verificar e reconhecer o bem fundado da pretensão do interessado. O artigo 161º, nº 4, submete esse processo aos termos do processo de execução de sentenças de anulação de actos administrativos, que, sem prejuízo de poder abrir caminho à adopção de providências executivas, é um processo de natureza eminentemente declarativa (cfr. *infra*, nº 251). Significa isto que, uma vez deduzido o pedido de extensão de efeitos, ao abrigo do artigo 161º, nº 4, no qual o interessado requer a condenação da Administração, nos termos do artigo 176º, nºs 3, 4 e 5, é ordenada a notificação da entidade requerida ou entidades requeridas para contestarem, nos termos do artigo 177º, nº 1, seguindo-se os demais termos dos artigos 177º e 179º.

Resta acrescentar que, nos termos do artigo 161º, nº 6, também pode pedir a extensão de efeitos ao seu caso quem, tendo impugnado um acto administrativo, se tenha visto confrontado, na pendência do processo impugnatório, com o facto de o acto ter sido anulado por sentença proferida noutro processo, que, paralelamente, também corria contra o mesmo acto. Numa situação desta natureza, o artigo 161º, nº 6, equipara o interessado que se viu colocado nesta situação àquele que, no processo paralelo, obteve a anulação, para o efeito de lhe permitir utilizar também o processo de execução de sentenças de anulação, em alternativa à propositura de uma acção administrativa de condenação da Administração, desse modo procurando tentar obter por uma via que se pretende mais expedita o cumprimento, por parte da Administração, do dever que se lhe impõe de extrair as devidas consequências da anulação, como se a sentença anulatória tivesse sido proferida no âmbito do processo por si intentado.

TÍTULO SEGUNDO
Pressupostos do Processo Administrativo

58. Como sabemos (cfr. supra, nº 7), a regularidade da constituição da instância depende da observância de um conjunto de *requisitos de admissibilidade* do julgamento do mérito da causa, a que é correntemente dado o nome de *pressupostos processuais*. Estes requisitos são indispensáveis para que, no processo declarativo, possa ser proferida uma decisão sobre o mérito da causa, pelo que tornam admissível a decisão de mérito[87].

Encontramos, quer no artigo 89º do CPTA, quer no artigo 577º do CPC, na medida em que é supletivamente aplicável ao processo administrativo, elencos exemplificativos de questões que, na medida em que, podendo sê-lo, não sejam supridas, obstam ao conhecimento do mérito da causa, dando, por isso, origem à absolvição da instância. A essas causas de absolvição de instância, dá a lei o nome de *excepções dilatórias*, porque conduzem a decisões de mera forma, que não se pronunciam sobre o mérito da causa e apenas adquirem força de caso julgado formal no âmbito do processo a que põem termo, sem projectarem uma força de caso julgado material passível de se projectar sobre novos processos que venham a ser

[87] Sobre o conceito de pressupostos processuais e delimitação de figuras afins, cfr., por exemplo, ANTUNES VARELA/J. MIGUEL BEZERRA/SAMPAIO E NORA, *Manual de Processo Civil*, 2ª ed., Coimbra, 1985, pp. 104 segs.; J. P. REMÉDIO MARQUES, *Acção declarativa à luz do Código revisto*, Coimbra, 2007, pp. 169 segs.; ANSELMO DE CASTRO, *Direito Processual Civil Declaratório*, vol. II, Coimbra, 1982, pp. 7 segs.; MIGUEL TEIXEIRA DE SOUSA, *Introdução ao processo civil*, Lisboa, 2000, pp. 80-81.

intentados, pelo que não impedem a propositura de uma nova acção, entre as mesmas partes e com o mesmo objecto[88].

Estes elencos de excepções dilatórias recortam, pela negativa, o elenco dos principais pressupostos processuais. Com efeito, é a falta dos correspondentes pressupostos processuais que determina a existência das excepções dilatórias, conducentes à absolvição da instância (salvo possibilidade de eventual suprimento). Para além dos pressupostos processuais cujo não preenchimento origina as excepções dilatórias mencionadas nos elencos exemplificativos do artigo 89º do CPTA e do artigo 577º do CPC, existem, entretanto, outros que não constam dos elencos contidos nestes artigos: é o que sucede com o interesse processual ou interesse em agir, a que, em processo administrativo, especificamente se refere o artigo 39º, mas que é um pressuposto processual de âmbito geral (cfr. *infra*, nº 93), com a não aceitação do acto administrativo, prevista no artigo 56º, e com a propriedade da forma de processo ou do tipo de acção (veja-se um afloramento no artigo 51º, nº 4), que é um pressuposto processual inominado.

Algumas das excepções dilatórias previstas no artigo 89º do CPTA coincidem com previsões do artigo 577º do CPC, sendo, portanto, comuns ao processo civil. Outras não, correspondendo a pressupostos processuais especiais, que são próprios do processo administrativo. Mas também são comuns ao processo civil e ao processo administrativo excepções dilatórias previstas no artigo 577º do CPC, supletivamente aplicável, como a violação de convenção de arbitragem.

De entre as excepções dilatórias comuns ao processo civil, algumas dizem respeito a pressupostos processuais que não são objecto de regulação própria no âmbito do processo administrativo, pelo que a aferição do respectivo preenchimento depende exclusivamente da aplicação das correspondentes regras do CPC – é o que sucede com a verificação da existência de situações de ineptidão da petição inicial, de litispendência e de caso julgado, que deve ser aferida aplicando os correspondentes preceitos do CPC.

Já o mesmo não sucede com outras, que, sendo embora comuns ao processo civil, dizem respeito a pressupostos processuais que são objecto de regulação própria ou têm um modo próprio de concretização no

[88] Cfr. Miguel Teixeira de Sousa, *Introdução ao processo civil*, p. 88.

âmbito do processo administrativo – é o que sucede com a legitimidade e com o interesse processual ou interesse em agir; também a verificação da existência de situações como a ilegalidade da coligação ou a ilegalidade da cumulação de pretensões deve ser aferida aplicando os critérios específicos, respectivamente, do artigo 12º e do artigo 4º; e também a concreta configuração das situações de erro na forma de processo ou no tipo de acção depende do quadro disciplinador das formas do processo administrativo[89].

Como é natural, não estudaremos os pressupostos processuais que não são objecto de regulação própria no âmbito do processo administrativo, pelo que a aferição do respectivo preenchimento depende exclusivamente da aplicação das correspondentes regras do CPC: requisitos formais mínimos do processo, de que depende que a petição inicial não seja inepta; litispendência e caso julgado. Centraremos, assim, a nossa atenção nos pressupostos processuais especiais, que são próprios do processo administrativo, e nos pressupostos que, sendo embora comuns ao processo civil, são objecto de regulação própria ou têm um modo próprio de concretização no âmbito do processo administrativo.

59. Por referência aos elementos essenciais do processo (cfr. *supra*, nº 1), é possível reconduzir os pressupostos processuais a duas categorias: os pressupostos relativos aos sujeitos do processo e os pressupostos relativos ao objecto do processo.

Os primeiros dizem respeito ao tribunal e às partes: têm que ver com os requisitos de cujo preenchimento depende a competência do tribunal para julgar a causa que é submetida à sua apreciação e com os requisitos que as pessoas que figuram como partes na acção têm de preencher para poderem intervir como partes em juízo e para que se possa e deva reconhecer que é entre elas que a questão controvertida num determinado processo deve ser debatida em juízo e, portanto, que são elas – todas elas e apenas elas – quem, nesse concreto processo, deve figurar como partes. Os pressupostos processuais relativos ao Tribunal e às Partes serão objecto do nosso estudo ao longo do primeiro e do segundo capítulos do presente Título. Incluiremos nessa abordagem a referência ao interesse

[89] Em geral sobre o tema, cfr. MÁRIO AROSO DE ALMEIDA/CARLOS FERNANDES CADILHA, *Comentário...*, pp. 591 segs.

processual ou interesse em agir, pelo especial interesse de que, a nosso ver, se reveste, em processo administrativo, a sua delimitação do pressuposto da legitimidade processual (cfr. nº 93 e nºs 99 e 132).

Os segundos são requisitos de cujo preenchimento a lei faz depender a admissibilidade do julgamento do mérito do processo, em razão do seu objecto. Em grande medida, estes pressupostos não são pressupostos gerais, exigidos pela generalidade dos processos, mas pressupostos especiais, exigidos apenas em certos tipos de processos. É ao estudo desses pressupostos especiais que dedicaremos a atenção no terceiro capítulo do presente Título.

Ainda nesse capítulo, faremos, entretanto, a final, referência aos pressupostos relativos ao objecto de âmbito geral, que têm um modo próprio de concretização no âmbito do processo administrativo: propriedade da forma de processo ou do tipo de acção e requisitos de admissibilidade da cumulação de pretensões – sendo que o interesse processual ou interesse em agir, como foi dito, não será, no entanto, objeto de análise nessa sede, mas, por antecipação, no capítulo segundo, em contraponto com o pressuposto da legitimidade processual (cfr. nºs 93, 99 e 132).

CAPÍTULO PRIMEIRO

Pressupostos Processuais Relativos ao Tribunal

60. Vamos começar o estudo dos pressupostos processuais relativos aos sujeitos do processo administrativo pelos pressupostos respeitantes ao tribunal. Trata-se de identificar os requisitos de cujo preenchimento depende a competência do tribunal para julgar a causa que é submetida à sua apreciação. De acordo com o artigo 5º do ETAF, a competência dos tribunais fixa-se no momento da propositura da ação, sendo irrelevantes as modificações de facto e de direito que ocorram posteriormente.

A questão coloca-se em quatro planos, que devem ser objecto de análise e resolução sucessiva:

1º – *Competência em razão da jurisdição* – O esclarecimento da questão neste plano exige que se estabeleça quando é que uma acção deve ser proposta perante a jurisdição administrativa e fiscal, e não perante os tribunais judiciais.

2º – *Competência em razão da matéria* – Tendo sido estabelecido que a acção deve ser proposta perante a jurisdição administrativa e fiscal, o esclarecimento da questão neste plano exige que se estabeleça quando é que, dentro da jurisdição administrativa e fiscal, a acção deve ser proposta perante os tribunais administrativos e não perante os tribunais tributários.

3º – *Competência em razão da hierarquia* – Tendo sido estabelecido que a acção deve ser proposta perante os juizes administrativos, o esclarecimento da questão neste plano exige que se estabeleça o nível hierárquico do tribunal perante o qual a acção deve ser proposta: nos tribunais administrativos de primeira instância, nos Tribunais Centrais Administrativos ou no Supremo Tribunal Administrativo?

4º – *Competência em razão do território* – Se for estabelecido que a acção deve ser proposta num tribunal de primeira instância ou num Tribunal Central Administrativo, e não no Supremo Tribunal Administrativo, o esclarecimento da questão neste plano exige que se determine perante qual dos vários tribunais de primeira instância que integram a rede que cobre o território nacional, ou perante qual dos dois Tribunais Centrais Administrativos existentes, deve ser proposta a acção.

A incompetência dos tribunais administrativos também pode resultar da existência de convenção arbitral, pela qual as partes no litígio o tenham subtraído à apreciação dos tribunais do Estado, para o submeterem a tribunal arbitral. A competência dos tribunais administrativos também depende, pois, da inexistência de convenção arbitral sobre a matéria, sob pena de *ilegítima preterição do tribunal arbitral*, por *violação de convenção arbitral*. A concluir a exposição, faremos, pois, referência, numa quinta rubrica adicional, a esta questão.

E a exposição terminará, numa sexta rubrica, com a referência aos regimes disciplinadores das situações patológicas, de não preenchimento dos pressupostos processuais respeitantes ao tribunal, e ao caso particular das normas que impõem a intervenção de formação alargada de juízes, e às consequências que decorrem das situações de inobservância dessas normas, cujo enquadramento no âmbito do regime da (in)competência dos tribunais se afigura discutível, e que, de todo o modo, não são submetidas ao correspondente regime.

§ 1º – Competência em razão da jurisdição: delimitação do âmbito da jurisdição administrativa

1. Orientação metodológica

61. Vamos começar o estudo dos pressupostos processuais dos quais depende a competência do tribunal para julgar a causa que é submetida

à sua apreciação pelo primeiro dos planos atrás identificados: o da *competência em razão da jurisdição*. Como foi explicado, o esclarecimento da questão neste plano exige que se estabeleça quando é que uma acção deve ser proposta perante a jurisdição administrativa e fiscal, e não perante os tribunais judiciais: incide, portanto, sobre a questão da *delimitação do âmbito da jurisdição*.

Cumpre reconhecer que as questões de delimitação do âmbito da jurisdição não deixam, em bom rigor, de ser, de acordo com os quadros tradicionais, questões de competência em razão da matéria, pois que se trata de distribuir competências entre tribunais de acordo com um critério de especialização em função da natureza dos litígios a dirimir. Considera-se, no entanto, justificado diferenciar as questões de (mera) competência em razão da matéria que se colocam dentro do âmbito da jurisdição administrativa e fiscal, daquelas que se colocam na delimitação do âmbito das jurisdições, reservando, desse modo, o conceito de competência em razão da matéria (em sentido estrito) apenas para aquele primeiro plano e falando, a propósito deste último, de competência em razão da jurisdição. A nosso ver, a diferenciação encontra fundamento na distinção que, a propósito dos conflitos de competência dos tribunais, é estabelecida entre *jurisdição* e *competência*, falando-se em *conflitos de jurisdição* quando o conflito envolve tribunais de espécie diferente, que pertencem a diferentes jurisdições, e *conflitos de competência* (em sentido estrito), quando a divergência se verifica entre tribunais da mesma espécie, integrados no âmbito da mesma jurisdição[90] (sobre os conflitos de jurisdição e de competência, cfr. *infra*, nºs 84 segs.).

Já não consideramos, entretanto, correcto falar em delimitação do âmbito da jurisdição a propósito do confronto entre o âmbito de competências dos tribunais administrativos e dos tribunais tributários ou fiscais, na medida em que, apesar das especificidades de regime a que adiante nos referiremos, uns e outros, integram a jurisdição administrativa e fiscal, que a Constituição e a lei configuram como uma única jurisdição. Por esse motivo, entendemos adequado referirmo-nos às questões que nesse plano se colocam como questões de competência em razão da matéria entre tribunais integrados na jurisdição administrativa e fiscal.

[90] Sobre esta distinção, cfr. ANTUNES VARELA *ET ALII*, *Manual de Processo Civil*, p. 196.

62. A matéria da *delimitação do âmbito da jurisdição administrativa e fiscal* é regulada pelo ETAF no artigo 4º, sofrendo, entretanto, derrogações resultantes de legislação especial, sempre que, num ou noutro diploma, o legislador entende distribuir de modo diferente os litígios pelos tribunais administrativos e fiscais e pelos tribunais judiciais. Na ausência de determinação expressa em sentido diferente, contida em lei avulsa, valem, no entanto, os critérios do ETAF.

Anteriormente à revisão de 2015 do ETAF, colocava-se o problema do modo de articular o que genericamente dispunha o nº 1 do artigo 1º do ETAF, que remetia para o princípio do artigo 212º, nº 3, da CRP, segundo o qual os tribunais administrativos e fiscais são os competentes para dirimir os litígios emergentes das relações jurídicas administrativas e fiscais, com as concretas soluções que, a respeito dessa matéria, se encontravam consagradas no artigo 4º. Hoje, esse problema já não se coloca, pois a revisão de 2015 assumiu a opção de reservar, no ETAF, para o artigo 4º a disciplina da delimitação do âmbito da jurisdição, com remissão do nº 1 do artigo 1º para aquele artigo.

Vejamos, pois, em que termos disciplina a matéria o artigo 4º do ETAF, na sua nova redação.

Em conformidade com o referido princípio do artigo 212º, nº 3, da CRP, agora enunciado na nova alínea *o)* do nº 1, resulta do artigo 4º do ETAF que, de um modo geral, pertence ao âmbito da jurisdição administrativa e fiscal a apreciação de todos os litígios que versem sobre matéria jurídica administrativa e fiscal e cuja apreciação não seja expressamente atribuída, por norma especial, à competência dos tribunais judiciais, assim como aqueles que, embora não versem sobre matéria jurídica administrativa ou fiscal, sejam expressamente atribuídos, por norma especial, à competência desta jurisdição – sendo que encontramos, desde logo, no próprio artigo 4º do ETAF algumas disposições especiais com um e com outro destes dois alcances, restritivo ou ampliativo do âmbito da jurisdição, para além das normas que, sobre a matéria, é possível, pontualmente, encontrar em legislação avulsa.

Na verdade, o artigo 4º continua a seguir o modelo do artigo 4º do anterior ETAF, de enunciar listas de matérias cuja apreciação se encontra incluída (artigo 4º, nº 1) e excluída (artigo 4º, nºs 3 e 4) do âmbito da jurisdição administrativa e fiscal.

Muitas das matérias elencadas no artigo 4º já pertenceriam a esta jurisdição – ou já estariam excluídas do seu âmbito –, mesmo que esse artigo não existisse, por mera aplicação do critério constitucional hoje enunciado na alínea *o)* do nº 1. Em relação a essas matérias, pode, pois, dizer-se que o artigo 4º se limita, nessa parte, a explicitar o alcance do referido critério. É, a nosso ver, o que sucede com as matérias enunciadas no nº 1, alíneas *a)*, *b)*, *c)*, *d)*, *h)*, *i)*, *j)*, *m)* e *n)*, assim como em todas as alíneas do nº 3 e na alínea b) do nº 4 do artigo 4º. Com efeito, afigura-se que, em todos esses casos, mais não se trata do que de aplicar o critério da existência de um litígio sobre uma *relação jurídica administrativa ou fiscal*.

Já no que respeita às demais situações previstas no artigo 4º, deve, a nosso ver, entender-se que, tal como sucede com as disposições derrogatórias que, sobre a matéria, existem em legislação avulsa, também as normas do artigo 4º que afastam o critério constitucional hoje enunciado na alínea *o)* do nº 1 devem ser vistas como normas especiais em relação a esse critério, que visam derrogá-lo, prevalecendo sobre ele, para o efeito de ampliarem ou restringirem o âmbito da jurisdição.

Pode ser colocada, entretanto, a questão de saber se (pelo menos) alguns dos preceitos do artigo 4º não deverão ser objecto de uma interpretação restritiva, à luz do critério da alínea *o)* do nº 1, de modo a evitar que conduzam à ampliação do âmbito da jurisdição. A nosso ver, afigura-se, porém, que não se pode deixar de assumir que o legislador do artigo 4º do ETAF não desconhece a existência do critério constitucional, pelo que, quando consagra soluções com um alcance mais amplo ou mais restrito do que aquele que resultaria da sua estrita aplicação, não pode ter deixado de pretender ampliar ou restringir o âmbito da jurisdição. É o que resulta da letra dos preceitos, como também do seu espírito, que, em alguns casos, os trabalhos preparatórios claramente ilustram. A nosso ver, é, aliás, essa a finalidade que justifica a existência do artigo 4º na economia do actual ETAF.

A este entendimento não se opõem argumentos de inconstitucionalidade, fundados na circunstância de o critério material da *relação jurídica administrativa e fiscal* resultar do artigo 212º, nº 3, da CRP. Com efeito, é hoje pacífico, tanto na doutrina, como na jurisprudência do Tribunal Constitucional e do Supremo Tribunal Administrativo, que, se o referido preceito constitucional faz assentar a definição do âmbito da jurisdição administrativa num critério substantivo, centrado no conceito de "relações jurídicas administrativas e fiscais", a verdade é que ele não estabelece uma reserva material absoluta, pelo que comporta derrogações pontuais, desde que não vão ao ponto de descaracterizar, no seu conteúdo essencial, o modelo típico da dualidade de jurisdições. Por conseguinte, a existência de um modelo típico e de um núcleo próprio da jurisdição administrativa e fiscal não é incompatível com uma certa liberdade de conformação do legislador, justificada por razões de ordem prática, pelo menos quando estejam em causa domínios de fronteira, tantas vezes de complexa resolução, entre o direito público e o direito privado[91].

63. A nosso ver, o principal mérito que resultou da revisão de 2015 do artigo 4º do ETAF foi o de tornar claro, em termos metodológicos, que, como vínhamos defendendo até aqui, o ponto de referência que, na economia do artigo, deve ser adoptado para determinar, perante um caso concreto, se um determinado litígio deve ser submetido à apreciação dos tribunais administrativos e fiscais ou dos tribunais judiciais não reside, em primeira linha, no critério constitucional da *relação jurídica administrativa ou fiscal*. Por esse motivo esse critério passou a ser enunciado numa alínea final do nº 1 do artigo 4º, como um critério de aplicação subsidiária e residual.

Na verdade, o que, em primeiro lugar, cumpre indagar é se, sobre a específica matéria em causa, existe disposição legal que, independentemente desse critério, dê resposta expressa à questão da jurisdição competente. Essa disposição legal tanto pode constar de legislação avulsa aplicável ao caso, como do próprio artigo 4º do ETAF. É, pois, só em relação às matérias que, nem em legislação avulsa, nem no artigo 4º do ETAF, são objecto de específica atenção do legislador, que cumpre lançar mão do critério da alínea *o)* do nº 1 do artigo 4º do ETAF. Isto, na prática, significa que só em relação a um universo residual de situações se torna necessário resolver a questão da delimitação do âmbito da jurisdição por aplicação directa desse critério.

[91] Para a exposição doutrinal desta linha argumentativa, cfr., por todos, MÁRIO AROSO DE ALMEIDA, Anotação ao artigo 212º, *in* JORGE MIRANDA/RUI MEDEIROS, *Constituição Portuguesa Anotada*, tomo III, Coimbra, 2007, p. 149; VIEIRA DE ANDRADE, *Justiça Administrativa*, pp. 92 segs.; SÉRVULO CORREIA, *Direito do Contencioso Administrativo*, vol. I, pp. 708 segs. Na jurisprudência, cfr., por todos, os Acórdãos do Tribunal Constitucional nºs 458/99, 284/2003, 211/2007 e 302/2008; e os Acórdãos do STA de 14 de Junho de 2000, Proc. nº 45633, de 31 de Outubro de 2002, Proc. nº 1329/02, e de 27 de Janeiro de 2004, Proc. nº 1116/03.

Justifica-se, por isso, que, na enunciação a que procederemos de seguida dos principais tipos de litígios cuja apreciação está, por força do regime geral do ETAF, incluída – e excluída – do âmbito da jurisdição administrativa e fiscal, comecemos por nos referirmos aos tipos de situações que são objecto de solução legal expressa, para só a final nos referirmos às situações que serão objecto da aplicação (residual) do critério da alínea *o)* do nº 1 do artigo 4º do ETAF.

Como tivemos oportunidade de advertir logo no início da exposição, os tribunais administrativos estão integrados na jurisdição administrativa e fiscal, sendo que o ramo administrativo e o ramo fiscal são as duas partes integrantes de uma única jurisdição. Como o nosso estudo se circunscreve, porém, ao processo administrativo, deixando de lado o processo tributário ou fiscal, falaremos, ao longo da exposição subsequente, da *jurisdição administrativa* para, de modo abreviado, nos referirmos à jurisdição administrativa e fiscal. Como é evidente, a utilização dessa expressão não põe em causa a unidade da jurisdição, nos seus dois ramos, administrativo e fiscal, pois, como já foi referido, uma vez estabelecido que uma acção deve ser proposta perante a jurisdição administrativa e fiscal, cumpre depois esclarecer se, dentro da jurisdição administrativa e fiscal, a acção deve ser proposta perante os juízes administrativos ou perante os juízes tributários.

2. Litígios incluídos no âmbito da jurisdição administrativa

2.1. *Em geral, os direitos e interesses de natureza jurídico-administrativa*

64. O artigo 4º, nº 1, do ETAF estabelece, antes de mais, na alínea *a)*, que pertence ao âmbito da jurisdição administrativa a apreciação dos litígios em que esteja em causa a protecção de direitos fundamentais ou de outros direitos ou interesses legalmente protegidos, no âmbito de relações jurídico-administrativas. A nosso ver, esta alínea estabelece uma clara articulação entre a referência inicial à "tutela de direitos fundamentais" e a subsequente referência a outras situações jurídicas subjectivas fundadas "em normas de direito administrativo", para o efeito de se dever entender que também a "tutela de direitos fundamentais" aqui em vista

há-de dizer respeito a situações em que esses direitos se vejam envolvidos no âmbito de relações jurídico-administrativas.

O preceito remete, assim, sem outra densificação, para a natureza administrativa das relações jurídicas em que se inscrevem as situações jurídicas em causa. Por esse motivo, não se reveste, a nosso ver, de relevo autónomo em relação ao critério da alínea *o)* do nº 1 do artigo 4º, em cuja aplicação se dilui. Remete-se, pois, quanto a ele, para a análise a que adiante se procederá da questão da densificação deste último critério: cfr. *infra*, nº 70.

2.2. *Contencioso dos actos administrativos e regulamentos*

65. O artigo 4º, nº 1, do ETAF estabelece, em seguida, que pertence ao âmbito da jurisdição administrativa a apreciação dos litigios que tenham por objecto a fiscalização da legalidade de actos jurídicos emanados pela Administração no exercício da função administrativa (artigo 4º, nº 1, alínea *b)*), assim como de actos materialmente administrativos praticados por órgãos públicos não pertencentes à Administração Pública (artigo 4º, nº 1, alínea *c)*) ou por entidades de outra natureza, no exercício de poderes públicos (artigo 4º, nº 1, alínea *d)*).

Tem-se aqui em vista o núcleo duro da jurisdição administrativa, que tem por objecto a fiscalização dos actos administrativos e regulamentos – sucedendo que, de acordo com o novo regime do CPA, tanto são, hoje, atos administrativos e regulamentos os comandos de natureza administrativa ditados por órgãos da Administração Pública, como também o são aqueles que são ditados por órgãos públicos não pertencentes à Administração Pública e por entidades privadas, no exercício de poderes públicos, todos se encontrando submetidos, por igual, ao mesmo regime substantivo e processual.

É assim no que diz respeito aos "actos em matéria administrativa" praticados pelo Presidente da República, pela Assembleia da República e seu Presidente, pelos Presidentes do Tribunal Constitucional, Supremo Tribunal Administrativo e Tribunal de Contas, pelo Conselho Superior de Defesa Nacional e pelo Procurador-Geral da República, a que se referia o artigo 26º, nº 1, alínea *c)*, do ETAF de 1984, que, hoje, o artigo 148º do CPA qualifica como atos administrativos e que, em conformidade com isso, estão hoje abrangidos pela previsão do nº 1 do artigo 51º do CPTA em matéria de impugnação dos actos administrativos.

E também é assim no que diz respeito aos "actos praticados por particulares ao abrigo de normas de Direito Administrativo", a que se referiam os anteriores nº 2 do artigo 51º e nº 3 do artigo 100º do CPTA, que, compreendendo os actos jurídicos unilaterais praticados ao abrigo de concessão e, em geral, todos os actos que sejam praticados por particulares ao abrigo de normas de Direito Administrativo que lhes confiram poderes de definição jurídica unilateral, também hoje se enquadram no conceito de ato administrativo do artigo 148º do CPA e, por conseguinte, na previsão do nº 1 do artigo 51º do CPTA em matéria de impugnação dos actos administrativos (para mais desenvolvimentos quanto a este ponto, cfr. *infra*, nº 123).

2.3. *Contencioso dos contratos*

66. Como é de todos sabido, ao longo dos últimos anos operou-se uma verdadeira revolução no que diz respeito ao Direito Administrativo dos contratos, ao ponto de se poder, hoje, falar na existência de um verdadeiro *Direito dos Contratos Públicos*. As implicações processuais dessa revolução são evidentes, podendo até dizer-se que a evolução do nosso Direito Processual Administrativo esteve envolvida nesse processo revolucionário.

Com efeito, cumpre recordar que foi o ETAF de 1984 que, no seu artigo 9º, introduziu na nossa ordem jurídica uma definição de âmbito genérico da figura do contrato administrativo, quando, até então, o entendimento dominante era, pelo contrário, o de que só eram contratos administrativos aqueles que correspondiam ao elenco limitado e taxativo de tipos contratuais que constava do artigo 815º do Código Administrativo de 1940.

A verdade, porém, é que a definição introduzida pelo artigo 9º do ETAF de 1984 e, mais tarde, retomada pelo artigo 178º do CPA, ao remeter, pura e simplesmente, para a natureza jurídico-administrativa das relações jurídicas que eram objecto do contrato, deu origem a uma grande ambiguidade na delimitação da figura, com as inevitáveis consequências daí decorrentes: no plano substantivo, de insegurança na determinação do regime jurídico a aplicar às relações entre as partes; no plano processual, de insegurança na determinação da jurisdição competente para dirimir os eventuais litígios contratuais.

Foi nesse contexto que surgiu o ETAF de 2002, e, com ele, a clara assunção da necessidade de se abandonar, no plano processual, a definição de contrato administrativo que decorria do artigo 178º do CPA, para o efeito de delimitar o âmbito da jurisdição administrativa no que respeita à apreciação de litígios emergentes de contratos.

Como, na verdade, foi devidamente explicado na altura, a razão pela qual, no artigo 4º, nº 1, alínea *f)*, do ETAF de 2002, se optou por não remeter, sem mais, para o conceito de contrato administrativo do artigo 178º do CPA assentou no reconhecimento da inadequação desse conceito, em razão da sua demonstrada ambiguidade, para delimitar em termos minimamente precisos o âmbito da jurisdição administrativa em matéria de contratos. Foi por esse motivo que, no referido preceito, se procurou circunscrever o conceito, para efeitos processuais, passando a prever que, "para além dos casos de contrato típico ou de contrato com objecto passível de acto administrativo, só fica[ria]m submetidos à apreciação da jurisdição administrativa os litígios emergentes de contratos que as partes expressamente submetam a um regime de direito público"[92] – deste modo se evitando "estender o âmbito da jurisdição administrativa, como sucedia até aqui, à apreciação dos litígios emergentes de quaisquer contratos administrativos atípicos, com todas as dificuldades de delimitação que a figura coloca[va]"[93].

Ora, foi nessa mesma senda que, para efeitos substantivos, veio, entretanto, a colocar-se o CCP, ao assumir também, no nº 6 do seu artigo 1º, a necessidade de densificar o conceito de contrato administrativo, substituindo a definição genérica que constava do artigo 178º do CPA por uma enumeração tipológica das espécies de situações contratuais que, por aplicação de diferentes critérios, se entendeu deverem merecer a qualificação de administrativos. O CCP reconheceu, desse modo, que, também no plano substantivo, da delimitação das espécies contratuais a submeter a um regime de direito público, a definição do precedente artigo 178º do

[92] Cfr. Mário Aroso de Almeida, "Implicações de direito substantivo da reforma do contencioso administrativo", in *Cadernos de Justiça Administrativa* nº 34, p. 78.

[93] Cfr. Diogo Freitas do Amaral/Mário Aroso de Almeida, *Grandes linhas da reforma do contencioso administrativo*, 3ª ed., ed. Almedina, Coimbra, 2005, p. 44.

CPA não fornecia uma base segura, pelo que o critério legal carecia de ser densificado[94].

Ora, a partir do momento que tal sucedeu, deixou de existir qualquer razão para que o ETAF não fizesse referência à figura do contrato administrativo na determinação do âmbito da jurisdição em matéria de contratos. Foi o que, com a revisão de 2015, ele passou a fazer, justificadamente, na nova alínea *e)* do nº 1 do artigo 4º, que veio substituir as diferentes alíneas (*b)*, segunda parte, *e)* e *f)*) que anteriormente se referiam aos litígios em matéria de contratos.

Importa, porém, notar que, tal como já sucedia antes da revisão de 2015, o critério do contrato administrativo não é o único critério que a referida alínea *e)* utiliza para delimitar o âmbito da jurisdição em matéria de contratos.

A alínea é hoje expressa em assumir que pertence ao âmbito da jurisdição administrativa a apreciação dos litígios relativos a *contratos administrativos* – nas *cinco espécies* em que, tal como ela se encontra delimitada pelos artigos 1º, nº 6, 3º e 8º do CCP, a figura hoje se desdobra no nosso ordenamento jurídico. Com o que se substitui a anterior alínea *f)*, que deixou de ter razão de existir após o surgimento do CCP.

Mas tal como já anteriormente sucedia, a alínea continua a estender o âmbito da jurisdição administrativa a "quaisquer outros contratos celebrados nos termos da legislação sobre contratação pública, por pessoas coletivas de direito público ou outras entidades adjudicantes". Por conseguinte, o âmbito da jurisdição administrativa em matéria de contratos é mais amplo do que a categoria dos contratos administrativos: o critério do contrato administrativo é um dos critérios adoptados pelo artigo 4º, nº 1, do ETAF, mas não é o único critério do qual ele faz depender a delimitação do âmbito da jurisdição administrativa em matéria de contratos,

[94] Já tivemos oportunidade de louvar este entendimento, que veio, de resto, ao encontro do que, pela nossa parte, vínhamos preconizando. Por razões de índole substantiva, fundadas na necessidade de introduzir um mínimo de segurança no que respeita à intrincada questão da delimitação do âmbito de aplicação do regime substantivo aplicável aos contratos administrativos em geral, tínhamos, na verdade, admitido, desde logo, no nosso escrito "Implicações de direito substantivo..." cit., pp. 78-79, que a nova formulação introduzida pela alínea *f)* do nº 1 do artigo 4º do ETAF poderia fornecer "uma pista para que, no plano substantivo, se avan[çass]e para a delimitação da figura do contrato administrativo nos mesmos termos".

pois há um outro critério, o da submissão do contrato a regras de contratação pública[95].

Cumpre, na verdade, recordar que, embora não haja qualquer dúvida de que, ao qualificar todos os contratos de aquisição e locação de bens móveis e de aquisição de serviços por contraentes públicos como contratos administrativos, o CCP ampliou muito o âmbito da figura, tornando, assim, ainda mais residual do que já era antes a categoria dos contratos de direito privado celebrados pela Administração Pública, a verdade é que ele não deixou de manter a distinção, diferenciando os contratos administrativos dos demais contratos celebrados pela Administração Pública (nesse sentido, veja-se, aliás, entretanto, o novo nº 1 do artigo 200º do CPA). E diferenciando em termos que não são isentos de dúvidas, atenta a ambiguidade de contornos que caracteriza, em particular, a alínea *d)* do nº 6 do artigo 1º do CCP.

Continua, pois, a revestir-se de grande importância, para evitar ambiguidades na delimitação do âmbito da jurisdição num domínio tão importante como é o dos contratos públicos, que o ETAF continue a complementar o critério da natureza administrativa do contrato do qual emerge o litígio com o critério da submissão a regras de contratação pública, ao qual faz referência expressa a referida alínea *d)* do nº 6 do artigo 1º do CCP.

São, assim, os seguintes os critérios hoje adotados pela alínea *e)* do nº 1 do artigo 4º do ETAF em matéria de litígios sobre contratos.

1º – *Critério do contrato administrativo*

Estão, desde logo, abrangidos pelo âmbito da jurisdição administrativa os *contratos administrativos,* isto é, os contratos que apresentem alguma das notas de *administratividade* enunciadas no nº 6 do artigo 1º do CCP[96].

[95] Como assinala Vieira de Andrade, *A Justiça Administrativa,* 15ª ed., Coimbra, 2016, p. 107, o âmbito da jurisdição administrativa em matéria de contratos só "deixa de fora os contratos celebrados por entidades públicas que, não sendo contratos administrativos e estando, por isso, submetidos a um regime de direito privado, estejam excluídos da aplicação do Código dos Contratos e não sejam especialmente regulados por legislação administrativa avulsa".

[96] Ao contrário do que sucedia antes do surgimento do CCP, a categorização das modalidades de contrato administrativo é matéria hoje adequadamente tratada no âmbito do Direito dos Contratos Públicos, pelo que não se justifica o seu aprofundamento numa obra desta natureza.

O nº 6 do artigo 1º do CCP é constituído por quatro alíneas. São, no entanto, cinco as categorias de situações contratuais a que nele se faz corresponder a qualificação de contrato administrativo. E, em bom rigor, pode dizer-se que essas categorias podem ser reconduzidas a três grandes grupos:

a) O primeiro grupo corresponde aos *contratos administrativos por natureza*, que são submetidos a um regime de Direito Administrativo em razão da natureza pública do seu objecto ou do seu fim. Pode dizer-se que integram este grupo os contratos a que se referem as alíneas *b)*, *c)* e *d)* do nº 6 do artigo 1º do CCP.

b) O segundo grupo corresponde aos *contratos administrativos por determinação da lei* e abrange os tipos contratuais que, ainda que não sejam contratos administrativos por natureza, a própria lei opta directamente por qualificar como administrativos, submetendo-os a um regime substantivo de direito público (cfr. artigo 1º, nº 6, alínea *a)*, do CCP). Integram este grupo: *(i)* os contratos administrativos típicos previstos no Título II da Parte III do CCP; e *(ii)* os demais contratos administrativos típicos ou nominados previstos em legislação avulsa.

c) O terceiro grupo corresponde aos *contratos administrativos por qualificação das partes* e abrange contratos administrativos atípicos que poderiam ser contratos de direito privado (por esse motivo, a doutrina qualifica-os como *contratos administrativos com objecto passível de contrato de direito privado*), mas são contratos administrativos apenas porque as partes assim o querem e determinam: trata-se de contratos que, não sendo administrativos por natureza, nem a lei os qualificando como administrativos, só são administrativos na medida em que a lei aceita que as próprias partes, desde que uma delas seja um contraente público, os qualifiquem como administrativos ou os submetam a um regime substantivo de direito público (cfr. artigo 1º, nº 6, alínea *a)*, e artigos 3º, nº 1, alínea *b)*, e 8º do CCP). Era em relação a estes contratos que, no passado, se colocavam as maiores dificuldades na delimitação da figura do contrato admi-

Procedemos, pois, a uma breve síntese no texto, remetendo, para mais desenvolvimentos, para as obras sobre a matéria e, em particular, para o desenvolvimento da específica categorização sintetizada no texto, para Mário Aroso de Almeida, *Teoria Geral...*, pp. 393 segs.

nistrativo, com implicações no plano da determinação da jurisdição competente. A referida opção do CCP de qualificar todos os contratos de aquisição e locação de bens móveis e de aquisição de serviços por contraentes públicos como contratos administrativos veio, no entanto, esvaziar praticamente esta modalidade de contratos administrativos, retirando-lhe o relevo, assim como às questões que a seu respeito se colocavam.

Foi sustentado na doutrina que, mesmo à face do regime introduzido pelos nºs 5 e 6 do artigo 1º do CCP, a figura do contrato administrativo não se circunscreveria às cinco espécies ali identificadas, podendo corresponder a outros espécimes contratuais por elas não abrangidas[97]. Não podemos concordar com este entendimento. Têm sido apontados os inconvenientes que, do ponto de vista da segurança jurídica, decorrem, tanto no plano substantivo, como no plano processual, da elevada imprecisão que tem rodeado a delimitação do âmbito da figura do contrato administrativo. Sem prejuízo, naturalmente, da inteira liberdade que à doutrina não está subtraída de, a partir dos dados normativos, construir uma definição de contrato administrativo, que o legislador do CCP (ao contrário do que fizera o artigo 178º do CPA) optou muito avisadamente por não propor, não pode deixar, portanto, de ser por referência às cinco espécies acima identificadas, e apenas a elas, que deve ser colocada e resolvida a questão da qualificação de um contrato como administrativo e, portanto, da delimitação do âmbito da jurisdição administrativa em função do critério do contrato administrativo.

2º – *Critério do contrato submetido a regras de contratação pública*

Tal como antes, a alínea *e)* do nº 1 do artigo 4º do ETAF atribui à jurisdição administrativa a competência para dirimir os litígios emergentes dos contratos que a lei submeta a regras de contratação pública. A previsão do preceito compreende claramente litígios respeitantes a quaisquer contratos, que não apenas a contratos administrativos, e tanto contratos celebrados por pessoas colectivas de direito público, como contratos celebrados por entidades privadas, quando sujeitas a regras de direito

[97] Cfr. Marcelo Rebelo de Sousa/Salgado de Matos, *Contratos Públicos,* Lisboa, 2008, pp. 30-31 e 35-36.

público em matéria de procedimentos pré-contratuais (ou seja, quando legalmente qualificadas como *entidades adjudicantes*, segundo a terminologia do CCP, como agora é explicitado no preceito).

Como é evidente, a previsão em referência abrange a espécie de contratos administrativos a que se refere o artigo 1º, nº 6, alínea *d)*, do CCP, dos "contratos que a lei submeta, ou admita que possam ser submetidos, a um procedimento de formação regulado por normas de direito público e em que a prestação do co-contratante possa condicionar ou substituir, de forma relevante, a realização das atribuições do contraente público". Não há, pois, qualquer dúvida de que estes contratos estão abrangidos pelo âmbito da jurisdição administrativa.

A previsão da alínea *e)* do nº 1 do artigo 4º do ETAF possui, contudo, um alcance mais amplo, pois, como foi dito, atribui à jurisdição administrativa a competência para dirimir os litígios emergentes de todos os contratos que a lei submeta a regras de contratação pública, independentemente da questão de saber se "a prestação do co-contratante pode condicionar ou substituir, de forma relevante, a realização das atribuições do contraente público".

O critério não é, aqui, na verdade, o do contrato administrativo, mas o do contrato submetido a regras de contratação pública: desde que um contrato esteja submetido a regras procedimentais de formação de Direito Administrativo, todas as questões que dele possam vir a emergir devem ser objecto de uma acção a propor perante os tribunais administrativos, e não perante os tribunais judiciais – e isto, independentemente da sua qualificação ou não como contrato administrativo, nos termos do CCP.

Cumpre notar que a relevância desta solução normativa se encontra fortemente limitada desde o momento em que, como já foi referido, o CCP optou por qualificar todos os contratos de aquisição e locação de bens móveis e de aquisição de serviços por contraentes públicos como contratos administrativos, na medida em que esses eram os tipos de contratos que, por não serem, anteriormente, contratos administrativos, mas estarem submetidos a regras de contratação pública, eram o objeto prioritário de aplicação da previsão da alínea *e)* do nº 1 do artigo 4º do ETAF. Mas a solução normativa continua a revestir-se de grande importância, quanto mais não seja, para evitar que se repercutam no plano da delimitação do âmbito da jurisdição administrativa as dificuldades de interpretação que coloca a previsão do artigo 1º, nº 6, alínea *d)*, do CCP.

2.4. *Contencioso da responsabilidade civil extracontratual*

67. No que se refere às questões respeitantes a matéria de responsabilidade civil extracontratual que devem ser submetidas à apreciação dos tribunais administrativos, decorrem do artigo 4º, nº 1, alíneas *f)* e *g)* do ETAF as seguintes soluções:

a) Compete à jurisdição administrativa apreciar toda e qualquer questão de responsabilidade civil extracontratual emergente da conduta de pessoas colectivas de direito público. É o que claramente decorre do artigo 4º, nº 1, alínea *f)*, do ETAF, que, finalmente sem ambiguidades após a revisão de 2015, confere aos tribunais administrativos uma competência genérica para apreciar todas as questões de responsabilidade civil extracontratual das pessoas colectivas de direito público[98].

O preceito faz referência expressa às funções política, legislativa e jurisdicional para estender o âmbito da jurisdição administrativa aos danos emergentes do exercício dessas funções. No que respeita à responsabilidade pelo exercício da função jurisdicional, está, contudo, excluída do âmbito da jurisdição administrativa a apreciação dos litígios relativos à apreciação de acções de responsabilidade por erro judiciário cometido por tribunais pertencentes a outras ordens de jurisdição, assim como das correspondentes acções de regresso (cfr. artigo 4º, nº 4, alínea *a)*, do ETAF) – note-se, no entanto, que só estão excluídas as acções em que a causa de pedir seja um facto ilícito imputado a um juiz dos tribunais judiciais no exercício da sua função de julgar, e não qualquer outro facto, imputável ao juiz ou a qualquer outro órgão da aministração judiciária, que não configure erro judiciário (cfr. Acórdão do Tribunal de Conflitos de 21 de Março de 2006, Proc. nº 340).

No que diz respeito aos danos emergentes da actuação da Administração Pública, o preceito não distingue, entretanto, consoante essa actuação seja ou não desenvolvida no exercício da função administra-

[98] Deixou, assim, de haver lugar para as dúvidas que se vinham suscitando a respeito da responsabilidade do Estado pelo exercício da função política. Para a circunstanciada defesa da competência dos tribunais administrativos, e não dos tribunais judiciais, nessa matéria, já antes da revisão de 2015, para além da nossa posição na 1ª edição deste livro, a pp. 168 segs., cfr. Jorge de Sousa, "Poderes de cognição dos tribunais administrativos relativamente a actos praticados no exercício da função política", *Julgar* nº 3 (2007), pp. 122 segs., e, no mesmo sentido, V. Pereira da Silva, *O contencioso administrativo no divã da psicanálise*, pp. 527-528.

tiva, na imediata prossecução de fins públicos, ao abrigo de disposições de Direito Administrativo, etc. Compete, assim, à jurisdição administrativa apreciar todas as questões de responsabilidade civil extracontratual emergentes da conduta de órgãos, funcionários ou agentes das pessoas colectivas de direito público que integrem a Administração Pública, independentemente da questão de saber se essa responsabilidade emerge de uma *actuação de gestão pública* ou de uma *actuação de gestão privada*. Com efeito, embora esta distinção continue a ter relevância *no plano substantivo*, como resulta do artigo 1º do RRCEE, ela não tem relevância *no plano processual*, na medida em que o ETAF renunciou a utilizá-la como critério de delimitação do âmbito das jurisdições.

Pelas razões expostas, está, naturalmente, abrangida pela jurisdição administrativa a apreciação das questões de responsabilidade emergentes de actuações materialmente administrativas de órgãos públicos que não pertencem à Administração Pública. Essas situações estão, na verdade, compreendidas na fórmula genérica do artigo 4º, nº 1, alínea *f)*, do ETAF, apenas com as seguintes ressalvas: está excluída do âmbito da jurisdição administrativa a apreciação dos litígios relativos à fiscalização da legalidade dos actos materialmente administrativos praticados pelo Presidente do Supremo Tribunal de Justiça (cfr. artigo 4º, nº 4, alínea *d)*) e dos actos do Conselho Superior da Magistratura e do seu Presidente (cfr. artigo 4º, nº 4, alínea *c)*), que é reservada aos tribunais judiciais.

b) Embora com a ressalva introduzida pelo artigo 4º, nº 4, alínea *a)*, os tribunais administrativos também julgam, segundo o disposto no artigo 4º, nº 1, alínea *g)*, as acções de responsabilidade propostas contra "titulares de órgãos, funcionários, agentes e demais servidores públicos" (no exercício das suas funções e por causa delas, como é óbvio), o que compreende as acções de regresso que contra elas sejam intentadas pelas pessoas colectivas de direito público ao serviço das quais desenvolvam a sua actividade.

c) O artigo 4º, nº 1, alínea h), do ETAF ainda prevê a competência da jurisdição administrativa para apreciar as questões de responsabilidade civil extracontratual de entidades privadas e respectivos trabalhadores, titulares de órgãos sociais, representantes legais ou auxiliares, nos casos em que o nº 5 do artigo 1º do RRCEE as submete à aplicação desse regime, ou seja, quando a respectiva responsabilidade resulte de acções ou omissões adoptadas no exercício de prerrogativas de poder público ou reguladas por disposições ou princípios de Direito Administrativo.

Significa isto que, ao contrário do que hoje sucede com as pessoas colectivas de direito público, a distinção entre *actuação de gestão pública* e *actuação de gestão privada* continua a ter relevância, não apenas no plano substantivo, mas também no plano processual, no que respeita à actuação das entidades privadas a que a lei confere a titularidade de prerrogativas de poder público ou cuja actividade é parcialmente regulada por normas de Direito Administrativo. Com efeito, em relação a estas entidades, só a responsabilidade civil extracontratual emergente das actuações de gestão pública – isto é, das actuações que exprimem o exercício de prerrogativas de poder público ou se regem por normas de direito público – se rege pelo RRCEE e é, por isso, atribuída à competência dos tribunais administrativos.

2.5. *Outros tipos de situações expressamente incluídos no âmbito da jurisdição*

68. O nº 1 do artigo 4º do ETAF ainda faz referência aos seguintes tipos de litígios, que expressamente inclui no âmbito da jurisdição administrativa:

a) Litígios dirigidos a promover a prevenção, cessação e reparação de todo o tipo de violações que resultem da actuação de entidades públicas (o que compreende actuações de gestão privada da Administração Pública) contra a saúde pública, ambiente, urbanismo, ordenamento do território, qualidade de vida, património cultural e bens do Estado (artigo 4º, nº 1, alínea *k)*). Inspirada pelo mesmo propósito de simplificação de critérios que preside à solução consagrada na alínea *f)*, no domínio da responsabilidade civil extracontratual das entidades públicas (cfr. nº 67), a previsão da alínea *k)* do nº 1 do artigo 4º do ETAF prescinde, tal como sucede naquele domínio, da adopção de um critério material ou qualitativo de delimitacão entre *actuações de gestão pública* e *actuações de gestão privada* das entidades públicas, para adoptar o critério (objectivo) da natureza da entidade demandada: desde que esteja em causa uma actuação de uma entidade pública, o litígio deve ser submetido à apreciação dos tribunais administrativos.

Deste modo se alarga, no domínio dos litígios respeitantes a agessões à saúde pública, habitação, educação, ambiente, urbanismo, ordenamento do território, qualidade de vida, património cultural e bens do Estado, o âmbito das questões a deduzir perante a jurisdição administrativa, por comparação com o regime que precedeu o ETAF e com aquele que, à partida, resultaria da estrita aplicação do critério material da alínea *o)* do nº 1. Com efeito, o verdadeiro alcance do preceito em referência não é, naturalmente, o de incumbir os tribunais administrativos da apreciação das acções de impugnação de actos administrativos de conteúdo positivo que possam agredir os valores em causa: com efeito, essa competência, que não suscita dúvidas, já resulta, como vimos, de outras alíneas do nº 1 do artigo 4º do ETAF. O que se tem primacialmente em vista cobrir são as operações materiais, cuja qualificação como actuações de gestão pública ou de gestão privada se pode, em casos concretos, revelar problemática. Por este motivo foi adoptado o mesmo critério da alínea *f)*, que, no âmbito das acções de responsabilidade civil extracontratual, eliminou, como vimos (cfr. nº 67), a relevância, para efeitos processuais, da contraposição entre actuações de gestão pública e actuações de gestão privada das entidades públicas administrativas.

Confessamos a nossa dificuldade em compreender as reservas que a previsão do artigo 4º, nº 1, alínea *k)*, do ETAF parece suscitar a alguma doutrina[99]. Como nos parece evidente, o propósito do preceito é o de ampliar o âmbito das competências da jurisdição administrativa em matéria ambiental, para além de domínios óbvios – cuja existência, naturalmente, em nada prejudica e que resulta de outras alíneas do mesmo artigo 4º –, como o da impugnação, tanto por interessados, como por actores populares ou associações de defesa de interesses difusos, de actos administrativos constitutivos de situações de vantagem na esfera de particulares (desde logo, autorizações) que se consubstanciem em agressões contra a saúde pública, ambiente, urbanismo, ordenamento do território, qualidade de vida, património cultural e bens do Estado. Na verdade, parece evidente que o preceito em referência não tem o sentido nem o alcance de estabelecer que, perante os tribunais administrativos, só se pode reagir contra atentados perpetrados contra esses valores por entidades públicas, e já não

[99] Referimo-nos à posição de Carla Amado Gomes , "O artigo 4º do ETAF: um exemplo de *creeping jurisdiction?* – especial (mas brevíssima) nota sobre o artigo 4º/1/l) do ETAF", in *Estudos em Homenagem ao Prof. Doutor Armando Marques Guedes*, Coimbra, 2004, *maxime* a pp. 419-420.

por entidades privadas, seja com a anuência da Administração (como, por exemplo, sucede no caso da atribuição de licenças ambientais ilegais), seja perante a omissão, por parte da Administração, do cumprimento dos deveres de vigilância que sobre ela incumbem da observância de normas de direito administrativo pelos privados. A nosso ver, do artigo 4º do ETAF, no seu conjunto – pois a alínea *k)* não pode ser lida isoladamente –, resulta, por isso, que as acções dirigidas à prevenção, cessação ou reparação de actividades privadas lesivas dos valores mencionados na alínea *k)* só estão excluídas do âmbito da jurisdição administrativa desde que não representem o exercício de funções materialmente administrativas nem sejam disciplinadas por normas de direito administrativo: as atividades privadas estão, assim, incluídas no âmbito da jurisdição administrativa no caso de estarem sujeitas à necessidade de autorização ou licença (podendo, nessa hipótese, dar-se o caso de estarem a ser empreendidas ao abrigo de uma autorização ou licença ilegal ou sem cobertura da autorização ou licença legalmente exigida), assim como quando se trate de actividades proibidas por normas de direito administrativo, que imponham à Administração o dever de prevenir e reprimir a respectiva violação.

b) Litígios relativos a relações jurídico-administrativas entre pessoas colectivas públicas ou entre órgãos públicos (artigo 4º, nº 1, alínea *j)*).

A nova redação da alínea introduzida pela revisão de 2015 torna claro que se têm em vista litígios emergentes de relações jurídico-administrativas. Tal como vimos suceder com a alínea *a)*, também esta alínea *j)* remete, pois, sem outra densificação, para a natureza administrativa das relações jurídicas em que se inscrevem os litígios a que se refere: correspondem, assim, à jurisdição administrativa os litígios entre pessoas colectivas públicas emergentes de relações jurídico-administrativas, e apenas esses, sendo competentes os tribunais judiciais para apreciar os litígios entre elas aos quais sejam aplicáveis normas de direito privado. Por conseguinte, e tal como vimos suceder com a alínea *a)*, também esta alínea *j)* não possui, a nosso ver, relevo autónomo, pois, de duas uma: *(i)* ou nos remete para outras alíneas (v.g., para o contencioso dos actos de exercício de poderes de autoridade, a que se refere a alínea *b)*, ou para o contencioso dos contratos, a que se refere a alínea *e)*, se estiver em causa uma relação contratual inter-administrativa); *(ii)* ou, se o litígio não disser respeito a nenhuma das espécies identificadas nas referidas alíneas, remete-nos para o critério da alínea *o)* do nº 1, em cuja aplicação se dilui (para a apreciação deste critério, cfr. *infra*, nº 69).

c) Litígios relativos ao contencioso eleitoral de pessoas colectivas de direito público, cuja apreciação não seja atribuída à jurisdição de outros tribunais (artigo 4º, nº 1, alínea *m)*).

É da competência dos tribunais administrativos, seguindo o regime processual previsto nos artigos 97.º e 98º do CPTA, a apreciação dos litígios referentes às eleições para os órgãos dos estabelecimentos de ensino superior públicos, das escolas e hospitais públicos, e, em geral, de todas as entidades públicas administrativas. Por outro lado, é expressamente atribuída à jurisdição administrativa a competência referente às eleições para o Conselho Superior dos Tribunais Administrativos e Fiscais e do Conselho Superior do Ministério Público – já não do Conselho Superior da Magistratura, cuja competência é reservada ao Supremo Tribunal de Justiça. Está, entretanto, subtraído à jurisdição administrativa, por lei especial, o contencioso das eleições relativas ao Presidente da República, Assembleia da República, assembleias legislativas regionais dos Açores e da Madeira e autarquias locais, que é atribuído à competência do Tribunal Constitucional (cfr. artigo 8º, alíneas *a)*, *c)* e *d)* da Lei do Tribunal Constitucional)[100].

d) Litígios relativos a situações constituídas em via de facto, sem título que as legitime (artigo 4º, nº 1, alínea *i)*).

Com a revisão de 2015, o ETAF passou a atribuir à jurisdição administrativa e fiscal a competência para dirimir os litígios decorrentes de situações de *via de facto,* em que a Administração atue sem título que a legitime, designadamente ocupando imóveis de propriedade privada sem proceder à respetiva expropriação. No passado, como a competência para as ações de defesa da propriedade e de delimitação da propriedade pública em relação à propriedade privada era reservada aos tribunais judiciais, também estas situações eram atribuídas à competência destes tribunais. Diferentemente, a nova alínea *i)* do nº 1 do artigo 4º do ETAF atribui a competência aos tribunais administrativos, atenta a natureza claramente administrativa dos litígios em causa, que têm por objeto pretensões de restituição e restabelecimento de situações enquadradas no exercício, ainda que ilegítimo, do poder administrativo.

e) Litígios relativos a decisões de aplicação de coimas por violação de normas em matéria de urbanismo (artigo 4º, nº 1, alínea *l)*).

[100] Cfr. Mário Aroso de Almeida/Carlos Fernandes Cadilha, *Comentário...*, pp. 647 segs.

É indiscutível a natureza administrativa do ilícito de mera ordenação social e das decisões de aplicação de coimas que, ao abrigo do respetivo regime, são tomadas por diversos tipos de entidades administrativas. Quando, em 1979, foi criado o ilícito de mera ordenação, a impugnação das decisões de aplicação das coimas que lhe correspondem foi assumidamente reservada aos tribunais judiciais por razões relacionadas com o reduzido número de tribunais e de juízes administrativos existentes, na altura, em Portugal e com as limitações relativas aos poderes instrutórios, de conhecimento e de pronúncia que o tradicional regime do recurso contencioso conferia aos juízes administrativos.

Entretanto, a justiça administrativa portuguesa foi objeto, como vimos, de uma transformação profunda, mas nem por isso deixam de se manter, hoje, como então, razões que explicam a não atribuição, em bloco, dessa matéria à competência dos tribunais judiciais. E a principal razão continua a residir no reduzido número de tribunais e de juízes administrativos. É verdade que, desde 2004, existe, em Portugal, uma verdadeira rede de tribunais administrativos, constituída por um corpo próprio de juízes. Mas não é menos verdade que essa rede não seria, ainda hoje, capaz de dar resposta a todos os processos do ilícito de mera ordenação social.

Na revisão de 2015, o legislador do ETAF assumiu o reconhecimento da natureza administrativa dos litígios sobre o ilícito de mera ordenação social, reconhecendo aos tribunais administrativos o poder de fiscalizarem a legalidade desses atos, mas, ao mesmo tempo, continuou a assumir que as insuficiências de que enferma a rede dos tribunais administrativos não permite a atribuição, em bloco, àqueles tribunais da competência genérica na matéria. E, nesse sentido, consagrou, na alínea *l)* do nº 1 do artigo 4º, uma solução de *meio termo*, que atribui aos tribunais administrativos a competência para as impugnações de decisões que apliquem coimas no âmbito do ilícito de mera ordenação, mas apenas quando a aplicação dessas coimas se fundar na violação de normas em matéria de urbanismo.

2.6. *Situações não expressamente previstas: critério da alínea o) do nº 1 do artigo 4º do ETAF*

69. Como já atrás foi referido (cfr. nº 63), atento o elevado número de disposições legais expressas sobre a matéria, a começar por aquelas que o

próprio ETAF contém no seu artigo 4º, na prática, é só em relação a um universo residual de situações que se torna necessário resolver a questão da delimitação do âmbito da jurisdição aplicando diretamente o critério enunciado na nova alínea *o)* do nº 1 do artigo 4º do ETAF, como a localização sistemática deste preceito, precisamente, o evidencia. Vejamos, então, em que termos se concretiza a aplicação deste critério.

Na senda do artigo 212º, nº 3, da CRP, a alínea *o)* do nº 1 do artigo 4º do ETAF estabelece que, de um modo geral, pertence ao âmbito da jurisdição administrativa e fiscal a apreciação dos litígios emergentes de relações jurídicas administrativas e fiscais.

Deixando, de momento, de lado a questão fiscal (cfr. *infra*, nº 76), o preceito faz, deste modo, apelo a um critério material, o critério de o litígio versar sobre uma *relação jurídica administrativa*, colocando, desse modo, o acento tónico na questão de saber quando se deve entender que uma relação jurídica é administrativa. Ora, uma relação é jurídica quanto o Direito lhe atribui relevância, estabelecendo o respectivo regime regulador. E será, por conseguinte, jurídico-administrativa quando essa relevância lhe seja atribuída pelo Direito Administrativo, sendo, portanto, de normas de Direito Administrativo que decorre o respectivo regime disciplinador[101].

Como tem reconhecido a doutrina, a questão reconduz-se, portanto, à do próprio conceito do Direito Administrativo e da sua delimitação perante os demais ramos do ordenamento jurídico – e, portanto, em última análise, à questão da própria fronteira entre Direito público e Direito privado, uma vez que, de entre os diferentes ramos do Direito público, é o Direito Administrativo aquele que mais próximo se encontra do Direito privado e, portanto, aquele por cujas fronteiras passa a delimitação em relação ao Direito privado. É, na verdade, o facto de, na hipótese de figurarmos o Direito público e o Direito privado como territórios confinantes, pertencer ao Direito Administrativo, do lado do Direito público, a parcela territorial fronteiriça que explica as dificuldades que tradicionalmente coloca a aplicação do critério material de delimitação do âmbito da jurisdição administrativa e justifica algumas das derrogações pontuais que, como vimos, o legislador do ETAF optou por introduzir a esse critério.

[101] Neste sentido, cfr. Vieira de Andrade, *Justiça Administrativa*, p. 49.

Em nossa opinião, uma relação jurídica é regulada por normas de Direito Administrativo e deve ser, por isso, qualificada como uma *relação jurídica administrativa* quando lhe sejam aplicáveis normas que atribuam prerrogativas de autoridade ou imponham deveres, sujeições ou limitações especiais a todos ou a alguns dos intervenientes, por razões de interesse público, que não se colocam no âmbito de relações de natureza jurídico-privada. Subscrevemos, deste modo, o entendimento segundo o qual a atribuição de prerrogativas de autoridade ou a imposição de deveres, sujeições ou limitações especiais são os traços distintivos que permitem identificar as normas de Direito Administrativo, constitutivas de relações jurídico-administrativas[102].

A doutrina maioritária tem associado a estes traços distintivos um outro, que é o do critério estatutário, segundo o qual as normas de Direito Administrativo se definiriam ainda pelo facto de se dirigirem a disciplinar a Administração Pública. Não concordamos, pois, a nosso ver, o critério deve ser teleológico[103]. Com *Marcelo Rebelo de Sousa* e *André Salgado de Matos,* entendemos, na verdade, que o Direito Administrativo é o "direito comum da função administrativa", o que significa que ele "não regula apenas a actuação da administração pública em sentido orgânico", mas regula, para além disso, "a actuação de todos os sujeitos jurídicos, ainda que não integrantes daquela, que exerçam a função administrativa, e ainda a actuação de todo e qualquer sujeito jurídico, quando e na medida em que se intersecc ione com o exercício da função administrativa (por ex., a actuação de um particular adstrito ao cumprimento de deveres cuja imposição caiba assegurar no exercício de tal função)", com o que "assume um âmbito regulatório que ultrapassa em muito o da mera definição do estatuto da administração pública"[104].

70. De entre os tipos de situações cuja inclusão do âmbito da jurisdição resulta da alínea *o)* do nº 1 do artigo 4º do ETAF, salientaremos as seguintes:

[102] Cfr. Diogo Freitas do Amaral, *Curso de Direito Administrativo,* vol. I, 3ª ed., Coimbra, 2006, pp. 148-149 e 161.

[103] Para mais desenvolvimentos quanto a este ponto, cfr. Mário Aroso de Almeida, *Teoria Geral...*, pp. 18 segs.

[104] Cfr. Marcelo Rebelo de Sousa/André Salgado de Matos, *Direito Administrativo Geral,* tomo III, 2ª ed., Lisboa, 2006, p. 53.

a) Em primeiro lugar, aquelas que dizem respeito à atribuição de indemnizações devidas em virtude da imposição de sacrifícios por razões de interesse público. É, na verdade, indiscutível a natureza jurídico-administrativa das indemnizações resultantes da imposição de sacrifícios por parte dos poderes públicos, para o efeito de os litígios com elas relacionados deverem ser reconduzidos à previsão genérica da alínea *o)* do nº 1 do artigo 4º do ETAF. A jurisdição administrativa é, pois, a sede naturalmente competente para atribuir as indemnizações decorrentes da imposição de sacrifícios por razões de interesse público. É esta a regra que o ETAF institui, ainda que de modo não explícito, tal como já sucedia antes da revisão de 2015.

Esta regra, como regra geral que é, é, no entanto, derrogada por disposições especiais, designadamente do Código das Expropriações, que, de acordo com uma velha tradição, confere aos tribunais judiciais a competência para atribuir as indemnizações devidas por expropriações, servidões e requisições administrativas. Se ou enquanto o Código das Expropriações não for revisto (ou substituído) num sentido que altere a solução tradicional, o sector das indemnizações por expropriações, servidões e requisições administrativas está, assim, excluído do âmbito das competências dos tribunais administrativos[105]. Tal como outras que existam em legislação avulsa, que também confiem aos tribunais judiciais a competência para atribuir indemnizações por sacrifício, as disposições em referência do Código das Expropriações devem ser qualificadas como normas especiais, que, como tais, prevalecem sobre o regime geral.

b) A alínea *a)* do nº 1 do artigo 4º do ETAF faz, a nosso ver, referência genérica a tipos de situações cuja inserção no âmbito da jurisdição administrativa depende da aplicação do critério do artigo 1º, nº 1, do ETAF. Como, na verdade, refere o preceito, a jurisdição administrativa é genericamente competente para o reconhecimento de quaisquer direitos ou interesses legalmente protegidos dos particulares que se fundem em normas de Direito Administrativo ou decorram de actos jurídicos praticados ao abrigo de disposições de Direito Administrativo.

[105] Mas o âmbito da jurisdição administrativa já se estende ao poder de proceder à adjudicação de bens expropriados, quando haja lugar à respectiva reversão. A inovação resultou da alteração introduzida pelo artigo 5º da Lei nº 13/2002, de 13 de Maio, aos artigos 74º e 77º do Código das Expropriações.

O caso mais evidente é o das pretensões dirigidas à condenação à emissão de actos administrativos ilegalmente omitidos ou recusados, nos termos dos artigos 66º e segs. do CPTA. Estas pretensões exprimem, com efeito, o exercício de direitos ou interesses legalmente protegidos, fundados em normas de Direito Administrativo ou em actos jurídicos praticados ao abrigo de tais normas.

Em idêntico sentido, vejam-se, por outro lado, as previsões genéricas das alineas *f)* e *g)* do nº 1 do artigo 37º do CPTA, reportadas a pretensões dirigidas a obter o reconhecimento de situações jurídico-administrativas. E as pretensões dirigidas a obter prestações a realizar por entidades públicas (para mais desenvolvimentos sobre esta categoria de situações, a que, em especial, se referem as alíneas *i)* e *j)* do artigo 37º, nº 1, do CPTA, cfr. *supra,* nºs 40 e 46).

Por serem menos óbvias, merecem, neste contexto, referência especial as situações respeitantes a litígios entre privados, quando emergentes da violação (ou do fundado receio de violação) de vínculos jurídico-administrativos, a que o artigo 37º, nº 3 faz referência expressa a propósito do âmbito de aplicação da forma processual da acção administrativa. Como já vimos (cfr. *supra,* nº 49), é a sua natureza jurídico-administrativa, no sentido oportunamente explicitado, e, portanto, a circunstância de dever ser reconduzida à previsão genérica da alínea *o)* do nº 1 do artigo 4º do ETAF, que explica o reconhecimento, no artigo 37º, nº 3, da competência dos tribunais administrativos para a apreciação deste tipo de pretensões.

c) Como já foi referido (cfr. nº 68), a alínea *j)* do nº 1 do artigo 4º do ETAF faz, a nosso ver, referência genérica a tipos de situações que de duas uma: *(i)* ou nos remetem para outras alíneas (v.g., para o contencioso dos actos de exercício de poderes de autoridade, a que se refere a alínea *b)*, ou para o contencioso dos contratos, a que se refere a alínea *e)*, se estiver em causa uma relação contratual inter-administrativa); *(ii)* ou, se o litígio não disser respeito a nenhuma das espécies identificadas nas referidas alíneas, nos remetem para o critério do artigo 4º, nº 1, alínea *o)*, fazendo com que a sua inserção no âmbito da jurisdição administrativa dependa da aplicação desse critério.

Não nos interessa agora a primeira hipótese, que já se encontra coberta por alguma das alíneas do artigo 4º, mas a segunda, que se refere a litígios inter-administrativos que se inscrevam no âmbito de relações jurídicas paritárias ou de cooperação entre as entidades públicas envolvidas, sem implicarem a prática de actos que exprimam o exercício de poderes de autoridade de uma delas sobre a outra. Ora, tal como sucede com os litígios entre particulares, também os litígios entre pessoas colectivas públicas ou entre órgãos públicos só pertencem, nesse contexto, ao âmbito da jurisdição administrativa se forem litígios emergentes de relações jurídico-administrativas: ou seja, se as pretensões neles envolvidas se sustentarem em normas de Direito Administrativo ou em actos jurídicos praticados ao abrigo de disposições de Direito Administrativo.

3. Litígios excluídos do âmbito da jurisdição administrativa

71. Como, nos termos da Constituição, os tribunais judiciais são os tribunais comuns em matéria cível e criminal, é óbvio que, salvo derrogações pontuais contidas em expressa previsão legal, está, desde logo, excluída do âmbito da jurisdição administrativa a apreciação de litígios em matéria cível e criminal, que envolvem a aplicação de normas de Direito privado e de Direito Criminal[106].

Por outro lado, também não pertencem aos tribunais da jurisdição administrativa os poderes que a CRP (artigo 214º) e a lei (Lei nº 98/97, de 26 de Agosto, na redacção mais recente da Lei nº 3-B/2010, de 28 de Abril) conferem ao Tribunal de Contas em matéria de controlo jurisdicional da observância da legalidade financeira da actividade administrativa. Cumpre, a propósito, recordar que o Tribunal de Contas é instituído pela Constituição e pela lei como um tribunal, mas, na realidade, trata-se de um órgão complexo, que, para além da função jurisdicional, também exerce funções consultivas e de controlo administrativo, que se concretizam na emissão de relatórios de auditoria e de verificação de contas, de pareceres sobre a Conta Geral do Estado, as Contas das Regiões Autónomas, da Assembleia da República e das assembleias legislativas das Regiões Autónomas, de recomendações e de decisões de concessão ou recusa de vistos prévios. Em todo o caso, o seu âmbito de competências é definido por referência à legalidade financeira, cuja violação lhe compete prevenir, apurar e reprimir[107].

[106] Cfr. VIEIRA DE ANDRADE, *Justiça Administrativa*, p. 50.

[107] Para uma síntese, cfr. JOSÉ TAVARES, "Extensão e limites dos poderes do Tribunal de Contas", *Cadernos de Justiça Administrativa* nº 71, pp. 38 segs.

Do ponto de vista do confronto com a jurisdição dos tribunais administrativos e fiscais, interessam as funções jurisdicionais do Tribunal de Contas, na medida em que é no exercício dessas funções que este Tribunal exerce poderes materialmente idênticos aos dos tribunais administrativos e fiscais, que se concretizam na apreciação da legalidade de decisões administrativas. A fiscalização da legalidade administrativa a que procede o Tribunal de Contas é realizada para efeitos distintos daqueles a que são chamados os tribunais administrativos, e por isso processa-se segundo formas claramente diversas de processo. Com efeito, o Tribunal de Contas é um órgão de controlo da actividade financeira pública, cujos poderes incidem sobre a generalidade da actividade de gestão relativa às receitas e despesas públicas, no propósito de assegurar a observância da legalidade objectiva[108].

Neste sentido, o artigo 57º da Lei nº 97/98 estabelece que, "sempre que os relatórios das acções de controlo do Tribunal, bem como os relatórios das acções dos órgãos de controlo interno, evidenciem factos constitutivos de responsabilidade financeira, os respectivos processos são remetidos ao Ministério Público". É, na verdade, ao Ministério Público que compete a iniciativa de promover a efectivação de eventuais responsabilidades financeiras, através dos processos de julgamento de contas e de responsabilidades financeiras a que se refere o artigo 58º da mesma lei, que podem conduzir à imposição de deveres de reposição de montantes em dinheiro aos titulares de órgãos ou agentes administrativos.

72. Existem, entretanto, disposições normativas contidas em diplomas legais avulsos, que, a propósito desta ou daquela matéria, consagram soluções derrogatórias do critério geral, impondo aos tribunais judiciais

[108] A circunstância referida no texto pode explicar o facto de o Tribunal de Contas vir adoptando uma concepção clara e crescentemente mais abrangente do que os tribunais administrativos do que seja o controlo da legalidade financeira: com efeito, com o argumento de que, nos dias de hoje, o controlo da legalidade não se esgota num mero controlo da legalidade formal, mas estende-se à verificação da observância de princípios jurídicos nos quais se concretiza a legalidade substancial, a juridicidade, o Tribunal tem vindo a proceder à apreciação da boa gestão financeira das decisões que estão legalmente submetidas à sua apreciação, segundo critérios de economicidade, eficiência e eficácia, que parecem ultrapassar os limites do estrito controlo de legalidade (ainda que substancial), para se estenderem à formulação de juízos sobre o mérito, conveniência ou oportunidade das decisões, sem que exista qualquer mecanismo exterior ao Tribunal de Contas que permita pôr em causa essa orientação.

a incumbência de dirimir litígios jurídico-administrativos. Os exemplos mais notórios dizem respeito ao regime do ilícito de mera ordenação social, no qual está em causa a impugnação de decisões administrativas de aplicação de coimas (isto, apesar, como vimos atrás, da modesta inovação introduzida, na revisão de 2015, pela nova alínea *l)* do nº 1 do artigo 4º do ETAF: cfr. *supra*, nº 68); ao regime da fixação das indemnizações devidas por expropriações e outros atos impositivos de sacrifícios regulados pelo Código das Expropriações; e ao regime que comete ao tribunal de comércio a competência para apreciar a impugnação das decisões da Autoridade da Concorrência proferidas em processo de contra-ordenação e em procedimentos administrativos respeitantes a matéria de concorrência, assim como a impugnação das decisões ministeriais que autorizem operações de concentração proibidas pela Autoridade da Concorrência (artigo 54º da Lei nº 18/2003, de 11 de Junho). Por outro lado, embora o actual ETAF não exclua do âmbito da jurisdição administrativa, ao contrário do que sucedia com o anterior, os litígios referentes à qualificação de bens como pertencentes ao domínio público e a actos de delimitação destes com bens de outra natureza, a Lei nº 54/2005, de 15 de Novembro, e o Decreto-Lei nº 353/2007, de 26 de Outubro, referentes à titularidade dos recursos hídricos, limitam o âmbito da jurisdição administrativa, reservando para a competência dos tribunais judiciais a apreciação da impugnação de atos administrativos de demarcação, quando fundada em questões de demarcação da propriedade ou posse dos leitos e margens ou das suas parcelas[109].

Em certos casos, a derrogação é feita, entretanto, em benefício do Tribunal Constitucional ou do Tribunal de Contas. Também nestes casos, temos, pois, previsões legais avulsas com o alcance de restringirem o âmbito constitucionalmente previsto da jurisdição administrativa. É o que sucede com as disposições que conferem ao Tribunal Constitucional a competência para apreciar as questões de contencioso eleitoral relativas à eleição do Presidente da República, da Assembleia da República, do Parlamento Europeu, das assembleias legislativas regionais dos Açores e da Madeira, e das autarquias locais, assim como para fiscalizar a legalidade dos actos da Comissão Nacional de Eleições no exercício das suas competências em matéria de recenseamento e processo eleitoral. Refiram-se

[109] Cfr., a propósito, Vieira de Andrade, *Justiça Administrativa*, pp. 110-111.

ainda as acções de perda de mandato de membros dos executivos municipais e de destituição de titulares administrativos de cargos políticos, por infracções do regime de incompatibilidades e impedimentos; e as disposições que conferem ao Plenário do próprio Tribunal de Contas a competência para fiscalizar a legalidade dos actos dos júris dos concursos de provimento de juízes desse Tribunal[110]. Adiante faremos, entretanto, referência autónoma à questão do visto prévio e da impugnabilidade das decisões do Tribunal de Contas que o concedem ou recusam (cfr. *infra*, nº 75).

73. O artigo 4º do ETAF contém, entretanto, nos seus nºs 3 e 4, um conjunto de previsões que identificam tipos de litígios que se encontram excluídos do âmbito da jurisdição administrativa. As previsões do nº 3 e do nº 4 têm, porém, um alcance bastante distinto entre si. Com efeito, o nº 3 limita-se a explicitar o critério do artigo 212º, nº 3, da CRP, identificando tipos de litígios que se encontram excluídos do âmbito da jurisdição administrativa porque não têm natureza administrativa. Procede, desse modo, apenas à delimitação pela negativa da jurisdição administrativa. Algumas das previsões do nº 3 justificam, no entanto, uma referência autónoma, a que se procederá de seguida.

Pelo contrário, o nº 4 introduz verdadeiras restrições ao critério mencionado, excluindo do âmbito da jurisdição administrativa tipos de litígios que, de outro modo, seria de entender que nele estariam incluídos. É assim que, como já foi referido (cfr. *supra*, nº 67), a alínea *a)* do nº 4 restringe o alcance da alínea *f)* do nº 1, limitando o âmbito da jurisdição administrativa quanto às acções de responsabilidade civil extracontratual por erro judiciário; as alíneas *c)* e *d)* do nº 4 restringem o alcance das alíneas *a)* e *b)* do nº 1, subtraindo ao âmbito da jurisdição alguns casos específicos de fiscalização da legalidade de actos administrativos; e a alínea *b)* do nº 4 remete para os tribunais judiciais a apreciação das acções emergentes dos contratos individuais de trabalho na Administração Pública, com excepção dos litígios emergentes do vínculo de emprego público – ainda neste último caso, deve entender-se que os contratos individuais de trabalho na Administração Pública não são contratos exactamente iguais

[110] Para mais desenvolvimentos, cfr. MÁRIO AROSO DE ALMEIDA/CARLOS FERNANDES CADILHA, *Comentário...*, pp. 134 segs. Cfr. também VIEIRA DE ANDRADE, *Justiça Administrativa*, p. 113.

aos outros, pois são submetidos, em determinados aspectos, a um regime substantivo próprio: na ausência da previsão do artigo 4º, nº 4, alínea *b)*, do ETAF, seriam, por isso, a nosso ver, de qualificar como contratos administrativos e, por essa via, de submeter à competência dos tribunais administrativos[111].

3.1. *Em especial, a delimitação em relação à função política e legislativa (artigo 4º, nº 3, alínea a))*

74. Dispõe a alínea *a)* do nº 3 do artigo 4º do ETAF que está nomeadamente excluída do âmbito da jurisdição administrativa e fiscal a apreciação de litígios que tenham por objecto a impugnação de actos praticados no exercício da função política e legislativa.

A questão é abordada do ponto de vista da delimitação das funções estaduais, no contraponto entre a função administrativa e a função política e legislativaos tribunais administrativos fiscalizam a legalidade dos actos que exprimem o exercício da função administrativa, mas não fiscalizam a conformidade dos actos que exprimem o exercício da função política e legislativa com os padrões pelos quais esses actos se devam reger. Não é, portanto, possível proceder à impugnação directa de actos legislativos nos tribunais administrativos – isto, a menos que esses actos, embora emanados sob a forma de acto legislativo, contenham decisões materialmente administrativas e não sejam, por isso, nessa parte, do ponto de vista material, manifestação do exercício da função legislativa, pois, nesse caso, a impugnação é possível, como resulta do artigo 52º, nº 1, e da própria Constituição, que, no artigo 268º, nº 4, consagra a impugnabilidade de todos os actos administrativos, independentemente da sua forma (sobre este ponto, cfr. *infra*, nº 126).

De igual modo também não é possível proceder à impugnação nos tribunais administrativos dos actos que exprimam o exercício da função política. Pode, assim, dizer-se, a propósito da previsão da alínea *a)* do nº 3 do artigo 4º do ETAF o que disse *Afonso Rodrigues Queiró*, quando, sem se reportar a qualquer disposição normativa concreta, escreveu: "A legis-

[111] Criticando a solução, cfr. V. Pereira da Silva, *O contencioso administrativo no divã da psicanálise*, pp. 504-505.

lação ordinária, ao vedar aos tribunais administrativos a fiscalização da regularidade jurídica dos «actos de governo», dos «actos políticos», dos «actos de natureza política» ou dos «actos editados no exercício do poder político» da competência do Poder Executivo, edita uma norma perfeitamente supérflua. Não é esta norma que retira aos ditos tribunais uma competência que eles de outro modo conservariam ou deteriam. [...] Os tribunais administrativos são tão naturalmente incompetentes para anular os «actos de governo» editados pelo Poder Executivo como para anular os actos legislativos ordinários. Só o legislador constituinte poderá conferir aos tribunais em geral ou a um tribunal especial uma competência deste género e com este alcance"[112]. No nosso quadro jurídico-constitucional, o tribunal especial vocacionado para o efeito seria o Tribunal Constitucional[113]. Na realidade, porém, o controlo deste tipo de actos é efectuado apenas politicamente e não pelo poder jurisdicional[114].

Ao contrário do que sucede com os actos legislativos, que, do ponto de vista formal, são fáceis de identificar, uma vez que a Constituição, no artigo 112º, estabelece um elenco fechado das formas típicas que eles podem revestir (lei, decreto-lei e decreto legislativo regional), em relação aos actos praticados no exercício da função política, coloca-se a questão da sua delimitação: quando é que se deve entender que um determinado acto jurídico exprime o exercício da função política?

Doutrina e jurisprudência têm proposto fórmulas abstractas que procuram identificar a essência da função política. Neste sentido, pode dizer-se que "a função política corresponde à prática de actos que exprimem

[112] Cfr. Afonso Rodrigues Queiró, *«Actos de governo» e contencioso de anulação*, Coimbra, 1970, pp. 24-25.

[113] No entender de Louis Favoreu, "Pour en finir avec la «théorie» des actes de gouvernement", *Revista da Faculdade de Direito de Lisboa*, vol. XLV (2004), p. 291, de uma maneira geral, no actual estado do direito, a impossibilidade de submeter ao juiz administrativo o que se designa actos de governo tem por causa, no direito francês, as limitações de competência que devem respeitar o juiz administrativo e o juiz constitucional. Na verdade, acrescenta o Autor, o juiz administrativo recusou, com razão, conhecer "actos políticos" porque esses actos são relativos às relações entre instituições políticas ou ao funcionamento interno destas e relevam essencialmente do que se chama, em direito comparado, o contencioso constitucional da divisão horizontal de poderes. Ora, é normalmente o juiz constitucional quem é competente para controlar tais actos, nos casos em que eles são submetidos a alguma espécie de controlo jurisdicional.

[114] Cfr. Jorge de Sousa, "Poderes de cognição dos tribunais administrativos relativamente a actos praticados no exercício da função política", *Julgar* nº 3 (2007), p. 126.

opções fundamentais sobre a definição e prossecução dos interesses ou fins essenciais da colectividade"[115]. Mas fórmulas como esta, só por si, escassa utilidade possuem para o efeito que aqui nos interessa, pois, neste sentido amplo, a função política compreende a própria função legislativa, enquanto expressão do exercício do poder político. Há que procurar ir mais longe, na própria delimitação da função política (em sentido estrito) em relação à função legislativa, para identificar as categorias de actos que, não assumindo embora a forma de acto legislativo e, por isso, não exprimindo o exercício da função legislativa, não deixam, ainda assim, de estar subtraídos à jurisdição administrativa, por terem natureza política.

Sem prejuízo dos esforços que a mais recente doutrina tem procurado desenvolver sobre a matéria, continua a parecer-nos que o entendimento mais claro e seguro que pode ser adoptado nesta matéria remonta à lição de *Afonso Rodrigues Queiró*, que, ao longo da sua vida, dedicou grande atenção ao tema, e há precisamente quarenta anos sintetizou, com meridiana clareza, a expressão sedimentada do seu pensamento sobre a matéria nos termos que, sumariamente, passamos a enunciar[116].

Num sistema de constituição rígida, "a actividade estadual no seu conjunto cinde-se em duas grandes parcelas: uma que representa o exercício de faculdades soberanas, sem qualquer mediação em relação à constituição; outra que representa o exercício de faculdades em último termo conferidas por normas que, por sua vez, são o produto do exercício de poderes soberanos, ou seja, de poderes directamente conferidos pela constituição. Os actos que representam o exercício de faculdades directamente conferidas pela constituição são, uns, de carácter geral e obstracto (as leis materiais ordinárias), outros, de carácter individual e concreto (os «actos políticos» ou «de governo»). [...] Daqui resulta que, num sistema constitucional rígido, a actividade governamental ou política se situa no mesmo plano que a actividade legislativa em relação à constituição. Noutras palavras, os actos legislativos e os «actos de governo» estão à mesma distância da constituição".

"Assim, o Poder Legislativo, além da sua competência para fazer leis ordinárias em sentido material *(Rechtsgesetze)*, tem uma competência

[115] Cfr. Acórdão do Supremo Tribunal Administrativo de 6 de Abril de 2007, Proc. nº 1143/06, no qual se procede à inventariação das principais propostas avançadas pela doutrina ao longo do tempo.

[116] Referimo-nos ao já citado texto *«Actos de governo» e contencioso de anulação*, Coimbra, 1970.

política ou governamental, na qual se devem englobar, como OTTO MAYER ensinou, os actos individuais e concretos em forma de lei, entre os quais sobressaiem as hoje em dia chamadas «leis-medida» ou «leis-providência» e ainda, entre outros actos, certas resoluções da sua competência, como moções e inquéritos, no domínio das suas atribuições de controlo político do Governo, etc.". Por outro lado, "deverão considerar-se «políticos» ou «de governo» todos os actos do Poder Executivo por este praticados sem sujeição à lei ordinária, fora, portanto, de qualquer propósito de traduzir, mediata ou imediatamente (isto é, com ou sem a mediação de uma norma regulamentar), numa actuação individual e concreta, uma volição própria do legislador ordinário. Todos os actos do Executivo que não sejam aplicação ou actuação da lei ordinária são de considerar «actos de governo» ou «actos políticos». A actividade política do Executivo é a constituição em acto – não a lei em acto, como sucede, pelo contrário, com a actividade administrativa".

Resulta do exposto que, como tem entendido a jurisprudência, é de adoptar um conceito restrito de actos praticados no exercício da função política, que, desde logo, os restrinja a actos dos órgãos superiores do Estado[117]. Como refere ainda *Afonso Rodrigues Queiró*, "não podem ser substancialmente considerados «políticos» ou «de governo» nem os actos dos entes públicos menores ou da chamada administração indirecta, mediata ou descentralizada, nem os actos da competência dos órgãos subalternos do Poder Executivo" – nem, acrescentaremos, das autarquias locais e associações públicas, que são entidades puramente administrativas, destituídas da titularidade de poderes soberanos.

Sempre seguindo a lição de *Afonso Rodrigues Queiró*, é, entretanto, possível agrupar os actos praticados no exercício da função política em duas grandes categorias:

1ª – Actos "respeitantes à «política externa» do Estado ou às suas relações exteriores e à segurança externa: negociação, conclusão, ratificação, denúncia e interpretação de tratados (e quem diz tratados diz concordatas), apresentação e troca de notas, declarações diplomáticas (de reco-

[117] Cfr. JORGE DE SOUSA, *op. últ. cit.*, p. 134. A p. 133, o Autor indica como exemplo colhido da jurisprudência que não é acto político a deliberação de uma assembleia municipal que aprova o orçamento municipal (Acórdão do Supremo Tribunal Administrativo de 6 de Fevereiro de 2001, Proc. nº 45990, in *Apêndices ao Diário da República* de 21-7-2003, p. 944).

nhecimento, de naturalidade, etc.), pedidos e prestações de *agrément* para representantes diplomáticos, actos de protecção diplomática e consular de nacionais no estrangeiro e, de um modo geral, actos de execução de tratados e demais direito internacional no plano externo, declarações de guerra, cessação das hostilidades, etc."[118].

2ª – Os chamados "actos auxiliares de direito constitucional", que são "os actos do Executivo destinados a pôr a constituição em movimento e a prover ao seu funcionamento. Acrescem a estes os actos praticados no exercício do poder de graça e os que se traduzem na direcção, orientação e coordenação da actividade dos ministros, isto é, na «attività d' indirizzo politico», de que nos falam os autores italianos"[119].

Grande parte dos "actos auxiliares de direito constitucional" são praticados pelo Presidente da República ou pela Assembleia da República, órgãos em relação aos quais não se coloca o problema da delimitação entre competências políticas e administrativas, porque não são órgãos da Administração Pública, mas a Constituição, no artigo 197º, também atribui ao Governo um conjunto de competências de natureza política, cujo elenco pode, neste domínio, ser, desde logo, tomado como ponto de referência[120]. Mas, em termos gerais, são apontados como exemplos de "actos auxiliares de direito constitucional", a nomeação ou exoneração do Primeiro Ministro, a dissolução da Assembleia da República, a marcação da data de eleições, a declaração do estado de sítio, a promulgação das leis, a referenda ministerial pelo Primeiro Ministro do acto de promulgação das leis, a votação de moções de censura ou de confiança ao Governo[121].

[118] Como nota Eduardo García de Enterría, *La lucha contra las inmunidades del poder*, 3ª ed., Madrid, 1983, pp. 59-61, estamos aí perante uma actividade que não diz respeito à Administração Pública, pois as relações internacionais não são desenvolvidas pela Administração Pública, mas pelo Estado enquanto sujeito de Direito Internacional Público, o Estado entendido como pessoa jurídica da perspectiva de um ordenamento jurídico distinto do ordenamento nacional, que é o ordenamento jurídico internacional. Acrescenta, por isso, o Autor: "A isenção da jurisdição contenciosa deste tipo de actos é uma consequência rigorosa de que, com efeito, não são actos da Administração e não estão, por isso, sujeitos ao Direito Administrativo".

[119] Cfr. Afonso Rodrigues Queiró, *op. cit.*, pp. 22-24.

[120] Neste sentido, cfr. Jorge de Sousa, *op. últ. cit.*, p. 127.

[121] Cfr., por exemplo, Mário Esteves de Oliveira, *Direito Administrativo*, vol. I, Coimbra, 1980, p. 19.

Como pode verificar-se, a questão coloca-se no plano da delimitação das funções estaduais e, nessa perspectiva, deve adoptar-se uma concepção restrita do que possam ser actos políticos[122]. Este é o ponto de chegada de um longo e penoso trajecto de luta contra a possibilidade da invocação de motivações políticas para limitar os poderes de fiscalização da legalidade da Administração pelos tribunais administrativos (era o clássico critério do *móbil político*)[123]. Na verdade, hoje, a Administração não pode arrogar-se, à face da Constituição, o poder de invocar "razões de Estado" para subtrair os actos que pratica no exercício da função administrativa à fiscalização dos tribunais administrativos. É o que resulta do princípio constitucional da tutela plena e sem lacunas contra as ilegalidades administrativas, que preconiza a integral submissão das manifestações do exercício da função administrativa à fiscalização dos tribunais administrativos.

Questão diferente, que com esta por vezes tende a ser confundida, mas não o deve ser, é a que resulta do facto de, em determinados domínios da actividade administrativa, a lei optar por atribuir à Administração muito amplas margens de conformação discricionária, desse modo limitando os instrumentos de controlo de que dispõem os tribunais – sobretudo porque este fenómeno tende, designadamente, a ocorrer nos domínios da chamada *alta administração,* em que aos órgãos superiores da Administração Pública compete tomar decisões estruturantes, que não deixam, em todo o caso, de exprimir o exercício da função administrativa. Cumpre ter, em todo o caso, presente que, mesmo nos domínios de mais ampla discricionariedade, a função administrativa não deixa de ser uma função subordinada à lei, sendo sempre possível fiscalizar a conformidade do seu exercício com regras de competência, forma ou procedimento, assim como com os princípios jurídicos, que, como determina o artigo 266º da Constituição, exigem da Administração a adopção de decisões justas e esclarecidas. Assim, por exemplo, afigura-se que os tribunais administrativos podem fiscalizar a racionalidade das decisões administrativas amplamente discricionárias, para o efeito de verificarem se, dentro das opções assumidas e sem pôr em causa as motiva-

[122] No mesmo sentido, VIEIRA DE ANDRADE, *Justiça Administrativa,* p. 59.

[123] No sentido de que se deve interpretar restritivamente o conceito de acto político, sob pena de se frustrarem os fins do Estado de Direito, que exige que tal categoria não seja alargada para além dos específicos limites do exercício da função política, cfr. DIOGO FREITAS DO AMARAL, *Direito Administrativo,* vol. IV, policop., Lisboa, 1988, pp. 163-164.

ções que determinaram essas opções, essas decisões assentam numa factualidade correctamente apurada e são coerentes com os objectivos prosseguidos, apresentando-se como idóneas a atingir esses objectivos[124].

3.2. *Em especial, as decisões jurisdicionais e o problema das decisões respeitantes ao visto prévio do Tribunal de Contas*

75. A alínea *b)* do nº 3 do artigo 4º do ETAF declara excluída do âmbito da jurisdição administrativa e fiscal a apreciação de litígios que tenham por objecto a impugnação de decisões jurisdicionais proferidas por tribunais não integrados na jurisdição administrativa e fiscal. Tal como vimos no nº precedente, a propósito da alínea *a)* do nº 3 do artigo 4º do ETAF, também aqui está em causa uma questão de delimitação das funções estaduais. Como é natural, as decisões proferidas pelos tribunais judiciais, em princípio, não são passíveis de impugnação nos tribunais administrativos porque não são expressão do exercício da função administrativa, mas da função jurisdicional, cuja regularidade é passível de controlo em via de recurso, no âmbito da própria jurisdição. Pelo contrário, já são, por regra, passíveis de impugnação nos tribunais administrativos os actos materialmente administrativos praticados por todos os órgãos do Estado (cfr. artigo 4º, nº 1, alínea *c)*, do ETAF), o que inclui os próprios tribunais, estejam eles ou não integrados na jurisdição administrativa e fiscal – a única excepção está prevista no artigo 4º, nº 4, alínea *b)*, do ETAF, quanto aos actos materialmente administrativos praticados pelo Presidente do Supremo Tribunal de Justiça.

Coloca-se, a este propósito, a controversa questão da natureza jurídica – e, por conseguinte, da sindicabilidade perante os tribunais administrativos – das decisões mediante as quais o Tribunal de Contas concede ou recusa o visto, nos casos em que a lei faz depender da prévia emissão desse visto a eficácia financeira de actos administrativos e contratos que

[124] A nosso ver, a jurisprudência nacional tende a tomar posições mais restritivas neste domínio, que conduzem a uma limitação excessiva da extensão com que admite proceder à fiscalização do exercício dos poderes discricionários da Administração: a título ilustrativo, cfr., por exemplo, a exposição de Jorge de Sousa, *op. últ. cit.*, pp. 136 segs.

envolvam realização de despesa[125]. Tem-se entendido que essas decisões são actos materialmente jurisdicionais, que, por isso, não são passíveis de impugnação perante os tribunais administrativos, em conformidade com o disposto no artigo 4º, nº 3, alínea *b)*, do ETAF. O regime que a lei faz corresponder à figura do visto não parece, no entanto, compaginar-se com a qualificação das decisões que o concedem ou recusam como actos materialmente jurisdicionais: afigura-se, por isso, pertinente a qualificação destes actos como actos materialmente administrativos, para o efeito de se admitir a respectiva impugnação pelos eventuais interessados perante os tribunais administrativos: mais concretamente, perante o Supremo Tribunal Administrativo, nos termos do artigo 24º, nº 1, alínea *a)*, do ETAF[126].

A nosso ver, a tal não obsta a circunstância de o artigo 96º da Lei nº 97/98 prever uma via de recurso dessas decisões perante o próprio Tribunal de Contas, na medida em que, como é da natureza deste Tribunal, que desse modo se diferencia dos tribunais administrativos, essa via de recurso não é um meio dirigido a proporcionar tutela jurisdicional às situações jurídicas subjectivas dos particulares eventualmente lesados, como o demonstra a circunstância de a referida via de recurso apenas estar ao acesso do Ministério Público e do autor do acto ou da entidade que tiver autorizado o contrato a que foi recusado o visto.

§ 2º – Competência em razão da matéria: delimitação da matéria administrativa e tributária

76. Ao contrário do que sucede com os tribunais judiciais, não existem tribunais administrativos de competência especializada. No seio dos tribunais administrativos, não existem, por isso, regras de distribuição de competência em razão da especialização material dos tribunais.

[125] Para a exposição sucinta e acessível dos dois pontos de vista sobre a questão, com indicação de outras referências, cfr. José Tavares, *Tribunal de Contas. Do visto em especial – conceito, natureza e enquadramento na actividade de administração*, Coimbra, 1998, pp. 122 segs., e Tiago Duarte, "Tribunal de Contas, visto prévio e tutela jurisdicional efectiva? *Yes, we can!*", *Cadernos de Justiça Administrativa* nº 71, pp. 31 segs.

[126] Para a estruturada defesa da solução, cfr., por último, o persuasivo texto de Tiago Duarte, *op. últ. cit.*, pp. 31 segs.

No seio da jurisdição administrativa e fiscal, no seu conjunto, existe, no entanto, a contraposição entre tribunais administrativos e tribunais tributários ou fiscais, sendo que, em quase todos os tribunais da jurisdição, que são tribunais administrativos e fiscais, existe uma secção administrativa e uma secção tributária ou fiscal (cfr. *supra*, nº 12). Existem, assim, regras de distribuição da competência em razão da matéria, assentes no critério de diferenciação entre as matérias de Direito Administrativo e as matérias de Direito Fiscal.

O que separa os tribunais administrativos (e as secções de contencioso administrativo) dos tribunais tributários (e das secções de contencioso tributário) é a especialização em razão da matéria, a circunstância de a lei lhes fazer corresponder competências materialmente distintas, na medida em que os primeiros são competentes em matéria administrativa e os segundos em matéria tributária ou fiscal. Sem prejuízo das demais matérias cuja competência lhes é atribuída por lei, os tribunais administrativos (e as secções de contencioso administrativo) são, pois, competentes para dirimir os litígios cuja resolução exige a aplicação de normas de Direito Administrativo e os tribunais tributários (e as secções de contencioso tributário) são competentes para dirimir os litígios cuja resolução exige a aplicação de normas de Direito Fiscal.

Passa-se, pois, com os tribunais (e as secções) administrativos e fiscais, no âmbito da jurisdição administrativa e fiscal, o mesmo que sucede com os tribunais criminais, de trabalho, de comércio ou de família e menores, no seio dos tribunais judiciais: o que os distingue uns dos outros é a competência especializada em razão da matéria, é isso que faz com que o tribunal criminal não seja competente para dirimir litígios de Direito do Trabalho ou de Direito da Família.

A competência em matéria tributária ou fiscal compreende, em primeira linha, a fiscalização da legalidade dos actos tributários e demais actos administrativos praticados ao abrigo de normas de Direito Fiscal, assim como da omissão de tais actos. Mas, à face do critério do artigo 212º, nº 3, da CRP, deve ainda entender-se, ao contrário do que sucedia no passado[127], que a matéria tributária ou fiscal se estende, em geral, a todo o

[127] Na verdade, na vigência do anterior ETAF, entendia-se que em todos os casos em que não havia um específico meio contencioso fiscal ou uma indicação específica de utilização de um meio processual administrativo perante os juízes tributários, a competência residual era dos tribunais administrativos, o que implicava que a competência dos tribunais tributários

universo das relações jurídicas fiscais, independentemente da forma que revista a respectiva fonte: deve, assim, entender-se que os tribunais tributários (e as secções de contencioso tributário) são os tribunais comuns para o conhecimento dos litígios emergentes das relações jurídicas fiscais, pelo que também são competentes para dirimir os litígios emergentes de contratos fiscais, assim como as questões de responsabilidade civil extracontratual emergentes das relações jurídicas fiscais[128].

Na verdade, o estatuto de maioridade que o referido preceito constitucional veio conferir à jurisdição administrativa e fiscal não se projecta apenas na dimensão administrativa da jurisdição, mas também na sua dimensão fiscal: o direito a uma tutela jurisdicional efectiva também em matéria tributária ou fiscal exige que também nesse domínio se assegure que a todo o direito corresponde uma acção, o que implica a possibilidade da propositura, não só de acções de impugnação, mas também de acções declarativas comuns, que, sem tipificação dos tipos de pretensões que podem ser deduzidas, permitam obter, designadamente, o reconhecimento da titularidade de situações jurídicas subjectivas e a condenação à realização de prestações devidas no âmbito de relações jurídicas tributárias ou fiscais. Neste sentido (restritivo) deve, na verdade, ser, hoje, a nosso ver, lida a nova redação que a revisão de 2015 imprimiu ao artigo 44º do ETAF, precisando que os tribunais administrativos só são compe-

se centrava no contencioso de impugnação de actos tributários e actos administrativos em matéria tributária e as acções declarativas comuns emergentes de relações jurídicas tributárias ou fiscais eram remetidas à competência dos tribunais administrativos, e não dos tribunais tributários: cfr. Jorge Lopes de Sousa, "Os ínvios e tortuosos caminhos da reforma do contencioso tributário", *Cadernos de Justiça Administrativa* nº 71, p. 25.

[128] No sentido do texto, cfr. Acórdão do TCA Norte de 3 de maio de 2013, Proc. nº 1084/11. Não podemos deixar, no entanto, de advertir de que, em sentido contrário, tomou posição o Plenário do Supremo Tribunal Administrativo no Acórdão de 29 de janeiro de 2014, Proc. nº 1771/13, assumindo o entendimento de que do artigo 49º do ETAF resulta que os tribunais administrativos são "uma espécie de Tribunal comum da jurisdição administrativa – vocacionados para julgar todos os conflitos que lei não comete especificamente aos Tribunais Tributários – e que a competência atribuída aos Tribunais Tributários foi definida em termos bem precisos e rigorosos – cabe-lhe julgar os conflitos emergentes das relações jurídicas tributárias elencadas na lei – o que tem por consequência que estes não podem ser chamados a intervir se inexistir disposição legal a atribuir-lhes a competência para o julgamento do conflito em questão". De onde resulta que os tribunais tributários só são competentes para apreciar a legalidade dos atos de liquidação de imposto, mas já não para apreciar questões respeitantes às consequências danosas decorrentes da ilegalidade de tais atos.

tentes para julgar os *processos em matéria administrativa*, com exclusão dos que têm por objecto litígios emergentes de relações jurídicas tributárias ou fiscais.

Neste sentido, que, em todo o caso, não é incompatível com o vigente regime processual tributário, quanto mais não seja através da aplicação supletiva do CPTA a que se tem procedido, designadamente no que respeita ao regime da acção administrativa comum[129], orientava-se o projecto de revisão do regime do processo tributário, que foi elaborado em 2008 para o articular com o novo regime do processo administrativo, mas acabou por não ter seguimento. Na verdade, esse projecto previa, em particular, a introdução no processo tributário de uma nova forma processual, o *processo tributário comum*, que, a exemplo do que, em processo administrativo, sucedia na altura com a acção administrativa comum, seguiria os termos do processo declarativo comum do CPC e seria a forma a observar pelas acções que tivessem por objecto litígios emergentes de relações jurídicas tributárias e que, nem no Código de Procedimento e Processo Tributário, nem em legislação avulsa, fossem objecto de regulação especial, designadamente "as acções que tenham por objecto o reconhecimento de direitos ou interesses directamente decorrentes de normas jurídico-tributárias ou de actos jurídicos praticados ao abrigo de disposições de direito tributário e a apreciação de litígios em matéria tributária respeitantes a responsabilidade civil extracontratual e à interpretação, validade e execução de contratos".

§ 3º – Competência em razão da hierarquia

77. Como sabemos (cfr. *supra*, nº 8), os tribunais administrativos e fiscais estão organizados em três ordens de tribunais, dispostos em plano vertical, em forma de pirâmide: os tribunais de primeira instância, os tribunais de segunda instância, designados Tribunais Centrais Administrativos, e o Supremo Tribunal Administrativo.

O quadro das competências dos diferentes tribunais é definido em função do nível hierárquico em que cada um deles se encontra colocado: assim, o ETAF estabelece o quadro das competências da secção de contencioso administrativo do Supremo Tribunal Administrativo (artigos 24º e 25º), da secção de contencioso administrativo dos Tribunais Cen-

[129] Assinalando o facto, cfr. Jorge Lopes de Sousa, *op. últ. cit.*, pp. 24-25.

trais Administrativos (artigo 37º) e dos tribunais administrativos (ou da secção administrativa dos tribunais administrativos e fiscais) de primeira instância (artigo 44º).

A nosso ver, o ETAF procede, desse modo, à distribuição de competências pelos tribunais em razão da hierarquia. Com efeito, embora este ponto não pareça merecer a resposta unânime da doutrina, entendemos por *competência em razão da hierarquia*, aquela que "resulta da distribuição de funções entre as diferentes ordens de tribunais escalonados verticalmente, dentro da mesma espécie ou categoria". A distribuição da competência em razão da hierarquia diferencia-se, deste modo, da distribuição da competência em razão da matéria porque "a competência em razão da matéria distribui-se por diferentes espécies ou categorias de tribunais que se situam no mesmo plano horizontal, sem nenhuma relação de hierarquia (de subordinação ou de dependência) entre elas", de acordo com o "princípio da especialização, com o reconhecimento da vantagem de reservar para órgãos judiciários diferenciados o conhecimento de certos sectores do Direito, pela vastidão e pela especificidade das normas que os integram"[130]. Por este motivo, distinguimos, na rubrica precedente, em razão da matéria, entre os tribunais administrativos e os tribunais tributários ou fiscais, e vamos referir-nos, na presente rubrica, às competências que o ETAF atribui, diferenciadamente, a cada uma das três ordens de tribunais que compõem a hierarquia dos tribunais administrativos.

Há, entretanto, que distinguir três planos, no âmbito das regras de competência em razão de hierarquia[131].

O primeiro desses planos, que pode ser qualificado como de competência funcional ou hierárquica *stricto sensu*[132], concretiza-se no poder que aos tribunais superiores é conferido de apreciarem os recursos interpostos das decisões proferidas pelos tribunais de grau inferior e, sendo caso disso, de revogarem ou reformarem essas decisões. Na verdade, os tribunais superiores são, sobretudo, tribunais de recurso das decisões proferidas pelos tribunais de grau inferior, assentando, nesta medida, a diferenciação funcional entre os tribunais de distintos níveis hierárqui-

[130] Cfr. Antunes Varela *et alii*, *Manual...*, pp. 207 e 211.

[131] Para distinção similar, embora reportada ao regime do processo civil e, por isso, com configuração parcialmente distinta daquela que propomos no texto, cfr. Antunes Varela *et alii*, *Manual...*, pp. 213-214.

[132] Cfr. Anselmo de Castro, *Direito Processual Civil Declaratório*, vol. II, p. 52.

cos na existência de uma ordem sucessiva no conhecimento das causas. O segundo plano, concretiza-se no poder que aos tribunais superiores é conferido de dirimirem conflitos de competência entre órgãos judiciários de grau inferior. E o terceiro plano concretiza-se nos poderes de decisão em primeiro grau de jurisdição, que, em certas circunstâncias, o legislador entende retirar aos tribunais de primeira instância e reservar para os tribunais superiores, não em razão da especialização destes tribunais nas matérias em causa, que não existe, mas em razão da hierarquia, pois o que determina o legislador nessa opção é um de dois critérios: a presunção de que os tribunais superiores produzem decisões de maior qualidade, fundada, senão no maior saber ou capacidade, ao menos na maior experiência dos juízes que neles exercem funções[133]; o distanciamento em relação ao caso que os tribunais superiores asseguram, quando se trate de julgar magistrados que exerçam funções nas instâncias inferiores.

No âmbito da presente análise, que não tem por objecto identificar, em abstracto, o quadro das competências das diferentes ordens de tribunais administrativos, mas se reporta à competência do tribunal, enquanto pressuposto processual, de cujo preenchimento depende a admissibilidade das acções propostas em primeiro grau de jurisdição, não nos interessam os dois planos referidos em primeiro lugar: na verdade, no momento próprio estudaremos o regime dos recursos jurisdicionais (cfr. *infra*, nºs 191 segs.) e adiante nos referiremos ao regime de resolução das situações patológicas de conflito de competência entre tribunais (cfr. *infra*, nºs 84 segs.). Interessa-nos, pois, estudar os termos em que, em razão da hierarquia, o ETAF distribui os poderes de decisão em primeiro grau de jurisdição pelas três ordens de tribunais que compõem a hierarquia dos tribunais administrativos.

78. O ETAF confia a generalidade das competências em primeiro grau de jurisdição aos tribunais administrativos de primeira instância. Com efeito, de acordo com o artigo 44º, compete aos tribunais de primeira instância conhecer, em primeiro grau de jurisdição, de todos os processos em matéria administrativa, com excepção daqueles cuja competência esteja reservada aos tribunais superiores, assim como da apreciação dos pedidos que nestes processos sejam cumulados. Significa isto

[133] Neste sentido, ANTUNES VARELA *ET ALII*, *Manual*..., p. 211.

que, na esmagadora maioria dos casos, os processos devem ser intentados junto dos tribunais de primeira instância, e não dos tribunais superiores (Supremo Tribunal Administrativo e Tribunais Centrais Administrativos).

A exemplo do que sucede nos tribunais judiciais, os tribunais superiores da jurisdição administrativa e fiscal, em matéria administrativa, são, entretanto, no essencial, tribunais de recurso (sobre o regime dos recursos, cfr. *infra*, nº 191 segs.).

79. O ETAF reserva, em todo o caso, para os tribunais superiores a competência para conhecer, em primeiro grau de jurisdição, de alguns processos. Nesses casos, a acção deve ser proposta, desde logo, perante um tribunal superior. Isto sucede nos casos que se passam a enunciar.

De acordo com o artigo 24º, nº 1, alíneas *a), c), d)* e *e)*, do ETAF, é reservada ao Supremo Tribunal Administrativo, sem prejuízo de outras cuja apreciação lhe seja deferida por lei avulsa, a competência para conhecer, em primeiro grau de jurisdição, dos processos relativos a acções ou omissões do Presidente da República, da Assembleia da República e do seu presidente, do Conselho de Ministros, do Primeiro-Ministro, dos Presidentes do Tribunal Constitucional, do Supremo Tribunal Administrativo, do Tribunal de Contas e do Supremo Tribunal Militar, do Conselho Superior de Defesa Nacional, do Conselho Superior dos Tribunais Administrativos e Fiscais e do seu presidente, do Procurador-Geral da República e do Conselho Superior do Ministério Público, assim como dos pedidos de adopção de providências cautelares relativos a estes processos, dos pedidos relativos à execução das decisões que o tribunal neles profira e dos pedidos que nesses processos sejam cumulados. A previsão parece ter apenas em vista as acções administrativas especiais relativas ao exercício de poderes de autoridade por parte das entidades enunciadas. Tem um significado estatístico muito reduzido.

De acordo com o artigo 24º, nº 1, alíneas *b)* e *f)*, do ETAF, é ainda reservada ao Supremo Tribunal Administrativo a competência para conhecer, em primeiro grau de jurisdição, dos processos eleitorais previstos no próprio ETAF e das acções de regresso, fundadas em responsabilidade por danos resultantes do exercício das suas funções, que sejam intentadas contra juízes do Supremo Tribunal Administrativo e do Tribunal Central Administrativo, bem como dos magistrados do Ministério Público que exerçam funções junto destes tribunais.

Os Tribunais Centrais Administrativos, por seu turno, sem prejuízo de outras competências em primeiro grau de jurisdição que lhes sejam deferidas por lei avulsa[134], são competentes para conhecer, em primeiro grau de jurisdição, das acções de regresso fundadas em responsabilidade por danos resultantes do exercício das suas funções, que sejam propostas contra juízes dos tribunais administrativos de círculo e dos tribunais tributários, bem como dos magistrados do Ministério Público que prestem serviço junto desses tribunais: é o que estabelece o artigo 37º, alíneas *c)* e *d)*, do ETAF.

80. Note-se que do princípio da livre cumulabilidade dos pedidos (cfr. *supra*, nº 20) decorre uma certa tangibilidade na distribuição das competências dos tribunais administrativos em razão da hierarquia. Com efeito, o ETAF e o CPTA sobrepõem o princípio da livre cumulabilidade dos pedidos às regras de distribuição hierárquica das competências, estabelecendo que nas situações de cumulação em que a apreciação de um dos pedidos, em primeiro grau de jurisdição, seja da competência de um tribunal superior, este também é competente para apreciar os demais pedidos. É o que estabelece o artigo 21º, nº 1, do CPTA, com reflexo na previsão do artigo 24º, nº 1, alínea *e)*, do ETAF.

§ 4º – Competência em razão do território: âmbito de competência territorial dos tribunais de primeira instância

81. Como sabemos (cfr. *supra*, nº 8), a ordem dos tribunais administrativos e fiscais é constituída pelos tribunais de primeira instância, pelos tribunais de segunda instância e pelo Supremo Tribunal Administrativo. Os tribunais administrativos e fiscais de segunda instância são presente-

[134] Disso constitui exemplo, recente e muito infeliz, o disposto no artigo 6º da Lei nº 34/2007, de 13 de Agosto, que atribui à secção de contencioso administrativo de cada Tribunal Central Administrativo a competência para conhecer em primeiro grau de jurisdição dos processos relativos aos actos administrativos praticados pelas chefias militares ao abrigo do Regulamento de Disciplina Militar que apliquem sanções disciplinares de detenção ou mais gravosas. É evidente a disfuncionalidade da solução, num sistema em que a fiscalização da legalidade dos actos do Ministro da Defesa compete aos tribunais de primeira instância. Para a apreciação dos demais aspectos, ainda mais criticáveis, desta Lei, em matéria cautelar, tal como, sobretudo, da Lei nº 79/2009, de 13 de Agosto, que se lhe seguiu, cfr. *infra*, nº 238.

mente dois, tomam a designação de *Tribunal Central Administrativo Norte* e *Tribunal Central Administrativo Sul* e têm sede, respectivamente, no Porto e em Lisboa. E existe uma rede de tribunais de primeira instância, que cobre o território nacional.

Ao nível dos vários tribunais de primeira instância e dos dois Tribunais Centrais Administrativos, que entre si co-existem no mesmo nível hierárquico, o respectivo quadro de competências é delimitado de acordo com um critério territorial: os tribunais administrativos de círculo e os Tribunais Centrais Administrativos são titulares das competências que lhes são atribuídas em razão da hierarquia; e, dentro do mesmo nível hierárquico, as respectivas competências são distribuídas entre eles de acordo com um critério territorial. A lei estabelece, pois, os critérios dos quais depende determinar, dentro de um mesmo nível hierárquico, qual dos diferentes tribunais de primeira instância que cobrem o território nacional ou qual dos dois Tribunais Centrais Administrativos é o tribunal competente para julgar cada causa. No caso dos Tribunais Centrais Administrativos a determinação do âmbito territorial de jurisdição de cada um deles releva, quer para o caso muito excepcional das acções que neles são propostas em primeiro grau de jurisdição, quer para o efeito de se determinar qual deles é o tribunal competente para interpor recurso das decisões proferidas pelos tribunais de primeira instância.

Para a determinação do tribunal territorialmente competente para julgar uma determinada causa concorrem dois elementos que é necessário conjugar.

a) Em primeiro lugar, o CPTA estabelece um conjunto de critérios de repartição das competências em razão do território. Estes critérios permitem identificar o ponto de referência a adoptar para determinar o tribunal territorialmente competente: esse ponto de referência pode ser, como se verá de seguida, o local da residência ou sede do autor, da sede da entidade demandada, da situação do bem imóvel, etc. Os critérios são enunciados nos artigos 16º a 22º do CPTA.

b) Uma vez identificado o local a adoptar como ponto de referência, cumpre, em seguida, identificar o tribunal cujo âmbito de jurisdição abrange o local em causa. De acordo com o artigo 3º do Decreto-Lei nº 325/2003, de 29 de Dezembro, na redacção resultante do artigo 1º do Decreto-Lei nº 182/2007, de 9 de Maio, existem hoje em Portugal, tribunais de primeira instância com sede em Almada, Aveiro, Beja, Braga, Castelo Branco, Coimbra, Funchal, Leiria, Lisboa, Loulé, Mirandela, Penafiel, Ponta Delgada, Porto, Sintra e Viseu. A área de jurisdição de cada um destes tribunais encontra-se estabelecida no mapa anexo ao Decreto-Lei nº 325/2003, de 29 de Dezembro, na redacção resultante do Decreto-Lei nº 182/2007, de 9 de Maio. É este o diploma a consultar para o efeito de identificar concretamente o tribunal competente em razão do território.

82. Os critérios de distribuição da competência em razão do território constam dos artigos 16º a 22º. São, em grande medida, inspirados nos critérios correspondentemente consagrados no CPC, mas com diversas especificidades.

O critério-regra consta do artigo 16º, e é o do local da residência habitual ou da sede do autor ou da maioria dos autores, ou, não havendo maioria, do local da residência ou da sede de qualquer deles.

Contrapõe-se-lhe, como segundo critério com maior índice de aplicação prática, o critério do artigo 20º, nº 1, da área da sede da entidade demandada. Este critério vale para as acções propostas contra as Regiões Autónomas e as autarquias locais, contra as entidades por estas constituídas e contra as pessoas colectivas de utilidade pública. A nova redação introduzida pela revisão de 2015 veio clarificar o âmbito de aplicação do preceito mencionado, que apenas compreende as entidades relacionadas com as Administrações regionais e autárquicas, como empresas e institutos municipais, intermunicipais e metropolitanos, e não entidades tuteladas pelo Estado, que prosseguem fins de âmbito nacional, como as instituições públicas de ensino superior ou os hospitais públicos não são considerados, para este efeito, entidades de âmbito local. Já a referência às pessoas colectivas de utilidade pública, que transitou do anterior ETAF, não tem, entretanto, grande significado, porque, por regra, os litígios que envolvem estas entidades não pertencem ao âmbito da jurisdição administrativa, a menos que elas desenvolvam *actuações de gestão pública*, por serem investidas por lei na titularidade de prerrogativas de poder público ou seram por ela submetidas à aplicação de normas de Direito Administrativo.

Tal como em processo civil, os artigos 17º, 18º e 19º consagram, entretanto, critérios próprios para as acções respeitantes a bens imóveis, responsabilidade civil extracontratual e contratos.

O artigo 17º, respeitante aos processos relacionados com bens imóveis, reveste-se de especial relevo nos domínios do ordenamento do território, urbanismo, edificação e utilização de prédios. Com efeito, parece de entender que a sua previsão não abrange apenas as acções relativas a *direitos reais* sobre imóveis, mas também as acções referentes a *direitos pessoais* de gozo sobre imóveis; e, por outro lado, que compreende os processos que tenham por objecto *mediato* bens imóveis ou direitos a eles referentes, como é o caso dos processos impugnatórios de actos administrativos que incidam sobre bens imóveis, como os actos de expropriação, embargo, demolição ou licenciamento de construções[135].

No que respeita ao regime do artigo 19º, atinente à competência em matéria relativa a contratos, é muito importante começar por sublinhar que esse regime só é aplicável aos processos que têm por objecto questões de interpretação, validade e execução de contratos, a que se refere o artigo 37º, nº 1, alínea l), não abrangendo, assim, os processos de impugnação de actos administrativos pré-contratuais, integrados no procedimento de formação de contratos, que não corresponde a um contencioso de contratos, mas de impugnação de actos administrativos.

A nova redação introduzida pela revisão de 2015 veio esclarecer que, nos casos em que o autor não seja qualquer das partes, mas um terceiro em relação ao contrato, em conformidade com o artigo 40º (cfr. *infra*, nº 98), que não tomou parte na eventual convenção existente entre as partes, não podem estar vinculados à propositura da acção no tribunal que entre as partes tenha sido convencionado. Em relação a ele, tudo se passa, pois, como se não houvesse convenção, pelo que deve propor a acção no tribunal do lugar do cumprimento do contrato.

Referência, entretanto, ao novo nº 3 do artigo 19º, que veio estabelecer que "as ações que tenham por objeto litígios emergentes de vínculos de emprego público intentadas por trabalhador contra o empregador público podem ser propostas no tribunal do lugar da prestação de trabalho ou do domicílio do autor".

De acordo com o artigo 21º, nº 2, quando forem cumulados pedidos para cuja apreciação sejam territorialmente competentes tribunais diversos, o autor pode escolher qualquer deles para a propositura da acção. Como, porém, na generalidade dos casos de cumulação, existe uma relação de prejudicialidade ou dependência entre os pedidos, o preceito

[135] Cfr. Mário Aroso de Almeida/Carlos Fernandes Cadilha, *Comentário...*, p. 153.

acrescenta que, quando isso suceda, a ação deve ser proposta no tribunal competente para apreciar o pedido principal.

No que respeita às acções de responsabilidade civil extracontratual, a previsão específica do nº 2 do artigo 18º apresenta-se em conformidade com a solução do artigo 21º, nº 2, cujo alcance permite ilustrar, na parte em que este último preceito estabelece que, quando forem cumulados pedidos para cuja apreciação sejam territorialmente competentes tribunais diversos, a acção deve ser proposta no tribunal competente para apreciar o pedido principal. Com efeito, quando os danos tenham sido causados pela prática, recusa ou omissão de um acto administrativo, o pedido principal é o da impugnação do acto praticado ou da condenação à emissão do acto recusado ou omitido. É, portanto, no tribunal territorialmente competente para a apreciação desse pedido principal que deve ser deduzido o pedido dirigido à obtenção da reparação dos danos.

Resta referir, por último, a propósito dos critérios do artigo 20º, nºs 3 e segs., que a revisão de 2015 veio pôr termo às dúvidas suscitadas pelo nº 4 do artigo 20º quanto à questão de saber se, ao referir-se à àrea da sede da autoridade requerida, o preceito tinha em vista, de harmonia com a regra de legitimidade passiva do artigo 10º, nº 2, a pessoa colectiva pública ou o Ministério a demandar na acção, ou o órgão ao qual foi concretamente requerida a prestação em causa, consagrando a solução que parece mais razoável, de que a competência territorial pertence ao tribunal da área onde deve ter lugar a prestação, consulta ou passagem de certidão pretendida.

§ 5º – A não preterição de tribunal arbitral, em violação de convenção de arbitragem

83. A incompetência dos tribunais administrativos pode resultar da existência de convenção arbitral, pela qual as partes no litígio o tenham subtraído à apreciação dos tribunais do Estado, para o sub meterem à apreciação de tribunal arbitral. A competência dos tribunais administrativos também depende, portanto, da inexistência de convenção arbitral sobre a matéria. A eventual preterição do tribunal arbitral em violação de convenção arbitral tem as consequências previstas nos artigos 577º e 578º do CPC, supletivamente aplicáveis *ex vi* artigo 1º do CPTA A excepção dilatória de violação de convenção de arbitragem não

é, portanto, de conhecimento oficioso, pelo que depende de alegação de parte. Sobre o regime da arbitragem em Direito Administrativo, cfr. *infra*, nºs 257 segs.

§ 6º – Regime aplicável às situações de falta de preenchimento dos pressupostos processuais respeitantes ao tribunal

1. Incompetência em razão da jurisdição e resolução de conflitos

1.1. *Regime dos artigos 13º e 14º, nºs 2 e 3*

84. De acordo com o artigo 13º, o âmbito da jurisdição administrativa – ou seja, a questão da competência em razão da jurisdição – e as questões de competência dentro do próprio âmbito da jurisdição, em qualquer das suas espécies, são de ordem pública e o seu conhecimento precede o de qualquer outra matéria. Significa isto que, no momento em que, em princípio, tem, pela primeira vez, contacto com o processo e lhe compete verificar o preenchimento dos pressupostos processuais, o juiz deve, antes de qualquer outra coisa, verificar oficiosamente a competência do tribunal, de acordo com os parâmetros que ficaram enunciados ao longo da presente secção. Em processo administrativo, a questão da competência do tribunal, seja qual for a sua espécie, é, portanto, sempre de conhecimento oficioso, diversamente do que acontece em processo civil, em que a apreciação de algumas espécies de questões de competência depende de arguição das partes.

Por outro lado, o conhecimento da questão da competência tem prioridade sobre todas as demais, o que se justifica pela consideração de que a única questão para que um tribunal incompetente é competente é para apreciar a sua incompetência. Por conseguinte, uma vez verificada essa incompetência, ele fica naturalmente impedido de entrar na apreciação, quer dos restantes pressupostos processuais, quer, obviamente, do mérito da causa[136].

Quando a petição seja dirigida a um tribunal administrativo, mas a questão não deva ser submetida à apreciação da jurisdição administra-

[136] Cfr. Mário Aroso de Almeida/Carlos Fernandes Cadilha, *Comentário...*, p. 153.

tiva, o juiz deve declarar-se incompetente e absolver da instância, pondo termo ao processo. O artigo 14º, nº 2, confere, no entanto, ao autor, neste caso, a possibilidade de requerer a remessa do processo ao tribunal competente, com indicação do mesmo, no prazo de 30 dias a contar do trânsito em julgado da decisão que declarou a incompetência, acrescentando o nº 3 que, para efeitos da tempestividade da sua apresentação, a petição se considera apresentada no tribunal para o qual o processo for remetido na data do primeiro registo de entrada.

1.2. *Regime do Tribunal dos Conflitos*

85. Como estabelece o artigo 14º, a decisão que declare os tribunais administrativos incompetentes em razão da jurisdição implica a absolvição da instância, com a possibilidade da remessa do processo para o tribunal competente, a requerimento do interessado, ou a propositura de uma nova acção noutro tribunal. Se, no entanto, o tribunal judicial ou de outra ordem jurisdicional, para o qual o processo tenha sido remetido ou perante o qual tenha sido, de novo, proposta a acção, vier igualmente a declarar-se incompetente, configura-se um conflito, que deve ser solucionado mediante recurso para o Tribunal de Conflitos, nos termos dos artigos 109º e segs. do CPC.

Quando o conflito ocorre entre os tribunais administrativos e os tribunais judiciais, o Tribunal de Conflitos é constituído por juízes em igual número do Supremo Tribunal Administrativo e do Supremo Tribunal de Justiça, e é presidido pelo Presidente do Supremo Tribunal Administrativo. O seu funcionamento ainda se rege pelo disposto no Decreto nº 19243, de 16 de Janeiro de 1931, e pelo Decreto-Lei nº 23185, de 30 de Outubro de 1933, embora vários dos seus preceitos se devam considerar, hoje, revogados. Carece, por isso, há muito tempo, de ser objecto de nova regulação[137].

Para os conflitos de jurisdição com o Tribunal de Contas, o Tribunal de Conflitos é constituído por dois juízes do Supremo Tribunal Administrativo e dois juízes do Tribunal de Contas, e é presidido pelo Presidente

[137] Sobre o tema, cfr. SÉRVULO CORREIA, "A reforma do Tribunal dos Conflitos", *Cadernos de Justiça Administrativa* nº 27, pp. 12 segs.

do Supremo Tribunal de Justiça (cfr. artigo 1º, nº 3, da Lei nº 98/97, de 26 de Agosto)[138].

2. Incompetência em razão da matéria e resolução de conflitos (arts. 14º, nº 2, do CPTA, 29º do ETAF, 135º segs. do CPTA e 109º segs. do CPC)

86. No que respeita às situações de incompetência que se gerem no âmbito da própria jurisdição administrativa e fiscal, a revisão de 2015 veio esclarecer que não é necessário distinguir as situações de incompetência em razão da matéria, das situações de incompetência em razão da hierarquia ou do território.

Com efeito, tanto numas, como noutras, vale o disposto no nº 1 do artigo 14º: se uma acção que deveria ser proposta perante um tribunal for proposta perante outro diferente, deve o processo ser oficiosamente remetido para o tribunal competente. Com a nova redação dos nºs 1 e 2 do artigo 14º, isto vale, pois, também no que respeita à incompetência em razão da matéria.

87. Segundo o disposto no artigo 29º do ETAF, compete ao Plenário do Supremo Tribunal Administrativo conhecer dos conflitos de competência entre tribunais administrativos e tributários ou entre as secções de contencioso administrativo e de contencioso tributário do Supremo ou dos Tribunais Centrais Administrativos. Este dispositivo intervém quando se gere um conflito de competências, pelo facto de ambos os ramos da jurisdição se terem declarado incompetentes em razão da matéria, não se entendendo, portanto, quanto à questão de saber se a questão a dirimir tinha natureza administrativa ou tributária.

O Plenário do Supremo Tribunal Administrativo é composto pelo presidente, pelos vice-presidentes e pelos três juízes mais antigos de cada uma das secções, a de contencioso administrativo e a de contencioso tributário, do Supremo Tribunal Administrativo (cfr. artigo 28º do ETAF). O processo de resolução dos conflitos segue a tramitação prevista nos artigos 109º e segs. do CPC, com as adaptações que resultam dos artigos 135º e segs. do CPTA.

[138] Cfr. Vieira de Andrade, *Justiça Administrativa*, p. 134.

3. Incompetência em razão da hierarquia e território

88. Nas situações de incompetência em razão da hierarquia ou do território, vale o disposto no nº 1 do artigo 14º. Assim, se uma acção que deveria ser proposta perante um tribunal for proposta perante outro diferente, deve o processo ser oficiosamente remetido para o tribunal competente.

Em princípio, não se geram conflitos de competência nestes domínios, uma vez que, nos termos do artigo 105º, nº 2, do CPC, as decisões transitadas em julgado resolvem definitivamente as questões de competência e o artigo 5º, nº 2, do ETAF estabelece que, "existindo, no mesmo processo, decisões divergentes sobre questões de competência, prevalece a do tribunal de hierarquia superior".

Por conseguinte, no primeiro caso, desde que a decisão que se pronunciou em primeiro grau de jurisdição ou em sede de recurso tenha transitado em julgado, fica definitivamente resolvida a questão da competência (artigo 105º, nº 2, do CPC), o que significa que o tribunal para o qual tenha sido remetido o processo, por ser considerado o competente, tem de acatar essa decisão, que adquire força obrigatória dentro do processo. E se, entretanto, contra o estabelecido no artigo 105º, nº 2, do CPC, este tribunal não vier a acatar a decisão e também ele se declarar incompetente por decisão transitada em julgado, resulta do artigo 675º do CPC que, havendo contradição de julgados, se deve cumprir a decisão que transitou em julgado em primeiro lugar. E no segundo caso, por efeito da regra de prevalência hierárquica fixada no artigo 5º, nº 2, do ETAF, havendo julgados contraditórios sobre questões de competência entre tribunais da ordem administrativa de diferente hierarquia, deve cumprir-se a decisão do tribunal superior[139].

4. Caso particular da inobservância das regras respeitantes à intervenção de tribunal em formação alargada

89. Em princípio, os processos nos tribunais administrativos de primeira instância são decididos por juiz singular, ao qual compete o jul-

[139] Cfr. Mário Aroso de Almeida/Carlos Fernandes Cadilha, *Comentário...*, pp. 129-131.

gamento, tanto da matéria de facto, como da matéria de direito (artigo 40º, nº 1, do ETAF). Quando, entretanto, for determinado que haja lugar à intervenção do plenário dos juízes, nos termos previstos no artigo 41º do ETAF, por se colocar questão de direito nova que se possa suscitar noutros litígios, a decisão é proferida em conferência pelo plenário, funcionando como relator o juiz do processo, ainda que tenha intervindo o colectivo na fixação da matéria de facto.

Em bom rigor, afigura-se questionável que a inobservância das regras, que, em certas circunstâncias, exigem a intervenção de uma formação alargada de juízes gere uma situação de incompetência do tribunal, em sentido próprio, na medida em que a distribuição de atribuições entre as entidades que, no seio de um determinado tribunal, participam no julgamento da causa não se confunde com a competência, que respeita à repartição jurisdicional entre diferentes tribunais da mesma espécie ou categoria[140].

O que é certo, em todo o caso, é que a lei não submete essas situações ao regime da incompetência do tribunal. Por conseguinte, se elas não forem detectadas no processo em tempo útil, de modo a permitir intervir a formação de julgamento legalmente exigida, há lugar a uma nulidade processual, que pode ser suscitada pelas partes ou oficiosamente conhecida nos termos do artigo 104º, nº 3, do CPC. O julgamento que venha a realizar-se com a intervenção de formação de julgamento inadequada incorre em nulidade processual, que, quando arguida tempestivamente, determina a sua repetição perante a formação de julgamento adequada.

[140] Cfr. Antunes Varela *et alii*, *Manual...*, p. 649, em nota.

CAPÍTULO SEGUNDO
Pressupostos processuais relativos às Partes

PRIMEIRA SECÇÃO
Enquadramento: personalidade judiciária, capacidade judiciária, patrocínio judiciário e legitimidade processual

No presente capítulo, vamos estudar os pressupostos relativos às partes e como, de entre os diferentes pressupostos processuais relativos às partes, o único que é objecto, em termos detalhados, de regulação própria no CPTA é o da legitimidade, centraremos a atenção neste pressuposto, analisando-o nas várias dimensões em que ele se concretiza. Começaremos, no entanto, por fazer uma breve referência aos pressupostos da personalidade e da capacidade judiciárias, e do patrocínio judiciário. E no último segmento da exposição, dedicaremos a atenção às situações em que pode haver pluralidade de partes no processo, e aos pressupostos processuais específicos de que depende a sua admissibilidade.

A título preliminar, refira-se que a personalidade judiciária e a capacidade judiciária são pressupostos processuais que dizem respeito a atributos próprios, que, em abstracto, são necessários para que uma pessoa ou entidade possa ser parte em qualquer processo administrativo e possa estar, por si própria, em juízo no âmbito desse processo. Pelo contrário, o pressuposto da legitimidade processual não se reporta, em abstracto, à pessoa do autor ou do demandado, mas afere-se em função da concreta relação que (alegadamente) se estabelece entre as partes e uma concreta acção, com um objecto determinado[141].

Para que alguém esteja em posição de figurar como parte num processo administrativo, tem de preencher todos estes pressupostos: em primeiro lugar, tem de se tratar de uma pessoa ou entidade que, em si mesma, se apresenta dotada de personalidade e de capacidade judiciárias, porque, de outro modo, não pode ser parte em qualquer acção, seja ela qual for; mas, em segundo lugar, a pessoa ou entidade em causa tem de se apresentar em posição de poder figurar como parte na concreta acção em presença, por (alegadamente) estabelecer com o objecto dessa acção uma conexão que satisfaça os requisitos legalmente exigidos para ser reconhecida como parte legítima.

§ 1º – Personalidade e capacidade judiciárias; patrocínio judiciário

1. Personalidade e capacidade judiciárias

90. A exemplo do que sucede no CPC, o CPTA faz suceder a um primeiro capítulo de disposições fundamentais, um segundo capítulo dedicado às partes. Tal como nos outros domínios, o Código não regula aí, no entanto, os aspectos em relação aos quais, em processo administrativo, não se configuram especialidades de maior e em que, por isso, é, sem mais, aplicável o regime do CPC.

Até à revisão de 2015, era o que sucedia com os pressupostos da personalidade e da capacidade judiciárias, que não eram objeto de regime próprio no CPTA. A verdade, porém, é que, ao contrário do que, à primeira vista, se poderia pensar, a ausência de regulação própria sobre essa matéria no CPTA constituía uma lacuna que deixava problemas sem resposta e que, por isso, havia que preencher. Foi o que foi feito com a introdução do novo artigo 8º-A, de cujo regime importa dar breve conta.

Como estabelece o nº 1 do artigo 8º-A, a personalidade e a capacidade judiciárias consistem, respetivamente, na suscetibilidade de ser parte e na de estar por si em juízo. Por conseguinte, acrescenta o nº 2 que, por regra, a personalidade e a capacidade judiciárias coincidem com a perso-

[141] Para a distinção, cfr., por todos, ANTUNES VARELA *ET ALII*, *Manual...*, pp. 131-132.

nalidade e a capacidade jurídicas, pelo que podem ser partes em acções e estar, por si próprios, em juízo no âmbito da acção os sujeitos jurídicos capazes, isto é, dotados de personalidade jurídica e de capacidade de exercício de direitos.

Cumpre, no entanto, notar que o CPTA contém, em matéria de legitimidade, disposições cujos efeitos se projectam neste plano. Com efeito, o artigo 10º, nº 2, estabelece que, embora as acções que tenham por objecto acções ou omissões de entidades públicas sejam propostas contra a pessoa colectiva de direito público, no caso do Estado elas são propostas contra o Ministério a cujos órgãos seja imputável o acto jurídico impugnado ou sobre cujos órgãos recaia o dever de praticar os actos jurídicos ou observar os comportamentos pretendidos (sobre o âmbito de aplicação desta disposição, cfr. *infra,* nº 109). Esta solução implica a atribuição de personalidade e capacidade judiciária aos Ministérios, pese embora eles não tenham personalidade nem capacidade jurídica.

De igual modo, o artigo 10º, nº 6, estabelece que, nos processos respeitantes a litígios entre órgãos da mesma pessoa colectiva (cfr., em geral, o artigo 55º, nº 1, alínea *d),* e ainda a primeira parte da alínea *e),* nos termos da qual os presidentes dos órgãos colegiais têm legitimidade para impugnar os actos praticados por esses órgãos: cfr. *infra,* nºs 100 e 111), a acção é proposta contra o órgão cuja conduta deu origem ao litígio. Esta solução também implica a atribuição de personalidade e capacidade judiciária aos órgãos públicos, pese embora eles não tenham personalidade nem capacidade jurídica.

Por estas duas razões, estabelece o nº 3 do novo artigo 8º-A que, "para além dos demais casos de extensão da personalidade judiciária estabelecidos na lei processual civil, os ministérios e os órgãos da Administração Pública têm personalidade judiciária correspondente à legitimidade ativa e passiva que lhes é conferida" no CPTA. Significa isto que o Código reconhece personalidade judiciária (e capacidade judiciária) aos ministérios e órgãos da Administração Pública, mas apenas no âmbito dos processos em que eles tenham legitimidade. Mas também que, quando um ministério ou um órgão sejam parte ilegítima numa ação, não existe apenas ilegitimidade, mas também falta de personalidade judiciária (e de capacidade judiciária).

Por isso acrescenta o nº 4 do artigo 8º-A que "nas ações indevidamente propostas contra ministérios, a respetiva falta de personalidade judiciária pode ser sanada pela intervenção do Estado e a ratificação ou repetição do processado": é que, na verdade, o problema, nesse caso, não será apenas de ilegitimidade, mas de falta de personalidade judiciária (e capacidade judiciária) da figura organizatória indevidamente demandada.

Já o nº 5 faz referência ao regime do nº 4 do artigo 10º, de acordo com o qual se considera regularmente proposta ação que, devendo ser intentada contra uma pessoa coletiva ou um ministério, seja intentada contra um órgão dessa pessoa coletiva ou desse ministério: nesse caso, o referido preceito sana ele próprio, diretamente, a irregularidade ocorrida, sem necessidade de sanação pela parte legítima e dotada de personalidade e capacidade judiciárias.

2. Patrocínio judiciário

91. O patrocínio judiciário é um pressuposto processual que, no essencial, se rege pelo disposto no CPC, cujo regime não compete estudar aqui. No entanto, o CPTA refere-se especificamente à questão do patrocínio judiciário no artigo 11º, estabelecendo que, nos processos da competência dos tribunais administrativos, é obrigatória a constituição de advogado. Os termos em que o mandato é conferido são regulados pelos artigos 43º e segs. do CPC, que também determinam o regime a aplicar nas situações de falta de constituição de mandato e de falta, insuficiência ou irregularidade da procuração forense.

No que, entretanto, respeita ao patrocínio das entidades públicas, o artigo 11º consagra soluções diferenciadas:

a) Nas acções propostas contra o Estado, a representação deste compete ao Ministério Público. A redação do nº 1 do artigo 11º que resultou da revisão de 2015 não tem um sentido inequívoco, mas parece ser essa a melhor interpretação a dar ao preceito. Na verdade, a redação do inciso final do novo nº 1 do artigo 11º é exatamente igual à do inciso inicial que, anteriormente, constava do nº 2 do artigo 11º – apenas com a diferença de que a representação do Estado pelo Ministério Público deixou de estar reservada às ações relativas a matéria contratual e de responsabilidade, pelo que parece ter sido ampliada a todas as ações que sejam propostas contra o Estado, independentemente do seu objeto.

b) Nas demais acções, o patrocínio das entidades públicas pode ser assegurado por advogado, solicitador ou licenciado em Direito ou em solicitadoria com funções de apoio jurídico, expressamente designado para o efeito. Isto vale para todas as ações propostas contra outras entidades públicas, que não o Estado: outras pessoas colectivas de direito público, que não o Estado, mas também os Ministérios e as Secretarias Regionais, nos casos em que o nº 2 do artigo 10º lhes confere legitimidade passiva e, portanto, reconhece, como vimos, personalidade e capacidade judiciárias dentro do âmbito dessa legitimidade.

As soluções consagradas no nº 1 do artigo 11º, que se mantiveram com a revisão de 2015, apesar de proposta em sentido contrário da comissão de revisão, afiguram-se-nos, desde há muito, criticáveis, na medida em que, atendendo ao estatuto de magistratura autónoma que, hoje, corresponde ao Ministério Público na nossa ordem constitucional, os agentes do Ministério Público não são, nem têm por que ser os advogados do Estado. O que era necessário era criar um corpo próprio de advogados do Estado, submetido a estatuto disciplinar e deontológico similar ao dos advogados, com a exclusiva função de exercer o patrocínio do Estado, substituindo, tanto o Ministério Público nas ações que são propostas contra o Estado, como os licenciados com funções de apoio jurídico, nas ações que são propostas contra Ministérios.

§ 2º – Legitimidade processual

92. O CPTA assume a legitimidade como um pressuposto processual e não como uma condição de procedência da acção, cuja titularidade se afere, portanto, por referência às alegações produzidas pelo autor. Possui, assim, legitimidade activa quem *alegue* a titularidade de uma situação cuja conexão com o objecto da acção proposta o apresente como em condições de nela figurar como autor e possui legitimidade passiva quem deva ser demandado na acção com o objecto configurado pelo autor. Se, depois, no julgamento da causa, se chegar à conclusão de que a questão não se colocava nos termos em que o autor a apresentou, haverá absolvição do pedido, e não da instância, dado que o juízo em que se funda essa conclusão já é um juízo sobre o mérito da causa, sustentado no respectivo julgamento, e não o juízo preliminar sobre a questão da admissibilidade

da acção, em que se concretiza a mera aferição do pressuposto processual da legitimidade.

93. O pressuposto processual da legitimidade não se confunde com o do *interesse processual* ou *interesse em agir*. Com efeito, pode não haver qualquer dúvida quanto à questão de saber se o autor se apresenta como titular de uma situação que o legitime a propor a acção – basta pensar no impugnante que alegue ser proprietário de um prédio, relativamente a actos praticados pela Administração Pública no âmbito do procedimento de declaração de utilidade pública desse prédio; ou no funcionário que alegue ser arguido num procedimento disciplinar respeitante a factos por si praticados – e, no entanto, poder questionar-se a existência, nas concretas circunstâncias do caso, de interesse processual ou interesse em agir, por falta de uma necessidade efectiva de tutela judiciária e, portanto, de factos objectivos que tornem necessário o recurso à via judicial: basta pensar na questão de saber se o proprietário tem interesse em agir perante meros indícios da intenção de desencadear um procedimento expropriativo do seu imóvel, mas sem que esse procedimento tenha sido ainda efectivamente desencadeado; ou na questão de saber se o funcionário tem interesse em agir perante a mera instauração de um inquérito à sua actuação, de cujos resultados ainda dependerá a decisão de lhe instaurar ou não um procedimento disciplinar, ou da própria instauração de um procedimento disciplinar, que poderá concluir pela sua absolvição e, portanto, ainda não lhe impõe a aplicação de qualquer sanção.

Que, em processo administrativo, o pressuposto do *interesse processual* ou *interesse em agir* não se confunde com o da legitimidade, evidencia-o o artigo 39º, que lhe dá expressão autónoma.

Desde logo, num dos domínios em que, precisamente, ele assume maior relevo, a que faz referência expressa no nº 1 e que diz respeito às *acções meramente declarativas* ou *de simples apreciação*, que visam acorrer a lesões efectivas, resultantes da existência de situações graves de incerteza objectiva, ou a ameaças de lesão, resultantes do fundado receio da verificação de condutas lesivas num futuro próximo, determinadas por uma incorrecta avaliação da situação existente[142].

[142] Para a ilustração de situações cobertas pela previsão do artigo 39º, cfr. CARLOS CADILHA, "Legitimidade processual", p. 17. O mesmo faz o CPC alemão (ZPO), no § 256.

A estas acções acrescem as *acções preventivas, dirigidas à condenação à omissão de perturbações ilegais ainda não ocorridas*, que se dirigem à imposição de deveres de abstenção e, portanto, à obtenção de uma *tutela inibitória*, em situações de ameaça de agressões ilegítimas. Com efeito, embora o artigo 39º só se lhes refira expressamente no nº 2, a propósito do caso particular das ações de condenação à não emissão de atos administrativos parece de entender que as previsões do nº 1 também abrangem, de modo genérico, as situações de condenação à asbstenção de todo o tipo de condutas ilegais quando se referem ao "fundado receio de que a Administração possa vir a adoptar uma conduta lesiva". E, com efeito, afigura-se de exigir um especial cuidado na verificação da existência de um interesse em agir sempre que o autor se dirija a tribunal com intuitos preventivos, alegando o propósito de evitar lesões que ainda não se concretizaram.

Mas não é só nestes dois domínios que, em processo administrativo, se coloca a questão da existência de interesse processual ou interesse em agir. No contencioso de impugnação de actos administrativos, a questão tende, contudo, a ser tradicionalmente confundida com outras: a da legitimidade activa e a da impugnabilidade do acto administrativo. Por isso nos referiremos a ela especificamente a esse propósito: cfr. *infra*, nºs 99, 132 e 134.

SEGUNDA SECÇÃO
Legitimidade Processual

§ 1º – O autor: regime da legitimidade activa

94. A autonomização do tratamento da legitimidade processual no âmbito do CPTA justifica-se pela relevância das especificidades que, a diversos níveis, o contencioso administrativo apresenta nesse domínio[143].

O CPTA dedica, na sua Parte Geral, dois artigos à matéria da legitimidade, activa e passiva: os artigos 9º e 10º, respectivamente. A solução é inovadora e parte do entendimento de que a questão da legitimidade processual deve ser encarada como um fenómeno eminenemente pro-

[143] Para mais desenvolvimentos, cfr. CARLOS CADILHA, "Legitimidade processual", pp. 9 segs.

cessual, de âmbito geral, respeitante à situação das partes no processo, sem que nada justifique que, a respeito da natureza do instituto, se adopte, no domínio do contencioso administrativo, uma perspectiva sensivelmente diferente daquela que resulta da teoria geral do processo e que é, desde logo, adoptada em processo civil.

Ao contrário do que é comum, e, por exemplo, sucede no artigo 30º do CPC, o CPTA regula separadamente as questões da legitimidade activa e da legitimidade passiva. É assim que, na Parte Geral do Código, encontramos o artigo 9º, dedicado à legitimidade activa, e o artigo 10º, dedicado à legitimidade passiva. A explicação para o facto reside na circunstância de que, seja no que toca à definição do regime comum, seja, depois, no que se refere à definição de regimes especiais, são numerosos e diferenciados os aspectos a regular quanto à legitimidade activa, por um lado, e passiva, pelo outro.

No que respeita à legitimidade activa, cumpre, com efeito, advertir para o facto de que não se esgota no artigo 9º o regime que o CPTA estabelece a seu respeito. Como claramente resulta do próprio teor do seu nº 1, o artigo 9º estabelece um critério que é, em grande medida, derrogado por um amplo conjunto de soluções especiais que, noutros artigos, o próprio CPTA estabelece em função de diversos tipos especiais de pretensões: referimo-nos aos artigos 55º, 57º, 68º , 73º e 77º-A.

Daqui resulta que o critério do artigo 9º, nº 1, podendo dizer-se que é o critério comum, é de aplicabilidade residual, circunscrita aos tipos de litígios cuja estrutura se aproxima do modelo do processo civil e que, estatisticamente, não são os mais representativos no processo administrativo, correspondendo apenas aos casos que não são objecto de um regime especial próprio.

A explicação para a existência de um conjunto de regimes especiais, ao lado do regime comum, em matéria de legitimidade activa decorre da circunstância de o pressuposto processual da legitimidade não ser um pressuposto que se reporta, em abstracto, à pessoa do autor ou do demandado, mas um pressuposto cujo preenchimento se afere em função da concreta relação que (alegadamente) se estabelece entre essas pessoas e uma acção com um objecto determinado, porquanto não se trata de saber se uma pessoa, em si mesma, tem personalidade ou capacidade judiciária, mas de saber se ela se apresenta em posição de figurar como parte numa concreta acção, em função do objecto com que ela surge configurada. Daí a conveniência sentida pelo legislador de moldar os requisitos de que depende a legitimidade activa segundo critérios variáveis de exigência, estabelecendo, para o efeito, regimes diferenciados consoante os diferentes tipos de acções.

95. Tónica comum aos regimes especiais é o alargamento da legitimidade activa, para além dos limites, reportados à (alegada) titularidade da relação material controvertida, em que ela é, à partida, definida no artigo 9º, nº 1 – alargamento necessário nos múltiplos tipos de situações em que, em processo administrativo, o litígio não pressupõe a pré-existência de uma relação jurídica entre as partes: pense-se desde logo, de modo paradigmático, no interessado em impugnar um acto administrativo que o afecta (v.g., o vizinho que reage contra a licença de construção que foi atribuída ao seu vizinho), sem que, em momento anterior ao da prática do acto, intercorresse qualquer relação jurídica entre ele e a entidade pública que praticou o acto.

Este é, na verdade, o plano em que mais se evidencia a filosofia inspiradora do processo administrativo, de procurar "o necessário equilíbrio entre dimensão subjectiva e dimensão objectiva, na certeza de que o aperfeiçoamento do sistema no sentido de proporcionar aos cidadãos a mais efectiva tutela dos seus direitos e interesses em nada contende com o aproveitamento, em paralelo, das vantagens efectivas associadas aos aspectos objectivistas tradicionais, que lhe permitem funcionar (também) como um instrumento de protecção dos mais relevantes interesses públicos. Pelo contrário, do que se trata é de assegurar que o contencioso administrativo proporcione a mais efectiva tutela a quem quer que se lhe dirija – admitindo, entretanto, que não sejam só os indivíduos a poderem dirigir-se à jurisdição administrativa, em defesa dos seus direitos e interesses particulares, mas que também se lhe possam dirigir o Ministério Público, as entidades públicas, as associações cívicas e os próprios cidadãos, *uti cives,* em defesa de interesses públicos, colectivos e difusos"[144].

É o que sucede no regime especial de legitimidade activa, previsto no artigo 77º-A para as acções de impugnação e execução de contratos. Como, na verdade, se escreveu na Exposição de Motivos do CPTA,

[144] Cfr. Diogo Freitas do Amaral/Mário Aroso de Almeida, *Grandes linhas da reforma do contencioso administrativo,* p. 17.

tratou-se, nessa sede, de dar resposta "à necessidade, de há muito sentida, de alargar o âmbito da legitimidade activa nas acções sobre contratos, para além das partes na relação contratual. Como os contratos em causa se inserem, designadamente no que diz respeito ao procedimento pré-contratual, num contexto regido por disposições e princípios de direito administrativo, impostos no interesse público e de terceiros, e o respeito por tais normas é sindicável pelo Ministério Público e pelos eventuais interessados, justifica-se que estes possam fazer valer as invalidades de que o contrato possa enfermar por força da violação de tais normas. Por outro lado, também a execução dos contratos pode ser do interesse público ou de terceiros".

E é o que sucede, muito claramente, com o alargamento da legitimidade activa quanto à dedução de pretensões relativas a atos administrativos e regulamente, que se deve, como já foi explicado (cfr. nº 22), ao facto de essas pretensões dizerem respeito ao exercício de poderes de autoridade da Administração, matéria que, embora contenda, muitas vezes, com situações jurídicas individuais, se reveste de um significado muito mais vasto, por envolver a disposição de interesses públicos, no respeito pelo princípio da legalidade, valor que respeita a toda a comunidade e cuja garantia está institucionalmente a cargo de um conjunto de entidades públicas.

1. Regime comum: artigo 9º

1.1. *Titularidade da relação material controvertida (art. 9º, nº 1)*

96. As soluções consagradas no artigo 9º, nº 1 e nº 2, retomam, no essencial, as que resultam, respectivamente, dos artigos 30º e 31º do CPC.

O regime do artigo 9º, nº 1, corresponde ao que estabelece o artigo 30º, nº 3, do CPC, ao assumir que, salvo disposição legal em sentido diferente, a regra é a de que a legitimidade para discutir qualquer relação jurídica controvertida em juízo corresponde a quem alegue ser parte nessa relação jurídica: por conseguinte, "o autor é considerado parte legítima quando alegue ser parte na relação material controvertida". É o que, por exemplo, sucede na acção administrativa de responsabilidade civil extracontratual, em que o autor alega ser titular do direito à reparação dos danos cuja causa imputa ao demandado; ou na intimação para prestação de informações, consulta de documentos ou passagem de certidões (artigos 104º a 108º), em que o autor alega ser titular do direito de acesso à informação ou documento que não terá sido satisfeito pelo demandado.

1.2. *Legitimidade para defesa de interesses difusos (art. 9º, nº 2)*

97. O artigo 9º, nº 2, reconhece ao Ministério Público, às autarquias locais, às associações e fundações defensoras dos interesses em causa e, em geral, a qualquer pessoa singular, enquanto membro da comunidade, o direito de lançarem mão de todo e qualquer meio processual, principal ou cautelar, existente no contencioso administrativo, para defesa dos valores que enuncia. Como resulta do artigo 9º, nº 2, encontramo-nos, aqui, perante um fenómeno de extensão da legitimidade[145]. Tal como sucede com o artigo 31º do CPC, e em termos semelhantes, o artigo 9º, nº 2, determina, para os casos aí previstos, a extensão da legitimidade processual a quem não alegue ser parte numa relação material que se proponha submeter à apreciação do tribunal.

Embora o preceito não utilize a expressão e se refira a um conjunto de entidades que se estendem ao Ministério Público e às autarquias locais, ele tem designadamente em vista o exercício, no âmbito do contencioso administrativo, por parte dos cidadãos no gozo dos seus direitos civis e políticos (cfr. artigo 2º, nº 1, da Lei nº 83/95), do direito de acção popular para defesa de "valores e bens constitucionalmente protegidos como a saúde pública, o ambiente, o urbanismo, o ordenamento do território, a qualidade de vida, o património cultural e os bens do Estado, das Regiões Autónomas e das autarquias locais", direito que a CRP lhes reconhece, como um direito fundamental de participação política, no artigo 52º, nº 3. Como adiante se verá, esta não é a única forma (cfr. infra, nº 100), mas é uma das formas de acção popular que são admitidas no contencioso

[145] Neste sentido, cfr. Mário Torres, "A protecção do ambiente no ordenamento jurídico português", in *Textos do CEJ – Ambiente e Consumo*, vol. II, Lisboa, 1996, p. 20; Carla Amado Gomes, *Contributo para o estudo das operações materiais da Administração Pública*, Coimbra, 1999, p. 377; Vasco Pereira da Silva, *Ventos de mudança no contencioso administrativo*, Coimbra, 2000, p. 85; e, já à face do artigo 9º, nº 2, Carlos Cadilha, "Legitimidade processual", p. 10.

administrativo: uma forma de acção popular que se define pela defesa daqueles valores, constitucionalmente protegidos.

O exercício dos poderes de propositura e intervenção previstos no artigo 9º, nº 2, processa-se, como refere o preceito, "nos termos previstos na lei". A remissão tem em vista a Lei nº 83/95, de 31 de Agosto, na parte em que essa lei, nos seus artigos 2º e 3º, densifica o critério de legitimidade que apenas se encontra genericamente formulado no CPTA e, depois, nos artigos 13º e segs., estabelece um conjunto de disposições a aplicar aos processos intentados por actores populares que sigam termos perante os tribunais administrativos[146].

A remissão tem, pois, um duplo alcance.

Por um lado, no plano da legitimidade, tem o alcance de conferir legitimidade activa para defesa de interesses difusos a todos os "cidadãos no gozo dos seus direitos civis e políticos", às associações e fundações defensoras dos interesses em causa, desde que preencham os requisitos mencionados no artigo 3º da Lei nº 83/95, e às autarquias locais, "em relação aos interesses de que sejam titulares residentes na área da respectiva circunscrição". Daqui resulta que não se exige a existência de um elemento de conexão, de uma qualquer situação de apropriação individual do interesse difuso lesado, como critério relevante para assegurar o exercício do direito de acção popular por qualquer cidadão. Por outro lado, no que respeita às associações e fundações, infere-se do artigo 3º, nº 2, da Lei nº 83/95, que a sua legitimidade activa neste domínio compreende os bens ou interesses cuja defesa se inclua expressamente no âmbito das suas atribuições ou dos seus objectivos estatutários, segundo um princípio de especialidade e de territorialidade[147]. Isto é, o direito de acção encontra-se circunscrito à área da sua intervenção principal (ambiente, património natural, património construído, conservação da natureza, património cultural, promoção da qualidade de vida) e de acordo com a respectiva incidência geográfica, que poderá ser de âmbito nacional, regional ou local (cfr. artigo 7º, nº 3, da Lei nº 35/98, de 18 de Julho)[148].

[146] Relação idêntica se estabelece, em processo civil, entre o artigo 31º do CPC e a Lei nº 83/95: cfr. M. Teixeira de Sousa, *Estudos sobre o novo processo civil,* p. 36.

[147] Neste sentido, cfr. Mário Esteves de Oliveira/Rodrigo Esteves de Oliveira, *Código de Processo nos Tribunais Administativos Anotado,* vol. I, Coimbra, 2004, p. 162.

[148] Cfr. Mário Aroso de Almeida/Carlos Fernandes Cadilha, *Comentário...,* pp. 73-74 e 79.

Por outro lado, no plano do regime processual, o legislador entende que os processos intentados nestas circunstâncias apresentam especificidades que justificam a introdução de adaptações ao modelo de tramitação normal, que constam dos artigos 13º e segs. da Lei nº 83/95 e se consubstanciam num conjunto de soluções especiais nos domínios da admissão da petição inicial (artigo 13º), da representação processual (artigo 14º), da citação dos titulares dos interesses em causa (artigo 15º), da instrução (artigo 17º), da eficácia dos recursos jurisdicionais (artigo 18º) e dos efeitos do caso julgado (artigo 19º). Verifica-se, assim, que a Lei nº 83/95 estabelece um regime processual próprio para estes casos.

Para que não se gerem equívocos, importa, porém, deixar claro que *a acção popular não é, em si mesma, uma forma de processo*[149]. Na verdade, qualquer das pessoas e entidades legitimadas pelo artigo 9º, nº 2, pode dirigir-se aos tribunais administrativos para deduzir pretensões correspondentes a qualquer das formas de processo previstas pela lei processual administrativa. Muito claramente neste sentido, faça-se notar que, como já fazia para o processo civil no nº 2, o artigo 12º da Lei nº 83/95, na redação que lhe foi dada pelo Decreto-Lei nº 214-G/2015, de 2 de outubro, passou a estabelecer, muito simplesmente, no seu nº 1, que "a ação popular administrativa pode revestir qualquer das formas de processo previstas no Código de Processo nos Tribunais Administrativos".

O que, entretanto, resulta da Lei nº 83/95 (*ex vi* artigo 9º, nº 2, que para ela remete), é que, na tramitação de qualquer desses processos, haverá que aplicar, para além das regras gerais que lhe são próprias, as regras especiais que aquela lei estabelece nos seus artigos 13º e segs., que, no entanto, apenas se referem *a alguns aspectos* da tramitação processual. A incompletude e o carácter disperso e avulso das suas determinações não tem, por isso, o alcance de submeter os processos em causa a um processo especial acabado, mas apenas o de introduzir um conjunto de especialidades no modelo normal de tramitação a que esses processos estão subordinados. Essas especialidades deverão ser, assim, enxertadas, em cada caso, no regime de tramitação processual que ao caso for aplicável segundo as regras gerais.

[149] Não se afigura, por isso, feliz a opção de VIEIRA DE ANDRADE, *Justiça Administrativa*, pp. 154 segs., de incluir as "acções populares" no elenco das formas de processo principal.

É, pois, nesta perspectiva que deve ser lida a remissão do artigo 9º, nº 2, para "os termos previstos na lei". Essa remissão significa que os poderes de propositura e intervenção processual aí previstos serão exercidos nos casos e observando, para além das regras gerais, as regras específicas de tramitação e sobre a decisão judicial que resultam da Lei nº 83/95 (artigos 2º e 3º, e artigos 13º e segs., respectivamente).

No que diz respeito a estas regras, faça-se, entretanto, por último notar que o Decreto-Lei nº 214-G/2015, de 2 de outubro, deu nova redação ao artigo 19º da Lei nº 83/95, deixando claro que é só nas ações que tenham por objeto a defesa de interesses individuais homogéneos que os efeitos das sentenças transitadas em julgado abrangem os titulares dos direitos ou interesses que não tiverem exercido o direito de se autoexcluírem da representação, nos termos do artigo 16º da mesma Lei. Este é um ponto complexo, que aqui não pode ser desenvolvido. Apenas deixaremos, por isso, a indicação de que a alteração introduzida no preceito decorre da indesejável confusão que, entre nós, se instalou entre as verdadeiras ações populares, que são propostas, como refere o nº 2 do artigo 9º do CPTA, "independentemente de interesse pessoal na demanda" do autor, e aquelas em que o autor faz valer situações jurídicas pessoais suas, de que é titular em paralelo com outros interessados, que são, desse modo, titulares de *interesses individuais homogéneos* em relação aos seus. E que o propósito da alteração introduzida foi apenas o de deixar claro que, nas verdadeiras ações populares, assim como o autor que propõe a ação popular atua "independentemente de interesse pessoal na demanda", também os eventuais terceiros que poderiam propor ou poderão vir a propor ação popular com o mesmo objeto não são titulares de direitos ou interesses pessoais que possam ser representados pelo ator popular que propôs a ação, pelo que não faz sentido impor-lhes o ónus de autoexclusão de uma representação a que não há lugar. Na verdade, como o verdadeiro ator popular não pode, por definição, atuar em representação de ninguém, para o efeito de fazer valer direitos ou interesses de terceiros, também a estes não faz sentido impor o ónus de se autoexcluírem da suposta representação, que não existe[150].

[150] Para mais desenvolvimentos quanto a este ponto, que aqui não pode ser aprofundado, cfr. Mário Aroso de Almeida, "Sobre a legitimidade popular no contencioso administrativo português", *Cadernos de Justiça Administrativa* n.º 101, pp. 50 segs.; Carla Amado Gomes, "Ação pública e ação popular na defesa do ambiente – Reflexões breves", in *Em Homenagem ao Prof. Doutor Diogo Freitas do Amaral*, Coimbra, 2010, pp. 1198 segs.; Sérvulo Correia, *Direito do Contencioso Administrativo*, pp. 651 segs.

2. Regimes especiais

2.1. *Legitimidade activa nas acções de impugnação de actos administrativos (art. 55º)*

98. Começamos por recordar que, de acordo com a nova definição introduzida pela revisão de 2015 no nº 1 do artigo 50º, a impugnação de atos administrativos só tem por objeto a anulação ou a declaração de nulidade de tais atos. A declaração de inexistência de ato administrativo não constitui, pois, objeto de um processo impugnatório, na medida em que o que, num processo com esse objeto, o autor se propõe é, precisamente, demonstrar que não foi praticado um ato administrativo, pelo que o próprio autor configura o objeto do processo de um modo que nega a existência de um ato passível de impugnação (cfr. *supra*, nº 27).

Os processos de declaração de inexistência de ato administrativo são, pois, processos meramente declarativos ou de simples apreciação. No entanto, o nº 2 do artigo 50º submete estes processos ao regime de pressupostos processuais da impugnação de atos administrativos no que diz respeito a um único ponto, que é, precisamente, o da legitimidade processual. É, pois, aplicável aos processos de declaração de inexistência de atos administrativos o regime do artigo 55º que vai ser, de seguida, objeto de exposição.

2.1.1. *Alegação de "interesse directo e pessoal" (artigo 55º, nº 1, alínea a))*

99. Tem, antes de mais, legitimidade para impugnar actos administrativos quem alegue ser titular de um interesse directo e pessoal, designadamente por ter sido lesado pelo acto nos seus direitos ou interesses legalmente protegidos: cfr. artigo 55º, nº 1, alínea *a*). De harmonia com o critério adoptado no artigo 9º, nº 1, o preenchimento do requisito – entendido, recorde-se, como condição para a obtenção de uma pronúncia sobre o mérito da causa e não como uma condição de procedência da acção, necessária à obtenção de uma pronúncia de provimento – não exige a verificação da efectiva titularidade da situação jurídica invocada pelo au-

tor, mas basta-se apenas com a alegação dessa titularidade[151]. O que, naturalmente, não impede, mas antes obriga o tribunal, logo que porventura verifique que o interessado não é titular da situação jurídica alegada, a julgar, por esse facto, improcedente a acção de impugnação[152].

A utilização da fórmula *"interesse directo e pessoal"*, em contraposição à lesão de direitos ou interesses legalmente protegidos, que é apresentada como um exemplo e, assim, como uma das suas formas de concretização possível, aponta no sentido de que a legitimidade individual para impugnar actos administrativos não tem de basear-se na ofensa de um direito ou interesse legalmente protegido, mas se basta com a circunstância de o acto estar a provocar, no momento em que é impugnado, consequências desfavoráveis na esfera jurídica do autor, de modo que a anulação ou a declaração de nulidade desse acto lhe traz, pessoalmente a ele, uma vantagem directa (ou imediata). Como é da tradição do nosso processo administrativo[153][154], a anulação ou a declaração de nulidade de actos administrativos pode ser, portanto, pedida a um tribunal administrativo por quem nisso tenha interesse, no sentido em que reivindica para si

[151] No sentido de que a legitimidade é aferida pela afirmação com verosimilhança pelo autor da situação legitimante, cfr. Acórdão do Supremo Tribunal Administrativo de 3 de Março de 2004, Proc. nº 1240/02.

[152] Já neste sentido, ainda à face da legislação anterior, cfr. MÁRIO AROSO DE ALMEIDA, *Sobre a autoridade do caso julgado das sentenças de anulação de actos administrativos,* Coimbra, 1994, pp. 31-32 e 111-112.

[153] Cfr., a propósito, VIEIRA DE ANDRADE, *O dever da fundamentação expressa de actos administrativos,* Coimbra, 1991, pp. 101 segs.; SÉRVULO CORREIA, *Legalidade e autonomia contratual nos contratos administrativos,* Coimbra, 1987, pp. 291 segs. e *Direito do Contencioso Administrativo,* vol. I, pp. 720-721 e 741-744; MARCELO REBELO DE SOUSA, *Lições de Direito Administrativo,* vol. I, Lisboa, 1999, p. 99; DIOGO FREITAS DO AMARAL, *Curso de Direito Administrativo,* vol. II, Coimbra, 2001, pp. 68-69.

[154] A nosso ver, são, a título exemplificativo, ilustrativos dessa tradição os Acórdãos do Supremo Tribunal Administrativo de 27 de Novembro de 2001, Proc. nº 45570 (em que a uma empresa que se considerava lesada por uma operação de concentração de outras empresas foi reconhecida legitimidade para impugnar o despacho de "não oposição" àquela operação de concentração), de 25 de Maio de 2006, Proc. nº 911/05 (em que se reconheceu legitimidade ao titular de um posto de combustíveis para impugnar o licenciamento da construção de outro posto em local próximo, cujo funcionamento poderia comprometer a viabilidade económica do seu posto de combustíveis) e de 18 de Maio de 2004, Proc. nº 269/02 (em que empresas concessionárias de áreas de jogo foram reconhecidas como partes legítimas para a impugnação de um acto administrativo que prorrogou a concessão de determinada área de jogo).

próprio uma vantagem jurídica ou económica que há-de resultar dessa anulação ou declaração de nulidade (cfr. também a referência *supra*, nº 95).

A nosso ver, deve ser estabelecida uma clara distinção entre os requisitos do carácter *"directo"* e *"pessoal"*. Na verdade, só o carácter *"pessoal"* do interesse diz verdadeiramente respeito ao pressuposto processual da legitimidade, na medida em que se trata de exigir que a utilidade que o interessado pretende obter com a anulação ou a declaração de nulidade do acto impugnado seja uma utilidade *pessoal*, que ele reivindique para si próprio, de modo a poder afirmar-se que o impugnante é considerado parte legítima porque alega ser, ele próprio, o titular do interesse em nome do qual se move no processo.

Já o carácter *"directo"* do interesse tem que ver com a questão de saber se existe um interesse *actual e efectivo* em pedir a anulação ou a declaração de nulidade do acto que é impugnado. Admitindo que o impugnante é efectivamente o titular do interesse, trata-se de saber se o impugnante se encontra numa situação efectiva de lesão que justifique a utilização do meio impugnatório. Neste sentido, o Supremo Tribunal Administrativo tem sufragado o entendimento de que o interesse directo deve ser apreciado, por referência ao conteúdo da petição inicial, em função das vantagens que o impugnante alega poderem advir-lhe da anulação do acto, sendo que *«os efeitos decorrentes da anulação devem repercutir-se, de forma directa e imediata, na esfera jurídica do impugnante»*. Tem, assim, legitimidade para impugnar quem *«espera obter da anulação do acto impugnado um certo benefício e se encontra em condições de o poder receber»*, sendo o *interesse directo* desde que *«de repercussão imediata na esfera do interessado»*[155]. O *interesse directo* contrapõe-se, assim, a um interesse meramente longínquo, eventual ou hipotético, que não se dirija a uma utilidade que possa advir directamente da anulação do acto impugnado[156]. O requisito do carácter *"directo"*

[155] Cfr., por exemplo, os Acórdãos do Pleno do STA de 27 de Fevereiro de 1996, Rec. nº 24386, de 19-02-97, Rec. nº 31892, e de 29 de Outubro de 1997, Rec. nº 30105; e os Acórdãos da Secção do STA de 7 de Novembro de 1996, Rec. nº 36559, de 25.03.99, Rec. nº 40 703, de 22 de Junho de 1999, Rec. nº 44 568, e de 18 de Maio de 2000, Rec. nº 45894.

[156] Cfr., por exemplo, os Acórdãos do STA de 24 de Outubro de 1996, Rec. nº 40.500, de 22 de Junho de 1999, Rec. nº 44568, de 24 de Fevereiro de 2000, Rec. nº 40961, de 18 de Maio de 2000, Rec. nº 45894, de 11 de Janeiro de 2001, Rec. nº 46.770, de 16 de Março de 2001, Rec. nº 40961, de 25 de Setembro de 2001, Rec. nº 46301, de 26 de Novembro de 2003, Rec. nº 46/02, de 3 de Março de 2004, Rec. nº 1240/03, de 16 de Junho de 2004, Rec. nº 953/03, e de 10 de Novembro de 2004, Rec. nº 1576/03.

do interesse não tem, pois, em nossa opinião, que ver com a legitimidade processual, mas com a questão de saber se o alegado titular do interesse (que, por isso, é parte legítima no processo) tem efectiva necessidade de tutela judiciária: ou seja, tem que ver com o seu *interesse processual* ou *interesse em agir*[157].

Tome-se, assim, o exemplo, tradicionalmente controvertido, do acto de admissão de um concorrente num concurso: é indiscutível a legitimidade dos demais concorrentes para impugnar este acto, uma vez que a utilidade que eles pretendem obter com a sua anulação ou declaração de nulidade é uma utilidade *pessoal,* que eles reivindicam para si próprios, uma vez que eles se apresentam como os titulares do interesse em nome do qual actuam processualmente; mas a jurisprudência maioritária entende que eles não são titulares de um interesse *directo* em impugnar, porque não se encontram, perante esse acto, numa situação efectiva de lesão que fundamente uma necessidade efectiva de recorrer à tutela judiciária através da utilização do meio impugnatório. Com efeito, entende-se que a mera admissão de um concorrente, que não lhe assegura qualquer posição na graduação final do concurso, não é directa ou imediatamente lesiva dos outros concorrentes, que podem não vir a ser por ela prejudicados: por conseguinte, embora lhes assista um interesse pessoal, e por isso tenham legitimidade, não se lhes reconhece um interesse directo, ou seja, o interesse processual ou interesse em agir[158].

O mesmo entendimento é aplicável em relação ao exemplo da ordem de serviço que imponha a instauração de um processo disciplinar a um funcionário, na medida em que só a decisão do processo disciplinar poderá vir a ser lesiva da sua esfera jurídica; tal como também é aplicável em relação ao exemplo do acto de nomeação do júri de um concurso, pois só as decisões que o júri venha a proferir poderão ser lesivas dos interesses dos participantes no concurso. Este último exemplo é, no entanto,

[157] No mesmo sentido, cfr. RUI CHANCERELLE DE MACHETE, "A legitimidade dos contra-interessados nas acções administrativas comuns e especiais", p. 613.

[158] Cfr., por exemplo, Acórdãos do STA de 27 de Janeiro de 2004, Rec. nº 1956/03, de 28 de Agosto de 2002, Rec. nº 1309/02, e de 17 de Janeiro de 2001, Rec. nº 44249, com outras referências. Também nos temos pronunciado em idêntico sentido: cfr. MÁRIO AROSO DE ALMEIDA, "Considerações em torno do conceito de acto administrativo impugnável", in *Estudos em Homenagem ao Professor Doutor Marcello Caetano,* vol. II, Coimbra, 2006, p. 292, e MÁRIO AROSO DE ALMEIDA/CARLOS FERNANDES CADILHA, *Comentário...*, p. 344.

interessante porque os efeitos do acto que designa determinadas pessoas para o júri de um concurso projectam-se na esfera jurídica das pessoas nomeadas para o júri e daquelas que, porventura devendo sê-lo, não o tenham sido, e que, a esse título, poderão eventualmente impugná-lo; este acto não pode ser, no entanto, impugnado pelos participantes no concurso, na medida em que, em relação a eles, é um acto meramente preparatório, do qual não resulta uma definição que directamente se projecte na respectiva esfera jurídica, pelo que eles não são titulares de um interesse directo na sua impugnação.

Outro exemplo tradicionalmente controvertido diz respeito aos pareceres vinculativos. Com efeito, é indiscutível a legitimidade do requerente de um licenciamento para impugnar um parecer desfavorável que vincule o órgão competente para decidir a indeferir o seu requerimento, uma vez que a utilidade que o interessado pretende obter com a anulação ou declaração de nulidade do parecer é uma utilidade *pessoal,* que ele reivindica para si próprio, uma vez que ele se apresenta como o titular do interesse em nome do qual actua processualmente. Mas é pelo menos questionável que ele seja titular de um interesse *directo* em impugnar, fundado na existência actual de uma situação efectiva de lesão que fundamente uma necessidade efectiva de recorrer à tutela judiciária através da utilização do meio impugnatório.

Pela nossa parte, quer-nos parecer que, como os pareceres vinculativos decidem em que sentido devem agir os órgãos que por eles se encontram vinculados, é indiscutível que eles podem ser impugnados pelas entidades a que estes órgãos pertencem (artigo 55º, nº 1, alínea *c)*) ou pelos próprios órgãos que vinculam, quando estes pertençam à mesma entidade pública a que pertencem os órgãos que os emitiram (artigo 55º, nº 1, alínea *d)*[159] (cfr. *infra,* alíneas *c)* e *d)*). Mas como os efeitos do parecer vinculativo se esgotam no âmbito das relações que se desenvolvem entre o órgão que os emite e aquele que por eles se encontra vinculado, não nos

[159] Na mesma linha, cfr. Pedro Gonçalves, "Apontamento sobre a função e a natureza dos pareceres vinculantes", *Cadernos de Justiça Administrativa* nº 0, pp. 9-12, a partir do entendimento, que subscrevemos, de que o parecer vinculativo "não é uma decisão operativa numa relação jurídica entre a Administração e um particular", mas numa relação entre dois órgãos administrativos, pelo que se trata de um acto de conteúdo decisório, de eficácia externa ou interna, consoante "a natureza, *externa* ou *interna,* da relação entre o órgão que o emite e o órgão a quem ele se destina", e que pode ser impugnado pelo órgão destinatário.

parece que o requerente que aguarda a decisão final a proferir no termo do procedimento tenha interesse directo na sua impugnação. Cumpre, em todo o caso, dar conta de que a jurisprudência tem vindo a orientarse num sentido mais permissivo, admitindo que o interessado possa recorrer a uma espécie de tutela antecipada, através da impugnação directa dos pareceres vinculativos desfavoráveis aos seus interesses.

Na verdade, a jurisprudência tradicional recusava a directa impugnabilidade dos pareceres obrigatórios vinculativos: cfr., por exemplo, os Acórdãos do Pleno de 7 de Maio de 1996, Proc. nº 27.573, de 10 de Novembro de 1998, Proc. nº 41.389, e de 9 de Novembro de 1999, Proc. nº 31.568. Como, no entanto, é referido no Acórdão de 9 de Fevereiro de 2005, Proc. nº 1138/04, os Acórdãos do Pleno de 16 de Janeiro de 2001, Proc. nº 31. 317, e de 15 de Novembro de 2001, Proc. nº 37.811, marcaram uma inflexão a partir da qual a jurisprudência se passou a inclinar no sentido de entender que "os pareceres obrigatórios e vinculativos emitidos por órgãos pertencentes a entidades estranhas à entidade com competência para proferir a decisão final constituem actos prejudiciais do procedimento, isto é, actos com as características inscritas no artº 120º do CPA e, por isso, actos administrativos contenciosamente recorríveis, já que são proferidos por órgãos da Administração ao abrigo do direito administrativo, têm a natureza de uma estatuição autoritária relativa a um caso concreto e os seus efeitos lesivos reflectem-se directa e imediatamente na esfera jurídica do particular".

Neste sentido, escreveu-se no Acórdão do Pleno de 15 de Novembro de 2001: "Este parecer, de natureza desfavorável à recorrente, foi emitido, não no exercício de uma função de administração consultiva, mas consubstanciando, antes, uma avaliação traduzida na emissão de um juízo crítico de um órgão que, por opção legal, tem um sentido determinante sobre o sentido da decisão procedimental, já que impõe mesmo o sentido desta, uma vez que faz a indicação do conteúdo que deverá constar da resolução final de tal procedimento, de modo que esta só pode ser de homologação daquele parecer. Assim, tal parecer desfavorável implica simultaneamente um efeito conformativo (a decisão tem de ser homologada) e preclusivo (inviabiliza, por inutilidade, o exercício de competências dispositivas próprias do órgão principal decisor, que passa a ser do próprio autor do parecer) (...). Tal parecer realizou não apenas uma função definitória ou concretizadora do direito aplicável a uma relação jurídica que se constituíra entre dois órgãos da Administração pertencentes a pessoas colectivas diferentes (relações inter-orgânicas externas), mas também em relação aos próprios particulares requerentes. Assume, assim, no caso concreto, a natureza de um acto prejudicial do procedimento, cuja força jurídica é mais intensa do que a dum mero acto pressuposto, visto ter influência sobre os termos em que é exercido o poder decisório final, na medida em que define logo a posição jurídica dos interessados, ou seja compromete irreversivelmente o sentido da decisão final."

2.1.2. *Outros títulos de legitimidade (artigo 55º, nº 1 e nº 2)*

100. Também têm legitimidade para impugnar actos administrativos as pessoas e entidades que se passam a enunciar.

a) O Ministério Público tem legitimidade para, no exercício da chamada *acção pública* impugnar, sem quaisquer limitações, todo e qualquer acto administrativo (cfr. artigo 55º, nº 1, alínea *b)*), no puro propósito de "defender a legalidade democrática e promover a realização do interesse público" (artigo 51º do ETAF).

b) O CPTA reconhece também legitimidade para impugnar actos administrativos às pessoas colectivas públicas, quanto aos direitos e interesses que lhes cumpra defender (artigo 55º, nº 1, alínea *c)*). Esta situação não se encontrava anteriormente prevista na lei, embora a jurisprudência viesse reconhecendo que as entidades públicas podiam impugnar actos administrativos em defesa de interesses próprios, no âmbito de relações jurídicas inter-administrativas.

Como é evidente, para que a impugnação se inscreva nas incumbências de uma pessoa colectiva pública, é necessário que o acto impugnado contenda com os interesses legalmente estabelecidos como atribuições dessa pessoa colectiva. É o que sucede quando a pessoa colectiva é destinatária do acto, cujos efeitos se projectam directamente na sua própria esfera jurídica. Isso também sucederá quando esteja em causa um acto praticado no exercício de uma competência respeitante a uma matéria específica, em relação à qual a entidade pública interessada em impugnar também tenha poderes de intervenção, quando esse acto ponha em causa interesses que a essa entidade cumpra defender. Em qualquer dos casos, não é, naturalmente, necessário que o poder de impugnar esteja expressamente previsto no quadro das competências de algum dos órgãos da entidade pública em causa.

c) A previsão do artigo 55º, nº 1, alínea *c)*, tem, entretanto, um duplo alcance, na medida em que também reconhece legitimidade para impugnar actos administrativos às pessoas colectivas *privadas*, quanto aos direitos e interesses que lhes cumpra defender. Nesta parte, o preceito visa consagrar de modo expresso a possibilidade de as associações de qualquer tipo (o que inclui associações políticas, sindicais e patronais) actuarem, no respeito pelo princípio da especialidade, em defesa dos direitos e interesses dos seus associados.

No confronto com o quadro normativo anterior, propósito primacial da previsão em referência foi o de dar resposta às dificuldades que se vinham colocando a propósito das associações sindicais, que beneficiam de um enquadramento constitucional e legal próprio, a que a formulação adoptada procurou dar cobertura[160]. Mas na redacção do preceito houve o evidente propósito de não circunscrever a nova previsão normativa ao caso particular das associações sindicais, mas, pelo contrário, de estender o seu âmbito de aplicação a toda e qualquer pessoa colectiva, na medida em que a sua actuação processual se dirija à tutela dos direitos e interesses que, de acordo com o respectivo acto constitutivo, lhe cumpra defender.

O sentido do preceito não é, naturalmente, o de reconhecer às pessoas colectivas privadas legitimidade para actuarem em defesa das suas próprias situações jurídicas, contra decisões que afectem a sua existência, o seu património ou as condições do seu funcionamento ou da sua actividade: tome-se, por todos, o exemplo da impugnação do acto que declare a utilidade pública de um imóvel pertencente a uma associação, com vista à expropriação desse imóvel. Como é evidente, essa legitimidade nunca poderia estar em causa, sob pena de inconstitucional discriminação das pessoas colectivas em relação às pessoas singulares, enquadrando-se na previsão do "interesse directo e pessoal" do artigo 55º, nº 1, alínea *a)*[161].

[160] O Tribunal Constitucional pronunciou-se, em sede de fiscalização concreta, pela inconstitucionalidade do artigo 46º, nº 1, do Regulamento do Supremo Tribunal Administrativo e do artigo 821º, nº 2, do Código Administrativo, se interpretados no sentido de que "os sindicatos carecem de legitimidade activa para fazer valer contenciosamente, independentemente de expressos poderes de representação e de prova de filiação dos trabalhadores directamente lesados, o direito à tutela jurisdicional de defesa colectiva de interesses individuais dos trabalhadores que representam" (cfr. Acórdão nº 160/99). Cfr., a respeito, Guilherme da Fonseca, "Legitimidade processual singular, contencioso administrativo e associações sindicais", *Cadernos de Justiça Administrativa* nº 43, pp. 28-29.

[161] Neste sentido, cfr. também Mário e Rodrigo Esteves de Oliveira, *Código de Processo nos Tribunais Administrativos*, vol. I, Coimbra, 2004, p. 366.

O sentido da previsão em referência é o de atribuir às pessoas em causa legitimidade para actuarem *"quanto aos direitos e interesses que lhes cumpra defender"*. O que nela se tem, portanto, em vista é legitimar actuações processuais dirigidas à tutela de direitos e interesses que, em primeira linha, não pertencem às entidades em causa, mas que elas são admitidas a promover processualmente por terem sido constituídas para os defenderem[162]. Em qualquer dos preceitos mencionados, estamos, pois, perante previsões legais de carácter genérico, atributivas de legitimidade, cujo preciso alcance, para cada concreto tipo de entidade, terá de ser concretizado à luz do que disponha o acto constitutivo de cada uma, posto que se exige uma relação de congruência entre os efeitos do acto a impugnar e as finalidades programáticas da entidade impugnante.

Note-se que a legitimidade de cada pessoa colectiva privada para propor acções em defesa dos fins para que foi constituída não tem de resultar dos estatutos ou outro acto constitutivo da pessoa colectiva: ela decorre directamente, com carácter geral, da previsão do artigo 55º, nº 1, alínea *c)*, que tem, precisamente, o sentido e alcance de instituir soluções de *legitimidade extraordinária*, resultantes de previsão legal, mediante as quais admitem a *substituição processual* das pessoas colectivas àqueles que as instituíram na propositura de acções dirigidas à defesa dos interesses que estes colocaram a seu cargo[163]. O que do acto constitutivo de cada entidade há-de, por seu turno, resultar, é a delimitação dos fins que a essa entidade cumpre defender: esses serão os fins para defesa dos quais os referidos artigos do CPTA lhe conferem legitimidade processual activa.

Resta acrescentar que as associações sindicais têm legitimidade para actuarem em defesa de interesses estritamente individuais de trabalhadores concretos, segundo um modelo em que se admite que a associação, em casos concretos, se substitua a esses trabalhadores na defesa de quaisquer direitos ou interesses de natureza juslaboral que a estes dizem exclusivamente respeito. A nosso ver, não é, contudo, sustentável a transposição desta solução, de carácter específico, para as demais associações, não sendo, portanto, este o alcance da previsão do artigo 55º, nº 1, alínea

[162] Para a muita clara diferenciação dos dois planos, cfr. MÁRIO e RODRIGO ESTEVES DE OLIVEIRA, *op. cit.*, p. 366.

[163] Para o enquadramento dos conceitos utilizados no texto, referentes à chamada *legitimidade indirecta*, cfr., por todos, MIGUEL TEIXEIRA DE SOUSA, *As partes, o objecto e a prova na acção declarativa*, Lisboa, 1995, pp. 51-55.

c), que se limita a admitir as associações em geral à propositura de *acções de grupo,* dirigidas a defender interesses partilhados em conjunto pelos associados, não dando, assim, cobertura à eventual defesa de interesses estritamente individuais de associados seus, em termos de permitir que a associação, em casos concretos, se substituísse a esses associados na defesa de interesses individualizados.

d) O CPTA prevê a possibilidade de um órgão administrativo de uma determinada pessoa colectiva de direito público impugnar actos praticados por outros órgãos da mesma pessoa colectiva: cfr. artigo 55º, nº 1, alínea *d)*. Na nova redação que, na revisão de 2015, foi dada a esta alínea, foi explicitado que esta possibilidade de impugnação apenas é admitida quando os actos em causa, no específico contexto das relações inter-orgânicas em que se inscrevam, ponham em causa as condições do órgão impugnante para o exercício, sem interferências ou perturbações ilegais, de competência que lhe tenha sido atribuída para a prossecução de interesses específicos, pelos quais ele seja diretamente responsável[164] [165]. Está, portanto, naturalmente excluída a aplicação deste preceito no âmbito das relações hierárquicas.

O preceito em análise reflecte a evolução que, no domínio dos actos que se inscrevem no âmbito de relações intra-administrativas e inter-orgânicas, se tem orientado no sentido do esbatimento do que, à partida, poderia ser visto como uma contraposição, em termos cortantes, entre os *actos de autoridade da Administração,* de conteúdo regulador, homólogos das sentenças, que, por definirem situações jurídicas exteriores à esfera da própria entidade que os emite, seriam contenciosamente sindicáveis, e um universo de pronúncias indiferenciadas que, por se dirigirem a órgãos ou funcionários e agentes e, desse modo, esgotarem os seus efeitos dentro da esfera da entidade pública que as emitiu, não seriam passíveis de impugnação contenciosa.

Nos nossos dias, a realidade interna das entidades públicas tende, na verdade, a ser crescentemente caracterizada por fenómenos de conflitualidade que decorrem de opções, ao nível da distribuição de competên-

[164] Cr. Mário Aroso de Almeida/Carlos Fernandes Cadilha, *Comentário....*, pág. 376.

[165] Para mais desenvolvimentos quanto a este ponto, cfr. Pedro Gonçalves, "A justiciabilidade dos litígios entre órgãos da mesma pessoa colectiva", *Cadernos de Justiça Administrativa* nº 35, pp. 20-23.

cias, assentes na atribuição aos diferentes órgãos de esferas de acção própria e, portanto, na respectiva constituição como "sujeitos de ordenação e de imputação final (não apenas transitória) de poderes e de deveres", em posição de antagonismo perante outros órgãos da mesma entidade pública. É por este motivo e, portanto, com este alcance que o artigo 55º, nº 1, alínea *d)*, admite, hoje, a impugnabilidade de actos que, no plano intra-administrativo, sejam praticados por órgãos de uma entidade pública e se dirijam a outros órgãos pertencentes a essa mesma entidade, no âmbito do que tem sido qualificado como relações *inter-orgânicas*[166].

e) O artigo 55º, nº 1, alínea *e)*, refere-se genericamente à possibilidade de outras autoridades, para além do Ministério Público, serem legitimadas por lei avulsa a impugnar actos administrativos em defesa da legalidade administrativa. Faz, entretanto, menção expressa ao mais importante desses casos, que se encontra previsto no artigo 21º, nº 4, do CPA e se refere à legitimidade dos presidentes de órgãos colegiais para impugnarem actos praticados por esses ógãos. O preceito confirma, pois, que só com fundamento em previsão normativa especial podem os titulares de órgãos administrativos impugnar decisões dos respectivos órgãos. Assim, por exemplo, o Presidente da Câmara tem legitimidade para impugnar as deliberações camarárias, com fundamento no referido artigo 21º, nº 4, do CPA, mas já não a têm os vereadores, nessa qualidade, na medida em que nenhuma norma lhes confere, enquanto tais, o poder de impugnarem essas deliberações.

f) O artigo 55º, nº 1, alínea *f)*, reafirma a legitimidade das pessoas e entidades mencionadas no nº 2 do artigo 9º para impugnarem actos administrativos que ponham em causa os valores referidos nesse preceito. Tal como sucede com a do artigo 68º, nº 1, alínea *d)*, esta previsão nada acrescenta à solução que, em termos gerais, resulta do artigo 9º, nº 2, pelo que apenas consta do elenco do artigo 55º num propósito de completude. Note-se que a remissão não vale na parte em que se refere ao Ministério Público, na medida em que a legitimidade do Ministério Público para impugnar actos administrativos resulta do artigo 55º, nº 1, alínea *b)*, com um âmbito ilimitado e, portanto, mais alargado do que aquele que resulta da previsão do artigo 9º, nº 2.

[166] Cfr. também Vasco Pereira da Silva, *O contencioso administrativo no divã da psicanálise*, pp. 462-464.

g) O artigo 55º, nº 2, consagra, por último, a clássica *acção popular local* ou *autárquica*, de profundas tradições no domínio do contencioso de impugnação de actos administrativos, que, no quadro normativo imediatamente anterior, constava do artigo 822º do Código Administrativo[167].

2.2. *Legitimidade activa nas acções de condenação à prática de actos administrativos (art. 68º, nº 1)*

101. O tema é regulado no artigo 68º, que se refere a cinco categorias de pessoas e entidades legitimadas a pedir a condenação da Administração à prática de actos administrativos ilegalmente recusados ou omitidos.

a) Em primeiro lugar, quem alegue ser titular de um direito ou interesse legalmente protegido, dirigido à emissão do acto ilegalmente recusado ou omitido: cfr. artigo 68º, nº 1, alínea *a)*. Repare-se que, ao contrário do que sucede no domínio da impugnação de actos administrativos, o CPTA não se basta, para este efeito, com a mera alegação, pelo autor, da titularidade de um mero interesse directo e pessoal. A dedução do pedido de condenação só está ao acesso de quem alegue um direito ou, pelo menos, um interesse legalmente protegido à emissão de um acto que foi ilegalmente recusado ou omitido. Os pedidos de condenação da Administração à prática de actos administrativos têm, pois, uma carga de tutela subjectiva, de protecção de direitos ou interesses individuais, muito superior àquela que, como vimos, corresponde aos pedidos de anulação ou de declaração de nulidade de actos administrativos, que o CPTA, no seguimento da tradição do contencioso administrativo de tipo francês, coloca ao acesso de um mais amplo leque de potenciais interessados.

A solução compreende-se perfeitamente, na medida em que os actos administrativos de conteúdo positivo tendem a ser potencialmente lesivos de um maior número de pessoas e a suscitar necessidades acrescidas de controlo, do ponto de vista da tutela da própria legalidade objectiva, do que os actos administrativos de indeferimento, que se limitam a recusar a introdução das modificações jurídicas pretendidas pelo requerente. Por outro lado, a legitimidade para pedir a condenação à prática de um acto administrativo funda-se na própria legitimidade do interessado, no

[167] Saudando o facto, cfr. SÉRVULO CORREIA, *Direito do Contencioso Administrativo*, vol. I, p. 737.

plano substantivo, para requerer a prática do acto no âmbito do correspondente procedimento administrativo. Como, na verdade, resulta do artigo 67º, nº 1, na base da dedução do pedido de condenação está, por regra, a prévia apresentação de um requerimento que constituiu a Administração no dever de decidir, o que pressupõe a legitimidade do autor para apresentar esse requerimento. Só nesse caso existe, com efeito, uma situação de omissão ou recusa juridicamente relevante, para o efeito de permitir, nos termos daquele preceito, a dedução de um pedido de condenação, dirigido contra a Administração.

b) O CPTA também reconhece legitimidade ao Ministério Público para pedir a condenação da Administração à prática de actos administrativos (artigo 68º, nº 1, alinea *b)*). Ao contrário, porém, do que sucede no domínio da impugnação de actos administrativos, a acção pública não intervém neste domínio sem quaisquer limitações, com o genérico propósito de "defender a legalidade democrática e promover a realização do interesse público" (artigo 51º do ETAF).

Em primeiro lugar, o Código pressupõe que o Ministério Público não possui o poder genérico de apresentar requerimentos que constituam a Administração no dever de decidir e não pretende conferirlhe um tal poder. Por conseguinte, ele circunscreve o âmbito do exercício da acção pública às situações de omissão ilegal em que o dever de praticar o acto administrativo resulte directamente da lei, sem depender da eventual apresentação de um requerimento para que se constitua na esfera do órgão competente. O exercício da acção pública neste domínio não depende, pois, da prévia apresentação, por parte do Ministério Público, de um requerimento dirigido ao órgão competente para agir e do susbequente esgotamento de um prazo.

Por outro lado, o Código não institui o Ministério Público como guardião contra toda e qualquer situação de incumprimento ilegal de deveres de actuação jurídica que a lei imponha aos órgãos da Administração. Por conseguinte, apenas o admite a pedir a condenação da Administração quando a omissão de actos administrativos legalmente devidos ofenda direitos fundamentais ou ponha em causa um interesse público especialmente relevante ou qualquer dos valores e bens referidos no nº 2 do artigo 9º. A actuação do Ministério Público, no domínio da condenação da Administração à prática de actos administrativos, não pode, portanto, dirigir-se apenas a assegurar o cumprimento da lei, mas tem de ter em vista a defesa de valores constitucionalmente protegidos. Com o que se confirma que, também neste plano, o Código não atribui aos mecanismos de reacção contra a omissão ilegal de actos administrativos a mesma função de tutela da legalidade objectiva que associa à impugnação de actos administrativos de conteúdo positivo.

c) A exemplo do que sucede, por força do artigo 55º, nº 1, alínea *c)*, no domínio da impugnação de actos administrativos, o CPTA também reconhece legitimidade para pedir a condenação à prática de actos administrativos às pessoas colectivas públicas, quanto aos direitos e interesses que lhes cumpra defender: cfr. artigo 68º, nº 1, alínea *c)*. Nada de específico há, agora, a acrescentar ao que foi dito a propósito do artigo 55º, nº, 1, alínea *c)* (cfr. nº 100, al. *b)*).

d) Do mesmo modo, o artigo 68º, nº 1, alínea *c)*, também reconhece legitimidade para pedir a condenação à prática de actos administrativos às pessoas colectivas *privadas*, quanto aos direitos e interesses que lhes cumpra defender. Também nesta parte, nada de específico há, agora, a acrescentar ao que foi dito a propósito do artigo 55º, nº, 1, alínea *c)* (cfr. nº 100, al. *c)*). Apenas cumpre, neste domínio, esclarecer, em cada caso, se as entidades em causa estão em condições de invocar a titularidade de um direito ou interesse que as habilite a requerer a emissão de um acto administrativo, em termos de constituir o órgão competente no dever de decidir, para o efeito de ficarem hábilitadas a exigir, em caso de recusa ou omissão por parte desse órgão, a condenação à prática do acto ilegalmente recusado ou omitido.

e) Com a revisão de 2015, a nova alínea *e)* do nº 1 do artigo 68º passou a reconhecer legitimidade para a propositura de ações de condenação à prática de atos administrativos aos presidentes de órgãos colegiais, relativamente à conduta do respetivo órgão, no que configura uma extensão da legitimidade impugnatória que já lhes era reconhecida pelo artigo 21º, nº 4, do CPA e pelo artigo 55º, nº 1, alínea *e)* do CPTA. E, por outro lado, também refere, genericamente, as demais autoridades, em defesa da legalidade administrativa, nos casos que estejam previstos na lei.

f) O artigo 68º, nº 1, alínea *f)*, reafirma, por último, a legitimidade das pessoas e entidades mencionadas no nº 2 do artigo 9º para pedir a condenação da Administração à prática de actos administrativos cuja recusa ou omissão ponha em causa os valores referidos nesse preceito. Tal como sucede com a previsão do artigo 55º, nº 1, alinea *f)*, no domínio da impugnação de actos administrativos, esta previsão nada acrescenta à solução que, em termos gerais, resulta do artigo 9º, nº 2, pelo que apenas consta do elenco do artigo 68º num propósito de completude. Também a exemplo do que sucede com o artigo 55º, nº 1, alínea *f)*, a remissão do artigo 68º, nº 1, alínea *f)*, para o nº 2 do artigo 9º não vale na parte em que se refere ao Ministério Público, na medida em que a legitimidade do Ministério Público para impugnar actos administrativos resulta, como se acaba de ver, do artigo 68º, nº 1, alínea *b)*, com um âmbito mais alargado, que expressamente compreende as situações enunciadas no artigo 9º, nº 2, mas não se esgota nelas.

2.3. *Legitimidade activa nas acções de impugnação e condenação à emissão de regulamentos (arts. 73º e 77º)*

102. *Legitimidade para impugnar normas regulamentares* – O tema é regulado no artigo 73º, que identifica as categorias de pessoas e entidades legitimadas a pedir a declaração da ilegalidade de normas emanadas no exercício da função administrativa, ou, no dizer da lei, "ao abrigo de disposições de direito administrativo", e que, para simplificar, designamos como *normas regulamentares.*

a) Em primeiro lugar, o artigo 73º, nº 1, reconhece legitimidade para pedir a declaração de ilegalidade com força obrigatória geral a quem alegue ser prejudicado pela aplicação da norma ou poder previsivelmente vir a sê-lo em momento próximo, ao Ministério Público, a qualquer das pessoas e entidades mencionadas no artigo 9º, nº 2, para defesa dos valores mencionados nesse preceito[168], e aos presidentes de órgãos colegiais, em relação a normas emitidas pelos respetivos órgãos.

b) Por outro lado, o artigo 73º, nº 2, reconhece legitimidade para pedir a declaração de ilegalidade com efeitos circunscritos ao seu caso a

[168] Antes da revisão de 2015, as pessoas e entidades referidas no nº 2 do artigo 9º não tinham legitimidade, o que se afigurava injustificado. Também em sentido crítico, cfr. SÉRVULO CORREIA, *Direito do Contencioso Administrativo*, vol. I, pp. 726-727.

quem seja directamente lesado ou possa vir previsivelmente a sê-lo em momento próximo pela aplicação de norma cujos efeitos se produzam imediatamente, sem dependência de actos concretos de aplicação, desde que a ação seja proposta com algum dos fundamentos previstos no artigo 281º da CRP.

c) O Ministério Público tem o dever de pedir a declaração de ilegalidade com força obrigatória geral quando tenha conhecimento da verificação de três casos concretos de recusa de aplicação de uma norma com fundamento na sua ilegalidade.

103. *Legitimidade para pedir a condenação à emissão de normas regulamentares* – O tema é regulado no artigo 77º, nº 1, que identifica as categorias de pessoas e entidades legitimadas a pedir a condenação à emissão de normas regulamentares necessárias para dar exequibilidade a actos legislativos carentes de regulamentação.

a) A primeira entidade referida pelo nº 1 do artigo 77º é o Ministério Público. A acção pública é prevista, neste domínio, sem quaisquer limitações. A exemplo do que, como vimos, sucede nos domínios da impugnação de actos administrativos (artigo 55º) e de normas (artigo 73º), o Ministério Público tem, portanto, uma legitimidade ilimitada para reagir contra a omissão ilegal de toda e qualquer norma regulamentar legalmente devida, no puro propósito de "defender a legalidade democrática e promover a realização do interesse público" (artigo 51º do ETAF).

b) O artigo 77º, nº 1, estende, entretanto, a legitimidade que acaba de ser referida às pessoas e entidades que, nos termos do artigo 9º, nº 2, podem agir em defesa dos valores que esse preceito enuncia, assim como aos presidentes de órgãos colegiais, em relação a norma omitidas pelos respetivos órgãos.

c) Tem, por fim, legitimidade para pedir a condenação à emissão de normas regulamentares quem alegue um prejuízo directamente resultante da situação de omissão.

2.4. *Legitimidade activa nas acções sobre contratos (art. 77º-A)*

103-A. Como resulta da ressalva contida na primeira parte do artigo 9º, nº 1, o artigo 77º-A reúne um conjunto de disposições que afastam o regime consagrado naquele preceito no que toca à legitimidade para a propositura de alguns dos tipos de acções relativas a contratos, prevendo, nesse domínio, um conjunto de situações de extensão da legitimidade processual a quem não alegue ser parte na relação contratual em causa. Essas ações são as ações relativas à validade e execução dos contratos, já que, no que respeita às ações de interpretação, vale o regime geral do artigo 9º.

Com efeito, era tradicional no nosso contencioso administrativo e desde há muito vivamente criticada a solução de que as acções sobre contratos administrativos só podiam ser propostas pelas entidades contratantes (cfr. artigo 825º do Código Administrativo). Esta solução tinha óbvios inconvenientes. No domínio da invalidade dos contratos, ela tornava frequentemente inútil a obtenção da anulação de actos administrativos pré-contratuais, na medida em que, uma vez obtida a anulação, os interessados não tinham legitimidade para pôr em causa os contratos entretanto celebrados. Por outro lado, no domínio da execução dos contratos, colocava-se por inteiro nas mãos da Administração e da entidade com quem ela tivesse contratado a garantia de que os contratos eram devidamente executados, independentemente do interesse público e de terceiros nessa execução.

Procurando dar resposta aos reparos dirigidos contra a solução tradicional, o artigo 77º-A procede a um significativo alargamento da legitimidade para a propositura das acções sobre contratos. Vejamos em que termos.

A) Para além das partes na relação contratual (cfr. artigo 77º-A, nº 1, alínea *a)*), as acções dirigidas à invalidação dos contratos também podem ser propostas pelas pessoas e entidades que se passam a enunciar.

a) Pelo Ministério Público, como prevê o artigo 77º-A, nº 1, alínea *b)*. Repare-se que, a exemplo do que sucede no artigo 77º, nº 1, no domínio do contencioso da omissão ilegal de normas regulamentares, o CPTA introduz, neste preceito, a acção pública sem aparentes restrições, pelo que se deve entender que ela é estendida ao contencioso de impugnação dos contratos da Administração com a mesma configuração que tradicionalmente lhe corresponde no contencioso de impugnação dos actos administrativos. O Ministério Público é, pois, admitido a impugnar todo e qualquer contrato, no único propósito de "defender a legalidade democrática e promover a realização do interesse público" (artigo 51º do ETAF).

b) Pelas demais pessoas e entidades que, nos termos do artigo 9º, nº 2, podem agir em defesa dos valores que esse preceito enuncia (cfr. artigo 77º-A, nº 1, alínea *b)*).

c) Por quem, tendo tomado parte no procedimento que precedeu a celebração do contrato (porventura, um concurso público), tiver impugnado as decisões tomadas no âmbito desse procedimento, com fundamento na ocorrência de ilegalidades pré-contratuais no âmbito do procedimento que precedeu a celebração do contrato (cfr. artigo 77º-A, nº 1, alínea *d)*).

Esta é a situação mais evidente e também a mais frequente de impugnação de contratos por terceiros que nele não são partes. Pense-se no candidato que é preterido num concurso e que considera que o concurso está inquinado de ilegalidades que comprometem a validade do contrato que, na sequência dele, venha a ser celebrado. Esse candidato não só pode impugnar os actos pré-contratuais que considere ilegais, como, *se tiver efectivamente procedido a tal impugnação* [169], também pode impugnar o contrato, fazendo valer a invalidade (consequente) que para ele resulta das ilegalidades cometidas durante o procedimento pré-contratual. Recorde-se que é a jurisdição administrativa a competente para apreciar a invalidade consequente de todos os contratos celebrados pela Administração Pública, que directamente resulte da invalidade do acto administrativo no qual se fundou a respectiva celebração: cfr. artigo 4º, nº 1, alínea *b)*, do ETAF.

A impugnação do acto pré-contratual – por hipótese, o acto de adjudicação da proposta vencedora do concurso – e do próprio contrato, fundada na invalidade consequente que decorre da invalidade pré-contratual, pode, naturalmente, ter lugar, em simultâneo, no âmbito de uma única acção, em que ambos os pedidos sejam cumulados. A cumulação

[169] Como bem assinala CARLOS CADILHA, "Legitimidade processual", p. 14, nota 17, um concorrente num procedimento pré-contratual não dispõe de legitimidade para propor uma acção fundada na invalidade consequente do correspondente contrato se não tiver procedido à tempestiva impugnação do acto administrativo cuja ilegalidade compromete a validade do contrato. De outro modo, a acção seria utilizada para obter um efeito que não pode ser obtido sem a anulação do acto pré-contratual, ao que claramente obsta o artigo 38º, nº 2.

pode ser originária, quando, no momento da propositura da acção, o contrato já tiver sido celebrado, ou superveniente, segundo o disposto no artigo 63º ou no artigo 102º, nº 4, se o contrato só vier a ser celebrado já na pendência da acção de impugnação do acto pré-contratual.

d) Pelos participantes no procedimento que precedeu a celebração do contrato – porventura, um concurso –, por alegada desconformidade entre o clausulado do concreto e os termos resultantes da adjudicação (cfr. artigo 77º-A, nº 1, alínea *e)*). Repare-se que o problema reside, agora, no facto de serem incluídas no contrato cláusulas que dele não deveriam constar, por não serem compatíveis com os termos em que foi feita a adjudicação. Mas ainda aqui estamos perante um instrumento de defesa dos participantes no procedimento pré-contratual – porventura, dos participantes num concurso –, em nome da vinculação da Administração às regras que presidiram a esse procedimento. Cumpre, porém, notar que os eventuais ajustamentos do conteúdo do contrato em relação aos termos da adjudicação não são ilegítimos se se mantiverem dentro dos limites hoje previstos no artigo 99º do CCP, cuja introdução parece ter sido motivada pelo propósito de limitar o alcance prático da previsão do artigo 77º-A, nº 1, alínea *e)*.

e) Por quem alegue que o clausulado do contrato não corresponde aos termos que tinham sido inicialmente estabelecidos e que justificadamente o tinham levado a não participar no procedimento pré-contratual, embora preenchesse os requisitos necessários para o efeito (cfr. artigo 77º-A, nº 1, alínea *f)*).

Repare-se que, neste caso, não estamos perante um interessado que participou no procedimento pré-contratual. Estamos, no entanto, perante alguém que faz valer a invalidade do contrato em defesa do interesse que teria tido em participar num procedimento dirigido à celebração de um contrato com a configuração daquele que acabou por ser celebrado, à revelia do que resultava dos parâmetros inicialmente traçados e que alegadamente terão levado o interessado a não participar no procedimento pré-contratual.

f) Por quem tenha sido prejudicado pelo facto de não ter sido adoptado o procedimento pré-contratual exigido por lei (cfr. artigo 77º-A, nº 1, alínea *c)*).

No confronto com a alínea *d)*, a alínea *c)* do nº 1 do artigo 77º-A não tem em vista a hipótese de ter sido adoptado o tipo de procedimento pré-contratual legalmente exigido, mas ter sido cometida qualquer ilegalidade no âmbito desse procedimento. Como já vimos, essa hipótese corresponde à previsão da alínea *d)*, que, nesse contexto, impõe aos eventuais interessados um ónus de participação no procedimento pré-contratual e de impugnação do acto pré-contratual alegadamente ilegal, sem o que lhes falece a legitimidade para impugnarem o contrato com fundamento em invalidade consequente (cfr. *supra,* alínea *c)*).

Pelo contrário, o que a alínea *c)* do nº 1 do artigo 77º-A tem em vista é a hipótese de preterição total do tipo de procedimento pré-contratual legalmente exigido, em que não foi adoptado qualquer procedimento pré-contratual, ou em que foi adoptado um procedimento pré-contratual de tipo distinto daquele que a lei exigia. Pense-se no exemplo da utilização de ajuste direto, quando era exigida a realização de concurso – hipótese que, hoje, se estende à da modificação de contrato público em inobservância dos limites que se lhe impõem, que é, precisamente, equiparada à celebração de novo contrato, diferente do primeiro, por ajuste direto[170].

O propósito do preceito é o de exonerar o interessado preterido pela não realização do concurso legalmente exigido do ónus de impugnar qualquer acto pré-contratual, para o legitimar a impugnar directamente o próprio contrato. Com efeito, a preterição total do procedimento legalmente exigido não é um vício de procedimento que gere uma mera invalidade consequente do contrato, mas é um vício próprio do contrato, que, como tal, é invocável, não ao abrigo dos artigos 283º ou 283º-A, mas do artigo 284º do CCP. Por conseguinte, resulta da alínea *c)* do nº 1 do artigo 77º-A que, quem não participou no procedimento pré-contratual legalmente exigido, porque este não foi, ilegalmente, adoptado, tem o direito de proceder à impugnação directa do contrato, em defesa do interesse que teria tido em participar no procedimento que deveria ter sido adoptado em ordem à celebração desse contrato, sem ter de se preocupar com a impugnação dos eventuais actos pré-contratuais que, na ausência do procedimento legalmente exigido, possam ter sido praticados em momento anterior ao da celebração do contrato.

[170] Sobre esta última hipótese, cfr. MÁRIO AROSO DE ALMEIDA, *Teoria Geral...*, pp. 458 segs., com outras referências.

g) Por quem tenha sido ou possa vir a ser previsivelmente lesado nos seus direitos ou interesses pela execução do contrato (cfr. artigo 77º-A, nº 1, alínea *g)*). Esta é uma previsão de amplo espectro, cujos contornos cumpre, naturalmente, à jurisprudência delimitar, mas que parece cobrir situações como a das empresas que desenvolvam a sua actividade, em regime de concorrência, num sector do mercado onde exista uma concessão de serviço público atribuída por contrato; ou a dos utentes de um serviço de interesse económico geral, abrangidos por determinações contratualizadas entre o Estado e a entidade concessionária do serviço[171].

B) Para além das partes na relação contratual (cfr. artigo 77º-A, nº 2, alínea *a)*), as acções dirigidas a obter a execução de contratos também podem ser propostas pelas seguintes entidades:

a) Pelos titulares de direitos ou interesses em função dos quais as cláusulas contratuais tenham sido estabelecidas (cfr. artigo 77º-A, nº 2, alínea *b)*). Reveste-se, para este efeito, de especial significado a garantia do cumprimento, por parte dos concessionários de serviços de interesse económico geral, dos deveres consignados no contrato de concessão em que se consubstancia a garantia dos princípios da igualdade de tratamento dos utentes, da continuidade do serviço e da eficiência na gestão das redes de serviço público[172].

b) Pelo Ministério Público, quando esteja em causa a execução "de cláusulas cujo incumprimento possa afectar um interesse público especialmente relevante" (cfr. artigo 77º-A, nº 2, alínea *c)*).

c) Pelas demais pessoas e entidades que, nos termos do artigo 9º, nº 2, podem agir em defesa dos valores que esse preceito enuncia (cfr. artigo 77º-A, nº 2, alínea *d)*).

d) Por quem tenha sido preterido no procedimento que precedeu a celebração do contrato (cfr. artigo 77º-A, nº 2, alínea *e)*). Trata-se, neste caso, de permitir que entidades que tenham sido preteridas – porventura, num concurso – por não terem oferecido condições tão vantajosas de execução como aquelas que propunha o adjudicatário possam reagir

[171] Cfr. Carlos Cadilha, "Legitimidade processual", p. 14.

[172] Neste preciso sentido, cfr. Carlos Cadilha, "Legitimidade processual", p. 15.

perante situações, muitas vezes já de antemão previsíveis, de incumprimento, por parte deste, das condições de execução mais vantajosas a que ele se tinha comprometido e que podem ter mesmo determinado que o contrato lhe tivêsse sido adjudicado; e, de uma maneira geral, de evitar que, na sua execução concreta, o contrato venha a sofrer desvios que se consubstanciem numa alteração das condições objectivas à luz das quais foram avaliadas as capacidades dos concorrentes no procedimento pré-contratual.

2.5. *Legitimidade activa nos processos declarativos urgentes (arts. 97º, 98º, 103º, 104º e 109º)*

104. Nos artigos 97º e segs., o CPTA estabelece um regime específico de legitimidade activa, para os processos declarativos urgentes do contencioso eleitoral (artigo 98º), do contencioso dos procedimentos de massa (artigo 97º) e relativo à impugnação de actos praticados no âmbito de certos tipos de procedimentos pré-contratuais (artigos 97º e 103º), e de intimação para a prestação de informações, consulta de processos ou passagem de certidões (artigo 104º) e para a protecção de direitos, liberdades e garantias (artigo 109º).

104-A. *Contencioso eleitoral e dos procedimentos de massa*

No que respeita ao *contencioso eleitoral,* o artigo 97º, nº 1, alínea *a),* remete para o regime da acção administrativa em matéria de pressupostos processuais, mas o artigo 98º, nº 1, introduz um desvio a esse regime precisamente no que respeita à legitimidade activa, que circunscreve apenas a quem, na eleição em causa, seja eleitor ou elegível ou, quanto à omissão nos cadernos ou listas eleitorais, também pelas pessoas cuja inscrição haja sido omitida. Ao afastar, deste modo, a aplicabilidade do regime do artigo 55º, o artigo 98º, nº 1, restringe significativamente a legitimidade neste domínio em relação ao que, como vimos, é a regra no âmbito dos processos relativos a actos administrativos (cfr. *supra,* nº 99).

Já no que diz respeito ao *contencioso dos procedimentos de massa,* vale, sem mais, a remissão do artigo 97º, nº 1, alínea *b),* para o capítulo II do Título II, que torna aplicável neste domínio o regime de legitimidade que vimos atrás a respeito dos processos de impugnação de atos administrativos e de condenação à prática de atos administrativos (cfr. *supra*, nºs 99 segs.).

105. *Contencioso pré-contratual* – À face da remissão do artigo 97º, nº 1, alínea *c)*, para o capítulo II do título III, afigura-se claro que tem legitimidade para propor as acções do contencioso pré-contratual urgente dos artigos 100º e segs. qualquer das pessoas e entidades referidas no artigo 55º e no artigo 68º, nº 1, e, portanto, que o regime especial do contencioso pré-contratual urgente é aplicável a todas as acções relativas aos actos mencionados no artigo 100º, nºs 1 e 2, independentemente do concreto título de legitimidade em que a propositura da acção se baseie, de entre os vários que constam dos referidos artigos. Assim, e apenas para dar um exemplo menos evidente, pode, v.g., uma associação empresarial impugnar a abertura de um procedimento pré-contratual abrangido pelo regime do artigo 100º, ao abrigo do artigo 55º, nº 1, alínea *c)*, desde que, nos termos estatutários, tal se inscreva na prossecução dos direitos e interesses que lhe cumpra defender.

Já no que diz respeito à legitimidade para a impugnação dos documentos conformadores dos procedimentos de contratação, as coisas não se passam, hoje, porém, do mesmo modo, na medida em que, ao contrário do que sucedia anteriormente, a revisão de 2015 veio, no novo artigo 103º, preencher diversos aspetos em que o regime do CPTA era lacunar nesse domínio, designadamente estabelecendo, no nº 2, que "o pedido de declaração de ilegalidade [dos documentos conformadores do procedimento] pode ser deduzido por quem participe ou tenha interesse em participar no procedimento em causa". A nosso ver, resulta, pois, deste preceito que a legitimidade para a impugnação dos documentos conformadores dos procedimentos de contratação se tornou bem mais limitada do que era antes, só abrangendo os interessados e, eventualmente, as entidades cujo fim estatutário seja o de defenderem os interesses destes[173].

106. *Intimação para a prestação de informações, consulta de processos e passagem de certidões* – Como já vimos, esta forma de processo de intimação tem por objecto o exercício de um direito a prestações, fora do âmbito

[173] Para o enquadramento da questão à face do quadro normativo anterior, para além da primeira edição deste livro, cfr. MÁRIO AROSO DE ALMEIDA/CARLOS FERNANDES CADILHA, *Comentário...*, págs. 663 segs.

do exercício de poderes de autoridade das entidades demandadas (cfr. *supra*, nº 52). Não surpreende, por isso, a aplicabilidade, neste domínio, do critério comum do artigo 9º, nº 1, que o artigo 104º, nº 1, de algum modo reafirma: a legitimidade activa pertence ao interessado na prestação a realizar pela entidade demandada, que alega a titularidade de uma situação subjectiva de direito à (ou pelo menos interesse na) realização da prestação, inscrita numa relação material controvertida com esse conteúdo que o liga à entidade demandada. Acrescenta, entretanto, o artigo 104º, nº 2, que este processo também pode ser utilizado pelo Ministério Público para o exercício da acção pública.

107. *Intimação para protecção de direitos, liberdades e garantias* – Atendendo à heterogeneidade das situações substantivas que podem ser invocadas no âmbito desta forma de processo, o CPTA refere-se em termos muito genéricos à questão da legitimidade activa neste domínio. Está, em todo o caso, aqui em causa a defesa de direitos, liberdades e garantias (e direitos de natureza análoga), pelo que, mesmo que, *in casu*, se trate de questionar a legalidade de um acto administrativo (retome-se o exemplo paradigmático da reacção contra o acto que proibiu a realização de uma manifestação), a legitimidade para a propositura deste tipo de acções assenta na alegação da titularidade de uma situação substantiva lesada, ou em risco de ser lesada, que se consubstancia no direito, liberdade ou garantia, alegadamente posto em causa pela conduta activa ou omissiva do demandado.

§ 2º – O demandado: regime da legitimidade passiva

1. Síntese do regime: artigo 10º, nº 1

108. O regime aplicável em matéria de *legitimidade passiva* consta essencialmente do artigo 10º. Ao contrário do que sucede com o artigo 9º, nº 1, em matéria de legitimidade activa, o preceito do artigo 10º, nº 1, desdobra-se em duas partes.

Na primeira parte, o preceito retoma, tal como o faz o artigo 9º, nº 1, para a legitimidade activa, o essencial das soluções consagradas no artigo 30º do CPC, estabelecendo que a legitimidade passiva corresponde à contraparte na relação material controvertida, tal como esta é configurada pelo autor: o autor deve, portanto, demandar em juízo quem alegadamente estiver colocado, no âmbito dessa relação, em posição contraposta à sua. Tal como vimos suceder, em matéria de legitimidade activa, com a previsão do nº 1 do artigo 9º, este critério, podendo dizer-se que é o critério comum, acaba por ser de aplicabilidade residual, circunscrita aos tipos de litígios cuja estrutura se aproxima do modelo do processo civil e que, estatisticamente, não são os mais representativos no processo administrativo.

Na verdade, e tal como também vimos suceder em sede de legitimidade activa, a este critério restritivo de legitimidade, reportado à (alegada) titularidade da relação material controvertida, tendem a sobrepor-se soluções de alargamento da legitimidade, necessárias nos múltiplos tipos de situações em que, em processo administrativo, o litígio não pressupõe a pré-existência de uma relação jurídica entre as partes. É isso mesmo que o artigo 10º, nº 1, tem, desde logo, em vista quando, na sua segunda parte, admite, em alternativa, que as acções administrativas sejam propostas, "quando for caso disso, contra as pessoas ou entidades titulares de interesses contrapostos aos do autor", prescindindo, desse modo, do critério da pré-existência de uma relação jurídica entre as partes na acção.

2. Regime em matéria de legitimidade passiva das entidades públicas (art. 10º, nº 2 e 4, e art. 11º, nº 1)

109. Como já sabemos (cfr. nº 13 segs.) e é assumido no artigo 10º, nº 7, nem só entidades públicas podem ser demandadas perante os tribunais administrativos. Como é natural, o CPTA atribui, no entanto, especial atenção às situações em que as acções são propostas contra entidades públicas.

Neste sentido, estabelece o artigo 10º, nº 2, que "nos processos intentados contra entidades públicas, parte demandada é a pessoa colectiva de direito público, salvo nos processos contra o Estado ou as Regiões Autónomas que se reportem à em acção ou omissão de órgãos integrados nos respetivos ministérios ou secretarias regionais, em que parte demandada é o ministério ou ministérios, ou a secretaria ou secretarias regionais, a cujos órgãos sejam imputáveis os atos praticados ou sobre cujos órgãos recaia o dever de praticar os actos jurídicos ou observar os comportamentos pretendidos".

A explicação da solução de execepção para os Ministérios – entretanto estendida, na revisão de 2015, às secretarias regionais das Regiões Autónomas – radica na circunstância de, historicamente, os processos de anulação de actos administrativos terem nascido, no contencioso administrativo de tipo francês, como processos sem partes, *processos feitos a um acto*, em que o órgão da Administração que praticou o acto impugnado não figurava como entidade demandada mas como *autoridade recorrida*, em posição comparável àquela que corresponde ao juiz *a quo* quando é interposto recurso para o tribunal superior da decisão por ele proferida. Ora, nessa senda, a legislação imediatamente anterior ao CPTA continuava a estabelecer que os processos relativos ao exercício de poderes de autoridade da Administração eram intentados contra o órgão que tivesse praticado o acto impugnado ou contra o qual fosse formulado o pedido.

A solução do artigo 10º, nº 2, rompeu com essa tradição, mas de forma mitigada no que respeita às acções respeitantes ao Estado. Resulta, pois, deste preceito que, por regra, em todas as acções intentadas contra entidades públicas, a legitimidade passiva corresponde à pessoa colectiva e não a um órgão que dela faça parte. Quando esteja em causa uma conduta, activa ou omissiva, de um órgão do Estado que esteja integrado num Ministério – ao que, hoje, se acrescenta um órgão de uma Região Autónoma integrado numa secretaria regional –, a legitimidade passiva não corresponde, contudo, à pessoa colectiva Estado, mas ao Ministério – ou à secretaria regional – a que o órgão pertence.

Esta solução tem primacialmente em vista os processos respeitantes ao exercício de poderes de autoridade da Administração – processos que, no regime anterior a 2004, correspondiam ao recurso contencioso, no âmbito do qual eram demandados órgãos, e não pessoas coletivas. Afigura-se ser, no entanto, de aplicabilidade geral, sendo, a nosso ver, aplicável à generalidade dos processos em que se discutam ações ou omissões de órgãos de Ministérios ou secretarias regionais.

Por outro lado, o novo nº 7 do artigo 10º veio tornar claro que, quando um pedido principal deva ser deduzido contra um Ministério – e o mesmo deverá entender-se no que diga respeito a uma secretaria regional, embora o preceito não o explicite –, este também tem legitimidade passiva em relação aos pedidos que com aquele sejam cumulados. Pense-se no exemplo do pedido de reparação de danos que seja cumulado no processo de impugnação de ato administrativo ou de condenação à prática de ato administrativo.

Em nosso entender, é, pois, com esta dupla ressalva que deve ser lida a referência que, mesmo após a revisão de 2015, o nº 1 do artigo 11º continua a fazer à representação do Estado pelo Ministério Público nas ações que contra aquele sejam propostas: só são propostas contra o Estado enquanto tal, e, portanto, só há lugar à representação do Estado pelo Ministério Público em processo administrativo, nas ações que não se refiram a uma concreta ação ou omissão de um órgão integrado num Ministério – paradigmaticamente, ações contratuais que não envolvam a fiscalização da legalidade de atos administrativos praticados no âmbito do procedimento de formação do contrato ou de atos administrativos destacáveis da relação contratual, praticados no exercício dos poderes de conformação de que dispõe o contraente público no âmbito das relações contratuais administrativas; e ações de responsabilidade que não envolvam a apreciação de atos ou omissões concretos de órgãos integrados em Ministérios.

Gerou-se, entretanto, em dado momento, alguma controvérsia quanto à questão de saber se o regime de legitimidade passiva do artigo 10º, nº 2, era aplicável no âmbito dos processos de intimação para prestação de informações, consulta de documentos e passagem de certidões. A dúvida resultava do facto de, nessa sede, o Código utilizar a expressão de "autoridade requerida", importada da anterior LPTA. Com a revisão de 2015, o novo nº 1 do artigo 105º veio, no entanto, tornar clara a aplicabilidade, também nesse domínio, do regime do nº 2 do artigo 10º.

110. Acrescente-se, entretanto, que o artigo 10º, nº 4, e o artigo 78º, nº 3, admitem que, ainda que a legitimidade passiva corresponda à pessoa colectiva pública, ao Ministério ou à secretaria regional, o autor indique, na petição, o órgão que praticou o acto impugnado ou aquele perante o qual tinha sido formulada a sua pretensão, considerando-se, nesse caso, citados através desse órgão a pessoa colectiva ou, no caso do Estado ou das Regiões Autónomas, o Ministério ou a secretaria regional a que o órgão pertence. Só existe, portanto, ilegitimidade passiva se for citado um órgão que não pertença à pessoa colectiva, ao Ministério ou à secretaria regional no qual se integra o órgão ao qual a acção ou omissão é impu-

tável: só, na verdade, nessa hipótese é que, através da citação do órgão erradamente indicado, não terá sido citada a pessoa colectiva ou, no caso do Estado, o Ministério que cumpria demandar.

É o que de igual modo resulta da previsão do nº 2 do artigo 82º, que, para a hipótese de o autor incorrer em erro quanto à identificação do órgão, levando a que a secretaria do tribunal tenha procedido à citação do órgão errado, determina que o órgão citado dê imediato conhecimento da citação ao órgão que o deveria ter sido e estabelecem que, dadas as circunstâncias, este último órgão beneficia de um prazo suplementar de quinze dias para contestar e enviar para o tribunal o eventual processo administrativo. Como bem se compreende, estas últimas vicissitudes só fazem sentido quando se possa afirmar que a pessoa colectiva ou o Ministério a demandar o foi devidamente, por na petição ter sido pedida a citação de um órgão dessa pessoa colectiva ou desse Ministério – com o que "a citação que venha a ser dirigida ao órgão se considera feita, nesse caso, à pessoa colectiva ou ao Ministério a que o órgão pertence" (cfr. artigo 78º, nº 3) –, embora tenha havido erro na identificação do órgão, dentro da pessoa colectiva ou do Ministério a demandar.

Já se, pelo contrário, o erro cometido na petição implicar a citação de um órgão de uma pessoa colectiva ou de um Ministério que não tem legitimidade passiva no processo, existe ilegitimidade passiva e não é aplicável o disposto no nº 2 do artigo 82º, mas deve ser corrigida a petição, em ordem a assegurar o correcto prosseguimento da acção, com a devida citação da entidade a quem efectivamente corresponde a legitimidade passiva, sem que haja lugar à formulação de um juízo, por parte do tribunal, sobre a desculpabilidade do erro.

3. Regime especial de legitimidade passiva de órgãos públicos (art. 10º, nº 8)

111. Como expressamente determina o artigo 10º, nº 8, no âmbito de litígios entre órgãos da mesma pessoa colectiva, a legitimidade passiva pertence ao órgão administrativo a demandar e não à pessoa colectiva ou ao Ministério a que ambos os órgãos pertencem. Têm-se aqui em vista as situações previstas no artigo 55º, nº 1, na alínea *d)* e na alínea *e)*, primeira parte, em que o presidente de um órgão colegial é legitimado a impugnar

actos praticados por esse órgão. Como já vimos (cfr. *supra*, nº 100), trata-se de casos excepcionais em que o CPTA reconhece personalidade e capacidade judiciárias aos órgãos administrativos.

4. Legitimidade passiva de particulares (arts. 10º, nº 9, e 37º, nº 3)

112. O artigo 10º, nº 9, estabelece que "podem ser demandados particulares ou concessionários, no âmbito de relações jurídico-administrativas que os envolvam com entidades públicas ou com outros particulares".

O sentido mais óbvio e, ao mesmo tempo, mais importante do preceito é o de tornar claro, com a maior abrangência possível, que os processos intentados perante os tribunais administrativos não têm necessariamente de ser dirigidos contra entidades públicas, mas podem ser dirigidos contra particulares, e que os particulares podem ser demandados a título principal, e não apenas em situações de legitimidade plural, em conjunto com entidades públicas (cfr. *supra,* nº 16; sobre as situações de legitimidade plural, cfr., entretanto, *infra,* nº 114 e 115).

Por outro lado, ao contrapor *"particulares"* a *"concessionários"*, o artigo 10º, nº 7, torna claro que não se tem apenas em vista a situação dos particulares que sejam concessionários de bens, serviços ou poderes públicos, podendo haver também processos dirigidos, a título principal, contra particulares que não tenham o estatuto de concessionários (cfr. *supra,* nº 16). Nesta sua dimensão, o preceito releva, designadamente, para o efeito do disposto no artigo 37º, nº 3 (cfr. *supra,* nº 49), assim como para o efeito do disposto nos artigos 51º, nº 1, e 100º, nº 2, nos termos dos quais sujeitos privados podem ser demandados perante os tribunais administrativos em processos de impugnação dos actos jurídicos que pratiquem ao abrigo de normas de Direito Administrativo, designadamente no âmbito de procedimentos pré-contratuais submetidos a disposições de Direito público (cfr. nº 123).

Recorde-se, por outro lado, que o processo de intimação para protecção de direitos, liberdades e garantias também tanto pode ser intentado contra a Administração (artigo 109º, nº 1), como "contra particulares, designadamente concessionários, para suprir a omissão, por parte da Administração, das providências adequadas a prevenir ou reprimir condutas lesivas dos direitos, liberdades e garantias do interessado" (artigo 109º, nº 2).

TERCEIRA SECÇÃO
Situações de pluralidade de partes

1. Enquadramento de âmbito geral

113. A pluralidade de partes no processo ocorre quando vários autores litigam com um só demandado, quando um só autor acciona vários demandados ou quando vários autores accionam vários demandados[174]. A existência de situações de pluralidade de partes pode ocorrer em processo administrativo, seja sob a forma da *coligação*, seja sob a forma do *litisconsórcio*, activos ou passivos e necessários ou voluntários[175].

A *coligação* é uma situação de pluralidade de partes que assenta numa pluralidade de relações jurídicas (diz o artigo 12º que ela ocorre quando vários autores accionam um só ou vários demandados, ou quando um único autor demanda conjuntamente vários demandados, por pedidos diferentes), nesse ponto se distinguindo do *litisconsórcio*, que pressupõe a co-titularidade da relação jurídica entre os litisconsortes e, por isso, também, a existência de uma única relação material, como se houvesse um único autor (litisconsórcio activo) ou um único demandado (litisconsórcio passivo)[176]. Se o pedido ou pedidos deduzidos forem formulados por todas as partes ou contra todas as partes, configura-se um litisconsórcio; se cada um dos pedidos for formulado por cada um dos autores ou contra cada um dos demandados, está-se perante uma coligação[177]. Ao contrário do litisconsórcio, que supõe a co-titularidade da mesma relação jurídica, a coligação permite, assim, que vários autores desencadeiem um único processo contra um ou vários demandados (*coligação de autores*) ou que um autor desencadeie um único processo conjuntamente contra vários

[174] Cfr. ANSELMO DE CASTRO, *Direito Processual Civil Declaratório*, vol. I, p. 178.

[175] Sobre os regimes de pluralidade de partes no vigente processo administrativo, a análise mais completa pertence a WLADIMIR BRITO, *Lições de Direito Processual Administrativo*, 2ª ed., Coimbra, 2008, pp. 170 segs. e 175 segs.

[176] Para a distinção entre as duas figuras, com base na unidade ou pluralidade das relações materiais controvertidas, cfr. ANTUNES VARELA *ET ALII*, *Manual de Processo Civil*, pág. 161.

[177] Cfr. MIGUEL TEIXEIRA DE SOUSA, "Cumulação de pedidos e cumulação aparente no contencioso administrativo", *Cadernos de Justiça Administrativa* nº 34, p. 34.

demandados (*coligação de réus*), por pedidos diferentes, com fundamento em diferentes relações jurídicas intercorrentes entre uns e outros[178].

A coligação é admitida, em termos gerais, no artigo 12º, aplicável a todo o âmbito do processo administrativo.

Ao referir-se, entretanto, genericamente à possibilidade de particulares serem demandados "no âmbito de relações jurídico-administrativas que os envolvam com entidades públicas ou com outros particulares", o artigo 10º, nº 9, tem o alcance de admitir, nos mais amplos termos, a possibilidade da constituição de situações de *litisconsórcio voluntário passivo* ou de *pluralidade subjectiva subsidiária do lado passivo*[179], quando se discutam relações jurídicas que digam simultaneamente respeito a entidades públicas e a entidades privadas, abrindo, desse modo, a porta à aplicação supletiva do disposto nos artigos 32º e 39º do CPC.

O nº 9 do artigo 10º configura-se, pois, como uma regra de legitimidade plural passiva, que permite que uma acção seja proposta, não apenas contra entes públicos, mas também contra particulares que também sejam partes na relação jurídico-administrativa controvertida[180].

Cumpre ter, entretanto, presente a disposição do artigo 4º, nº 2, do ETAF, introduzida pela revisão de 2015, nos termos da qual "pertence à jurisdição administrativa e fiscal a competência para dirimir os litígios nos quais devam ser conjuntamente demandadas entidades públicas e particulares entre si ligados por vínculos jurídicos de solidariedade, designadamente por terem concorrido em conjunto para a produção dos mesmos danos ou por terem celebrado entre si contrato de seguro de responsabilidade". Com efeito, esta regra visa dar resposta a dificuldades que se vinham suscitando na jurisprudência administrativa, quanto à competência dos tribunais administrativos para conhecer de ações de responsabilidade civil quando se verifique o chamamento ao processo de sujeitos privados que se encontrem envolvidos com a Administração ou com outros particulares numa mesma relação jurídica administrativa ou no âmbito de uma relação conexa com a relação principal que constitui objeto do litígio.

[178] Cfr. Mário Aroso de Almeida/Carlos Fernandes Cadilha, *Comentário...*, p. 116.

[179] Em geral sobre o tema, cfr. Miguel Teixeira de Sousa, *As partes, o objecto e a prova na acção declarativa*, Lisboa, 1995, pp. 59 segs., e *Estudos sobre o novo processo civil*, Lisboa, 1997, pp. 151 segs.

[180] Sobre o assunto, cfr. Carlos Fernandes Cadilha, "Legitimidade plural e relação jurídica administrativa", *Cadernos de Justiça Administrativa* nº 62, p. 28.

A situação paradigmática de corresponsabilidade ou de responsabilidade concorrente em consequência de uma entidade pública e um particular terem contribuído para a produção do mesmo dano é aquela em que se configure a concorrência de culpas entre o ente público, enquanto dono da obra, e um concessionário ou empreiteiro, em relação a danos resultantes da execução de obras públicas. A regra do artigo 4º, nº 2, do ETAF aplica-se também nas situações em que o coenvolvimento da entidade pública e de um terceiro se estabelece no âmbito de uma relação conexa com a relação principal que constitui objeto do litígio, como sucede quando a entidade pública tem um direito de regresso sobre terceiro por efeito da transferência da responsabilidade civil pelo risco decorrente da sua atividade para uma instituição seguradora[181].

O nº 9 do artigo 10º compreende também as situações de *pluralidade subjetiva subsidiária,* a que se refere o artigo 39º do CPC, ou seja, aquelas situações em que, por subsistir dúvida razoável e fundada sobre a titularidade da relação material controvertida, é permitida ao autor a dedução subsidiária do mesmo pedido, ou a dedução de pedido subsidiário, contra réu diverso do que é demandado a título principal. Assim, por exemplo, havendo dúvida sobre a existência de solidariedade passiva entre a Administração e um seu funcionário, no âmbito da responsabilidade civil extracontratual, e pretendendo o autor exercer o seu direito de crédito, em primeira linha, apenas contra o funcionário (artigo 519º do Código Civil), é possível dirigir o mesmo pedido, subsidiariamente, contra a Administração, para o caso de se entender que o funcionário demandado não actuou com dolo ou negligência grave e, por isso, a acção só poderia ser proposta contra o ente público[182].

Por outro lado, resulta da natureza das coisas e da aplicabilidade supletiva do CPC a possibilidade da existência de situações de litisconsórcio voluntário ou necessário activo, sempre que se preencham os requisitos genericamente previstos nos artigos 32º e 33º do CPC, supletivamente aplicável *ex vi* artigo 1º do CPTA. Quanto ao litisconsórcio necessário passivo, a que o artigo 10º, nº 1, faz uma referência genérica, para além dos casos que são objecto de previsão específica no CPTA, também pode

[181] Para mais desenvolvimentos, cfr. Mário Aroso de Almeida/Carlos Fernandes Cadilha, *Comentário ao Código de Procedimento Administrativo,* 4ª ed., Coimbra, 2017, nota 10 ao artigo 10º.

[182] Cfr. Mário Aroso de Almeida/Carlos Fernandes Cadilha, *Comentário...,* pp. 99-100.

ocorrer, em termos gerais, sempre que se preencham os correspondentes pressupostos, previstos no CPC.

2. *Litisconsórcio necessário passivo e estatuto jurídico dos contra-interessados (arts. 57º e 68º, nº 2)*

114. Como foi dito, a existência de situações de litisconsórcio necessário passivo em processo administrativo, tanto do lado activo, como do lado passivo, pode, desde logo, ocorrer por aplicação subsidiária do regime do CPC, nos termos do qual o litisconsórcio é necessário quando lei ou contrato exijam a intervenção de vários interessados ou quando, pela própria natureza da matéria controvertida, essa intervenção seja forçosa para que a decisão a proferir produza o seu efeito útil normal (cfr. artigo 33º do CPC).

É o que paradigmaticamente sucede no caso das acções de impugnação de contratos propostas por terceiros em relação ao contrato, em que, como é evidente, para que a procedência da acção possa produzir o seu efeito útil normal, é necessário que ela se projecte na esfera jurídica de ambas as partes no contrato, pelo que ambas têm de ser demandadas nesta acção, em regime de litisconsórcio necessário passivo.

115. Em processo administrativo, um caso particular que, entre nós, tem sido reconduzido, sem reflexão aprofundada, ao instituto do litisconsórcio necessário passivo, diz respeito à figura dos chamados *contra-interessados,* categoria a que o CPTA faz expressa referência nos artigos 57º e 68º, nº 2, no domínio do contencioso dos actos administrativos, estabelecendo que, tanto nos processos de impugnação de actos administrativos, como nos processos de condenação à prática de actos administrativos, para além da entidade que praticou ou se pretende que pratique o acto em causa, também devem ser demandados os titulares de interesses contrapostos aos do autor.

Não é por acaso que o Código faz referência específica aos contra-interessados nos artigos 57º e 68º, nº 2, no âmbito, como foi dito, das acções de impugnação de actos administrativos e de condenação à prática deste tipo de actos. Trata-se, na verdade, de domínios em que a acção é proposta contra a entidade que praticou ou que omitiu ou recusou o acto administrativo, mas em que há sujeitos privados envolvidos no litígio, na medida em que os seus interesses coincidem com os da Administração ou, pelo menos, podem ser directamente afectados na sua consistência jurídica com a procedência da acção.

As relações jurídicas relacionadas com o exercício de poderes de autoridade por parte da Administração são, na verdade, frequentemente complexas no plano subjectivo, apresentando-se com uma estrutura *poligonal* ou *multipolar,* que envolve um conjunto mais ou menos alargado de pessoas cujos interesses são afectados pela conduta da Administração. Sucede, na verdade, muitas vezes que, num caso concreto, há um interessado que pretende a anulação de um acto administrativo que considera ilegal ou a prática de um acto administrativo que considera devido, mas também existem interessados que, sendo beneficiários do acto ilegal ou podendo ser afectados pelo acto devido, têm interesse em que ele não seja anulado e, pelo contrário, se mantenha na ordem jurídica, ou em que ele não seja praticado e, portanto, tudo se mantenha como está. Basta pensar no exemplo da impugnação de uma licença de construção: ao interesse do vizinho que pretende a anulação dessa licença, contrapõe-se, pelo menos, o interesse do proprietário em cuja esfera jurídica a licença constituiu o direito de construir; ou no exemplo da condenação à emissão de uma ordem de demolição: ao interesse do vizinho que pretende a demolição, contrapõe-se, pelo menos, o interesse do proprietário do imóvel.

É certo que o objecto destes processos não se define por referência às situações subjectivas dos contra-interessados, titulares de interesses contrapostos aos do autor, mas à posição em que a Administração se encontra colocada, no quadro do exercício dos seus poderes de autoridade. Com efeito, a discussão em juízo centra-se na questão de saber se a Administração agiu ou não de modo ilegal e, por isso, se se anula ou não o acto administrativo, ou se se condena ou não a Administração a praticar o acto recusado ou omitido. Esta circunstância torna questionável o enquadramento que à situação dos contra-interessados tem sido dado no instituto do litisconsórcio necessário, que, por isso, parece dever ser objeto de revisão crítica, mas não invalida que os contra-interessados devem ser obrigatoriamente citados no processo, sob pena de não ficarem vinculados pelo respetivo caso julgado. É o que resulta dos artigos 57º e 68º, nº 2, que reconhecem aos contra-interessados o estatuto de intervenientes necessários no processo.

Por este motivo, tem o CPTA o cuidado de, tanto no artigo 57º, como no artigo 68º, nº 2, densificar o conceito de contra-interessados e, em particular, o cuidado de o circunscrever às pessoas "que possam ser identificadas em função da relação material em causa ou dos documentos contidos no processo administrativo". Está aqui presente o propósito de *objectivizar* a operação de delimitação do universo dos "titulares de interesses contrapostos aos do autor" que devem ser demandados no processo (artigo 10º, nº 1), atendendo às consequências gravosas que resultam da sua falta de citação: ilegitimidade passiva que obsta ao conhecimento da causa (cfr. artigo 89º, nº 4, alínea *e*)) e inoponibilidade da decisão judicial que porventura venha a ser proferida à revelia dos contra-interessados (cfr. artigo 155º, nº 2, e, a este propósito, *infra*, nº 199).

No seu estimulante texto "A legitimidade processual dos contra-interessados nas acções administrativas comuns e especiais"[183], *Rui Machete* procurou transpor para o nosso ordenamento jurídico as construções que, no direito alemão, têm sido elaboradas em matéria de legitimidade processual, preconizando a adopção de um critério restritivo, essencialmente baseado na teoria da protecção da norma, quanto ao preenchimento do pressuposto processual da legitimidade, tanto do lado activo, como no que respeita, do lado passivo, à questão da delimitação da categoria dos contra-interessados, que neste momento nos ocupa. Pela nossa parte, não vemos, no entanto, que a solução traga vantagens, pois restringe o universo dos que são admitidos a obter tutela dos tribunais administrativos, em prejuízo dos seus interesses e do interesse objectivo da reintegração da legalidade administrativa, e não nos parece que ela se ajuste ao regime consagrado no CPTA.

A nosso ver, é, desde logo, assim, no que respeita à legitimidade activa, no âmbito dos processos de impugnação de actos administrativos, dado que o artigo 9º, nº 1, contrapõe com clareza o critério de legitimidade de raiz estritamente subjectiva, assente na alegada titularidade da relação material controvertida, que consagra, a outros critérios mais abrangentes que expressamente ressalva, entre os quais se conta o que, no artigo 55º, nº 1, alínea *a*), estende a legitimidade para a impugnação de actos administrativos aos titulares de um

[183] Publicado in *Estudos em Homenagem ao Professor Doutor Marcello Caetano*, vol. II, pp. 611 segs. As posições do Autor foram, entretanto, retomadas, com outro desenvolvimento, na recente dissertação de doutoramento, ainda inédita, de Francisco Paes Marques, *Conflitos entre particulares de oposição reversível no contencioso administrativo*, Lisboa, 2015.

interesse pessoal e directo. Não podemos, pois, concordar que os interessados, na acção administrativa especial, "defendem sempre uma posição jurídica e nunca um interesse de facto" (quanto a este ponto, cfr. *supra*, nº 99).

Ora, sucede que, como o referido Autor bem faz notar, os papéis de autor e contra-interessado são reversíveis, sem que entre um e outro existam diferenças no que respeita aos pressupostos e modo de tutela jurídica dos respectivos interesses. Por isso, o mesmo entendimento é, a nosso ver, aplicável aos contra-interessados na acção de condenação à prática de acto administrativo, a que se refere o artigo 68º, nº 2. Na verdade, tivemos oportunidade de ver que, neste tipo de acção, o artigo 68º, nº 1, alínea a), estabelece o regime da legitimidade activa dos particulares em termos claramente distintos, porque mais restritivos, daqueles que, para a impugnação de actos, resultam do artigo 55º, nº 1, alínea a) (cfr. *supra*, nº 101). Sucede, porém, que, pelo contrário, o artigo 68º, nº 2, prevê a figura dos contra-interessados em termos amplos, que se afiguram perfeitamente compatíveis com a titularidade de meros interesses de facto.

E, a nosso ver, não há nisto qualquer contradição. Na verdade, compreende-se que a legitimidade activa seja restrita, e de raiz subjectiva, quando se trata de pedir a condenação à prática de actos administrativos, porque o autor não pode deixar de alegar a titularidade de um direito ou, pelo menos, de um interesse legalmente protegido de conteúdo pretensivo como fundamento da acção que propõe. Pelo contrário, os interessados em que o acto não seja praticado estão colocados, perante a perspectiva da emissão do acto, numa posição estruturalmente idêntica à do impugnante, perante o acto já praticado: são uma espécie de impugnantes em potência. Na medida em que possam ser, à partida, identificados – e o verdadeiro limite reside aqui –, pode, pois, dizer-se que todos os potenciais interessados em, uma vez praticado o acto favorável a *A*, impugnar esse acto são virtuais contra-interessados no processo de condenação à prática desse acto que *A* porventura se veja colocado na necessidade de intentar. Tal como sucede, como vimos, com a legitimidade activa para impugnar actos administrativos, não se pode deixar, pois, a nosso ver, de admitir a possibilidade de, no processo de condenação à prática de acto administrativo, figurarem como contra-interessados titulares de meros interesses de facto.

Quanto aos contra-interessados no processo impugnatório, é evidente que se o acto foi praticado porque *A*, que o requereu, demonstrou a titularidade de uma situação jurídica subjectiva que lhe permitia exigi-lo ou, pelo menos, obtê-lo, ele será, no processo de impugnação que venha a ser intentado contra esse acto, um contra-interessado titular de uma situação jurídica subjectiva, tal como também seria titular de uma tal situação, como autor, no âmbito da acção de condenação à prática de acto administrativo que tivesse de intentar na hipótese de o acto lhe ter sido ilegalmente denegado. Mas daí não resulta, a nosso ver, que, em abstracto, não seja possível conceber, pelo menos em relação a certos tipos de actos administrativos, a possibilidade da existência de particulares que, não sendo os destinatários e beneficiários directos do acto impugnado, sejam passíveis de ser identificados como titulares de um interesse de facto diferenciado na manutenção desse acto na ordem jurídica, que possa justificar a sua citação como contra-interessados no processo impugnatório. A ser o caso, também aí teremos a figurar como contra-interessados no processo titulares de meros interesses de facto.

Cumpre, em todo o caso, reconhecer que, como os contra-interessados têm de ser identificáveis à partida como titulares de interesses presuntivamente contrários aos do autor, a categoria tenderá a circunscrever-se a quem seja titular de verdadeiras situações jurídicas subjectivas que a procedência da acção possa pôr em causa, em princípio como tal identificados no âmbito da concreta relação jurídica poligonal constituída no âmbito do procedimento administrativo. Como é óbvio, a questão já se coloca em termos completamente diferentes no plano da legitimidade activa para impugnar actos administrativos, na medida em que, uma vez praticado um acto administrativo, podem acorrer a reagir contra ele titulares de meros interesses de facto que, à partida, não eram identificáveis e que, como tal, não teriam de figurar como contra-interessados numa eventual acção de condenação à prática de acto devido que tivesse tido de ser intentada para conseguir que esse acto fosse praticado.

Faça-se, entretanto, notar que o teor literal dos artigos 57º e 68º, nº 2, parece inculcar que *contrainteressados* são *pessoas a quem a procedência da acção pode prejudicar ou que têm interesse na manutenção da situação contra a qual se insurge o autor*. Cumpre, por isso, advertir para o facto de que, na prática, o universo dos contra-interessados é mais amplo, estendendo-se a todos aqueles que, por terem visto ou poderem vir a ver a respectiva situação jurídica definida pelo acto administrativo praticado ou a praticar, têm o direito de não ser deixados à margem do processo em que se discute a questão da subsistência ou da introdução na ordem jurídica do acto que lhes diz respeito. Trata-se, pois, de assegurar que o processo não corra à revelia das pessoas em cuja esfera jurídica ele se propõe introduzir efeitos. Ora, daqui não decorre necessariamente a titularidade de um interesse contraposto ao do autor na acção. Tome-se o exemplo do concorrente que, tendo participado num concurso para o preenchimento de dez vagas na função pública e tendo ficado classificado em 20º lugar, impugna o resultado final do concurso, alegando que o respectivo júri não foi constituído nos termos legalmente estabelecidos. No processo impugnatório, movido contra a lista final de graduação de todos os concorrentes, todos eles devem figurar como contra-interessados, pois é a questão da subsistência da respectiva graduação no concurso que está em discussão. Mas não é líquido que os concorrentes que não ficaram graduados nos primeiros dez lugares tenham um interesse contraposto ao do autor que impugnou. Pelo contrário, é muito provável que eles concordem com a impugnação e tenham interesse na sua procedência. No entanto, não deixam, por isso, de ser contra-interessados, num sentido mais amplo do que aquele que decorre do teor literal do artigo 57º, que assenta na titularidade de interesses *possivelmente* ou *potencialmente* contrapostos aos do autor, porque fundados em situações jurídicas subjectivas que serão afectadas pela eventual procedência da acção[184].

3. Regime da coligação (art. 12º)

116. Tal como sucede, em processo civil, com o correspondente artigo 36º do CPC, os requisitos de conexão objectiva de que, nos termos do artigo 12º, depende a possibilidade da coligação são, em alternativa, os seguintes: unidade da fonte das relações jurídicas controvertidas em virtude de os pedidos se fundarem numa mesma causa de pedir; dependência entre os pedidos; conexão entre os pedidos por dependerem da apreciação dos mesmos factos ou envolverem a interpretação e aplicação das mesmas regras de direito.

É assim possível que um autor dirija uma acção contra diversos demandados, designadamente cumulando o pedido de declaração de ilegalidade de uma norma com o pedido de anulação de um acto administrativo de aplicação, no caso em que o autor da norma seja uma entidade diversa daquela que praticou o acto; do mesmo modo, a coligação de demandados poderá ocorrer quando o autor cumule um pedido de anulação de um acto administrativo com o reconhecimento de uma situação jurídica subjectiva, no caso em que a prática do acto administrativo, por parte de uma certa entidade, constitua impedimento ao reconhecimento, por uma outra entidade, de direitos ou interesses legítimos existentes na

[184] Sublinhando este aspecto, na mais judiciosa das análises entre nós publicadas sobre o tema, cfr. PAULO OTERO, "Os contra-interessados em contencioso administrativo: fundamento, função e determinação do universo em recurso contencioso de acto final de procedimento concursal", in *Estudos em Homenagem ao Prof. Doutor Rogério Soares*, Coimbra, 2001, pp. 1073 segs.

esfera jurídica do mesmo particular. Nos mesmos termos, fora do quadro específico de impugnação de actos, é admissível que vários autores se coliguem para impugnarem uma mesma norma ou deduzirem pedidos de indemnização por ilegalidade praticada no âmbito de uma mesma actuação jurídica ou material da Administração[185].

Os requisitos de que, nos termos do artigo 12º, depende a possibilidade da coligação são os mesmos requisitos de que, nos termos do nº 1 do artigo 4º, depende a possibilidade da cumulação de pedidos. E, tal como sucede com a cumulação de pedidos, o Código preocupa-se em remover os possíveis obstáculos à coligação, possibilitando-a, assim, em termos mais amplos do que aqueles que resultam do CPC.

Com efeito, é aplicável ao caso o disposto, para a cumulação de pedidos, nos artigos 5º e 21º, que permitem a cumulação de pedidos independentemente de aos diferentes pedidos corresponderem diferentes formas de processo ou de a apreciação dos diferentes pedidos corresponder a tribunais distintos. Por conseguinte, e ao contrário do que, em processo civil, resulta do artigo 37º do CPC, nem as regras respeitantes às formas de processo, nem as regras de competência dos tribunais obstam à coligação de autores ou de demandados.

A observância dos requisitos dos quais, nos termos do artigo 12º, depende a admissibilidade da coligação constitui um pressuposto processual cujo preenchimento é necessário para que possa haver julgamento de mérito. Neste sentido, o artigo 89º, nº 4, alínea *f)*, qualifica a ilegalidade da coligação como uma das excepções dilatórias do processo administrativo, que, obstando ao prosseguimento do processo, acarretam a absolvição da instância.

A situação de coligação ilegal de demandados, que ocorre quando um autor formula pedidos distintos relativamente a diferentes demandados, sem que entre eles subsistam os requisitos de conexão objectiva, pode, no entanto, ser suprida nos termos do artigo 12º, nº 3, que estabelece que, “havendo cumulação sem que entre os pedidos exista a conexão exigida no nº 1, o juiz notificará o autor ou autores para, no prazo de dez dias, indicarem o pedido que pretendem ver apreciado no processo, sob cominação de, não o fazendo, haver absolvição da instância quanto a todos os pedidos”. Significa isto que, se o autor identificar o pedido que pretende

[185] Cfr. MÁRIO AROSO DE ALMEIDA/CARLOS FERNANDES CADILHA, *Comentário...*, p. 118.

ver apreciado no processo, só haverá absolvição da instância em relação aos demais pedidos, que poderão ser deduzidos autonomamente, aproveitando o autor os efeitos substantivos decorrentes da data da entrada da primeira petição, desde que apresente as novas petições dentro do prazo de um mês a contar do trânsito em julgado da decisão de absolvição da instância, como dispõe o artigo 12º, nº 4. Já no caso de haver absolvição da instância em relação a todos os pedidos, porque o autor não deu satisfação ao convite do tribunal, ele não beneficia da faculdade de renovação da instância, como dispõe o artigo 87º, nº 7. Se, pelo contrário, tiver havido absolvição da instância em relação a todos os pedidos sem prévia emissão de despacho de aperfeiçoamento, o autor beneficia da faculdade de renovação da instância nos termos do artigo 87º, nº 8.

No caso da ilegal coligação de autores, mais não resta do que a absolvição da instância e a apresentação de novas petições, nos termos do artigo 12º, nº 4.

CAPÍTULO TERCEIRO
Pressupostos processuais em razão do objecto do processo

117. Como foi dito logo no início do presente Título, uma vez estudado, no capítulo precedente, o regime dos pressupostos processuais relativos aos sujeitos do processo, cumpre agora empreender o estudo dos pressupostos processuais em razão do objecto do processo.

Para os tipos de pretensões que considera que têm especificidades que o justificam, o CPTA estabelece, em razão dessas especificidades, um regime próprio no que respeita aos respectivos pressupostos processuais. É este o objecto primacial do presente capítulo. A final, faremos ainda referência aos pressupostos relativos ao objecto de âmbito geral.

PRIMEIRA SECÇÃO
Pressupostos processuais das pretensões respeitantes a actos administrativos e normas regulamentares

118. O capítulo II do Título II do CPTA (artigos 50º e segs.) estabelece um conjunto de determinações que, na sua grande maioria, se referem aos pressupostos específicos de cujo preenchimento depende a dedução em juízo dos tipos de pretensões respeitantes a atos administrativos e

normas regulamentares. O referido capítulo encontra-se dividido em três secções, que regulam os aspectos respeitantes à impugnação de actos administrativos, à condenação à prática de actos administrativos e ao contencioso das normas regulamentares. Com excepção da disciplina respeitante à legitimidade e ao interesse processual, que já foi objecto de tratamento autónomo, daremos conta, de seguida, dos termos em que, desse modo, o CPTA regula os pressupostos processuais específicos de que depende a actuação processual das referidas pretensões.

O CPTA prevê diferentes formas de processo respeitantes a actos administrativos: a acção administrativa, regulada no Título II (artigos 37º a 96º), e as acções administrativas urgentes, reguladas no Título III (artigos 97º a 103º-B). Como adiante se verá (cfr. *infra*, nº 164), o que, sobretudo, distingue a forma da ação administrativa dos processos urgentes é a maior celeridade que o CPTA procura imprimir à tramitação destes últimos, que resulta da sua qualificação como urgentes (para os efeitos do disposto no artigo 36º, nº 2, e no artigo 147º) e do regime específico dos artigos 98º, 99º, 102º e 103º. Mas também no que respeita aos pressupostos processuais, não é inteiramente o mesmo o regime aplicável a cada uma destas modalidades de processos urgentes.

Por este motivo, na análise do regime dos pressupostos processuais a que iremos proceder, referir-nos-emos na presente secção aos requisitos de aplicabilidade geral, que valem para todas as formas a que esses processos podem ser submetidos; e faremos referência separada, na Terceira Secção, aos aspectos específicos de regime apenas aplicáveis aos processos urgentes do contencioso eleitoral, do contencioso dos procedimentos de massa e do contencioso pré-contratual.

§ 1º – Impugnação de actos administrativos

119. Começamos por recordar que, de acordo com a nova definição introduzida pela revisão de 2015 no nº 1 do artigo 50º, a impugnação de atos administrativos só tem por objeto a anulação ou a declaração de nulidade de tais atos. A declaração de inexistência de ato administrativo não constitui, pois, objeto de um processo impugnatório, na medida em que o que, num processo com esse objeto, o autor se propõe é, precisamente, demonstrar que não foi praticado um ato administrativo, pelo que o

próprio autor configura o objeto do processo de um modo que nega a existência de um ato passível de impugnação. Os processos de declaração de inexistência de ato administrativo são, pois, processos meramente declarativos ou de simples apreciação, que só em matéria de legitimidade o nº 2 do artigo 50º submete ao regime de pressupostos processuais da impugnação de atos administrativos (para mais desenvolvimentos, cfr. *supra*, nº 27). Não serão, por isso, objeto de referência ao longo da exposição subsequente.

1. Impugnabilidade dos atos administrativos e atos equiparados

120. A primeira das secções do capítulo II do Título II do CPTA (artigos 50º a 65º) refere-se aos pressupostos processuais de cujo preenchimento depende a dedução em juízo da impugnação de actos administrativos. A primeira das subsecções refere-se ao "acto administrativo impugnável". Esta opção estrutural inscreve-se na tradição do processo administrativo, de se identificar como um – o primeiro – dos pressupostos processuais, no âmbito dos processos de impugnação de actos administrativos, a existência de um acto administrativo passível de ser impugnado junto dos tribunais administrativos: tradicionalmente, falava-se, a esse propósito, no pressuposto processual da *recorribilidade do acto administrativo.*

Cumpre, porém, notar que, amalgamados nessa fórmula aparentemente unitária, desse modo se misturavam sob uma única designação um conjunto de requisitos que, bem vistas as coisas, diziam respeito a aspectos bastante diferenciados uns dos outros[186]. A propósito da *impugnabilidade do acto administrativo,* tal como ela é tradicionalmente entendida, há, pois, que distinguir vários aspectos ou dimensões, que são ou podem ser, todos eles, cumulativamente necessários para que tenhamos um acto jurídico concreto que possa ser impugnado por quem se propõe impugná-lo, mas que, em bom rigor, dizem respeito, cada um deles, a requisitos diferenciados. Iremos, pois, referir-nos, em separado, a cada um deles.

[186] À face do regime anterior ao CPTA, Vieira de Andrade, *A Justiça Administrativa,* 3ª ed., Coimbra, 2000, pp. 242-243, também questionava que a *recorribilidade do acto administrativo* fosse apresentada como um dos pressupostos do recurso contencioso, alegando que, nesse pretenso pressuposto, tradicionalmente se confundiam realidades correspondentes a pressupostos diferenciados.

Faça-se, por outro lado, notar que, ao tratar do "acto administrativo impugnável", nos artigos 51º e segs., o CPTA não se refere apenas ao acto administrativo, no sentido estrito que ao conceito hoje confere o artigo 148º do CPA, mas também a actos sem (necessária) eficácia externa, que a estes equipara para efeitos contenciosos no nº 2 do artigo 51º. Referir-nos-emos, pois, aos actos administrativos no ponto 1.1 e a estes actos equiparados no ponto 1.2.

1.1. *Impugnabilidade dos atos administrativos*

121. Como resulta do nº 1 do artigo 51º, as pretensões impugnatórias, por regra, têm por objeto um acto administrativo. Nessa medida, o processo de impugnação tem, portanto, de reportar-se ao conceito de acto administrativo, para o efeito de pressupor a existência de um acto jurídico que reúna os atributos que permitem qualificá-lo como acto administrativo. Na verdade, todos os atos administrativos são, por definição, impugnáveis, pelo que, para os atos administrativos, a impugnabilidade depende apenas do simples preenchimento do conceito, da reunião dos respetivos elementos constitutivos: desde que, como diz o nº 1 do artigo 51º, tenhamos um ato administrativo, temos um ato impugnável.

O conceito de acto administrativo resulta, no vigente ordenamento jurídico português, do artigo 148º do CPA, que o define como a decisão que, no exercício de poderes jurídico-administrativos, visa produzir efeitos jurídicos externos numa situação individual e concreta. É, pois, por referência aos elementos constitutivos deste conceito que haverá de ser, em primeira linha, identificado o ato impugnável, independentemente da natureza da entidade que o pratique e da forma sob a qual seja praticado.

a) Um primeiro aspeto a assinalar prende-se com a natureza das entidades que praticam atos administrativos. Na verdade, o acto administrativo era tradicionalmente definido como um acto jurídico praticado por um órgão pertencente à Administração Pública (cfr. artigo 120º do CPA anterior à revisão de 2015). A evolução ocorrida ao longo do tempo foi conduzindo, contudo, à necessidade de equiparar a actos administrativos, quer para efeitos de aplicação do correspondente regime substantivo, quer para efeitos processuais, todo um conjunto de manifestações jurídicas, emitidas por órgãos públicos que não integram a Administração Pública ou por entidades privadas, mas ao abrigo de disposições de Direito Administrativo[187].

É assim que, antes da revisão de 2015, o artigo 51º, nº 2, equiparava a actos administrativos, para efeitos impugnatórios, as "decisões materialmente administrativas proferidas por autoridades não integradas na Administração Pública". Tratava-se dos *"actos em matéria administrativa"* de órgãos como o Presidente da República, a Assembleia da República e o seu Presidente, os Presidentes do Tribunal Constitucional, dos Supremos Tribunais e do Tribunal de Contas, a que se referia o artigo 26º, nº 1, alínea *c)*, do ETAF de 1984 e cuja apreciação em primeiro grau de jurisdição o ETAF continua a reservar, no artigo 24º, nº 1, à secção de contencioso administrativo do Supremo Tribunal Administrativo. E o mesmo artigo 51º, nº 2, a que correspondia, no domínio do contencioso pré-contratual urgente, o artigo 100º, nº 3, também equiparava a actos administrativos, para os mesmos efeitos, as "decisões materialmente administrativas proferidas [...] por entidades privadas que actuem ao abrigo de normas de direito administrativo".

Hoje, diferentemente, o artigo 148º do CPA adota um conceito amplo de ato administrativo que abrange todas estas manifestações. Daí resulta que, sempre que um sujeito, independentemente da sua natureza pública ou privada, pratique actos jurídicos concretos ao abrigo de normas de Direito Administrativo que permitam que esses actos projectem unilateralmente os seus efeitos no ordenamento jurídico geral, esses atos são atos administrativos, o que implica que a sua legalidade está submetida à apreciação dos tribunais administrativos segundo o regime processual da impugnação dos actos administrativos (cfr. artigo 51º, nº 1).

No que especificamente se refere aos atos administrativos praticados por sujeitos privados, determinante para que a competência pertença, neste domínio, aos tribunais administrativos é, pois, que o sujeito em causa tenha actuado ao abrigo de normas de Direito Administrativo, ou seja, de normas que atribuam prerrogativas ou imponham deveres, sujeições ou limitações especiais por razões de interesse público, que

[187] Por este motivo, a doutrina foi evoluindo no sentido de abandonar o elemento orgânico na definição doutrinal de acto administrativo: cfr. Freitas do Amaral, *Curso...*, vol II, pp. 217-218; João Caupers, *Introdução ao Direito Administrativo*, 10ª ed. (2009), p. 231; Sérvulo Correia, *Direito do Contencioso Administrativo*, vol. I, pp. 710-711.

não intervêm no âmbito de relações de natureza jurídico-privada[188]. A título de exemplo, enquadram-se, assim, na previsão do artigo 51º, nº 1, actos como os praticados no âmbito de procedimentos pré-contratuais promovidos ao abrigo de normas de Direito Administrativo, em ordem à celebração de contratos públicos (nesse sentido, cfr., aliás, artigo 100º, nº 2); ou, em nossa opinião, como os praticados por estabelecimentos de ensino privados, no exercício de prerrogativas conferidas por normas de Direito Administrativo[189].

b) Como já sucedia com o anterior artigo 120º, o *conteúdo decisório* continua a ser um elemento determinante da definição de ato administrativo do artigo 148º do CPA. Para que um ato jurídico concreto possa ser qualificado como um ato administrativo, é, assim, necessário que ele seja uma *decisão,* que possua conteúdo decisório, exprimindo uma resolução que determine o rumo de acontecimentos ou o sentido de condutas a adotar[190], sem se esgotar na expressão de uma declaração de ciência, um juízo de valor ou uma opinião, como sucede com a generalidade dos atos preparatórios dos procedimentos administrativos, como é o caso dos pareceres não vinculativos, das informações e das propostas, que não são impugnáveis porque não contêm decisões e, portanto, não são actos administrativos.

Note-se, no entanto, que não têm só conteúdo decisório os atos finais dos procedimentos administrativos, mas também os atos praticados ao longo dos procedimentos que, ainda que parcialmente, definam situações jurídicas dos interessados, determinando o direito aplicável a determinada questão ou a determinado aspeto de uma questão, em termos

[188] Como é sabido, a atribuição de prerrogativas ou a imposição de deveres, sujeições ou limitações especiais por razões de interesse público tendem a ser hoje reconhecidas como os traços distintivos que permitem qualificar as normas como normas de Direito Administrativo: cfr. Diogo Freitas do Amaral, *Curso de Direito Administrativo,* vol. I, 3ª ed., Coimbra, 2006, pp. 159-160.

[189] Cumpre, em todo o caso, reconhecer que o ponto não é pacífico, nem na doutrina, nem na jurisprudência: a respeito, cfr. Mário Aroso de Almeida, *Teoria Geral...cit.,* pp. 37-38, com outras referências. Na jurisprudência, vejam-se, em sentidos contrapostos, o Acórdão do TCA Sul de 6 de junho de 2002, com anotação concordante de Carla Amado Gomes *in Cadernos de Justiça Administrativa* nº 36, pp. 48 segs., e os Acórdãos do Supremo Tribunal de Justiça de 6 de maio de 2010 e da Relação de Lisboa de 21 de novembro de 2014, Proc. nº 859/12.

[190] Para a fundamentação desta definição, com outros desenvolvimentos e referências, cfr. Mário Aroso de Almeida, *Teoria Geral...cit.,* pp. 189 segs..

que já não possam ser objeto de reapreciação em momento ulterior do procedimento – podendo, nesse sentido, dizer-se que se trata de *decisões interlocutórias* que formam *caso decidido formal* no âmbito do procedimento.

Regressaremos a este ponto *infra*, nºs 124 e 125, com ilustração de exemplos. Sobre as questões relacionadas com a inimpugnabilidade dos atos confirmativos e de execução de atos anteriores, cfr., entretanto, *infra*, nºs 122 e 123.

c) Resulta, entretanto, da definição introduzida pelo novo artigo 148º do CPA que os atos administrativos visam produzir efeitos externos, sendo, assim, de molde a afetar direitos ou interesses de entidades exteriores àquela que os pratica, com exclusão de todos os demais tipos de atos jurídicos concretos.

Ao contrário do que, a nosso ver, sucedia anteriormente, a nova definição de ato administrativo do artigo 148º do CPA exige, pois, que, dentro do universo dos atos jurídicos concretos com conteúdo decisório, se estabeleça a distinção entre os atos que visam produzir efeitos externos e aqueles que, por não possuírem esse alcance, devem ser qualificados como *atos internos*.

Em nosso entender, a introdução do requisito da eficácia externa no conceito de ato administrativo tem o sentido e o alcance de excluir da categoria os atos decisórios praticados no âmbito de *relações intra-administrativas ou interorgânicas*. Preconizamos, assim, a adoção de um conceito estrito e preciso de *ato interno*, que respeita exclusivamente aos atos praticados no âmbito das relações intra-administrativas ou interorgânicas. Com efeito, os atos sem conteúdo decisório já não são atos administrativos por esse motivo, sem que haja, por isso, que discutir o alcance dos efeitos que visam produzir.

Os atos internos podem ser de dois tipos, consoante sejam praticados fora do âmbito de procedimentos administrativos com relevância externa, como paradigmaticamente sucede com a emissão de ordens de serviço, ou no âmbito de procedimentos administrativos com relevância externa – sendo que, neste último caso, apenas são internos os atos que certos órgãos pratiquem em relação a outros órgãos da mesma entidade pública, apenas vinculando, pois, órgãos da própria entidade no âmbito da qual o procedimento corre os seus termos. Por conseguinte, não são, naturalmente, internos os atos decisórios praticados ao longo dos procedimentos, de que atrás falámos, que, ainda que parcialmente, definem situações jurídicas dos interessados, como aqueles que, em procedimentos escalonados ou faseados, contêm pré-decisões, sejam elas decisões prévias ou decisões parcelares. Mas já o são – apesar, como vimos, do seu caráter decisório, e novamente para dar apenas alguns exemplos bastante diferenciados entre si – a ordem que o órgão superior dirige aos serviços para que instaurem um processo disciplinar a um funcionário, o ato de iniciativa oficiosa de um procedimento administrativo e o ato mediante o qual um órgão ordena a outro que demita um funcionário.

Faça-se, porém, notar que, de acordo com o nº 2 do artigo 51º, não são só impugnáveis os actos administrativos com eficácia externa: sobre este ponto, cfr. *infra*, nºs 124 e 125.

d) Segundo dispõe o artigo 52º, nº 1, a impugnabilidade dos actos administrativos não depende da forma sob a qual eles tenham sido praticados. Trata-se de um princípio consagrado no artigo 268º, nº 4, da CRP, que garante a impugnação dos actos administrativos "independentemente da sua forma". Um acto administrativo pode ser, portanto, impugnado, ainda que esteja inserido num acto legislativo (por exemplo, num Decreto-Lei) ou regulamentar (por exemplo, num decreto regulamentar)[191] – e isto, naturalmente, com fundamento em qualquer das causas de invalidade de que o acto padeça (portanto, tanto vícios de forma ou de procedimento, como vícios de violação de lei ou desvio de poder), independentemente da circunstância de ter sido praticado sob a forma de acto legislativo ou regulamentar, na medida em que o sentido dos preceitos constitucional e legal em presença é precisamente o de fazer prevalecer, neste domínio, a substância sobre a forma[192].

Cumpre, na verdade, ter presente que um acto (formalmente) legislativo pode conter uma ou mais determinações de natureza administrativa, passíveis de serem qualificadas como *actos administrativos*. A doutrina distingue, portanto, dentro do universo dos actos jurídicos que são adoptados sob a forma legislativa, aqueles que devem ser qualificados como legislativos, não apenas do ponto de vista formal, mas também do ponto

[191] Cfr., por todos, Diogo Freitas do Amaral, *Direito Administrativo*, vol. IV, policop., Lisboa, 1988, pp. 153 segs.

[192] Neste sentido, cfr. Jorge Miranda, "Decreto", in *Dicionário Jurídico da Administração Pública*, vol. III, pág. 416, e Sérvulo Correia, *Noções de Direito Administrativo*, págs. 296-297.

de vista material, daqueles que são apenas formalmente legislativos, mas, na realidade, contêm decisões materialmente administrativas.

No primeiro tipo de situação, a decisão pode e deve ser qualificada, do ponto de vista material, como legislativa na medida em que exprime a realização de opções primárias, inconstituídas, com um conteúdo inovador – expressão da intencionalidade específica, consubstanciada na formulação de opções políticas primárias da comunidade política, que é característica do exercício da função legislativa. Pelo contrário, no segundo tipo de situação, a decisão, embora contida num acto formalmente legislativo, é meramente administrativa porque é, na realidade, adoptada ao abrigo de lei anterior, em cujos pressupostos já se encontram assumidas as opções políticas primárias que competiam ao legislador: trata-se, na verdade, de uma decisão produzida no exercício de uma competência administrativa que, como tal, está previamente tipificada na lei e que, portanto, apenas pode envolver a eventual realização de opções circunscritas a aspectos secundários, menores ou instrumentais em relação às opções já contidas nessa lei.

Com efeito, como a função legislativa exprime a *vontade política primária da comunidade*, definindo o que esta assume ser o interesse geral, para que uma norma seja materialmente legislativa, ela tem de ser uma fonte de direito inicial e, portanto, de ter um conteúdo inovador, determinado por directo apelo à consciência ético-social vigente. Pelo contrário, como à função administrativa corresponde um papel condicionado e subordinado de concretização, de realização prática do interesse geral superiormente definido pelo legislador, o contributo inovador dos comandos ditados a esse nível não pode deixar de circunscrever-se a aspectos secundários, menores ou instrumentais, como o desenvolvimento ou a adaptação das normas legais, por razões de eficiência, de flexibilidade e de proximidade em relação aos factos[193].

Repare-se, entretanto, que a materialidade do acto legislativo não se confunde com o carácter geral e abstracto das determinações nele contidas. Embora, por regra, a intencionalidade própria da função legislativa se tenda a exprimir na emissão de regras de conduta, de carácter geral

[193] Para o quadro terminológico subjacente à contraposição traçada no texto, cfr. Manuel Afonso Vaz, *Lei e causa da lei. A causa da lei na Constituição Portuguesa de 76*, Porto, 1995, designadamente a pp. 57-58, 406-408, 421-423, 494-504, 507 e 512.

e abstracto, a verdade é que é frequente o fenómeno da aprovação de actos legislativos que, embora exprimam uma opção política primária, inovadora, introduzem uma ou mais determinações de conteúdo concreto, correspondendo, assim, ao que, na doutrina, tem sido qualificado como *leis-medida (Massnahmengesetz)*[194].

Pode, pois, dizer-se que o exercício da função legislativa só tendencialmente se concretiza na emanação de normas gerais e abstractas. Decisiva é a intencionalidade do acto, o facto de introduzir opções políticas primárias, por apelo directo à consciência ético-social vigente na comunidade. Quando isto suceda, temos um acto materialmente legislativo, ainda que as opções nele contidas tenham conteúdo concreto[195]. Estamos, pelo contrário, perante um mero acto administrativo praticado sob a forma de diploma legislativo quando o comando em causa exprime o exercício de competências administrativas. É neste caso que o comando é impugnável perante os tribunais administrativos, nos termos do artigo 268º, nº 4, da CRP e do artigo 52º, nº 1, do CPTA.

122. Ainda a respeito do requisito do conteúdo decisório, de que, como vimos, depende, nos termos do artigo 148º do CPA, a existência de um acto administrativo, cumpre fazer referência específica à regra segundo a qual não são impugnáveis os actos jurídicos através dos quais a Administração se limite a confirmar definições jurídicas introduzidas por actos administrativos anteriores: é a regra da inimpugnabilidade dos chamados *actos meramente confirmativos,* que o CPTA consagra no artigo 53º[196].

A regra vale, em primeira linha, para os actos que se limitem a reconhecer que sobre determinada questão já anteriormente foi tomada uma decisão e que, portanto, não envolvam o reexercício do poder de decidir. E isto

[194] Sobre o conceito, cfr. JORGE MIRANDA, "Sentido e conteúdo da lei como acto da função legislativa", in *Nos Dez Anos da Constituição,* Lisboa, 1987, pp. 188-190; GOMES CANOTILHO, *Direito Constitucional e Teoria da Constituição,* 7ª ed., Coimbra, 2003, pp. 717 segs., com outras referências. Para uma apreciação crítica, entretanto, das complexas questões que, entre nós, se colocam a propósito do conceito de *lei-medida,* cfr. MARIA LÚCIA AMARAL PINTO CORREIA, *Responsabilidade do Estado e Dever de Indemnizar do Legislador,* Coimbra, 1998, designadamente a pp. 260 segs.

[195] Cfr., a propósito, JORGE MIRANDA, *Manual de Direito Constitucional,* vol. V, 3ª ed., Coimbra, 2004, pp. 137-139 e 150

[196] Sobre esta categoria de actos, cfr., por todos, DIOGO FREITAS DO AMARAL, *Direito Administrativo,* vol. III, policop., Lisboa, 1989, pp. 230 segs.

porque não estamos perante decisões e, portanto, perante actos administrativos (cfr. artigo 148º do CPA), mas perante meras declarações enunciativas ou representativas da realidade, mediante as quais a Administração se limita a reconhecer que já anteriormente foi tomada uma decisão sobre a matéria e porventura se recusa a reexercer o poder de decidir.

O acto meramente confirmativo não pode ser aproveitado para reabrir um litígio. Por isso, ele não pode ser impugnado, como determina o artigo 53º, por quem, tendo sido constituído no ónus de impugnar o acto anterior dentro dos prazos legais, não o tenha feito, na medida em que, de outro modo, se estaria a permitir que o litígio fosse suscitado sem observância dos prazos legais. Neste sentido, resulta da remissão do nº 2 do artigo 53º que o acto meramente confirmativo não pode ser impugnado se o acto anterior tiver sido notificado ao interessado ou, em alternativa, se o acto anterior tiver sido publicado, nos casos em que o interessado não tivesse de ser notificado e, por isso, bastasse a publicação para que ele se lhe tornasse automaticamente oponível (cfr., a propósito, artigo 59º).

Repare-se que, para além destas situações, discriminadas no artigo 53º, a impugnação de actos meramente confirmativos é possível. Quem não tenha impugnado um acto que, devendo ser obrigatoriamente publicado, não o tenha sido, ou do qual não tenha sido notificado, tendo direito a sê-lo (cfr. artigo 59º, nº 2), pode, assim, impugnar os actos que o venham confirmar, por ser através deles que pela primeira vez se vê confrontado com o ónus de reagir contra a decisão que, até aí, constava de um acto que não tinha o ónus de impugnar.

123. Também são, entretanto, tradicionalmente qualificados como inimpugnáveis os actos jurídicos praticados em execução ou aplicação de actos administrativos, recusando-se que, a pretexto destes actos, se possam reabrir litígios ou instaurar tardiamente litígios em torno das definições introduzidas pelos actos administrativos que eles se limitam a executar ou aplicar[197]. Como facilmente se verifica, o raciocínio subjacente a esta construção é o mesmo que preside à construção da inimpugnabilidade dos actos meramente confirmativos. Com efeito, a impugnabilidade dos actos de execução ou de aplicação é recusada na medida em que eles reiteram e, nessa medida, confirmam o que tinha sido decidido através do

[197] Cfr. Mário Esteves de Oliveira/Pedro Gonçalves/João Pacheco De Amorim, *Código do Procedimento Administrativo Comentado*, 2ª ed., Coimbra, 1998, pp. 723-724.

acto que executam ou aplicam, sem tomarem uma nova decisão sobre a matéria. Por isso, hoje, o artigo 53º lhes faz referência no seu nº 3.

Como já noutra ocasião se fez notar[198], os actos jurídicos de execução ou de aplicação de actos administrativos anteriores exprimem sempre o exercício de um poder de definição jurídica típico do seu autor, contribuindo, assim, em maior ou menor medida para completar a definição jurídica que tinha sido introduzida pelos actos que os precederam e em que eles se baseiam. Pense-se no acto que vem fixar o prazo final para o cumprimento de uma obrigação imposta por um acto precedente, sob a ameaça de execução forçada. Embora este acto surja no seguimento da definição introduzida pelo acto anterior, o certo é que introduz um efeito jurídico inovador e, portanto, a modificação do quadro jurídico pré-existente. Este acto não pode deixar de ser qualificado como um acto administrativo, dotado de conteúdo decisório e, como tal, susceptível de impugnação por parte dos eventuais interessados em reagir contra os vícios de que possa padecer a definição jurídica, de maior ou menor alcance, por si introduzida.

O que sucede com o acto de execução de um acto administrativo anterior é que ele tem um conteúdo misto, que, em parte, é confirmativo do acto exequendo, mas em parte é inovador, introduzindo, ele próprio, uma decisão dirigida a modificar a ordem jurídica. A questão que a propósito destes actos se coloca é, portanto, de distinguir os dois componentes que, neste acto, coexistem:

a) Na medida em que o acto de execução assume, pressupõe ou reafirma a decisão já anteriormente contida no acto exequendo, ele é meramente confirmativo, pelo que, nessa parte, ele não pode ser impugnado: nessa parte, embora ele comungue das eventuais invalidades de que pudesse padecer o acto exequendo, não se podem invocar contra ele os vícios que já podiam e deviam ter sido invocados contra o acto exequendo.

Pode, pois, neste sentido, dizer-se que a regra de inimpugnabilidade do nº 1 do artigo 53º vale, em segunda linha, para os actos de execução ou de aplicação de actos administrativos, na parte ou na medida em que eles se limitam a reiterar a definição introduzida pelo acto que executam ou aplicam. E, por isso, também é aplicável aos atos jurídicos de execução,

[198] Cfr. Mário Aroso de Almeida, "Suspensão da eficácia de actos administrativos de execução de sentença", *Cadernos de Justiça Administrativa* nº 11, p. 20.

na parte em que são confirmativos do ato exequendo, o disposto no nº 2 do artigo 53º, ou seja, ele é impugnável, nessa parte, na medida em que o interessado não tenha tido o ónus de impugnar o ato exequendo, por não se ter verificado em relação a este ato qualquer dos factos previstos nos nºs 2 e 3 do artigo 59º. Pense-se, desde logo, na hipótese de o ato exequendo não ter sido notificado ao interessado: como é evidente e é tradicionalmente reconhecido de modo pacífico, essa circunstância habilita o interessado a impugnar o ato de execução na parte em que ele reitera e, por isso, confirma, o ato exequendo.

b) Na medida, porém, em que o acto de execução acrescenta novos efeitos jurídicos àqueles que já tinham resultado do acto anterior e que podem ser contrários às regras às quais devem obediência, ele encerra um componente inovador de conteúdo decisório, que legitima a sua qualificação como acto administrativo, que, como tal, pode ser impugnado com fundamento na invocação dos vícios próprios de que possa padecer – vícios próprios que podem resultar da desconformidade à lei da inovação, ainda que complementar, que vêm introduzir na ordem jurídica, ou mesmo resultar do facto de o acto se apresentar em desconformidade com o acto a que alegadamente visa dar execução (porventura, por ultrapassar os limites traçados por esse acto)[199]. É o que estabelece o nº 3 do artigo 53º.

1.2. *Impugnabilidade de atos sem (necessária) eficácia externa*

124. Vimos que o artigo 148º do CPA define, hoje, o ato administrativo como um ato jurídico com *eficácia externa*. E já antes estabelecia o artigo 51º, nº 1, que eram impugnáveis "os actos administrativos com eficácia externa, especialmente aqueles cujo conteúdo seja susceptível de lesar direitos ou interesses legalmente protegidos".

À partida, dir-se-ia, pois, que, para que um ato jurídico concreto praticado no exercício de poderes administrativos possa ser objecto de impugnação, é necessário que ele se projecte sobre situações jurídicas respeitantes a entidades distintas daquela que os emite. Ficariam, assim,

[199] Cfr. ainda M. Esteves de Oliveira *et alii*, *op. cit.*, p. 726

excluídos do universo dos actos que podem ser objecto de impugnação contenciosa aqueles que contenham decisões de âmbito meramente *interno*, no sentido de que possuem um alcance estritamente intra-administrativo, esgotando os seus efeitos no estrito âmbito da entidade que os emite[200].

A verdade, porém, é que o CPTA não consagra solução tão rígida, como hoje resulta evidente da alínea *b)* do nº 2 do artigo 51º, que admite a impugnabilidade de *actos intra-administrativos*, praticados por órgãos de uma entidade pública em relação a outros órgãos pertencentes a essa mesma entidade, no âmbito do que tem sido qualificado como relações *inter-orgânicas*. Mas, já anteriormente à revisão de 2015, a mesma solução resultava da previsão da alínea *d)* do nº 1 do artigo 55º.

Cumpre ter, na verdade, presente que, ao longo do tempo, se tem vindo a esbater a contraposição radical entre os *actos de autoridade da Administração* com eficácia externa, que, por definirem situações jurídicas exteriores à esfera da própria entidade que os emite, seriam contenciosamente sindicáveis, e o universo das pronúncias que, por se dirigirem a órgãos ou funcionários e agentes e, desse modo, esgotarem os seus efeitos dentro da esfera da entidade pública que as emitiu, não seriam passíveis de impugnação contenciosa. Nos nossos dias, a realidade interna das entidades públicas tende, na verdade, a ser crescentemente caracterizada por fenómenos de conflitualidade que decorrem de opções, ao nível da distribuição de competências, assentes na atribuição aos diferentes órgãos de esferas de acção própria e, portanto, na respectiva constituição como "sujeitos de ordenação e de imputação final (não apenas transitória) de poderes e de deveres", em posição de antagonismo perante outros órgãos da mesma entidade pública[201].

É por este motivo que, na alínea *b)* do nº 2 do artigo 51º, o CPTA admite a impugnação de actos sem eficácia externa, que não se dirigem a fixar os direitos da Administração ou dos particulares, ou os respectivos deveres, no âmbito das relações jurídicas que entre uma e outros se esta-

[200] Neste sentido, à face do quadro normativo anterior, cfr., por todos, Marcello Caetano, *Manual...*, vol. I, p. 442; Sérvulo Correia, *Noções de Direito Administrativo*, vol. I, Coimbra, 1982, pp. 274-276; Freitas do Amaral, *Direito Administrativo*, vol. III, p. 153.

[201] Cfr. Pedro Gonçalves, "A justiciabilidade dos litígios entre órgãos da mesma pessoa colectiva", *Cadernos de Justiça Administrativa* nº 35, pp. 10-12. Cfr. também Vasco Pereira da Silva, *O contencioso administrativo no divã da psicanálise*, pp. 462-464.

belecem, mas cujos efeitos se esgotam no plano intra-administrativo. Decisivo é, para o efeito, que os actos em causa possuam *conteúdo decisório*, ainda que se trate de decisões internas, tomadas no âmbito de relações jurídicas inter-orgânicas.

125. Por outro lado, cumpre recordar que o requisito da *definitividade horizontal*, desde há muito amplamente contestado pela doutrina[202], foi assumidamente afastado do regime da impugnabilidade. Como, na verdade, já anteriormente à revisão de 2015 resultava da referência, no artigo 51º, nºs 1 e 3, à possibilidade de o acto a impugnar não por termo a um procedimento administrativo e, após essa revisão, muito claramente resulta da previsão da nova alínea *a)* do nº 2 do artigo 51º, não são apenas impugnáveis os actos finais, que põem termo a procedimentos administrativos, mas também podem ser impugnados actos que não sejam o acto final do procedimento.

Ora, foi referido atrás que os atos internos podem ser de dois tipos, consoante sejam praticados fora do âmbito de procedimentos administrativos com relevância externa, como paradigmaticamente sucede com a emissão de ordens de serviço, ou no âmbito de procedimentos administrativos com relevância externa. E foi assinalado que, em nosso entender, neste último caso, só são internos os atos que certos órgãos pratiquem em relação a outros órgãos da mesma entidade pública, apenas vinculando, pois, órgãos da própria entidade no âmbito da qual o procedimento corre os seus termos, pelo que não são internos os atos decisórios praticados ao longo dos procedimentos, que, ainda que parcialmente, definem situações jurídicas dos interessados, como aqueles que, em procedimentos escalonados ou faseados, contêm pré-decisões, sejam elas decisões prévias ou decisões parcelares.

A verdade, porém, é que é imprecisa a linha divisória pela qual passa a delimitação do conceito de eficácia externa, que, como vimos, o artigo 148º do CPA erigiu em critério identitário da figura do ato administrativo,

[202] Cfr., por todos, Sérvulo Correia, "Impugnação de actos administrativos", *Cadernos de Justiça Administrativa* nº 16, p. 14; Vasco Pereira da Silva, *Em Busca do acto administrativo perdido*, Coimbra, 1996, pp. 631 segs. Note-se que também para Freitas do Amaral, *Curso de Direito Administrativo*, vol. II, p. 281, o facto de se qualificar certo acto como não definitivo no plano horizontal, por não ser o acto final da sequência procedimental, não implica que o mesmo não seja contenciosamente impugnável.

mas cuja aplicação concreta em zonas de fronteira se presta a alguma subjetividade, com o consequente risco de flutuações indesejáveis.

É este motivo que explica a previsão da nova alínea *a)* do nº 2 do artigo 51º. Em princípio, as decisões tomadas no decurso de procedimentos administrativos que resolvam questões que, nesse âmbito, se coloquem, em termos de essas questões não poderem vir de novo a ser apreciadas em momento procedimental subsequente têm eficácia externa, pelo que são atos administrativos. Mas ainda que, no caso concreto, se entenda que decisões desse tipo não têm tal natureza, a alínea *a)* do nº 2 do artigo 51º assegura, em qualquer caso, a respetiva impugnabilidade.

Pense-se, desde logo, no caso paradigmático do parecer vinculativo, que não exprime o exercício de uma função meramente consultiva, mas pré-determina o sentido da decisão a tomar pelo órgão competente para a decisão final do procedimento: este novo preceito torna definitivamente indiscutível a impugnabilidade deste tipo de ato. Mas o mesmo sucederá, apenas para dar alguns exemplos[203], com a decisão de aprovação do projecto de arquitectura, no âmbito de procedimentos de construção de obras particulares, com a decisão de abertura de concurso para a instalação de farmácias, e, em geral, com os actos que, ao longo de procedimentos administrativos escalonados ou faseados, contenham verdadeiras pré-decisões, sejam elas decisões prévias (que decidem em termos definitivos questões prévias àquela que tem de ser decidida no termo do procedimento) ou decisões parcelares (que decidem em termos definitivos uma parte das questões a decidir no termo do procedimento)[204].

Subjacente à previsão da nova alínea *a)* do nº 2 do artigo 51º está, na verdade, o propósito de, independentemente de construções conceptuais, se assegurar a impugnabilidade dos *atos centrais* de que, com a reconhecida clarividência, falava *Mário Araújo Torres* quando, defendendo que "a determinação dos atos administrativos contenciosamente impugnáveis, designadamente quando inseridos em procedimentos complexos, há de obedecer a um critério pragmático, visando assegurar que a

[203] Sugeridos por Mário Torres, "Ainda a (in)impugnabilidade do acto de aprovação do projecto de arquitectura", *Cadernos de Justiça Administrativa* nº 27, p. 44 e nota 9.

[204] Sobre as figuras mencionadas no texto, cfr. Filipa Urbano Calvão, *Os actos precários e os actos provisórios no Direito Administrativo*, Coimbra, 1998, pp. 45 segs.; Freitas do Amaral, *Curso...cit.*, vol. II, pp. 262-264; V. Pereira da Silva, *Em busca...*, pp. 699 segs.;

intervenção do tribunal não ocorra nem demasiado cedo (redundando em desperdício da atividade judicial) nem demasiado tarde (redundando em desperdício da atividade das Administrações e dos particulares e correndo o risco de não assegurar tutela judicial efetiva aos direitos ou interesses em causa)", apontava a necessidade de se "partir da análise de cada procedimento especial e determinar qual é aí o *ato central* (que não coincide necessariamente com o ato final do procedimento), que condiciona relevantemente – segundo critérios de normalidade – os atos procedimentais subsequentes, que assim surgirão como meros atos complementares, e no qual (ato central) radica a lesão dos direitos ou interesses legítimos dos impugnantes"[205].

126. Questão distinta, que depois se coloca, é, naturalmente, a de saber se, em concreto, certa decisão pode ser objecto de impugnação por um determinado interessado. Tal questão encontra resposta nas regras processuais que já não dizem respeito ao acto a impugnar, em si mesmo, mas à legitimidade e ao interesse processual de quem o pretende impugnar. Com efeito, para que um acto que não põe termo a uma sequência procedimental possa ser efectivamente impugnado por um interessado, é necessário que se preencham outros pressupostos de que depende a impugnação, para além da impugnabilidade do acto, como a legitimidade processual activa e o interesse processual do autor: a alegação da titularidade de um "interesse directo e pessoal", a que se refere o artigo 55º, nº 1, alínea *a)*. Pode, por isso, suceder que um interessado não seja admitido a impugnar um ato impugnável inserido numa sequência procedimental, por não ser reconhecido como tendo um interesse directo e pessoal em impugnar (para mais desenvolvimentos quanto a este ponto, com referência aos exemplos mais problemáticos, cfr. *supra*, nº 99).

Uma coisa parece certa: se um acto puder ser impugnado por alguém – quanto mais não seja, pelo Ministério Público, cuja legitimidade é ilimitada, em defesa da pura legalidade objectiva (cfr. artigo 55º, nº 1, alínea *b)*) (cfr. *supra*, nº 100) –, ele não pode deixar, objectivamente, de ser qualificado como um acto impugnável. Questão que, num outro plano, depois se coloca é a de saber se, em cada caso concreto, quem se pro-

[205] Cfr. Mário Torres, "Ainda a (in)impugnabilidade do acto de aprovação do projecto de arquitectura", pp. 41-42.

põe impugnar se apresenta como parte legítima e, por outro lado, como estando colocado em situação que, do ponto de vista do interesse em agir, fundamente a sua necessidade de tutela jurisdicional.

1.3. *Ónus de impugnação e suas exceções*

127. Por regra, aquele que é destinatário de um ato administrativo ou é de outro modo afetado pela definição jurídica introduzida por esse ato tem o ónus de proceder à respetiva impugnação, estando pelo menos a impugnação fundada em anulabilidade sujeita a prazo, como adiante se verá, sob pena de já não poder proceder, mais tarde, à impugnação de declarações subsequentes da Administração que – ou na medida em que – se limitem a reiterar a definição introduzida pelo ato anterior. Nesta regra se funda, como vimos, a inimpugnabilidade dos atos confirmativos e dos atos jurídicos de execução, na parte em que são confirmativos do ato exequendo (cfr. artigo 53º e *supra*, nºs 122 e 123). A constituição do ónus depende do preenchimento dos requisitos de oponibilidade do ato que constam dos nºs 1, 2 e 3 do artigo 59º.

O CPTA consagra, no entanto, três importantes exceções a esta regra, afastando, em certas circunstâncias, o ónus de impugnação.

a) A primeira dessas exceções consta do nº 3 do artigo 51º. Com efeito, estabelece o nº 1 deste artigo que os atos administrativos são impugnáveis "ainda que não ponham termo a um procedimento", acrescentando a alínea *a)* do nº 2 do mesmo artigo que "são designadamente impugnáveis as decisões tomadas no âmbito de procedimentos administrativos sobre questões que não possam ser de novo apreciadas em momento subsequente do mesmo procedimento".

Para que, no entanto, em muitas situações de contornos ambíguos, da regra da impugnabilidade neste tipo de circunstâncias não decorram efeitos perversos[206], o artigo 51º, nº 3, salvaguarda a possibilidade de se impugnar o acto final do procedimento, mesmo no caso de não se ter reagido contra actos procedimentais passíveis de impugnação, afastando, desse modo, o ónus de impugnação dos atos que não ponham termo ao

[206] Cfr. Mário Torres, "Ainda a (in)impugnabilidade do ato de aprovação do projeto de arquitectura", p. 45.

procedimento. Em relação a estes atos, portanto, existe a *faculdade,* mas não o *ónus* de impugnação.

O artigo 51º, nº 3, introduz, entretanto, duas importantes restrições a esta solução de afastastamento do ónus de impugnação dos atos que não ponham termo ao procedimento. A primeira, diz respeito ao acto que tenha determinado a exclusão do interessado do procedimento: este acto, que desde sempre corresponde ao paradigma do acto destacável, por ser evidente que produz efeitos externos, definindo a situação jurídica do interessado, tem de ser imediatamente impugnado, sem que o interessado possa vir, mais tarde, a reagir contra a exclusão ilegal através da impugnação do acto final do procedimento. A segunda restrição tem em vista as disposições que, por lei especial, imponham a tempestiva impugnação de actos procedimentais, sob pena de preclusão: sempre que lei avulsa imponha o ónus preclusivo da impugnação contenciosa de actos procedimentais, em termos tais que dela claramente resulte que a questão não pode voltar a ser colocada em processo impugnatório dirigido contra o acto final do procedimento, tal determinação, por ser clara para os eventuais interessados, prevalece sobre o regime do artigo 51º, nº 3.

b) A segunda exceção consta do nº 2 do artigo 52º. Nos casos em que um acto administrativo surja inserido num diploma legislativo ou regulamentar, os eventuais interessados podem não se aperceber de que um acto praticado sob essa forma contém uma determinação que deve ser qualificada como um acto administrativo e, por causa disso, podem deixar expirar inadvertidamente o prazo legal dentro do qual deveriam proceder à respectiva impugnação. Por este motivo, o artigo 52º, nº 2, abre, excepcionalmente, a quem não tiver impugnado actos contidos em diplomas legislativos ou regulamentares a possibilidade de procederem à impugnação dos respectivos actos de execução ou de aplicação. Esta solução é excepcional, na medida em que dela resulta que, nestes casos, os actos de execução ou de aplicação não são qualificados como actos parcialmente confirmativos, para os efeitos do disposto no artigo 53º.

c) A terceira exceção consta do artigo 52º, nº 3, que estabelece que "o não exercício do direito de impugnar um acto que não individualize os seus destinatários não obsta à impugnação dos seus actos de execução ou aplicação cujos destinatários sejam individualmente identificados". Também desta solução resulta que, neste caso, os actos de execução ou de aplicação não são qualificados como actos parcialmente confirmativos, para os efeitos do disposto no artigo 53º.

A previsão do artigo 52º, nº 3, tem, entretanto, um alcance mais vasto e significativo, que, nesta sede, não podemos analisar em profundidade[207], na medida em que pressupõe que um "acto que não individualize os seus destinatários" – ou seja, um acto geral – é um acto administrativo impugnável. Embora o preceito tenha índole processual e se destine a assegurar um resultado de ordem processual muito preciso, ele aponta, pois, no sentido do reconhecimento de que, no plano substantivo, os actos jurídicos unilaterais da Administração de carácter geral, mas concreto, não devem ser qualificados como normas, mas como actos administrativos.

O artigo 52º, nº 3, dá, entretanto, resposta às considerações de ordem prática que, no quadro normativo anterior, conduziam parte da doutrina a qualificar pelo menos certo tipo de decisões administrativas concretas, mas gerais, como normas, e não como actos administrativos[208]. Essas considerações prendiam-se com a necessidade de evitar a constituição de situações lesivas que, no caso de se optar pela qualificação dessas decisões como actos administrativos gerais, adviriam para quem, não se apercebendo de que o acto, embora geral, estava sujeito aos prazos legais de impugnação, não procedesse à respectiva impugnação em tempo útil. E a solução que o artigo 52º, nº 3, encontra para o problema é a mesma que o artigo 52º, nº 2, faz corresponder, nos termos já expostos, à situação (do mesmo tipo) dos actos administrativos contidos em diplomas legislativos ou regulamentares. A confiança dos destinatários dos actos administrativos gerais é, assim, protegida através da abertura excepcional da possibilidade, a quem não tiver impugnado o acto administrativo geral, de proceder à impugnação dos seus actos de execução ou de aplicação com carácter individual.

1.4. *Requisito do conteúdo positivo do acto – enquadramento dos actos de conteúdo misto, positivo e negativo*

128. Ao contrário do que sucedia no regime anterior ao CPTA, o conceito de acto administrativo impugnável não compreende, hoje, entre nós,

[207] Para maiores desenvolvimentos, cfr. MÁRIO AROSO DE ALMEIDA, *Teoria Geral...*, pp. 133 segs.
[208] Cfr. FREITAS DO AMARAL, *Direito Administrativo*, vol. III, pp. 93 segs.

os actos administrativos de conteúdo negativo[209]. De acordo com o regime introduzido pelo CPTA, só os actos de conteúdo positivo podem ser, com efeito, objecto de um processo de impugnação, dirigido à respectiva anulação ou declaração de nulidade. A reacção contenciosa contra os actos de conteúdo negativo passa, entretanto, pela dedução do competente pedido de condenação à prática de um acto administrativo que satisfaça a pretensão do autor, ou que, pelo menos, dê uma nova definição ao caso, sem reincidir nas ilegalidades em que incorreu o acto negativo[210].

É o que resulta do disposto no artigo 67º, nº 1, alínea *b)*, que admite que contra um acto de indeferimento de um acto administrativo ou de recusa da apreciação de requerimento dirigido à prática de um acto administrativo, seja deduzido um pedido de condenação à prática do acto; no artigo 66º, nº 2, que estabelece que a eliminação da ordem jurídica do acto de indeferimento "resulta directamente da pronúncia condenatória" mediante a qual o tribunal imponha a prática do acto que tinha sido ilegalmente recusado; e sobretudo no artigo 51º, nº 4, do qual resulta que quando seja deduzido pedido de anulação de um acto administrativo de conteúdo negativo, o tribunal deve convidar o autor a substituir a petição, por o pedido formulado não ser o adequado, podendo haver, depois lugar, se necessário, à substituição das contestações que tenham sido apresentadas[211].

Já anteriormente à revisão de 2015 do CPTA defendíamos que o artigo 51º, nº 4, só tinha em vista as situações em que, contra o acto de indeferimento, tivesse sido deduzido um pedido *de estrita anulação,* ou seja, a anulação e nada mais do que a anulação, pois se, pelo contrário, o autor

[209] Para o conceito, cfr. Mário Aroso de Almeida, *Anulação de actos administrativos e relações jurídicas emergentes,* Coimbra, 2002, p. 106; Freitas do Amaral, *Curso..., cit.*, vol. II, pp. 279-280.

[210] Cfr. também V. Pereira da Silva, *O contencioso administrativo no divã da psicanálise,* p. 390. Em sentido diverso, cfr., entretanto, Vieira de Andrade, *Justiça Administrativa,* pp. 168-171.

[211] Para *Sérvulo Correia,* com a introdução, no nosso ordenamento jurídico, da possibilidade da condenação à prática de actos administrativos e, portanto, com o afastamento da impugnabilidade contenciosa dos actos de conteúdo negativo que a Administração emite no âmbito dos procedimentos do tipo referido, estes actos perderam a natureza de acto administrativo: cfr. Sérvulo Correia, "O incumprimento do dever de decidir", *Cadernos de Justiça Administrativa* nº 54, pp. 23 segs., e, já antes do CPTA, "Acto administrativo e âmbito da jurisdição administrativa", *in Estudos em Homenagem ao Prof. Doutor Rogério Soares,* Coimbra, 2001, pp. 1183-1185, nota 71. Para a apreciação crítica deste entendimento, cfr. Mário Aroso de Almeida, *Teoria Geral...cit.,* pp. 208 segs.

tivesse pedido a anulação, mas também a condenação à prática do acto devido, não havia razão para exigir a substituição da petição. O importante era que o pedido de condenação tivesse sido deduzido, pois, ao lado dele, o pedido de anulação da recusa era irrelevante, como resultava do artigo 66º, nº 2, na medida em que o tribunal não tem de anular o acto negativo, pelo que o facto de tal pedido ter sido formulado não compromete a viabilidade da petição. Hoje, a nova redação do nº 4 do artigo 51º é clara na consagração deste entendimento.

Se o autor não corresponder ao convite que o tribunal lhe tenha dirigido para substituir a petição, deve entender-se, naturalmente, que a não substituição da petição obsta ao prosseguimento do processo, conduzindo à absolvição da instância. Com efeito, o artigo 51º, nº 4, ao determinar que *o tribunal convida o autor a substituir a petição para o efeito de formular o adequado pedido de condenação* não se presta, a nosso ver, a duas leituras. O preceito assume que *não é adequado* pedir a anulação de um acto de indeferimento e, portanto, que, em princípio, um tal pedido não pode proceder. É por isso que, no sentido de promover o acesso a uma decisão de mérito, o preceito impõe ao juiz o dever de dar ao autor a oportunidade de substituir a petição, de modo a aproveitar a proposição tempestiva da acção, a distribuição efectuada e o pagamento já efectuado de custas. E o autor tem todas as condições, uma vez notificado pelo tribunal, para proceder à substituição da petição. Estamos, pois, perante um afloramento da regra do artigo 87º, nº 7.

A solução descrita é a consequência que naturalmente decorre do facto de os tribunais administrativos terem passado a poder condenar a Administração à prática de actos administrativos que ela tenha ilegalmente recusado ou omitido. A partir do momento em que assim é, não há, na verdade, razão para que as coisas se passem, quanto a este ponto, em moldes diferentes daqueles em que elas se passam nos domínios em que não está em causa o exercício de poderes de autoridade da Administração. Deve, por isso, entender-se que, entre a condenação à prática de actos devidos (que proporciona uma tutela mais intensa) e a anulação de actos administrativos (que proporciona uma tutela menos intensa) se estabelece o tipo de relação que, em termos gerais, a acção de condenação estabelece com as acções que proporcionam uma tutela menos intensa, como sucede com as acções meramente declarativas ou de simples apreciação: resulta do pressuposto do interesse processual, enquanto concretização da economia processual, que o autor deve escolher a forma de acção que lhe proporciona a mais intensa tutela jurídica, isto é, a acção de condenação.

Na verdade, o sistema de justiça deve estar disponível para dar resposta a situações de *necessidade de tutela judicial* que se concretizam num *interesse em agir* em juízo. Quando alguém se dirige aos tribunais administrativos para reagir contra uma atitude de recusa ou inércia da Administração, em defesa do seu direito à prática de um acto administrativo, a necessidade de tutela judicial que a leva a tribunal concretiza-se no interesse em obter uma pronúncia judicial que proporcione a obtenção do acto pretendido. Para o efeito, o autor deve fazer valer o seu direito à prática desse acto, o que só pode acontecer no âmbito de um processo de condenação da Administração.

Se o autor pretende que o demandado realize uma prestação e tem o direito de exigir dele essa prestação, a providência judicial que corresponde aos seus interesses é, com efeito, a condenação do demandado à realização da prestação, a proferir no âmbito de um processo de condenação a intentar pelo autor. É essa a pronúncia que assegura a tutela efectiva da posição do autor, na medida em que é, desde logo, a única que lhe confere o título executivo que, no caso de a Administração persistir no incumprimento dos seus deveres, o habilita a lançar mão do adequado processo executivo sem necessidade de quaisquer outras indagações.

Por outro lado, no âmbito do processo de condenação à prática do acto administrativo recai sobre o autor o ónus de deduzir todos os elementos constitutivos em que se possa sustentar a sua pretensão e sobre o demandado o correspectivo ónus de os impugnar, assim como de deduzir todos os elementos impeditivos, modificativos ou extintivos que lhe possam ser contrapostos, de modo a que fique definitivamente esclarecido se a pretensão que o autor faz valer em juízo é ou não procedente (cfr. *supra*, nº 30). Só no âmbito deste tipo de processo podem ser, portanto, debatidas em plenitude, e por referência ao momento em que cumpre decidir, todas as questões que se podem colocar a propósito da existência e configuração do dever de actuação da Administração, em termos que permitam definir, do modo mais eficaz, a situação das partes, evitando o risco da multiplicação de novos litígios, como exige o princípio da economia processual. Ora, para o adequado funcionamento do sistema de justiça, é fundamental que os litígios sejam debatidos em plenitude, em termos que permitam esclarecer definitivamente em juízo quem tem razão, sem que se possa transigir com o risco de a mesma relação substantiva poder vir a ser submetida, uma e outra vez, à apreciação dos tribunais, no mero propósito de atribuir às partes, em detrimento do princípio da economia processual e não se vê em nome de que princípio, o direito de seleccionarem os aspectos e argumentos que lhes convenha debater de cada vez.

Não se afigura, contudo, de excluir liminarmente que, em situações excepcionais, possa existir uma necessidade de tutela que justifique a impugnação de actos de indeferimento[212].

A questão tem sido amplamente discutida na doutrina alemã e a conclusão a que, naquele país, se chegou, e que nos parece equilibrada, é a seguinte:

1º) Em princípio, não é possível a impugnação de actos administrativos de indeferimento porque, pelas razões enunciadas, a via de reacção adequada contra esses actos não é a impugnação, mas a condenação à prática do acto ilegalmente recusado ou omitido: trata-se da solução que, como vimos, inspira o regime do nosso artigo 51º, nº 4[213].

2º) A impugnação pura e simples de actos de indeferimento é, no entanto, admitida, a título excepcional, desde que o autor justificadamente assuma que não pretende obter o acto ilegalmente recusado, mas apenas o reconhecimento judicial de que o acto de indeferimento foi ilegal e a sua remoção da ordem jurídica, e seja de admitir que ele tem um interesse processual em obter uma tal providência que não é satisfeito com a condenação à prática do acto devido.

Enquadra-se aqui o exemplo, sugerido na doutrina alemã, de quem pretenda ver removido da ordem jurídica um acto ilegal de indeferimento de um projecto de construção que se tinha erroneamente fundado no argumento de que esse projecto violaria disposições urbanísticas aplicáveis, apenas para não ver precludida a possibilidade de, mais tarde, vir a concretizar esse projecto, embora o autor não esteja interessado em obter, para já, a correspondente autorização e, portanto, em pedir a condenação da Administração à sua emissão, por ter entretanto abandonado a intenção de avançar, de imediato, para a construção. E talvez devam

[212] Sobre o tema abordado no presente número, embora com posições divergentes, cfr., entre nós, ANA GOUVEIA MARTINS, *A tutela cautelar...cit.*, pp. 231-233.

[213] Neste sentido, generalizadamente aceite na doutrina alemã, cfr., por exemplo, F. HUFEN, *Verwaltungsprozeßrecht*, p. 247; SCHMITT GLAESER, *Verwaltungsprozeßrecht*, pp. 85-86; EHLERS, *Vorbemerkung § 40*, Rn 91, *in* SCHOCH/SCHMIDT-ASSMANN/PIETZNER, *VwGO Kommentar*; SCHENKE, *Verwaltungsprozeßrecht*, p. 86; STADIE, *Deutsche Verwaltungsblätter* 1991, p. 613; SCHENKE, *Juristen Zeitung* 1996, p. 1005.

ter idêntico tratamento situações em que a lei substantiva associe eventuais consequências lesivas para o interessado à simples emissão do acto de indeferimento, designadamente quando o acto se reporte a situações já pré-existentes, em termos de se poder admitir que a pura eliminação desse acto da ordem jurídica tem uma utilidade autónoma para o interessado, sem que, para o efeito, seja necessária a condenação da Administração à prática de um acto administrativo de conteúdo positivo[214]. É evidente que já não se enquadra aqui a situação de quem, embora pretenda a emissão do acto ilegalmente recusado e não justifique a existência de um interesse autónomo na mera remoção do acto de indeferimento, pretenda optar pela via da impugnação com o objectivo de delimitar o objecto da discussão em juízo a apenas algumas das questões de legalidade que aquele acto possa suscitar.

Em princípio, a reacção contra actos de conteúdo negativo deve, portanto, concretizar-se na dedução de um pedido de condenação à prática do acto devido e o tribunal deve, por isso, convidar o autor a substituir o pedido de anulação, nos termos do artigo 51º, nº 4, por um pedido de condenação. Nas situações excepcionais em que o autor justifique um interesse autónomo na anulação, assumindo fundamentadamente que não pretende obter o acto devido porque lhe basta o reconhecimento da ilegalidade do acto de recusa e a sua remoção da ordem jurídica, afigura-se que o pedido de anulação do acto de indeferimento poderá ser admitido, a título excepcional, com o consequente afastamento da aplicação do artigo 51º, nº 4, e, portanto, do convite à substituição da petição. Ponto é que, para o efeito, se preencham, em condições que não deixem margem para dúvidas, dois requisitos essenciais: em primeiro lugar, o autor deve demonstrar de modo concludente que da anulação do acto de indeferimento resulta para ele uma utilidade que dá resposta a uma sua necessidade efectiva de tutela judicial; por outro lado, não deve ser menos concludente a demonstração de que essa utilidade não é proporcionada pela condenação à prática do acto administrativo em causa.

Tenha-se, entretanto, presente que o problema aqui abordado não se coloca a propósito dos actos administrativos de revogação ou anulação administrativa. Com efeito, como estes actos têm o alcance de destruir

[214] Cfr., por exemplo, F. HUFEN, *Verwaltungsprozeßrecht*, p. 248; SCHENKE, *Verwaltungsprozeßrecht*, p. 87.

ou fazer cessar os efeitos de actos administrativos anteriores, eles não são actos de indeferimento, mas actos de conteúdo positivo. É, pois, por este motivo e por nenhum outro que estes actos devem ser objecto de um processo de impugnação.

129. Com a revisão de 2015, o artigo 67º tornou claro, na nova alínea *c)* do nº 1 e no novo nº 4, que a *dedução autónoma* (isto é, não associada a um pedido de anulação ou declaração de nulidade de um acto administrativo) de pedidos de condenação à prática de actos administrativos não só pode ter lugar em situações de *omissão* (alínea *a)*) ou *recusa* (alínea *b)*) do acto pretendido, como também como reação à prática de atos administrativos de conteúdo positivo. Na verdade, estabelecem hoje aqueles novos preceitos que, quando a Administração pratique um acto administrativo de conteúdo positivo, que modifique a situação jurídica do requerente, mas sem dar cabal satisfação às suas pretensões, o caminho não tem de passar pela impugnação do acto, pelo simples facto de, nesse caso, existir um acto administrativo impugnável, de conteúdo positivo.

Cumpre reconhecer que a impugnação do acto pode ser, naturalmente, a via adequada, nos casos em que a posição do interessado se satisfaça com a mera amputação do acto, designadamente através da eliminação de cláusulas acessórias que nele tenham sido ilegalmente inseridas (por exemplo, a determinação ilegal do diferimento da produção de efeitos do acto, porventura através da imposição ilegal de um termo inicial ou de uma condição suspensiva). Bastará, então, ao interessado impugnar o acto, pedindo a sua anulação na parte em que ele lhe seja desfavorável. E por isso o novo nº 3 do artigo 66º admite essa possibilidade, tal como o faz, para a hipótese de o ato ser superveniente, o nº 3 do artigo 70º (cfr. *infra*, nº 183).

A situação já se apresenta, porém, com contornos diferentes no caso, por exemplo, de o acto não ter determinado, como devia, que os seus efeitos se contem desde um momento anterior àquele em que foi praticado ou ter atribuído um subsídio de montante inferior àquele a que o interessado considera ter direito. Em situações deste tipo, parece de entender que a pretensão do interessado foi *parcialmente indeferida* e, portanto, que o acto pode e deve ser encarado, na parte em que é desfavorável, como um *acto de indeferimento*, para o efeito de se reconhecer ao interessado a possibilidade de deduzir um *pedido autónomo de condenação à prática do acto nos termos em que ele deveria ter sido praticado* – isto é, um pedido de condenação que não tem de ser cumulado com um pedido de anulação do acto praticado.

Com efeito, o interessado, nestes casos, não pretende a remoção do acto praticado, na medida em que o acto lhe proporcionou um benefício, ainda que em medida inferior àquele que porventura seria devido, e a sua anulação teria o alcance automático de lhe retirar esse benefício sem proceder à sua substituição automática pelo benefício devido. O que o interessado pretende é que o acto em causa seja *substituído por outro que amplie a extensão do benefício já concedido.* Na economia do CPTA, a via de tutela adequada a este tipo de pretensão, tornou-se hoje claro que é a de admitir o interessado a deduzir um pedido autónomo de condenação à prática de um acto administrativo, que, *substituindo o acto anteriormente praticado,* atribua o benefício na extensão devida, ao abrigo da nova previsão da alínea *c)* do nº 1 do artigo 67º (que também neste caso encontra correspondência, para a hipótese de o ato ser superveniente, no nº 3 do artigo 70º: cfr. *infra,* nº 183)[215].

130. Semelhante à situação anterior é a dos *actos administrativos de conteúdo ambivalente,* que, por um lado, definem *pela positiva* a situação dos respectivos beneficiários, mas, do mesmo passo, também possuem o componente, ainda que implícito no seu conteúdo, de definir *pela negativa* a situação de outros sujeitos – hipótese da qual constitui exemplo paradigmático o acto que, ao adjudicar a proposta apresentada por um dos participantes num concurso dirigido à celebração de um contrato, frustra as expectativas dos restantes concorrentes[216].

Com efeito, neste tipo de situações, quem foi preterido e é, portanto, interessado em recorrer à via contenciosa *pretende* a remoção do acto praticado. O acto constituiu uma situação de vantagem na esfera jurídica do respectivo beneficiário, cuja manutenção na ordem jurídica não só não lhe interessa, como é incompatível com a satisfação dos seus próprios interesses. A anulação do acto tem, por conseguinte, o alcance de eliminar essa situação de vantagem da ordem jurídica, abrindo, desse

[215] No mesmo sentido, cfr. VIEIRA DE ANDRADE, *A Justiça Administrativa,* 15ª ed., Coimbra, 2016, p. 191.

[216] Sobre esta categoria de actos administrativos, cfr. M. AROSO DE ALMEIDA, *Anulação de actos administrativos...*, pp. 110-111.

modo, caminho à (eventual) satisfação das suas pretensões. Faz, por isso, sentido que ele proceda à impugnação do acto, pedindo a sua anulação ou declaração de nulidade. Sucede, porém, que, neste tipo de situação, o interesse do impugnante não se satisfaz apenas com a remoção da ordem jurídica do acto de adjudicação. Com efeito, o que ele sobretudo pretende é a substituição desse acto por outro que, pelo menos, não reincida nas ilegalidades cometidas.

Como, até à revisão de 2015, previa o artigo 47º, nº 2, alínea *a)*, o interessado pode, no caso em análise, cumular com o pedido impugnatório um pedido de condenação à substituição do acto por outro, reagindo, desse modo, não apenas contra o componente positivo, mas também contra o componente negativo do conteúdo (ambivalente) do acto (em geral, sobre o princípio da livre cumulabilidade de pedidos, cfr. nº 20). Sucede, porém, que, em princípio, a cumulação de pedidos é uma *faculdade* que assiste ao interessado e que ele é, portanto, livre de optar por exercer ou não. Neste caso, coloca-se, contudo, a questão de saber se ao interessado não se imporá o *ónus* de proceder à cumulação.

É evidente que, embora tenha a *faculdade* de cumular os dois pedidos, o interessado é livre de se limitar a impugnar o acto de adjudicação, pedindo a sua anulação ou declaração de nulidade, sem ter de pedir também a condenação à prática do acto devido em substituição desse acto. E isso mesmo é, hoje, expressamente admitido pelo novo nº 3 do artigo 66º. Mas já suscitava dúvidas, à face do regime anterior à revisão de 2015, a hipótese inversa, de o interessado se limitar a pedir a condenação da Administração à substituição do acto de adjudicação, sem pedir a anulação ou declaração de nulidade deste acto.

Pela nossa parte, defendemos, nessa conjuntura, que a lógica que preside ao CPTA não se compadecia com uma orientação que, numa situação deste tipo, dispensasse o tribunal de se pronunciar sobre o mérito da pretensão formulada pelo autor. Com efeito, os princípios da tutela jurisdicional efectiva e da promoção do acesso à justiça exigem que as normas processuais sejam interpretadas no sentido de promover a emissão de pronúncias que satisfaçam o direito dos cidadãos a obter, em prazo razoável, uma decisão sobre as pretensões por eles formuladas em juízo (cfr. artigos 2º e 7º).

Hoje, a questão parece encontrar resposta adequada na nova alínea *b)* do nº 4 do artigo 67º, da qual resulta que quem pede a condenação da Administração à substituição, no todo ou em parte, de um acto administrativo, com fundamento na ilegalidade, total ou parcial, desse acto, está implicitamente a pedir que o tribunal reconheça e declare essa ilegalidade e, portanto, que anule o acto. Afigura-se, por isso, que o tribunal pode considerar este pedido implicitamente deduzido no pedido de condenação, para o efeito de proferir também a correspondente pronúncia constitutiva, sem necessidade de o pedido ter sido explicitado – o que, de acordo com o nº 3 do artigo 66º, constitui apenas uma *faculdade*[217].

1.5. *Requisito da eficácia do acto, relacionado com o interesse processual*

131. Em princípio, um acto administrativo só pode ser impugnado quando se encontrem reunidas as condições de que depende a sua capacidade para produzir efeitos: assim, se o acto estiver, v.g., sujeito a publicação obrigatória ou dependente da aprovação de um órgão administrativo diferente daquele que o praticou, em princípio, ele não pode ser impugnado sem que se preencham essas condições de eficácia do acto.

Como é evidente, se o acto for nulo, ele não produz efeitos (cfr. artigo 162º, nº 1, do CPA) e nem por isso ele deixa de poder ser impugnado, precisamente com esse fundamento, com vista à declaração da sua nulidade. Não se pode, por isso, afirmar que o acto tem necessariamente de ser eficaz para poder ser impugnado. O que se pode dizer é que, nos casos em que a produção de efeitos do acto esteja dependente do preenchimento de *condições legais* ou de *condição* ou *termo* impostos mediante cláusula acessória incluída no conteúdo do próprio acto, o acto não pode ser impugnado enquanto não estiverem preenchidas essas condições. É o que, hoje, é expressamente assumido no novo nº 1 do artigo 54º.

O CPTA não consagra, contudo, esta regra em termos absolutos, mas antes admite, no nº 2 do artigo 54º, que se possam constituir dois tipos de situações em que se justifica admitir a *faculdade* da imediata impugnação de actos administrativos que ainda não preenchem os requisitos de que depende o início da produção dos seus efeitos.

[217] Note-se que, com a solução enunciada, não se equipara o acto positivo impugnável ao acto de indeferimento, para o efeito de se admitir que também a sua eliminação da ordem jurídica pode resultar implicitamente da sentença de condenação. Com efeito, não se trata, aqui, de prescindir da pronúncia anulatória, mas apenas de prescindir da explicitação do pedido de anulação.

a) O primeiro tipo de situação, previsto no artigo 54º, nº 2, alínea *a)* (cfr. também o artigo 59º, nº 2), ocorre na hipótese de o acto ter sido objecto de execução, embora sem preencher os requisitos necessários para o efeito, por ainda não estar em condições de produzir os seus efeitos e, portanto, de ser executado[218]. Quem for objecto da execução de um acto administrativo ineficaz, é, assim, admitido a impugnar imediatamente esse acto. O artigo 59º, nº 7, estende, entretanto, ao Ministério Público a possibilidade de impugnar actos ineficazes cuja execução já tenha sido desencadeada.

O artigo 54º, nº 3, tem, entretanto, o cuidado de distinguir a questão da impugnabilidade do acto ilegalmente executado, da questão da reacção contra a execução ilegítima do acto, que pode ser actuada, como refere o preceito, através de "outros meios de tutela". Na verdade, na ausência de vias contenciosas de protecção efectiva contra a execução ilegítima de actos administrativos ineficazes, a resposta mais óbvia que o contencioso administrativo tradicional oferecia para situações de execução de actos administrativos ineficazes era a de permitir que se procedesse desde logo à impugnação do acto que era objecto dessa execução ilegal, como prevê o artigo 54º, nº 2, alínea *a)*. Mas essa solução não dá resposta à situação de execução ilegítima. Na verdade, a tutela eficaz contra a execução ilegítima não se confunde com a eventual impugnação do acto ilegitimamente executado – que, aliás, embora seja objecto de uma execução ilegítima, até pode não ser, em si mesmo, ilegal.

O facto de, no artigo 54º, nº 2, alínea *a)*, se continuar a prever a solução tradicional de admitir a impugnação imediata do acto administrativo ainda ineficaz que seja objecto de execução, não contende, pois, com o reconhecimento do natural direito de tutela contra a própria inexecução ilegítima. É o que justamente se salvaguarda no artigo 54º, nº 3. A referência que, neste preceito, é feita a "outros meios de tutela", tem, entretanto, presente que o meio adequado para reagir contra a execução ilegítima de um acto administrativo ineficaz não é, em princípio, o processo de impugnação de actos administrativos: na verdade, se a execução se consubstanciar numa operação material, estaremos perante uma situação contra a qual o interessado poderá reagir através da propositura de uma

[218] Cfr. Marcello Caetano, *Manual de Direito Administrativo*, vol. II, 10ª ed. (reimpressão), Coimbra, 1986, p. 1333; Freitas do Amaral, *Direito Administrativo*, vol. IV, pp. 149-150.

acção inibitória de cessação (cfr. artigo 37º, nº 1, alínea *h)*), ou mesmo, se se preencherem os respectivos pressupostos, de um processo de intimação para protecção de direitos, liberdades e garantias (sobre esta forma de processo, cfr. artigo 109º e *supra*, nº 53 segs.).

b) O segundo tipo de situação, previsto no artigo 54º, nº 2, alínea *b)*, é o da faculdade de imediata impugnação do acto desde que "seja seguro ou muito provável que o acto irá produzir efeitos". No respeito pelo artigo 7º, que impede o juiz administrativo de proceder a uma interpretação restritiva de preceitos como este e, pelo contrário, exige que ele os interprete num sentido que deles permita extrair todas as virtualidades que eles comportam, cabe à jurisprudência determinar o alcance desta fórmula genérica que, *a título meramente exemplificativo*, o preceito, no entanto, ilustra por referência à hipótese de "a ineficácia se dever apenas ao facto de o acto se encontrar dependente de termo inicial ou de condição suspensiva cuja verificação seja provável, nomeadamente por depender da vontade do beneficiário" – hipótese porventura mais óbvia, entre outras possíveis: pense-se no exemplo da decisão de realizar um empreendimento público em que a vontade política da sua rápida concretização seja pública e notória, estando apenas dependente do cumprimento de meras formalidades integrativas de eficácia.

O preceito em análise tem o alcance de estender as situações em que é de admitir a existência de interesse em agir contra actos ineficazes às situações em que, "segundo um juízo de normalidade, e de acordo com a experiência da vida, haja fortíssima probabilidade ou quase certeza"[219] de que o acto irá produzir efeitos e, portanto, exista um fundado receio das consequências que resultarão da produção de efeitos e eventual execução do acto *(ainda)* ineficaz. Ou seja, tem o alcance de flexibilizar os critérios a adoptar neste domínio, afastando-os da aplicação rígida do critério da eficácia ou ineficácia dos actos administrativos, para os reconduzir à verificação da existência, em cada caso concreto, de uma situação de necessidade de tutela e, portanto, de *interesse em agir* em juízo.

Importa sublinhar que, nos dois tipos de situações enunciados, em que, nos termos do artigo 54º, é excepcionalmente admitida a possibilidade da impugnação de actos ineficazes, essa impugnação é aí configu-

[219] Para utilizar expressões de Mário Torres, "Relatórios de síntese", *Cadernos de Justiça Administrativa* nº 28, p. 65.

rada como uma *faculdade*, e não como um *ónus*, o que significa que, se não impugnarem o acto (ainda) ineficaz, os interessados não vêem precludida a possibilidade de procederem à sua impugnação no momento em que ele venha a produzir efeitos.

Embora este ponto nem sempre seja devidamente apercebido, ele reveste-se da maior importância porque implica que, nos casos em que, pelo facto de a produção de efeitos do acto estar dependente do preenchimento de *condições legais* ou de *condição* ou *termo* impostos mediante cláusula acessória incluída no conteúdo do próprio acto, pelo que o acto não pode ser impugnado enquanto não estiverem preenchidas essas condições, os prazos de impugnação *não correm* enquanto não se preencham as referidas condições. Na verdade, como um acto administrativo ineficaz não pode ser impugnado e, mesmo quando a sua impugnação é admitida a título excepcional, *não existe o ónus de impugnar o acto enquanto ele não se tornar eficaz*, não são aplicáveis à impugnação de actos ineficazes as regras de contagem de prazos de impugnação, que têm exclusivamente em vista a impugnação de actos produtores de efeitos e são, portanto, redigidas por referência a esses actos.

Isto mesmo passou, com a revisão de 2015, a ser assumido no novo nº 1 do artigo 59º, pelo que nesta perspectiva devem ser lidas as disposições dos nºs 2 e segs. do mesmo artigo 59º, quando estabelecem que os prazos de impugnação se contam desde a notificação, publicação ou conhecimento do acto administrativo ou da sua execução. Com efeito, como não são aplicáveis a actos ineficazes e são, por isso, redigidos por referência aos actos produtores de efeitos, estes preceitos só valem sob a condição da eficácia dos actos a que se aplicam. Os referidos preceitos pressupõem, pois, que, na data da notificação, da publicação ou do conhecimento do acto administrativo ou da sua execução, o acto é eficaz e, por isso, existe o ónus da sua impugnação tempestiva, pelo que apenas valem com a seguinte ressalva: *desde que, nessa data, o acto fosse eficaz*, como hoje explicita o nº 1 do artigo 59º.

Pense-se, desde logo, no exemplo do destinatário que é notificado, nos termos do nº 2 do artigo 59º, de um acto sujeito a condição suspensiva ou termo inicial. Como é evidente, à face do artigo 54º, a notificação não o constitui no ónus de impugnar esse acto. Por conseguinte, o prazo de impugnação não começa a correr com a notificação. De igual modo, atente-se no exemplo do acto administrativo praticado sob a forma de acto legislativo: como é sabido, os actos legislativos estão sujeitos a regras de *vacatio legis*, pelo que os efeitos dos comandos neles contidos não se produzem imediatamente com a publicação. No momento da publicação, o acto administrativo contido num Decreto-Lei ainda não é, portanto, eficaz, pelo que a publicação, só por si, não constitui, na esfera de quem não tem direito a ser notificado, nos termos do nº 2 do artigo 59º, o ónus de impugnar, que só se constitui uma vez decorrido o período da *vacatio legis*. É o que hoje expressamente resulta do novo nº 1 do artigo 59º[220].

132. A regra de que o acto administrativo só pode ser impugnado quando se encontrem reunidas as condições de que depende a sua capacidade para produzir efeitos é tradicionalmente apresentada como um dos componentes nos quais se desdobra o pressuposto processual da impugnabilidade do acto administrativo. A nosso ver, justifica-se, contudo, a sua autonomização. Com efeito, a eficácia é um elemento extrínseco do acto administrativo, que não tem que ver com a sua substância e, portanto, com a questão da natureza (intrínseca) dos efeitos que o acto se destina a introduzir na ordem jurídica, mas, no sentido em que, neste contexto, é colocada a questão, tem que ver com a circunstância do acto e, portanto, com a questão (extrínseca e conjuntural) de saber se, em determinado momento, ele (já) está em condições de originar consequências que possam justificar a sua impugnação.

Na verdade, a regra enunciada, e as excepções do artigo 54º, assentam no raciocínio de que o acto ineficaz *(ainda)* não introduz qualquer modificação na ordem jurídica que possa ser removida através da anulação do acto ou origine uma situação de facto que fundamente a necessidade da declaração da sua nulidade. Pelo contrário, se o acto for objecto de execução, já se actualiza uma situação de necessidade de tutela que justifica o recurso à via judicial; tal como também se admite que ele já se justifica se for muito provável que o acto produza em breve os seus efeitos.

A questão resume-se, pois, a saber se existe *interesse processual* ou *interesse em agir* junto dos tribunais contra um acto administrativo que não

[220] Já anteriormente nos pronunciávamos neste sentido: cfr. Mário Aroso de Almeida, "*Vacatio legis* e prazo de impugnação dos atos administrativos" in *Revista da Ordem dos Advogados*, Ano 65, III (2005), pp. 791 segs.

esteja em condições de projectar os seus efeitos na ordem jurídica[221]. Em princípio, parte-se da presunção de que não existe interesse em impugnar actos administrativos que *(ainda)* não estejam em condições de lesar ninguém: é esta a regra, assente na presunção da inexistência de interesse em agir. Mas precisamente porque é esta a *ratio* que está subjacente à regra, o CPTA não a consagra em termos absolutos, mas antes admite, no artigo 54º, que se possam constituir situações de interesse em agir que justifiquem o seu afastamento. A exemplo do que, como vimos (cfr. *supra,* nº 93) sucede com o artigo 39º, também o artigo 54º tem, com efeito, em vista situações em que o problema da existência de um interesse em agir se coloca com acuidade, na medida em que se pode dizer que há uma presunção de que não existe *interesse directo* em impugnar actos administrativos que ainda não podem ter lesado ninguém, porque ainda não produzem efeitos na ordem jurídica. Tal como nas hipóteses do artigo 39º, têm-se, por isso, em vista, no artigo 54º:

a) situações de *lesão efectiva,* resultantes de condutas ilegítimas, destituídas de fundamento jurídico: no artigo 39º, as situações de incerteza, porventura decorrentes de afirmações ilegítimas da Administração; no artigo 54º, nº 2, alínea *a),* as situações de execução ilegítima do acto ineficaz;

b) situações de *ameaça de lesão,* resultantes do fundado receio da verificação, num futuro próximo, de cirucunstâncias lesivas: no artigo 39º, o receio da adopção de condutas lesivas sem que tenha sido já praticado um acto administrativo; no artigo 54º, nº 2, alínea *b),* o receio das consequências lesivas que resultarão da produção de efeitos e eventual execução do acto *(ainda)* ineficaz.

1.6. *Requisito eventual da prévia utilização de impugnação administrativa necessária*

133. A impugnação jurisdicional de actos administrativos pode estar dependente da observância do ónus da prévia utilização, pelo impugnante, de vias de impugnação administrativa, como a reclamação, o recurso

[221] Na mesma linha, cfr. SÉRVULO CORREIA, *Direito do Contencioso Administrativo.* vol. I, p. 751, para quem "a eficácia não passa de um veículo da lesividade do acto administrativo".

hierárquico ou o recurso tutelar (para o regime geral das impugnações administrativas, cfr. artigos 184º e segs. do CPA): fala-se, a este propósito, na imposição legal de *impugnações administrativas necessárias*, querendo, com isso, significar-se que a prévia utilização da impugnação administrativa constitui um ónus, na medida em que é necessária se o autor pretender lançar mão, em seguida, da via da impugnação contenciosa[222].

O CPTA não exige, em termos gerais, que os actos administrativos tenham sido objecto de prévia impugnação administrativa para que possam ser objecto de impugnação contenciosa. Das soluções consagradas nos artigos 51º e 59º, nºs 4 e 5, decorre, por isso, a regra de que a prévia utilização de vias de impugnação administrativa não é necessária para aceder à via contenciosa. E, portanto, de que não é necessário, para haver interesse processual no recurso à impugnação perante os tribunais administrativos, que o autor demonstre ter tentado infrutiferamente obter a remoção do acto que considera ilegal por via extrajudicial.

O CPTA não tem, porém, o alcance de afastar as múltiplas determinações legais avulsas que instituem impugnações administrativas necessárias. Na ausência de determinação legal expressa em sentido contrário, deve, pois, entender-se que os actos administrativos com eficácia externa são imediatamente impugnáveis perante os tribunais administrativos, sem necessidade da prévia utilização de qualquer via de impugnação administrativa. As decisões administrativas estão, no entanto, sujeitas a impugnação administrativa necessária nos casos em que isso esteja expressamente previsto na lei, em resultado de uma opção consciente e deliberada do legislador, quando este a considere justificada.

Sempre que esteja previsto em lei especial que a prévia utilização de uma impugnação administrativa é necessária para se poder proceder à impugnação jurisdicional de certo tipo de acto administrativo, aquela impugnação tem, assim, de ser utilizada dentro do prazo para o efeito estabelecido, sob pena de preclusão do acesso aos tribunais. A lei especial institui, na verdade, nesse caso, um requisito adicional, que vem acrescer aos demais, decorrentes da lei geral, do qual depende a impugnabilidade jurisdicional desse tipo específico de acto administrativo: o pressuposto processual da prévia utilização de impugnação administrativa necessária.

[222] Para a apreciação do tema, por referência ao novo regime do CPA sobre a matéria, cfr. M. Aroso de Almeida, *Teoria Geral...cit.*, pp. 382 segs.

É o que, hoje, claramente estabelece o nº 2 do artigo 185º do CPA, nos termos do qual "as reclamações e os recursos têm caráter facultativo, salvo se a lei os denominar como necessários"[223] – sendo de sublinhar que, no propósito de promover a clareza neste domínio de crucial importância, o preceito esclarece que só por lei, e nunca por regulamento, pode ser imposta a utilização necessária de impugnações administrativas e exige, para as leis que venham a introduzir a previsão de impugnações administrativas necessárias após a sua entrada em vigor, que elas as *denominem* expressa e formalmente como tais, utilizando, pois, a palavra *"necessária"* para qualificar as impugnações administrativas em causa.

Este é o critério que o CPA institui para o futuro. O artigo 3º do Decreto-Lei nº 4/2015, de 7 de janeiro, que aprovou a revisão do CPA, consagra, entretanto, importantes disposições transitórias aplicáveis às previsões normativas sobre a matéria que constem de leis anteriores à entrada em vigor da revisão de 2015 do CPA, estabelecendo que "as impugnações administrativas existentes à data da entrada em vigor do presente diploma só são necessárias quando previstas em lei que utilize uma das seguintes expressões: *a)* a impugnação administrativa em causa é 'necessária'; *b)* do ato em causa 'existe sempre' reclamação ou recurso; *c)* a utilização da impugnação administrativa 'suspende' ou tem 'efeito suspensivo' dos efeitos do ato impugnado".

Nos casos em que não foi formalmente revogada legislação que previa recursos hierárquicos necessários, mas o serviço em causa foi destacado da hierarquia na qual estava inserido e dotado de personalidade jurídica própria, deve, no entanto, entender-se que aquela legislação foi tacitamente revogada, pelo que deixou de existir a impugnação administrativa

[223] A nosso ver, o novo preceito do CPA veio pôr definitivamente termo à controvérsia que, desde 1989, se tem desenvolvido na doutrina sobre a questão de saber se a revisão de 1989 do artigo 268º da CRP tornou inconstitucional a previsão legal de impugnações administrativas necessárias: cfr., por todos, V. Pereira da Silva, *Em Busca...*, *maxime* a pp. 667 e 674, e *Ventos de mudança no contencioso administrativo*, Coimbra, 2000, pp. 11 e 88-89; Paulo Otero, "As garantias impugnatórias dos particulares no Código do Procedimento Administrativo", *Scientia Ivridica*, vol. XLI (nº 235/237), pp. 58 segs. No plano jurisprudencial, essa tese nunca foi aceite (cfr. por todos, o Acórdão nº 499/96 do Tribunal Constitucional, com anotação concordante de Vieira de Andrade in *Cadernos de Justiça Administrativa* nº 0, pp. 13 segs.), centrando-se, por isso, a partir daí, a atenção na questão da determinação dos critérios interpretativos a adotar para identificar as situações em que deve entender-se que lei especial pretende instituir uma impugnação administrativa necessária.

necessária nela prevista. Mas se o interessado, induzido em erro, tiver utilizado a impugnação administrativa na compreensível convicção de que ela era de utilização necessária, o direito à tutela jurisdicional efectiva, que inspira o regime do artigo 7º, não pode deixar de exigir que a impugnação contenciosa seja admitida fora de prazo, através da aplicação ao caso do regime do artigo 58º, nº 4. A indução em erro pode resultar directamente da ambiguidade directamente resultante do quadro normativo aplicável, assim como pode ser agravada por indicação errada contida na notificação do acto[224].

Estabelece, entretanto, o nº 3 do artigo 3º do Decreto-Lei nº 4/2015 que "as impugnações administrativas necessárias previstas na legislação existente à data da entrada em vigor do presente diploma têm sempre efeitos suspensivos da eficácia do ato impugnado", acrescentando o nº 4 que são revogadas as disposições incompatíveis com o disposto no nº 3. Esta disposição prevalece sobre toda a legislação existente à data da sua entrada em vigor, designadamente aquela que – de harmonia com o que, até à revisão de 2015, dispunha o anterior artigo 170º do CPA, que foi, precisamente, revogado – confira ao autor do ato o poder de afastar o efeito suspensivo da impugnação administrativa por considerar que a não execução imediata do ato causaria grave prejuízo ao interesse público.

134. O eventual requisito da prévia utilização de uma impugnação administrativa necessária é tradicionalmente apresentado como um dos componentes nos quais se pode desdobrar o pressuposto processual da impugnabilidade (contenciosa) do acto administrativo. A nosso ver, justifica-se, contudo, a autonomização deste requisito, pelas mesmas razões já invocadas a propósito do requisito da eficácia do acto a impugnar (cfr. *supra*, nº 132).

Com efeito, a questão de saber se a impugnação jurisdicional de certo tipo de acto administrativo está dependente da prévia utilização de uma impugnação administrativa nada tem que ver com a substância do acto. Pelo contrário, é só em relação a actos administrativos impugnáveis, que preencham todos os requisitos para poderem ser objecto de impugnação,

[224] Neste sentido, cfr. Acórdão do STA de 16 de Abril de 2008, Proc. nº 743/07. Em geral sobre o tema, cfr. PEDRO MACHETE, "Notificação deficiente do acto administrativo – articulação entre meios administrativos e contenciosos", in *Cadernos de Justiça Administrativa* nº 75, pp. 11 e segs.

que se coloca a questão de saber se há que utilizar previamente uma impugnação administrativa contra esse acto para se poder proceder à respectiva impugnação contenciosa. Nos casos em que ela é legalmente prevista, a prévia utilização da impugnação administrativa necessária é, pois, instituída como um pressuposto processual atípico ou adicional em relação ao da impugnabilidade do acto – um pressuposto processual autónomo, de cujo preenchimento a lei, em certos casos, entende fazer depender a possibilidade de um acto administrativo que, do ponto de vista substantivo, é, em si mesmo, impugnável, de ser objecto de impugnação imediata perante os tribunais administrativos.

Trata-se, pois, de uma questão de natureza adjectiva, e não substantiva, que não tem que ver com a substância e, portanto, com a natureza (intrínseca) dos efeitos que o acto se destina a introduzir na ordem jurídica, mas com a circunstância do acto e, portanto, com a questão (extrínseca e conjuntural) de saber se, em determinado momento, ele (já) está em condições de poder ser impugnado perante os tribunais, porque já foi observado o ritual da sua prévia impugnação administrativa.

Resta acrescentar que, a exemplo do que vimos suceder com o requisito da eficácia do acto a impugnar, também é no plano da existência de interesse processual que fundamente a necessidade de recorrer à via judicial que, a nosso ver, se coloca a questão de saber se o autor procedeu à prévia impugnação administrativa do acto que pretende impugnar contenciosamente.

Com efeito, a regra de que a utilização de vias de impugnação administrativa não é necessária para aceder à via contenciosa, que decorre do CPTA, assenta no pressuposto de que não é necessário, para haver interesse processual no recurso à impugnação perante os tribunais administrativos, que o autor demonstre ter tentado infrutiferamente obter a remoção do acto que considera ilegal por via extrajudicial. Tal como sucede em processo civil, "são variadas e ponderosas as razões capazes de justificar o recurso directo à via judiciária e não parece razoável exigir do autor a explicação determinante da sua opção"[225]. Já, pelo contrário, nos casos em que legislação especial institui impugnações administrativas necessárias, a lei entende fazer depender o reconhecimento de interesse processual ao autor – ou seja, o reconhecimento da sua necessidade de

[225] Cfr. Antunes Varela *et alii*, p. 185.

tutela judiciária – da utilização das vias legalmente estabelecidas para tentar obter a resolução do litígio por via extrajudicial. Por conseguinte, quando, nesses casos, o interessado opte por impugnar o acto perante os tribunais sem ter feito prévio uso da impugnação administrativa necessária que ao caso a lei expressamente fazia corresponder, a sua pretensão deve ser rejeitada porque a lei não lhe reconhece o interesse processual que, no caso, se deveria sustentar na demonstração de ter tentado infrutiferamente obter o resultado pretendido pela via extrajudicial legalmente estabelecida.

Repare-se, na verdade, que o acto, em si mesmo, não mudou de natureza pelo facto de não ter sido objecto da necessária impugnação administrativa e a própria posição material do interessado em relação ao acto também não se alterou: se ele era, por hipótese, destinatário do acto, que na sua esfera jurídica projecta os seus efeitos, essa circunstância também não se alterou. O problema é exclusivamente de interesse em aceder à Justiça, como bem demonstra a circunstância de a imposição de impugnações administrativas necessárias poder ser motivada, tal como sucede, em termos gerais, com a exigência do requsito do interesse processual, pelo duplo propósito de "evitar que as pessoas [no caso, as entidades administrativas] sejam precipitadamente forçadas a vir a juízo, para organizarem, sob cominação de uma sanção grave, a defesa dos seus interesses, numa situação em que a situação da parte contrária [no caso, o impugnante] o não justifica" (recorde-se que a utilização das impugnações administrativas necessárias suspende os efeitos das decisões impugnadas: cfr. artigo 189º, nº 1, do CPA) e de "não sobrecarregar com acções desnecessárias a actividade dos tribunais, cujo tempo é escasso para acudir a todos os casos em que é realmente indispensável a intervenção jurisdicional"[226].

135. Quando lei especial não fixe prazo diferente, o prazo para a reclamação é de 15 dias (cfr. artigo 191º, nº 3, do CPA) e o prazo de interposição do recurso hierárquico necessário é de 30 dias (cfr. artigo 193º, nº 2, do CPA). O nº 2 do artigo 3º do Decreto-Lei nº 4/2015, de 7 de janeiro, introduziu, entretanto, neste domínio, uma garantia da maior importância: a de que "o prazo mínimo para a utilização de impugnações

[226] Cfr. Antunes Varela *et alii*, *op. cit.*, p. 182.

administrativas necessárias é de dez dias, passando a ser o prazo a observar quando seja previsto prazo inferior na legislação existente à data da entrada em vigor do presente diploma", acrescentando o nº 3 do mesmo artigo que são revogadas as disposições incompatíveis com o disposto no nº 2. Isto, naturalmente, sem prejuízo de prazos mais curtos poderem vir a ser previstos em lei especial posterior, que, sendo especial e mais recente, prevalecerá sobre este regime.

Uma vez utilizada a impugnação administrativa, o interessado deve aguardar a sua resolução ou o decurso do prazo dentro do qual, nos termos da lei, ela deve ser decidida. Quando lei especial não fixe prazo diferente, o prazo para decisão das reclamações e recursos hierárquicos é de 30 dias (cfr. artigos 192º, nº 2, e 198º, nº 1, do CPA). Uma vez decorrido o prazo para decisão sem que esta haja sido proferida, começa a correr o prazo de propositura da acção em tribunal, que, mesmo no caso de ter sido interposto recurso hierárquico, será de impugnação do acto do órgão subordinado (cfr. artigo 198º, nº 4, do CPA)[227].

Uma vez intentada a impugnação administrativa necessária, a via de reacção contenciosa a seguir no caso de ela não surtir efeito é, portanto, a mesma que teria sido utilizada, logo desde o início, se a lei não impusesse o ónus da prévia impugnação administrativa – e isto, quer a reclamação ou o recurso hierárquico necessários tenham sido objecto de indeferimento expresso, quer não tenham merecido resposta da parte do órgão competente para os decidir dentro do prazo legal de decisão. O regime aplicável nesta matéria não é, portanto, afectado pela circunstância de o CPTA ter introduzido a possibilidade da condenação à prática de actos administrativos.

Pense-se no exemplo do funcionário que foi ilegalmente demitido e pretende a remoção do acto de demissão, em ordem a recuperar o lugar do qual foi afastado. Neste tipo de situação, o interessado só pretende impugnar o acto que o lesou e a utilização da impugnação administrativa

[227] O novo nº 4 do artigo 198º do CPA veio consagrar o entendimento, que vínhamos defendendo, de que o eventual indeferimento de recurso hierárquico sem alteração do ato do órgão subordinado não é um acto autonomamente impugnável, que incorpore em si o acto do subordinado, mas um ato meramente confirmativo, que tem apenas a utilidade de abrir a via contenciosa contra o ato praticado pelo órgão subordinado. Já neste sentido, cfr. MÁRIO AROSO DE ALMEIDA, "Recurso hierárquico, acto tácito e condenação à prática de acto devido", *Cadernos de Justiça Administrativa* nº 54, pp. 3 segs.

necessária constitui um mero requisito da observância do qual depende a abertura da via impugnatória. Por conseguinte, o eventual indeferimento ou o decurso do prazo legalmente fixado para que a reclamação ou o recurso hierárquico necessários fossem decididos sem a emissão de uma decisão limitam-se a ter, nesse contexto, o alcance de abrir o acesso à via contenciosa – via que será, naturalmente, a via impugnatória, em ordem à apreciação das causas de invalidade que podem conduzir à anulação ou declaração de nulidade do acto ilegal. Não haverá, entretanto, em caso algum, lugar, neste contexto, à dedução de um pedido de condenação à prática de um acto administrativo, com fundamento no facto de a impugnação administrativa ter sido indeferida ou não ter merecido resposta da parte do órgão competente para a decidir.

2. Tempestividade da impugnação

2.1. *Prazos*

136. Como estabelece o artigo 58º, nº 1, a dedução do pedido de declaração de nulidade de actos administrativos não está, de um modo geral, sujeita a prazo. É a solução que decorre, no plano substantivo, do artigo 162º, nº 2, do CPA. Não é, contudo, assim nos domínios específicos do contencioso eleitoral e pré-contratual urgente, em que a lei estabelece um prazo único de propositura de ação (cfr. *infra*, nºs 157 e 158).

A impugnação fundada na anulabilidade dos actos administrativos pode ser deduzida pelo Ministério Público no prazo de um ano (artigo 58º, nº 1, alínea *a*)). Este prazo, contado desde a data da prática do acto ou da sua publicação, quando obrigatória (artigo 59º, nº 6), é o prazo mais longo de que a lei faz depender a impugnação fundada em anulabilidade.

O prazo-regra aplicável, "salvo disposição em contrário", nos restantes casos e, portanto, aplicável à impugnação fundada em anulabilidade, quando deduzida por particulares, é de três meses (artigo 58º, nº 1, alínea *b*)).

O artigo 58º, nº 4, admite, entretanto, que qualquer das pessoas ou entidades legitimadas a impugnar o possa fazer, mesmo que já tenha passado o prazo de três meses dentro do qual, em princípio, o deveria ter feito, desde que o tribunal, uma vez ouvida(s) a(s) outra(s) parte(s) no processo, considere demonstrada a ocorrência de uma das três circunstâncias, taxativamente previstas, em que, no entender da lei, "a tempestiva apresentação da petição não era exigível a um cidadão normalmente diligente". Essas circunstâncias são as seguintes, enunciadas nas alíneas *a)*, *b)* e *c)* do artigo 58º, nº 4:

a) Verificou-se uma situação de justo impedimento, nos termos em que a figura é admitida em processo civil.

b) O interessado não impugnou porque a Administração o induziu em erro, podendo mesmo ter agido de má fé – pense-se, desde logo, na hipótese de a Administração se ter comprometido a revogar o acto por reconhecer que o interessado tinha razão, fazendo assim com que ele não o impugnasse dentro do prazo; ou o exemplo indicado *supra,* nº 133, da notificação que, erradamente, contenha a indicação da necessidade da prévia utilização de uma impugnação administrativa.

c) O atraso na impugnação é desculpável em virtude da ambiguidade do quadro normativo ou das dificuldades que colocava a identificação do acto impugnável (veja-se o exemplo *supra,* nº 133, de as normas continuarem a prever impugnações administrativas necessárias que hoje se deve entender que já não existem) ou a questão da sua qualificação como acto administrativo ou como norma (quanto a esta última hipótese, cfr., em todo o caso, o disposto no artigo 52º, nº 3, e, a seu respeito, *supra,* nº 126).

O CPTA consagra diferentes soluções que visam promover o acesso à justiça administrativa, facilitando a obtenção de decisões sobre o mérito das causas que são submetidas à apreciação dos tribunais administrativos. O prazo legal de impugnação constitui, porém, um pressuposto cuja inobservância é, por definição, insuprível *a posteriori*. Daí a importância da consagração de soluções dirigidas a introduzir alguma flexibilidade num domínio tradicionalmente caracterizado por uma acentuada rigidez e da observância do dever que o artigo 7º impõe ao juiz de, em caso de dúvida, interpretar as normas processuais num sentido que favoreça a emissão de pronúncias sobre o mérito das pretensões formuladas. Também no exercício dos poderes de apreciação que a interpretação das três alíneas do artigo 58º, nº 4, lhe confere, o juiz administrativo não deve, pois, esquecer-se de que está vinculado pelo imperativo do artigo 7º, que o impede de proceder a uma interpretação restritiva daqueles preceitos e, pelo contrário, exige que ele os interprete num sentido que deles permita extrair todas as virtualidades que eles comportam.

2.2. *Modo e início de contagem dos prazos*

137. É importante notar que a revisão de 2015 afastou a regra do anterior artigo 58º, nº 3, segundo a qual o prazo de impugnação de três meses se contava de acordo com o disposto no artigo 144º do CPC, suspendendo-se durante as férias judiciais. Na verdade, ao estabelecer que os prazos estabelecidos no nº 1 se contam nos termos do artigo 279º do Código Civil, o novo nº 2 do artigo 58º assume que eles se contam de modo contínuo, sem suspensão durante as férias judiciais. O prazo que termine em dia em que os tribunais estejam encerrados ou haja tolerância de ponto é, entretanto, prolongado para o primeiro dia útil seguinte.

138. Resulta do artigo 59º, nº 2, que a notificação, garantida no artigo 268º, nº 3, da CRP, é condição absoluta de oponibilidade dos actos administrativos aos destinatários que deles têm o direito a ser notificados (cfr., a propósito, artigos 66º e segs. do CPA), independentemente da eventual sujeição do acto a publicação obrigatória. Hoje, a solução encontra correspondência, de âmbito mais geral, no artigo 160º do CPA. O destinatário que tem direito a ser notificado, mas não notificado, tem a faculdade de impugnar o ato, se tomar conhecimento por outra via da sua existência e assim o quiser, mas a ausência de notificação implica que não se constitui na sua esfera jurídica o ónus de impugnação, pelo que, se ou enquanto não for notificado, não corre, em relação a ele, o prazo de impugnação.

De acordo com o artigo 60º, nº 1, quando haja notificação ou publicação, só não são, entretanto, oponíveis aos interessados a notificação ou a publicação incompreensíveis, que não dêem sequer a conhecer o sentido da decisão. Se a notificação ou a publicação padecerem de deficiências menores, o que inclui a falta de indicação dos fundamentos da decisão e a ausência de indicação do autor e da data, o artigo 60º, nº 2, apenas reconhece aos interessados a faculdade de requererem a notificação das indicações em falta ou a passagem de certidão que as contenha[228].

A apresentação do requerimento no prazo de trinta dias interrompe o prazo de impugnação do acto (artigo 60º, nº 3). O prazo de que a Administração dispõe para responder ao requerimento é de dez dias: é o prazo que decorre do artigo 86º do CPA. Se a Administração indeferir o requerimento ou não der integral satisfação ao pedido no prazo devido, o interessado pode pedir ao tribunal administrativo que ela seja intimada a fornecer-lhe as informações ou a passar a certidão requeridas. O interessado pode lançar mão, para o efeito, do processo de intimação que se encontra regulado nos artigos 104º e segs. (sobre este processo especial urgente, cfr. *supra*, nº 52, e *infra*, nºs 160 e 189), que, para este efeito, funciona como um processo acessório, dotado de uma função instrumental em relação à utilização do meio impugnatório. É o que resulta dos artigos 60º, nº 3, e 106º, que imputam efeito interruptivo do prazo de impugnação do acto administrativo à utilização, neste contexto, do processo de intimação, desde que essa utilização não tenha sido determinada por propósito manifestamente dilatório nem se revele claramente desnecessária (cfr. artigo 106º, nº 2, que deve ser, no entanto, interpretado no respeito pelo artigo 7º).

De acordo com o artigo 60º, nº 4, não são também oponíveis ao interessado "eventuais erros contidos na notificação ou na publicação, no que se refere à indicação do autor, da data, do sentido ou dos fundamentos da decisão, bem como eventual erro ou omissão quanto à existência de delegação ou subdelegação de poderes". Significa isto que o interessado não pode perder o prazo de impugnação e deve ser, portanto, admitido a suprir as falhas de que possa enfermar a petição apresentada, sempre que essas falhas sejam imputáveis a erros ou omissões cometidos na notificação ou na publicação do acto[229]. O suprimento das falhas pode ter de passar apenas pela correcção ou substituição da petição (cfr., a propósito, artigo 87º).

[228] O CPTA consagrou a solução preconizada por Miguel Teixeira de Sousa, "Notificação irregular de acto administrativo e prazo de interposição de recurso", *Cadernos de Justiça Administrativa* nº 17, pp. 23-25.

[229] Já neste sentido, cfr. Acórdão do Supremo Tribunal Administrativo de 9 de Novembro de 2000, Proc. nº 45390.

Se o erro ou omissão cometidos tiverem, porém, induzido o interessado em erro quanto à desnecessidade da utilização de uma via de impugnação administrativa necessária, a consequência que resulta do regime de inoponibilidade do erro ou omissão, consagrado no artigo 60º, nº 4, é que o interessado é admitido a utilizar a via de impugnação administrativa necessária quando o erro ou a omissão vierem a ser identificados, sem que lhe seja oponível a objecção de que, em circunstâncias normais, os prazos já teriam expirado nesse momento. É o que hoje estabelece o nº 4 do artigo 114º do CPA, que, para o efeito, fixa o prazo de 30 dias, a contar do trânsito em julgado da decisão jurisdicional que tenha absolvido da instância por falta de utilização da impugnação administrativa necessária[230].

139. Como estabelece o artigo 59º, nº 3, o prazo para a impugnação por parte de quem não tem direito a ser notificado começa a correr da publicação, se esta for obrigatória, já que, na ausência de publicação, nesse caso, o acto é ineficaz, pelo que, não só não existe o ónus da sua impugnação, como o acto nem sequer pode ser impugnado, a menos que seja objecto de execução ilegal, como dispõe o artigo 54º, nº 2, alínea *a)*. Na verdade, se o acto estiver sujeito a publicação obrigatória, não interessa que os interessados a que o preceito se refere tenham sido notificados ou tenham tido, por outra via, conhecimento do acto ou da sua execução: enquanto a publicação obrigatória não tiver lugar, o acto (ainda) não produz efeitos, pelo que (ainda) não pode ser impugnado (cfr. artigo 59º, nº 1).

Acrescenta, entretanto, o mesmo preceito que, na hipótese mais frequente, que é a de o acto não estar sujeito a publicação obrigatória, o prazo para a impugnação começa a correr da notificação ou da publicação, se estas tiverem lugar, apesar de não serem obrigatórias, ou, na ausência de qualquer destas, da data do conhecimento pelo interessado da existência do acto ou da sua execução. Por regra, é esta última circunstância que ocorre, o que pode diferir de modo significativo o início da contagem do prazo de impugnação do acto por parte daqueles que dele não têm de ser notificados: pense-se no exemplo do vizinho, em relação a uma licença de construção que alegadamente o afecte.

[230] Já antes da nova solução do CPA nos pronunciávamos no sentido da solução, a p. 312 da primeira edição deste livro.

140. Note-se, porém, que o ónus da impugnação tempestiva dos actos administrativos só se constitui uma vez preenchidos os requisitos de que depende a respectiva eficácia, pelo que só a partir desse momento passam a correr os respectivos prazos de impugnação. É o que resulta do artigo 54º, nº 2, que apenas configura a impugnação de actos ineficazes como uma *faculdade,* e não como um ónus de exercício sujeito a prazo, e, ainda assim, de âmbito circunscrito às hipóteses aí previstas.

Como hoje é clarificado pelo nº 1 do artigo 59º, nesta perspectiva deve ser, por isso, entendido o regime dos nºs 2 e segs. do artigo 59º, quando determinam o momento em que se inicia a contagem dos prazos de impugnação. Com efeito, a notificação, a publicação ou o conhecimento do acto ou da sua execução só fazem correr o prazo de impugnação se implicarem a constituição do ónus de impugnar. Mas se, mesmo depois da notificação ou da publicação, o acto continuar a não produzir efeitos – porque, por exemplo, está sujeito a condição suspensiva ou a termo inicial –, só se e quando o acto vier a produzir efeitos se constitui o ónus de impugnar e, portanto, começam a correr os prazos de impugnação (cfr. *supra,* nº 131).

141. Segundo dispõe o artigo 59º, nº 4, a utilização voluntária de qualquer meio de impugnação administrativa tem efeito suspensivo sobre o prazo da impugnação contenciosa dos actos administrativos.

Como é evidente, esta solução não vale para os casos excepcionais em que, como vimos (cfr. *supra,* nº 133), legislação especial faça depender a possibilidade da impugnação contenciosa de certo tipo de acto da prévia utilização de uma impugnação administrativa. Com efeito, nesse tipo de situação, como a impugnação administrativa é, excepcionalmente, instituída pela lei como requisito de cuja prévia utilização depende a própria possibilidade – e, portanto, a constituição do ónus – da impugnação contenciosa, o prazo de impugnação contenciosa não corre, de todo em todo, se a impugnação administrativa necessária não for utilizada dentro do prazo para ela estabelecido, nem, tendo ela sido utilizada, enquanto ela não for decidida ou não decorrer o prazo dentro do qual, nos termos da lei, ela teria de ser decidida: o prazo de impugnação contenciosa só começa, pois, a correr, desde o início, a partir do momento em que a impugnação administrativa seja decidida ou expire o prazo dentro do qual ela o deveria ter sido.

Pressuposto da solução do artigo 59º, nº 4, é, pelo contrário, que a possibilidade de impugnação contenciosa esteja aberta, que o ónus dessa impugnação esteja constituído e, portanto, que o correspondente prazo esteja a correr: é nessa hipótese que o preceito estabelece que a eventual opção do interessado de lançar mão de uma impugnação administrativa (facultativa, portanto), dentro do prazo estabelecido para o efeito, tem o alcance de suspender o prazo de impugnação contenciosa que estava a correr e que retomará o seu curso, no ponto em que tinha ficado suspenso, se a impugnação administrativa utilizada vier a ser rejeitada ou indeferida ou não vier a ser decidida dentro do prazo legalmente estabelecido. Pretende-se, deste modo, valorizar e, assim, estimular a utilização das impugnações administrativas facultativas.

Basta, para o efeito, que se preencham dois requisitos:

1º – Que a impugnação administrativa em causa seja legalmente admitida: é sempre possível deduzir reclamação de qualquer acto administrativo, mas o recurso hierárquico só é possível quando o órgão autor do acto esteja integrado numa estrutura hierárquica e não se encontre no topo dessa estrutura e a possibilidade de recursos tutelares só existe nos casos expressamente admitidos pela lei.

2º – Que a impugnação administrativa seja utilizada dentro do prazo legalmente estabelecido para o efeito, sendo que o regimeregra previsto no CPA, que vale salvo quando lei especial fixe prazo diferente, é o de que o prazo para a reclamação é de 15 dias (cfr. artigo 191º, nº 3, do CPA) e o prazo de interposição do recurso hierárquico necessário é de 30 dias (cfr. artigo 193º, nº 2, do CPA). Uma vez utilizada a impugnação administrativa, o interessado deve aguardar a sua resolução ou o decurso do prazo dentro do qual, nos termos da lei, ela deve ser decidida. Quando lei especial não fixe prazo diferente, o prazo para decisão das reclamações e recursos hierárquicos é de 30 dias (cfr. artigos 192º, nº 2, e 198º, nº 1, do CPA). Uma vez decorrido o prazo para decisão sem que esta haja sido proferida, considera-se rejeitada a impugnação administrativa (cfr. artigo 175º, nº 3, do CPA). Retoma, pois, nesse momento, o seu curso o prazo de propositura da acção em tribunal, que se encontrava suspenso desde o momento em que foi utilizada a impugnação administrativa.

Note-se, entretanto, que o artigo 59º, nº 4, não estabelece que a utilização de qualquer meio de impugnação administrativa suspende os efeitos do acto impugnado, mas apenas que ela suspende o prazo de impugnação contenciosa. Por este motivo se garante ao interessado, no nº 5, a faculdade de, a todo o momento, prescindir desse efeito suspensivo e proceder à impugnação contenciosa do acto na própria pendência da impugnação administrativa, assim como se lhe assegura a possibilidade de lançar mão da tutela cautelar, designadamente para o efeito de obter do tribunal administrativo a suspensão da eficácia do acto, que não resultou da sua impugnação administrativa. O interessado continua, portanto, a poder, ao mesmo tempo, impugnar o mesmo acto pela via administrativa e pela via contenciosa, assim como deduzir o correspondente pedido de providência cautelar de suspensão da eficácia[231].

3. Não aceitação do acto impugnado

142. Um último pressuposto específico está previsto no CPTA para a impugnação de actos administrativos: de acordo com o artigo 56º, não pode impugnar um acto administrativo quem o tenha aceitado, expressa ou tacitamente, depois de praticado. Estamos aqui perante um pressuposto processual específico, de conteúdo negativo: para que a impugnação seja admitida, é necessário que o autor não tenha praticado, de modo espontâneo e sem reserva, acto incompatível com a vontade de impugnar. Para este efeito, só uma aceitação livre, incondicionada e sem reservas pode ser qualificada como aceitação do acto. Por outro lado, só releva a aceitação do acto anulável, e não do acto nulo[232].

[231] Defendendo, com pertinência, a consagração de solução diferente, que assentaria na atribuição de efeito suspensivo da eficácia do acto às impugnações facultativas, cfr. André Salgado de Matos, "Recurso hierárquico necessário e regime material dos direitos, liberdades e garantias", p. 106. Cfr. também V. Pereira da Silva, *O contencioso administrativo no divã da psicanálise*, pp. 347 segs.

[232] Para outros desenvolvimentos e referências, cfr. Mário Aroso de Almeida/ Carlos Fernandes Cadilha, *Comentário...*, pp. 381-383. Recusando, entretanto, relevo autónomo a este pressuposto, que reconduz ao interesse processual, cfr. V. Pereira da Silva, *O contencioso administrativo no divã da psicanálise*, p. 374.

§ 2º – Condenação à prática de actos administrativos

1. Requisito da prévia apresentação de requerimento – situações em que o requisito é dispensado

143. Por regra, o primeiro pressuposto para que possa ser deduzido um pedido de condenação à prática de um acto administrativo é que o interessado tenha começado por apresentar um requerimento que tenha constituído o órgão competente no dever de decidir. Esse é, na verdade, o pressuposto em que assenta a previsão de todas as alíneas do nº 1 do artigo 67º. Cumpre, porém, notar que o nº 1 do artigo 67º não esgota a disciplina do Código sobre a matéria, como hoje resulta do nº 4 do mesmo artigo. Senão, vejamos.

a) Um dos tipos de situações em que pode ser deduzido o pedido de condenação à prática de acto administrativo é, naturalmente, aquele que se encontra previsto no nº 1 do artigo 67º, e que corresponde à situação do *interessado* que deduziu um *pedido dirigido à prática de um acto administrativo*, através da apresentação formal de um requerimento. Sempre que um interessado seja titular do poder de exigir a prática de um acto administrativo, a propositura de uma acção de condenação à prática desse acto pressupõe, portanto, nos termos do nº 1 do artigo 67º, a prévia apresentação, junto da autoridade administrativa competente, de um requerimento dirigido à prática desse acto.

Isto parece dever valer seja qual for o fundamento em que se sustente a pretensão do interessado e, portanto, quer o dever de actuação da Administração resulte de norma legal, de disposição regulamentar ou de vínculo contratualmente assumido. Da apresentação do requerimento depende a constituição da Administração no dever de praticar o acto devido – *pelo menos para o efeito (processual) de habilitar o interessado à propositura da correspondente acção de condenação*, dado que a apresentação de requerimento representa, nestes casos, um requisito de cuja observância depende a existência de uma situação de *necessidade de tutela judicial* e, portanto, a constituição de um *interesse em agir* em juízo. Na ausência da apresentação de requerimento, faltará, portanto, no tipo de situação a que nos estamos a referir, o requisito do *interesse processual*, pelo que uma eventual acção de condenação que seja proposta nessas circunstâncias deverá ser, em princípio, rejeitada por falta desse pressuposto processual[233].

b) Mas precisamente porque o requisito imposto pelo nº 1 do artigo 67º, da apresentação de requerimento, visa assegurar o interesse processual, nas circunstâncias descritas, na propositura da acção de condenação, é que não pode deixar de se entender que esse requisito não vale quando as circunstâncias forem outras. É que o campo de intervenção da condenação à prática de actos administrativos não se circunscreve ao primeiro tipo de situação que se acaba de descrever, ainda que ele seja o mais óbvio e frequente.

Com efeito, a dedução de um pedido de condenação à prática de acto devido também pode e deve ter lugar nas situações em que tenha sido praticado um acto administrativo de conteúdo ambivalente, que é, ao mesmo tempo, um acto de conteúdo positivo e também de conteúdo negativo, que frustra as pretensões do interessado. Pense-se no exemplo, já oportunamente sugerido, do acto de adjudicação de um contrato (para mais desenvolvimentos sobre o objeto do processo neste tipo de situação, cfr. *supra,* nº 130). Neste tipo de situação, em que foi praticado um acto administrativo de conteúdo positivo e é *em reacção contra esse acto* que o interessado pede a condenação da Administração à sua substituição e, portanto, à prática do acto devido, compreende-se que a demonstração do interesse processual se baste, nos moldes próprios do processo de impugnação, com o facto de ter sido praticado um acto administrativo que projecta os seus efeitos na esfera jurídica do interessado, sem necessidade de apresentação de qualquer requerimento por parte deste.

Pode, assim, dizer-se que, para além da *pura acção de condenação à prática de acto devido,* que se concretiza na dedução de um *pedido autónomo de condenação,* nas situações previstas no nº 1 do artigo 67º, de pura inércia (alínea *a)*) ou de decisão de conteúdo negativo (alínea *b)*) perante pretensões formalmente apresentadas pelos interessados através da apresentação de requerimento –, a condenação à prática de actos administrativos também pode ser deduzida perante a prática de um ato de conteúdo positivo. Neste caso, a constituição do interesse processual na dedução do pedido de condenação não exige, como é evidente, a apresentação de

[233] No mesmo sentido, cfr. Vieira de Andrade, *Justiça Administrativa,* p. 266-267.

um requerimento na medida em que o interesse do autor em agir resulta, *in re ipsa,* do facto de ter sido afectado pelo acto de conteúdo positivo, sendo nesse acto que se pode considerar implícita a decisão, de conteúdo negativo, de não praticar um acto de conteúdo diferente, favorável aos interesses do autor. Neste sentido, estabelece, hoje, com efeito, a alínea *b)* do nº 4 do artigo 67º que a condenação à prática de ato devido também pode ser pedida sem ter sido apresentado requerimento, quando se pretenda obter a substituição de um ato administrativo de conteúdo positivo.

c) Ainda no sentido de que a dedução do pedido de condenação à prática de acto administrativo não exige necessariamente a prévia apresentação de requerimento dirigido à prática de tal acto, concorrem os termos em que o CPTA estabelece que o Ministério Público pode lançar mão deste meio processual. Com efeito, o artigo 68º, nº 1, alínea *b),* confere legitimidade ao Ministério Público para pedir a condenação à prática de actos administrativos "quando o dever de praticar o acto resulte directamente da lei". Uma vez confrontada com uma situação que, à face da lei, a constitui automaticamente no dever objectivo de agir, a Administração incorre em ilegalidade se não agir e é para pôr cobro a essa ilegalidade, quando "esteja em causa a ofensa de direitos fundamentais, de um interesse público especialmente relevante ou de qualquer dos valores e bens referidos no nº 2 do artigo 9º", que o artigo 68º, nº 1, alínea *b),* habilita o Ministério Público a pedir a condenação da Administração à prática do acto devido. O preceito circunscreve, assim, o poder de actuação do Ministério Público, neste domínio, às situações em que o dever de praticar o acto seja um dever objectivo, que resulte directamente da lei, sem dependência da apresentação de qualquer requerimento.

Ora, como hoje é clarificado pela alínea *a)* do nº 4 do artigo 67º, quando o pedido de condenação seja deduzido pelo Ministério Público, a sua dedução não depende da prévia apresentação de requerimento e, por conseguinte, do preenchimento dos pressupostos do artigo 67º, nº 1. O Ministério Público não tem, com efeito, de apresentar um requerimento dirigido à prática do acto objectivamente devido, nem de aguardar por uma resposta a esse requerimento para poder pedir a condenação da Administração ao cumprimento do seu dever objectivo de agir. O artigo 68º, nº 1, alínea *b),* legitima-o, muito simplesmente, a reagir contra situações objectivas de inércia no cumprimento da lei. Por aplicação do artigo 69º, nº 1, ele dispõe, por isso, do prazo de um ano, contado desde o termo do prazo legalmente estabelecido para a emissão do acto omitido, para exercer o poder de acção que aquele preceito lhe confere.

2. Silêncio ou decisão negativa ou parcialmente desfavorável perante o requerimento apresentado

Como vimos no nº precedente, o tipo de situação mais frequente em que pode ser deduzido o pedido de condenação à prática de acto administrativo é aquele que se encontra previsto no nº 1 do artigo 67º, e que corresponde à situação do *interessado* que deduziu um *pedido dirigido à prática de um acto administrativo*, através da apresentação formal de um requerimento. Quando o interessado seja titular do poder de exigir a prática de um acto administrativo, a propositura de uma acção administrativa de condenação à prática desse acto pressupõe, portanto, nos termos do artigo 67º, nº 1, a prévia apresentação, junto da autoridade administrativa competente, de um requerimento dirigido à prática desse acto. Mas não basta a apresentação do requerimento. De acordo com o disposto no artigo 67º, nº 1, a condenação à prática do acto devido pode ser pedida em quatro tipos de situações. Analisemos, separadamente, cada uma delas.

2.1. *Hipótese de silêncio perante o requerimento apresentado (artigo 67º, nº 1, alínea a))*

144. A primeira das situações previstas no artigo 67º, nº 1, tem lugar quando, tendo sido constituída no dever de decidir através da apresentação do requerimento, a entidade requerida tenha permanecido omissa, sem proferir decisão, até expirar o prazo legalmente estabelecido para decidir (artigo 67º, nº 1, alínea *a*)). O artigo 67º, nº 2, determina, entretanto, que "a falta de resposta a requerimento dirigido a delegante ou subdelegante é imputada ao delegado ou subdelegado, mesmo que a este não tenha sido remetido o requerimento". E o artigo 67º, nº 3, também prevê um mecanismo do mesmo tipo, destinado a proteger o interessado nas situações de o requerimento ter sido dirigido a órgão incompetente,

para o caso de o órgão incompetente não ter dado cumprimento ao disposto no artigo 34º do CPA, remetendo oficiosamente o requerimento ao órgão competente.

A previsão do artigo 67º, nº 1, alínea *a)*, tem por objecto situações de incumprimento, por parte da Administração, do dever de decisão perante requerimentos que lhe tenham sido apresentados e que a tenham constituído no dever de decidir.

Quanto à questão de saber quando é que um requerimento constitui o órgão competente ao qual é dirigido no dever de o decidir, a resposta encontra-se no artigo 13º do CPA, sendo que, no nº 2, este artigo exonera o órgão competente do dever de decidir um requerimento que lhe seja dirigido se o mesmo interessado tiver apresentado há menos de dois anos um requerimento no qual formulava o mesmo pedido, com os mesmos fundamentos de facto e de direito, e esse requerimento tiver sido objecto de decisão expressa. Nesse caso, o órgão pode recusar-se a apreciar o requerimento, sem que essa recusa possa dar origem a um processo dirigido a obter a correspondente decisão.

A nosso ver, o interessado deve ser, contudo, sempre admitido, nesta circunstância, a reagir, através da propositura da competente acção de condenação à prática de acto devido, contra uma recusa de apreciação fundada na aplicação do artigo 13º, nº 2, do CPA, desde que alegue que não se encontrava preenchido algum dos requisitos cumulativos dos quais o referido preceito faz depender o afastamento do dever de decisão: v.g., que já passaram dois anos desde a apresentação do seu anterior requerimento ou que o novo requerimento apresentado não se sustenta nos mesmos fundamentos de facto e/ou de direito do anterior. Nesse caso, a acção só procederá, naturalmente, se o tribunal reconhecer que não se encontrava preenchido algum dos requisitos do artigo 13º, nº 2, do CPA, pelo que o novo requerimento apresentado tinha efectivamente constituído o órgão competente no dever de decidir[234].

145. A situação prevista no artigo 67º, nº 1, alínea *a)*, corresponde àquela em que, no regime anterior ao CPTA, havia lugar à formação do chamado *indeferimento tácito,* nos termos previstos no antigo artigo 109º

[234] Sobre o assunto, cfr. Vieira de Andrade, "O controle jurisdicional do dever de reapreciação de actos administrativos negativos", *Cadernos de Justiça Administrativa* nº 1, pp. 35 segs.

do CPA. Com efeito, no regime anterior ao CPTA, a solução que a lei consagrava para as situações em que, dentro do prazo legalmente estabelecido, a Administração não dava cumprimento ao dever de decidir em que tinha ficado constituída pela apresentação de um requerimento, era a de conferir ao requerente a faculdade de presumir indeferida a pretensão por si deduzida, para o efeito de lançar mão do respectivo meio legal de impugnação (cfr. artigo 109º, nº 1, do CPA). Quando optasse por exercer esta faculdade, o próprio interessado fazia, assim, nascer o chamado *indeferimento tácito,* para o efeito de o impugnar como se ele fosse um acto administrativo de conteúdo negativo. A figura do *indeferimento tácito,* prevista, nestes termos, no artigo 109º do CPA, constituía, pois, uma *ficção legal,* criada porque, no modelo tradicional do processo administrativo, era necessário ficcionar, na situação descrita, a existência de um acto administrativo de indeferimento para que o interessado pudesse lançar mão do único meio de tutela contenciosa, que, à época, lhe era disponibilizado, e que era a acção de impugnação de actos administrativos, então chamada de *recurso contencioso.*

Com a introdução da possibilidade da dedução de pedidos de condenação da Administração à prática de actos administrativos ilegalmente omitidos, na situação prevista no artigo 67º, nº 1, alínea *a),* o CPTA introduziu uma solução diferente para o caso. Com efeito, a partir do momento em que o CPTA deixou, neste contexto, de fazer depender o acesso à jurisdição administrativa da existência de um acto administrativo passível de impugnação, deixou de ser necessário ficcionar, em situações de inércia ou omissão, a existência de um *indeferimento tácito* passível de impugnação. Por regra, o incumprimento, no prazo legal, do dever de decidir, por parte da Administração, dos requerimentos que lhe tenham sido apresentados passou, assim, a ser tratado como a *omissão pura e simples* que efectivamente é, ou seja, como um *mero facto* constitutivo do interesse em agir em juízo do requerente para obter uma decisão jurisdicional de condenação à prática do acto ilegalmente omitido.

Por esse motivo, o Código tem o cuidado de evitar utilizar, em qualquer dos seus preceitos, a palavra *silêncio* a este propósito (cfr. artigo 69º, nº 1) e quando fala de *indeferimentos* (por exemplo, nos artigos 69º, nº 2, ou 79º, nº 3, alínea *c)*), só se refere a actos administrativos expressos, e nunca a situações de pura inércia ou omissão, em que não há qualquer indeferimento.

A introdução da possibilidade de, no circunstancialismo descrito, se pedir e obter a condenação à prática de um acto administrativo teve o alcance de derrogar tacitamente o antigo artigo 109º, nº 1, do CPA, na parte em que este reconhecia ao interessado "a faculdade de presumir indeferida a pretensão" por si apresentada, "*para poder exercer o respectivo meio legal de impugnação*", pelo que este segmento do preceito referido passou a dever ser lido como estabelecendo que a falta de decisão administrativa confere ao interessado *a possibilidade de lançar mão do meio de tutela adequado*, que, hoje, é a acção de condenação à prática de acto devido[235].

Entretanto, a revisão de 2015 revogou o antigo artigo 109º e, hoje, os novos artigos 128º e 129º do CPA definem a situação em termos diferentes.

O primeiro, fixando em 90 dias, salvo o disposto em lei especial, o prazo-regra dentro do qual os órgãos administrativos devem decidir os requerimentos que lhes são apresentados – sendo que, como resulta do artigo 87º do CPA, este prazo, por ser um prazo procedimental administrativo, suspende-se nos sábados, domingos e feriados. Como resulta do artigo 67º, nº 1, alínea *a)* (cfr. também artigo 69º, nº 1), existe, na verdade, um prazo legal para a emissão do acto devido, só uma vez expirado o qual o interessado fica habilitado a reagir contra a inércia administrativa, fazendo valer em juízo o seu direito ao acto ilegalmente omitido. Na ausência de disposição especial, esse prazo é, pois, hoje, fixado pelo artigo 128º do CPA. Aí se estabelece, com efeito, o prazo-regra de 90 dias, a partir do qual o interessado se pode considerar dispensado de continuar a aguardar a decisão da Administração, nos termos do artigo 129º do CPA, e legitimado a pedir a condenação à prática do acto devido, bem como as regras quanto à contagem desse prazo.

Quanto ao artigo 129º do CPA, estabelece que, por regra, "a falta no prazo legal, de decisão final sobre pretensão dirigida a órgão administrativo competente constitui incumprimento do dever de decisão, conferindo ao interessado a possibilidade de utilizar os meios de tutela administrativa e jurisdicional adequados". Resulta, pois, deste preceito, que o incumprimento, no prazo legal, do dever de decidir, por parte da Administração, dos requerimentos que lhe tenham sido apresentados é, hoje, por regra, tratado, no nosso ordenamento jurídico, como a *omissão pura e*

[235] No mesmo sentido, cfr. V. Pereira da Silva, *O contencioso administrativo no divã da psicanálise*, p. 397.

simples que efectivamente é, ou seja, como um *mero facto* constitutivo do interesse em agir em juízo do requerente para obter uma decisão jurisdicional de condenação à prática do acto ilegalmente omitido.

Esta regra é, entretanto, afastada nos casos em que a lei, excepcionalmente, associa ao decurso do prazo legal de decisão dos requerimentos dirigidos à Administração, sem que a decisão tenha sido proferida, a formação de um acto administrativo, resultante do silêncio, de conteúdo inteiramente favorável à pretensão do requerente: são os casos em que a lei institui o chamado *deferimento tácito,* que, como hoje, finalmente, resulta com clareza do artigo 130º do CPA, têm de estar expressamente previstos na lei.

Em nosso entender, o deferimento tácito é um acto administrativo que resulta de uma *presunção legal.* Os domínios legalmente previstos em que se aceita que o silêncio da Administração equivalha a um acto positivo, favorável às pretensões dos particulares, são, na verdade, domínios em que a regra, segundo a experiência comum, é a do deferimento. É sobretudo o domínio das autorizações permissivas, em que a intervenção limitativa da Administração é legalmente configurada com traços de excepcionalidade, por se tratar de domínios de restrição excepcional da esfera jurídica dos particulares; e o domínio das aprovações, no que toca às relações entre órgãos da Administração Pública (cfr., hoje, artigo 108º nº 1 do CPA) – domínios nos quais se tende a admitir que a tendência normal da Administração vai no sentido de deferir as pretensões que lhe são apresentadas. É nestes domínios que, por vezes, a lei associa à inércia da Administração uma presunção de assentimento e, portanto, de concordância com as pretensões que lhe sejam apresentadas pelos requerentes, prevendo, assim, a formação de *deferimentos tácitos.* As situações de *deferimento tácito* são, com efeito, situações em que, nos casos expressamente previstos, a lei associa ao decurso do prazo legal para a tomada da decisão a presunção de que a pretensão apresentada pelo requerente foi julgada conforme às exigências postas pelo ordenamento jurídico, pelo que atribui à passividade do órgão competente o significado legal tipicizado de deferir a pretensão. Estamos, pois, perante uma *presunção legal* através da qual a lei extrai da conduta de inércia da Administração o efeito jurídico de um deferimento que substitui, para todos os efeitos, o acto administrativo de sentido positivo que foi omitido.

Deve entender-se que os casos em que a lei associa à ausência de decisão sobre o requerimento, dentro do prazo legalmente estabelecido, a formação de um deferimento tácito estão excepcionados da previsão do artigo 67º, nº 1, alínea *a)*. Com efeito, em situações de deferimento tácito, não há lugar à propositura de uma acção de condenação à prática do acto omitido, pelo simples motivo de que a produção desse acto já resultou da lei e a eventual emissão de um novo acto com o mesmo conteúdo conduziria a uma absurda e inaceitável duplicação de efeitos jurídicos, resultante do facto de se introduzirem de novo na ordem jurídica efeitos que nela já tinham sido introduzidos pelo acto tácito: por exemplo, o titular da licença que tinha sido objecto do deferimento tácito passaria a ser titular de duas licenças com o mesmo objecto, reportado precisamente à mesma actividade. No caso em apreço, poderá, quando muito, justificar-se, dependendo das concretas circunstâncias em presença, a propositura de uma acção dirigida ao reconhecimento de que o acto tácito se produziu ou porventura de condenação da Administração ao reconhecimento de que assim é, para o efeito de adoptar os actos jurídicos e/ou as operações materiais que sejam devidos por esse facto. Esta acção só será admissível desde que, para o efeito, exista, naturalmente, o necessário interesse processual (cfr. artigo 39º e *supra*, nº 38).

146. A previsão do artigo 67º, nº 1, alínea a), visa dar resposta à situação do interessado na prática de um acto administrativo (v.g., uma licença, uma autorização, um subsídio, uma bolsa...) que se vê confrontado, no âmbito de um procedimento administrativo de primeiro grau, com uma atitude de silêncio, por parte do órgão competente, perante o requerimento que apresentou em ordem à prática desse acto. Como já se fez notar (cfr. *supra*, nº 135), a condenação à prática de um acto administrativo não é, porém, a via adequada de tutela para quem se veja confrontado com uma atitude de silêncio no âmbito de uma impugnação administrativa necessária, deduzida contra um acto administrativo de conteúdo positivo.

Com efeito, neste caso, a situação jurídica de fundo do interessado não se dirige à prática de um acto administrativo novo, mas à remoção do acto administrativo de conteúdo positivo que o lesou, e a utilização da impugnação administrativa necessária constitui apenas um requisito da observância do qual depende a abertura da via impugnatória. Por conseguinte, o eventual decurso do prazo legalmente fixado para que a impugnação administrativa seja decidida sem que uma decisão tenha sido proferida tem apenas o alcance de abrir o acesso à via contenciosa – via que será, naturalmente, a via impugnatória, em ordem à apreciação das causas de invalidade que podem conduzir à anulação ou declaração de nulidade do acto ilegal que tinha sido objecto da impugnação administrativa. Não há, por isso, quanto a nós, lugar, em caso algum, à dedução, nesse contexto, de um pedido de condenação à prática de um acto administrativo, com fundamento no facto de a impugnação administrativa não ter merecido resposta da parte do órgão competente para a decidir (cfr. *supra*, nº 135, e as referências aí indicadas).

2.2. *Hipótese de indeferimento do requerimento (artigo 67º, nº 1, alínea b))*

147. O segundo tipo de situação, previsto no artigo 67º, nº 1, alínea *b)*, em que pode ser pedida a condenação à prática de um acto administrativo, é aquele em que a Administração indefira uma pretensão que perante ela tenha sido deduzida através da apresentação de um requerimento. Como claramente resulta do artigo 66º, nº 2, quando se veja confrontado com um acto de indeferimento, o requerente não tem de deduzir contra esse acto um pedido de anulação ou de declaração de nulidade. Na verdade, acrescenta o artigo 51º, nº 4, o interessado, em princípio, nem sequer pode deduzir um tal pedido (cfr. *supra*, nº 128), mas deve fazer valer a sua pretensão, em todas as dimensões em que ela se desdobra, no âmbito do adequado processo de condenação à prática de um acto administrativo.

Mesmo quando tenha havido lugar à prática de um acto de indeferimento, o objecto do processo não se define, portanto, por referência a esse acto (sobre este ponto, cfr. *supra*, nº 30). Mas nem por isso o CPTA, adoptando assumidamente como ponto de partida o "quadro conceptual" tradicional, deixa de reconhecer ao acto de indeferimento a natureza de um verdadeiro acto administrativo, capaz de introduzir uma definição unilateral na ordem jurídica, resolvendo, por isso, expressamente a questão, tradicionalmente debatida na doutrina alemã, de saber em que termos se processa a remoção da ordem jurídica do acto de indeferimento que a Administração possa ter emitido sobre a matéria controvertida[236]. Um acto de indeferimento é um acto administrativo de conteúdo

[236] Cfr. M. Aroso de Almeida, *Anulação de actos administrativos...*, p. 106.

declarativo que exprime o entendimento da Administração de que não pode ou não deve praticar um acto cuja emissão lhe foi solicitada. Tal como sucede com uma sentença de improcedência, este acto tem um conteúdo declarativo porque não introduz a pretendida modificação na ordem jurídica, mas antes se recusa a introduzi-la. Mas é, em todo o caso, um acto jurídico, que, como todos os actos jurídicos, produz efeitos jurídicos e é um acto administrativo porque tem conteúdo decisório, definindo a situação jurídica do interessado, no âmbito de um procedimento que tinha por objecto uma tal definição.

Com isto não contende a circunstância de a reacção contra os actos de indeferimento não passar, no regime do CPTA, por um processo de anulação ou de declaração de nulidade, mas por um processo de condenação, em que a eliminação da ordem jurídica do acto de indeferimento ocupa um papel secundário, pois o que verdadeiramente se discute não é o acto, mas a questão sobre a qual ele se pronunciou. Na verdade, esta circunstância, de natureza processual, nada diz sobre a natureza do acto negativo. Como não é da natureza do acto administrativo a sua necessária sujeição a um processo de impugnação estritamente cassatória, ele pode ser posto em causa no âmbito de um processo de objecto mais alargado e, portanto, por ocasião de uma discussão de fronteiras mais vastas. Ponto é que se reconheça que a eventual decisão que, no âmbito desse processo, o tribunal venha a proferir em sentido contrário àquele que resultava do acto tem o alcance de remover da ordem jurídica a definição que ele tinha introduzido, constituindo a Administração no dever de emitir uma nova pronúncia, no respeito pelo caso julgado formado pela decisão judicial. Ora, é isso, precisamente, que estabelece o artigo 66º, nº 2 (cfr. *supra*, nº 128).

2.3. *Hipótese de recusa de apreciação do requerimento (artigo 67º, nº 1, alínea b))*

148. O terceiro tipo de situação em que pode ser pedida a condenação à prática de um acto administrativo, previsto no artigo 67º, nº 1, alínea *b)*, é aquele em que foi recusada a própria apreciação do requerimento dirigido à prática do acto administrativo. A previsão autónoma deste tipo de situação reveste-se de grande importância porque permite perceber que o pedido de condenação da Administração à prática de um acto administrativo pode ser deduzido independentemente da questão de saber se, ao proferir o acto de conteúdo negativo, a Administração se pronunciou

sobre o mérito da pretensão deduzida pelo requerente, ou se, pelo contrário, ela se limitou a recusar liminarmente a sua apreciação.

Esta última situação compreende duas sub-hipóteses, dado que a recusa de apreciação tanto se pode basear em motivos de ordem formal, como em considerações que envolvam a formulação de juízos valorativos quanto à oportunidade de decidir[237]. Por isso, a recusa tanto poderá ser contestada em juízo com fundamento na inexistência de facto dos motivos de ordem formal ou na falta de fundamento normativo que permitisse a sua invocação – desde logo, como já atrás foi referido, eventual discordância em relação à interpretação que a Administração faça quanto ao preenchimento dos pressupostos de exoneração do dever de decisão, previstos no artigo 13º, nº 2, do CPA –, como com base na existência de circunstâncias que, no caso concreto, restrinjam ou eliminem a discricionariedade de acção que, em abstracto, a lei confira à Administração e de que ela se arrogue para se recusar a agir.

Cumpre notar que, mesmo quando o autor se viu confrontado com uma decisão que recusou a própria apreciação do requerimento apresentado, ele não deixa de levar a juízo a sua posição subjectiva de conteúdo pretensivo, em todas as dimensões em que ela se desdobra. Os termos em que se define o objecto do processo de condenação que, neste caso, é intentado não diferem, por isso, no essencial, daqueles em que ele se define nos outros processos de condenação à prática de actos administrativos. Questão diferente, já é a de saber quais são os poderes de pronúncia de que, em cada caso, dispõe o juiz, e que depende da existência de maior ou menor grau de densidade normativa e do maior ou menor grau que, no caso concreto, seja possível atingir no esclarecimento em juízo da factualidade da qual depende o exercício do poder de decisão por parte da Administração (para a exposição dos parâmetros que o CPTA estabelece quanto a este ponto, cfr. *supra*, nº 31).

2.4. *Hipótese de ato administrativo de conteúdo positivo parcialmente desfavorável ao interessado (artigo 67º, nº 1, alínea c))*

149. O quarto e último tipo de situação em que pode ser pedida a condenação à prática de um acto administrativo, previsto no artigo 67º, nº 1,

[237] Cfr. Carlos Cadilha, "O silêncio administrativo", p. 34.

alínea *c)*, é aquele em que foi praticado um acto administrativo de conteúdo positivo parcialmente desfavorável ao interessado.

Com efeito, a nova alínea *c)* do nº 1 do artigo 67º veio consagrar o entendimento, que vínhamos defendendo, de que, quando a Administração pratique um acto de conteúdo positivo que só satisfaça parcialmente a pretensão do interessado – pense-se no acto que atribui um subsídio em montante inferior ao pretendido ou que só reconhece o direito a uma pensão a partir de determinada data –, este acto deve ser encarado, na parte em que é desfavorável, como um acto de indeferimento, para o efeito de se reconhecer ao interessado a possibilidade de deduzir um pedido autónomo de condenação à prática de um acto que, revogando por substituição aquele que foi praticado, atribua o benefício na extensão devida – e isto, portanto, sem ter de impugnar o acto praticado, pedindo a sua anulação ou declaração de nulidade (cfr. *supra*, nº 129).

3. Requisito eventual da prévia utilização de impugnação administrativa necessária

150. Tal como sucede com a impugnação jurisdicional de actos administrativos, também a dedução do pedido de condenação à prática de acto administrativo pode estar dependente da observância do ónus da prévia utilização, pelo autor, de vias de impugnação administrativa necessária, como a reclamação, o recurso hierárquico ou o recurso tutelar (para o regime geral das impugnações administrativas, cfr. artigos 184º e segs. do CPA; sobre a questão da existência, no ordenamento jurídico vigente, das chamadas *impugnações administrativas necessárias*, cuja prévia utilização constitui um ónus, na medida em que é necessária se o autor pretender lançar mão, em seguida, da via contenciosa, cfr. *supra*, nº 133).

Por conseguinte, nas situações em que, nos termos da lei, o acesso à via contenciosa dependa da prévia utilização de impugnação administrativa necessária (reclamação, recurso hierárquico ou recurso tutelar), o titular de uma posição subjectiva de conteúdo pretensivo que, tendo apresentado um requerimento, se veja confrontado com uma atitude de omissão do dever de decidir ou de indeferimento ou de recusa de apreciação do requerimento, deve utilizar a impugnação administrativa antes de propor a acção de condenação à prática de acto administrativo.

No caso de ter havido indeferimento ou recusa de apreciação do requerimento, nos termos do artigo 67º, nº 1, alínea *b)* do CPTA, resulta do regime geral do CPA que, quando lei especial não fixe prazo diferente, o prazo para a reclamação é de 15 dias (cfr. artigo 191º, nº 3, do CPA) e o prazo de interposição do recurso hierárquico necessário é de 30 dias (cfr. artigo 193º, nº 2, do CPA). Uma vez utilizada a impugnação administrativa, o interessado deve aguardar a sua resolução ou o decurso do prazo dentro do qual, nos termos da lei, ela deve ser decidida. Quando lei especial não fixe prazo diferente, o prazo para decisão das reclamações e recursos hierárquicos é de 30 dias (cfr. artigos 192º, nº 2, e 198º, nº 1, do CPA). Uma vez decorrido o prazo para decisão sem que esta haja sido proferida, começa a correr o prazo de três meses, do artigo 69º, nº 2, do CPTA, do qual depende a propositura da acção de condenação à prática de acto devido em tribunal.

No caso de ter havido incumprimento do dever de decidir o requerimento, nos termos do artigo 67º, nº 1, alínea *a)*, o artigo 187º do CPA tornou hoje claro que é de um ano o prazo dentro do qual o interessado deve utilizar a impugnação administrativa necessária[238]. Uma vez utilizada a impugnação administrativa, o interessado deve aguardar a sua resolução ou o decurso do prazo dentro do qual, nos termos da lei, ela deve ser decidida, sendo que, como já foi dito, quando lei especial não fixe prazo diferente, o prazo para decisão das reclamações e recursos hierárquicos é de 30 dias (cfr. artigos 192º, nº 2, e 198º, nº 1, do CPA). Uma vez decorrido o prazo para decisão sem que esta haja sido proferida, começa a correr o prazo de um ano, do artigo 69º, nº 1, do qual depende a propositura da acção de condenação à prática de acto devido em tribunal.

A partir do momento em que foi extinta a figura do indeferimento tácito (cfr. *supra*, nº 145), o objecto da impugnação administrativa deduzida em situação de incumprimento do dever de decidir não corresponde, hoje, a um acto jurídico ficto ou presumido, mas, muito simplesmente, à própria conduta factual de inércia do órgão omisso. Com efeito, a revisão do CPA tornou claro que a impugnação administrativa não tem de

[238] Já nesse sentido, antes da revisão do CPA, cfr. Mário Esteves de Oliveira/Pedro Gonçalves/João Pacheco de Amorim, *Código do Procedimento Administrativo Comentado*, p. 776; Margarida Cortez, "A inactividade formal da Administração como causa extintiva do procedimento e as suas consequências", in *Estudos em Homenagem ao Prof. Doutor Rogério Soares*, Coimbra, 2001, pp. 384-385.

ter necessariamente por objecto um acto jurídico, mas também pode ter por objecto uma *conduta*, porventura omissiva (cfr., em particular, artigo 184º do CPA)[239]. Na verdade (cfr. *supra*, nº 134), a prévia utilização de impugnação administrativa, quando legalmente imposta como necessária, não é um requisito de impugnabilidade de actos administrativos, mas um requisito autónomo, que se coloca no plano da existência de interesse processual que fundamente a necessidade de recorrer à via judicial: com efeito, quando a legislação especial institui impugnações administrativas necessárias, é porque entende fazer depender o reconhecimento de interesse processual ao autor – ou seja, o reconhecimento da sua necessidade de tutela judiciária – da utilização das vias legalmente estabelecidas para tentar obter a resolução do litígio por via extrajudicial. É por isso que, se, nesse contexto, o interessado optar por dirigir-se aos tribunais sem ter feito prévio uso da impugnação administrativa necessária que ao caso a lei expressamente fazia corresponder, a sua pretensão deve ser rejeitada: porque a lei não lhe reconhece o interesse processual que, no caso, se deveria sustentar na demonstração de ter tentado infrutiferamente obter o resultado pretendido pela via extrajudicial legalmente estabelecida.

Tal como sucede com a conduta omissiva que deu origem à impugnação administrativa, e pelas mesmas razões, também a eventual atitude de inércia ou omissão perante a impugnação administrativa, adoptada pela autoridade competente para a decidir, não é, hoje, qualificada como um acto jurídico (que não existe), mas como a *pura inércia ou omissão* que efectivamente é e cuja ocorrência, decorrido o prazo legal, tem o estrito alcance de abrir o acesso à via contenciosa, sem influir sobre os termos em que deve ser determinado o objecto do processo a intentar perante

[239] Para mais desenvolvimentos, cfr. MÁRIO AROSO DE ALMEIDA, *Teoria Geral..., cit.*, pp. 376 segs. Já no sentido que veio a ser consagrado na revisão de 2015 se orientava, quanto ao ponto em referência no texto, o projecto de revisão do CPA que, em 2003, tivemos a honra de elaborar com o Prof. Diogo Freitas do Amaral, no propósito de harmonizar o CPA às implicações decorrentes da reforma do contencioso administrativo, estabelecia, no artigo 159º, que as reclamações e os recursos administrativos se poderiam fundamentar na ilegalidade e na inconveniência da prática ou omissão de actos administrativos, acrescentando o artigo 174º, nº 3, que, no caso de incumprimento do dever de decisão, o órgão competente para decidir o recurso hierárquico [interposto da conduta omissiva do órgão subordinado] ordenaria a prática do acto omitido, podendo substituir-se ao órgão omisso na prática desse acto se a competência não fosse exclusiva. O texto do projecto pode ser consultado na íntegra em DIOGO FREITAS DO AMARAL, *Conceito e natureza do recurso hierárquico*, 2ª ed., Coimbra, 2005, pp. 361 segs.

os tribunais administrativos – processo que tem, portanto, por objecto o mesmo reconhecimento jurisdicional do direito do interessado ao acto devido que teria se a acção pudesse ter sido proposta sem a necessidade da prévia utilização da impugnação administrativa (cfr., a propósito, artigo 198º, nº 4, e *supra*, nº 135, a respeito do caso paralelo da impugnação de atos administrativos).

4. Prazos de propositura da acção

151. O regime dos prazos de propositura das acções dirigidas à condenação à prática de actos administrativos distingue consoante a Administração adoptou uma atitude de inércia ou, pelo contrário, respondeu ao requerimento apresentado, emitindo um acto de conteúdo negativo.

a) No primeiro caso, a acção deve ser proposta no prazo de um ano, contado desde o termo do prazo legal dentro do qual a Administração deveria ter respondido ao requerimento. Vale, assim, o mesmo prazo que já no regime anterior ao CPTA se estabelecia para a interposição do recurso contencioso contra o acto de indeferimento tácito. Repare-se, no entanto, que não se trata, agora, de um prazo de impugnação, uma vez que não existe acto a impugnar, mas de um prazo de caducidade do direito de acção, como expressamente refere o artigo 69º, nº 1. A fixação deste prazo compreende-se para evitar, por razões de segurança jurídica, que a Administração possa ser demandada em tribunal vários anos após a verificação da situação de incumprimento do dever de decidir, com fundamento na apresentação de um requerimento de que pode já não haver memória.

Uma vez expirado o prazo de um ano estabelecido no artigo 69º, nº 1, o interessado pode, naturalmente, apresentar novo requerimento, no qual deduza o mesmo pedido, sustentado nos mesmos fundamentos. Como não houve anteriormente qualquer decisão, a este requerimento não pode ser oposto o regime do artigo 13º, nº 2, do CPA. A apresentação do novo requerimento, na hipótese de este voltar a não ser respondido, tem o alcance de, uma vez decorrido o prazo legal, abrir de novo ao interessado, e de novo pelo prazo de um ano, o acesso à via jurisdicional, em ordem a reagir contra a nova atitude de inércia.

Deve, entretanto, entender-se que também é dentro do prazo de um ano, mas contado desde o momento em que, nos termos da lei, o órgão competente ficou constituído no dever objectivo de praticar o acto ilegalmente omitido, que o Ministério Público deve exercer o poder de acção que lhe confere o artigo 68º, nº 1, alínea *b)*, de pedir a condenação à prática de actos administrativos em que, à face da lei, a Administração estivesse constituída no dever objectivo de praticar, sem dependência da apresentação de qualquer requerimento (cfr. *supra*, nº 143).

b) Na hipótese de ter havido lugar à emissão de um acto de indeferimento, a acção deve ser proposta, como determina o artigo 69º, nº 2, dentro do mesmo prazo de três meses que o artigo 58º, nº 1, alínea *b)*, estabelece para a impugnação dos actos administrativos. E o mesmo regime também vale para as situações de recusa de apreciação do requerimento, assim como para as situações previstas na alínea *c)* do nº 1 e na alínea *b)* do nº 4 do artigo 67º, que se referem a pretensões dirigidas à condenação à substituição de atos administrativos de conteúdo positivo (cfr. artigo 69º, nº 2).

Estabelece ainda o artigo 69º, nº 2, que também neste domínio é aplicável à contagem do prazo o disposto nos artigos 58º, nº 3, 59º e 60º. Da remissão do artigo 69º, nº 2, apenas para o nº 3, e não também para o nº 2, do artigo 58º resulta uma evidente lacuna quanto à definição do modo pelo qual se deve proceder à contagem do prazo. Não obstante a ausência dessa remissão, a lacuna não pode deixar, a nosso ver, de ser preenchida, atenta a evidente analogia existente entre os preceitos dos artigos 69º, nº 2, e 58º, nº 1, alínea *b)*, através da aplicação também ao prazo do artigo 69º, nº 2, do regime para o qual remete o artigo 58º, nº 2, em matéria de impugnação de atos administrativos[240].

152. Antes da revisão de 2015, colocava-se, entretanto, a questão de saber se o prazo de três meses do nº 2 do artigo 69º também valia em situações de acto negativo nulo. Hoje, a questão encontra resposta no novo nº 3 do artigo 69º, que estabelece que, quando esteja em causa um ato nulo, "o pedido de condenação à prática do ato devido deve ser deduzido no prazo de dois anos, contado da data da notificação do ato de inde-

[240] No mesmo sentido, cfr. Vieira de Andrade, *A Justiça Administrativa*, 15ª ed., Coimbra, 2016, p. 195.

ferimento, do ato de recusa de apreciação do requerimento ou do ato de conteúdo positivo que o interessado pretende ver substituído por outro, sem prejuízo, neste último caso, da possibilidade, em alternativa, da impugnação do ato de conteúdo positivo sem dependência de prazo".

§ 3º – Contencioso das normas regulamentares

153. O CPTA agrega, nos artigos 72º e segs., um conjunto de disposições respeitantes aos processos que "tenham por objecto a declaração da ilegalidade de normas emanadas ao abrigo de disposições de direito administrativo" (artigo 72º, nº 1).

Já nos referimos atrás às questões de legitimidade processual que aí são reguladas (cfr. *supra*, nº 102).

No que diz respeito ao prazo de impugnação das normas regulamentares, é, entretanto, importante notar que, embora a regra continue a ser a da ausência de prazo (cfr. artigo 74º, nº 1), o nº 2 do artigo 144º do CPA veio estabelecer que "os regulamentos que enfermem de ilegalidade formal ou procedimental da qual não resulte a sua inconstitucionalidade só podem ser impugnados ou declarados oficiosamente inválidos pela Administração no prazo de seis meses, a contar da data da respetiva publicação, salvo nos casos de carência absoluta de forma legal ou de preterição de consulta pública exigida por lei". Por conseguinte, o nº 2 do artigo 74º prevê, hoje, este prazo de seis meses.

Como resulta do teor literal, tanto do nº 2 do artigo 144º do CPA, como do nº 2 do artigo 74º do CPTA, este prazo, a nosso ver, só se aplica às ações de impugnação direta de regulamentos imediatamente operativos, nos termos em que essa impugnação é admitida pelo artigo 73º, e não às ações de impugnação de atos administrativos de aplicação de regulamentos não imediatamente operativos, que não são passíveis de impugnação direta. Qualquer interessado pode, assim, proceder dentro dos prazos gerais – e, portanto, para além do prazo de seis meses, contado da data da publicação do regulamento – à impugnação dos atos administrativos de aplicação de regulamentos não imediatamente operativos, para o efeito de pedir a desaplicação do regulamento aplicado com fundamento nas ilegalidades formais ou procedimentais de que esse regulamento enferme. De outro modo, as ilegalidades formais ou procedimentais da generalidade dos regulamentos, que não são imediatamente operativos, não poderiam ser arguidas perante os tribunais administrativos[241].

Já a propositura das ações de condenação à emissão de normas, previstas no artigo 77º, não depende de prazo, podendo, pois, estas ações ser propostas durante todo o tempo em que se mantenha a situação de omissão ilegal.

SEGUNDA SECÇÃO
Pressupostos processuais relativos a outros tipos de pretensões

§ 1º – Prazos de propositura de ação – em particular, o regime aplicável às ações de invalidade de contratos (artigo 77º-B)

154. Como refere o artigo 41º, nº 1, por regra, as pretensões cuja apreciação está submetida aos tribunais administrativos podem ser perante eles deduzidas sem dependência de prazo e, portanto, a todo o tempo. Isto, naturalmente, sem prejuízo dos prazos substantivos de que a lei possa fazer depender o exercício das situações jurídicas em causa. Excecionam-se, como vimos, em certas circunstâncias, as pretensões relativas a atos administrativos e regulamentos. E excecionam-se, como agora nos cumpre ver, as pretensões relativas à invalidade de contratos.

Na sua redação primitiva, o artigo 41º, nº 2, estabelecia um prazo de caducidade para a dedução dos pedidos de anulação, total ou parcial, de contratos perante os tribunais administrativos. O prazo era de seis meses, e, para as partes, contava-se desde a data da celebração do contrato, enquanto que, para terceiros em relação ao contrato, se contava desde o momento do conhecimento do respectivo clausulado.

[241] No mesmo sentido, cfr. Rui Chancerelle de Machete, na anotação ao artigo 144º do CPA in Fausto de Quadros *et alii*, *Comentários à revisão do Código do Procedimento Administrativo*, Coimbra, 2016, pp. 288-289. Em sentido diferente, cfr. Vieira de Andrade, *A Justiça Administrativa*, 15ª ed., Coimbra, 2016, p. 211.

A solução conflituava com o regime de invalidade que o artigo 285º do CCP estabelecia para os contratos administrativos – e que, a nosso ver, se deve considerar aplicável a todos os contratos públicos[242] –, que, ao remeter, provavelmente por inércia em relação ao regime do CPA que o precedeu, para o regime da nulidade e anulabilidade dos negócios jurídicos do Código Civil, remetia para o nº 1 do artigo 287º do Código Civil, nos termos do qual "só têm legitimidade para arguir a anulabilidade as pessoas em cujo interesse a lei a estabelece, e só dentro do ano subsequente à cessação do vício que lhe serve de fundamento".

A revisão de 2015 procedeu à harmonização dos dois regimes, tendo, nesse sentido, o Decreto-Lei nº 214-G/2015, de 2 de outubro, atribuído redação sensivelmente igual ao artigo 285º do CCP e ao artigo 77º-B do CPTA, que veio substituir o nº 2 do artigo 41º, que foi revogado.

Assim, uma vez que o nº 3 do artigo 284º do CCP já remetia para o regime do Código Civil no que respeita às situações de falta e vícios da vontade, optou-se, no nº 3 do artigo 285º do CCP e no nº 3 do artigo 77º-B do CPTA por consagrar, apenas para essas situações, um regime similar ao da anulabilidade dos negócios jurídicos do artigo 287º do Código Civil, fixando em seis meses, contados desde a data da cessação do vício, o prazo dentro do qual pode ser pedida a anulação contratual por falta e vícios de vontade.

Quanto aos demais casos, em que não seja esse o fundamento do pedido de anulação, o nº 2 do artigo 285º do CCP e o nº 2 do artigo 77º-B do CPTA estabelecem o prazo de seis meses, contado desde a data da celebração do contrato, em relação às partes, ou do respetivo conhecimento – entenda-se, pois: do conhecimento dessa celebração –, quanto a terceiros em relação ao contrato e ao Ministério Público. Mas, no caso dos contratos com objeto passível de ato administrativo, que são celebrados em substituição da prática de um ato administrativo, o nº 1 do artigo 285º do CCP e o nº 1 do artigo 77º-B estabelecem que lhes é aplicável o regime correspondente ao ato que substituem, o que significa que a sua anulabilidade sem fundamento em falta ou vícios da vontade só poderá ser arguida no prazo de impugnação do ato administrativo que lhes corresponde, que, por regra, é de três meses, nos termos da alínea *b)* do nº 1 do artigo 58º.

[242] Cfr. Mário Aroso de Almeida, *Teoria Geral...cit.*, pp. 419 segs.

§ 2º – Condenação de particulares à adopção ou abstenção de comportamentos em acções propostas por outros particulares (art. 37º, nº 3).

155. Como sabemos, o artigo 37º, nº 3, admite que um particular possa pedir aos tribunais administrativos a condenação de outro particular a adoptar ou a abster-se de certo comportamento, de modo a assegurar o cumprimento de vinculações jurídico-administrativas cuja observância se lhe impõe (cfr. *supra*, nº 49).

Ora, para além da alegação, em termos de legitimidade, da titularidade de um direito ou interesse protegido pelas vinculações jurídico-administrativas que, alegadamente, o demandado está a violar ou se prepara para violar, nos termos gerais do artigo 9º, nº 1, a que já oportunamente nos referimos (cfr. *supra*, nº 96), o autor tem de, previamente ao recurso aos tribunais, ter solicitado às autoridades competentes que adoptassem as medidas adequadas para prevenir ou pôr termo à situação de violação, sem que estas o tenham feito. Este é um pressuposto específico, que, como já vimos suceder noutros domínios – veja-se, desde logo, o caso da prévia apresentação de requerimento, prevista no artigo 67º, nº 1, como pressuposto da propositura de acções de condenação à prática de actos administrativos –, constitui um afloramento da exigência de interesse processual ou interesse em agir. Com efeito, a inércia das autoridades administrativas competentes é que coloca o interessado em situação de carência de tutela, constituindo-o na necessidade de recorrer à tutela jurisdicional.

Como é natural, o CPTA não estabelece o prazo dentro do qual, uma vez requeridas, as medidas solicitadas devem ser adoptadas pela Administração, para que se considere aberto o acesso à tutela jurisdicional, ao abrigo do disposto no artigo 37º, nº 3. Na verdade, só em função das circunstâncias do caso e do quadro normativo concretamente aplicável será possível determinar o prazo razoável dentro do qual deveriam ter sido adoptadas as medidas adequadas.

TERCEIRA SECÇÃO
Pressupostos processuais específicos das pretensões dedutíveis segundo as formas dos processos especiais urgentes

156. Como já foi várias vezes referido, as formas do processo declarativo que se encontram previstas no CPTA são, por um lado, a forma de processo *não-urgente* da *acção administrativa* (cfr. artigo 35º, nº 1, e Título II: artigos 37º e seguintes), que corresponde ao processo declarativo comum, e as formas dos processos declarativos urgentes do contencioso eleitoral (artigo 98º), do contencioso dos procedimentos de massa (artigo 99º), do contencioso relativo à impugnação de actos praticados no âmbito de certos tipos de procedimentos pré-contratuais (artigos 100º a 103º-B) e de intimação para a prestação de informações, consulta de processos ou passagem de certidões (artigos 104º a 108º) e para a protecção de direitos, liberdades e garantias (artigos 109º a 111º). Ora, no que respeita aos pressupostos processuais, o CPTA estabelece, para os processos declarativos urgentes, um regime com particularidades próprias. Vejamos, pois, quais são elas – sem prejuízo da referência já atrás feita à matéria da legitimidade activa, que agora não será retomada (sobre essa matéria, cfr. *supra*, nºs 104 segs.).

1. Contencioso eleitoral (artigo 98º)

157. O artigo 97º, nº 1, remete para o regime da acção administrativa em matéria de pressupostos processuais, tornando, assim, aplicável, nos processos urgentes do contencioso eleitoral, quase todo o regime até aqui estudado quanto aos pressupostos processuais relativos ao objecto dos processos respeitantes a actos administrativos. O artigo 98º introduz, porém, desvios pontuais a esse regime, que agora cumpre assinalar.

Os actos susceptíveis de impugnação são os relativos ao acto eleitoral propriamente dito e os actos que impliquem a exclusão ou omissão nos cadernos ou listas eleitorais.

Anteriormente à revisão de 2015, a impugnabilidade dos actos neste domínio era limitada em relação ao que dispõe o artigo 51º, na medida em que, com excepção dos actos relativos à exclusão ou omissão de eleitores ou elegíveis nos cadernos ou listas eleitorais, não era admitida a impugnação de actos anteriores ao acto eleitoral, ou seja, de actos inseridos no procedimento que não sejam o respectivo acto final relativo ao apuramento de resultados (artigo 98º, nº 3): valia, assim, neste domínio específico o clássico princípio da impugnação unitária e, portanto, a regra da definitividade horizontal, que, como vimos (cfr. *supra*, nº 125), foi, em termos gerais, abandonada pelo artigo 51º.

A revisão de 2015 alterou, no entanto, radicalmente esse regime, estabelecendo, pelo contrário, no nº 3 do artigo 98º que "a ausência de reação contra os atos relativos à exclusão, inclusão ou omissão de eleitores ou elegíveis nos cadernos eleitorais, e demais atos com eficácia externa anteriores ao ato eleitoral, impede o interessado de reagir contra as decisões subsequentes com fundamento em ilegalidades de que enfermem os atos anteriormente praticados". Não só deixou, assim, de valer o princípio da impugnação unitária, como é, inclusivamente, afastado neste específico domínio o regime do nº 3 do artigo 51º.

Não valem, por outro lado, neste domínio os prazos de impugnação do artigo 58º. Na falta de disposição especial, estabelece o artigo 98º, nº 2, que o prazo de propositura das acções do contencioso eleitoral é de apenas sete dias, a contar da data em que seja possível o conhecimento do acto ou da omissão. Este prazo parece ser único, valendo, por isso, tanto para as acções dirigidas à anulação, como para as acções de declaração de nulidade do acto impugnado. E, por estarmos no âmbito de um processo urgente, o prazo corre mesmo em férias judiciais, como resulta do CPC.

2. Contencioso dos procedimentos de massa (artigo 99º)

158. Tal como sucede no contencioso eleitoral e no contencioso dos procedimentos de massa, também em relação aos processos do contencioso dos procedimentos de massa, respeitantes à prática ou omissão de atos administrativos no âmbito de procedimentos com mais de 50 participantes nos domínios dos concursos de pessoal, procedimentos de realização de exames e procedimentos de recrutamento, o artigo 97º, nº 1, remete para o regime da acção administrativa em matéria de pressupostos processuais.

Neste domínio específico, o artigo 99º, nº 2, fixa, no entanto, o prazo de um mês para a propositura das ações e determina, por outro lado, que elas sejam propostas no tribunal da sede da entidade demandada.

3. Contencioso pré-contratual urgente (artigos 100º, 101º e 103º)

159. Tal como sucede no contencioso eleitoral e no contencioso dos procedimentos de massa, também no que respeita ao contencioso pré-contratual urgente, respeitante aos actos relativos à formação dos tipos de contratos identificados no artigo 100º, o artigo 97º, nº 1, remete para o regime da acção administrativa em matéria de pressupostos processuais, tornando, assim, aplicável, neste domínio, quase todo o regime atrás estudado quanto aos pressupostos processuais relativos ao objecto dos processos respeitantes a actos administrativos.

O artigo 101º introduz, porém, um desvio a esse regime, que se concretiza no afastamento dos prazos de impugnação do artigo 58º. Na verdade, estabelece o artigo 101º que as acções do contencioso pré-contratual urgente devem ser intentadas no prazo de um mês, a contar da data da notificação dos interessados, ou, não havendo lugar a notificação, da data do conhecimento do acto. Como adiante se verá, este prazo não se aplica, no entanto, ao contencioso previsto no artigo 103º.

Ao contrário do que sucede no artigo 58º, o artigo 101º não estabelece qualquer diferenciação de prazos: o prazo é único, e é apenas de um mês. O Ministério Público não beneficia, portanto, neste domínio, de um prazo específico de maior duração, estando, assim, sujeito ao prazo de um mês do artigo 101º. Por outro lado, pesem embora as pertinentes reticências manifestadas pela generalidade da doutrina[243], este prazo parece valer, tanto para as acções dirigidas à anulação, como para as acções de declaração de nulidade do acto impugnado: tem sido esse o entendi-

[243] Cfr. Mário Aroso de Almeida/Carlos Fernandes Cadilha, *Comentário...*, pp. 677-678; Maria João Estorninho, *Direito Europeu dos Constratos Públicos. Um olhar português*, Coimbra, 2006, p. 405; Pedro Gonçalves, "Contencioso administrativo pré-contratual", *Cadernos de Justiça Administrativa* nº 44, p. 7, e "Avaliação do regime jurídico do contencioso pré-contratual urgente", *Cadernos de Justiça Administrativa* nº 62, p. 8; André Salgado de Matos, "Contencioso pré-contratual urgente e invalidade dos actos administrativos pré--contratuais", *Cadernos de Justiça Administrativa* nº 62, pp. 18 segs.

mento invariável da jurisprudência, que não foi infirmado pela revisão de 2015 do CPTA[244].

Note-se que também é aplicável no âmbito do contencioso précontratual urgente o regime do artigo 59º, nºs 4 e 5[245], pelo que também neste contexto a eventual utilização de meios facultativos de impugnação administrativa tem o efeito de suspender o prazo de impugnação contenciosa (cfr. *supra*, nº 141). Em todo o caso, os prazos mais curtos a que o CCP submete o regime das impugnações administrativas (cfr. artigos 273º e 274º do CCP) reduz de modo significativo o alcance prático deste regime no âmbito do contencioso pré-contratual. Recorde-se, entretanto, que o regime do artigo 59º, nºs 4 e 5 não se aplica aos casos excepcionais de previsão avulsa da existência de impugnações administrativas necessárias, em que o prazo de propositura da acção nem sequer começa a correr sem a prévia utilização da impugnação administrativa, dentro do prazo próprio, legalmente estabelecido para o efeito (cfr. *supra*, nº 135).

Antes da revisão de 2015, era discutida a questão de saber se também o regime do artigo 58º, nº 4 – que, hoje, consta do nº 3 do mesmo artigo – era aplicável no âmbito do contencioso pré-contratual. Em sentido contrário, parecia apontar a circunstância de o preceito em causa, ao prever tipos de situações em que a impugnação podia ser admitida para além do prazo de três meses ou desde que ainda não tivesse expirado o prazo de um ano, adoptar como pontos de referência prazos de impugnação, de três meses e de um ano, que, estando previstos no artigo 58º, não são aplicáveis no domínio do contencioso pré-contratual urgente, em que, como vimos, é no estrito prazo de um mês do artigo 101º que os actos se consolidam, por ser esse o prazo único dentro do qual eles podem ser im-

[244] Neste sentido, cfr., por todos, acórdãos do Supremo Tribunal Administrativo (Pleno) de 12 de Dezembro de 2006, Proc. nº 528/06, e de 6 de Fevereiro de 2007, Proc. nº 598/06, do STA de 3 de Outubro de 2006, Proc. nº 598/06. No mesmo sentido, Vieira de Andrade, *A Justiça Administrativa*, 15ª ed., Coimbra, 2016, p. 244 e nota 583, que, no entanto, admite que, mesmo que não haja impugnação tempestiva do ato pré-contratual, a nulidade do contrato possa ser invocada em ação dirigida apenas contra ele, com fundamento em vícios próprios radicados em ilegalidades cometidas no procedimento pré-contratual. Para a análise das situações de invalidade própria dos contratos públicos fundada em causas comuns à invalidade de atos pré-contratuais, cfr. Raquel Carvalho, *As invalidades contratuais nos contratos administrativos de solicitação de bens e serviços*, Coimbra, 2010, pp. 263 segs..

[245] Neste sentido, cfr., por todos, acórdãos do Supremo Tribunal Administrativo de 13 de Março de 2007, Proc. nº 1009/06, e de 4 de Novembro de 2008, Proc. nº 691/08.

pugnados, tanto pelo Ministério Público, como pelos demais interessados. A verdade, porém, é que, com a revisão de 2015, o artigo 101º, numa remissão que não é líquido se não se pretenderia referir ao anterior, e não ao atual nº 3 do artigo 58º, passou a determinar a aplicabilidade do respetivo regime ao contencioso pré-contratual urgente.

Ainda no que diz respeito ao prazo de um mês do artigo 101º, colocava-se, entretanto, antes da revisão de 2015, a questão de saber se ele também era aplicável às ações de impugnação do programa, do caderno de encargos e dos demais documentos conformadores do procedimento de formação dos contratos, a que, na altura, se referia o artigo 100º, nº 2.

Na verdade, o CPTA pecava claramente por omissão nesse domínio, na medida em que, limitando-se a estabelecer, no artigo 100º, nº 2, que as ações de impugnação do programa, do caderno de encargos e dos demais documentos conformadores do procedimento de formação dos contratos referidos no artigo 100º, nº 1, eram passíveis de impugnação directa pela via do processo pré-contratual urgente, não dava resposta a diversas questões que a respeito deste tipo específico de ações se colocavam em razão do facto de não terem por objeto a impugnação de atos administrativos, mas de normas regulamentares.

Na revisão de 2015, foi reconhecido que o contencioso de impugnação dos documentos conformadores dos procedimentos pré-contratuais carecia de ser objeto de um regime próprio, que foi estabelecido no novo artigo 103º. É assim que logo do nº 1 do artigo 103º resulta a inaplicabilidade a este contencioso do prazo de um mês do artigo 101º, acrescentando, entretanto, o nº 3 que os documentos conformadores podem ser impugnados durante a pendência e, portanto, até ao termo do procedimento a que se referem, sem prejuízo do ónus da impugnação autónoma dos respetivos atos de aplicação, que pode ser feita, como refere o nº 2, em cumulação com a impugnação do documento conformador.

O nº 3 do artigo 103º torna, entretanto, claro que não existe um ónus de impugnação dos documentos conformadores do procedimento pré-contratual, pelo que a faculdade que ao interessado assiste de proceder à respetiva impugnação não prejudica o ónus da impugnação que sobre ele impende, nos termos gerais dos artigos 51º e segs., para os quais remete o artigo 97º, nº 1, dos atos de aplicação das disposições contidas nesses documentos.

A revisão de 2015 deu, deste modo, resposta à questão que anteriormente se colocava, de saber se o eventual não exercício da faculdade de impugnação dos documentos conformadores do procedimento pré-contratual precludia a possibilidade da impugnação dos actos administrativos que, ao longo do procedimento, viessem a ser praticados em aplicação ou, pelo menos, no pressuposto da determinação ilegal contida no documento conformador não impugnado – *maxime,* a faculdade da impugnação do acto final do procedimento, com fundamento em todas as ilegalidades que ao longo do mesmo possam ter sido cometidas. Como defendemos nesse contexto, a solução da não preclusão, hoje consagrada no artigo 103º, impunha-se atendendo a que a faculdade de impugnação dos documentos conformadores do procedimento, apesar da sua natureza geral e abstrata, foi introduzida na nossa ordem jurídica no propósito, imposto pelas directivas da União Europeia sobre a matéria, de assegurar um *acréscimo de tutela* aos eventuais interessados em impugnar, pelo que a sua existência não podia reverter em prejuízo desses interessados, em termos de por em causa, em relação aos atos concretos de aplicação das disposições contidas naqueles documentos, a garantia constitucional de impugnação dos atos administrativos concretos lesivos dos seus direitos ou interesses legalmente protegidos que para eles decorria do artigo 268º, nº 4, da CRP[246].

4. Intimação para prestação de informações, consulta de documentos e passagem de certidões (artigos 104º e 105º)

160. Como já foi referido (cfr. *supra,* nºs 53 segs.), o CPTA prevê uma forma específica de processo urgente que visa dar resposta mais célere às questões que possam surgir no domínio particularmente sensível do exercício dos direitos dos cidadãos à informação e de acesso aos documentos administrativos, que se encontram consagrados nos nºs 1 e 2 do artigo 268º da CRP como direitos de natureza análoga aos direitos, liberdades e garantias: trata-se do processo de *intimação para a prestação de*

[246] Sobre este ponto, à face do regime anterior à revisão de 2015, cfr. Mário Aroso de Almeida, "Art. 100º, nº 2, do CPTA: mera faculdade ou ónus de impugnação?", *Cadernos de Justiça Administrativa* nº 90, pp. 45 segs.

informações, consulta de processos e passagem de certidões, que o Código prevê e regula nos artigos 104º a 108º.

Tal como vimos que, por regra, sucede com o pedido de condenação à prática de acto administrativo (cfr. *supra*, nº 143), a admissibilidade do pedido de intimação pressupõe que o interessado tenha começado por requerer à entidade competente a prestação da informação, a consulta do documento ou a passagem da certidão. Também neste caso, a apresentação de requerimento constitui um requisito de cuja observância depende a existência de uma situação de *necessidade de tutela judicial* e, portanto, a constituição de um *interesse em agir* em juízo. Na ausência da apresentação de requerimento, faltará, portanto, o requisito do *interesse processual*, pelo que um eventual pedido de intimação que seja intentado nessas circunstâncias terá de ser rejeitado por falta desse pressuposto processual[247].

Mas não basta a apresentação do requerimento. A utilização do processo de intimação só pode ter lugar quando se verifique um dos três tipos de situações previstos no artigo 105º: decurso do prazo legalmente estabelecido, sem que a entidade requerida tenha satisfeito o pedido que lhe foi dirigido, indeferimento do pedido ou satisfação parcial do pedido. O prazo dentro do qual o pedido deve ser satisfeito, sob pena da abertura do acesso ao processo de intimação, é de 10 dias. É o que resulta da aplicação dos artigos 82º, nº 3, 84º, nº 1, e 86º, nº 1, do CPA. E, como se trata de um prazo procedimental administrativo, ele suspende-se nos sábados, domingos e feriados, como dispõe o artigo 87º do CPA.

De acordo com o artigo 105º, o interessado dispõe do prazo de 20 dias para pedir a intimação, contado, consoante os casos, desde o termo do prazo de 10 dias úteis de que a Administração dispunha para satisfazer o pedido, ou desde a data da notificação do acto de indeferimento ou de deferimento parcial do pedido.

Na hipótese em que decorreu o prazo legalmente estabelecido, sem que a entidade requerida tenha satisfeito o pedido, afigura-se que o interessado pode optar por não deduzir o pedido de intimação no prazo de 20 dias e continuar a aguardar uma resposta; e, nesse caso, se sobrevier uma resposta total ou parcialmente negativa, ele ainda poderá deduzir o pedido de intimação no prazo de 20 dias, contado desde a data da notificação dessa resposta[248].

[247] No mesmo sentido, cfr. Vieira de Andrade, *A Justiça Administrativa*, p. 267.

[248] Cfr. Mário Aroso de Almeida/Carlos Fernandes Cadilha, *Comentário...*, pp. 709-710.

5. Intimação para protecção de direitos, liberdades e garantias (artigo 109º)

161. A nosso ver, a situação prevista na parte final do nº 1 do artigo 109º – "não ser possível ou suficiente, nas circunstâncias do caso, o decretamento provisório de uma providência cautelar, segundo o disposto no artigo 131º" – é um pressuposto processual negativo, de cujo não preenchimento depende a admissibilidade do processo de intimação para protecção de direitos, liberdades e garantias[249].

Com efeito, trata-se de um requisito que a lei processual impõe por razões fundadas nos critérios que presidiram à delimitação do âmbito de aplicação das formas processuais em causa. A relação de subsidiariedade que o artigo 109º entendeu estabelecer entre o processo de intimação para protecção de direitos, liberdades e garantias e a tutela cautelar exprime uma opção de natureza processual, que não contende com as condições da acção, das quais depende a procedência do pedido, e que dizem respeito à questão de saber se ao autor assiste o direito de exigir a conduta positiva ou negativa a cuja adopção ele pretende que o demandado seja intimado. Se for de entender que tal intimação, a dever ser proferida – questão substantiva, a apreciar apenas no plano do mérito da causa –, deve ser pronunciada a título provisório, no âmbito de um processo cautelar, pelo que não deve ser objecto de um processo de intimação, falece o preenchimento de um pressuposto processual do qual depende a admissibilidade do processo de intimação, que não deve, por isso, prosseguir termos.

Sobre a possibilidade de o processo de intimação ser convolado num processo cautelar, quando não se preencha o pressuposto estabelecido na parte final do artigo 109º, nº 1, cfr. *supra*, nº 56.

[249] Também no sentido de que a subsidiariedade a que se refere o artigo 109º, nº 1, comporta uma dimensão na qual se perfila, negativamente, como um requisito de admissibilidade da intimação, cfr. Carla Amado Gomes, "Pretexto, contexto e texto da intimação para protecção de direitos, liberdades e garantias", in *Estudos em Homenagem ao Prof. Doutor Inocêncio Galvão Telles*, vol. V, pp. 563-564.

QUARTA SECÇÃO

Pressupostos de aplicabilidade geral a todas as formas de processo

162. Tal como sucede em processo civil, a propriedade da forma de processo ou do tipo de acção é um pressuposto processual inominado. O autor deve utilizar a forma processual que a lei faz corresponder ao tipo de pretensão que deduz perante o tribunal, cabendo-lhe identificar na petição inicial a forma de processo que pretende utilizar. O erro na forma de processo pode ser suprido, determinando-se, por aplicação supletiva do artigo 193º do CPC, que o processo siga a forma adequada, com repetição dos actos processuais já praticados que não possam ser aproveitados e a prática dos actos necessários à aproximação à nova forma processual adoptada.

O erro quanto ao tipo de acção ocorre quando a lei faz corresponder a determinada situação um determinado tipo de acção, não permitindo a formulação de pretensão de tipo diverso. É o que ocorre no caso previsto no artigo 51º, nº 4, em que se estabelece que a dedução de um pedido de estrita anulação não é o modo adequado de reagir contenciosamente contra um acto de conteúdo negativo, pelo que se determina que, quando um tal pedido seja deduzido, o juiz convide o autor a substituir a petição, para o efeito de deduzir o pedido adequado, de condenação à prática do acto devido, e, se a petição for substituída, há lugar à repetição dos actos praticados ao longo do processo, a começar pela citação dos demandados para contestar, com o que fica sanado o erro ocorrido. Se não houver substituição da petição, há absolvição da instância, nos termos do artigo 87º, nº 7.

163. A inobservância dos requisitos de que depende a admissibilidade da cumulação de pedidos é uma excepção dilatória que decorre do não preenchimento de um pressuposto processual[250].

A verificação da admissibilidade da cumulação de pretensões deve ser aferida aplicando os critérios específicos do artigo 4º. Os requisitos de que, nos termos do nº 1 do artigo 4º, depende a possibilidade da cumu-

[250] Sobre este pressuposto processual, no âmbito do processo administrativo, cfr. MIGUEL TEIXEIRA DE SOUSA, "Cumulação de pedidos e cumulação aparente no contencioso administrativo", *Cadernos de Justiça Administrativa* nº 34, pp. 33 segs.

lação de pedidos são, em alternativa, os seguintes: unidade da fonte das relações jurídicas controvertidas em virtude de os pedidos se fundarem numa mesma causa de pedir; dependência entre os pedidos; conexão entre os pedidos por dependerem da apreciação dos mesmos factos ou envolverem a interpretação e aplicação das mesmas regras de direito. O Código preocupa-se, entretanto, em remover os possíveis obstáculos à cumulação de pedidos, possibilitando-a, assim, em termos mais amplos do que aqueles que resultam do CPC. Com efeito, é aplicável ao caso o disposto, para a cumulação de pedidos, nos artigos 5º e 21º, que permitem a cumulação de pedidos independentemente de aos diferentes pedidos corresponderem diferentes formas de processo ou de a apreciação dos diferentes pedidos corresponder a tribunais distintos. Por conseguinte, nem as regras respeitantes às formas de processo, nem as regras de competência dos tribunais obstam à cumulação de pedidos.

A observância dos requisitos do artigo 4º constitui um dos pressupostos processuais cujo preenchimento é necessário para que possa haver julgamento de mérito. Neste sentido, tanto o artigo 89º, nº 1, do CPTA, como o artigo 577º do CPC, qualificam a ilegalidade da cumulação de pretensões como uma excepção dilatória, que, obstando ao prosseguimento do processo, acarreta a absolvição da instância. Por outro lado, estabelece o artigo 4º, nº 3, que, "havendo cumulação sem que entre os pedidos exista a conexão exigida, o juiz notifica o autor ou autores para, no prazo de dez dias, indicarem o pedido que pretendem ver apreciado no processo, sob cominação de, não o fazendo, haver absolvição da instância quanto a todos os pedidos".

Se o autor identificar o pedido que pretende ver apreciado no processo, só haverá absolvição da instância em relação aos demais pedidos, que poderão ser deduzidos autonomamente, aproveitando o autor os efeitos substantivos decorrentes da data da entrada da primeira petição, desde que apresente as novas petições dentro do prazo de um mês a contar do trânsito em julgado da decisão de absolvição da instância. Já no caso de haver absolvição da instância em relação a todos os pedidos, porque o autor não deu satisfação ao convite do tribunal, ele não beneficia da faculdade de renovação da instância, como dispõe o artigo 87º, nº 7. Se, pelo contrário, tiver havido absolvição da instância em relação a todos os pedidos sem prévia emissão de despacho de aperfeiçoamento, o autor beneficia da faculdade de renovação da instância nos termos do artigo 87º, nº 8.

Caso a ilegalidade da cumulação resulte da incompetência da jurisdição administrativa para conhecer de algum dos pedidos, impõe, entretanto, o nº 3 do art. 5º a absolvição da instância relativamente a esse pedido, prosseguindo o processo quanto aos demais. Neste caso, não há, naturalmente, lugar ao convite ao interessado para indicar o pedido ou pedidos que pretende ver apreciados porque a competência dos tribunais administrativos em razão da jurisdição não está na disponibilidade das partes.

SEGUNDA PARTE
FORMAS DO PROCESSO ADMINISTRATIVO

TÍTULO PRIMEIRO
Processos Declarativos

CAPÍTULO PRIMEIRO
Formas do processo declarativo e âmbito da sua aplicação

1. Formas do processo declarativo: acção administrativa e processos urgentes (arts. 35º e 36º)

164. Já conhecemos o conceito de *forma do processo* (cfr. *supra*, nº 5) e o elenco das formas do processo declarativo que o CPTA institui no âmbito do processo administrativo (cfr. *supra*, nº 22). Vimos, assim, que *as formas do processo declarativo* são os *modelos de tramitação* que devem observar os diferentes processos, desde a propositura da acção até ao momento em que o tribunal vem a proferir a correspondente decisão.

Em processo administrativo, o tema das formas do processo declarativo é objecto da Secção II do Capítulo V da Parte Geral do CPTA, que é constituída apenas por dois artigos, o artigo 35º e o artigo 36º. A referida Secção II e, em especial, o artigo 35º desempenham um papel fundamental na determinação da estrutura do Código. Com efeito, aí se diz quais são os modelos de tramitação a que, em processo administrativo, devem obedecer os processos declarativos e, como expressamente aí se refere, a estrutura do Código é determinada, nos subsequentes Títulos II e III, em função das formas de processo que, nessa sede, são identificadas.

Resulta do esquema genericamente traçado no artigo 35º que, sem prejuízo de outros que possam ser consagrados em legislação especial, o regime das formas do processo administrativo declarativo concretiza-se na previsão de uma forma de processo que é o processo declarativo comum, que se pode qualificar como *não-urgente*, e de formas de processo especiais, que o Código qualifica como *urgentes*. A forma de processo não-urgente é designada por *acção administrativa* (cfr. artigo 35º, nº 1, e Título II: artigos 37º e seguintes), ao que acrescem os processos declarativos urgentes (cfr. artigos 35º, nº 2, 36º, nº 1, alíneas *a)* a *e)*, e Título III: artigos 97º e segs.), em que se enquadram as formas da *acção administrativa urgente*, constituída pelo contencioso dos atos administrativos em matéria eleitoral da competência dos tribunais administrativos, o contencioso dos atos administrativos praticados no âmbito de procedimentos de massa e o contencioso dos atos relativos à formação dos contratos das Diretivas europeias da contratação pública (artigos 97º a 103º-B), e as *intimações*, que incluem a intimação para prestação de informações, consulta de processos e passagem de certidões e a intimação para protecção de direitos, liberdades e garantias (artigos 104º a 111º).

Como refere o artigo 35º, nº 1, a acção administrativa rege-se pelas disposições previstas no Título II e, portanto, observa, como determina o artigo 37º, nº 1, a tramitação regulada no capítulo III desse Título, que consta dos artigos 78º e segs.; e as cinco formas de processos declarativos urgentes seguem a tramitação que para elas é fixada no Título III.

165. Com a revisão de 2015, todas as ações nos tribunais administrativos passaram a ser tramitadas segundo um modelo de tramitação próprio, que se encontra especificamente regulado no CPTA – isto, sem prejuízo, naturalmente, de o regime do processo civil continuar a ser amplamente aplicável, seja por transposição direta, seja com fundamento na previsão de aplicação supletiva do artigo 1º.

Este é um ponto que se afigura importante sublinhar, porque, a nosso ver, assinala o atingimento da maioridade da justiça administrativa, no nosso Estado de Direito democrático, que, tendo sido instituída com o CPTA, só uma vez dado este passo se liberta de injustificadas peias herdadas do passado.

Com efeito, se, na redação anterior à revisão de 2015, o CPTA estruturava os processos declarativos *não-urgentes* em torno de um *modelo dualista*, assente na contraposição entre duas formas de processo, a que dava o nome de *acção administrativa comum* e de *acção administrativa especial*, isso deveu-se ao propósito de, num contexto de verdadeira *mudança de paradigma*, se preservarem elementos do modelo que se estava a abandonar, tradicionalmente estruturado em função da contraposição entre o *recurso contencioso* interposto dos atos de autoridade da Administração e o chamado *contencioso das ações* sobre contratos e responsabilidade civil das entidades públicas[251].

Ora, como tivemos oportunidade de assinalar na primeira edição deste livro, a solução era incoerente com diversos elementos, de transformação profunda em relação ao modelo anterior, que o CPTA trazia consigo e com os quais conflituava de modo evidente. Com efeito, embora, do ponto de vista da estrutura das formas de processo, tenha, de facto, consagrado o referido modelo dualista, a verdade é que, por outro lado, o CPTA fez outras opções que introduziram uma evidente incoerência no modelo efetivamente adoptado. Com efeito, embora se possa dizer que a tramitação que, nos artigos 78.º segs., o Código estabeleceu para a acção administrativa especial era, de algum modo, a sucessora daquela que, no regime que o precedeu, correspondia ao recurso contencioso de impugnação de actos administrativos, a verdade é que poucos eram os traços em que ela se aproximava desse modelo. A matriz da tramitação da acção administrativa especial residia, na verdade, em aspectos fundamentais, no processo declarativo comum do CPC, podendo, mesmo, dizer-se que já correspondia a uma adaptação deste modelo a certas especificidades próprias do processo administrativo[252].

Esta circunstância tem várias explicações, mas a principal de entre elas radicou no princípio, que o Código assumiu como fundamental,

[251] Para a defesa da solução, cfr. SÉRVULO CORREIA, "Unidade ou pluralidade de meios processuais principais no contencioso administrativo", sucessivamente publicado in *O Debate Universitário*, pp. 513 segs., *Cadernos de Justiça Administrativa* n.º 22, pp. 23 segs., e SÉRVULO CORREIA/ /BERNARDO DINIZ DE AYALA/RUI MEDEIROS, *Estudos de Direito Processual Administrativo*, Lisboa, 2002, pp. 191 segs.; e, por último, *Direito do Contencioso Administrativo*, vol. I, pp. 747 segs.

[252] Sobre este ponto, cfr. SÉRVULO CORREIA, "Da ação administrativa especial à nova ação administrativa", *Cadernos de Justiça Administrativa* n.º 106, pp. 49 segs. e 58 segs., que qualifica o modelo de "matriz bipolar atenuada" originariamente consagrado no CPTA (assente na dicotomia ação administrativa comum/ação administrativa especial) como uma etapa necessária, que correspondeu a um "prudente compasso gradualista", num processo de evolução no qual emerge como natural a consagração de um "modelo unipolar igualmente atenuado ou relativo", como aquele que, com a revisão de 2015, foi consagrado com a instituição da nova ação administrativa

nos artigos 4º e 5º, da livre cumulabilidade de pedidos (cfr. *supra*, nº 20), na medida em que a consagração deste princípio exigiu que, do ponto de vista da tramitação processual, se criassem as condições necessárias para que, numa única acção, a ação administrativa especial, pudessem ser apreciados, não apenas os pedidos dirigidos ao estrito reconhecimento da ilegalidade de actos administrativos ou regulamentos, mas também todos os demais pedidos que com aqueles pudessem ser cumulados.

Ora, a introdução da possibilidade da dedução e apreciação, no âmbito da acção administrativa especial, dos pedidos que correspondiam à forma da acção administrativa comum, com a consequente aproximação da tramitação da acção administrativa especial ao processo civil, indispensável para que tal fosse possível, autorizava a que se perguntasse: se a tramitação da acção administrativa especial foi, afinal, desenhada para conjugar a necessidade de dar resposta a exigências que são próprias do processo administrativo, designadamente no domínio da impugnação de actos administrativos e de regulamentos, com a necessidade de viabilizar a apreciação de todos os demais litígios que se inscrevem no âmbito da jurisdição administrativa, por que não submeter todos os processos não-urgentes do contencioso administrativo a um único modelo de tramitação, o da acção administrativa especial?

E, no sentido da consagração da acção administrativa especial como o modelo único de tramitação dos processos não-urgentes, concorria, por outro lado, a conveniência em dar resposta a dificuldades que a delimitação do âmbito de intervenção da acção administrativa comum e da acção administrativa especial colocava. Bastava pensar na incoerência de se enquadrar o contencioso dos contratos no âmbito da acção administrativa comum e o dos actos administrativos no da acção administrativa especial, num contexto (diferente do tradicional) de crescente fungibilidade entre as figuras do acto administrativo e do contrato; ou nas dificuldades práticas que resultavam da circunstância de se erigir em critério de delimitação do âmbito de aplicação de duas formas diferentes de processo a distinção – a nosso ver, aliás, fundada, como vimos, do ponto de vista substantivo, mas indiscutivelmente complexa (cfr. *supra*, nº 29) – entre os actos administrativos e as declarações que a Administração profere fora do exercício de poderes de autoridade.

As razões enunciadas justificavam que fosse dado o passo que, com a revisão de 2015, foi dado, de se submeterem todos os processos administrativos não-urgentes a uma única forma de processo[253]. E que, a partir do modelo da anterior ação administrativa especial, mas com muito relevante influência do mais recente e inovador regime do processo civil, essa forma de processo fosse objeto de regulação própria, que a estruturasse nos seus aspetos essenciais, em função das suas necessidades próprias, sem prejuízo da aplicabilidade supletiva do CPC.

Deste modo nasceu a *ação administrativa*, que é, assim, o resultado de uma síntese de aspetos específicos de regime provenientes do anterior modelo da ação administrativa especial, com um forte componente de transposição, ainda que com importantes adaptações, do regime do processo declarativo comum do CPC. E, como tal, uma forma de processo de aplicação flexível, na medida em que contém disposições que, por terem em vista os processos da antiga ação administrativa especial, respeitantes a atos de autoridade da Administração, em função dos quais nasceram, só serão aplicáveis a processos desse tipo (pense-se no exemplo do artigo 84º, que impõe o envio do processo instrutor, "quando exista", ou do nº 4 do artigo 83º, que afasta o ónus da impugnação especificada nas ações sobre atos administrativos e normas regulamentares), ao lado de outras, de aplicabilidade geral, transpostas do processo civil, ainda que com adaptações[254].

A ação administrativa é a forma de processo que corresponde à generalidade das pretensões, que não colocam exigências que o legislador considere deverem corresponder a uma forma de processo especial.

Sem prejuízo de outros, que possam ser consagrados em legislação especial, o âmbito de aplicação desta forma de processo é, assim, delimi-

[253] Qualificando os aspetos referidos no texto como "vasos comunicantes que permitiam ir sondando na *praxis* jurisprudencial os requisitos e os limites de uma unificação processual", cfr. SÉRVULO CORREIA, "Da ação administrativa especial à nova ação administrativa", p. 59.

[254] Assinalando também o aspeto apontado no texto, cfr. SÉRVULO CORREIA, "Da ação administrativa especial à nova ação administrativa", p. 56, que, a este propósito, considera que, na configuração da tramitação da ação administrativa, o CPTA procedeu a uma "unificação híbrida e relativa da marcha do processo", adotando uma técnica que, "em lugar de uma clara rutura com o processo civil de declaração, mas também sem o manter como corpo de um meio processual específico, aposta na construção de um meio processual revestido de unicidade formal mas tecido mediante uma subtil e compassada urdidura, combinando, até no seio de um mesmo artigo, regras provenientes ora da marcha do processo na ação administrativa especial [...] ora do CPC revisto pela Lei nº 41/2013, de 26/6, ora ainda de preceitos inovatórios em relação àquelas duas fontes".

tado, na economia do CPTA, enquanto processo declarativo comum do contencioso administrativo, em função do âmbito de aplicação dos processos declarativos especiais urgentes instituídos nos artigos 97º a 111º.

Nos tipos de situações que o Código faz corresponder a cada uma das cinco formas de processos declarativos urgentes, os interessados devem, assim, utilizar estas formas de processo, que, em substituição da forma não-urgente da ação administrativa, são instituídas em função do reconhecimento pelo legislador da existência de situações de urgência que exijam a obtenção, de modo mais célere, de uma pronúncia sobre o mérito da causa.

2. Tangibilidade das formas de processo, decorrente da livre cumulabilidade de pedidos (arts. 4º e 5º)

166. O artigo 5º, nº 1, admite a possibilidade da cumulação, num mesmo processo, de pretensões que, à partida, corresponderiam, se fossem deduzidas em separado, a diferentes formas de processo, determinando que, nesse caso, seja adoptada a forma da acção administrativa, cabendo ao tribunal introduzir na respectiva tramitação as adaptações que se revelem necessárias[255]. Tal como sucede, no plano da definição das competências dos tribunais administrativos em razão da hierarquia e do território, com o artigo 21º, esta solução reveste-se de grande importância, na medida em que contribui de modo decisivo para assegurar a plena efectividade do *princípio da livre cumulabilidade de pedidos*, consagrado no artigo 4º (sobre este princípio, cfr. *supra*, nº 20), relativizando o alcance da estruturação das formas do processo, tal como ela, à partida, resulta do artigo 35º.

Estabelece o nº 1 do artigo 5º que, quando a algum dos pedidos cumulados corresponda uma das formas da ação administrativa urgente, o processo deve seguir a forma da acção urgente, com as adaptações que se revelem necessárias.

[255] A exemplo do que sucede, em processo civil, no domínio de intervenção do artigo 37º, nº 3, do CPC, as adaptações devem ser introduzidas no respeito pelos princípios da igualdade das partes e do contraditório: cfr., a propósito, M. TEIXEIRA DE SOUSA, *Estudos sobre o novo processo civil*, pp. 38-39.

Resulta, pois, hoje, claro da nova redação do artigo 5º que as previsões do artigo 4º, em matéria de cumulação de pedidos, valem para os processos urgentes do contencioso eleitoral, do contencioso dos procedimentos de massa e do contencioso pré-contratual, que o CPTA regula, nos artigos 97º a 103º-B, num capítulo ao qual atribui a designação de *"ação administrativa urgente"* – sendo que, no domínio pré-contratual, a própria estrutura das relações jurídicas envolvidas tende a justificar com frequência a cumulação do pedido de anulação do acto pré-contratual com o pedido de condenação à sua substituição por outro que não reincida nas ilegalidades cometidas (cfr., a propósito, *infra*, nº 130), para já não falar da cumulação da impugnação do acto pré-contratual com a impugnação do próprio contrato, que o artigo 102º, nº 4, admite, aliás, que possa ter lugar a título superveniente, e, até, com um pedido de reparação de danos.

Como foi referido, o nº 1 do artigo 5º estabelece que, quando a algum dos pedidos cumulados corresponda uma das formas da ação administrativa urgente, o processo deve seguir a forma da acção urgente, com as adaptações que se revelem necessárias. Ora, tanto os artigos 98º e 99º, como o artigo 102º, já estabelecem, à partida, que os processos urgentes do contencioso eleitoral, do contencioso dos procedimentos de massa e do contencioso pré-contratual seguem a tramitação da acção administrativa com diversas adaptações, que visam torná-la mais célere. Se houver cumulação de outros pedidos, apenas haverá, por isso, que ponderar se a cumulação é de molde a justificar uma desaceleração do processo, fazendo com que este siga termos que, no todo ou em parte, se afastem do modelo mais célere que resulta dos artigos 98º, 99º e 102º, para se aproximarem do modelo normal a que obedecem os processos não-urgentes, e que determinar a aplicação ao processo em causa do regime dos processos urgentes, que resulta dos artigos 36º, nº 2, e 147º. Parece ser este o sentido do nº 1 do artigo 5º.

Acrescente-se, entretanto, que, à partida, a mera cumulação, no processo impugnatório, do pedido de condenação da Administração à substituição do acto impugnado por outro que não reincida nos mesmos vícios não parece justificar qualquer desaceleração do pro cesso, uma vez que as indagações a realizar incidirão, em qualquer caso, sobre os mesmos factos, para o efeito da aplicação das mesmas normas. E o mesmo se diga quanto à cumulação da impugnação do acto pré-contratual com a impugnação do próprio contrato, como, de resto, parece sugerir o disposto no artigo 102º, nº 4, que não associa quaisquer consequências de tramitação à ocorrência dessa cumula ção a título superveniente. Já pode justificar a eventual desaceleração do processo a cumulação de um pedido de reparação de danos, na medida em que o justifique a necessidade de indagações sobre as consequências danosas da ilegalidade cometida. Em qualquer caso, essa contingência não pode ser invocada como fundamento para obstar à cumulação, nos termos dos artigos 4º e 5º.

Caberá, entretanto, ao juiz, ouvidas as partes com a máxima celeridade, proceder a necessária ponderação quanto às adaptações a introduzir. E, como é evidente, cabe, desde logo, ao autor, no momento de optar sobre se, nestes domínios, deve proceder ou não à cumulação de pedidos, avaliar se não estará a pôr em risco a celeridade e, desse modo, a efectividade da tutela que, à partida, este tipo de processos lhe pode proporcionar.

CAPÍTULO SEGUNDO
Forma da Acção Administrativa

167. A exemplo do que sucede em processo civil, também no contencioso administrativo vale o critério de que "o processo especial aplica-se aos casos expressamente designados na lei; o processo comum é aplicável a todos os casos a que não corresponda processo especial" (cfr. artigo 546º, nº 2, do CPC).

O CPTA institui e regula uma forma de processo comum, a que dá o nome de *acção administrativa*. Esta é a forma de processo, ou seja, o modelo de tramitação que devem seguir, tanto no plano da propositura, como no do desenvolvimento subsequente e da decisão final pelo juiz, os processos que, como refere o artigo 37º, nº 1, tenham por objecto litígios cuja apreciação se inscreva no âmbito da jurisdição administrativa e que, nem no CPTA, nem em legislação avulsa, sejam objecto de regulação especial.

Como resulta dos artigos 35º e 37º, nº 1, seguem, portanto, a forma da acção administrativa todos os processos em que não seja deduzida nenhuma das pretensões para as quais o CPTA estabelece um modelo especial de tramitação e que, hoje, são aquelas que o Código especificamente prevê nos artigos 98º, 99º, 100º, 104º e 109º – pretensões a que cada um destes cinco artigos fazem corresponder uma forma especial de processo urgente.

A acção administrativa é, por conseguinte *a forma de processo declarativo comum do contencioso administrativo*, no sentido em que se trata da forma de processo que, "podendo culminar com sentenças condenatórias, de simples apreciação e constitutivas, recebe no seu âmbito todos os litígios jurídico-administrativos excluídos pela incidência típica dos restantes meios processuais"[256].

O CPTA regula os aspectos respeitantes à acção administrativa no Título II, a que correspondem os artigos 37º a 96º. O modelo da tramitação dos processos submetidos à forma da acção administrativa é definido no respetivo capítulo III, que corresponde aos artigos 78º e segs., atinentes à marcha do processo. É fundamentalmente ao estudo desse regime que iremos dedicar a atenção no presente capítulo. Também serão chamados, contudo, à colação outros preceitos, respeitantes às vicissitudes por que pode passar a instância.

§ 1º – Constituição e desenvolvimento da instância

168. Considera-se constituída a instância quando a petição inicial é recebida na secretaria do tribunal ao qual é dirigida (artigo 78º, nº 1). Tal como sucede em processo civil, a secretaria recebe a petição, devendo recusá-la nos casos previstos no artigo 80º. Como estabelece o nº 2 do artigo 80º, a recusa da petição pela secretaria tem os efeitos e consequências que lhe correspondem no CPC, podendo ser objeto de reclamação e recurso nos termos ali previstos.

Uma vez recebida a petição, a secretaria promove oficiosamente a citação *simultânea* da entidade pública demandada e dos contra-interessados (artigo 81º). O juiz pode, no entanto, ser chamado a intervir, nos termos do CPC, para decidir os conflitos a que a recusa da petição pela secretaria possam dar origem. E quando esteja em causa um pedido de declaração com força obrigatória geral da ilegalidade de uma norma ou, nos demais tipos de processos, quando os contra-interessados sejam em número superior a dez, o juiz intervém para o efeito de determinar a publicação de um anúncio destinado a dar conhecimento da existência do processo aos eventuais interessados em nele se constituirem como contra-interessados (cfr. artigo 81º, nºs 3 e 5).

[256] Cfr. Sérvulo Correia, "Unidade ou pluralidade de meios processuais principais no contencioso administrativo", in *O Debate Universitário*, pp. 519-520, e *Cadernos de Justiça Administrativa* nº 22, p. 27.

O artigo 78º estabelece os requisitos da petição inicial e o artigo 79º refere-se aos documentos que devem instruir a petição, estabelecendo o nº 4 do artigo 79º que, mediante alegação de motivo justificado, pode ser fixado prazo ao autor para a junção de documentos que não tenha podido obter em tempo. O novo artigo 78º-A visa dar, entretanto, resposta às dificuldades com que o autor se pode deparar para identificar os contra--interessados, que, nos termos da alínea *b)* do nº 2 do artigo 78º, devem ser indicados na petição inicial, quando a Administração não lhe faculte a informação necessária para o efeito.

Os contra-interessados são citados ao mesmo tempo que a entidade demandada, dispondo de idêntico prazo que esta para contestarem (cfr. artigo 81º). Em princípio, o contra-interessado, se, uma vez citado, quiser contestar e sentir necessidade de consultar o processo administrativo, deve, em primeira linha, dirigir-se à própria Administração, pedindo que lhe seja facultada tal consulta. Se, no entanto, a consulta não lhe for facultada em tempo útil, o Código admite, no artigo 82º, nº 3, que o contra--interessado disso dê conhecimento ao juiz do processo, dispondo, nesse caso, de novo prazo, de quinze dias, que só corre a partir do momento em que o contra-interessado venha a ser notificado de que o processo administrativo foi junto aos autos.

Toda a defesa dos demandados deve ser deduzida nas respetivas contestações, devendo nelas ser tomada posição em relação aos factos que constituem a causa de pedir invocada pelo autor. Por regra, no processo administrativo, impõe-se, assim, aos demandantes o *ónus de contestarem* e de, na contestação, procederem à *impugnação especificada* dos factos alegados pelo autor, importando a falta de contestação e de impugnação especificada confissão desses factos (cfr. artigo 83º, nºs 3 e 4).

Estabelece, no entanto, o nº 4 do artigo 83º que, nos processos cujo objeto diga respeito ao exercício de poderes de autoridade por parte da Administração, sejam eles processos de impugnação de actos administrativos ou de normas, ou de condenação à prática de actos administrativos ou de normas – ou seja, os processos que, antes da revisão de 2015, correspondiam à forma da ação administrativa especial –, a falta de impugnação especificada não importa confissão dos factos articulados pelo autor.

Repare-se que, ao contrário do que, antes da revisão de 2015, sucedia no âmbito da ação administrativa especial, o preceito, no âmbito dos processos do tipo a que se refere, não afasta o *ónus de contestar*, mas apenas o *ónus de impugnação especificada*. Por conseguinte, a falta absoluta de contestação importa confissão dos factos articulados pelo autor, pelo que só a falta, na contestação apresentada, da impugnação especificada dos factos articulados pelo autor é livremente apreciada pelo tribunal para efeitos probatórios[257].

169. É reconhecido que, nos processos cujo objeto diga respeito ao exercício de poderes de autoridade por parte da Administração, o acesso ao processo administrativo, a que a tradição significativamente deu o nome de *processo instrutor*, no qual estão contidos os "documentos em que se traduzem os actos e formalidades que integram o procedimento administrativo" (cfr. artigo 1º, nº 2, do CPA), é da maior importância para que o tribunal possa ter acesso a dados probatórios essenciais, que, de outro modo, não poderiam ser acedidos.

Por esse motivo, o artigo 84º impõe à entidade demandada o dever de, com a contestação ou dentro do respectivo prazo, remeter ao tribunal o processo administrativo, quando exista, e todos os demais documentos respeitantes à matéria do processo de que seja detentora.

A eventual demora no envio do processo administrativo pode ter consequências negativas sobre o andamento do processo. Daí a importância de se assegurar que a Administração cumpre, em tempo útil, o dever que lhe é imposto e procede efectivamente ao envio dos documentos respeitantes ao processo. Neste sentido, o artigo 84º, nº 5, prevê a possibilidade da imposição de sanções pecuniárias compulsórias em caso de incumprimento, por parte da entidade demandada, do dever que se lhe impõe, "sem justificação aceitável". E o mesmo se diga da cominação, no artigo 84º, nº 6, da sanção de (se aquela via não se mostrar eficaz) se dar seguimento ao processo e nele se darem como provados os factos alegados pelo autor se a falta do envio dos documentos por parte da Administração "tiver tornado a prova impossível ou de considerável dificuldade": cominação baseada na presunção de que a recusa persistente do envio dos documentos em falta se funda no propósito de sonegar ao tribunal o acesso a elementos de prova que favoreceriam a parte contrária.

[257] Assinalando também este ponto, cfr. SÉRVULO CORREIA, "Da ação administrativa especial à nova ação administrativa", p. 57; VIEIRA DE ANDRADE, *A Justiça Administrativa*, 15ª ed., Coimbra, 2016, pp. 296-297.

170. Com a revisão de 2015, a possibilidade, prevista no artigo 85º, de o Ministério Público intervir nos processos em que não figure como parte, em defesa de direitos fundamentais dos cidadãos, de interesses públicos especialmente relevantes ou de interesses difusos identificados no nº 2 do artigo 9º, deixou de lhe ser reconhecida apenas nos processos respeitantes ao exercício de poderes de autoridade da Administração, de impugnação de actos administrativos ou de normas, ou de condenação à prática de actos administrativos ou de normas – os processos que anteriormente correspondiam à forma da ação administrativa especial –, passando a existir em todos os processos que seguem a forma da ação administrativa.

A inovação afigura-se justificada, na medida em que também as ações relativas a contratos públicos ou de responsabilidade civil das entidades públicas, para não falar de outras, contendem com os valores em nome dos quais o artigo 85º prevê a intervenção do Ministério Público nos processos em que não é parte.

Nos termos do artigo 85º, nº 1, sempre que um processo que siga a forma da acção administrativa não seja intentado pelo próprio Ministério Público, no exercício da acção pública, logo que a petição inicial é recebida – e desse modo se considera constituída a instância (artigo 78º, nº 1) –, desse facto deve ser dado imediato conhecimento ao Ministério Público através da remessa, pela secretaria, de cópia da petição, bem como dos documentos que a instruam. A partir desse momento, o Ministério Público fica ciente, ainda que em termos genéricos, do que está em causa em cada processo e, desse modo, em condições de avaliar, em termos perfunctórios, da relevância dos interesses nele alegadamente envolvidos, para o efeito de formular um primeiro juízo sobre a atenção que o processo parece merecer. A intervenção concretizar-se-á se o Ministério Público a vier a considerar justificada, "em função dos elementos que possa coligir e daqueles que venham a ser carreados para o processo", e, portanto, uma vez analisados os restantes articulados e os documentos que a Administração junte aos autos.

O prazo limite para a intervenção é de 30 dias, contados, contados da apresentação das contestações ou da junção do processo administrativo aos autos, quando esta tenha (tardiamente) lugar em momento ulterior (cfr. artigo 84º), por forma a poderem ser considerados o teor das contestações e dos documentos relevantes (artigo 85º, nº 4). E a intervenção deve ser fundamentada no facto de, no processo, estarem em causa valores e bens constitucionalmente protegidos, como a saúde pública, o ambiente, o urbanismo, o ordenamento do território, a qualidade de vida, o património cultural e os bens do Estado, das Regiões Autómas e das autarquias locais (cfr. artigo 9º, nº 2), direitos fundamentais dos cidadãos ou interesses públicos especialmente relevantes (artigo 85º, nº 2).

Quando entenda que esta circunstância se verifica, a intervenção do Ministério Público, por regra, esgota-se na emissão de um parecer sobre a decisão que o tribunal deve proferir sobre o mérito da causa (artigo 85º, nº 2). Mas, nos processos impugnatórios de atos administrativos, normas regulamentares ou contratos, o Ministério Público também pode invocar causas de invalidade não invocadas na petição inicial e promover a realização de diligências instrutórias para a respetiva prova (artigo 85º, nº 3).

Antes da revisão de 2015, uma vez realizada uma das modalidades de intervenção que acabam de ser descritas, esgotava-se o contributo do Ministério Público, que não podia acompanhar os passos subsequentes do processo em causa, nem ter nele qualquer outra intervenção em momento ulterior, o que parecia incoerente, nos casos em que ele tivesse solicitado a realização de diligências instrutórias. Por isso, hoje, o nº 5 do artigo 85º determina que, quando, em processos impugnatórios de atos administrativos, normas regulamentares ou contratos, o Ministério Público invoque causas de invalidade não invocadas na petição inicial e solicite a realização de diligências instrutórias para a respetiva prova, nos termos do artigo 85º, nº 3, caso as diligências instrutórias requeridas devam ser realizadas em audiência final, nos termos do no nº 1 do artigo 91º, o Ministério Público seja notificado para intervir nas mesmas, e, no caso de as diligências em causa não deverem ser realizadas em audiência final, ele seja notificado para alegar, nos termos do artigo 91º-A.

Ao contrário do que sucedia no regime anterior ao CPTA, o artigo 85º, nº 2, não prevê, genericamente, a emissão, pelo Ministério Público, de um "parecer sobre a decisão final a proferir" pelo tribunal. O Ministério Público não pode, pois, intervir em defesa da chamada *legalidade processual,* para o efeito de suscitar a regularização da petição, excepções, nulidades e quaisquer questões que obstem ao prosseguimento do recurso e de se pronunciar sobre questões dessa natureza que não tenha suscitado. Não, pode, portanto aconselhar a emissão de uma decisão de absolvição da instância, que não se pronuncie sobre o mérito da causa. A identificação desse tipo de situações e a sua avaliação compete exclusivamente ao juiz, uma vez ouvidas as partes, sem que o Ministério Público se possa pronunciar sobre elas. Por outro lado, o Ministério Público só está habilitado a pronunciar-se sobre o mérito da causa, aconselhando o tribunal a decidi-la em determinado sentido, quando se preencham os pressupostos do artigo 85º, nº 2, isto é, para o efeito de defender que a solução que ele preconiza para o litígio é aquela que melhor acautela ou satisfaz algum dos bens jurídicos que aquele preceito menciona e que têm de estar em causa no processo. A intervenção do Ministério Público só tem, pois, lugar quando ele se sinta mobilizado para o efeito pela natureza das questões envolvidas. A sua eventual pronúncia sobre o mérito da causa – oriente-se ela no sentido de defender ou, pelo contrário, de pôr em causa a posição adoptada pela Administração – deve, por isso, assentar no reconhecimento de que se impõe intervir em defesa de valores que uma decisão em sentido contrário comprometeria ou poria em causa. Não ocorre, portanto, por dever de ofício, e por isso só tem lugar nos processos que, pela natureza das questões que coloquem, justifiquem que o Ministério Público lhes dedique a sua atenção.

171. De acordo com o disposto no artigo 87º, o processo é concluso ao juiz no termo dos articulados, cujo conteúdo lhe cumpre analisar.

Nesse contexto, o artigo 87º prevê a eventualidade de ser necessário proferir *despacho pré-saneador*, destinado a providenciar pelo suprimento de exceções dilatórias ou pelo aperfeiçoamento dos articulados, ou a determinar a junção de documentos com vista a permitir a apreciação de exceções dilatórias ou o conhecimento, no todo ou em parte, do mérito da causa no despacho saneador.

No *despacho de aperfeiçoamento*, destinado a convidar as partes a corrigir as irregularidades dos articulados, o juiz fixa prazo para o suprimento ou correcção do vício, designadamente por faltarem requisitos legais ou não ter sido apresentado documento essencial ou de que a lei faça depender o prosseguimento da causa (artigo 87º, nº 2). Caso o autor não proceda ao suprimento ou correcção dentro do prazo que lhe foi fixado para o efeito, há lugar à absolvição da instância (artigo 87º, nº 7).

Mas se o juiz determinar a absolvição da instância sem ter previamente emitido despacho de aperfeiçoamento, o artigo 87º, nº 8, admite o autor a apresentar nova petição na qual observe as prescrições em falta, dispondo, para o efeito, do prazo de quinze dias, contado desde a data da notificação da decisão. A substituição da petição não compromete a tempestividade do uso do meio processual utilizado, considerando-se, para esse efeito, que a segunda petição foi apresentada na data em que o tinha sido a primeira.

172. O artigo 87º-A passou, entretanto, a prever a realização de *audiência prévia*, em termos próximos daqueles que se encontram previstos no CPC. A audiência prévia desempenha um papel muito importante, à luz do dever de gestão processual que, de harmonia com o novo regime do CPC, o novo artigo 7º-A impõe ao juiz administrativo. Com efeito, a audiência prévia permite ao juiz, já de posse de um conhecimento profundo do processo, que previamente estudou, promover, sendo caso disso, a discussão entre as partes, com vista a obter uma definição mais precisa da matéria de facto controvertida e do âmbito do litígio, e, em diálogo com as partes, programar o andamento subsequente do processo, designadamente adotando medidas de simplificação e agilização do processo (cfr., em particular, alíneas *c)*, *e)* e *g)* do nº 1 do artigo 87º-A).

Não resulta, no entanto, daí que a realização de audiência prévia seja sempre necessária.

Como estabelece o artigo 87º-B, ela não se realiza, desde logo, "quando seja claro que o processo deve findar no despacho saneador pela procedência de exceção dilatória". Com efeito, como, na ação administrativa, é admitida a apresentação de réplica para resposta a exceções deduzidas nas contestações (cfr. artigo 85º-A), por regra, as exceções dilatórias já terão sido debatidas nos articulados quando ao juiz compete decidi-las no saneador. Se, no entanto, não tiver sido o caso, por a exceção não ter sido invocada pelos demandantes e ser de conhecimento oficioso, afigura-se que o contraditório deverá ser assegurado em audiência prévia, para os efeitos do disposto na alínea *d)* do nº 1 do artigo 87º-A.

E o juiz também pode dispensar a audiência prévia nos casos previstos no nº 2 do artigo 87º-B, substituindo-a pela emissão de despacho para os fins aí indicados. Neste caso, porém, o nº 3 do mesmo artigo confere às partes o poder de requererem a realização de audiência prévia para o efeito de reclamarem do referido despacho.

173. O artigo 88º refere-se ao despacho saneador, estabelecendo que ele é proferido quando haja que conhecer das exceções dilatórias e nuli-

dades processuais que hajam sido suscitadas pelas partes, ou que, em face dos elementos constantes dos autos, o juiz deva apreciar oficiosamente, ou que conhecer, total ou parcialmente, do mérito da causa, quando a questão seja apenas de direito ou quando, sendo também de facto, o estado do processo permita, sem necessidade de mais indagações, a apreciação dos pedidos ou de algum dos pedidos deduzidos, ou de alguma exceção perentória.

Dir-se-ia, pois, que só há lugar à prolação de despacho saneador quando cumpra tomar uma *decisão*, de forma ou de mérito, destinada a formar caso julgado formal em relação às questões prévias suscitadas ou, sendo caso disso, caso julgado material em relação ao mérito da causa, no todo em parte (cfr. artigo 88º, nº 4). A verdade, porém, é que o próprio nº 1 do artigo 89º-A parece pressupor que há sempre lugar à prolação de despacho saneador, quanto mais não seja para assumir que, não se colocando nem tendo sido suscitadas questões prévias, o processo deve prosseguir.

O despacho saneador pode ser ditado para a ata da audiência prévia, quando seja proferido nesse contexto, embora, mesmo nesse caso, o juiz possa optar por suspender a audiência prévia para o efeito de o proferir por escrito, quando a complexidade das questões a resolver o exija, fixando data para a continuação da audiência. E será necessariamente proferido por escrito quando, nas hipóteses previstas no artigo 87º-B, não haja lugar à realização de audiência prévia.

São duas as hipóteses em que o nº 1 do artigo 88º prevê a prolação de despacho saneador.

a) A primeira dessas hipóteses, prevista na alínea *a)*, é aquela em que haja que conhecer das exceções dilatórias e nulidades processuais que hajam sido suscitadas pelas partes, ou que, em face dos elementos constantes dos autos, o juiz deva apreciar oficiosamente.

O nº 2 do artigo 88º impõe, aliás, ao juiz o *dever de decidir em definitivo, no despacho saneador, todas as questões prévias que obstem ao conhecimento do objecto do processo,* estabelecendo que "as questões prévias [...] que não tenham sido apreciadas no despacho saneador não podem ser suscitadas nem decididas em momento posterior do processo e as que sejam decididas no despacho saneador não podem vir a ser reapreciadas". Ao contrário do que sucede em processo civil, o saneador é, pois, o único momento do processo em que este tipo de questões pode ser apreciado, sem que o tribunal possa, em caso algum, relegar a apreciação de questões prévias para o termo do processo, deixando-o prosseguir até final, para só então lhe vir a pôr termo com uma decisão de mera forma: vigora, de modo inequívoco, um princípio de "concentração do saneamento do processo num único momento processual"[258].

Por conseguinte, o tribunal só pode decidir na sentença as *questões de fundo*, e não *questões prévias* ou *processuais*. Incorre, por isso, em nulidade por excesso de pronúncia a sentença final que, em desrespeito pelo disposto no artigo 88º, nº 2, venha a decretar a absolvição da instância com base na reapreciação de uma questão prévia ou na invocação de uma questão prévia que não foi apreciada no momento devido. Só assim não será quanto a questões supervenientes, em que um pressuposto processual que se encontrava preenchido na fase do saneador deixe, mais tarde, de se preencher, como pode, *v. g.*, suceder no caso de o autor ter falecido ou se ter tornado incapaz, ou de ter deixado de ter legitimidade processual[259].

b) A segunda hipótese prevista no artigo 88º, nº 1, é a de o juiz proferir o chamado *saneador sentença*, quando, no despacho saneador, já esteja em condições de conhecer total ou parcialmente do mérito da causa, por o estado do processo permitir, sem necessidade de mais indagações, a apreciação dos pedidos ou de algum dos pedidos deduzidos, ou de alguma excepção peremptória.

No âmbito do anterior regime da ação administrativa especial, isto só era possível se as partes tivessem prescindido do direito de apresentarem alegações finais escritas, pois, na hipótese contrária, o juiz não podia decidir no saneador, devendo notificar as partes para apresentarem tais alegações. Esta era uma importante limitação à possibilidade de o juiz decidir logo no saneador, que resultava do facto de às partes ser reco-

[258] Para a defesa desta solução e a justa crítica ao inaceitável facto de, no quadro normativo anterior ao CPTA, as questões que obstassem ao prosseguimento do recurso contencioso poderem ser suscitadas em quatro diferentes momentos do processo e, por conseguinte, de num mesmo processo, poder haver lugar à "repetida audição do recorrente contencioso em relação a questões prévias suscitadas em diversos momentos processuais (ou por diferentes intervenientes) e até em relação a uma mesma questão já preliminarmente desatendida, desde que tenha sido invocada ulteriormente com base em novos elementos de apreciação", cfr. Carlos Cadilha, "Reflexões sobre a marcha do processo", in *O Debate Universitário*, pp. 248-249 e 250-251, e *Cadernos de Justiça Administrativa* nº 22, pp. 62-64.

[259] Cfr. Mário Aroso de Almeida/Carlos Fernandes Cadilha, *Comentário*..., p. 635

nhecido em todos os processos da ação administrativa especial o direito, ainda que disponível, à apresentação de alegações escritas facultativas em momento imediatamente anterior ao da emissão da sentença.

A solução não se afigurava adequada, pelo que foi abandonada no regime da nova ação administrativa, que apenas prevê a possibilidade da apresentação de alegações escritas pelas partes no termo da audiência final (artigo 91º, nº 5) ou quando sejam realizadas diligências de prova que não deem lugar, nos termos do nº 1 do artigo 91º, à realização de audiência final (artigo 91º-A): em qualquer caso, portanto, no termo da instrução e, portanto, apenas quando o processo não termine no saneador, mas prossiga para a fase de instrução. No âmbito da ação administrativa, pode ser, assim, proferido *saneador sentença,* sem que haja, previamente, lugar à apresentação de alegações escritas pelas partes.

174. Quando, na fase do saneamento do processo, não haja lugar à absolvição da instância nem à emissão de *saneador sentença* que decida a totalidade do mérito da causa, o juiz profere despacho destinado a identificar o objeto do litígio e a enunciar os temas de prova, no qual determina a abertura de *instrução,* destinada à realização das diligências de prova necessárias para esclarecer a matéria controvertida (cfr. artigos 87º-A, nº 1, alinea *f*), e 89º-A, nº 1).

A exemplo do que sucedeu no CPC, também o CPTA abandonou a figura da *base instrutória,* que foi substituída pela enunciação dos temas de prova. Em processo civil, tem sido atribuída grande relevância a esta alteração, que é vista como uma *mudança de paradigma.* Pela sua complexidade, o tema não pode ser, no entanto, desenvolvido nesta sede. Nem tal, tão pouco, se justifica, por se tratar de temática sobre a qual, por não apresentar especificidades dignas de nota no âmbito do processo administrativo, é possível remeter para a doutrina do processo civil.

Sempre se fará, em todo o caso, notar que, no aparente propósito de compensar a menor densidade que, a montante, pode resultar da inexistência de uma base instrutória, o nº 4 do artigo 607º do CPC é de tal modo exigente no que diz respeito à fundamentação de facto da sentença que, na prática, exige ao juiz que, na sentença, responda a uma base instrutória que não tinha elaborado *a priori,* mas que parece ter de deduzir *a posteriori* da instrução realizada. A solução afigura-se incoerente, pelo que não é acompanhada pelo artigo 94º do CPTA, que é menos exigente no que diz respeito à fundamentação da sentença, limitando-se a estabelecer, no nº 3, que, "na exposição dos fundamentos, a sentença deve discriminar os factos que julga provados e não provados, analisando criticamente as provas, e indicar, interpretar e aplicar as normas jurídicas correspondentes".

175. O CPTA é intencionalmente sucinto na regulação da instrução, no propósito assumido de transpor para a acção administrativa o essencial do regime do processo civil em matéria de produção de prova. Neste sentido, o artigo 90º retoma, no nº 1, a disposição do artigo 513º do CPC, na redação de 1995/1996, e, no nº 2, ao remeter para a lei processual civil, torna aplicável à instrução dos processos submetidos à forma da acção administrativa tudo o que, nos artigos 410º e segs. do CPC, se estabelece quanto ao elenco dos meios de prova admitidos e aos termos em que se processa a produção de prova.

O nº 1 do artigo 91º veio, entretanto, tornar claro, na definição do regime da nova ação administrativa, um ponto que, antes da revisão de 2015, não resultava claro quanto ao regime da ação administrativa especial, embora já então nos parecesse óbvio: o de que da regra da plena aplicabilidade do regime do CPC quanto ao elenco dos meios de prova admitidos e aos termos em que se processa a produção de prova resulta que também em processo administrativo há lugar a audiência final de julgamento, nos termos em que ela se encontra prevista e regulada no CPC, sempre que, em sede de produção de prova, cumpra realizar qualquer dos actos a que hoje se refere o nº 3 do artigo 604º do CPC[260].

São, entretanto, poucas as especificidades que, nos artigos 90º e 91º, o CPTA introduz em matéria de instrução. Vejamos quais são elas e qual o exacto alcance que, a nosso ver, lhes deve ser imputado.

a) Uma primeira especificidade, que avulta do disposto no artigo 90º, concretiza-se no reforço dos poderes de conformação da instrução que são conferidos ao juiz. Com efeito, decorre do artigo 90º, nº 3, a possibilidade da realização de instrução *por iniciativa do juiz*, quando ele entenda que não dispõe de suficientes elementos instrutórios para decidir o mérito da causa. E, por outro lado, o mesmo preceito autoriza o juiz

[260] Cfr. Mário Aroso de Almeida/Carlos Fernandes Cadilha, *Comentário...*, págs. 613-614.

a "indeferir, mediante despacho fundamentado, requerimentos dirigidos à produção de prova sobre certos factos ou recusar a utilização de certos meios de prova, quando o considere claramente desnecessário". Pretende-se, deste modo, evitar que os requerimentos de prova possam ser utilizados como um expediente manifestamente dilatório[261], exigindo do juiz que avalie, em cada caso, da necessidade dos meios de prova a adoptar em função das especificidades próprias do objecto típico de muitos processos, que apenas visam a fiscalização da legalidade da emissão (ou omissão) de actos administrativos ou normas regulamentares, e em que, por isso, a demonstração dos factos relevantes para a sua apreciação se basta com a produção de prova documental.

b) É frequente que, no âmbito da acção administrativa, se proceda à cumulação de pedidos relativos a actos administrativos, praticados ou omitidos, com pedidos de indemnização pelos danos causados pelo acto ou pela recusa ou omissão ilegais e porventura de condenação da Administração à reconstituição da situação que deveria existir se o acto ou a omissão não tivessem existido. Ora, é natural que, quando haja que fazer prova dos danos ou que indagar do conteúdo das medidas a adoptar para reconstituir a situação que deveria existir, a instrução se torne mais pesada, em virtude da necessidade da demonstração de factos que, de outro modo, não seriam relevantes.

O Código procura obviar aos inconvenientes que podem resultar da circunstância de a cumulação de pedidos tornar a tramitação mais pesada, admitindo, no artigo 90º, nºs 4, que, quando, associados a um pedido principal, dirigido ao reconhecimento da ilegalidade de um acto ou omissão da Administração, sejam deduzidos pedidos dirigidos a extrair consequências desse reconhecimento (como é, v.g., o caso dos pedidos de indemnização por danos ou de reconstituição da situação hipotética que sejam deduzidos no próprio processo impugnatório em que se peça a anulação de um acto administrativo e que se fundem na invalidade do acto impugnado), o juiz possa determinar que a instrução respeitante aos pedidos subordinados ou dependentes da resposta que venha a ser dada ao pedido principal seja diferida para um momento ulterior, de modo a assegurar que ela apenas tenha lugar quando se conclua que o pedido

[261] Cfr., a propósito, Carlos Cadilha, "Reflexões...", in *O Debate Universitário*, p. 254, e *Cadernos de Justiça Administrativa* nº 22, pp. 66-67.

principal é procedente. Quando seja de concluir pela improcedência do pedido principal, o juiz *dispensará* a instrução relativa aos demais pedidos.

No anterior regime da ação administrativa especial, este regime só permitia, porém, que a instrução fosse dividida em duas: a primeira, se a ela houvesse lugar, destinada a esclarecer as questões respeitantes ao pedido principal; e a segunda, respeitante aos pedidos subordinados ou dependentes, a realizar apenas quando se concluísse que o pedido principal era fundado. A solução apresentava, pois, importantes limitações, na medida em que não se previa que, no termo da primeira instrução, o juiz proferisse sentença sobre o pedido principal. Portanto, quando, no termo da primeira das instruções, o juiz decidia avançar para a segunda, esta decisão só indiciava um juízo sobre o pedido principal que só viria a ser formalizado na sentença a proferir a final, relativamente a todas as questões objecto de ambas as instruções.

A solução não era satisfatória, pelo que foi abandonada no novo nº 4 do artigo 90º, que prevê, não apenas a divisão da instrução em duas, mas a própria divisão do processo em dois, através da antecipação da decisão do pedido principal em relação à instrução do pedido ou pedidos cumulados. No termo da instrução respeitante ao pedido principal, o tribunal profere, pois, sentença quanto a esse pedido, em termos que, designadamente, permitem a imediata interposição de recurso dessa decisão, sem prejuízo da ulterior prossecução do processo para a segunda fase, de instrução e decisão do pedido ou pedidos subordinados ou dependentes.

c) Quando tenha lugar, para os efeitos previstos no nº 1 do artigo 91º, a audiência final processa-se, no essencial, nos termos previstos na lei processual civil. Nesse sentido, o nº 2 do artigo 91º remete para os artigos 602º (no que respeita aos poderes do juiz) e 605º e 606º (no que respeita aos princípios da plenitude da assistência do juiz e da publicidade e continuidade da audiência) do CPC e os nºs 3 e 4 retomam, no essencial, o regime do artigo 604º do CPC.

Num ponto, porém, o regime do artigo 91º afasta-se do do artigo 604º do CPC: diz ele respeito às alegações das partes, ponto tradicionalmente sensível no contencioso administrativo. Com efeito, embora a alínea *e)* do nº 3 do artigo 91º preveja, em sintonia com o regime do CPC, que, no termo da audiência final, sejam realizadas "alegações orais, nas quais os advogados exponham as conclusões, de facto e de direito, que hajam extraído da prova produzida, podendo cada advogado replicar uma vez", o nº 5 do artigo 91º estabelece um regime específico quanto a essa matéria, admitindo que, "quando a complexidade da matéria o justifique ou qualquer das partes não prescinda da sua apresentação, o juiz, no termo da audiência, determina que as alegações [...] sejam apresentadas por escrito pelo prazo simultâneo de 20 dias".

Este preceito salvaguarda, pois, o tradicional direito das partes de alegarem por escrito, a menos que voluntariamente prescindam de o fazer. E, para a hipótese de ter havido instrução, sem realização de audiência final, por não estar em causa a utilização dos meios de prova previstos no nº 1 do artigo 91º, o artigo 91º-A também prevê a notificação das partes, no termo da instrução, para apresentarem alegações escritas pelo prazo simultâneo de 20 dias.

Recorde-se, entretanto, que a garantia às partes do direito de apresentarem alegações escritas deixou, no regime da ação administrativa, de constituir obstáculo à possibilidade de o juiz conhecer do mérito da causa logo no saneador, mediante a prolação de um *saneador sentença*, na medida em que, nem o nº 5 do artigo 91º, nem o artigo 91º-A, ao apenas garantirem a apresentação de alegações escritas no termo da instrução, se aplicam à fase do saneamento. Com efeito, como o direito de apresentação de alegações escritas assenta no propósito de permitir que as partes se pronunciem por escrito sobre a prova produzida, ele não vale na hipótese de o processo ser decidido logo no saneador, sem lugar à produção de qualquer prova. Sobre este ponto, cfr. *supra*, nº 173.

§ 2º – Vicissitudes da instância

176. Como estabelece o artigo 260º do CPC, também aplicável em processo administrativo, a citação do demandado ou dos demandados torna estáveis os elementos essenciais da causa, que, como sabemos, são os sujeitos e o objecto do processo, este último identificado pelo pedido e pela causa de pedir. O processo pode, no entanto, passar por *vicissitudes*, que podem concretizar-se em *modificações subjectivas* ou *objectivas* da instância, consoante respeitam às partes ou respeitam ao objecto do processo, o pedido ou pedidos e respectiva ou respectivas causas de pedir.

Por este motivo, o artigo 260º do CPC ressalva a possibilidade das modificações admitidas na lei[262].

Em processo civil, fala-se, a este propósito, na vigência de um princípio de estabilidade da instância. Pela nossa parte, no entanto, atendendo à relevante dimensão e alcance das modificações aos elementos essenciais da causa que, ao contrário do que sucede em processo civil, são admitidas em processo administrativo, preferimos falar, não, naturalmente, de um princípio de instabilidade da instância, mas de um *princípio de flexibilidade da instância* [263], que procura conciliar a sua tendencial estabilidade com amplíssimas possibilidades de modificação, sobretudo do elemento objectivo, atinente, como foi dito, ao pedido e à causa de pedir.

Com efeito, é sobretudo no plano das modificações objectivas da instância que o processo administrativo se diferencia do processo civil. Já no que respeita às modificações subjectivas, elas consubstanciam-se sobretudo nos incidentes de intervenção de terceiros, para os quais, como se verá, não existe um regime próprio do processo administrativo, pelo que é supletivamente aplicável o regime processual civil. Existe, em todo o caso, no artigo 62º, a previsão de um caso particular de modificação subjectiva, que ocorre, no âmbito da acção administrativa, quando o Ministério Público dá seguimento a um processo que terminou por circunstância própria do autor primitivo.

177. As modificações subjectivas da instância consubstanciam-se na superveniência no processo de novos intervenientes, que, de início, nele não figuravam, mas que vêm, mais tarde, a assumir no processo a posição de partes: partes principais ou partes acessórias, consoante passem a figurar no processo ao abrigo do instituto da intervenção de terceiros ou por efeito da sua constituição como assistentes.

Segundo dispõe o artigo 10º, nº 10, "sem prejuízo da aplicação subsidiária, quando tal se justifique, do disposto na lei processual civil em matéria de intervenção de terceiros, quando a satisfação de uma ou mais pretensões deduzidas contra uma entidade pública exija a colaboração de outra ou outras entidades, cabe à entidade demandada promover a respectiva intervenção no processo".

[262] Cfr., por exemplo, Antunes Varela *et alii*, *Manual...*, pp. 278-279.

[263] Cfr. Diogo Freitas do Amaral/Mário Aroso de Almeida, *Grandes linhas da reforma do contencioso administrativo*, pp. 102 segs. Na mesma linha, cfr. João Caupers, *Introdução...*, p. 411.

Daqui resulta que, sempre que se preencham os respectivos pressupostos, tal como estes se encontram definidos nos artigos 311º e segs. do CPC, e, portanto, sempre que o justifique a estrutura da relação controvertida, nos termos em que ela é debatida em juízo[264], pode haver lugar à intervenção de terceiros em processo administrativo, em qualquer das modalidades em que a lei processual civil a prevê e admite, assim como à constituição de terceiros como assistentes.

Ficou, deste modo, afastado o entendimento tradicional, mas ainda assim controvertido[265], segundo o qual o instituto da assistência, que se encontrava previsto no artigo 49º do Regulamento do Supremo Tribunal Administrativo de 1957, configuraria o único tipo de intervenção de terceiro admitido no contencioso administrativo de anulação. Continua a ser, naturalmente, admitido o instituto da *assistência*, nos termos dos artigos 326º e segs. do CPC, mas a circunstância de a assistência não estar hoje especificamente regulada no CPTA, associada ao facto de o artigo 10º, nº 10, consagrar uma previsão genérica de aplicação do regime da intervenção de terceiros previsto na lei processual civil, tornam clara a admissibilidade, em todas as suas formas, da intervenção de terceiros em processo administrativo, por aplicação do correspondente regime do CPC. Significa isto que, hoje, é, por exemplo, possível a um terceiro juntar-se ao autor, através de intervenção principal espontânea, num processo de impugnação que aquele tenha intentado com vista à anulação de um acto administrativo, sem que essa possibilidade esteja condicionada pelo facto de o terceiro já não estar em prazo para proceder à impugnação. Com efeito, como o acto já está impugnado, não é passível de se consolidar, pelo que não se justifica impedir o terceiro de se vir juntar ao autor na impugnação em curso[266].

Como refere o artigo 312º do CPC, o interveniente principal faz valer, em relação ao objecto da causa, um direito próprio, paralelo ao do autor

[264] Para a ilustração deste ponto, no que se refere à situação dos co-interessados, cfr. Colaço Antunes, in *Cadernos de Justiça Administrativa* nº 25, pp. 3 e segs.

[265] Cfr. as posições em sentido contrário de Diogo Freitas do Amaral, "Da admissibilidade do incidente de intervenção principal em recurso de anulação", in *Estudos em memória do Professor Doutor João de Castro Mendes*, Lisboa, 1994, pp. 269 segs.; Miguel Teixeira de Sousa, "A admissibilidade da intervenção principal espontânea no recurso contencioso", *Cadernos de Justiça Administrativa* nº 13, pp. 31 segs.

[266] Cfr. Mário Aroso de Almeida/Carlos Fernandes Cadilha, *Comentário...*, pp. 100-101.

ou do réu. Não intervém, pois, apenas para ajudar uma das partes, como sucede com o assistente – que também pode existir em processo administrativo –, mas para fazer valer um direito seu, que coexiste com o do autor ou do demandado. É, portanto, um novo litigante que, como parte principal, vem associar-se ao autor ou ao demandado[267].

Nos casos em que poderia constituir *ab initio*, com uma das partes, um liticonsórcio voluntário ou necessário, a sua intervenção origina um litisconsórcio sucessivo, que tem de preencher os mesmos requisitos do litisconsórcio inicial, embora apenas surja na pendência do processo. Deste modo, se a acção poderia ser originariamente proposta contra uma entidade pública e um particular, por aplicação das regras do litisconsórcio voluntário, nada impede que a intervenção do interessado particular venha a ser suscitada, espontaneamente ou por iniciativa do demandado, no decurso do processo. É o que resulta do artigo 311º do CPC, que estabelece que, "estando pendente causa entre duas ou mais pessoas, pode nela intervir como parte principal aquele que, em relação ao seu objecto, tiver um interesse igual ao do autor ou do réu, nos termos dos artigos 32º, 33º e 34ºº". Ou seja, verificando-se os requisitos do litisconsórcio voluntário passivo ou do litisconsórcio necessário passivo, a que se referem estes preceitos, aquele que pudesse figurar desde início como sujeito passivo também pode intervir no processo como associado do réu, seja a título de intervenção espontânea (situação versada no referido artigo 311º), seja a título de intervenção provocada (hipótese prevista no artigo 316º, nº 1, do CPC)[268].

Por outro lado, também podem ocorrer situações de coligação sucessiva, quando, estando pendente um processo entre dois ou mais sujeitos, nela intervenha como parte principal, por iniciativa própria, quem pudesse coligar-se com o autor, ou nela seja chamado a intervir como demandado o terceiro contra quem pretenda deduzir um pedido subsidiário, configurando-se assim um incidente de intervenção de terceiros na modalidade de intervenção espontânea ou intervenção provocada[269].

Independentemente da aplicabilidade subsidiária do regime processual civil sobre a matéria, o artigo 10º, nº 10, tem, entretanto, o cuidado de exigir a *intervenção provocada* das entidades cuja colaboração seja

[267] Cfr. Anselmo de Castro, *Direito Processual Civil Declaratório*, vol. I, p. 187.

[268] Cfr. Mário Aroso de Almeida/Carlos Fernandes Cadilha, *Comentário...*, pp. 101-102.

[269] Cfr. Mário Aroso de Almeida/Carlos Fernandes Cadilha, *Comentário...*, p. 117.

necessária à satisfação das pretensões deduzidas em juízo contra entidades públicas, o que também traduz um entendimento inovador da posição em que as entidades públicas estão colocadas perante os tribunais administrativos e perante as decisões que eles proferem, à luz do qual a Administração Pública não pode ser vista, como era tradicional, como uma realidade única, devendo ser, por isso, assegurada a cada uma das múltiplas entidades que a compõem a possibilidade de participar, exercendo o contraditório, nos processos que se dirijam à imposição jurisdicional de deveres que sobre elas recaiam. Como é evidente, as sentenças que imponham formalmente a adopção de actos jurídicos e de operações materiais devem ser pronunciadas no âmbito de processos em que figurem as entidades a quem incumba a adopção de tais actos e operações, que para tanto devem ser desde o início demandadas, ou, pelo menos, chamadas a intervir no processo, de modo a ficarem abrangidas pela autoridade do caso julgado[270].

178. Uma modalidade específica de modificação subjectiva da instância que se encontra prevista no âmbito do regime da acção administrativa é a previsão, no artigo 62º, da possibilidade de o Ministério Público, no exercício da acção pública, assumir a posição de autor, requerendo o prosseguimento de acções de impugnação de actos administrativos que, por decisão ainda não transitada em julgado, tenham terminado por desistência ou outra circunstância própria do autor. Trata-se de solução já tradicional no processo administrativo português, precisamente em relação a acções que, por terem por objecto a fiscalização da legalidade de actos administrativos, o legislador reconhece que podem ter uma relevância de interesse público que o justifique.

Nos casos em que entenda dever dar seguimento à acção, o Ministério Público não assume a posição de autor em substituição do autor primitivo, mas em nome próprio, com fundamento na legitimidade processual que, sem restrições, o artigo 55º, nº 1, alínea *b)*, lhe confere para impugnar quaisquer actos administrativos, em defesa do interesse geral da legalidade. Como é expressamente referido no artigo 62º, nº 1, o poder

[270] Sublinhando a importância deste aspecto, cfr. MÁRIO TORRES, "Relatórios de síntese", *Cadernos de Justiça Administrativa* nº 28, p. 66, para quem só com a intervenção de todas as entidades envolvidas "se conseguirá que no termo do processo se obtenha uma decisão que defina definitivamente o direito".

que este preceito lhe confere representa, por isso, expressão do exercício da acção pública que ao Ministério Público compete. Por conseguinte, a decisão de dar seguimento à acção deve pautar-se por critérios da mesma natureza daqueles que conduzem o Ministério Público a propor, ele próprio, acções de impugnação, ao abrigo do artigo 55º, nº 1, alínea *b)*: o Ministério Público deve, portanto, dar seguimento às acções que, na ausência de iniciativa particular, ele próprio teria proposto, no exercício da acção pública. Isto pressupõe que, à data em que a acção foi proposta, estivessem preenchidos todos os pressupostos processuais de que dependia a sua admissibilidade, com excepção daqueles que dissessem respeito ao autor primitivo, que, sendo substituído, passa a ser, para todos os efeitos, completamente alheio ao processo.

A nosso ver, o Ministério Público, ao assumir a posição de autor, pode arguir novos vícios, ainda que eles já pudessem ter sido alegados pelo primitivo autor na petição inicial: recorde-se que, nos processos impugnatórios, o Ministério Público até pode invocar causas de invalidade diversas das que tinham sido arguidas na petição inicial, na intervenção a que tem direito nos processos em que não é parte (cfr. artigo 85º, nº 3). Por outro lado, a partir do momento em que assuma a posição de autor, o Ministério Público pode requerer a adopção de providências cautelares, ao abrigo do artigo 114º, nº 1, alínea *c)*, e isto, quer o autor primitivo na acção não as tenha requerido, ou as tenha requerido, mas sem êxito. Do mesmo modo, também assiste ao Ministério Público o poder de requerer o prosseguimento de processo cautelar intentado pelo primitivo autor e que se encontre pendente. Todas estas soluções decorrem da circunstância de a legitimidade para requerer providências cautelares ser, nos termos do artigo 112º, nº 1, uma extensão da legitimidade para propor acções declarativas[271].

179. O CPTA prevê, no artigo 45º, uma importante modalidade de modificação objectiva da instância, específica do processo administrativo, que tanto vale no âmbito da acção administrativa (cfr. artigo 45º), como no âmbito do contencioso pré-contratual urgente (cfr. artigo 102º, nº 6). Essa modificação ocorre quando, verificando-se, na pendência do processo, "que a pretensão do autor é fundada, mas que à satisfação dos

[271] Cfr. Mário Aroso de Almeida/Carlos Fernandes Cadilha, *Comentário...*, p. 414.

seus interesses obsta, no todo ou em parte, a existência de uma situação de impossibilidade absoluta, ou a entidade demandada demonstre que o cumprimento dos deveres a que seria condenada originaria um excecional prejuízo para o interesse público", se proceda à substituição do objeto originário do processo por outro, dirigido à obtenção pelo autor da indemnização que lhe é devida.

A redação primitiva do artigo 45º enfermava de deficiências que suscitavam dúvidas e careciam de correção. Essa correção foi introduzida pela revisão de 2015, que, para o efeito, em muito beneficiou da jurisprudência que, ao longo dos primeiros anos de aplicação do CPTA, deu um importante contributo para a determinação do preciso sentido e alcance do artigo[272].

O regime do artigo 45º articula-se com o dos artigos 166º e 163º. Com efeito, é evidente a complementaridade existente entre os dois regimes, que se apresentam numa lógica sequencial, na medida em que o primeiro diz respeito aos processos declarativos e o segundo aos processos de execução para prestação de factos ou de coisas. Assim, o artigo 45º permite apurar, logo no âmbito do processo declarativo, a existência de *causas legítimas de inexecução,* que, a não serem apuradas nessa sede, poderiam vir a ser invocadas como fundamento de oposição à sentença, no âmbito do processo de execução para prestação de factos ou de coisas. E é precisamente porque o artigo 45º prevê a possibilidade – na realidade, o ónus – de o demandado invocar, no processo declarativo, as causas legítimas que possam obstar à execução da sentença que, nessa sede, o autor pretende ver proferida, que, no âmbito do processo de execução para prestações de factos ou de coisas, o artigo 163º, nº 3, só permite a invocação como fundamentos de oposição à execução de causas legítimas de inexecução

[272] Como foi clarificado na nova redação que lhe foi dada, o regime do artigo 45º exige, na verdade, a emissão de uma decisão de mérito, de procedência sobre os fundamentos da acção; essa decisão sobre a validade dos fundamentos da acção tem de ser prévia ao convite feito às partes para acordarem na indemnização devida e à decisão sobre o pedido de indemnização; quando, na sequência disso, o autor se dirija ao tribunal, na falta de acordo, para pedir a fixação da indemnização devida, ele deve deduzir o pedido de indemnização, articulando factos e indicando razões de direito para sustentar este pedido; e a decisão que venha a condenar a entidade demandada a pagar uma indemnização ao autor também deve, por seu turno, especificar os factos e os fundamentos de direito em que tal condenação se funda: neste sentido, cfr. acórdão do Tribunal Central Administrativo Sul de 5 de Maio de 2006, Proc. nº 1149/05, e, a propósito, MÁRIO AROSO DE ALMEIDA/CARLOS FERNANDES CADILHA, *Comentário...*, p. 290.

supervenientes ou que a Administração não estivesse em condições de invocar no momento oportuno do processo declarativo (cfr. *infra*, nº 246).

Por conseguinte, resulta do artigo 45º que, nos processos em que seja pedida a condenação da Administração à realização de qualquer tipo de prestação, pode ser apurada a existência de circunstâncias que obstariam à possibilidade de cumprir a sentença condenatória pretendida pelo autor – e o demandado tem o ónus de invocar a existência de tais circunstâncias. Essas circunstâncias, que correspondem à previsão do nº 1 do artigo 163º, são da mesma natureza daquelas que, se forem supervenientes à sentença, como dispõe o nº 3 do mesmo artigo, já podem ser invocadas como fundamento de oposição à sua execução. Isto pode, designadamente, ocorrer nos processos de impugnação de actos administrativos, quando haja cumulação de pedidos dirigidos à condenação da Administração ao restabelecimento das situações jurídicas violadas e, designadamente, ao cumprimento dos deveres em que ela fique (re)constituída por efeito da anulação ou da declaração de nulidade do acto.

O artigo 45º tem em vista dois tipos diferentes de situações: aquele em que "à satisfação dos interesses do autor obsta a existência de uma situação de impossibilidade absoluta" e aquele em que "o cumprimento, por parte da Administração, dos deveres a que seria condenada originaria um excepcional prejuízo para o interesse público".

No tipo de situação previsto em primeiro lugar, o preceito faz referência, em termos genéricos, à "satisfação dos interesses do autor". A fórmula utilizada pretende ter um alcance abrangente, dirigido a incluir no seu âmbito de aplicação, tanto processos de condenação – quando se verifique que existe uma situação que impossibilita a "satisfação dos interesses do autor" –, como processos de impugnação, em que o autor se move no propósito de obter um resultado, mas, por não proceder à cumulação de pedidos condenatórios, esse propósito fica subjacente ao processo, sem nele ser explicitado.

Daqui resulta, portanto, que, tanto no âmbito dos processos de impugnação que seguem a forma da acção administrativa, como daqueles que correspondem ao contencioso pré-contratual urgente, por força da remissão do nº 6 do artigo 102º, pode suceder que não deva ser proferida a sentença pretendida pelo impugnante, de anulação ou declaração de nulidade de um acto administrativo, com o fundamento de que já não seria possível, por razões de facto ou de direito, extrair consequências de uma tal sentença, pelo que mais não resta do que a solução de se avançar para a fixação da indemnização decorrente desse facto.

Quanto ao segundo tipo de situação previsto no artigo 45º, ele ocorre quando o tribunal, verificando que, por razões de excepcional prejuízo para o interesse público, não pode condenar a Administração à prática dos actos jurídicos ou à realização das operações materiais a que o autor teria direito, emite uma sentença em que recusa emitir a condenação a que o autor teria direito, mas reconhece-lhe o direito que lhe assiste a ser indemnizado por esse facto, convidando as partes a acordarem no montante da indemnização devida. A modificação da instância traduz-se, assim, na substituição da pronúncia condenatória que o autor tinha solicitado e a que tinha direito, pela fixação da indemnização que, em eventual sede de execução dessa pronúncia, sempre lhe seria de reconhecer como devida pelo facto da inexecução.

A nosso ver, razões de excepcional interesse público não obstam à anulação ou declaração de nulidade de actos impugnados, sem prejuízo de a sua existência poder vir ser invocada no âmbito de processo subsequente, em que o autor faça valer as pretensões que, para ele, emergem da anulação ou da declaração de nulidade: seja no âmbito de processo de execução da sentença de anulação ou de declaração de nulidade, nos termos do artigo 175º, que não exige que as causas legítimas de inexecução a invocar sejam supervenientes (cfr. *infra,* nº 254); seja no âmbito de uma acção administrativa comum, que pode ser utilizada em alternativa ao processo de execução da sentença de anulação ou declaração de nulidade (cfr. *supra,* nº 43) e em que seja pedida a condenação da Administração ao restabelecimento das situações jurídicas violadas e, designadamente, ao cumprimento dos deveres em que ela fique (re)constituída por efeito da anulação ou da declaração de nulidade. Por conseguinte, o segundo tipo de situação previsto no artigo 45º não obstará à anulação ou declaração de nulidade de atos administrativos, mas só à satisfação de pretensões dirigidas a obter a condenação à realização de prestações.

Em qualquer das duas hipóteses, há dois aspetos essenciais no regime do artigo 45º: *(i)* no plano substantivo, a garantia do direito do autor a ser indemnizado pela situação de impossibilidade, cujo risco de ocorrência corria por conta da Administração, ou pelo facto de a sua pretensão ser sacrificada por razões de interesse público: indemnização que, configurando o sucedâneo precuniário da utilidade perdida, é objectivamente devida, independentemente do preenchimento dos pressupostos de que depende a constituição das entidades públicas em responsabilidade civil extracontratual por facto ilícito e culposo[273]; *(ii)* no plano processual, a garantia da possibilidade da substituição do objeto originário do processo por outro, dirigido à fixação do montante da indemnização devida.

No que diz respeito ao primeiro ponto, importa acrescentar que a indemnização devida, a que se referem a alínea *c)* do nº 1 e o nº 2 do artigo 45º, tem por objecto reparar o *prejuízo novo* que, para o autor, resulta do facto de não obter a sentença que seria proferida se não existisse a situação de impossibilidade absoluta ou de excepcional prejuízo para o interesse público, correspondendo, por conseguinte, à indemnização que, nos termos do artigo 166º, é devida, no âmbito do processo executivo para prestação de factos ou de coisas, quando se verifique a existência de causa legítima de inexecução.

Outros danos podem, naturalmente, ter sido causados pela actuação ilegítima da Administração, assim se compreendendo que o autor possa optar por pedir "a reparação de todos os danos resultantes da actuação ilegítima da entidade demandada", conforme prevê o nº 3 do artigo 45º. Resulta, no entanto, do confronto entre os nºs 2 e 3 do artigo 45º que uma coisa é a conversão do processo declarativo num processo dirigido a fixar o montante da indemnização automática e objetivamente devida, que, como já foi dito, corresponde ao sucedâneo pecuniário da utilidade perdida por não ter sido possível obter a sentença pretendida e, portanto, a situação que dela resultaria; e outra diferente é a dedução do eventual pedido de reparação de todos os danos sofridos, incluindo aqueles que sempre ficariam por reparar, mesmo que tivesse sido possível obter a sentença pretendida, com fundamento na eventual responsabilidade da Administração por facto ilícito e culposo[274].

[273] Para a circunstanciada análise da questão da autonomia e do fundamento deste direito a uma indemnização, que não se funda na eventual responsabilidade civil extracontratual da Administração por facto ilícito e culposo, mas é um direito que resulta, de modo automático e objetivo, da perda da utilidade pretendida com a sentença que se tornou impossível, ou é excecionalmente prejudicial para o interesse público, obter, cfr. Mário Aroso de Almeida, *Anulação de atos administrativos e relações jurídicas emergentes,* pp. 816 segs.; e, por último, ainda que numa abordagem indireta do tema, *Teoria Geral...cit.,* pp. 518 segs.

[274] Para a distinção, cfr. Mário Aroso de Almeida, *Anulação de actos administrativos...,* págs. 816 e segs., e, por último, Mário Aroso de Almeida/Carlos Fernandes Cadilha, *Comentário...,* pp. 1078-1080.

Assim, se, por exemplo, o que estava em causa era reaver uma coisa, a indemnização a que se refere o nº 2 do artigo 45º corresponde ao valor da coisa perdida e aos prejuízos resultantes do facto de ela já não poder ser recuperada. Não se confunde, pois, com o eventual direito, que ao interessado também poderá assistir, ao abrigo do instituto da responsabilidade civil, à reparação dos prejuízos, patrimoniais e não patrimoniais, sofridos durante o período em que a coisa esteve ilegitimamente subtraída da sua posse – prejuízos que sempre subsistiriam, mesmo que a coisa lhe pudesse ser restituída.

180. A revisão de 2015 introduziu, no novo artigo 45º-A, um complemento ao artigo 45º, que integra dois componentes, de alcances diferenciados.

a) As duas alíneas do nº 1 do artigo 45º-A explicitam duas situações que, por se enquadrarem na previsão do artigo 45º, se encontram submetidas ao correspondente regime.

a') A primeira dessas situações, prevista na alínea *a)* do artigo 45º-A, é a de, quando tenha sido deduzido pedido respeitante à invalidade de contrato por violação das regras relativas ao respetivo procedimento de formação, se verifique que já não é possível reinstruir o procedimento pré-contratual, por entretanto ter sido celebrado e executado o contrato.

A previsão tem em vista a hipótese de terem sido cometidas ilegalidades formais ou procedimentais no âmbito do procedimento de formação de um contrato público, mas o processo dirigido a obter a anulação da adjudicação e do próprio contrato, por invalidade consequente, para o efeito de obter a prática de um novo ato de adjudicação sem os vícios anteriormente incorridos perde a utilidade por, na pendência do processo, ter sido celebrado e executado o contrato. E reveste-se de especial interesse, por nela se assumir, no plano substantivo, que o facto de um contrato público ser celebrado e executado impossibilita a reinstrução do procedimento pré-contratual, para o efeito de se proceder à substituição do ato de adjudicação ilegal por outro que não padeça das mesmas ilegalidades. Deste modo se consagra o entendimento de que a adjudicação de um contrato já celebrado e executado, ainda que em execução de sentença anulatória de anterior ato de adjudicação, é um ato nulo por impossibilidade do objeto (artigo 161º, nº 2, alínea *c)*, do CPA)[275].

Tendo-se, deste modo, constituído uma situação de impossibilidade de obter a sentença pretendida pelo autor, preenchem-se os pressupostos de que depende a aplicação ao caso do regime do artigo 45º.

a") A segunda situação, prevista na alínea *b)* do nº 1 do artigo 45º-A, é a de, quando, tendo sido deduzido pedido respeitante à invalidade de contrato por violação das regras relativas ao respetivo procedimento de formação, o tribunal proceda, segundo a lei substantiva, ao afastamento da invalidade do contrato, em resultado da ponderação dos interesses públicos e privados em presença.

A previsão tem em vista a possibilidade, prevista no nº 4 do artigo 283º do CCP, de o tribunal, ponderados os interesses públicos e privados em presença, poder afastar a anulação de contratos públicos inválidos, por aplicação dos princípios da proporcionalidade e da boa fé. E tem o alcance de acrescentar a essa previsão o reconhecimento ao interessado na anulação do direito a ser indemnizado. Na verdade, a alínea *b)* do nº 1 do artigo 45º-A limita-se a explicitar algo que já resultava da articulação do artigo 283º do CCP com o artigo 45º do CPTA: que a situação prevista no nº 4 do artigo 283º do CCP, de afastamento do efeito anulatório do contrato inválido em resultado da ponderação dos interesses em presença, se subsume à previsão do nº 1 do artigo 45º, para o efeito de constituir o interessado na anulação no direito à indemnização a que se referem a alínea *c)* do nº 1 e o nº 2 do mesmo artigo. Com efeito, na hipótese prevista no nº 4 do artigo 283º do CCP, o tribunal reconhece o bem fundado da pretensão do autor, dirigida à anulação do contrato, e a existência de uma circunstância que obsta à satisfação da sua pretensão, através da emissão da pronúncia solicitada, de anulação do contrato. Preenche, pois, as previsões das alíneas *a)* e *b)* do nº 1 do artigo 45º, para o efeito de dever ser subsumida à aplicação do regime estabelecido nos restantes preceitos do mesmo artigo, como hoje, explicitamente, estabelece a alínea *b)* do nº 1 do artigo 45º-A.

[275] Para a análise da situação prevista na alínea *a)* do nº 1 do artigo 45º-A, por referência à jurisprudência pretérita dos tribunais administrativos sobre a matéria, cfr. M. Aroso de Almeida, "Renovação do ato anulado e causa legítima de inexecução: revisitação do tema", *Cadernos de Justiça Administrativa* nº 73, pp. 23 segs.

b) Pelo contrário, o nº 2 do artigo 45º-A configura uma verdadeira situação de *extensão do regime* do artigo 45º, referindo-se a uma situação que não se enquadra diretamente na previsão do artigo 45º, mas que o preceito submete ao correspondente regime: refere-se essa situação ao caso de, na pendência de ação de condenação à prática de ato devido, se verificar que a entidade demandada devia ter satisfeito a pretensão do autor em conformidade com o quadro normativo então aplicável, mas a alteração superveniente desse quadro normativo durante a pendência da ação impede a sua procedência.

Como foi oportunamente assinalado (cfr. *supra*, nº 30), o objecto de uma ação de condenação à prática de um acto administrativo não se confunde com o de uma ação de impugnação de acto administrativo, na medida em que não se centra no eventual acto negativo, por referência ao momento em que a pretensão do interessado deveria, porventura, ter sido validamente deferida, mas na questão de saber se, no momento em que ao tribunal cumpre decidir, estão preenchidos os pressupostos para que ela deva ser deferida. De onde resulta, pois, para o efeito que agora nos interessa, que o objecto do processo não cristaliza no tempo, por referência a um momento localizado no passado, pelo que deve ser reconhecida, no seu âmbito, a relevância de eventuais superveniências normativas que sejam juridicamente atendíveis, do ponto de vista do direito material aplicável. Como, os processos de condenação têm por objeto a emissão de sentenças dirigidas a disciplinar a ulterior conduta das partes, eles não podem, na verdade, deixar de referir-se ao momento em que às circunstâncias de facto e de direito atendíveis para a resolução do caso no momento do encerramento da discussão em juízo.

Por conseguinte, ainda que o interessado tenha visto ilegalmente indeferida a sua pretensão num momento em que o quadro normativo aplicável lhe reconhecia o direito a obter o ato administrativo que pretendia, se, durante a pendência da subsequente ação de ondenação à prática de ato devido, ocorrer uma alteração desse quadro normativo, da qual resulte que a pretensão já não pode ser deferida, a superveniência normativa não pode deixar de ser considerada na ação, para o efeito de determinar a improcedência da mesma.

Resulta, porém, do nº 2 do novo artigo 45º-A que esta situação é equiparada àquela que se encontra prevista nas alíneas *a)* e *b)* do nº 1 do artigo 45º, para o efeito de ser submetida à aplicação dos restantes preceitos daquele artigo. É verdade que, na hipótese em presença, o tribunal não reconhece o bem fundado da pretensão do autor, na medida em que não pode deixar de julgar improcedente a sua pretensão. Mas o nº 2 do artigo 45º-A tem o sentido e o alcance de qualificar, para os efeitos do disposto no nº 1 do artigo 45º, a alteração superveniente do quadro normativo que, nesse contexto, determina a improcedência da ação como uma *causa de impossibilidade da satisfação dos interesses do autor*, com a consequência que do artigo 45º resulta, de, também neste caso, reconhecer ao autor o direito a ser indemnizado pelo facto dessa impossibilidade.

Note-se que a nova previsão do nº 2 do artigo 45º-A tem o importante alcance de estender o âmbito de aplicação da previsão de indemnização do artigo 45º a todas as situações em que, antes do CPTA, era reconhecido o direito a indemnização no âmbito da aplicação do regime das *causas legítimas de inexecução* de sentenças de anulação. Com efeito, como, nesse contexto, também os atos de indeferimento, expressos e tácitos, eram objeto de impugnação pela via do recurso contencioso, as situações de alteração superveniente do quadro normativo impeditivas da satisfação do impugnante eram qualificadas como causa legítima de inexecução da sentença de anulação do ato de indeferimento, por impossibilidade legal, com o reconhecimento do direito à correspondente indemnização. E, na verdade, afigura-se justificado que, quando a superveniência normativa implique a efetiva impossibilidade de o interessado ver satisfeita a pretensão que, no momento próprio, deveria ter sido deferida como impunha a lei, lhe seja reconhecido o direito a ser indemnizado pela frustração ilegal dessa pretensão.

Quanto à questão de saber quando é que, em rigor, uma superveniência normativa surgida durante a pendência da acção de condenação à prática de ato devido é juridicamente atendível, para o efeito de determinar a improcedência da acção, sobre ela reza o nº 3 do novo artigo 45º-A, a cujo regime, da maior importância, já atrás nos referimos (cfr. *supra*, nº 30).

181. O regime do artigo 63º reveste-se da maior importância para permitir que o objeto do contencioso de impugnação de actos administrativos não se circunscreva necessariamente à apreciação da validade de um único acto administrativo, mas possa disciplinar, no seu conjunto, o quadro da relação jurídico-administrativa em que se inscreve o acto impugnado. Com efeito, o referido artigo prevê um conjunto de situações em

que, na pendência do processo impugnatório de um acto administrativo, o objecto desse processo pode ser ampliado, através da cumulação superveniente de pedidos.

É o que, desde logo, sucede, quando o acto impugnado não seja o acto final de um procedimento administrativo (cfr. artigo 51º, nº 1, e *supra*, nº 125), com os eventuais actos que venham a ser praticados no âmbito do mesmo procedimento a que pertence o acto impugnado, assim como com os atos que venham a ser praticados em procedimentos subsequentes àquele que culminou no ato impugnado (artigo 63º, nº 1); ou, quando o acto impugnado esteja inserido num procedimento pré-contratual, com o contrato que venha a ser celebrado na sequência desse procedimento (artigo 63º, nº 2). Ao que acresce a possibilidade da dedução de outros pedidos, que com estes possam ser cumulados segundo o princípio geral do artigo 4º, como os pedidos de reparação de danos ou de restabelecimento da situação (cfr. artigo 63º, nº 1, *in fine*).

Como é sabido, sucede, entretanto, com frequência que, em momento subsequente ao da prática de um acto administrativo, vêm a ser praticados outros actos que, embora sejam produzidos no âmbito de procedimentos autónomos, se baseiam naquele primeiro acto ou, pelo menos, na situação jurídica por ele criada, nele fazendo, por isso, assentar a sua própria validade. Dá-se a estes actos o nome de *actos consequentes*[276]. Como a questão da permanência na ordem jurídica destes actos se resolve em função do destino que venha a ter o acto que os precedeu e a sua eventual consolidação na ordem jurídica pode pôr em risco, à face do disposto no artigo 173º, nº 3, a própria utilidade da decisão que venha a ser proferida no processo impugnatório desse acto[277], justifica-se que a questão da sua validade possa ser, desde logo, suscitada e decidida no âmbito daquele processo. Esta situação também é expressamente prevista pelo artigo 63º, nº 2, na parte em que o preceito se refere "às situações em que sobrevenham actos administrativos cuja validade dependa da existência ou da validade do acto impugnado".

[276] Para o conceito e a delimitação da figura, cfr., por último, na doutrina portuguesa, M. Aroso de Almeida, *Anulação de actos administrativos...*, pp. 315 segs.

[277] Sobre o regime do artigo 173º, nº 3, cfr. M. Aroso de Almeida, *Anulação de actos administrativos...*, pp. 402 segs.

Note-se, entretanto, que, porque a questão, de direito substantivo, de saber em que casos e termos é que a invalidade de um acto administrativo se projecta sobre a validade dos actos (e contratos) subsequentes não é uma questão linear e ao direito processual não lhe cumpre dar resposta, não se afigura legítimo extrair do artigo 63º uma qualquer regra segundo a qual a invalidade de um acto administrativo implicaria a automática invalidade de todos os actos que lhe sucedam no âmbito do mesmo procedimento (artigo 63º, nº 1) ou do contrato que venha a ser celebrado no termo desse procedimento (artigo 63º, nº 2). O artigo 63º limita-se a admitir que, na pendência do processo de impugnação de um acto administrativo, possam ser cumulados nesse processo pedidos dirigidos à anulação (ou declaração de nulidade) de outros actos administrativos e de contratos que com aquele acto apresentem um nexo de conexão. Ao direito substantivo caberá determinar se ou quando os novos actos ou o contrato são inválidos, e os pedidos cumulados só serão, naturalmente, julgados procedentes se assim for.

O artigo 63º, nº 2, admite ainda a ampliação do objecto do processo à impugnação de actos "cujos efeitos se oponham à utilida de pretendida no processo". Esta previsão tem o alcance de permitir a cumulação superveniente da impugnação de eventuais actos que venham a ser praticados na pendência do processo e que, mesmo sem reincidir nos vícios cometidos pelo acto impugnado, visem assegurar a ilegítima manutenção da situação por ele constituída e, portanto, obstar ilegitimamente à reconstituição da situação que deveria existir na ausência do acto impugnado — categoria correspondente aos actos que mantenham sem fundamento válido a situação ilegal, a que, pela sua parte, se referem os artigos 164º, nº 3, 167º, nº 1, 176º, nº 5, e 179º, nº 2, para o efeito de permitirem que à sua impugnação também seja estendido o objecto dos processos executivos, quando este tipo de actos seja praticado na pendência desses processos, para impedir que eles produzam o efeito útil a que se dirigem (a este respeito, cfr. *infra*, nº 242).

182. Nos artigos 64º e 65º, prevêem-se casos particulares de modificação objectiva da instância, que podem resultar da emissão, durante a pendência dos processos de impugnação de acto administrativo, de novos actos administrativos relativos ao objecto desses processos.

a) O artigo 64º contempla a hipótese da emissão, na pendência do processo impugnatório, de um acto de *anulação administrativa* do acto impugnado (no sentido hoje previsto no artigo 165º, nº 2, do CPA), acompanhado ou sucedido de nova regulação da situação, permitindo que o impugnante requeira que o processo prossiga contra o novo ato, com fundamento na reincidência nas mesmas ilegalidades e a faculdade do oferecimento de diferentes meios de prova. A parte final do nº 3 estende, entretanto, o âmbito de aplicação do nº 1 ao caso de o acto anulatório não ter sido emitido na pendência, mas ainda antes de o processo ter sido intentado, sem que o autor disso tivesse ou devesse ter conhecimento.

O processo impugnatório pode prosseguir contra o novo acto, quer este introduza uma nova disciplina conformadora do caso com alteração do sentido da decisão anterior, quer ele se limite a alterar ou substituir total ou parcialmente o acto revogado, mantendo os seus efeitos de direito. Por outro lado, a modificação objectiva da instância é possível, ainda que, para o efeito, se torne necessário alterar os fundamentos do pedido.

Por regra, o requerimento da modificação do objecto do processo deve ser apresentado no prazo de impugnação do acto anulatório e antes do trânsito em julgado da decisão que julgue extinta a instância por impossibilidade superveniente da lide (artigo 64º, nº 2).

O novo nº 4 do artigo 64º prevê, entretanto, a hipótese de a Administração começar por anular o ato impugnado, mas só proceder à sua substituição em momento ulterior ao previsto no nº 2, admitindo, nesse caso, que, se o interessado entender que o novo ato incorre nas mesmas ilegalidades, ele possa requerer, dentro do prazo de impugnação contenciosa, a reabertura do processo contra o ato em questão, sendo aproveitada a prova produzida e dispondo o autor da faculdade de oferecer novos meios de prova.

Esta solução compreende-se na medida em que o nº 3 do artigo 168º do CPA, ao introduzir a solução inovadora de permitir que, quando um ato administrativo tenha sido objeto de impugnação contenciosa, a Administração possa proceder à sua anulação até ao encerramento da discussão em juízo e, portanto, durante toda a pendência do processo, veio ampliar o poderes da Administração para dispor unilateralmente do objeto dos processos impugnatórios. Esta solução deve ter por contrapartida o reforço da efetividade da tutela dos interessados nas situações em que, de modo capcioso, a Administração apenas anule o ato impugnado para o efeito de esvaziar o objeto do processo impugnatório, provocando a extinção da instância, mas no propósito de manter a regulação ilegal da situação através da subsequente emissão de ato renovatório do ato anulado com reincidência nos mesmos vícios. Ora, estando em causa a arguição dos mesmos vícios contra o novo ato, pode ser útil, de um ponto de vista de celeridade processual, que o processo seja retomado, perante o mesmo juiz, no ponto em que tinha sido declarada extinta a instância, com aproveitamento da prova produzida[278].

O nº 5 do artigo 64º estende a aplicação do disposto nos números anteriores aos casos de revogação do ato impugnado com efeitos retroativos, quando a esta haja lugar ao abrigo do disposto no nº 1 do artigo 171º do CPA.

E o nº 6 tem em vista as situações previstas nos artigos 164º e 173º do CPA, de ratificação, reforma ou conversão, ou renovação sanatória, do ato impugnado na pendência do processo impugnatório, salvaguardando, como o fazem o nº 5 do artigo 164º e o nº 3 do artigo 173º do CPA, o interesse do impugnante na anulação dos efeitos produzidos até ao momento da sanação, quando estejam em causa atos impositivos de deveres, encargos, ónus ou sujeições, atos sancionatórios ou atos restritivos de direitos ou interesses legalmente protegidos[279].

b) Ao contrário do que sucede no artigo 64º, o artigo 65º contempla a hipótese da emissão, na pendência do processo impugnatório, de um acto de revogação do acto impugnado, fundado na inconveniência do acto revogado, e não na sua invalidade (no sentido estrito hoje previsto no artigo 165º, nº 1, do CPA), e isto, quer este acto seja acompanhado ou não de nova regulação da situação (portanto, quer ele opere ou não uma *revogação por substituição)*.

Assim, na hipótese de a revogação se limitar a extinguir o acto impugnado, sem introduzir nova regulação da situação, o nº 1 limita-se a estabelecer que o processo prossegue em relação aos efeitos produzidos, posto que, em princípio, a revogação não produziu efeitos retroactivos. Se, no entanto, a revogação for excecionalmente decretada com efeitos retroativos, nos termos previstos no nº 1 do artigo 171º do CPA, já não é aplicável o artigo 65º, mas o artigo 64º, como determina o nº 5 deste artigo.

[278] Para mais desenvolvimentos quanto a este ponto, cfr. Mário Aroso de Almeida, *Anulação de atos administrativos..., cit.*, pp. 267 segs.

[279] Sobre as modalidades de sanação de atos administrativos inválidos referidas no texto, cfr. Mário Aroso de Almeida, *Teoria Geral...*, pp. 362 segs.

O nº 2 declara, entretanto, extensivo o regime do nº 1 a todos os casos em que, por motivo diverso de uma revogação, cesse ou se esgote a produção de efeitos do acto impugnado, designadamente pela sua integral execução no plano dos factos. Esta previsão impede a emissão de pronúncias de extinção dos processos de impugnação de actos administrativos por inutilidade superveniente da lide em situações de esgotamento dos efeitos do acto impugnado apenas para o futuro, como as que foram proferidas no passado[280].

Já na hipótese da emissão, na pendência do processo impugnatório, de um acto de revogação do acto impugnado acompanhado de nova regulação da situação (a chamada *revogação por substituição)*, o nº 3 do artigo 65º, remetendo para o regime do nº 3 do artigo anterior, permite que o impugnante requeira que o processo prossiga contra o novo ato, com fundamento na reincidência nas mesmas ilegalidades e a faculdade do oferecimento de diferentes meios de prova. Nesta hipótese, é evidente o interesse do autor em que o processo prossiga, para obter a eliminação dos efeitos produzidos pelo acto revogado, que apenas o foi com efeitos para o futuro, e que prossiga com o objecto ampliado à impugnação do novo acto, no caso de os efeitos deste acto lhe serem ainda desfavoráveis.

A exemplo do que sucede com o artigo 64º, nº 3, também o nº 4 do artigo 65º estabelece ainda que o disposto neste artigo é aplicável ao caso de o acto revogatório não ter sido emitido na pendência, mas ainda antes de o processo ter sido intentado, sem que o autor disso tivesse ou devesse ter conhecimento.

183. Também o artigo 70º prevê casos particulares de modificação objectiva da instância, que podem resultar da emissão, durante a pendência

[280] Para a crítica da precedente orientação jurisprudencial, cfr. Mário Aroso de Almeida, "Utilidade da anulação contenciosa de actos administrativos", *Cadernos de Justiça Administrativa* nº 8, pp. 52 segs. Como, na verdade, desde há muito defendemos, só deste modo se assegura a efectiva eliminação da ordem jurídica do acto ilegal, resultado da maior relevância, v.g., quando esteja em causa a anulação de decisões disciplinares punitivas, quando a anulação for necessária para obter certo tipo de prestações ou para demonstrar a existência de um facto danoso, para o efeito de se poder exigir a correspondente indemnização, ou para salvaguardar o eventual interesse na imposição judicial de vínculos quanto ao ulterior exercício do poder por parte da Administração – componente que hoje reconhecidamente integra a pretensão anulatória e a que corresponde um momento de *accertamento* da sentença anulatória, ao qual é reconhecida a autoridade de caso julgado (cfr. *supra*, nº 26).

dos processos de condenação à prática de acto administrativo, de novos actos administrativos realtivos ao objecto desses processos. Mais concretamente, refere-se às situações em que, tendo sido proposta uma acção de condenação à prática de acto devido, a Administração vem a proferir, durante a pendência da acção, uma decisão expressa de indeferimento ou uma decisão de conteúdo positivo, mas que ainda assim não satisfaz integralmente a pretensão do autor. Perante essa situação, o artigo 70º permite que o autor proceda à modificação do objecto da acção, de modo a adequá-lo à nova realidade introduzida pelo acto superveniente.

A modificação do objecto do processo pode concretizar-se apenas na alegação de novos fundamentos e na oferta de diferentes meios de prova, na hipótese de o acto superveniente ter sido um acto de indeferimento da pretensão do interessado: é a situação prevista no nº 1, que configura apenas uma situação de *ampliação da causa de pedir*, destinada a permitir ao autor contraditar as razões de facto e de direito que a Administração possa ter enunciado no acto superveniente para justificar o sentido da decisão. Note-se que, se a superveniência do acto negativo não envolve a necessidade de ampliar o pedido, isso deve-se à circunstância de a reacção contra actos administrativos de conteúdo negativo não se processar no âmbito de um processo de impugnação, mas no âmbito do processo de condenação à prática do acto devido, cujo objecto, como afirma o artigo 66º, nº 2, é a pretensão do interessado e não o acto de indeferimento, cuja eliminação da ordem jurídica resulta directamente da pronúncia condenatória. Apenas se trata, pois, de permitir que, à luz dos eventuais elementos novos que o acto superveniente de indeferimento possa trazer, o interessado seja admitido a deduzir novos argumentos em favor da sua pretensão, no âmbito do processo de condenação à prática do acto devido que já se encontra pendente e cujo pedido se mantém.

A modificação do objecto do processo também pode concretizar-se na *alteração do objeto do processo*, no caso de o acto superveniente ser um acto administrativo de conteúdo positivo, mas que não satisfaça integralmente a pretensão do interessado, a que se refere o nº 3 do artigo 70º.

São duas as hipóteses previstas neste preceito. A primeira, é a da substituição do pedido inicial por um pedido de anulação parcial do ato superveniente: pense-se no exemplo de, na pendência da ação, ser praticado um ato de deferimento, mas contendo uma cláusula acessória ilegal, em que o interessado pretende manter o deferimento que lhe foi dado, mas sem a dita cláusula acessória.

A segunda, é a da substituição do pedido inicial por um pedido de condenação à substituição do ato de conteúdo positivo praticado por outro: pense-se no exemplo, já oportunamente equacionado, de a Administração ter deferido apenas parcialmente a pretensão do interessado, concedendo-lhe 50 quando ele entendia ter direito a 100, em que o interessado, sempre mantendo o ato que lhe deu 50, pretenderá a condenação da Administração à substituição desse ato pelo ato devido, que lhe atribua 100.

Repare-se que o novo regime do nº 3 do artigo 70º surgiu, na revisão de 2015, de harmonia com a introdução, no nº 1 do artigo 67º, da nova alínea *c)*, que veio permitir a dedução de um pedido autónomo – isto é, sem cumulação com um pedido impugnatório – de condenação à prática de ato devido, quando tenha sido praticado um ato administrativo de conteúdo positivo que não satisfaça integralmente a pretensão do interessado. Assim, enquanto, antes da revisão de 2015, o modo próprio de reação contra os atos que deferiam apenas parcialmente as pretensões dos interessados era a impugnação, dirigida a obter a anulação do ato ilegal, com eventual cumulação do pedido de condenação da Administração à substituição do ato anulado por um ato válido, hoje o modo próprio de reação é a dedução, sem mais, de um pedido de condenação da Administração a que ela própria proceda à anulação por substituição do ato ilegal (sobre o novo regime da alínea *c)* do nº 1 do artigo 67º, cfr. *supra*, nº 129).

O artigo 70º, nº 4, submete a dedução dos novos pedidos decorrentes das alterações de instância previstas nos números precedentes ao prazo de 30 dias, contado desde a data da notificação do novo acto ou do conhecimento do ato obtido no processo. A inobservância do prazo de 30 dias, embora implique a impossibilidade de proceder à dedução dos pedidos previstos no artigo 70º no âmbito da ação pendente, não impede o interessado, naturalmente, de propor ação autónoma de condenação à prática de ato devido, no caso do nº 1, ou de proceder à impugnação do acto de conteúdo positivo superveniente através da propositura de acção autónoma, no caso do nº 3 (cfr., a este último propósito, artigo 66º, nº 3), dentro dos prazos normais dos artigos 69º e 58º, respetivamente.

184. A exemplo do que sucede em processo civil, o artigo 28º admite a possibilidade da apensação de processos que possam ser reunidos, de modo a serem tramitados como um único processo, podendo a apensação ter lugar mesmo que os processos envolvidos estejam pendentes em

tribunais diferentes, caso em que a apensação deve ser requerida ao tribunal perante o qual se encontre pendente o processo a que os outros tenham de ser apensados (artigo 28º, nº 3).

Em processo administrativo, a apensação só pode ter lugar quando se verifiquem os requisitos da cumulação de pedidos e da coligação de autores ou de réus, previstos nos artigos 4º, nº 1, e 12º, nº 1. Em contrapartida, não constitui obstáculo à apensação o facto de aos diferentes processos corresponderem formas de processo diferentes, ou corresponder a competência de diferentes tribunais, precisamente porque esses factores também não obstam, em processo administrativo, à cumulação de pedidos e à coligação de autores ou réus (cfr. *supra*, nºs 116 e 163).

Também diferentemente do que sucede em processo civil, o artigo 28º exige que a apensação seja feita sempre que se preencham os respectivos pressupostos, a menos que exista um *especial inconveniente*, o que significa que, em princípio, deve ser admitida a apensação, quando requerida, sem que baste para a impedir que possa ocorrer uma mera perturbação no andamento do processo ao qual serão apensados os restantes, e, quando se trate de processos que estejam pendentes perante o mesmo juiz, o juiz tem o dever de determinar oficiosamente a apensação (artigo 28º, nº 3). As soluções justificam-se pelo propósito de promover a redução do número de litígios a apreciar pelos tribunais.

Com idêntico propósito, mas em termos mais incisivos e, por isso, controversos, o artigo 48º prevê que, quando sejam intentados mais de dez processos que, embora referidos a diferentes pronúncias da mesma entidade administrativa, digam respeito à mesma relação jurídica material ou, ainda que respeitantes a diferentes relações jurídicas coexistentes em paralelo, sejam susceptíveis de ser decididos com base na aplicação das mesmas normas a situações de facto do mesmo tipo, o presidente do tribunal deve determinar, ouvidas as partes, que seja dado andamento a apenas um ou alguns deles, que neste último caso são apensados num único processo, e se suspenda a tramitação dos demais (nºs 1 e 4). Depois, quando, no processo ou processos seleccionados (que, no caso de serem vários, serão objecto de apensação), seja emitida pronúncia transitada em julgado, as partes nos processos suspensos são imediatamente notificadas da sentença, podendo o autor nesses processos optar, no prazo de 30 dias, por desistir do seu próprio processo ou recorrer da sentença (nº 9), interpondo um recurso que, se tiver êxito, só lhe aproveitará a si, para o efeito de lhe permitir beneficiar de uma decisão de sentido diferente para o seu caso, mas não às partes no processo seleccionado, em relação às quais se formou caso julgado (nº 11).

A propósito deste regime, suscitam-se questões complexas, que, nesta sede, não podem ser analisadas em profundidade[281]. Inspirado no direito espanhol (cfr. artigos 37º, nº 2, e 111º da Lei da jurisdição contencioso-administrativa de 1998), ele visa promover a redução do número de litígios a apreciar pelos tribunais e, concomitantemente, a uniformidade das decisões que, a respeito de questões idênticas, são proferidas pela justiça administrativa, o que só pode ser conseguido se as partes nos processos suspensos se sentirem estimuladas a aceitar a decisão proferida no processo ou processos seleccionados, nos termos do nº 10 do artigo 48º.

O regime em apreço não se afigura isento de dificuldades, pelo que deve ser manuseado pelos tribunais com precaução.

Desde logo, porque se impõe assegurar que, pelos termos em que em cada um deles as questões surgem colocadas, os processos seleccionados permitam a cabal apreciação do litígio, de modo a que a solução que lhes venha a ser dada possa ser transposta para os processos cuja tramitação ficou suspensa, sem que nenhuma questão neles suscitada fique por apreciar e debater. E nesta perspectiva se inscreve o especial cuidado com que, a montante, o nº 3 do artigo 48º procura definir os critérios que devem orientar o juiz na selecção dos processos a apreciar e dos processos a suspender.

Na sua redação primitiva, o artigo 48º procurava, por outro lado, restringir o menos possível a tutela dos interessados que se vêem colocados na posição de verem suspensos os processos por si intentados, e, nesse sentido, os anteriores nºs 5, 6 e 7 procuravam rodear a posição dos interessados nos processos suspensos de garantias mais fortes do que aquelas que resultavam dos preceitos homólogos da lei espanhola. A revisão de 2015, no propósito de conferir maior efetividade a este mecanismo de

[281] Para a circunstanciada análise do regime do artigo 48º, cfr. João Tiago Silveira, «O mecanismo dos processos em massa no contencioso administrativo», in *Estudos em Homenagem ao Prof. Doutor Jorge Miranda*, vol. IV, Coimbra, 2012, pp. 432 segs., e Wladimir Brito, *Lições de Direito Processual Administrativo*, 2.ª ed., Coimbra, 2008, pp. 215 segs. Também com muito interesse, Miguel Teixeira de Sousa, "A notificação das partes dos processos suspensos nos processos em massa", *Cadernos de Justiça Administrativa* nº 74, pp. 18 segs., em anotação aos Acórdãos do Supremo Tribunal Administrativo para uniformização de jurisprudência nº 1/2009 e nº 2/2009.

agilização processual, veio acentuar as restrições impostas, impedindo os referidos interessados de, uma vez notificados nos termos do novo nº 9, optarem por dar andamento ao seu próprio processo, que tinha ficado suspenso.

Uma limitação importante do mecanismo em referência decorria, entretanto, da circunstância de o número mínimo de pendências previsto no nº 1 do artigo 48º ser exigido em relação a processos que corressem termos num mesmo tribunal, competindo ao presidente desse tribunal ordenar o andamento de um ou algum deles, com suspensão dos demais, o que constituia um inconveniente óbvio, na medida em que as regras de competência territorial tendem, frequentemente, a dispersar processos de objecto idêntico por múltiplos tribunais (pense-se sobretudo nos litígios no âmbito da função pública, designadamente aqueles que envolvem os professores do ensino não superior). Na revisão de 2015, foi alterado este aspecto do regime, pelo que, nos casos em que os processos em causa envolvam mais do que um tribunal, o novo nº 7 atribui ao Presidente do Supremo Tribunal Administrativo – a nosso ver, na qualidade de Presidente do Conselho Superior dos Tribunais Administrativos e Fiscais – a competência que o nº 1 confere ao presidente de cada tribunal.

§ 3º – Extinção da instância

185. No que respeita à sentença ou acórdão, que põe termo ao processo, decidindo as questões que nele foram controvertidas, o seu conteúdo rege-se pelo disposto no artigo 94º, que visa simplificar o correspondente regime do CPC, designadamente permitindo a formulação sumária dos fundamentos quanto à matéria de direito por remissão para decisão precedente, de que se junte cópia, quando a questão de direito a resolver seja simples, designadamente por já ter sido apreciada pela jurisprudência de modo uniforme e reiterado, ou a pretensão seja manifestamente infundada (cfr. nº 5 do artigo 94º).

No que respeita ao objecto e limites da decisão, a que se refere o artigo 95º, já tivemos oportunidade de nos referirmos às soluções específicas que por ele são introduzidas, a propósito das pretensões de cessação e remoção de situações de perturbação ilegal (cfr. *supra*, nº 43) e do objecto dos processos de impugnação de actos administrativos (cfr. *supra*, nº 26).

O artigo 93º prevê, entretanto, a possibilidade de julgamentos em formação alargada e do reenvio prejudicial de questões para o Supremo Tribunal Administrativo.

Como se escreveu na Exposição de Motivos da proposta de lei do CPTA, "para favorecer a qualidade das decisões dos tribunais administrativos de círculo e alguma uniformidade na resolução de diferentes processos sobre a mesma matéria, permite-se que, sempre que à apreciação de um tribunal administrativo de círculo se coloque uma questão de direito nova, que suscite dificuldades sérias e possa vir a ser suscitada noutros litígios, o respectivo presidente determine que o julgamento se processe com a intervenção de todos os juízes do tribunal e possa pedir ao Supremo Tribunal Administrativo, no âmbito de um reenvio prejudicial, que este indique o sentido em que essa questão deve ser decidida".

Esta última solução, da possibilidade de um reenvio prejudicial para o Supremo Tribunal Administrativo[282], insere-se no conjunto das opções que presidiram à redistribuição de competências entre os diferentes graus da hierarquia da jurisdição administrativa. Como o actual ETAF transferiu para os tribunais administrativos de círculo praticamente todas as competências que, anteriormente, tanto o Supremo Tribunal Administrativo como o Tribunal Central Administrativo exerciam em primeira instância, a previsão da possibilidade de um tribunal administrativo de círculo pedir ao Supremo, no âmbito de um reenvio prejudicial, que este indique o sentido em que deve ser resolvida uma questão de direito nova que suscite dificuldades sérias e se possa vir a colocar noutros litígios, procurando promover a qualidade das decisões dos tribunais administrativos de círculo, concorre "no sentido de acentuar o papel do Supremo Tribunal Administrativo como regulador do sistema".

Como se escreveu na Exposição de Motivos da proposta de lei do ETAF, "sem se pretender atribuir a esta pronúncia do Supremo um alcance mais intenso do que aquele que lhe deve corresponder e que, do ponto de vista jurídico, se circunscreve ao processo que o tribunal de

[282] Proposta de inspiração francesa (e comunitária), avançada, no âmbito da discussão pública sobre a reforma do contencioso administrativo, por M. Glória Dias Garcia, "As medidas cautelares entre a correcta prossecução do interesse público e a efectividade dos direitos dos particulares", in *O Debate Universitário*, p. 352, e *Cadernos de Justiça Administrativa* nº 22, p. 58. Para a apreciação crítica dos termos em que está consagrado o instituto, cfr. Sérvulo Correia, *Direito do Contencioso Administrativo*, vol. I, pp. 698 segs.

círculo tem em mãos, esta intervenção poderá, em todo o caso, evitar dificuldades na aplicação de regimes novos que, muitas vezes, dão origem a elevado número de processos, no âmbito dos quais são proferidas sentenças desencontradas. A utilização desta possibilidade, que se coloca à disposição dos tribunais de primeira instância, poderá contribuir para prevenir a produção de acórdãos contraditórios e, assim, para favorecer, *a priori*, a uniformização de jurisprudência quando existam muitos processos que coloquem a mesma questão jurídica material".

De acordo com o artigo 93º, nº 1, a pronúncia que o Supremo Tribunal Administrativo profere, neste contexto, é vinculativa. Isto significa que o tribunal administrativo de círculo fica obrigado, na aplicação das normas aos factos submetidos a julgamento, a interpre tar a norma ou normas a que se referiu o reenvio prejudícial com o sentido que o Supremo Tribunal Administrativo entendeu que lhe(s) devia ser atribuído. Se o não fizer, violará o artigo 93º, nº 1, poden do a decisão ser impugnada com esse fundamento. Se, pelo contrá rio, a decisão for impugnada perante o Tribunal Central Administrati vo, com o fundamento de que a interpretação em causa não é correc ta, o recurso não deve merecer provimento, na medida em que a decisão do tribunal administrativo de círculo não pode ser censurada por ter assumido uma interpretação que, por força do artigo 93º, nº 1, aquele tribunal estava vinculado a seguir.

CAPÍTULO TERCEIRO
Forma dos processos urgentes

186. Vimos que a forma da acção administrativa corresponde ao *processo declarativo comum* do contencioso administrativo, isto é, ao modelo processual que deve ser aplicado na generalidade das situações, que o CPTA ou eventual lei especial não façam corresponder a uma forma de processo especial.

O CPTA prevê, entretanto, no Título III, cinco tipos de situações em que, sem prejuízo da existência de outras que possam ser previstas em legislação especial (cfr. a ressalva no início do artigo 36º, nº 1), entende existir a necessidade de obter, com urgência, uma decisão de fundo sobre o mérito da causa e, por esse motivo, institui cinco formas de *processo especiais,* caracterizados por um modelo de tramitação simplificado ou, pelo menos, acelerado em razão da urgência.

Estas cinco formas de processos têm por objecto as questões do contencioso eleitoral cuja apreciação é atribuída à jurisdição administrativa (artigo 98º), os litígios respeitantes a procedimentos de massa (artigo 99º) e a actos praticados no âmbito dos procedimentos de formação de certos tipos de contratos (artigos 100º a 103º-B) e os pedidos de intimação para a prestação de informações, consulta de processos ou passagem de certidões (artigos 104º a 108º) e para a protecção de direitos, liberdades e garantias (artigos 109º a 111º).

O CPTA dá ao Título III o nome de *"processos urgentes"* porque as formas especiais de processo nele previstas são, na verdade, instituídas em razão da urgência na obtenção de uma pronúncia sobre o mérito da causa por forma mais célere do que a que resulta da tramitação da ação administrativa. Por esse motivo, essas formas de processo são qualificadas, no artigo 36º, nº 1, como formas de processo urgentes, para o efeito de lhes ser aplicável o regime dos artigos 36º, nºs 2 e 3, e 147º.

Vamos referenciar de seguida as formas de processos declarativos urgentes que se encontram previstas no CPTA. Para além destes, constituem exemplos relevantes de processos declarativos urgentes previstos em legislação especial, a acção para declaração de perda de mandato local (cfr. artigo 15º da Lei nº 27/96, de 1 de Agosto, que, no entanto, na redação que, na revisão de 2015, lhe foi dada pelo Decreto-Lei nº 214-G/2015, de 2 de outubro, passou a ficar submetido à tramitação do contencioso eleitoral), o processo de intimação para a prática de acto legalmente devido, previsto no Regime Jurídico da Urbanização e da Edificação (cfr. artigo 112º do Decreto-Lei nº 555/99, de 16 de Dezembro, que, na revisão de 2015, também foi alterado pelo Decreto-Lei nº 214-G/2015, de 2 de outubro) e os processos de concessão ou de perda de asilo e de expulsão (cfr. artigo 84º da Lei nº 27/2008, de 30 de Junho).

§ 1º – Ação administrativa urgente

187. A estrutura do Título III assenta na bipartição entre as formas processuais da *acção administrativa urgente*, constituída pelo contencioso dos atos administrativos em matéria eleitoral da competência dos tribunais administrativos, o contencioso dos atos administrativos praticados no âmbito de procedimentos de massa e o contencioso dos atos relativos à formação dos contratos das Diretivas europeias da contratação pública, e as *intimações*, que incluem a intimação para prestação de informações, consulta de processos e passagem de certidões e a intimação para protecção de direitos, liberdades e garantias.

As *acções administrativas urgentes*, previstas nos artigos 97º a 103º-B, podem ter por objecto a impugnação de actos administrativos, a condenação à prática de actos administrativos ou a impugnação de normas regulamentares e, de acordo com o artigo 97º, regem-se, no que não contenda com o disposto nos artigo 98º a 103º-B, pelos capítulos II e III do Título II do CPTA, que disciplinam a ação administrativa.

O modelo de tramitação a seguir no âmbito dos processos do contencioso eleitoral é, portanto, o da acção administrativa, que consta do capítulo III do Título II (cfr. artigos 78º e segs.), com as especialidades previstas no nº 4 do artigo 98º, que reduz os prazos a observar ao longo do processo e fixa em cinco dias o prazo para a decisão do juiz ou relator. E o mesmo se diga, no que respeita aos processos do contencioso dos procedimentos de massa, por referência ao nº 5 do artigo 99º.

Também no contencioso pré-contratual urgente dos artigos 100º e segs., respeitante aos actos administrativos praticados no âmbito do procedimento de formação dos contratos enunciados no nº 1 do artigo 100º, a tramitação a seguir é a da acção administrativa (artigos 78º e segs.), com as especialidades previstas no artigo 102º, que limita a possibilidade da apresentação de alegações aos casos em que seja requerida ou produzida prova com a contestação (artigo 102º, nº 2) e reduz os prazos a observar ao longo do processo (artigo 102º, nº 3)[283]. O nº 5 do artigo 102º prevê, entretanto, a possibilidade de o tribunal, oficiosamente ou a requerimento das partes, optar pela realização de uma audiência pública sobre a matéria de facto e de direito.

Antes da revisão de 2015, o anterior artigo 103º – que correspondia ao atual nº 5 do artigo 102º – estabelecia que, no âmbito desta eventual audiência, as alegações finais eram proferidas por forma oral, e que, no seu termo, seria imediatamente ditada a sentença. É provável que estas determinações tenham contribuído para que a solução não tenha tido relevante utilização prática durante os primeiros anos de aplicação do CPTA, afigurando-se, na verdade, que, tal como estava configurada, ela não se mostrava adequada à gestão de litígios revestidos de maior complexidade. Pode ser que a nova redação do nº 5 do artigo 102º, que eliminou as referidas imposições, possa dar resposta mais adequada, para o efeito de, por exemplo, permitir a realização de audiências com a intervenção de peritos.

Os novos artigos 103º-A e 103º-B preveem, entretanto, dois tipos de incidentes específicos do contencioso pré-contratual.

[283] Refira-se que, por ser obrigatório e, por isso, de ocorrência necessária e não eventual, nos termos do artigo 84º (aqui aplicável por remissão do artigo 102º, nº 1), o envio do processo administrativo não pode ser qualificado como "produção de prova com a contestação", para o efeito do disposto no artigo 102º, nº 2: para mais desenvolvimentos, cfr. Mário Aroso de Almeida/Carlos Fernandes Cadilha, *Comentário...*, p. 684.

O primeiro desses incidentes, previsto nos nºs 2 a 4 do artigo 103º-A, está relacionado com o efeito suspensivo automático que o nº 1 do mesmo artigo associa à propositura das ações de impugnação de atos de adjudicação, podendo ser intentado pela entidade demandada ou pelos contrainteressados para obter o levantamento desse efeito suspensivo, com o argumento de que o diferimento da celebração e/ou execução do contrato seria gravemente prejudicial para o interesse público ou gerador de consequências lesivas claramente desproporcionadas para outros interesses envolvidos. Intentado o incidente, o demandante dispõe do prazo de sete dias para responder, findo o que cumpre ao juiz decidir, por aplicação do critério da ponderação de interesses do nº 2 do artigo 120º. No que diz respeito ao incidente de levantamento do efeito suspensivo, duas chamadas de atenção se impõem.

A primeira, para notar que o artigo 103º-A não submete a dedução do pedido de levantamento do efeito suspensivo a qualquer prazo e não existe qualquer lacuna por esse facto. O pedido pode ser, pois, deduzido durante toda a pendência do processo, até ao encerramento da discussão da causa, porque se trata de um incidente do processo, que pode ser acionado quando se verifiquem os respectivos requisitos materiais. Importa notar que o pedido de levantamento do efeito suspensivo não é um ato processual das partes, inserido na tramitação processual, ao qual seja aplicável o prazo supletivo de cinco dias, previsto na alínea *c)* do nº 3 do artigo 102º: é um ato de iniciativa processual, através do qual é deduzida uma pretensão que desencadeia um incidente, que, como tal, só estaria sujeito a prazo se a lei expressamente o determinasse. E não haveria qualquer razão para que a lei o fizesse, como também não o faz, v.g., no nº 6 do artigo 131º, para a dedução do incidente de levantamento ou alteração de providências cautelares provisoriamente decretadas. É aos interessados que cabe determinar o momento em que sentem necessidade de fazer valer a sua pretensão, em função das circunstâncias, que podem ser, aliás, evolutivas. Aliás, a hipotética aplicação do prazo supletivo de cinco dias conduziria, neste caso, a um resultado incongruente, pois não se compreenderia que a entidade demandada e os contrainteressados, para fazerem valer a sua pretensão dirigida a pedir o levantamento, dispusessem de um prazo inferior àquele que está previsto para a resposta.

A segunda chamada de atenção diz respeito aos pressupostos de que depende a concessão do levantamento do efeito suspensivo automático e dirige-se a assinalar que, ao exigir a alegação pelos demandados de um *grave prejuízo para o interesse público* ou uma *clara desproporção* das consequências lesivas para outros interesses envolvidos (aqui se incluindo os interesses do adjudicatário), o artigo 103º-A faz depender o levantamento do efeito suspensivo da demonstração dessa alegação, devendo, assim, entender-se que, para que o levantamento possa ser decretado, é necessário que se demonstre que "o diferimento da execução do ato seria gravemente prejudicial para o interesse público ou gerador de consequências lesivas claramente desproporcionadas para outros interesses envolvidos».

Como sucede em relação a qualquer outra providência cautelar – e o levantamento do efeito suspensivo automático previsto no artigo 103º-A não deixa de ser uma providência que desempenha uma função cautelar –, a concessão do levantamento do efeito suspensivo depende, antes de mais, da demonstração pelos requerentes de um *periculum in mora* associado à demora do processo, com o prolongamento do efeito suspensivo automático que a lei lhe associa. Por conseguinte, não poderá haver, desde logo, levantamento do efeito suspensivo se for de entender que da demora do processo, com o inerente efeito suspensivo, não resultariam graves prejuízos, nem para o interesse público, nem para os outros interesses envolvidos.

Tal como sucede nos processos cautelares, também neste domínio há, entretanto, que conjugar o critério do *periculum in mora* com o critério da ponderação de danos, previsto no nº 2 do artigo 120º: é o que determinam o nº 2, *in fine*, e o nº 4 do artigo 103º-A. Num subsequente momento lógico, cabe, assim, ao juiz: (i) na hipótese de entender que "o diferimento da execução do ato seria gravemente prejudicial para o interesse público", avaliar se, apesar disso, os danos que para o impugnante resultariam do levantamento do efeito suspensivo ainda seriam superiores àqueles que, para o interesse público, resultariam da manutenção desse efeito; (ii) na hipótese de concluir que o diferimento da execução seria gravemente prejudicial para outros interesses envolvidos (os interesses dos contrainteressados), verificar se as consequências lesivas que para esses interesses resultariam da manutenção do efeito suspensivo seriam claramente desproporcionadas em relação àquelas que para o impugnante resultariam do levantamento desse efeito.

A nosso ver, é, pois, na perspectiva enunciada que deve ser lida a remissão que é feita no segmento final do nº 2 e no nº 4 do artigo 103º-A para o critério previsto no artigo 120º, nº 2: não deve, assim, entender-se que o levantamento do efeito suspensivo depende apenas da comparação de danos, hipótese na qual ao juiz apenas competiria optar pela solução que provocasse menores danos. Na verdade, tal solução conduziria a que o efeito suspensivo automático fosse levantado sempre que os prejuízos dele decorrentes para o interesse público e para os interesses dos contrainteressados fossem superiores aos danos que podem advir para o impugnante do seu levantamento. Ora, não é assim porque, nos termos do nº 2 do artigo 103º-A, os prejuízos que resultariam da manutenção do efeito suspensivo para o interesse público têm de ser graves e os prejuízos que daí resultariam para os demais interesses têm de ser desproporcionados para que o levantamento possa ser levantado.

Do exposto resulta que, numa interpretação que não pode deixar de conjugar os preceitos do nº 2 e do nº 4 do presente artigo 103º-A, o levantamento só poderá ser concedido se, devidamente ponderados os interesses públicos e privados em presença, se concluir que os danos que resultariam da manutenção do efeito suspensivo se mostram consideravelmente superiores àqueles que podem resultar do seu levantamento.

O outro incidente, previsto no artigo 103º-B, pode ser intentado nas ações cuja propositura, por não terem por objeto a impugnação de atos de adjudicação, não tem o referido efeito suspensivo automático, e pode ser, por isso, intentado pelo requerente, para obter a adoção de medidas provisórias "dirigidas a prevenir o risco de, no momento em que a sentença venha a ser produzida, se ter constituído uma situação de facto consumado ou já não ser possível reinstruir o procedimento pré-contratual para nele se determinar quem nele seria escolhido como adjudicatário" (artigo 103º-B, nº 1).

Com efeito, resulta, hoje, da conjugação do artigo 103º-B com o artigo 132º que, com a revisão de 2015, deixou de haver lugar, no âmbito dos processos do contencioso pré-contratual urgente, tal como delimitado pelo nº 1 do artigo 100º, à adoção de providências cautelares, segundo o regime estabelecido nos artigos 112º e segs.. Na verdade, em vez de intentar um processo cautelar, o autor tem, nesse domínio, a possibilidade de intentar o incidente de adoção de medidas provisórias, previsto no artigo 103º-B, que, como estabelece o nº 2 deste artigo, corre termos nos autos do próprio processo declarativo segundo uma tramitação muito flexível, que ao próprio juiz cabe fixar, no respeito pelo contraditório, em função da complexidade e urgência do caso. A adoção das medidas provisórias é decidida por aplicação de um critério de ponderação de interesses, previsto no nº 3 do artigo 103º-B em termos paralelos aos que, para os processos cautelares, resultam do nº 2 do artigo 120º.

§ 2º – Intimações

188. Pode dizer-se que os processos de intimação são *processos urgentes* que se caracterizam por se dirigirem à emissão de uma *imposição*, pretendendo-se, com esta expressão, qualificar uma pronúncia de condenação que, com carácter de urgência, é proferida no âmbito de um processo de cognição sumária. Para além das duas formas de processos de intimação que o CPTA institui e regula nos artigos 104º a 111º, outros podem ser previstos por lei especial[284].

1. Intimação para prestação de informações, consulta de processos e passagem de certidões (arts. 107º e 108º)

189. O primeiro dos processos de intimação que o CPTA regula no Título III é o *processo de intimação para a prestação de informações, consulta de processos ou passagem de certidões* (artigos 104º a 108º). Trata-se de um processo que tanto pode funcionar como um meio acessório, nos termos dos artigos 60º e 106º, como pode funcionar como um meio autónomo, por meio do qual podem ser exercidos o direito à informação procedimental e o direito de acesso aos arquivos e registos administrativos (para a caracterização do objecto desta forma de processo, cfr. *supra*, nº 52).

A simplicidade da tramitação estabelecida no artigo 107º afigura-se adequada à natureza das questões que nesta forma de processo cumpre apreciar e das indagações que, para o efeito, são necessárias. Assim,

[284] Veja-se o exemplo da *intimação judicial para a prática de acto legalmente devido*, prevista, em matéria urbanística, no artigo 112º do Regime Jurídico da Urbanização e da Edificação, aprovado pelo Decreto-Lei nº 555/99, de 16 de Dezembro, e revisto pelo Decreto-Lei nº 214-G/2015, de 2 de outubro.

uma vez recebido o requerimento de intimação apresentado pelo autor, a secretaria promove oficiosamente a citação da entidade demandada para responder no prazo de 10 dias. Uma vez apresentada a resposta ou decorrido o respectivo prazo, segue-se a decisão do juiz, a menos que este considere necessária a realização de diligências complementares. A celeridade do processo é, entretanto, naturalmente reforçada pela aplicação do regime próprio dos processos urgentes, que resulta dos artigos 36º, nºs 2 e 3, e 147º.

2. Intimação para protecção de direitos, liberdades e garantias – modelos de tramitação (artigo 110º)

190. O segundo dos processos de intimação que o CPTA regula no Título III é o *processo de intimação para protecção de direitos, liberdades e garantias* (artigos 109º a 111º: para a caracterização do seu objecto, cfr. *supra*, nºs 53 segs.).

Do ponto de vista do regime estabelecido quanto à sua tramitação, foi dito na exposição de motivos da proposta de lei que esteve na origem do CPTA que o processo de intimação para protecção de direitos, liberdades e garantias é "um instrumento que se procurou desenhar com uma grande elasticidade, que o juiz deverá dosear em função da intensidade da urgência, e que tanto poderá seguir os termos da acção administrativa especial, com os prazos reduzidos a metade, como, em situações de especial urgência, poderá conduzir a uma tomada de decisão em 48 horas, mediante audição oral das partes".

Como temos dito, este processo é, portanto, configurado segundo um *modelo polivalente* ou *de geometria variável*, que se pretende que seja adequado a intervir:

a) Nas situações de *urgência normal*, em que o processo segue os trâmites previstos nos nºs 1 ou 2 do artigo 110º, que podem ser, "quando a complexidade da matéria o justifique", os da acção administrativa, ainda que com os prazos reduzidos a metade;

b) "Em situações de especial urgência, em que a petição permita reconhecer a possibilidade de lesão iminente e irreversível do direito, liberdade ou garantia", estabelece o nº 3 do artigo 110º que o juiz pode reduzir o prazo fixado no nº 1 do artigo 110º ou promover a audição do requerido através de qualquer meio de comunicação que se revele adequado, ou optar mesmo pela "realização, no prazo de 48 horas, de uma audiência oral, no termo da qual a decisão é tomada de imediato".

Do ponto de vista da tramitação a seguir, pode, assim, dizer-se que o modelo comporta quatro possibilidades distintas:

a) *Modelo normal.* Corresponde aos processos desencadeados em situações de urgência normal e que apresentam uma complexidade normal de apreciação. Está regulado no artigo 110º, nº 1.
b) *Modelo mais lento do que o normal.* Corresponde aos processos desencadeados em situações de urgência normal, mas cuja apreciação se reveste de uma complexidade fora do normal. Por remissão do artigo 110º, nº 2, este modelo é o da acção administrativa (cfr. artigos 78º e segs.), com os prazos reduzidos a metade.
c) *Modelo mais rápido do que o normal.* Corresponde a processos desencadeados em situações de especial urgência. Por remissão do artigo 110º, nº 3, alínea *a)*, é o modelo regulado no artigo nº 1 do mesmo artigo, mas com redução do prazo aí previsto para a citação do requerido.
d) *Modelo ultra-rápido.* Corresponde a processos desencadeados em situações de extrema urgência e segue termos informais muito simplificados, que podem passar pela audição do requerido por qualquer meio de comunicação, o que inclui o telefone (artigo 110º, nº 3, alínea *b)*), ou resumir-se à já referida realização, em 48 horas, de uma audiência oral, no termo da qual o juiz decidirá de imediato (artigo 110º, nº 3, alínea *c)*).

Expressão privilegiada do direito à tutela jurisdicional efectiva, resta acrescentar que o acesso à tutela proporcionada pelo processo de intimação para protecção de direito, liberdades e garantias é praticamente afastado no domínio da aplicação de sanções disciplinares ao abrigo do Regulamento de Disciplina Militar. Com efeito, na sequência da previsão, no artigo 7º da Lei nº 34/2007, de 13 de Agosto, da intervenção de assessores militares do Ministério Público junto dos tribunais administrativos no âmbito dos processos referentes a esse tipo de sanções, o artigo 4º da Lei nº 79/2009, de 13 de Agosto, veio prever que, no âmbito dos processos abrangidos pelo âmbito de aplicação da Lei nº 34/2007, os assessores militares do Ministério Público junto dos tribunais administrativos emitem parecer prévio, não vinculativo, relativamente aos requerimentos de intimação para protecção de direitos, liberdades e garantias, requerimentos para a adopção de providências cautelares e decisões que ponham termo ao processo, devendo esses pareceres ser emitidos no prazo de 10 dias a contar da notificação, promovida oficiosamente pela secretaria, da apresentação dos requerimentos referidos ou da adopção da decisão que ponha termo ao processo.

Como é evidente, este regime não se compadece com qualquer urgência, consubstanciando-se, deliberadamente, na subreptícia denegação, no domínio da disciplina militar, do acesso à intimação para protecção de direitos, liberdades e garantias em situações de especial urgência, em termos que se nos afiguram desproporcionados e, por isso, desconformes à garantia constitucional dos artigos 20º, nº 5, e 268º, nº 4, da CRP (para a apreciação mais detalhada do regime introduzido pelas duas Lei referidas, que se refere, sobretudo, a matéria atinente aos processos cautelares, cfr. *infra*, nº 238).

CAPÍTULO QUARTO
Recursos Jurisdicionais

§ 1º – Sistema de recursos

191. A revisão de 2015 introduziu uma significativa clarificação quanto a diversos aspetos do regime dos recursos jurisdicionais, em relação aos quais o regime do CPTA continha algumas disposições que, vindo de trás, enfermavam de atavismos que a evolução do próprio processo civil entretanto ocorrida contribuiram para evidenciar e acentuar.

Nesse sentido, o novo artigo 140º veio clarificar que os recursos no processo administrativo são ordinários ou extraordinários; que, na categoria dos recursos ordinários, existem os recursos de apelação para os Tribunais Centrais Administrativos e os recursos de revista para o Supremo Tribunal Administrativo, apenas admitidos nos casos e termos previstos nos artigos 150º e 151º; que são extraordinários o recurso para uniformização de jurisprudência e a revisão, como hoje resulta da sua inserção sistemática no capítulo III do Título VI, que começa no artigo 152º; e que em todos os aspetos não regulados de modo específico no Título VI, os recursos se regem pelo CPC.

Como resulta dos artigos 149º e segs., os recursos do processo administrativo dividem-se, pois, tal como sucede em processo civil (cfr. artigo 627º, nº 2, do CPC), em *recursos ordinários* e *recursos extraordinários*, sendo que os primeiros são os recursos de *apelação* e os recursos de *revista*, e os segundos são os recursos para *uniformização de jurisprudência* e de *revisão*.

192. Um dos traços mais marcantes do regime aplicável aos recursos jurisdicionais prende-se com o facto de, tendencialmente, as decisões que dão provimento a recursos jurisdicionais não se limitarem a eliminar a decisão recorrida, mas, salvo excepções de âmbito limitado, julgarem do mérito da causa no mesmo acórdão em que a revogam, procedendo, para o efeito, às indagações necessárias, no respeito pelo contraditório[285].

Como é óbvio, isto vale, em primeira linha, para o recurso de apelação, sobre matéria de facto e de direito, a que se refere o artigo 149º, que é interposto das decisões de primeira instância proferidas pelos tribunais administrativos de círculo. E, na revisão de 2015, o ponto foi reforçado pela redação e localização sistemática do novo nº 4 do artigo 149º.

Mas também em relação ao recurso de revista, que versa exclusivamente sobre matéria de direito, determina o artigo 150º, nº 3, que "aos factos materiais fixados pelo tribunal recorrido, o tribunal de revista aplica definitivamente o regime jurídico que julgue adequado". E no mesmo sentido também se orienta o artigo 152º, nº 6, respeitante ao recurso para uniformização de jurisprudência. Sem prejuízo das excepções, que, como adiante se verá, decorrem sobretudo da aplicação subsidiária do CPC, intervém aqui um critério de economia processual, na medida em que "violenta todas as regras racionais do processo e despreza os valores de economia e da celeridade processuais reenviar o processo à 1ª instância para aí serem apreciados os vícios não conhecidos e para, face à decisão que vier a ser proferida, ser interposto novo recurso [...] com repetição da inerente tramitação e dispêndio de vários meses ou anos para, no final, ser obtida decisão idêntica à que pode ser desde já tomada"[286].

O facto de o julgamento de certos aspectos da causa ter pela primeira vez apenas lugar em sede de recurso não põe, entretanto, em causa o princípio do duplo grau de jurisdição[287]. Cumpre, antes de mais, sublinhar que a CRP não garante o direito à interposição de um recurso relativa-

[285] Sobre o tema, por referência ao regime do artigo 149º em matéria de apelação, cfr. Armindo Ribeiro Mendes, "A amplitude do princípio da substituição na apelação administrativa – o art. 149º do CPTA na jurisprudência", *Cadernos de Justiça Administrativa* n.º 80, pp. 19 segs. A apreciação do Autor não era, contudo, optimista quanto ao alcance efectivo que, na jurisprudência, era dado a esta dimensão do regime dos recursos jurisdicionais.

[286] Cfr. Mário Torres, "Três *falsas ideias simples*...", p. 758.

[287] Cfr. Mário Torres, "Três *falsas ideias simples*...", p. 759, cuja linha argumentativa se segue de perto no texto.

mente a todos os processos e a todas as decisões jurisdicionais, dispondo o legislador de uma ampla liberdade de conformação nessa matéria. Por outro lado, importa notar que, no caso em apreço, o que porventura se subtrai é o acesso a duas decisões sobre todos os aspectos da causa. Ora, o legislador não está obrigado a assegurar que, relativamente a cada questão que seja suscitada num processo, possa haver lugar à emissão de duas decisões por parte de tribunais hierarquicamente distintos, por forma a que a segunda possa ser diferente da primeira.

Na verdade, a possibilidade de as partes recorrerem de decisões proferidas por tribunais hierarquicamente inferiores para tribunais hierarquicamente superiores visa evitar, relativamente às causas cuja relevância o justifique, que os litígios sejam definitivamente decididos por tribunais inferiores, sem que as partes possam obter uma pronúncia proferida por um tribunal superior, apto, pela sua composição e pelo modo como está organizado o seu funcionamento, a tomar uma decisão que oferece maiores garantias. Ora, o objectivo de assegurar a intervenção do tribunal superior e, portanto, que as questões sejam por ele decididas em definitivo está assegurado a partir do momento em que as partes têm a possibilidade de debater, perante esse tribunal, as questões sobre as quais ele se vai pronunciar. Como é evidente, essa garantia não é beliscada pelo facto de as ditas questões não terem sido, em momento anterior, submetidas à prévia apreciação de um tribunal inferior, cuja decisão sempre estaria submetida à sindicância do tribunal superior.

1. Competência em matéria de recursos

193. A exemplo do que sucede nos tribunais judiciais, os recursos são, por regra, interpostos para os tribunais superiores, que, em matéria administrativa, são, no essencial, tribunais de recurso (cfr. *supra*, nº 77).

Os Tribunais Centrais Administrativos são a instância normal de recurso de apelação das decisões dos tribunais de primeira instância e dos tribunais arbitrais (cfr. artigo 37º, alíneas *a)* e *b)*, do ETAF).

Para o Supremo Tribunal Administrativo, só é possível recorrer das decisões proferidas em primeiro grau de jurisdição pelos Tribunais Centrais Administrativos (artigo 24º, nº 1, alínea *g)*, do ETAF) e, em certas circunstâncias, interpor recursos de revista: recurso *per saltum* das decisões dos tribunais de primeira instância e recurso das próprias decisões proferidas pelos Tribunais Centrais Administrativos em recurso de apelação (cfr. artigo 24º, nº 2, do ETAF e artigos 150º e 151º do CPTA). O Supremo também conhece dos recursos extraordinários para uniformização de jurisprudência, que resultem da existência de oposição entre acórdãos (cfr. artigo 152º do CPTA).

A Secção de Contencioso Administrativo do Supremo Tribunal Administrativo funciona também em Pleno. Segundo o artigo 25º, nº 1, do ETAF, o Pleno da Secção conhece dos recursos dos acórdãos que tenham sido proferidos pela secção, através das subsecções, em primeiro grau de jurisdição, nos casos em que, excepcionalmente, o Supremo é competente para o efeito (cfr. artigo 24º, nº 1, alínea *a)*, do ETAF).

2. Recursos ordinários

2.1. *Recurso de apelação*

194. Ao contrário do que sucede no recurso de revista, o recurso de apelação é um recurso, não só sobre matéria de direito, mas também sobre matéria de facto. Proporciona, por isso, o reexame das questões objecto do litígio, permitindo que o tribunal de recurso – no caso, o Tribunal Central Administrativo competente – funcione como um verdadeiro segundo grau de jurisdição, julgando de novo o mérito da causa e, se julgar procedente o recurso, substituindo a decisão recorrida por uma nova decisão, que irá dirimir o litígio em substituição daquela que tinha sido proferida pela primeira instância. Neste sentido, o artigo 149º admite a possibilidade da renovação de meios de prova perante o tribunal de recurso e a realização de novas diligências probatórias, o que permite abrir uma fase de produção de prova em sede de recurso, para efeito de apreciar questões que o tribunal recorrido não tinha chegado a conhecer ou tinha considerado prejudicadas. Neste sentido, é determinante a circunstância de o nº 2 do artigo 149º, embora corresponda ao disposto no artigo 665º, nº 2, do CPC, não conter a ressalva final "sempre que disponha dos elementos necessários" que surge neste último preceito.

O tribunal de recurso está, em todo o caso, limitado pelo princípio do dispositivo, só podendo servir-se dos factos articulados pelas partes, os quais constituem também um limite à indagação e ampliação da matéria de facto. Esta questão não contende, entretanto, com a previsão do artigo 95º, nº 3, relativa aos processos impugnatórios, na medida em que, nesse particular, é a própria lei que confere ao tribunal o poder de se pronunciar oficiosamente sobre aspectos não suscitados, o que se afigura que também deve poder suceder em segundo grau de jurisdição.

Assim, se o recorrente arguir como fundamento do recurso alguma das nulidades previstas no artigo 615º do CPC, o tribunal de recurso, se reconhecer a existência do vício, não se limita a mandar baixar o processo à primeira instância, para que o juiz o corrija, mas toma desde logo posição sobre a matéria do recurso e, se a sentença recorrida não especificou os fundamentos de facto ou de direito, ou estes estão em oposição com o sentido da decisão, o tribunal de recurso profere a decisão que considere adequada, fundamentando-a convenientemente e prescindindo dos argumentos utilizados pelo juiz que sofram de vício lógico. Se a sentença deixou de pronunciar-se sobre questão que devesse apreciar, o tribunal de recurso conhece dessa questão, resolvendo-a de acordo com o direito aplicável. Se a sentença tiver conhecido de questões de que não devia tomar conhecimento, o tribunal de recurso declara sem efeito essa decisão. Por outro lado, se, para além da nulidade da sentença, o recorrente tiver suscitado um erro de julgamento quanto à apreciação do mérito, o tribunal de recurso, depois de suprir a nulidade nos termos antes expostos, se ela existir, tomará posição quanto às restantes questões que constituem objecto do recurso. Nos mesmos termos, por força das disposições combinadas dos nºs 1 e 3 do artigo 149º, se o tribunal de primeira instância se tiver abstido de conhecer do pedido por considerar verificada uma excepção dilatória, o tribunal de recurso, se declarar nula a sentença, deve igualmente pronunciar-se sobre se são ou não procedentes os motivos que determinaram a absolvição da instância, e, se julgar insubsistentes esses motivos, deve, no mesmo acórdão, não havendo outras questões que a tal obstem, conhecer do mérito da causa (neste sentido, cfr. acórdão do STA de 2 de Agosto de 2006, Processo nº 571/06)[288].

No entanto, se a apreciação, no recurso, de questões não conhecidas na sentença recorrida implicar a reformulação do despacho de prova (cfr.

[288] Cfr. Mário Aroso de Almeida/Carlos Fernandes Cadilha, *Comentário...*, pp. 972-973, cuja exposição se segue de perto no texto.

artigo 89º-A), o tribunal de recurso deve mandar baixar o processo à primeira instância, para o efeito de serem praticados os correspondentes actos processuais. Por outro lado, as concretas circunstâncias do caso podem justificar que o tribunal de recurso determine a renovação dos meios de prova produzidos em primeira instância (quando tal se mostre absolutamente indispensável ao apuramento da verdade, quanto à matéria de facto impugnada) e também anular, mesmo oficiosamente, a decisão proferida pela primeira instância, quando a repute deficiente, obscura ou contraditória, quanto a determinados pontos de facto: em qualquer destes casos, há lugar à repetição do julgamento na parte que esteja viciada, tornando-se, por isso, dispensável a realização, *motu* próprio, de quaisquer diligências complementares (cfr. artigo 662º, nºs 2 e 3, do CPC)[289].

Note-se, entretanto, que, para efeitos do disposto no artigo 149º, nº 3, o tribunal de recurso não pode, para o efeito de verificar se pode ou não conhecer do pedido, reapreciar *ex officio* as questões prévias já decididas em primeira instância, ou suscitar outras questões prévias que não tenham sido analisadas antes, e que possam constituir obstáculo ao conhecimento do mérito da causa. Com efeito, os poderes de cognição conferidos pelo artigo 149º, nº 3, estão limitados pelo disposto no artigo 88º, nº 2, que, no que respeita ao momento em que devem ser apreciadas as questões prévias, estabelece que "as questões prévias (...) que não tenham sido apreciadas no despacho saneador não podem ser suscitadas nem decididas em momento posterior do processo e as que sejam decididas no despacho saneador não podem vir a ser reapreciadas". Significa isto que o tribunal de recurso, não só não pode suscitar novas questões prévias, como apenas pode reavaliar a existência de outras questões prévias se tiver sido interposto recurso do despacho saneador[290].

2.2. *Recursos de revista*

195. O CPTA prevê, nos artigos 150º e 151º, duas modalidades de recursos de revista para o Supremo Tribunal Administrativo: por um lado, um recurso de revista de decisões proferidas em segundo grau de jurisdição

[289] Cfr. ainda Mário Aroso de Almeida/Carlos Fernandes Cadilha, *Comentário...*, p. 976.
[290] Cfr. Mário Aroso de Almeida/Carlos Fernandes Cadilha, *Comentário...*, pp. 977-978.

por um Tribunal Central Administrativo (artigo 150º), que possibilita, assim, um duplo grau de recurso; por outro lado, um recurso de revista *per saltum* de decisões proferidas por tribunais de primeira instância (artigo 151º). Como é próprio do recurso de revista, os poderes de apreciação do tribunal de recurso estão limitados à apreciação de questões de direito, pelo que o tribunal de revista se limita a aplicar o direito aos factos materiais fixados pelos tribunais inferiores, sem dispor do poder de modificar as decisões sobre a matéria de facto que por eles foram proferidas.

196. Não é da tradição do processo administrativo a existência de duplo grau de recurso jurisdicional. Só em 1996 foi criado um tribunal de grau hierárquico intermédio entre os tribunais administrativos de círculo e o Supremo Tribunal Administrativo, e das decisões que esse novo tribunal, o Tribunal Central Administrativo, proferia em segundo grau de jurisdição, não cabia recurso ordinário. A solução, no essencial, mantém-se. Em princípio, das decisões que, o Tribunal Central Administrativo profere em sede de recurso de apelação não cabe recurso de revista para o Supremo Tribunal Administrativo.

O artigo 150º admite, no entanto, a possibilidade da interposição de um excepcional recurso de revista para o Supremo Tribunal Administrativo das decisões proferidas em segundo grau de jurisdição pelo Tribunal Central Administrativo, que pode ter como fundamento a violação de lei substantiva ou processual. O critério de admissibilidade deste recurso não é, no entanto, um critério quantitativo, referido ao valor da causa, mas um critério qualitativo, referido a "matérias que, pela sua relevância jurídica ou social, se revelem de importância fundamental, ou em que a admissão do recurso seja necessária para uma melhor aplicação do direito". Por este motivo, a alçada que o artigo 6º, nº 4, do ETAF estabelece para os Tribunais Centrais Admi nistrativos não releva – ao contrário do que, em processo civil, sucede com a alçada dos tribunais da Relação – para determinar de que decisões cabe recurso de revista para o Supremo Tribunal Administrativo.

Como foi explicado na exposição de motivos da proposta de lei que deu origem à aprovação do CPTA, "num novo quadro de distribuição de competências em que o Tribunal Central Administrativo passa a funcionar como instância normal de recurso de apelação, afigura-se útil que, em matérias de maior importância, o Supremo Tribunal Administrativo possa ter uma intervenção que, mais do que decidir directamente um grande número de casos, possa servir para orientar os tribunais inferiores, definindo o sentido que deve presidir à respectiva jurisprudência em questões que, independentemente de alçada, considere mais importantes. Não se pretende generalizar o recurso de revista, com o óbvio inconveniente de dar causa a uma acrescida morosidade na resolução final dos litígios. Ao Supremo Tribunal Administrativo caberá dosear a sua intervenção, de modo a permitir que esta via funcione como uma válvula de segurança do sistema" (sobre o recurso de revista em processos cautelares, cfr., entretanto, *infra*, nº 238-A).

De acordo com o artigo 150º, nº 3, aos factos materiais fixados pelo tribunal recorrido, o tribunal de revista aplica definitivamente o regime jurídico que julgue adequado. O regime do recurso de revista previsto no CPC, que é aqui subsidiariamente aplicável, prevê, entretanto, a possibilidade de o tribunal de revista ordenar a baixa do processo ao tribunal que proferiu a decisão recorrida, quando se torne necessário ampliar a matéria de facto ou reformar a decisão recorrida, quando esta se encontre ferida de nulidade (cfr. artigos 682º, nº 3, 683, nº 1, e 684º, nº 2, do CPC).

197. O outro tipo de recurso de revista para o Supremo Tribunal Administrativo, que o CPTA prevê no artigo 151º, é um recurso *per saltum* das decisões de mérito proferidas pelos tribunais de primeira instância, que é admitido quando apenas sejam suscitadas questões de direito, relacionadas com a violação de lei substantiva ou processual, e desde que, cumulativamente, se preencham os seguintes requisitos: o valor da causa, fixado segundo os critérios estabelecidos nos artigos 32º e segs., tem de ser superior a 500.000 euros ou ser indeterminável (artigo 151º, nº 1) e o processo não pode versar sobre questões de funcionalismo público ou de segurança social (artigo 151º, nº 2).

Não havendo, neste recurso, discussão sobre a matéria de facto, que se considera fixada, justifica-se evitar a apelação e avançar, de imediato, para a revista perante o Supremo. Quando, pelo contrário, haja matéria de facto a discutir, haverá apelação para o Tribunal Central Administrativo, que também decidirá as questões de direito. Por conseguinte, sempre que o Supremo considere ser este último o caso e, portanto, que determinada questão que lhe tenha sido submetida pela via do recurso *per saltum* ultrapassa o âmbito da revista, determina, "mediante decisão definitiva, que o processo baixe ao Tribunal Central Administrativo, para que o recurso aí seja julgado como apelação" (artigo 151º, nº 4).

Colocou-se a questão de saber se, quando se preencham os pressupostos do nº 1 do artigo 151º, o recurso tem de ser interposto como recurso de revista, nos termos previstos nesse preceito, ou se depende de opção do recorrente dirigir-se, nesse caso, ao Supremo ou interpor recurso de apelação para o Tribunal Central Administrativo competente. A nova redação dada pela revisão de 2015 ao nº 1 do artigo 151º, ao reservar para o Supremo Tribunal Administrativo a *competência* para apreciar os recursos que preencham os requisitos estabelecidos no preceito – em termos claramente distintos daqueles que, em processo civil, correspondem ao lugar paralelo do artigo 678º do CPC – parece indicar que o recurso de revista é de utilização obrigatória nos casos em que ele pode ser interposto, pelo que o juiz do tribunal recorrido, no despacho em que admita o recurso, ou o próprio Tribunal Central Administrativo, quando o receba, deverão mandá-lo subir ao Supremo, independentemente de expressão nesse sentido da vontade do recorrente.

Quando pretenda interpor recurso apenas sobre matéria de direito de uma decisão proferida por um tribunal de primeira instância e esteja em posição, em razão do valor da causa, de poder interpor o recurso de revista previsto no artigo 151º, o recorrente não pode, pois, optar por interpor esse recurso ou, pelo contrário, interpor recurso de apelação para o Tribunal Central Administrativo: esse recurso tem de ser interposto *per saltum* para o Supremo Tribunal Administrativo.

A solução é coerente com a opção, também tomada na revisão de 2015, da redução de 3 milhões para 500.000 do limiar, previsto no nº 1 do artigo 151º, a partir do qual a interposição do recurso *per saltum* é admitida em função do valor da causa, e, tal como esta, é determinada pelo propósito comum de ampliar o âmbito da competência do Supremo Tribunal Administrativo para a apreciação de recursos jurisdicionais.

3. Recursos extraordinários

3.1. *Recurso para uniformização de jurisprudência*

198. O *recurso para uniformização de jurisprudência* é um recurso extraordinário, que se interpõe de decisões já transitadas em julgado. Trata-se, na verdade, de um recurso dirigido ao Supremo Tribunal Administrativo, que pode ser interposto de uma decisão transitada em julgado de um Tribunal Central Administrativo ou do Supremo, com fundamento na alegada existência de contradição, sobre a mesma questão fundamental de direito, entre dois acórdãos do Supremo Tribunal Administrativo ou entre um acórdão do Tribunal Central Administrativo e um acórdão anteriormente proferido pelo mesmo tribunal ou pelo Supremo.

O recurso pode ser interposto no prazo de 30 dias, contado do trânsito em julgado do acórdão recorrido (artigo 152º, nº 1), acompanhado de alegação na qual se demonstre a existência da contradição e, por isso, se identifique a infracção em que terá incorrido o acórdão recorrido (artigo 152º, nº 2). O recurso não é admitido se a orientação perfilhada no acórdão impugnado estiver de acordo com a jurisprudência mais recentemente consolidada do Supremo Tribunal Administrativo (artigo 152º, nº 3). O acórdão que verifique a existência da contradição alegada anula o acórdão impugnado e substitui-o, decidindo a questão controvertida (artigo 152º, nº 6), e é publicado na I Série do *Diário da República* (artigo 152º, nº 4), no propósito de, dessa forma, e ainda que de modo informal, poder orientar o rumo da jurisprudência sobre a matéria, prevenindo a repetição de contradições: em última análise, é esse o propósito que justifica a instituição desta modalidade de recurso, que também existe em processo civil (cfr. artigo 688º do CPC), embora, nessa sede, apenas dirigido a eliminar contradições surgidas na jurisprudência do Supremo Tribunal de Justiça.

3.2. *Revisão de sentenças*

199. Do ponto de vista doutrinal, deve dizer-se que a revisão de sentenças não é um verdadeiro recurso jurisdicional. Como, na verdade,

claramente assume o artigo 154º, nº 1, a revisão da sentença é pedida ao tribunal que a proferiu: não se trata, portanto, de um pedido de reapreciação dirigido a um tribunal diferente daquele que proferiu a decisão impugnada. Por outro lado, o artigo 154º, nº 2, permite que, no processo de revisão, seja cumulado eventual pedido de reparação de danos causados pela sentença cuja revisão é pedida – solução que se compagina com o facto de o artigo 4º do ETAF atribuir à jurisdição administrativa a competência para julgar as questões de responsabilidade civil extracontratual do Estado por danos resultantes do funcionamento da administração da justiça (artigo 4º, nº 1, alínea *g)*, do ETAF), com a única ressalva da apreciação das acções de responsabilidade por erro judiciário cometido por tribunais pertencentes a outras ordens de jurisdição (artigo 4º, nº 3, alínea *a)*, do ETAF).

É, em todo o caso, como um recurso que a lei portuguesa qualifica a revisão de sentenças, tanto no CPC (cfr. artigos 627º, nº 2, e 696º e segs.), como no CPTA (cfr. artigos 154º a 156º). Por comodidade de exposição, referir-nos-emos, pois, a ela no quadro do estudo do regime dos recursos jurisdicionais.

Segundo dispõe o artigo 155º, nº 1, os fundamentos possíveis da revisão são aqueles que se encontram previstos no artigo 696º do CPC. A nosso ver, o artigo 155º, nº 2, complementa e alarga, no entanto, esses fundamentos, ao reconhecer legitimidade para pedir a revisão, não só a quem deixou indevidamente de ser citado no processo que conduziu à sentença impugnada, ou o foi de forma nula, tendo por isso o processo corrido à sua revelia (pense-se no caso paradigmático de eventuais contra-interessados que deviam ter sido citados e não o foram: cfr., a propósito, *supra*, nº 115), mas também a quem não tenha tido a oportunidade de participar no processo em que foi proferida a decisão a rever e esteja a sofrer ou em vias de sofrer a execução da decisão a rever.

Com efeito, esta última referência tem, a nosso ver, um âmbito mais alargado do que aquele que resulta da estrita aplicação dos fundamentos previstos no CPC, na medida em que estende a legitimidade para requerer a revisão a quem, embora não devesse ter sido obrigatoriamente citado no processo e, portanto, não fosse contra-interessado no processo, se deva concluir que teria pelo menos sido conveniente que tivesse sido chamado a intervir, na medida em que, estando destinado a sofrer a execução da decisão, é legitimado a defender-se dessa execução, pondo em causa a sentença exequenda. Pense-se no beneficiário de um acto consequente, cuja remoção (cfr. artigo 173º) resulte de uma sentença de anulação proferida em processo no qual o acto consequente não tenha sido impugnado e em que, por isso, não era contra-interessado, pelo que não tinha de lhe ser assegurada a oportunidade de participar[291]. Nesta parte, a revisão das sentenças funciona, assim[292], também como um *processo de oposição de terceiro.*

Refira-se que as questões que, a este propósito, se colocam revestem-se do maior interesse teórico e prático, uma vez que, como bem faz notar *Rui Machete*, da consagração, nesta sede, da "protecção de terceiros podem retirar-se consequências importantes para a defesa da tese [...] de o caso julgado anulatório não ter eficácia *erga omnes*, mas apenas eficácia *inter partes*, havendo naturalmente que fazer a distinção entre aquilo que são os efeitos da sentença como facto ou como acto jurídico, e o que são efeitos da sentença transitada em julgado como acto jurisdicional"[293] – aspecto relevante, designadamente para o efeito de se reconhecer que, nos processos respeitantes a actos administrativos, existe um verdadeiro litisconsórcio necessário passivo entre a entidade pública demandada e os contra-interessados, que devem ser, por isso, obrigatoriamente citados (cfr. *supra*, nº 115).

§ 2º – Regime de admissibilidade de recursos: valor das causas e recursos

200. De acordo com o nº 1 do artigo 142º, o recurso para um tribunal de grau superior das decisões dos tribunais administrativos que, em primeiro grau de jurisdição, tenham conhecido do mérito da causa é admitido nos processos de valor superior à alçada do tribunal do qual se recorre. Já vimos que esta regra não vale para a revista, nem para os recursos extraordinários, mas só para a apelação, a que se refere o artigo 149º. Tal como sucede em processo civil, o CPTA consagra, deste modo, uma regra que associa a admissibilidade de recurso de apelação das decisões proferidas

[291] Exemplo que já noutro lugar tivemos oportunidade de analisar com pormenor: cfr. M. Aroso de Almeida, *Anulação de actos administrativos...*, pp. 380 segs.

[292] Como bem assinalou Rui Machete, *O Debate Universitário*, p. 374.

[293] Cfr. Rui Machete, *O Debate Universitário*, p. 374. Para a análise destas questões, cfr. M. Aroso de Almeida, *Anulação de actos administrativos...*, pp. 380 segs.

em primeiro grau de jurisdição ao valor da causa, que deve ser reportado ao valor da alçada do tribunal que proferiu a decisão.

Como determina o artigo 6º do ETAF, os tribunais da jurisdição têm alçada, sendo que a alçada dos tribunais administrativos de círculo corresponde àquela que se encontra estabelecida para os tribunais judiciais de primeira instância (artigo 6º, nº 3) e a alçada das secções de contencioso administrativo do Tribunal Central Administrativo e do Supremo Tribunal Administrativo, nos processos em que exerçam competências em primeiro grau de jurisdição, corresponde à dos tribunais administrativos de círculo (artigo 6º, nº 5)[294].

Por conseguinte, as decisões sobre o mérito da causa que os tribunais administrativos de primeira instância, o Tribunal Central Administrativo e o Supremo Tribunal Administrativo profiram em primeiro grau de jurisdição só são passíveis de recurso de apelação se o valor da causa for superior ao valor da alçada dos tribunais administrativos de círculo. Significa isto que, por regra, não cabe qualquer espécie de recurso das decisões proferidas, em primeiro grau de jurisdição, em processos cujo valor seja inferior a esse montante.

No que respeita à determinação do valor das causas, estabelece o artigo 31º, nº 1, que a toda a causa deve ser atribuído um valor certo, expresso em moeda legal, o qual representa a utilidade económica do pedido, acrescentando o nº 2 do mesmo artigo que se atende ao valor da causa para determinar se cabe recurso da sentença proferida em primeira instância e que tipo de recurso. Os artigos 32º a 34º estabelecem, entretanto, os critérios a que obedece a determinação do valor de cada causa, que ao autor cumpre propor na petição inicial, e que, em caso de discordância da outra parte, é fixado pelo tribunal (cfr. artigo 31º, nº 4). O valor da causa pode ser, entretanto, indeterminável, nos termos do artigo 34º, considerando-se, nesse caso, que ele é superior ao da alçada do Tribunal Central Administrativo.

Nos casos de cumulação de pedidos, estabelece o artigo 32º, nº 7, que o valor da causa é a quantia correspondente à soma dos valores de todos eles, mas, muitas vezes, alguns dos pedidos cumulados não acrescentam

[294] O artigo 6º, nº 4, do ETAF refere-se, entretanto, à alçada dos Tribunais Centrais Administrativos. Cumpre, porém, referir que o valor da alçada destes Tribunais não releva para determinar se cabe recurso das decisões por eles proferidas, matéria sobre a qual, como vimos, rege o artigo 150º do CPTA.

qualquer valor aos demais: fala-se, nesse caso, na existência de uma *cumulação aparente*[295]. Basta pensar no exemplo do funcionário ilegalmente demitido, em que, se o pedido dirigido ao pagamento dos vencimentos ou de uma indemnização acrescenta valor ao pedido dirigido à anulação da decisão de demissão, já o mesmo não sucede com o pedido de condenação à reintegração no posto de trabalho.

Estabelece, entretanto, o artigo 142º, nº 3, que é sempre admissível recurso, independentemente do valor da causa, nos mesmos casos em que isso está previsto no artigo 629º do CPC e ainda quando se trate de recorrer de decisões de improcedência de pedidos de intimação para protecção de direitos, liberdades e garantias, de decisões proferidas em matéria sancionatória ou contra jurisprudência uniformizada pelo Supremo Tribunal Administrativo e de decisões que ponham termo ao processo sem se pronunciarem sobre o mérito da causa.

Resulta, por fim, do artigo 142º, nº 5, de harmonia com o regime do CPC em matéria de recursos, que os despachos interlocutórios (o que inclui o despacho saneador, quando não seja um saneador-sentença, que antecipa a decisão sobre o mérito da causa, e o despacho de prova a que se refere o artigo 89º-A), por regra, só podem ser impugnados no recurso (único) que venha a ser interposto da decisão final. A este entendimento não obsta o disposto no artigo 88º, nº 2, que, embora imponha uma preclusão quanto à possibilidade de apreciação ulterior das questões a que se refere, não implica a formação de caso julgado formal a propósito dessas questões. Só não é assim nos casos passíveis de apelação autónoma, nos termos previstos no artigo 644º, nº 2, do CPC e nos processos urgentes, por força do artigo 147º, nº 1, do qual resulta que as decisões interlocutórias proferidas em processos urgentes são imediatamente impugnáveis e sobem nos próprios autos ou em separado, consoante o processo se encontre ou não findo no tribunal recorrido[296].

[295] Cfr. Miguel Teixeira de Sousa, "Cumulação de pedidos e cumulação aparente no contencioso administrativo", *Cadernos de Justiça Administrativa* nº 34, pp. 37-39.

[296] Cfr. Mário Aroso de Almeida/Carlos Fernandes Cadilha, *Comentário...*, pp. 932-934.

§ 3º – Legitimidade para recorrer

201. O artigo 141º, nº 1, confere legitimidade para recorrer a quem tenha ficado vencido na decisão, assim como ao Ministério Público, com fundamento na "violação de disposições ou princípios constitucionais ou legais". E acrescenta o nº 4 que "pode ainda recorrer das decisões dos tribunais administrativos quem seja direta e efetivamente prejudicado por elas, ainda que não seja parte na causa ou seja apenas parte acessória".

O artigo 141º introduz, entretanto, nos nºs 2 e 3, soluções cujo relevo importa realçar[297]. Com efeito, permite que, nos processos impugnatórios, qualquer das partes recorra de uma sentença que, embora lhe seja favorável quanto à questão da anulação do acto, lhe possa ser desfavorável na parte em que se tenha pronunciado pela procedência ou improcedência de determinada causa de invalidade, produzindo assim um alcance preclusivo diferente daquele que a parte desejaria.

É assim que, mesmo tendo obtido uma anulação fundada em vício de forma, o autor pode recorrer da sentença na parte em que ela tenha julgado improcedente a alegação do vício de violação de lei, no propósito de obter uma anulação *também pelo vício de violação de lei,* de modo a impedir que o acto, uma vez anulado, possa ainda vir a ser renovado pela Administração (artigo 141º, nº 2); ou que, mesmo tendo o tribunal baseado a anulação na procedência de vários vícios, entre os quais o vício de violação de lei, a Administração pode recorrer da sentença apenas na parte em que esta julgou procedente este vício, de modo a que o acto seja apenas anulado por vícios formais ou de procedimento, o que não a impedirá de o vir a renovar após a anulação (artigo 141º, nº 3). Para a apreciação do alcance destas soluções, do ponto de vista da delimitação do objecto do processo impugnatório, cfr. *supra,* nº 26.

§ 4º – Efeitos da interposição de recurso

202. O artigo 143, nº 1, consagra a regra de que os recursos ordinários têm efeito suspensivo da decisão recorrida. O nº 2 atribui, entretanto,

[297] Para a melhor percepção do respectivo alcance, cfr. MÁRIO AROSO DE ALMEIDA, "Para uma maior responsabilização das partes no recurso", *Cadernos de Justiça Administrativa* nº 0, pp. 21 segs.

efeito meramente devolutivo aos recursos de decisões tomadas em processos cautelares e respetivos incidentes – categoria de decisões na qual, hoje, se devem considerar incluídas as decisões proferidas no âmbito do incidente de levantamento do efeito suspensivo automático previsto no artigo 103º-A, que, a nosso ver, têm indiscutível natureza cautelar[298] –, e de decisões de intimação para protecção de direitos, liberdades e garantias (sobre as implicações que daqui resultam para os processos cautelares, em particular no que diz respeito à proibição de executar, prevista no artigo 128º, cfr. *infra*, nº 238-A).

O artigo 143º, nº 3, permite, por sua vez, que, quando a suspensão dos efeitos da sentença durante a pendência do recurso jurisdicional seja passível de originar situações de facto consumado ou a produção de prejuízos de difícil reparação para a parte vencedora ou para os interesses por ela prosseguidos, o recorrente peça ao tribunal para o qual recorre que afaste o efeito suspensivo do recurso e lhe atribua um efeito meramente devolutivo. Se a pretensão for deferida, a sentença passa a ser exequível e a dever ser imediatamente cumprida pela parte vencida, não obstante a pendência do recurso. Permite-se, deste modo, a *execução provisória das sentenças*, figura que o artigo 647º do CPC prevê no domínio dos recursos de apelação e que, no direito comparado, também é geralmente admitida em relação às sentenças proferidas por tribunais administrativos[299]. Quando a execução provisória possa ser causadora de danos, o tribunal pode determinar a adopção de medidas adequadas a evitar ou a minorar esses danos e impor a prestação, pelo interessado, de garantia destinada a responder pelos mesmos (artigo 143º, nº 4).

A atribuição de efeito meramente devolutivo ao recurso jurisdicional depende, nos termos do artigo 143º, nº 5, da adequada ponderação dos interesses em presença, segundo os critérios próprios da tutela cautelar, devendo ter lugar quando essa ponderação permita concluir que a recusa da execução provisória causaria ao interessado prejuízos irreparáveis ou de difícil reparação e que a sua concessão não terá efeitos irreversíveis, nem produzirá prejuízos ainda mais gravosos para os interesses contra-

[298] Para mais desenvolvimentos, cfr. Mário Aroso de Almeida/Carlos Fernandes Cadilha, *Comentário ao Código de Procedimento Administrativo*, 4ª ed., Coimbra, 2017, nota 2 ao artigo 143º.

[299] Sobre o assunto, cfr. Mário Aroso de Almeida, "Pronúncias judiciais e sua execução na reforma do contencioso administrativo", *Cadernos de Justiça Administrativa* nº 22, p. 82.

postos ao do interessado. A pretensão deve ser, pois, recusada se, da ponderação a que se refere o artigo 143º, nº 5 – e que em muito se assemelha, como foi dito, àquelas que se encontram previstas nos artigos 120º, nº 2, e 132º, nº 4, no âmbito da tutela cautelar –, resultar o entendimento de que os danos que resultariam da atribuição de efeito meramente devolutivo ao recurso se mostram "superiores àqueles que podem resultar da sua não atribuição, sem que a lesão possa ser evitada ou atenuada pela adopção de providências adequadas a evitar ou minorar esses danos".

Neste contexto, compreende-se a atribuição de efeito meramente devolutivo aos recursos interpostos de decisões respeitantes à adopção de providências cautelares. Com efeito, a solução justifica-se, desde logo, porque, para atribuir *ou recusar* providências cautelares, o juiz já procede à ponderação de que o artigo 143º, nº 5, faz depender a decisão de atribuir efeito meramente devolutivo ao recurso. Não se justifica, por isso, admitir que, nos casos em que a providência cautelar tenha sido recusada, o recurso tenha efeito suspensivo, com a possibilidade de lhe vir a ser atribuído um efeito meramente devolutivo mediante a apreciação dos mesmos critérios que já anteriormente foram considerados.

§ 5º – Regime de interposição de recurso, tramitação e decisão

203. Como estabelece o artigo 144º, nº 2, os recursos interpõem-se mediante requerimento, dirigido ao tribunal que proferiu a decisão recorrida, no qual são enunciados os vícios imputados à decisão e formular conclusões. Tal como, hoje, prevê o CPC, o artigo 146º, nº 4, do CPTA prevê, entretanto, a existência de um despacho de aperfeiçoamento das alegações de recurso, a proferir pelo juiz relator do tribunal de recurso, na hipótese de nelas não serem formuladas conclusões ou de – situação de verificação mais provável – nelas o recorrente não especificar os vícios que imputa à sentença recorrida. A solução permitiu eliminar uma causa tradicional de incontáveis decisões de recusa de apreciação dos recursos[300], favorecendo assim a obtenção de uma pronúncia sobre o respectivo mérito.

[300] Cfr. a referência em Mário Torres, "Três *falsas ideias simples*...", p. 761.

O prazo para a interposição de recurso é de 30 dias, contado segundo as regras do artigo 638º do CPC, devendo a respectiva alegação ser, desde logo, apresentada junto com o requerimento de recurso (artigo 144º, nºs 1 e 2). Nos processos urgentes, o prazo de interposição de recurso é de quinze dias (artigo 147º, nº 1) e os demais prazos são também reduzidos a metade (artigo 147º, nº 2).

Como estabelecem os nºs 5 e 6 do artigo 638º do CPC, o recorrido ou recorridos podem responder à alegação do recorrente através da apresentação, no prazo de 30 dias, de contra-alegação, na qual podem, designadamente, impugnar a admissibilidade ou a tempestividade do recurso, bem como a legitimidade do recorrente. Para o efeito, o recorrido ou recorridos são oficiosamente notificados do requerimento de recurso pela secretaria do tribunal no qual ele deu entrada, nos termos do nº 3 do artigo 144º.

Na redação anterior à revisão de 2015, a interpretação literal do artigo 145º parecia não deixar lugar para a existência de um despacho de admissão ou não admissão do recurso. A revisão do artigo 145º veio, no entanto, clarificar que, tal como sucede em processo civil, também em processo administrativo o requerimento de recurso é objecto de despacho do juiz do tribunal recorrido, que o admite, ordenando a respectiva subida, ou não admite. Já nesse sentido, aliás, apontava, antes da revisão de 2015, o facto de o artigo 144º, nºs 3 e 4 – que atualmente corresponde ao artigo 145º, nºs 3 e 4 – admitir o recorrente a reclamar do despacho que não admita o recurso, com remissão para o artigo 643º do CPC.

O despacho do juiz do tribunal recorrido, de admissão ou não admissão do recurso, é proferido apenas após recebidas as eventuais contra-alegações apresentadas pelos recorridos, dependendo, portanto, da admissão do recurso a subida do processo, com as alegações, as eventuais contra-alegações e a cópia da sentença. É o que hoje resulta do nº 1 do artigo 145º, no mesmo sentido preceituando, em processo civil, o artigo 641º do CPC[301].

[301] Foi, assim, superado o entendimento em sentido contrário que, em clara desconformidade com a letra da lei, mas só porque sempre foi (tinha sido...) assim em processo civil, o Supremo Tribunal Administrativo lavrou, em uniformização de jurisprudência, no Acórdão nº 1/2008, in *Diário da República – 1ª Série*, de 31 de Março de 2008.

204. Tal como vimos suceder em primeira instância, no âmbito da ação administrativa (cfr. *supra*, nº 172), também no tribunal de recurso o Ministério Público pode ter intervenção nos processos em que não figure como parte, sendo que o artigo 146º, nº 1, configura esta intervenção em termos similares àqueles que, em primeiro grau de jurisdição, estão previstos no artigo 85º. O poder de pronúncia do Ministério Público sobre o mérito dos recursos que não tenha sido ele a interpor depende, portanto, da existência, no caso concreto, de uma situação que justifique a sua intervenção, em defesa dos direitos fundamentais dos cidadãos, de interesses públicos especialmente relevantes ou dos valores constitucionalmente protegidos referidos no artigo 9º, nº 2.

O artigo 148º prevê a possibilidade de se proceder ao *julgamento ampliado dos recursos*, em moldes substancialmente idênticos àqueles em que essa possibilidade se encontra prevista, para o recurso de revista, nos artigos 686º e 687º do CPC. Repare-se, no entanto, que a previsão do artigo 148º, nº 1, não tem apenas em vista os recursos de revista para o Supremo Tribunal Administrativo, mas os próprios recursos de apelação para o Tribunal Central Administrativo.

Note-se, entretanto, que, embora vise promover a uniformidade da jurisprudência, o julgamento ampliado do recurso não se confunde com o *recurso para uniformização de jurisprudência*, dirigido ao Supremo Tribunal Administrativo, que se encontra previsto no artigo 152º. Com efeito, o recurso para uniformização de jurisprudência é, como vimos (cfr. *supra*, nº 198) um tipo autónomo de recurso, aliás extraordinário, que tem por objeto a resolução de conflitos entre acórdãos transitados em julgado, que, em processos distintos, se contradigam a propósito de uma mesma questão fundamental de direito. Pelo contrário, o que se pretende com o mecanismo do artigo 148º é apenas permitir que, a título preventivo, e, portanto, para evitar o próprio surgimento de decisões contraditórias, o Presidente do Supremo Tribunal Administrativo ou do Tribunal Central Administrativo determine que o julgamento de qualquer recurso ordinário, de apelação ou de revista, seja feito com a intervenção de todos os juízes da secção, sendo o quórum de dois terços. A iniciativa pode partir das partes (artigo 148º, nº 2) e o acórdão é publicado no *Diário da República* (artigo 148º, nº 4). O mecanismo é, assim, semelhante àquele que, no âmbito da acção administrativa, a alínea *a)* do nº 1 do artigo 93º prevê, com idêntico propósito, para o procedimento de decisão a proferir em primeiro grau de jurisdição.

TÍTULO SEGUNDO
Processos Cautelares

§ 1º – Função e características dos processos cautelares

205. O CPTA estabelece o regime aplicável aos *processos cautelares* no Título IV, a que correspondem os artigos 112º a 134º.

Num processo cautelar, o autor num processo declarativo, já intentado ou ainda a intentar, pede ao tribunal a adopção de uma ou mais providências, destinadas a impedir que, durante a pendência do processo declarativo, se constitua uma situação irreversível ou se produzam danos de tal modo gravosos que ponham em perigo, no todo ou pelo menos em parte, a utilidade da decisão que ele pretende obter naquele processo. Como resulta do artigo 112º, nº 1, do CPTA, o processo cautelar dirige-se, assim, à obtenção de providências adequadas a assegurar a utilidade da sentença a proferir num processo declarativo. Os processos cautelares não possuem, portanto, autonomia, funcionando como um momento preliminar ou como um incidente do processo declarativo (que por isso é designado como *processo principal*), cujo efeito útil visam assegurar e, portanto, ao serviço do qual se encontram (sobre o tema, cfr. também *supra*, nº 3).

206. O processo cautelar e as providências a cuja adopção ele se dirige caracterizam-se pelos traços da *instrumentalidade*, da *provisoriedade* e da *sumariedade*. Estes traços transparecem do regime do CPTA.

a) A *instrumentalidade* (em relação a um processo declarativo: o processo principal) transparece, desde logo, do facto de o processo cautelar só poder ser desencadeado por quem tenha legitimidade para intentar um processo principal e se definir por referência a esse processo principal, em ordem a assegurar a utilidade da sentença que nele virá a ser proferida (artigo 112º, nº 1). Mas é claramente afirmada no artigo 113º, nº 1, onde se assume que "o processo cautelar depende da causa que tem por objecto a decisão sobre o mérito"[302].

Por este motivo, se o processo cautelar for intentado em momento anterior ao da instauração do processo principal, ele é intentado "como preliminar" (artigo 113º, nº 1) e, por isso, as providências cautelares que vierem a ser adoptadas caducam se o requerente não fizer uso, no prazo de três meses, do meio principal adequado, embora a sua utilização não esteja, em abstracto, sujeita a prazo (artigo 123º, nº 2). Pelo mesmo motivo, as providências também caducam se o processo principal estiver parado durante mais de três meses por negligência do interessado ou se nele vier a ser proferida decisão transitada em julgado desfavorável às suas pretensões (cfr. artigo 123º, nº 1, alíneas *b)* e *e)*). A jurisprudência tem, entretanto, estendido o âmbito de aplicação deste regime, para o efeito de entender que, quando a propositura da acção principal estiver sujeita a prazo e a acção não for proposta dentro desse prazo, extingue-se o processo cautelar que já se encontre pendente, por ter sido intentado como preliminar, nos termos dos artigos 113º, nº 1, e 114º, nº 1, alínea *a)*[303].

b) A *provisoriedade* transparece da possibilidade de o tribunal revogar, alterar ou substituir, na pendência do processo principal, a sua decisão de adoptar ou recusar a adopção de providências cautelares se tiver ocorrido uma alteração relevante das circunstâncias inicialmente existentes (artigo 124º, nº 1), designadamente por ter sido proferida, no processo principal, decisão de improcedência de que tenha sido interposto recurso com efeito suspensivo (artigo 124º, nº 3). Note-se que o sentido do artigo 124º, nº 3, é apenas o de estabelecer que a circunstância nele prevista

[302] Para uma síntese, cfr ANSELMO DE CASTRO, *Direito Processual Civil Declaratório*, vol. I, Coimbra, 1981, p. 136.

[303] Cfr., por exemplo, Acórdãos do Supremo Tribunal Administrativo (Pleno) de 12 de Dezembro de 2006, Proc. nº 528/06, e de 6 de Fevereiro de 2007, Proc. nº 598/06, e do Tribunal Central Administrativo Sul de 7 de Abril de 2005, Proc. nº 655/05, e de 20 de Abril de 2006, Proc. nº 1328/06.

deve ser tida em conta, para o efeito de se avaliar se a providência deve ser mantida ou se, pelo contrário, deve ser revogada, alterada ou substituída.

O regime do preceito compreende-se desde o momento em que, de acordo com o artigo 120º, nº 1, a aparência de bom direito constitui, como adiante se verá, um dos critérios a considerar para a concessão ou recusa das providências cautelares.

Por outro lado, afirma-se correntemente, a este propósito, que o tribunal não pode dar, através de uma providência cautelar, o que só à sentença a proferir no processo principal cumpre proporcionar, se vier a dar provimento às pretensões nele deduzidas pelo requerente[304]. Esta afirmação deve, ser, porém, entendida com alguma precaução, pelas razões que se passam a enunciar.

Em primeiro lugar, importa deixar claro que, com a referida afirmação, não se pretende dizer que uma providência cautelar não pode antecipar, *a título provisório*, a produção do mesmo efeito que a decisão a proferir no processo principal poderá determinar *a título definitivo*. Ponto é que essa antecipação tenha, na verdade, lugar *a título provisório* e, portanto, que ela *possa caducar* se, no processo principal, o juiz chegar a conclusões que sejam incompatíveis com a manutenção da situação provisoriamente criada. Assim, se o interessado pretende que, no processo principal, lhe seja reconhecido o direito a ser admitido num concurso, o tribunal pode, a título cautelar, determinar a sua admissão provisória, permitindo-lhe, desse modo, participar do concurso em condições precárias, até que, no processo principal, se esclareça se lhe assiste ou não esse direito (cfr. artigo 112º, nº 2, alínea *b)*). O que a providência cautelar não pode fazer é antecipar, *a título definitivo*, a constituição de situações que só a decisão a proferir no processo principal pode determinar *a título definitivo*, em tais condições que essa situação já *não possa ser alterada* se, no processo principal, o juiz chegar, a final, a conclusões que não consintam a sua manutenção. Por conseguinte, se o interessado pretender a obtenção de uma licença para demolir um imóvel ou de autorização para realizar uma sessão de fogos de artifício, o tribunal não pode impor, como providência cautelar, que a licença ou a autorização sejam concedidas.

304 Cfr., a propósito, M. Glória Dias Garcia, "Da exclusividade de uma medida cautelar típica à atipicidade das medidas cautelares ou a necessidade de uma nova compreensão do Direito e do Estado", *Cadernos de Justiça Administrativa* nº 16, p. 79; Fernanda Maçãs, *O Debate Universitário*, p. 362.

Quando o *periculum in mora* possa comprometer o efeito útil do processo principal e só possa ser evitado através da antecipação de um efeito que só pode ser determinado pela sentença a proferir no processo principal, sob pena de a concessão da providência fazer com que o processo principal se torne inútil, o que é necessário é obter, com carácter de urgência, uma decisão sobre o próprio mérito da questão colocada no processo principal[305]. Tal decisão já não pertence, porém, ao domínio da tutela cautelar, mas ao domínio da *tutela final urgente*, e só pode ter lugar se se preencherem os pressupostos de que depende a utilização dos *processos principais urgentes* especificamente instituídos na lei, como a intimação para protecção de direitos, liberdades e garantias, que intervém, como estabelece o artigo 109º, nº 1, quando não seja possível ou suficiente, nas circunstâncias do caso, o decretamento de uma providência cautelar (cfr. *supra*, nºs 53 segs.)[306].

Cumpre, por outro lado, recordar que as situações jurídicas individuais, em Direito Administrativo, nem sempre correspondem a direitos subjectivos, mas também a interesses legalmente protegidos. É assim, sempre que a satisfação de interesses individuais se encontra dependente do exercício de poderes discricionários por parte da Administração, hipótese na qual os interessados não podem alegar a titularidade de um verdadeiro *direito* à obtenção (ou conservação) de uma situação de vantagem, mas apenas de um *interesse legalmente protegido*, que lhes permite exigir que a Administração exerça os seus poderes no respeito pela lei e pelos princípios jurídicos aplicáveis (cfr. *supra*, nº 14).

Ora, cumpre sublinhar que, como expressamente resulta do artigo 268º, nº 4, da CRP, não só os direitos subjectivos, mas também os interesses legalmente protegidos, estão cobertos pela garantia de tutela jurisdicional efectiva, que se estende ao plano da tutela cautelar. Isto significa que não se pode negar o direito à tutela cautelar dos titulares de interesses legalmente protegidos com o argumento de que, de acordo com as normas substantivas, eles não têm um

[305] Neste sentido, por referência à característica da provisoriedade das providências cautelares, cfr. Acórdão do Tribunal Central Administrativo Norte de 29 de Novembro de 2006, Proc. nº 727/06.

[306] Sobre o problema, cfr. M. Glória Dias Garcia, "Da exclusividade...", pp. 79-81; M. Aroso de Almeida, "Medidas cautelares no ordenamento contencioso – breves notas", *Direito e Justiça*, vol. XI (1997), pp. 155 segs.; Fernanda Maçãs, *O Debate Universitário*, p. 363; Pedro Machete, "Os limites do princípio da adequação formal e o direito à regulação provisória de situações jurídicas controvertidas", *Cadernos de Justiça Administrativa* nº 29, pp. 45-46.

direito subjectivo à constituição (ou conservação) de uma vantagem, mas só um interesse legalmente protegido, porquanto dependente do exercício de poderes discricionários por parte da Administração.

Com efeito, importa ter sempre presente que o objecto do processo cautelar não se confunde com o do processo principal[307], precisamente porque, um e outro, desempenham funções que, entre si, são diferentes. Ora, o titular de um interesse legalmente protegido tem direito a obter, no processo principal, uma sentença que constitua a Administração no dever de (re)exercer o poder discricionário porque a sua situação jurídica lhe permite aspirar a obter, através desse (re)exercício, a vantagem pretendida. Não pode deixar de ser, portanto, por referência a essa vantagem – que é a *utilidade* por referência à qual se define a sua posição subjectiva, embora a sua eventual satisfação tenha de passar pelo (ulterior) (re)exercício do poder discricionário por parte da Administração – que tem de ser ponderado se a mora do processo envolve o risco de frustração da utilidade da sentença a proferir no processo principal. De outro modo, estar-se-ia a esvaziar de sentido, no domínio cautelar, a situação jurídica de interesse legalmente protegido – apesar de ela ser, como reconhece a CRP, tão digna de tutela como a de direito subjectivo – e a exigir que os interessados sejam titulares de verdadeiros direitos subjectivos para poderem aspirar à obtenção de tutela cautelar no âmbito das relações jurídico-administrativas.

Assim, se, por exemplo, estiver em causa o desenvolvimento de uma actividade que depende de uma permissão que deve ser concedida no exercício de poderes discricionários, basta que haja o risco de que uma eventual decisão favorável ao interessado, que a Administração possa vir a proferir mais tarde, já não tenha utilidade ou não possa evitar a produção de danos irreparáveis durante a pendência do processo, para que se deva considerar preenchido o requisito do *periculum in mora*.

Por conseguinte, se se preencherem os demais pressupostos de que depende a concessão da tutela cautelar, designadamente o *fumus boni iuris*, entendemos que o tribunal deve poder conferir ao interessado, a título provisório, a possibilidade de exercer a actividade em causa – e isto, mesmo reconhecendo que o exercício dessa actividade supõe a titularidade de uma situação jurídica que, a título definitivo, só pode ser conferida pela Administração no exercício de poderes discricionários e, portanto, que, no correspondente processo principal, o tribunal não pode condenar a Administração a atribuir ao interessado a referida

[307] Cfr. M. Teixeira de Sousa, *Estudos sobre o novo processo civil*, p. 229.

situação jurídica, mas apenas a decidir sobre a sua pretensão, no exercício desses poderes discricionários (cfr. artigos 3º, nº 1, e 71º).

Com efeito, se a adequada ponderação dos critérios previstos no artigo 120º conduzir, no caso concreto, à conclusão de que a solução que melhor acautela a situação do interessado, sem que daí resultem danos desproporcionados para os demais interesses envolvidos, é a de permitir que, a título provisório, ele se comporte, na pendência do processo, como se tivesse visto deferida a sua pretensão, não se vê por que razão não há-de o tribunal poder adoptar a providência. Basta, para o efeito, que se reconheça que, ao fazê-lo, o tribunal está a estabelecer uma mera regulação provisória autónoma para o caso, que apenas se destina a valer até ao momento em que a Administração venha a produzir a regulação devida, no exercício dos seus poderes discricionários.

É certo que a providência em causa contende com o exercício dos poderes administrativos em matéria discricionária. Mas, em boa verdade, não existe, aí, novidade em relação ao que desde sempre sucede noutros tipos de situações. Com efeito, sempre se admitiu a suspensão da eficácia de actos administrativos de conteúdo discricionário, quando a verdade é que, sempre que um tribunal opte por suspender os efeitos de um acto que a Administração decidiu praticar no exercício de um poder discricionário quanto à oportunidade, está a sobrepor o seu juízo (sobre o preenchimento dos pressupostos da tutela cautelar) ao da Administração (sobre a conveniência ou oportunidade da imediata produção de efeitos do acto). Portanto, se fosse impensável admitir que a intervenção dos tribunais, em sede cautelar – e, portanto, sempre a título precário e em função dos critérios de que depende a concessão desta tutela –, se pudesse sobrepor aos juízos discricionários da Administração, nunca teria sido admitida a possibilidade da suspensão da eficácia de actos administrativos em relação aos quais a Administração dispusesse do poder discricionário de decidir sobre a oportunidade da produção dos respectivos efeitos.

Por outro lado, a verdade é que o artigo 112º – ao contrário do que, desde logo, sucede no artigo 71º – não contém qualquer ressalva quanto à "formulação de valorações próprias do exercício da função administrativa". A nosso ver, a explicação reside precisamente na profunda diferença que separa as decisões de concessão de providências cautelares, que apenas se dirigem a introduzir uma regulação provisória, das decisões que são proferidas nos processos principais, que, essas sim, já têm por função definir com a máxima estabilidade o direito do caso concreto[308].

[308] Ao encontro desta posição, cfr. VIEIRA DE ANDRADE, *Justiça Administrativa*, p. 87, em nota.

c) O último traço característico dos processos cautelares e das providências a cuja adopção eles se dirigem é o da *sumariedade*. Como o que está em causa em sede cautelar é obviar, em tempo útil, a ocorrências que possam comprometer a utilidade do processo principal, para decidir se se confere ou não tutela cautelar, o tribunal deve proceder a meras *apreciações perfunctórias*, baseadas num *juízo sumário* sobre os factos a apreciar, evitando antecipar juízos definitivos, que, em princípio, só devem ter lugar no processo principal[309].

Este é um aspecto cuja importância deve ser, aqui, sublinhada na medida em que dele depende, em grande medida, o equilíbrio necessário, no plano prático, ao adequado funcionamento do sistema. Com efeito, a tutela cautelar só é efectiva se os tribunais forem capazes de a proporcionar em tempo útil; e essa capacidade será tanto menor quanto maior for o tempo consumido na indagação de questões que, em sede cautelar, não devem ser objecto de uma análise aprofundada, mas apenas apreciadas de modo perfunctório. Por outro lado, se houver um investimento desproporcionado no esclarecimento, em sede cautelar, das questões de fundo, multiplicar-se-ão de modo inadequado as situações de aplicação do artigo 121º, quando se afigura que o papel deste dispositivo na economia do sistema deve ser residual, para as *situações em que a normal apreciação (perfunctória) que, em sede cautelar, cumpre realizar permita identificar situações de evidência* que autorizem a opção do juiz de avançar, logo nesta sede, para o próprio julgamento do mérito da causa (sobre o regime do artigo 121º, cfr. *infra*, nº 237).

§ 2º – Espécies de providências cautelares

207. O CPTA estabelece que qualquer tipo de pretensão pode ser objecto de um processo declarativo. Ora, a efectividade do amplo leque

[309] Como adiante se verá (cfr. *infra*, nº 237), a antecipação do juízo definitivo sobre o mérito da causa é excepcionalmente admitida quando se preencham os exigentes requisitos do artigo 121º. A verdade, porém, é que, mesmo nesse caso, aquilo a que se assiste é a um fenómeno de *convolação do processo cautelar num processo principal*, precisamente porque se trata de substituir – porque isso é necessário e possível – o juízo sumário, assente numa apreciação perfunctória (que seria próprio do processo cautelar), por um juízo definitivo, assente numa apreciação cabal dos elementos de que depende a tomada de decisão sobre o mérito da causa (que já é próprio de um processo principal).

de pretensões substantivas que os particulares podem accionar, a título principal, perante os tribunais administrativos passa pela possibilidade de obter providências cautelares de conteúdo diversificado, em função das necessidades de cada caso. Por conseguinte, o artigo 112º consagra, nesta matéria, uma *cláusula aberta*, por força da qual "quem possua legitimidade para intentar um processo junto dos tribunais administrativos pode solicitar a adopção da providência ou das providências cautelares, antecipatórias ou conservatórias, que se mostrem adequadas a assegurar a utilidade da sentença a proferir nesse processo". Mais não se trata do que dar cumprimento ao que, neste preciso sentido, determina o artigo 268º, nº 4, da CRP.

O artigo 112º, nº 2, admite, entretanto, que as providências cautelares a adoptar possam ser as providências típicas que se encontram especificadas no CPC, com as adaptações que se justifiquem, oferecendo um *elenco exemplificativo* de providências que podem ser adoptadas, como a suspensão da eficácia de actos administrativos ou normas regulamentares, a atribuição provisória da disponibilidade de um bem, a autorização provisória ao interessado para iniciar ou prosseguir uma actividade ou adoptar uma conduta e a regulação provisória de uma situação jurídica, designadamente através da imposição do dever do pagamento de quantias ou da adopção ou abstenção de condutas. Refira-se que, como, em sede declarativa, podem ser deduzidas pretensões contra particulares, seja por outros particulares, seja por entidades públicas, nas situações em que estas não disponham, nos termos da lei substantiva, de poderes de auto-tutela, o artigo 112º, nº 2, alínea *i)*, faz referência à possibilidade da intimação à adopção ou abstenção de condutas, não só de entidades públicas, mas também de particulares.

208. Antes da revisão de 2015, o CPTA atribuia relevância, no plano da determinação, no nº 1 do artigo 120º, dos critérios de que depende a decisão do juiz de atribuir providências cautelares, à distinção entre *providências conservatórias* e *providências antecipatórias.*

A revisão de 2015 alterou esse regime, passando a submeter a decisão de atribuição das providências cautelares a um regime unitário, independente da classificação das providências requeridas. Nem por isso deixa, no entanto, a distinção de revestir-se, a nosso ver, de interesse classificatório, na medida em que, se adotada no sentido *funcional* que lhe imputamos, ela harmoniza-se com a contraposição que, no plano declarativo, se estabelece entre as situações em que está em causa a tutela de *situações jurídicas finais, estáticas* ou *opositivas* e aquelas em que se procura a tutela de *situações jurídicas instrumentais, dinâmicas* ou *pretensivas* – entendendo-se por *situações jurídicas finais, estáticas* ou *opositivas* aquelas em que a satisfação do interesse do titular não depende de prestações de outrem, pelo que ele apenas pretende que os demais se abstenham da adopção de condutas que ponham em causa a situação em que está investido, e por *situações jurídicas instrumentais, dinâmicas* ou *pretensivas* aquelas em que, pelo contrário, a satisfação do interesse do titular depende da prestação de outrem, pelo que ele pretende obter a prestação necessária à satisfação do seu interesse. Com efeito, a tutela cautelar das *situações jurídicas finais, estáticas* ou *opositivas* passa pela adopção de *providências conservatórias;* e a tutela cautelar das *situações jurídicas instrumentais, dinâmicas* ou *pretensivas* passa pela adopção de *providências antecipatórias.*

a) O primeiro dos domínios enunciados corresponde a situações em que o interessado pretende manter ou conservar um direito em perigo, evitando que ele seja prejudicado por medidas que venham a ser adoptadas.

É a situação paradigmática do interessado que, sofrendo os efeitos de um acto administrativo de conteúdo positivo, reage contra esse acto através da sua impugnação. Neste caso, a providência cautelar a adoptar é a providência conservatória por excelência: a suspensão da eficácia do acto administrativo, prevista no artigo 112º, nº 2, alínea *a)*, e a que especificamente se referem os artigos 128º e 129º. A suspensão da eficácia de actos administrativos é a providência cautelar a adoptar ao serviço dos processos de impugnação de actos administrativos, em que o autor reage contra uma modificação introduzida na ordem jurídica por um acto de conteúdo positivo, que ele pretenderia que não tivesse sido praticado (por exemplo, o proprietário de um imóvel que se insurge contra a declaração de utilidade pública desse imóvel, com vista à sua expropriação), na medida em que é a única providência que permite impedir a execução de actos administrativos. É, a nosso ver, o que decorre do artigo 399º do CPC, a cuja redacção restritiva parece dever ser atribuído o sentido de que o "embargo de obra nova" só pode ser decretado, no âmbito das relações jurídico-administrativas, nos domínios em que não haja lugar à aplicação do meio próprio do processo administrativo, que é a suspensão da eficácia, quando a obra resulte da execução de um acto administrativo.

Nas demais situações, a tutela cautelar concretiza-se na imposição provisória de uma intimação cautelar que imponha a não realização de certa actividade ou a sua cessação (cfr. artigo 112º, nº 2, alínea *i)*). Isto pode acontecer quando o interessado pretenda que a outra parte se abstenha de realizar operações materiais que não surjam em directa execução de actos administrativos[310] ou quando a providência cautelar se destine a complementar a suspensão da eficácia de um acto administrativo (por exemplo, não promoção de um funcionário enquanto esteja pendente a definição da situação de um seu concorrente directo).

Note-se que pode haver lugar, neste contexto, à adopção de *regulações provisórias conservatórias*, como, v.g., a intimação da deslocação de certos bens do local onde se encontram para outro local, para assegurar que eles não pereçam ou se deteriorem e, portanto, garantir a respectiva conservação. Do ponto de vista estrutural, é evidente que este tipo de providências não se concretiza precisamente na manutenção do *statu quo*, na medida em que introduz uma modificação da situação existente; mas, do *ponto de vista funcional*, é indiscutível que desempenha a função de assegurar a conservação da situação do requerente, e não de antecipar qualquer utilidade de que ele não seja titular.

b) O segundo dos domínios enunciados envolve as situações em que o interessado pretende obter uma prestação, a adopção de medidas, que podem envolver ou não a prática de actos administrativos. Neste tipo de situações, em que, no processo declarativo, o interessado aspira à obtenção de um efeito favorável, a tutela cautelar concretiza-se na intimação à adopção das medidas necessárias para minorar as consequências do retardamento da decisão sobre o mérito da causa.

Em muitos casos, é necessário, para o efeito, antecipar, a título provisório, o resultado favorável pretendido no processo principal, mediante, por exemplo, a inscrição provisória numa Universidade, a admissão provisória num concurso (artigo 112º, nº 2, alínea *b)*), a permissão provisória da utilização de um bem (cfr. artigo 112º, nº 2, alínea *c)*), a permissão

[310] No sentido de que "uma providência que vise antecipar os efeitos de um pedido de condenação numa conduta negativa é, quanto a nós, conservatória, quanto à sua finalidade imediata", cfr. VIEIRA DE ANDRADE, *A Justiça Administrativa*, p. 290, nota715: assim, v.g., a intimação para que não se proceda à demolição de uma construção, que desempenha função equivalente à da suspensão da eficácia do acto administrativo que tivesse imposto essa demolição.

provisória da prática de determinado horário de comércio (cfr. artigo 112º, nº 2, alínea *d)*) ou a atribuição provisória de uma pensão ou de uma bolsa (cfr. artigo 112º, nº 2, alínea *e)*). Avulta, neste contexto, a tutela das pretensões dirigidas à prática de actos administrativos, em que pode ser necessário antecipar, a título provisório, a constituição de uma situação jurídica nova, equivalente à situação favorável que, a título definitivo, resultará do acto administrativo cuja emissão se pretende obter com a procedência do processo declarativo. Tudo isto, naturalmente, sem prejuízo de se vir a pôr termo à situação constituída pela providência cautelar no caso de improcedência do processo declarativo, com as devidas consequências: cumprimento das eventuais obrigações de repristinar e restituir, bem como de indemnizar terceiros porventura lesados em consequência da medida provisória.

Note-se que também pode haver lugar, neste contexto, à adopção de *regulações provisórias antecipatórias*, como a regulação da realização de prestações pecuniárias (cfr. artigos 112º, nº 2, alínea *e)*, e 133º) ou outras, que envolvam a imposição da adopção de comportamentos (cfr. artigo 112º, nº 2, alínea *i)*) que assegurem a satisfação parcial do interesse do requerente, por conta daquilo que ele pretende obter, na totalidade, com a procedência do processo declarativo. Também aqui é evidente que, do ponto de vista estrutural, estas providências não se concretizam precisamente na realização da prestação a obter com a procedência do processo declarativo, pois não têm exactamente o mesmo conteúdo; mas, do *ponto de vista funcional*, desempenham a função de antecipar, ainda que em parte, a fruição, por parte do interessado, da utilidade que ele pretende obter com a procedência do processo declarativo.

§ 3º – Pressupostos processuais

209. Quem quer que se apresente como parte legítima para propor uma acção perante os tribunais administrativos tem legitimidade para requerer uma ou mais providências cautelares, pois tanto se pode pedir uma providência cautelar, como várias, para obter, da conjugação dos efeitos de cada uma, o resultado pretendido (artigo 112º, nº 1). É o que desde logo resulta do teor do artigo 112º, nº 1, que se refere a "quem possua legitimidade para intentar um processo junto dos tribunais admi-

nistrativos", mas também transparece dos vários preceitos que, ao longo do Título IV, se referem aos "interesses que o requerente visa assegurar" (cfr., por exemplo, os artigos 120º e 129º). Por conseguinte, a legitimidade para requerer a adopção de providências cautelares não pertence apenas aos particulares que recorram à justiça administrativa em defesa dos seus direitos ou interesses legalmente protegidos, mas também, v.g., ao Ministério Público e a quem quer que actue no exercício da acção popular ou impugne um acto administrativo com fundamento num interesse directo e pessoal, no óbvio pressuposto de que a todos deve ser reconhecida a possibilidade de verem acautelada a utilidade do processo principal que estão legitimados a intentar.

Por este motivo se surpreende, em diversos preceitos, a começar pelo artigo 120º, nºs 2 e 3, que impõem ao juiz o dever de ponderar "os interesses, públicos e privados, em presença", a preocupação do Código em evitar uma terminologia assente na clássica contraposição entre o interesse privado, que seria prosseguido pelo requerente da providência, e o interesse público, que seria titulado pela Administração demandada. Na verdade, multiplicam-se hoje "as situações em que estão em causa decisões complexas, envolvendo uma multiplicidade de interesses públicos e privados conflituantes, como acontece nas relações jurídicas poligonais, ambientais e urbanísticas", em que muitas vezes o requerente, seja ele o Ministério Público, uma associação ambientalista ou um grupo de moradores, se movem em defesa de interesses públicos, porventura contrapostos aos (outros) interesses públicos que determinaram a actuação da Administração, e "só uma adequada ponderação global dos interesses em presença permitirá alcançar uma decisão judicial justa"[311] [312].

[311] Cfr. Fernanda Maçãs, *O Debate Universitário*, p. 364. Na mesma linha, cfr. José Eduardo Figueiredo Dias, "A suspensão da eficácia e a polissemia da noção de interesse público: um salto em frente na protecção cautelar do ambiente", *Cadernos de Justiça Administrativa* nº 7, pp. 8 segs.

[312] No sentido do texto, afiguram-se merecedores de referência os acórdãos do STA de 3 de Abril de 2008, Processos nºs 1079/07 e 18/08, em que, a nosso ver, a questão da ponderação de interesses foi colocada em termos equilibrados, ao assumir-se que o juiz cautelar não invade a esfera administrativa ou contraria a reserva de função legislativa quando, considerando que a declaração de utilidade pública com carácter urgente de uma expropriação é um mero acto administrativo, conclui, num juízo de prognose, que as consequências da sua imediata execução seriam muito mais gravosas para os interesses do requerente do que as que atingiriam o interesse público se a execução fosse cautelarmente suspensa, rejeitando todos os argumentos

210. As providências cautelares tanto podem ser requeridas em momento anterior, como simultaneamente ou após a propositura da acção principal (artigo 114º, nº 1). Dir-se-ia, pois, que não existe qualquer prazo dentro do qual a sua adopção possa ser requerida.

Quando, no entanto, a propositura da acção principal estiver sujeita a prazo e a acção não tiver sido proposta dentro desse prazo, o processo cautelar já não pode ser intentado, devendo ser liminarmente rejeitado o correspondente requerimento, ao abrigo do disposto no artigo 116º, nº 2, alínea *f)*, e, se o processo cautelar já se encontrar pendente, por ter sido intentado como preliminar, nos termos do artigo 113º, nº 1, e 114º, nº 1, alínea *a)*, ele extingue-se nos termos do artigo 123º, nº 1, alínea *a)* [313].

Foi, entretanto, superada a corrente jurisprudencial que, contra todos os dados normativos, se inclinava no sentido de exigir que a suspensão da eficácia de actos administrativos fosse requerida, sob pena de inadmissibilidade, dentro do prazo de três meses que o artigo 58º, nº 1, alínea *b)*, estabelece para a impugnação fundada em anulabilidade, quando a verdade é que a impugnação de actos nulos não está sujeita a prazo e tem-se admitido que pode ser pedida a suspensão da eficácia de actos alegadamente nulos, no que deve ser entendido como um pedido dirigido a impedir a execução de tais actos apesar da sua alegada nulidade[314].

Do confronto que o CPTA estabelece, no artigo 109º, nº 1, entre o decretamento de providências cautelares e o processo declarativo urgente de intimação para protecção de direitos, liberdades e garantias (sobre o ponto, cfr. nºs 55 e 214), resulta, entretanto, a nosso ver, que é condição de admissibilidade da pretensão cautelar, para os efeitos do disposto no artigo 116º, nº 2, alínea *d)*, que a situação para a qual o requerente pretende obter tutela se compadeça com uma regulação provisória, como é

em sentido contrário esgrimidos pela autoridade requerida. Cfr., a propósito, Mário Aroso de Almeida/Carlos Fernandes Cadilha, *Comentário...*, pp. 810 segs.

[313] Já, nesse sentido, mesmo antes da alteração do corpo do artigo introduzida pela revisãod e 2015, cfr., por exemplo, Acórdãos do Supremo Tribunal Administrativo (Pleno) de 12 de Dezembro de 2006, Proc. nº 528/06, e de 6 de Fevereiro de 2007, Proc. nº 598/06, e do Tribunal Central Administrativo Sul de 7 de Abril de 2005, Proc. nº 655/05, e de 20 de Abril de 2006, Proc. nº 1328/06.

[314] Cfr. Mário Aroso de Almeida/Carlos Fernandes Cadilha, *Comentário...*, p. 833. Para a refutação da referida corrente jurisprudencial, cfr. Miguel Prata Roque, "Providências cautelares com prazo de validade? – O protelamento no acesso à tutela cautelar administrativa", *Cadernos de Justiça Administrativa* nº 73, pp. 32 segs.

próprio da tutela cautelar. Assim, é inadmissível o requerimento cautelar apresentado por quem, vendo-se confrontado com a proibição, que considera ilegal, da realização de uma manifestação em data próxima, que não pode ser alterada, solicite ao tribunal a suspensão da eficácia do acto que impôs a proibição, porque a questão *não se compadece* com uma definição cautelar (por este motivo, esta situação é apontada como ilustração paradigmática do âmbito de aplicação, ao abrigo do artigo 109º, nº 1, do regime da intimação para protecção de direitos, liberdades e garantias: cfr. *supra*, nº 54).

Com efeito, se o tribunal emitisse uma providência cautelar para que a manifestação fosse realizada na data pretendida, ele estaria, desse modo, a dar (e a dar em definitivo) o que só à eventual sentença de procedência a proferir no processo declarativo, ou seja, a uma decisão sobre o mérito da causa, cumpre proporcionar. Neste tipo de situações, afigura-se, pois, que a providência deve ser rejeitada por manifesta falta de fundamento, devendo o autor avançar para a propositura de uma acção de intimação para protecção de direitos, liberdades e garantias.

A jurisprudência tem admitido, neste tipo de situação, a convolação do processo cautelar em processo principal[315]. A solução não nos choca, desde que se assuma que ela só pode ser decretada desde que, na prévia audição das partes, o autor não se lhe oponha, pois, de outro modo, seria violado o princípio da iniciativa de parte, uma vez que ninguém pode ser obrigado a propor uma acção contra a sua vontade, ainda que a propositura seja do seu interesse[316].

[315] Cfr., por exemplo, Acórdãos do TCA Norte de 25 de Janeiro de 2007, Proc. nº 678/06, de 1 de Março de 2007, Proc. nº 683/06, e de 12 de Março de 2009, Proc. nº 2236/08, e do TCA Sul de 6 de Junho de 2007, Proc. nº 2539/07.

[316] Em sentido próximo, cfr. MÁRIO AROSO DE ALMEIDA/CARLOS FERNANDES CADILHA, *Comentário...*, p. 730.

§ 4º – Incidentes do processo cautelar: decretamento provisório de providências; proibição liminar de executar o acto impugnado

1. Decretamento provisório de providências cautelares (artigo 131º)

211. O artigo 131º prevê que, quando a existência de uma situação de especial urgência o justifique, o tribunal pode conceder, a título provisório, a providência cautelar ainda na pendência do processo cautelar, procedendo ao *decretamento provisório* da providência. Este instituto funciona como uma espécie de *tutela cautelar de segundo grau*, destinada a evitar o *periculum in mora* do próprio processo cautelar, prevenindo os danos que, para o requerente, possam resultar da demora deste processo. Trata-se, pois, de antecipar, a título provisório, para dar resposta a situações de especial urgência durante a própria pendência do processo cautelar, a concessão de uma providência cautelar, que, depois, cumprirá decidir se também deve valer durante a pendência do processo principal.

Antes da revisão de 2015, o nº 1 do artigo 131º estabelecia que o decretamento provisório podia ser pedido quando a providência requerida no processo cautelar se destinasse a tutelar direitos, liberdades e garantias que de outro modo não pudessem ser exercidos em tempo útil ou quando o requerente entendesse haver especial urgência. A formulação utilizada favorecia uma interpretação restritiva do preceito, no sentido de que só seriam de considerar como de "especial urgência" situações de gravidade análoga às de risco da lesão iminente e irreversível de direitos, liberdades e garantias, que nele eram indicadas em primeiro lugar[317].

A revisão de 2015 veio flexibilizar o regime do nº 1 do artigo 131º quanto a este ponto, tornando claro que basta "a existência de uma situação de especial urgência" para que possa haver lugar ao decretamento provisório de uma providência cautelar. Tornou-se, deste modo, claro que a previsão do preceito abrange todo o tipo de situações e, portanto, também

[317] Neste sentido, recorde-se, até, que, no primeiro período de vigência do CPTA, chegou mesmo a desenhar-se uma orientação jurisprudencial no sentido de que, para o efeito de interpretar a fórmula "*outra* situação de especial urgência" que era, então, utilizada no nº 1 do artigo 131º, as *outras* situações do mesmo tipo, comparáveis às de lesão iminente e irreversível de direitos, liberdades e garantias, deveriam ser as que dissessem respeito a direitos de natureza análoga aos direitos, liberdades e garantias: cfr., por exemplo, Acórdão do Tribunal Central Administrativo Sul de 8 de Março de 2007, Proc. nº 2202/06.

situações em que não existe a possibilidade da lesão iminente e irreversível de direitos, liberdades e garantias *nem* de direitos de natureza análoga, mas em que seja de reconhecer a possibilidade de risco iminente da constituição de situações irreversíveis para os direitos ou interesses que o requerente faça valer no processo principal. Hoje, o nº 1 do artigo 131º prevê, pois, expressamente, a possibilidade do decretamento provisório de qualquer medida cautelar, relativa a direitos, liberdades ou garantias ou não, desde que exista uma situação de especial urgência[318].

Por regra, o decretamento provisório é concedido, nos termos do artigo 131º, nº 1, a pedido do requerente, autonomamente deduzido no requerimento cautelar, logo no início do processo cautelar, em momento preliminar ao da decisão desse processo, para valer apenas durante a pendência do processo cautelar, até ao momento em que este venha a ser decidido.

Com a revisão de 2015, o novo nº 2 do artigo 131º passou, no entanto, a admitir, no sentido que vínhamos preconizando, à luz do princípio da tutela jurisdicional efectiva[319], que o decretamento provisório não tem de ser pedido logo no próprio requerimento mediante o qual se desencadeia o processo cautelar, mas também pode vir a ser pedido durante a pendência do processo cautelar. Na verdade, a evolução das circunstâncias ao longo do período de tempo (que pode ser longo) da pendência do processo cautelar pode vir a exigir um decretamento provisório que não se justificava no momento em que o processo foi intentado e que poderia não ser necessário se esse processo tivesse sido decidido mais rapidamente. O pedido de decretamento provisório pode ser, portanto, objecto de um incidente, a intentar durante a pendência do processo cautelar.

A revisão de 2015 também veio tornar claro, no nº 1 do artigo 131º, que, mesmo quando o interessado se limite a requerer a adopção de uma providência cautelar, nos termos do artigo 114º, sem deduzir o pedido autó-

[318] Já neste sentido, que, pela nossa parte, vínhamos preconizando, cfr. Jorge Lopes de Sousa, "Notas práticas sobre o decretamento provisório de providências cautelares", *Cadernos de Justiça Administrativa* nº 47, p. 46, com ilustrações jurisprudenciais; Tiago Antunes, "O «triângulo das bermudas» no novo contencioso administrativo", in *Estudos em Homenagem ao Professor Doutor Marcello Caetano,* Lisboa, 2006, pp. 714-716.

[319] No mesmo sentido, cfr. Paulo Pereira Gouveia, "As realidades da nova tutela cautelar administrativa", *Cadernos de Justiça Administrativa* nº 55, p. 14, e Mário Aroso de Almeida/ /Carlos Fernandes Cadilha, *Comentário...*, p. 871.

nomo do seu decretamento provisório, o tribunal pode proceder a esse decretamento a título oficioso, devendo fazê-lo quando reconheça, atenta a gravidade da situação, que essa é a única solução apta a assegurar a tutela jurisdicional efectiva do requerente, num domínio particularmente sensível, em que pode existir o risco da lesão iminente e irreversível de direitos fundamentais[320].

212. O pedido de decretamento provisório de providências cautelares não dá origem a um processo cautelar especial, mas a um *incidente* do processo cautelar, que torna necessária a prática de actos e termos não compreendidos na estrutura própria do processo cautelar[321].

Antes da revisão de 2015, o artigo 131º desdobrava, entretanto, a tramitação do incidente em duas fases sucessivas, que se encontravam previstas, respectivamente, no nº 3 e no nº 6. A revisão de 2015 simplificou sobremaneira a estrutura do incidente. Com efeito, o decretamento provisório está hoje integralmente regulado no nº 1 do artigo 131º, que estabelece que, uma vez realizado o decretamento provisório, o incidente está, em princípio, encerrado, pelo que o processo cautelar segue os termos normais, nos moldes previstos nos artigos 117º e segs..

Prevê, entretanto, o nº 6 do artigo 131º que, "mediante requerimento devidamente fundamentado, os requeridos, durante a pendência do processo cautelar, podem solicitar o levantamento ou a alteração da providência provisoriamente decretada, sendo o requerimento decidido por aplicação do nº 2 do artigo 120º, depois de ouvido o requerente e de produzida a prova que o juiz considere necessária". Ao contrário do que sucedia no regime anterior à revisão de 2015, esta não é uma segunda fase ou um complemento necessário do incidente de decretamento provisório, que, hoje, se consuma nos termos do nº 1 do artigo 131º, mas é a previsão de um *outro incidente,* de levantamento ou alteração da providência provisoriamente decretada, que pode ter lugar, por iniciativa dos requeridos, durante toda a pendência do processo cautelar.

A simplificação da estrutura deste incidente é de saudar, na medida em que, como vínhamos preconizando, se afigura lógico ter-se optado por limitar o inci-

[320] No mesmo sentido, cfr. Vieira de Andrade, *Justiça Administrativa,* p. 311.
[321] Cfr. Mário Aroso de Almeida/Carlos Fernandes Cadilha, *Comentário...,* p. 876.

dente do decretamento provisório àquela que, antes da revisão de 2015, correspondia à sua primeira fase, prevista no artigo 131º, nº 3, suprimindo-se a segunda, que, a não admitir produção de prova, se afigurava de utilidade discutível, e que foi, por isso, a nosso ver, adequadamente substituída pelo novo incidente autónomo, de utilização eventual, agora previsto no nº 6 do artigo 131º.

213. Com a revisão de 2015, o artigo 131º passou, pois, a prever a possibilidade da existência de dois incidentes autónomos no processo cautelar.

O *incidente do decretamento provisório*, previsto no nº 1, é decidido em 48 horas, por regra, sem contraditório (cfr. artigo 131º, nº 3) e sem lugar a produção de prova. A nosso ver, o critério a observar pelo juiz na decisão deste incidente é o *periculum in mora:* o "fundado receio da constituição de uma situação de facto consumado ou da produção de prejuízos de difícil reparação", na formulação do artigo 120º, nº 1. Apenas sucede que, no âmbito do decretamento provisório, o *periculum in mora* tem de ser *qualificado*, na medida em que não toma por referência a morosidade do processo principal, mas a morosidade do próprio processo cautelar: não está, na verdade, em causa o perigo da constituição de uma situação irreversível se nada for feito até ao momento em que venha a ser proferida sentença no processo principal, mas o perigo da constituição de uma situação irreversível se nada for feito *de imediato, durante a pendência do processo cautelar e, portanto, antes ainda do momento em que virá a ser decidido o próprio processo cautelar*. O *periculum in mora* deve ser, pois, preenchido, nesta sede, como um *perigo de lesão iminente, e não apenas, irreversível,* do interesse do requerente. A ocorrência da constituição de uma situação de facto consumado ou da produção de prejuízos de difícil reparação tem, na verdade, de estar iminente – por dias ou semanas –, para que a efetividade da tutela não se compadeça com o normal andamento do processo cautelar, exigindo a adopção de uma providência destinada a vigorar já durante a própria pendência daquele processo.

Já no *incidente de levantamento ou alteração da providência provisoriamente decretada*, regulado no nº 6, há contraditório e pode ser produzida a prova que o juiz considere necessária. Estabelece, entretanto, o preceito que o incidente é decidido, como parece adequado, por aplicação do critério da ponderação de interesses, previsto no nº 2 do artigo 120º, que ao juiz cumpre aplicar na própria decisão do processo cautelar. A tal não se opõe, na realidade, a circunstância de, no âmbito deste incidente, o juiz poder não dispor ainda de todos os elementos, circunstância que, a nosso ver, apenas deve determinar um acréscimo da sumariedade e, portanto, da perfunctoriedade do juízo a formular, o que, atenta a gravidade dos interesses do requerente que, neste domínio, estão em jogo, deverá levar a que o decretamento provisório só seja levantado em situações de evidência desfavorável ao requerente que possam resultar do contraditório entretanto promovido.

214. Por último, referência ao confronto que o próprio CPTA estabelece, no artigo 109º, nº 1, entre o decretamento provisório de providências cautelares e o processo declarativo urgente de intimação para protecção de direitos, liberdades e garantias (sobre o ponto, cfr. também nº 55).

O artigo 131º tem em vista situações que requeiram a imediata concessão de uma providência cautelar, sem prejuízo da decisão que venha a ser proferida no processo principal e até sem prejuízo da decisão definitiva que, a propósito da manutenção ou não da providência provisoriamente decretada, venha a ser proferida no próprio processo cautelar. Não estamos perante situações em que a concessão da providência faz com que o processo principal se torne automaticamente inútil e em que, por isso, é necessário obter, com carácter de urgência, uma decisão definitiva sobre o mérito da questão colocada no processo principal. Pelo contrário, estamos perante situações em que a célere emissão de uma decisão sobre o mérito da causa não é indispensável para proteger o direito, liberdade ou garantia, na medida em que é, para o efeito, suficiente o decretamento de uma mera providência cautelar, desde que se assegure que a providência é decretada com a maior urgência, imediatamente após o momento em que seja solicitada.

Vimos que a situação paradigmática de intervenção do processo declarativo urgente de intimação para protecção de direitos, liberdades e garantias corresponde à situação de proibição da realização de uma manifestação em data muito próxima, que não pode ser alterada: a questão tem de ser decidida de imediato e *não se compadece* com uma definição cautelar (cfr. nº 54). Com efeito, se o tribunal emitisse uma providência cautelar para que a manifestação fosse realizada na data pretendida, ele estaria, desse modo, a dar (e a dar em definitivo) o que só à eventual sentença de procedência a proferir no processo declarativo, ou seja, a uma decisão sobre o mérito da causa, cumpre proporcionar. Por este motivo, intervém o processo declarativo urgente de intimação, para suprir as insuficiências da tutela cautelar, que resultam do facto de ela visar assegurar a utilidade de processos declarativos, e não esvaziar a sua utilidade, constituindo situações de facto consumado que lhes retirem o sentido útil.

Pelo contrário, situação paradigmática de intervenção do decretamento provisório de uma providência cautelar, para efeitos do artigo 131º, é a da decisão que imponha a expulsão iminente de um estrangeiro do território nacional. Como é evidente, a questão não tem de ser decidida de imediato e compadece-se perfeitamente com uma definição cautelar. Com efeito, se o tribunal emitir, com a maior urgência e mesmo a título provisório, nos termos do artigo 131º, uma providência cautelar para que o interessado permaneça em território nacional, ele não está, desse modo, a dar em definitivo o que só uma decisão sobre o mérito da causa pode proporcionar. Pelo contrário, o estrangeiro pode permanecer em território nacional durante o tempo em que esteja pendente o processo principal e vir a ser expulso se esse processo vier a ser julgado improcedente. Por este motivo, não se justifica a utilização do processo declarativo urgente de intimação. Não estamos, na verdade, em terreno no qual se manifestem as insuficiências da tutela cautelar.

2. Proibição de executar o acto administrativo (artigo 128º)

215. De acordo com o artigo 128º, quando seja requerida a suspensão cautelar da eficácia de um acto administrativo, a autoridade administrativa, uma vez recebido o duplicado do requerimento, não pode iniciar ou prosseguir a execução, salvo se, mediante resolução fundamentada, reconhecer, no prazo de 15 dias, que o diferimento da execução seria gravemente prejudicial para o interesse público (nº 1). Considera-se, entretanto, indevida a execução quando falte a resolução fundamentada ou o tribunal julgue improcedentes as razões em que aquela se fundamenta (nº 3)[322], podendo o interessado requerer ao tribunal onde penda o pro-

[322] Note-se que a jurisprudência tem sido exigente, e a nosso ver bem, na apreciação das razões em que se fundamentam as resoluções fundamentadas, que têm tendido a banalizar-se, na medida em que, como, por definição, toda a suspensão da eficácia de actos administrativos prejudica a prossecução do interesse público que eles visam prosseguir, só em situações de grave prejuízo é que, a título excepcional, deve ser admitida a derrogação da regra da proibi-

cesso cautelar, até ao trânsito em julgado da sua decisão, a declaração de ineficácia dos actos de execução indevida (nº 4).

Apesar das críticas de que vinha sendo objeto e, em consequência, das propostas de alteração formuladas pela comissão de revisão, o legislador da revisão de 2015 optou por manter intocado o artigo 128º. A nosso ver, esta opção projeta-se em dois planos, que se justifica distinguir.

Na verdade, a referida opção foi determinada pelo fundamental propósito, de política legislativa, de manter a figura da resolução fundamentada: aparentemente, nem o Governo quis abdicar do poder de emitir a resolução fundamentada que o artigo confere às autoridades administrativas, nem os juízes administrativos quiseram assumir a responsabilidade que para eles resultaria de solução diversa, que, eliminando a figura, fizesse depender a possibilidade de executar de decisão do juiz cautelar, fundada na ponderação dos interesses em presença.

Mas, ainda que determinada por este propósito fundamental, a opção do legislador da revisão de 2015 de não introduzir qualquer alteração ao artigo 128º implicou a renúncia à resolução de diversos problemas de aplicação que o artigo colocava e que poderiam ter sido resolvidos, mesmo sem eliminação da figura da resolução fundamentada. Ao contrário do que sucedeu em praticamente todos os outros domínios, a revisão de 2015 foi, pois, uma oportunidade perdida no que diz respeito ao artigo 128º, cujas deficiências não foram corrigidas e que, por isso, continuará a colocar as dificuldades de aplicação que já anteriormente colocava.

A começar pela velha questão de saber quando deve entender-se que ocorre a recepção do "duplicado do requerimento", a que se refere o nº 1 do artigo 128º. No anteprojeto elaborado pela comissão de revisão do CPTA, propunha-se que o preceito passasse a adotar como ponto de referência temporal o momento da citação no âmbito do processo cautelar. Apesar de essa proposta não ter sido concretizada, parece ser, em todo o caso, nesse sentido que deve ser interpretada a referência à estranha figura do "duplicado do requerimento", que não tem enquadramento em qualquer outro preceito do Código. Afigura-se, assim, de entender que a proibição de executar, prevista no nº 1 do artigo 128º, opera com a citação

ção de executar que o artigo 128º consagra: neste sentido, cfr. Acórdãos do Tribunal Central Administrativo Norte de 14 de Fevereiro de 2008, Proc. nº 1205/07, e do Tribunal Central Administrativo Sul de 25 de Outubro de 2007, Proc. nº 2942/07.

no processo cautelar, nos termos do artigo 117º, sendo que, para situações de especial urgência, o requerente pode pedir a citação urgente da entidade requerida, segundo previsto no artigo 114º, nº 4.

216. O artigo 128º disciplina a situação em que fica colocada a entidade requerida, entre o momento em que recebe o duplicado do requerimento mediante o qual tenha sido pedida a suspensão cautelar da eficácia do ato por si praticado e aquele em que o tribunal vem a pronunciar-se sobre esse pedido, consagrando a regra de que, durante esse período de tempo, ela não pode iniciar ou prosseguir a execução do acto e que os actos de execução indevida que ela eventualmente pratique poderão ser declarados ineficazes pelo tribunal.

A propósito do regime do artigo 128º, coloca-se, pois, desde logo, a questão da sua articulação com o instituto do decretamento provisório de providências cautelares, que se encontra consagrado no artigo 131º (cfr. *supra*, nº 211). Em resposta a essa questão, era proposto no anteprojeto elaborado pela comissão de revisão do CPTA que ao artigo 128º fosse aditado um último preceito, que estabelecia que a previsão, no nº 1, do efeito suspensivo automático não prejudicava a possibilidade do decretamento provisório da suspensão da eficácia, em situações de especial urgência, segundo o disposto no artigo 131º. Na ausência desta clarificação, a questão continua a colocar-se, devendo ser respondida por interpretação do quadro vigente.

Ora, cumpre, para o efeito, começar por notar as diferenças que separam os regimes do artigo 128º e do artigo 131º. Na verdade, a proibição de executar prevista no artigo 128º opera automaticamente, em todos os casos em que tenha sido deduzido o pedido de suspensão da eficácia de um acto administrativo. Distingue-se, assim, pela abrangência – cobrindo muitas situações que ficariam de fora da previsão do artigo 131º, nº 1 – e pelo automatismo – na medida em que opera extrajudicialmente, sem estar dependente de decisão do juiz.

A verdade, porém, é que, tal como sucede com o instituto do decretamento provisório do artigo 131º, também o regime do artigo 128º visa evitar o *periculum in mora* do processo cautelar, prevenindo os danos que, para o requerente, possam resultar da demora deste processo, através da introdução de um regime que se destina a valer durante a pendência do processo cautelar, até ao momento em que este venha a ser decidido.

Segue, é certo, um caminho diferente para o conseguir, que não passa pela concessão antecipada, a título provisório, da providência cautelar, mas pela determinação da produção automática de um efeito *ex lege*, favorável ao requerente da providência, que, no entanto, pode ser levantado pela autoridade administrativa requerida, por razões de interesse público. Mas orienta-se por idêntico propósito.

Não nos parece, no entanto, que a simples existência do regime do artigo 128º tenha o alcance de afastar a possibilidade do decretamento provisório da suspensão da eficácia de actos administrativos, ao abrigo do artigo 131º[323].

Com efeito, a proibição de executar só opera, nos termos do artigo 128º, nº 1, quando a autoridade requerida tenha recebido "o duplicado do requerimento", o que, salvo clarificação legislativa expressa em sentido contrário, nos parece, como já foi dito, que se deve entender que apenas acontece com a citação no processo cautelar. Ora, como, de acordo com o regime de tramitação dos processos cautelares, a admissão do requerimento cautelar e subsequente citação da entidade requerida depende, como dispõe o artigo 116º, nº 1, de despacho liminar, a questão do decretamento provisório de providências cautelares coloca-se em momento anterior àquele em que eventualmente opera o regime do artigo 128º. Não repugna, por isso, admitir que, no requerimento cautelar em que peça a suspensão da eficácia do acto, o requerente também seja admitido a pedir, nos termos gerais do artigo 131º, o decretamento provisório da suspensão, atenta a especial urgência do caso, e que, caso o tribunal reconheça a existência dessa especial urgência, ele proceda de imediato a esse decretamento. Por outro lado, o juiz pode atribuir oficiosamente o decretamento provisório, sem dependência de requerimento (cfr. *supra*, nº 211). O regime do artigo 128º só operará, portanto, quando, tenha sido ou não pedido o decretamento provisório da suspensão, o juiz não o tenha concedido no despacho liminar: é, pois, nesse caso, em que a entidade requerida é citada sem que o decretamento provisório tenha ocorrido, que ela fica proibida de executar o acto, sem prejuízo da possibilidade da emissão de resolução fundamentada, nos termos do artigo 128º.

[323] Em sentido contrário, cfr. VIEIRA DE ANDRADE, *Justiça Administrativa*, p. 311.

217. O nº 4 do artigo 128º institui o incidente de declaração de ineficácia dos eventuais actos de execução indevida como o único instrumento de tutela de que os interessados podem lançar mão no contexto do regime do artigo 128º. Por conseguinte, quando o interessado considere que não existe fundamento para o levantamento unilateral, por parte da Administração, do seu dever legal de não executar o acto, o preceito só lhe permite reagir contra os actos de execução, pedindo, através da dedução de um incidente no processo cautelar, que o juiz os declare ineficazes.

A solução enferma de evidentes insuficiências.

Subjacente à não imposição ao interessado do ónus de impugnação da resolução fundamentada, está a opção do legislador de não instituir a resolução fundamentada como um acto administrativo impugnável. Na verdade, o juiz procede, no âmbito do incidente, à apreciação incidental da resolução eventualmente emitida, em ordem a pronunciar-se sobre os actos de execução praticados, mas não parece ter de determinar a sua eliminação da ordem jurídica quando a considere infundada. A lei parece assumir, desse modo, que a definição do Direito não está, neste domínio, na disponibilidade da Administração, pelo que é ao juiz cautelar a quem, em última análise, deve caber a palavra decisiva[324].

A verdade, porém, é que, pelo modo como o artigo 128º configura o poder de emissão da resolução fundamentada, fixando um prazo preclusivo de 15 dias para a sua emissão, mas nenhum prazo para que, na sequência disso, ela seja executada, a solução tem efeitos perversos, na medida em que impede o interessado de reagir contra a resolução fundamentada, se e durante todo o tempo em que, após ter sido emitida, ela não for objeto de execução. Mesmo que seja emitida uma resolução manifestamente infundada, o interessado, tem, pois, de aguardar pacientemente que ela seja objeto de execução, porventura irreversível, no plano dos factos, para poder reagir, porventura quando tudo esteja consumado[325].

[324] Para a estruturada exposição desta linha de pensamento, cfr. Acórdão do Tribunal Central Administrativo Norte de 14 de Fevereiro de 2008, Proc. nº 1205/07. Cfr. também, do mesmo tribunal, o Acórdão de 4 de Outubro de 2007, Proc. nº 1312/05.

[325] Cfr. Vieira de Andrade, *Justiça Administrativa*, p. 308, e Acórdãos do STA de 3 de abril de 2008, Proc. nº 1029/07, e do TCA Sul de 7 de maio de 2009, Proc. n.º 4996/09, de 25 de novembro de 2010, Proc. nº 6759/10, de 17 de fevereiro de 2011, Proc. nº 7052/10, e de 1 de junho de 2011, Proc. nº 7302/11.

Por outro lado, não é claro o sentido e alcance da declaração de ineficácia dos actos de execução indevida, na medida em que, na maioria das situações, em que a execução se concretizará no plano dos factos, o que interessaria seria reconhecer explicitamente ao interessado a possibilidade de requerer ao juiz cautelar – como era proposto no anteprojeto elaborado pela comissão de revisão do CPTA – "a adoção das providências necessárias para impedir ou fazer cessar a execução e, sendo possível, restabelecer provisoriamente a situação anterior, podendo haver lugar à imposição de sanção pecuniária compulsória".

À face do disposto no artigo 128º, deve, em todo o caso, entender-se que, quando actos jurídicos de execução indevida tenham determinado a realização de operações materiais com repercussão no plano dos factos, a declaração de ineficácia desses actos constitui a entidade requerida no dever de reconstituir, tanto quanto possível, a situação que deveria existir se a execução não tivesse tido lugar. Nesse tipo de situação, o pedido de declaração de ineficácia dos actos de execução indevida terá, assim, o sentido de um pedido – que, a nosso ver, o requerente deve poder cumular no requerimento em que suscita o incidente – dirigido à imposição à entidade requerida do dever de proceder a essa reconstituição. Como é evidente, o incidente já nada pode, entretanto, contra operações materiais cujas consequências sejam irreversíveis.

Note-se, entretanto, que a revisão de 2015 veio tornar claro que o eventual recurso jurisdicional interposto contra decisão do juiz cautelar de declaração de ineficácia de actos de execução indevida não tem efeito suspensivo, nos termos gerais do artigo 143º, nº 1, na medida em que a se trata do recurso de uma decisão referente a um incidente de um processo cautelar, para efeitos do disposto na alínea *b)* do nº 2 do artigo 143º. Com efeito, a decisão assenta na formulação de um juízo da mesma natureza daquele a que se reporta o artigo 120º, nº 2, e é indiscutível que se insere, como incidente, no processo cautelar dirigido a decidir, a final, da suspensão da eficácia do ato de cuja execução se trata[326].

218. A nosso ver, a proibição de executar o acto administrativo, nos termos do artigo 128º, só se mantém enquanto não for proferida decisão, no processo cautelar, que indefira o pedido de suspensão da eficácia.

[326] Cfr. Mário Aroso de Almeida/Carlos Fernandes Cadilha, *Comentário...*, p. 861.

A proibição cessa, portanto, com a emissão de uma tal decisão, ainda que esta seja objecto de recurso jurisdicional. Essa é, a nosso ver, a consequência do regime do artigo 143º, nº 2, que atribui efeito meramente devolutivo aos recursos interpostos de decisões respeitantes à adopção de providências cautelares (para mais desenvolvimentos quanto a este ponto e suas implicações, cfr. *infra*, nº 238-A).

219. Uma das questões controvertidas suscitadas pelo regime do artigo 128º que a revisão de 2015 desperdiçou a oportunidade de esclarecer, foi a da aplicabilidade da proibição de executar aos contra-interessados, beneficiários dos efeitos de atos favoráveis para os seus destinatários cuja suspensão de eficácia seja requerida no processo cautelar. Pense-se no paradigma da licença de construção: trata-se de saber se a citação do titular da licença como contra-interessado tem o efeito de o proibir de dar execução ao ato, iniciando ou prosseguindo a construção.

É verdade que o nº 1 do artigo 128º só se refere às autoridades administrativas quando as proibe de iniciar ou prosseguir a execução. Mas o certo é que o nº 2 impõe-lhes o dever de impedirem, com urgência, que, não só os serviços competentes, como também os interessados, procedam ou continuem a proceder à execução do ato. Por conseguinte, se apenas se atender ao elemento literal, o máximo que se poderá dizer é que, ainda que se entenda que o nº 1 do artigo 128º não impõe diretamente aos beneficiários de atos favoráveis uma proibição de iniciarem ou prosseguirem a execução desses atos, a verdade é que o nº 2 impõe às autoridades administrativas o dever de os impedir de procederem ou continuarem a proceder a essa execução. De onde resulta, afinal, que o artigo 128º impede os beneficiários dos efeitos de atos favoráveis para os seus destinatários cuja suspensão de eficácia seja requerida em sede cautelar de procederem à execução desses atos durante a pendência do processo cautelar.

E afigura-se ser essa, na verdade, a solução mais adequada, no plano teleológico. Com efeito, não faz sentido que a simples dedução de um pedido cautelar de suspensão da eficácia de atos administrativos praticados para direta satisfação de necessidades de interesse geral tenha, por regra, o efeito automático de impedir a imediata execução desses atos, e que o mesmo não suceda em relação a atos que se limitem a permitir o exercício para fins privados de atividades de natureza privada que não contendam com o interesse público.

E, em sentido contrário, não se diga que, deste modo, se colocam, de modo arbitrário, os contra-interessados, beneficiários do ato suspendendo, em posição mais gravosa do que o interesse público, na medida em que este pode ser salvaguardado através da emissão da resolução fundamentada prevista no nº 1 do artigo 128º. É verdade que o artigo 128º coloca os contra-interessados numa posição mais gravosa do que o interesse público, na medida em que permite à Administração levantar a proibição de executar por razões de interesse público, enquanto não reconhece poder equivalente aos contra-interessados, em defesa dos seus interesses privados. Mas não nos parece que a diferenciação de posições seja arbitrária, na medida em que assenta na compreensível assunção da necessidade de privilegiar a proteção do interesse público.

A nosso ver, o pressuposto de que, quanto a este ponto, parte o artigo 128º é o de que, quando apenas estejam em confronto meros interesses privados, a posição que, a título provisório, deve prevalecer durante a pendência do processo cautelar é a do requerente da suspensão da eficácia, sem que os interesses dos contra-interessados se lhe possam sobrepor; mas já não é, naturalmente, assim quando ao interesse do requerente se contraponha o interesse público, como tal assumido em resolução fundamentada mediante a qual a autoridade administrativa reconheça que o diferimento da execução seria gravemente prejudicial para o interesse público.

Questão diferente é, entretanto, a de saber se a solução deveria ser esta, numa perspetiva *de iure condendo*. Com efeito, resulta do que já atrás foi dito que, em nossa opinião, a mais adequada composição dos interesses envolvidos no contexto deveria passar pela solução proposta no anteprojeto elaborado pela comissão de revisão do CPTA, mas que o legislador da revisão de 2015 não quis consagrar, de se eliminar a figura da resolução fundamentada e se prever que a entidade requerida e os beneficiários do ato, em igualdade de circunstâncias, pudessem requerer ao juiz cautelar o levantamento da proibição de executar, alegando que o diferimento da execução do ato seria gravemente prejudicial para o interesse público ou gerador de consequências lesivas claramente desproporcionadas para outros interesses envolvidos.

220. Da letra do artigo 128º resulta de forma clara que, tal como a proibição de executar é um efeito que se produz *ope legis*, sem interven-

ção do juiz, em consequência da entrada do processo cautelar, também o levantamento dessa proibição, através da resolução fundamentada, é um efeito que se produz extrajudicialmente, sem intervenção do juiz, em consequência de uma manifestação unilateral da Administração, que esta não emite no âmbito do processo cautelar, nem na qualidade de parte nesse processo. Depois, o que o artigo 128º prevê é a possibilidade de o requerente da providência questionar os eventuais atos de execução indevida, no âmbito de um incidente do processo cautelar. O que resulta da letra da lei, é, portanto, que a jurisdicionalização do regime do artigo 128º só ocorre na eventualidade de o requerente suscitar o incidente da declaração de ineficácia de atos de execução indevidos.

Pelo contrário, a prática processual foi-se, no entanto, orientando no sentido de configurar a resolução fundamentada como uma espécie de alegação que tem por destinatário o juiz cautelar, no âmbito de um incidente que corre sob a égide do processo cautelar[327], pelo que deve ser comunicada ao juiz cautelar, para que este, por sua vez, a comunique ao requerente da providência. Na verdade, a partir do momento em que, no nº 1 do artigo 128º, é fixado o prazo preclusivo de 15 dias para a emissão da resolução fundamentada, é natural que se procurem promover as condições para assegurar a observância desse prazo. E, nesse sentido, tem feito caminho o entendimento de que, quando seja emitida, a resolução fundamentada deve dar entrada no tribunal dentro do prazo de 15 dias[328].

Este entendimento tem um significado do maior relevo, na medida em que se inscreve numa dinâmica, que na prática processual se formou, no sentido da *jurisdicionalização* da emissão da resolução fundamentada, que tende a integrá-la numa lógica de lide processual, que, originariamente, lhe era inteiramente estranha.

Na medida, porém, em que se trilha este caminho, mais discutível se torna a solução, já atrás questionada, de se recusar ao requerente a possibilidade de, a partir do momento em que, no prazo dos quinze dias, ela é comunicada ao tribunal, pôr a resolução fundamentada diretamente em

[327] Neste sentido, pode, v.g., ler-se no Acórdão do TCA Norte de 14 de Fevereiro de 2008, Proc. nº 1205/07, que a resolução fundamentada é "uma pronúncia administrativa desenvolvida no âmbito e sob a égide estrita dum processo judicial".

[328] Na doutrina, cfr. Tiago Duarte, "Providência cautelar e resolução fundamentada: *the winner takes it all?*", in *Cadernos de Justiça Administrativa* nº 55, pp. 43 segs.; na jurisprudência, v.g., o Acórdão do TCA Sul de 14 de Outubro de 2010, Proc. nº 5764/09.

causa perante o juiz cautelar, mesmo que ela (ainda) não tenha sido objeto de execução. Com efeito, tal solução não se mostra coerente com o fenómeno de jurisdicionalização da emissão da resolução fundamentada a que nos vimos referindo.

Mas, mais do que isso, a solução que melhor se harmonizaria com tal evolução seria a de se submeter a resolução fundamentada, não apenas a um mero dever formal de comunicação ao tribunal dentro do prazo de quinze dias, mas a um escrutínio efetivo pelo juiz cautelar, da decisão de quem dependeria a possibilidade da execução imediata do ato suspendendo. É esse o passo que falta dar para obter uma efetiva *jurisdicionalização* neste domínio, mediante a substituição da previsão do poder da autoridade requerida de emitir a resolução fundamentada pela atribuição ao juiz cautelar do poder de decidir sobre a questão da possibilidade da imediata execução do ato suspendendo. O que se afiguraria inteiramente coerente, num Código que consagra o instituto do decretamento provisório de providências cautelares, mediante o qual confia, em termos gerais, ao juiz cautelar a tutela dos interesses prejudicados pela morosidade do processo cautelar nas situações de maior urgência[329].

Era, por isso, essa a solução que, em coerência, era proposta no anteprojeto apresentado pela comissão de revisão do CPTA, mas que o legislador da revisão de 2015 entendeu não consagrar, mantendo, assim, intactas as incongruências do regime do artigo 128º.

§ 5º – Forma do processo cautelar

221. O CPTA regula a forma dos processos cautelares nos artigos 114º a 119º.

Como estabelece o artigo 114º, nº 1, mesmo quando é desencadeado simultaneamente com o processo principal, o processo cautelar é intentado mediante a apresentação de um requerimento autónomo. Este requerimento deve satisfazer os requisitos enunciados no nº 3 do artigo 114º, que, com a revisão de 2015, passou a incluir também, na alínea *j)*, a indicação do valor do processo cautelar, de harmonia com o disposto no

[329] Para mais desenvolvimentos sobre os aspetos abordados neste ponto, cfr. Mário Aroso de Almeida, "Artigo 128.º do CPTA: realidade e perspetivas", *Cadernos de Justiça Administrativa* n.º 93, pp. 3 segs.

artigo 32º, nº 6, que estabelece que o valor dos processos cautelares é determinado pelo valor do prejuízo que se quer evitar, dos bens que se querem conservar ou da prestação pretendida a título provisório.

Um dos dados que o requerente deve fornecer no requerimento cautelar é a identificação dos contra-interessados a quem a adopção da providência cautelar possa directamente prejudicar, através da indicação do seu nome e residência, sendo que o artigo 115º prevê, precisamente, um regime dirigido a permitir ultrapassar eventuais dificuldades na obtenção dos elementos necessários para o efeito.

Por outro lado, estabelece o artigo 114º, nº 3, alínea *g)*, que o requerente deve "especificar, de forma articulada, os fundamentos do pedido, oferecendo prova sumária da respectiva existência". Tal como sucede em processo civil, sobre o requerente recai, assim, o ónus de oferecer os meios de prova no requerimento inicial, assim como também deve entender-se que sobre os requeridos recai o correspectivo ónus de os oferecerem com a oposição que deduzam, nos termos do nº 1 do artigo 118º. Por este motivo não está previsto no artigo 118º um trâmite de indicação das provas e as testemunhas oferecidas são apresentadas no próprio dia e local designados para a inquirição.

É neste sentido que, no caso específico dos processos cautelares dirigidos à adopção de providências relativas a procedimentos de formação de contratos, deve ser interpretada a exigência, imposta pelo nº 2 do artigo 132º, de que o requerimento cautelar seja acompanhado de "todos os elementos de prova", que não pretende limitar a prova admitida à prova documental[330], mas apenas determinar que a prova documental deve ser desde logo produzida com o requerimento cautelar, não podendo ser junta até ao encerramento da discussão no processo, mas sem excluir a possibilidade da produção de prova de outra natureza, designadamente prova testemunhal.

O requerente deve ser notificado para proceder ao suprimento de eventuais irregularidades do requerimento no prazo de cinco dias, nos termos do nº 5 do artigo 114º, sendo que o eventual não suprimento dentro do prazo fixado para o efeito implica a rejeição liminar do pedido, nos termos do artigo 116º, sem prejuízo da possibilidade da apresentação

[330] Neste preciso sentido, cfr. Acórdão do Tribunal Central Administrativo Sul de 25 de Janeiro de 2007, Proc. nº 2206/06.

de novo requerimento. Pode haver, assim, lugar a um despacho de aperfeiçoamento em momento anterior ao do despacho liminar de admissão ou rejeição do requerimento cautelar, a que se refere o artigo 116º.

222. Ao contrário do que sucede nos processos declarativos, a tramitação dos processos cautelares compreende a emissão de despacho liminar pelo juiz, que recai imediatamente sobre o requerimento cautelar, em momento prévio ao da citação da entidade requerida e dos eventuais contra-interessados, nos termos do artigo 116º.

Em princípio, o despacho liminar só deve ser de rejeição do requerimento cautelar na falta de qualquer dos requisitos impostos ao requerimento que o requerente não tenha suprido na sequência de notificação para o efeito ou quando o tribunal considere que é evidente ou manifesta a existência de excepções dilatórias insupríveis de conhecimento oficioso, que impedem a emissão de uma pronúncia de mérito sobre a pretensão do requerente.

Com a revisão de 2015, o artigo 116º, nº 2, alínea *d)*, passou a permitir explicitamente o indeferimento liminar do requerimento inicial quando seja manifesta a falta de fundamento da pretensão formulada, distinguindo essa situação daquela, autonomamente prevista na nova alínea *f)*, da manifesta existência de circunstâncias que obstem, por falta de preenchimento de pressupostos processuais, ao conhecimento do mérito da causa no processo principal. Basta pensar no exemplo do pedido de suspensão da eficácia de um acto administrativo, fundado na sua anulabilidade, que seja deduzido em momento em que já expirou o prazo dentro do qual essa anulabilidade podia ser suscitada no processo principal, sem que o tenha sido.

223. Uma vez proferido o despacho liminar de admissão do requerimento cautelar, os requeridos são citados, nos termos do artigo 117º, para deduzir a oposição que tenham, no prazo de dez dias. Em princípio, a citação é simultânea, salvo no caso previsto no artigo 115º, em que, como estabelece o artigo 117º, nº 2, a secretaria só expede as citações após a resposta da autoridade requerida ou após o termo do prazo respectivo.

Ao contrário do que sucede na acção administrativa (cfr. *supra*, nº 171), a falta de oposição implica a presunção da veracidade dos factos invocados pelo requerente (artigo 118º, nº 2). Por outro lado, a falta de oposição por parte da autoridade requerida ou a não alegação de que a adopção das providências requeridas prejudica o interesse público tem ainda um efeito cominatório complementar, que se traduz no reconhecimento, por parte do juiz, para efeito da decisão a adoptar, da inexistência de tal lesão, salvo quando ela seja manifesta ou ostensiva (artigo 120º, nº 5)[331]. A dedução de oposição no processo cautelar reveste-se, assim, como se vê, de grande importância.

Embora o CPTA não o preveja, afigura-se que, tal como sucede em processo civil, as oposições apresentadas pelos requeridos devem ser notificadas ao requerente e pode haver lugar à apresentação de um articulado suplementar por parte deste, por aplicação do princípio do contraditório, se nas oposições tiverem sido deduzidas excepções. Por outro lado, o princípio da promoção do acesso à justiça exige que, uma vez concluso o processo ao juiz, este providencie pelo suprimento da eventual falta de pressupostos processuais que possam ser sanados, determinando a realização dos actos porventura necessários à regularização da instância, e não avance, sem mais, para a absolvição da instância (cfr. artigos 7º e 7º-A).

224. De acordo com o artigo 118º, n° 1, "juntas as contestações ou decorrido o respectivo prazo, o processo é concluso ao juiz, podendo haver lugar a produção de prova, quando este a considere necessária".

Esta previsão tem um duplo sentido ou alcance. Por um lado, dela resulta que o juiz não está limitado à possibilidade de ordenar a produção dos meios de prova requeridos pelas partes, podendo ordenar a produção de outros meios de prova e promover diligências que não lhe tenham sido requeridas, mas que considere necessárias (cfr. artigo 118º, nº 3). Por outro lado, com a revisão de 2015, o novo nº 5 do artigo 118º torna, hoje, claro que o juiz não tem o dever estrito de ordenar a produção dos meios de prova requeridos pelas partes, podendo, pelo contrário, recusar diligências que lhe tenham sido requeridas, quando as considere dispensáveis[332].

Compete, pois, ao juiz determinar, em função do caso concreto, que meios de prova devem ser utilizados para obter o adequado esclarecimento das questões colocadas, sendo que esses meios devem ser os estri-

[331] Cfr. Mário Aroso de Almeida/Carlos Fernandes Cadilha, *Comentário...*, pp. 786-787.

[332] Cfr., por exemplo, Acórdãos do Tribunal Central Administrativo Norte de 15 de Janeiro de 2009, Proc. nº 1348/08, e do Tribunal Central Administrativo Sul de 18 de Março de 2009, Proc. nº 4674/08.

tamente necessários, atendendo ao carácter sumário da apreciação que, em sede cautelar, cumpre realizar. Para a eficácia e eficiência da tutela cautelar, é importante que o juiz cautelar assuma, pois, com firmeza os poderes de conformação da instrução que lhe conferem o artigo 118º, nºs 3 e 5, superando (naturais) inseguranças, que os podem levar a conformar-se com os pedidos de produção de prova formulados pelas partes, mesmo quando tardiamente apresentados, e mesmo a promover oficiosamente a produção de prova inútil ou, em todo o caso, excessiva[333].

Por outro lado, o artigo 118º passou, com a revisão de 2015, a impor restrições quanto aos meios de prova que podem ser oferecidos no processo cautelar. Assim, o nº 3 estabelece que não é admitida a prova pericial, por se entender que não é compatível com o carácter sumário do processo cautelar e a natureza perfunctória dos juízos que nele são formulados. Por outro lado, a prova no processo cautelar não tem de ser apenas documental, e a afirmação também é válida para os processos cautelares dirigidos à adopção de providências relativas a procedimentos de formação de contratos, na medida em que, como já foi referido, o artigo 132º não consagra qualquer regra de que, no âmbito desses processos, só seja admitida prova documental[334]. É, assim, admitida a produção de prova testemunhal, mas o nº 4 do artigo 118º estabelece que "o requerente não pode oferecer mais de cinco testemunhas para prova dos fundamentos da pretensão cautelar", aplicando-se a mesma limitação a cada um dos requeridos.

Tal como hoje sucede em processo civil, resulta do artigo 119º, nº 1, que, antes de ser proferida a decisão cautelar, o juiz não tem de fixar a matéria de facto, mediante a indicação, por despacho, dos factos que julga provados e dos que julga não provados, dando às partes a oportunidade de se pronunciarem sobre a decisão da matéria de facto e, sendo caso disso, reclamarem contra a sua eventual deficiência, obscuridade, contradição ou falta de motivação. Mesmo quando sejam realizadas diligências de prova, avança-se, pois, para a imediata emissão da decisão cautelar.

[333] Cfr. Mário Aroso de Almeida/Carlos Fernandes Cadilha, *Comentário...*, pp. 789-790.

[334] Neste preciso sentido, cfr. Acórdão do Tribunal Central Administrativo Sul de 25 de Janeiro de 2007, Proc. nº 2206/06.

§ 6º – Critérios de atribuição das providências cautelares

1. Critérios gerais de atribuição de providências cautelares

225. Os critérios gerais de que depende a concessão das providências cautelares são definidos nos nºs 1 e 2 do artigo 120º. Com a revisão de 2015, esses critérios foram, entretanto, homogeneizados, abstraindo da heterogeneidade dos tipos de providências cautelares a que podem dizer respeito. Em particular, o nº 1 do artigo 120º deixou de estabelecer, por alíneas, critérios diferenciados, designadamente consoante se trate de conceder providências conservatórias ou providências antecipatórias. Pessoalmente, pensamos que o regime do artigo 120º ficou, desse modo, mais pobre, ao deixar de estabelecer diferenciações que, no plano substantivo, nos pareciam inteiramente fundadas, como adiante melhor se dirá.

Em alguns dos preceitos do próprio artigo 120º e, depois, no capítulo de "disposições particulares", que se estende pelos artigos 128º a 134º, o Código estabelece, entretanto, alguns regimes especiais quanto aos critérios de que depende o decretamento de certos tipos de providências. Começaremos, por isso, por nos referirmos aos critérios gerais, para depois fazermos referência aos regimes especiais.

1.1. *Critério do* periculum in mora

226. Tal como sucede em processo civil, o primeiro e o mais importante dos critérios de que depende a atribuição de providências cautelares é o *periculum in mora,* que o CPTA entende existir, segundo dispõe o artigo 120º, nº 1, quando "haja fundado receio da constituição de uma situação de facto consumado ou da produção de prejuízos de difícil reparação para os interesses que o requerente visa assegurar no processo principal".

À fórmula tradicional do "prejuízo de difícil reparação", que era utilizada na legislação precedente, o CPTA acrescentou a referência ao "fundado receio da constituição de uma situação de facto consumado". Esta referência visou clarificar que, para além das situações em que, anteriormente, se admitia o risco da "produção de prejuízos de difícil reparação", as providências cautelares *também* devem ser concedidas quando exista o "fundado receio da constituição de uma situação de facto consumado".

Da conjugação das duas fórmulas resulta a clara rejeição do apelo, neste domínio, a critérios fundados na susceptibilidade da avaliação pecuniária dos danos, pelo seu carácter variável, aleatório ou difuso[335], em favor do entendimento segundo o qual o prejuízo do requerente deve ser considerado irreparável sempre que os factos concretos por ele alegados permitam perspectivar a criação de uma situação de impossibilidade da reintegração da sua esfera jurídica, no caso de o processo principal vir a ser julgado procedente. Se não falharem os demais critérios de que depende a concessão da providência, ela deve ser, pois, concedida desde que os factos concretos alegados pelo requerente inspirem o fundado receio de que, se a providência for recusada, se tornará depois impossível, no caso de o processo principal vir a ser julgado procedente, proceder à reintegração, no plano dos factos, da situação conforme à legalidade. É este o único sentido que pode ser atribuído à expressão "*facto consumado*". Nestas situações, em que a providência é necessária para evitar o *risco da infrutuosidade* da sentença a proferir no processo principal, o critério não pode ser, portanto, o da susceptibilidade ou insusceptibilidade da avaliação pecuniária dos danos, mas tem ser o da viabilidade do restabelecimento da situação que deveria existir se a conduta ilegal não tivesse tido lugar[336]: pense-se no risco da demolição de um edifício ou da liquidação de uma empresa.

Do ponto de vista do *periculum in mora*, a providência também deve ser, entretanto, concedida quando, *mesmo que não seja de prever que a reintegração, no plano dos factos, da situação conforme à legalidade se tornará impossível pela mora do processo*, os factos concretos alegados pelo requerente inspirem o fundado receio da produção de "*prejuízos de difícil reparação*" no caso de a providência ser recusada, seja porque a reintegração no plano dos factos se perspectiva difícil, seja porque pode haver prejuízos que, em

[335] No sentido da necessidade, à face do quadro normativo precedente, de se ultrapassar, neste domínio, o tradicional critério da susceptibilidade de avaliação económica do dano (e, portanto, da reparabilidade por indemnização equivalente), cfr. M. Aroso de Almeida, "Medidas cautelares no ordenamento contencioso – breves notas" in Direito e Justiça, vol. XI (1997), p. 143; e, já na vigência do CPTA, Vieira de Andrade, *Justiça Administrativa*, p. 293.
[336] Cfr. M. Aroso de Almeida, "Medidas cautelares...", p. 143.

qualquer caso, se produzirão ao longo do tempo e que a reintegração da legalidade não é capaz de reparar ou, pelo menos, de reparar integralmente. Ainda neste último caso, justifica-se a adopção da providência para evitar o *risco do retardamento* da tutela que deverá ser assegurada pela sentença a proferir no processo principal: pense-se no risco da interrupção do pagamento de vencimentos ou pensões, que podem ser a principal ou mesmo a única fonte de rendimento do interessado.

Note-se que a redacção do nº 1 do artigo 120º é diferente daquela que, para a atribuição de providências cautelares não especificadas em processo civil, consta do artigo 362º, nº 1, do CPC, que é mais exigente, ao falar de uma "lesão *grave e* dificilmente reparável" (sublinhado nosso). Assume-se, pois, aí, que nem todos os prejuízos irreparáveis ou de difícil reparação justificam a adopção de providências cautelares, mas só aqueles que, pela sua gravidade, a jurisprudência venha a seleccionar, para o efeito de considerar dignos de tutela preventiva. Não é assim em processo administrativo.

Acrescente-se, entretanto, que, a nosso ver, a jurisprudência tem sido excessivamente exigente no que se refere à concretização dos prejuízos que o requerente poderá sofrer – prejuízos que, embora prováveis, tendem, porém, em muitas situações, a não poder ser especificados em factos concretos, por apenas existirem sob a forma de uma ameaça ainda não concretizada. Por outro lado, a *sumariedade,* que, em termos gerais, caracteriza os processos cautelares (cfr. *supra,* nº 206) deve valer também para a apreciação do *periculum in mora.* Com efeito, o nº 1 do artigo 120º utiliza a expressão *"fundado receio"*, o que significa que também o juízo sobre a existência do perigo da constituição de uma situação de facto consumado ou da produção de prejuízos de difícil reparação não tem de ser um juízo de certeza, mas apenas um juízo de probabilidade, que poderá ser maior ou menor, consoante as circunstâncias específicas de cada caso[337]. Como bem assinalou *José Alberto dos Reis,* com apoio em

[337] No dizer de ANTUNES VARELA *ET ALII*, *Manual...*, pp. 24-25, "ao apreciar os pressupostos da providência, o juiz não poderá exigir, na prova da existência e da violação do direito do requerente, nem na demonstração do perigo de dano que o procedimento se propõe evitar, o mesmo grau de convicção que naturalmente se requer na prova dos fundamentos da acção. De contrário, o remédio nenhuma eficácia teria no combate à doença que se propõe debelar. Em lugar da prova do direito, o juiz deverá contentar-se nestes casos, como a própria lei (art. 401º, 1) afirma em termos gerais, com uma probabilidade séria da existência do direito;

Calamandrei, cumpre, na verdade, ter presente que "um conhecimento completo e profundo sobre a existência do perigo pode exigir uma demora incompatível com a urgência da medida cautelar"[338].

1.2. *Critério da aparência de bom direito*

227. A atribuição das providências cautelares depende de um juízo, ainda que perfunctório, por parte do juiz, sobre o bem fundado da pretensão que o requerente faz valer no processo declarativo. O juiz deve, portanto, avaliar o grau de probabilidade de êxito do requerente no processo declarativo. Essa avaliação deve, naturalmente, conservar-se dentro dos estritos limites que são próprios da tutela cautelar, para não comprometer nem antecipar o juízo de fundo que caberá formular no processo principal. O tribunal deve tomar também em linha de conta o comportamento, judicial e extrajudicial, que o requerido tenha, entretanto, assumido, na medida em que tal comportamento também possa, pelo seu lado, fornecer indícios da adopção de uma atitude de desrespeito pela legalidade.

Antes da revisão de 2015, o CPTA atribuia uma relevância diferenciada a este critério, consoante estivesse em causa a adopção de uma providência conservatória ou de uma providência antecipatória, assumindo que o seu preenchimento devia ser de indagação mais exigente quando estivesse em causa a adopção de uma providência antecipatória do que a adopção de uma providência meramente conservatória. E, a nosso ver, havia boas razões para isso, na medida em que uma providência conservatória é uma providência destinada a manter o *statu quo*, ao serviço de uma ação na qual se fazem valer situações jurídicas estáticas, reativas ou opositivas, em que o autor desafia o demandante a demonstrar o bem fundado das suas pretensões, lançando sobre ele o ónus material da respetiva prova, ao passo que uma providência antecipatória é uma providência

e, em vez da demonstração do perigo de dano invocado, bastará que o requerente mostre ser fundado (compreensível ou justificado) o receio da sua lesão".

338 Cfr. Alberto dos Reis, "A figura do processo cautelar", *Boletim do Ministério da Justiça* nº 3, p. 51. O ponto foi retomado por Tiago Amorim, "Apontamentos sobre as condições de procedência das providências cautelares no novo processo administrativo", *Revista da Ordem dos Advogados*, Ano 63 (2003), pp. 415 segs.

destinada a alterar o *statu quo,* ao serviço de uma ação na qual se fazem valer situações jurídicas dinâmicas ou pretensivas, no âmbito das quais recai sobre o autor o ónus material da prova do bem fundado das suas pretensões (cfr. *supra,* nº 208).

Ora, a nosso ver, fazia todo o sentido que, de harmonia com a diferenciação enunciada, se distinguisse, como fazia o nº 1 do artigo 120º antes da revisão de 2015, entre estes dois tipos de pretensões, para o efeito de se reconhecer que, no que diz respeito à aplicação do critério do *fumus boni iuris* ou *aparência de bom direito,* só quando estivesse em causa a atribuição de providências antecipatórias se justificava fazer impender sobre o requerente da providência o encargo de fazer prova perfunctória do bem fundado da pretensão por si deduzida no processo principal.

Assim não entendeu o legislador da revisão de 2015, que, ao consagrar um regime homogéneo quanto a este ponto para os dois tipos de providências, estabelecendo que, tanto umas, como outras, só podem ser adotadas quando seja provável que a pretensão formulada ou a formular no processo principal venha a ser julgada procedente, veio introduzir uma novidade sem precedentes no nosso ordenamento jurídico, com o evidente alcance de limitar o acesso dos cidadãos à tutela cautelar em processo administrativo: a de submeter ao critério do *fumus boni iuris,* com a configuração que, em processo civil, lhe atribui o nº 1 do artigo 368º do CPC, a adoção das providências cautelares conservatórias e, em particular, da providência da suspensão da eficácia de atos administrativos – providência cuja atribuição, importa recordá-lo, nunca, até à entrada em vigor do CPTA, tinha estado dependente da formulação de qualquer juízo sobre o bem fundado da pretensão impugnatória do requerente.

1.3. *Critério da ponderação de interesses*

228. A atribuição das providências cautelares não depende apenas do preenchimento da previsão do nº 1 do artigo 120º, e, portanto, do preenchimento cumulativo dos requisitos do *periculum in mora* e do *fumus boni iuris.* Com efeito, o artigo 120º, nº 2, estabelece que, mesmo que se preencha a previsão do nº 1, as providências ainda podem ser recusadas "quando, devidamente ponderados os interesses públicos e privados em

presença, os danos que resultariam da sua concessão se mostrem superiores àqueles que podem resultar da sua recusa, sem que possam ser evitados ou atenuados pela adopção de outras providências". A atribuição da providência não está, pois, exclusivamente dependente da formulação de um *juízo de valor absoluto* sobre a situação do requerente – como sucederia se apenas dependesse da aplicação dos critérios do artigo 120º, nº 1 –, mas ainda depende da formulação de um *juízo de valor relativo*, fundado na comparação da situação do requerente com a dos eventuais titulares de interesses contrapostos.

Repare-se que o preenchimento da previsão do nº 1 é fundamental, porque constitui o *primeiro passo* para a concessão da providência, ao *indiciar* que a posição do requerente é digna de protecção. Com efeito, se essa posição fosse a única a ter em conta, a providência seria concedida. A demonstração do *periculum in mora* e do *fumus boni iuris* coloca, pois, o requerente numa posição de partida favorável à obtenção da providência. O artigo 120º, nº 2, introduz, no entanto, uma *cláusula de salvaguarda* neste domínio, permitindo que, no interesse dos demais envolvidos, a providência, ainda assim, possa ser recusada, quando, pese embora o preenchimento, em favor do requerente, dos requisitos previstos no nº 1, seja de entender que a atribuição da providência provocaria danos desproporcionados em relação àqueles que pretenderia evitar que fossem causados aos interesses do requerente.

O artigo 120º, nº 2, introduz, deste modo, um critério adicional de ponderação, num mesmo patamar, dos diversos interesses, públicos e privados, que no caso concreto se perfilem, sejam eles do requerente, da entidade demandada ou de eventuais contra-interessados, com o que abandona a tradição anterior, que preconizava a ponderação, em separado e em valor absoluto, dos riscos para o interesse público que da atribuição da providência poderiam advir para o interesse público eventualmente contraposto ao interesse do requerente[339]. A justa comparação dos interesses em jogo exige, na verdade, que o tribunal proceda, em cada caso, à ponderação equilibrada dos interesses concretamente em presença, balanceando os eventuais riscos que a atribuição da providência

[339] Para a apreciação crítica dessa postura tradicional, cfr. M. Aroso de Almeida, "Medidas cautelares...", pp. 142-145. Sensivelmente na mesma linha, cfr. Vieira de Andrade, *Justiça Administrativa*, pp. 297-299.

possa envolver para os interesses públicos e/ou privados contrapostos aos do requerente com a magnitude dos danos que a sua recusa possa causar ao requerente.

Acrescente-se que o tribunal pode optar pela adopção de uma ou de várias das providências requeridas, e até, ouvidas as partes, pela adopção de outra ou de outras, em cumulação ou em substituição daquela ou daquelas que tinham sido concretamente requeridas, "quando tal se revele adequado a evitar ou atenuar a lesão dos interesses defendidos pelo requerente e seja menos gravoso para os demais interesses, públicos ou privados, em presença" (artigo 120º, nº 3). Esta solução é ainda uma concretização do princípio da proporcionalidade, que, embora implique uma *compressão* ao princípio do dispositivo, na medida em que desvincula o juiz do princípio do pedido, é determinada pelo propósito de permitir ao juiz encontrar a solução mais adequada à justa composição dos interesses envolvidos, evitando situações em que, a não ser assim, a tutela cautelar teria de ser, pura e simplesmente, recusada, em resultado da ponderação de interesses do artigo 120º, nº 2, ou pelo propósito de dar cumprimento ao princípio da necessidade, assegurando que as providências cautelares se limitem ao necessário para evitar a lesão dos interesses defendidos pelo requerente.

2. Regimes especiais de atribuição de providências cautelares

229 e 230. Estes pontos da primeira edição deste livro foram eliminados porque se referiam ao primeiro dos regimes especiais de atribuição de providências cautelares que se encontrava previsto no CPTA, que constava do artigo 120º, nº 1, alínea a), nos termos do qual as providências cautelares eram adoptadas quando fosse "evidente a procedência da pretensão formulada ou a formular no processo principal, designadamente por estar em causa a impugnação de acto manifestamente ilegal, de acto de aplicação de norma já anteriormente anulada ou de acto idêntico a outro já anteriormente anulado ou declarado nulo ou inexistente". Com efeito, esta previsão foi eliminada na revisão de 2015, pelo que desapareceu o correspondente critério especial.

Cumpre referir que a previsão do artigo 120º, nº 1, alínea *a)*, foi objeto de controvérsia, tendo sido evidentes e reiterados, na jurisprudência, apoiada pela doutrina mais conservadora, os esforços que, desde cedo, foram empreendidos no sentido de a esvaziar de qualquer conteúdo útil[340]. Pela nossa parte, só podemos lamentar o destino que a prática forense, primeiro – transformando a previsão num cadáver –, e o legislador da revisão de 2015, depois – sepultando o cadáver –, deram ao preceito.

Com efeito, são reconhecidas as naturais dificuldades que tendem a rodear a atribuição de providências cautelares no processo administrativo, decorrentes do desequilíbrio que, em muitas situações, se estabelece entre o interesse particular do requerente da providência e o interesse público que é prosseguido pelas medidas a cuja adopção ou execução aquele se pretende opor. Ora, o reforço da posição do requerente que, para ele, resulta da existência de uma situação de evidência quanto à inexistência de um sacrifício que a atribuição da providência implique para o interesse público, em razão da evidente ilegalidade em que incorreu a Administração, reveste-se, nesse contexto, da maior importância.

Como, na verdade, fizemos notar há muitos anos, a propósito da suspensão da eficácia de actos administrativos, "dar relevância, em sede cautelar, aos indícios de ilegalidade do acto implica afastar a ideia de que a execução de quaisquer actos praticados em certos domínios é, por definição, de interesse público. Pelo contrário, desde logo nos casos de invalidade ostensiva do acto, o *fumus boni iuris* justifica, sem mais dificuldades e seja qual for o domínio de matérias a que o acto diga respeito, a imediata suspensão judicial da sua eficácia, que nesse caso não se pode considerar lesiva do interesse público. Deste modo se admite a atribuição, *no caso concreto,* da providência cautelar, mesmo relativamente a decisões administrativas que, *em abstracto,* seria de presumir que, pela natureza dos interesses que visam proteger, careceriam de urgente execução. Com o que se contribui para aproximar os interesses em confronto, facilitando a sua ponderação em conjunto por parte do tribunal. A *aparência de bom direito* não representa, pois, um obstáculo mais às pretensões do requerente, mas também pode contribuir para reforçar a sua posição no confronto com a pretensão executória da Administração, na medida em que pode funcionar como um factor de reequilíbrio dos interesses em presença, que, em certos casos, pode ser mesmo determinante para a atribuição de uma providência cautelar que, segundo o critério tradicional de preenchimento dos pressupostos da tutela cautelar no contencioso administrativo, em princípio, não seria concedida"[341].

[340] Cfr., a respeito, Mário Aroso de Almeida/Carlos Fernandes Cadilha, *Comentário...*, pp. 798-799 e nota 872.

[341] Cfr. Mário Aroso de Almeida, "Medidas cautelares...", p. 145.

Era neste sentido que se orientava a previsão do artigo 120º, nº 1, alínea *a)*, que, a nosso ver, constituia, portanto, um valioso elemento de flexibilização, inspirado na ideia de que os vários requisitos de que depende a atribuição das providências cautelares devem ser entendidos como um *sistema móvel,* em que a maior intensidade no preenchimento de uns possa compensar a menor intensidade no preenchimento dos outros: não custa, na verdade, admitir que, no âmbito da ponderação de interesses, prevista no artigo 120º, nº 2, o tribunal deve ser tanto menos rigoroso na apreciação dos prejuízos que a recusa da providência pode causar ao requerente, quanto menor a gravidade do sacrifício que a sua concessão pareça implicar para o interesse público; como, de igual modo, se justifica atribuir a providência, sem ponderação de interesses nem outras considerações, quando, em concreto, seja evidente a inconsistência da posição substantiva da entidade requerida.

2.1. *Suspensão do pagamento de quantia certa (artigo 120º, nº 6)*

231. O artigo 120º, nº 6, estabelece que, "quando no processo principal esteja apenas em causa o pagamento de quantia certa, sem natureza sancionatória, as providências cautelares serão adoptadas independentemente da verificação dos requisitos previstos no nº 1, se tiver sido prestada garantia por uma das formas previstas na lei tributária". A prestação de garantia permite, portanto, prescindir dos critérios do nº 1 do artigo 120º, na medida em que o interesse contraposto ao do requerente é assegurado pela garantia, no caso de a posição do requerente se vir a revelar inconsistente. O preceito não afasta, entretanto, expressamente a aplicação do critério do nº 2 do artigo 120º, pelo que não se afigura liminarmente de excluir, no plano teórico, a possibilidade da sua aplicação, embora seja difícil de conceber uma hipótese em que, estando em causa apenas o pagamento de quantia certa, a concessão da providência mediante prestação de garantia possa provocar danos desproporcionados ao interesse da entidade requerida em obter a quantia em causa.

Recorde-se, entretanto, que o artigo 50º, nº 2, estabelece que, "sem prejuízo das demais situações previstas na lei, a impugnação de um acto administrativo suspende a eficácia desse acto quando, cumulativamente, esteja apenas em causa o pagamento de uma quantia certa, sem natureza sancionatória, e tenha sido prestada garantia por qualquer das formas previstas na lei tributária". Este preceito, que associa, *ex lege,* a suspensão automática à impugnação, sem que haja lugar à emissão da providência cautelar de suspensão da eficácia do acto, configura-se como uma alternativa de tutela àquela que é assegurada pelo artigo 120º, nº 6. Perante um acto administrativo impositivo do dever de pagar uma quantia em dinheiro, o interessado dispõe, assim, de diferentes vias de tutela: *(i)* pode optar por avançar para a impugnação do acto, com prestação de garantia, com o que obtém automaticamente a suspensão dos seus efeitos sem necessidade de recorrer à tutela cautelar; *(ii)* pode optar por não impugnar logo, ou por impugnar sem prestar garantia, e pedir a suspensão da eficácia do acto com prestação de garantia, com o que obtém um acesso facilitado à tutela cautelar, nos termos do artigo 120º, nº 6; *(iii)* pode optar por pedir a suspensão da eficácia sem prestação de garantia, nos termos do artigo 120º, nº 6, hipótese em que a obtenção da providência cautelar dependerá da aplicação dos critérios dos nºs 1 e 2 do artigo 120º.

2.2. *Suspensão da eficácia de actos já executados (artigo 129º)*

232. Tal como já sucedia na legislação anterior ao CPTA, o artigo 129º prevê a possibilidade da suspensão da eficácia de actos administrativos já executados, justificada pelo facto de a execução poder não estar ainda integralmente consumada, com o que se evita a continuação da execução, assim como pelo facto de a pronúncia de suspensão produzir efeitos retroactivos, podendo assim constituir a entidade requerida no dever de adoptar as medidas necessárias (por exemplo, restituições) para que se reconstitua (provisoriamente) a situação que existiria se o acto não tivesse sido executado.

O artigo 129º não se sobrepõe ao artigo 120º, pelo que não permite prescindir do regime que neste último artigo se encontra consagrado quanto aos critérios gerais de que depende a atribuição das providências cautelares. O artigo 129º *acrescenta*, no entanto, um requisito suplementar àqueles que resultam do regime geral, que é a demonstração da utilidade que ainda advirá, para o requerente ou para os interesses pelos quais ele se bate, da suspensão do acto já executado. Por conseguinte, a suspensão da eficácia de actos administrativos, tenham eles já sido executados ou não, depende, por regra, do preenchimento dos pressupostos do artigo 120º, nºs 1 e 2. No caso de o acto já ter sido executado, há, contudo, ainda, e antes de mais, que demonstrar a utilidade que da suspensão do acto já executado advirá para o requerente ou para os interesses pelos quais ele se bate. O que bem se compreende, na medida em que a suspensão do acto já executado não se justificará, por falta de interesse do requerente, se todos os seus efeitos nocivos já se tiverem consumado e as consequências da execução realizada forem materialmente irreversíveis. Encontramos, pois, aqui mais um afloramento da exigência legal de *interesse processual* ou *interesse em agir*, quando as circunstâncias são de molde a que legitimamente se duvide da utilidade do recurso à tutela jurisdicional. Com efeito, se a execução do acto já tiver sido integral e irreversível, a concessão da providência cautelar não terá, nem a utilidade de impedir a produção futura de efeitos nocivos, nem a de impedir a manutenção da situação lesiva, pelo que não há interesse em obtê-la.

2.3. *Suspensão da eficácia de normas regulamentares (artigo 130º)*

233. O artigo 130º estabelece um regime específico para a suspensão da eficácia de normas regulamentares. Tal como sucede com o artigo 129º, também o artigo 130º não se sobrepõe ao artigo 120º, pelo que não permite prescindir do regime que neste último artigo se encontra consagrado quanto aos critérios gerais de que depende a atribuição das providências cautelares, que ele apenas visa complementar, atentas as especificidades que rodeiam o regime da impugnação das normas regulamentares (neste sentido, cfr., aliás, a remissão expressa no artigo 130º, nº 4).

O regime do artigo 130º apresenta uma estrutura dualista, admitindo que a suspensão dos efeitos das normas regulamentares possa ser requerida em dois tipos de situações:

a) O primeiro é aquele em que a suspensão é requerida pelos interessados legitimados, ao abrigo do nº 1 ou do nº 2 do artigo 73º, a pedir a declaração da ilegalidade de "normas cujos efeitos se produzam imediatamente, sem dependência de um acto administrativo ou jurisdicional de aplicação" (artigo 130º, nº 1). Neste tipo de situação, em que apenas está em causa, em sede cautelar, o acautelamento da situação particular de interessados individuais, estes só podem obter a suspensão da eficácia sem força obrigatória geral e, portanto, com efeitos circunscritos ao seu caso.

A solução de, neste caso, se circunscreverem os efeitos da suspensão da eficácia justifica-se pelo facto de estarem, neste domínio, em causa valores constitucionalmente relevantes, como o da segurança e estabilidade jurídicas e o da prossecução do interesse público. A solução permite, assim, superar as objecções que, desse ponto de vista, vinham sendo opostas, em termos gerais, na doutrina e na jurisprudência, à admissibilidade da suspensão jurisdicional de efeitos de normas regulamentares[342]. A solução tem, além do mais, o alcance de facilitar a atribuição da providência, porque não há que ponderar os efeitos, muito mais gravosos para a segurança jurídica de terceiros e para o interesse público, que se poderiam contrapor a uma suspensão com força obrigatória geral. O artigo 117º, nºs 3 e 4, procura, entretanto, obviar, no plano da tramitação do processo cautelar, às dificuldades que possam advir da indeterminabilidade ou do elevado número de contra-interessados.

b) O segundo tipo de situação de suspensão da eficácia de normas regulamentares tem lugar a requerimento do Ministério Público ou das entidades referidas no nº 2 do artigo 9º – às quais, a nosso ver, acrescem os presidentes de órgãos colegiais, aos quais, com a revisão de 2015, o nº 1 do artigo 73º também alargou a legitimidade para impugnar normas regulamentares (cfr. *supra*, nº 102) –, no que diz respeito às normas em relação às quais eles "tenham deduzido ou se proponham deduzir pedido de declaração de ilegalidade com força obrigatória geral" (artigo 130º, nº 2), ao abrigo do nº 1 do artigo 73º[343].

Neste tipo de situação, já pode ser obtida a suspensão da eficácia com força obrigatória geral, o que se justifica pela circunstância de, neste caso, os autores não procurarem o mero acautelamento da sua situação particular, mas, mesmo em sede cautelar, se baterem pela reintegração da legalidade, do interesse público ou dos interesses difusos, previstos no

[342] Para uma panorâmica geral dessas objecções, cfr. Carla Amado Gomes, "A suspensão da eficácia de regulamentos imediatamente exequíveis – breves reflexões", agora publicado in Carla Amado Gomes, *Textos dispersos de Direito do Contencioso Administrativo,* Lisboa, 2009, pp. 177 segs. (216 segs.)

[343] Sobre o modo específico como se concretizam os requisitos de que depende a concessão da suspensão com força obrigatória geral, cfr. Carla Amado Gomes, "A suspensão...", pp. 229 segs.

nº 2 do artigo 9º, que estarão a ser alegadamente violados, com força obrigatória geral, pelas normas em causa enquanto ela estiver em vigor.

2.4. *Providências relativas a procedimentos de formação de contratos (artigo 132º)*

234. O artigo 132º estabelece um conjunto de disposições particulares, respeitantes à adopção de providências cautelares relativas a procedimentos de formação de contratos, cuja razão de ser parece ter deixado de existir com a revisão de 2015. Com efeito, essas disposições foram originariamente consagradas no CPTA no quadro da transposição para a ordem jurídica portuguesa das Directivas do Conselho nº 89/665/CEE, de 21 de Dezembro, e nº 92/13/CEE, de 25 de Fevereiro, em matéria de contratação pública. Com a revisão de 2015, porém, a transposição destas Diretivas ficou exclusivamente reservada para o regime do contencioso pré-contratual urgente, regulado nos artigos 100º a 103º-B (cfr. *supra*, nºs 51 e 187), nesse sentido estabelecendo o nº 1 do artigo 132º que o regime deste artigo passou a ser apenas aplicável a "processos cautelares relativos a procedimentos de formação de contratos não abrangidos pelo regime dos artigos 100º a 103º-B" – isto é, processos cautelares relativos aos procedimentos de formação dos contratos não incluídos no elenco, previsto no nº 1 do artigo 100º, dos contratos abrangidos pelo âmbito de aplicação das Diretivas da União Europeia em matéria de contratação pública.

Ora, a partir do momento em que o regime do artigo 132º perdeu a sua razão de ser, perderam sentido as principais especificidades que o caracterizam, a seu tempo determinadas pelo conteúdo das referidas Directivas. A verdade, porém, é que essas especificidades se mantêm, agora para os processos cautelares relativos aos procedimentos de formação dos contratos não abrangidos pelo Direito europeu da contratação pública.

235. Para além de aspetos de tramitação, disciplinados nos nºs 2 e 3, o aspecto mais relevante do regime específico do artigo 132º diz respeito ao critério de que o artigo 132º, nº 4, faz depender a atribuição das providências, cujo estudo agora nos interessa. O critério consagrado corresponde

aos termos das Directivas, que fazem assentar a atribuição das providências exclusivamente numa ponderação de interesses semelhante àquela que se encontra prevista no artigo 120º, nº 2. Nem o *periculum in mora,* nem a aparência de bom direito, segundo os critérios definidos no artigo 120º, nº 1, são, portanto, critérios de cuja aplicação depende a concessão de providências cautelares nos casos abrangidos pelo âmbito de aplicação do artigo 132º.

Cumpre, em todo o caso, notar que o critério do artigo 132º, nº 4 – tal como, correspondentemente, sucede com os critérios que, para os contratos abrangidos pelo Direito europeu da contratação pública, hoje estabelecem o nº 4 do artigo 103º-A e o nº 3 do artigo 103º-B –, não prescinde, de nenhum modo, do *periculum in mora:* com efeito, para que possam resultar prejuízos da não adopção da providência, é necessário que exista uma situação de risco, associada à morosidade do processo principal, a que a adopção da providência dê resposta. O que o preceito não exige é um *periculum in mora* com a exacta configuração que lhe atribui o artigo 120, nº 1, pelo que não circunscreve o âmbito dos prejuízos atendíveis que para o requerente podem resultar da não adopção da providência às hipóteses de dano qualificado que se encontram previstas naquele preceito.

Em contrapartida, como o preceito optou por afastar, de modo claro e deliberado, o critério do *fumus boni iuris,* entendemos, no entanto, que o juiz cautelar não pode, neste domínio, formular qualquer juízo sobre a aparência de bom direito do requerente, designadamente para o efeito de lhe recusar a providência, porventura com fundamento numa pretensa evidência da improcedência do processo principal. E não se diga que a solução não faz sentido, porque, desse modo, o juiz atribuiria a providência em situações em que considerasse evidente a improcedência do processo principal. Tal como, para todos os processos cautelares, sucedia no regime anterior ao CPTA, que em caso algum contemplava o *fumus boni iuris,* do que, no âmbito do artigo 132º, nº 4, se trata é, muito simplesmente, de afastar a aplicabilidade desse critério, pelo que, nessa sede, o juiz nem sequer pode formular qualquer juízo sobre a aparência de bom direito do requerente.

2.5. *Providências em situações de grave carência económica (artigo 133º)*

236. O artigo 133º consagra, com alcance geral, um regime de *regulação provisória do pagamento de quantias.* Trata-se de um importante exemplo de providência cautelar nominada de natureza antecipatória, cuja atribuição o artigo 133º faz depender de critérios próprios. Em primeiro lugar, confere uma configuração específica, nas alíneas *a)* e *b)*, ao *periculum in mora,* exigindo que esteja adequadamente comprovada a existência de uma situação de grave carência económica e que seja de prever que o prolongamento dessa situação possa acarretar consequências graves e dificilmente reparáveis. Por outro lado, afasta o critério de ponderação de interesses do artigo 120º, nº 2, assumindo que o interesse meramente patrimonial da entidade requerida nunca se apresenta de magnitude superior ao interesse que, para o requerente, advém da situação de grave carência económica em que se encontra[344].

§ 7º – Possibilidade de convolação do processo cautelar em processo declarativo (artigo 121º)

237. O artigo 121º estabelece que, "quando, existindo processo cautelar já intentado, se verifique que foram trazidos ao processo todos os elementos necessários para o efeito e a simplicidade do caso ou a urgência na sua resolução definitiva o justifique, o tribunal pode, ouvidas as partes por dez dias, antecipar o juízo sobre a causa principal, proferindo decisão que constituirá a decisão final desse processo". Admite, assim, a *convolação* da tutela cautelar em *tutela final,* através da antecipação, no processo cautelar, da decisão sobre o mérito da causa.

Esta previsão funciona como uma espécie de complemento em relação aos processos declarativos urgentes, através dos quais se procura dar resposta a situações de urgência na obtenção de uma pronúncia sobre o mérito da causa, designadamente para protecção de direitos, liberdades e

[344] A solução, inspirada num regime que, em moldes sensivelmente idênticos, tinha sido gizado para o artigo 119º do Projecto do Estatuto de Aposentação e das Pensões de Sobrevivência, no domínio da regulação provisória de litígios que envolvessem a Caixa Geral de Aposentações, foi proposta, no âmbito da discussão pública sobre a reforma do processo administrativo, por Fausto de Quadros, *O Debate Universitário,* pp. 165-166.

garantias. Nas situações que não se encontrem cobertas por esses processos, por não contenderem com direitos, liberdades e garantias, o máximo que o Código pode fazer é permitir a antecipação, em sede cautelar, de decisões a proferir em processos principais não-urgentes, quando seja de reconhecer a necessidade de uma rápida tutela de mérito[345].

Mas, a nosso ver, o regime do artigo 121º não desempenha apenas uma função de tutela garantística do requerente da providência, mas também de economia processual, nas situações em que tal se justifique. Afigura-se-nos, por isso, que a possibilidade de o juiz cautelar lançar mão deste regime não se circunscreve aos casos em que isso seja favorável ao requerente cautelar, por conduzir à antecipação de uma decisão de procedência da ação por ele proposta, mas também se estende à hipótese contrária, de existirem condições para antecipar o juízo sobre a causa principal, para o efeito de se decidir da improcedência da ação proposta pelo requerente.

A possibilidade de antecipação do julgamento sobre o mérito da causa em sede cautelar depende do preenchimento de dois requisitos.

Em primeiro lugar, é necessário que "a simplicidade do caso ou a urgência na sua resolução definitiva" justifique a antecipação do juízo sobre o mérito da causa. Esta é a *situação substantiva* que tem de ser detectada para que possa ser equacionada a hipótese da antecipação do juízo sobre o mérito da causa.

Note-se que, com a revisão de 2015, este primeiro requisito foi muito flexibilizado: deixou de ser exigida uma "manifesta urgência na resolução definitiva do caso", com que "não se compadeça" a adoção de uma providência cautelar; e passou a ser em situações de simplicidade, e não de gravidade, que, em alternativa à urgência, se passou a admitir que "a natureza das questões colocadas" pode justificar que se avance para a decisão da causa principal.

345 A posição assumida no texto não é, a nosso ver, incompatível com a ressalva proposta por Tiago Antunes, "O «triângulo das bermudas»...", pp. 732-733. Com efeito, em determinadas situações concretas que contendam com direitos, liberdades e garantias, pode não ser, à partida, evidente a resposta para a questão de saber se a tutela imediata do interessado se compadece ou não com a adopção de uma providência cautelar, e, portanto, se, nos termos do artigo 109º, nº 1, é ou não possível lançar mão da intimação para protecção de direito, liberdades e garantias. Pode, assim, dar-se o caso de que, tendo o interessado recorrido à tutela cautelar, se verifique que a manifesta urgência na resolução definitiva do caso não se compadece com a mera adopção de uma providência cautelar. Nessa circunstância, a tendência da jurisprudência é, no entanto, para convolar o processo cautelar em processo de intimação, para o que não é necessário reunir as condições processuais de que depende a aplicação do artigo 121º.

Por outro lado, é necessário que, ouvidas as partes e, portanto, uma vez consideradas as eventuais objecções por elas formuladas, o tribunal se sinta em condições de decidir a questão de fundo, por dispor de "*todos* os elementos necessários para o efeito". Estas são as *condições processuais* exigidas para que se possa dar resposta à situação substantiva de urgência, o que tenderá a acontecer sobretudo quanto a questões cuja indagação não se revista de grande complexidade.

Antes da revisão de 2015, estabelecia o artigo 121º, nº 2, que "a decisão de antecipar o juízo sobre a causa principal é passível de impugnação nos termos gerais". E isso não deixa de ser verdade. A parte que discorde da antecipação, por considerar que não se encontram preenchidos os respectivos requisitos, pode, assim, recorrer da decisão, de acordo com as regras dos artigos 140º e segs., no propósito de *repristinar* o processo cautelar.

Com a revisão de 2015, o novo nº 2 do artigo 121º veio, entretanto, dar resposta a uma questão importante que, a este propósito, se colocava, estabelecendo que o recurso que seja interposto da decisão de antecipar o juízo sobre a causa principal, nos termos do nº 1 do artigo 121º, não tem efeito suspensivo (para mais desenvolvimentos quanto a este ponto, cfr. *infra*, nº 238-A).

§ 8º – Tutela cautelar em matéria de disciplina militar

238. A Lei nº 34/2007, de 13 de Agosto, entretanto complementada pela Lei nº 79/2009, de 13 de Agosto, veio introduzir um regime especial, aplicável aos processos cautelares e de intimação para protecção de direitos, liberdades e garantias, quando intentados com referência a actos administrativos de aplicação de sanções disciplinares, praticados ao abrigo do Regulamento de Disciplina Militar.

A nosso ver, é, desde logo, lamentável que, a ser reconhecida a necessidade de introduzir soluções particulares quanto a determinados aspectos do CPTA, se tenha seguido a via da aprovação de diplomas avulsos e não da integração desses regimes particulares no próprio Código, colocando, desse modo, em causa, sem qualquer necessidade, o propósito codificador do diploma. Mas muito mais lamentável é o conteúdo do regime em causa, que surgiu em condições reprováveis e, a nosso ver, contém soluções de constitucionalidade muito discutível.

Com efeito, o regime da Lei nº 34/2007, de 13 de Agosto, cujo procedimento legislativo decorreu num ápice, sobre o termo da sessão legislativa, quando tantos diplomas da maior importância jazem durante anos nas comissões parlamentares, resultou da reacção intempestiva das chefias militares ao facto de, na sequência da entrada em vigor do novo regime do CPTA, alguns militares terem tido a ousadia de recorrer à justiça administrativa para questionar a legalidade de decisões que lhes tinham imposto a aplicação de sanções disciplinares, e foi determinado pelo propósito de eliminar a tutela cautelar e de intimação para protecção de direitos, liberdades e garantias do universo da disciplina militar.

Nesse sentido, esta Lei veio estabelecer o seguinte:

a) artigo 2º: inaplicabilidade do regime do artigo 128º às situações de pedido de suspensão da eficácia de actos administrativos praticados ao abrigo do Regulamento de Disciplina Militar;

b) artigo 3º: as providências cautelares em matéria de disciplina militar só podem ser decretadas quando haja fundado receio da constituição de uma situação de facto consumado e seja evidente a procedência da pretensão, formulada ou a formular no processo principal, por se tratar de:

a) Acto manifestamente ilegal;
b) Acto de aplicação de norma já anteriormente anulada;
c) Acto materialmente idêntico a outro já anteriormente anulado ou declarado nulo ou inexistente.

c) artigo 4º: o decretamento provisório das providências cautelares de suspensão de eficácia de actos administrativos que apliquem as sanções disciplinares previstas no Regulamento de Disciplina Militar depende do preenchimento dos critérios definidos no artigo 3º, averiguados sumariamente.

d) artigo 7º: seriam promovidas as iniciativas legislativas necessárias para assegurar a intervenção de juízes militares e de assessores militares do Ministério Público junto dos tribunais administrativos no âmbito dos processos em causa.

Apesar de tudo, os artigos 4º e 5º desta Lei ainda denotavam alguma preocupação com a necessidade de celeridade nos processos cautelares (e de intimação para protecção de direitos, liberdades e garantias). A gravidade da situação acentuou-se, porém, entretanto, com a publicação da

Lei nº 79/2009, de 13 de Agosto, que, no propósito de dar execução à previsão do artigo 7º da Lei nº 34/2007, veio prever, em termos, a nosso ver, inaceitáveis, a dita "forma de intervenção de assessores militares do Ministério Público junto dos tribunais administrativos".

Com efeito, estabelece o artigo 4º desta Lei que, nos processos abrangidos pelo âmbito de aplicação da Lei nº 34/2007, os assessores militares do Ministério Público junto dos tribunais administrativos emitem parecer prévio, não vinculativo, relativamente aos requerimentos de intimação para protecção de direitos, liberdades e garantias, requerimentos para adopção de providências cautelares e decisões que ponham termo ao processo, devendo esses pareceres ser emitidos no prazo de 10 dias a contar da notificação, promovida oficiosamente pela secretaria, da apresentação dos requerimentos referidos ou da adopção da decisão que ponha termo ao processo.

Como é evidente, este regime não se compadece com qualquer urgência, consubstanciando-se na subreptícia denegação, no domínio da disciplina militar, do acesso à tutela jurisdicional em situações de especial urgência, em termos que se nos afiguram desproporcionados e, por isso, desconformes à garantia constitucional dos artigos 268º, nº 4 (e 20º, nº 5) da CRP. E não podemos deixar de lamentar o silêncio de chumbo que, de um modo geral, tem rodeado estes diplomas, ilustrativo de uma certa anomia da nossa doutrina administrativa[346].

§ 9º – Recursos jurisdicionais em matéria cautelar

238-A. Já atrás nos referimos, na imediata sequência do estudo das formas do processo declarativo em primeiro grau de jurisdição, ao regime geral dos recursos jurisdicionais (cfr. *supra*, nºs 191 segs.).

[346] Sobre este regime, duas páginas (pp. 315-316) em VIEIRA DE ANDRADE, *Justiça Administrativa,* que nos informa de que a Lei nº 34/2007 "surge na sequência de decisões judiciais na matéria – estamos perante uma «legislação provocada», decorrente da necessidade política de garantir a especial autoridade dos actos de disciplina militar perante uma jurisprudência que ameaçava não ser sensível a essa diferença". Merece, em todo o caso, referência o incisivo texto de GUILHERME DA FONSECA, "A disciplina militar, o contencioso administrativo e os direitos fundamentais dos militares (breve reflexão sobre a Lei nº 34/2007, de 13 de Agosto)", *Julgar* nº 3 (2007), pp. 143 segs., em que o Autor sustenta que a Lei em referência "vem afrontar normas e princípios constitucionais".

Justificam-se, agora, algumas breves referências aos aspetos específicos em que o regime dos recursos se refere aos processos cautelares.

a) Assim, estabelece a alínea *b)* do nº 2 do artigo 143º que os recursos interpostos de decisões respeitantes a processos cautelares e respetivos inicidentes têm efeito meramente devolutivo. Isto tanto vale para as decisões que atribuam, como para as decisões que recusem a atribuição de providências cautelares, e também vale para as decisões que ponham termos a incidentes surgidos no processo cautelar, como o incidente de declaração de ineficácia de atos de execução indevida, previsto no nº 4 do artigo 128º.

Assim, no que diz respeito à proibição de executar o acto administrativo, que o artigo 128º associa à dedução de um pedido de suspensão cautelar da eficácia desse acto, essa proibição só se mantém enquanto não for proferida decisão, no processo cautelar, que indefira o pedido de suspensão da eficácia. A proibição cessa, portanto, com a emissão de uma tal decisão, ainda que esta seja objecto de recurso jurisdicional. Com efeito, como o artigo 143º, nº 2, atribui efeito meramente devolutivo aos recursos interpostos de decisões respeitantes à adopção de providências cautelares, a decisão que, em primeiro grau de jurisdição, indefira o pedido de suspensão da eficácia produz imediatamente os seus efeitos a partir do momento em que é proferidas, com o alcance de fazer cessar a proibição de executar o acto administrativo, que apenas vigora pelo período de tempo em que ainda não tenha sido proferida, no processo cautelar, uma pronúncia judicial eficaz sobre os riscos envolvidos nessa eventual execução.

Questão diferente é aquela a que, entretanto, dá resposta o artigo 128º, nº 4, ao estabelecer que o incidente de declaração de ineficácia dos actos de execução indevida pode ser suscitado até ao trânsito em julgado da decisão do processo cautelar. Com efeito, pode a entidade requerida deixar de estar proibida de executar, por ter entretanto cessado essa proibição em virtude de ter sido proferida, em primeiro grau de jurisdição, uma decisão de improcedência do processo cautelar da qual foi interposto recurso com efeito meramente devolutivo, e, no entanto, ainda haver interesse em pedir a declaração de ineficácia dos actos de execução indevidamente praticados em momento no qual eles não podiam ter sido praticados, porque a entidade requerida estava proibida de executar. Na verdade, o incidente destina-se a preservar o efeito útil da providência de suspensão de eficácia a obter a final, pelo que o seu interesse pode manter-se desde que o processo cautelar ainda não tenha sido dado como findo, por nele ainda não ter sido proferida decisão definitiva, no âmbito do recurso interposto.

b) Como hoje esclarecem o nº 2 do artigo 121º e a alínea *c)* do nº 2 do artigo 143º, também têm efeito meramente devolutivo os recursos interpostos de decisões proferidas por antecipação do juízo sobre a causa principal no âmbito de processos cautelares. E, também neste caso, quer as decisões em causa julguem procedente ou improcedente a causa principal, e, portanto, antecipem uma decisão favorável ou uma decisão desfavorável para o requerente quanto ao mérito da causa principal.

Com a revisão de 2015, o novo nº 2 do artigo 121º veio, com efeito, estabelecer que o recurso que seja interposto da decisão de antecipar o juízo sobre a causa principal, nos termos do nº 1 do artigo 121º, não tem efeito suspensivo. Com efeito, seria inaceitável que o requerente da providência cautelar fosse prejudicado pelo facto de, no processo cautelar, o tribunal não lhe dar apenas a providência requerida, mas uma sentença de provimento sobre o mérito da causa principal. Ora, seria isso que sucederia se se imputasse efeito suspensivo ao recurso que viesse a ser interposto desta última decisão. Com efeito, o requerente da providência cautelar ver-se-ia colocado, nessa hipótese, na situação paradoxal de se ter visto privado de obter a providência cautelar requerida – contra a qual um eventual recurso teria apenas efeito devolutivo –, para obter uma decisão sobre o mérito da causa principal de cujos efeitos, por estar sujeita a recurso com efeito suspensivo, também não poderia beneficiar de imediato.

A nosso ver, já no sentido do regime agora consagrado no nº 2 do artigo 121º concorria, anteriormente, a *ratio* inspiradora do artigo 143º, nº 2, de que o recurso das decisões respeitantes à adopção de providências cautelares não tem efeito suspensivo porque o aspecto temporal é decisivo neste tipo de decisões, que são tomadas em função do momento a que se destinam – o mesmo tipo de considerações, aliás, do qual, nos restantes casos, depende a decisão sobre a atribuição de um efeito meramente devolutivo aos recursos jurisdicionais, nos termos do artigo 143º, nº 3 (sobre este ponto, cfr. *supra*, nº 202).

c) Como os processo cautelares são processos urgentes, os respetivos recursos são interpostos no prazo mais curto de 15 dias e sobem imediatamente, no processo principal ou no apenso em que a decisão tenha sido proferida, quando o processo esteja findo no tribunal recorrido, ou sobem em separado, no caso contrário, sendo os prazos a observar durante o recurso reduzidos a metade e realizando-se o julgamento pelo tribunal superior, com prioridade sobre os demais processos, na sessão imediata à conclusão do processo para decisão (artigo 147º).

O CPTA não consagra, entretanto, outras soluções específicas para os recursos de decisões cautelares, em razão da urgência na sua resolução. Na verdade, como o recurso de decisão que atribua uma providência cautelar não tem, como vimos, efeito suspensivo, mas apenas devolutivo, não se justifica impor restrições quanto aos meios de recurso jurisdicional que podem ser utilizados para por em causa as decisões que são tomadas em sede cautelar.

Merece, entretanto, referência o facto de a revisão de 2015 ter introduzido no artigo 150º um novo nº 5, que, não só veio tornar definitiva a admissibilidade de revista em relação a decisões proferidas em processos cautelares[347], como também veio assumir que, ao contrário do que o Supremo Tribunal Administrativo vinha entendendo, a aplicação dos critérios de atribuição das providências cautelares por referência à matéria de facto fixada nas instâncias não envolve a formulação de juízos de facto, mas de direito, pelo que está compreendida no âmbito da revista. Trata-se de ponto da maior relevância para assegurar a efetividade da tutela que a revista para o Supremo deve poder proporcionar aos interessados no domínio da tutela cautelar[348].

[347] Tratava-se, na verdade, de um ponto em relação ao qual a formação de apreciação preliminar dos recursos de revista, à qual, nos termos do artigo 150º, nº 6, compete proferir a decisão, definitiva e irrecorrível, de admissão ou não admissão dos recursos se tinha mostrado, durante algum tempo, um tanto titubeante. No Acórdão de 29 de Maio de 2008, Proc. nº 419/08, foi, em todo o caso, afirmado de modo peremptório, e a nosso ver bem, que "nenhum obstáculo legal existe à admissão do recurso de revista, no tocante a decisões do TCA que tenham sido proferidas no âmbito de procedimentos cautelares, não existindo, a este nível, no CPTA, norma similar à prevista no artigo 387º-A do CPC ou que para este remeta, daí que a hipotética não admissão do recurso não possa radicar na mera circunstância de estar em causa decisão proferida em sede cautelar".

[348] Sobre este relevante ponto, cfr. SÉRVULO CORREIA, "Princípio *pro actione* e o âmbito de cognição no recurso de revista", *Cadernos de Justiça Administrativa* nº 48, pp. 36 segs.

TÍTULO TERCEIRO
Processos Executivos

§ 1º – Conceitos gerais

239. Enquanto os processos declarativos se dirigem à declaração do Direito, à resolução dos litígios através da proclamação, pelo tribunal, da solução que o Direito estabelece para as situações concretas que são submetidas a julgamento, os processos executivos, em princípio (e, portanto, sem prejuízo da previsão legal da existência de outros títulos executivos para além das decisões proferidas pelos tribunais), existem para obter do tribunal a adopção das providências que concretizem, no plano dos factos, aquilo que foi juridicamente declarado pelo tribunal no processo declarativo (ou que, em todo o caso, consta de outro título que a lei reconhece como executivo), adequando os factos ao Direito, a situação que existe àquela que, segundo as normas, deve existir. O processo executivo dirige-se, portanto, a obter a *execução do Direito,* através da adopção, pelo próprio juiz, por funcionários judiciais ou por outras entidades ao serviço do tribunal, de providências destinadas a colocar a situação de facto existente em conformidade com o Direito que foi declarado, seja através da execução coactiva do título executivo, seja, pelo menos, através do constrangimento do obrigado a cumprir o que nele for determinado. A pretensão que o exequente dirige ao tribunal sustenta-se, pois, num *título executivo,* que pode ser uma sentença ou outro documento, a que a lei substantiva atribua força executiva, reconhecendo-o desse modo, como um título idóneo a servir de base a uma execução (cfr. *supra,* nº 3).

240. O CPTA regula a matéria dos processos executivos no Título VII, que compreende os artigos 157º a 179º[349]. Em bom rigor, o CPTA só regula, no entanto, as execuções promovidas contra entidades públicas, e não contra particulares. Com efeito, estabelece o artigo 157º que o regime do Título VII só se aplica às execuções promovidas contra entidades públicas.

A execução das sentenças proferidas pelos tribunais administrativos contra particulares também corre nos tribunais administrativos, mas rege-se pelo disposto na lei processual civil, não lhe sendo, por isso, aplicável o regime do CPTA; e, por identidade de razão, o mesmo regime é aplicável a todas as outras execuções intentadas contra particulares, com base em quaisquer outros títulos executivos emergentes de relações jurídico-administrativas, cuja existência permita prescindir da obtenção de sentenças a proferir pelos tribunais administrativos (cfr. artigo 157º, nº 5). É o que, designadamente, sucederá no que diz respeito à execução jurisdicional de atos administrativos contra particulares, nos casos em que a Administração não disponha de poderes de autotutela executiva, a que se refere o artigo 183º do CPA.

Atendendo à ambiguidade que, nos nossos dias, envolve o conceito de *entidades públicas*, afigura-se que, para os efeitos do disposto no artigo 157º, nº 1, o conceito deve ser objecto de uma interpretação teleológica que o estenda ao conjunto das entidades em relação às quais se justifique aplicar as especificidades que o CPTA apresenta em comparação com o regime geral dos processos executivos, tal como ele se encontra regulado no CPC. Neste sentido, será de alargar o âmbito das entidades abrangidas pelo regime do Título VII, para além das fronteiras do universo das *pessoas colectivas de direito público*, às entidades privadas investidas de prerrogativas de poder público, no que respeite à execução de sentenças que contra elas tenham sido proferidas no âmbito de processos atinentes a atos administrativos ou regulamentos que por elas tenham sido emitidos ou omitidos[350].

[349] Especificamente sobre o tema, cfr. Rui Chancerelle de Machete, "Execução de sentenças administrativas", *Cadernos de Justiça Administrativa* nº 34, pp. 54 segs.

[350] Em sentido próximo, cfr. R. Machete, "Execução de sentenças...", p. 60; Vieira de Andrade, *Justiça Administrativa*, p. 368.

241. Resulta do artigo 157º que podem servir de base a um processo executivo a intentar nos tribunais administrativos, segundo o disposto no Título VII, as sentenças proferidas por estes tribunais (cfr. artigo 157º, nº 1), os actos administrativos inimpugnáveis de que resultem direitos para particulares a que a Administração não dê a devida execução (cfr. artigo 157º, nº 2) e os demais títulos executivos, que, nos termos da lei geral, possam ser accionados contra a Administração (cfr. artigo 157º, nº 4): estes últimos são os documentos que, para além das sentenças, o artigo 703º do CPC qualifica, em geral, como títulos executivos.

O artigo 157º, nº 3, esclarece, entretanto, que a execução de actos administrativos que já não sejam passíveis de impugnação e de que resultem direitos para particulares a que a Administração não dê a devida execução pode consistir numa execução jurídica, que se consubstancie na emissão de actos jurídicos de execução, de carácter vinculado, como os alvarás, hipótese na qual o tribunal pode substituir-se à entidade obrigada, emitindo decisão que produza os efeitos do acto ilegalmente recusado ou omitido. O alcance do nº 2 não se esgota, porém, na previsão meramente ilustrativa do nº 3, assumindo, de resto, especial relevo nos casos em que se pretenda uma execução material, e não puramente jurídica. Basta pensar no exemplo do acto administrativo que ordenou a demolição de uma construção ilegal, mas não foi objecto de execução material: neste caso, em que o acto tem conteúdo desfavorável para o destinatário, é de admitir que terceiros, titulares de interesses legalmente protegidos, possam promover a execução do acto pela via jurisdicional[351].

Por outro lado, a ressalva de lei especial, contida no nº 3, tem em vista a existência de processos especiais de intimação, relativos à emissão de certos tipos de alvarás, em que já se estabelece que a sentença substitui o alvará recusado ou omitido na produção dos respectivos efeitos jurídicos[352]. Como é evidente, a previsão do artigo 157º, nº 2, tendo carácter geral, só se destina a intervir nos domínios que não se encontrem

[351] Neste sentido, cfr. Rodrigo Esteves de Oliveira, "Processo executivo: algumas questões", in *A reforma da justiça administrativa*, Coimbra, 2005, p. 249; Vieira de Andrade, *Justiça Administrativa*, pp. 368-369".

[352] É o que paradigmaticamente sucede no caso previsto no artigo 113º, nº 7, do Regime Jurídico da Urbanização e da Edificação. Mas também nos diplomas legais disciplinadores do licenciamento de utilizações para turismo no espaço rural, de utilizações turísticas e de utilizações para serviços de restauração e bebidas: cfr. Vieira de Andrade, *Justiça Administrativa*, pp. 152-153.

cobertos por esses processos especiais, embora seja de entender que complementa o respectivo regime, nos casos em que neles não esteja expressamente previsto que a decisão do tribunal substitui o alvará recusado ou omitido na produção dos correspondentes efeitos jurídicos.

Numa perspectiva de evolução, faz, em todo o caso, sentido que, no futuro, a lei avulsa só preveja processos especiais de intimação em domínios não abrangidos pela previsão do artigo 157º, nºs 2 e 3, ou seja, em domínios em que, independentemente da existência ou não de vinculação, não esteja em causa a adopção de actos ou operações de execução de actos administrativos anteriores[353]. Para essas situações, em que o tribunal intima mas não substitui, afigura-se, na verdade, mais ajustado o instituto da *intimação*. Para as outras, existe este regime geral do CPTA, ao qual a lei especial poderá vir, entretanto, a introduzir adaptações, como, por hipótese, para o efeito de prescindir do pressuposto da inimpugnabilidade do acto exequendo que nele está previsto.

242. Os artigos 158º, 159º e 160º referem-se à obrigatoriedade das decisões proferidas pelos tribunais administrativos e às consequências que daí resultam. Em princípio, a obrigatoriedade de cada decisão impõe-se a partir do respectivo trânsito em julgado (cfr. artigo 160º, nº 1), sendo que os recursos jurisdicionais têm, por regra, efeito suspensivo (cfr. artigo 143º, nº 1, e *supra,* nº 202). Nos casos em que, excepcionalmente, o recurso jurisdicional tem (cfr. artigo 143º, nº 2), ou lhe é atribuído (cfr. artigo 143º, nº 3), efeito meramente devolutivo (cfr. *supra,* nº 202), a obrigatoriedade impõese, no entanto, a partir da notificação da própria decisão (cfr. artigos 110º, nºs 2 e 3, e 122º, nº 1) ou da decisão que tenha atribuído efeito meramente devolutivo ao recurso (cfr. artigo 160º, nº 2).

Tal como já fazia a legislação anterior, o artigo 159º comina a aplicação de sanções, no plano da responsabilidade civil das entidades públicas e das responsabilidades civil, disciplinar e criminal de quem nelas desempenhe funções, para os casos de incumprimento injustificado das decisões proferidas pelos tribunais administrativos.

Uma outra consequência que, para as entidades públicas, decorre da obrigatoriedade destas decisões, prevista no artigo 158º, nº 2, é a da nuli-

[353] Como é o caso da *intimação judicial para a prática de acto legalmente devido,* prevista no artigo 112º do referido Regime Jurídico da Urbanização e da Edificação.

dade dos actos administrativos que desrespeitem qualquer decisão dos tribunais administrativos. Esta solução reveste-se de interesse, na medida em que, muitas vezes, a Administração, para se subtrair ao cumprimento das obrigações que para ela resultam de uma decisão jurisdicional, incorre na tentação de praticar um acto administrativo que, redefinindo a situação jurídica em causa de modo ilegal, pretende impor como fundamento para não dar cumprimento à decisão do tribunal. O CPTA procura atalhar a essas situações de especial gravidade do modo mais eficaz possível, reconhecendo ao interessado, nos artigos 164º, nº 3, 167º, nº 1, 176º, nº 5, e 179º, nº 2, a possibilidade de, em qualquer das formas do processo executivo, suscitar o incidente da invalidade dos actos administrativos entretanto praticados, seja com fundamento na nulidade por ofensa ao caso julgado a que se refere o artigo 158º, nº 2, seja mesmo pedindo a respectiva anulação pelo facto de esses actos manterem sem fundamento válido a situação ilegal.

Esta solução tem o alcance de fazer com que, sempre que, no âmbito de um processo dirigido à execução de uma decisão proferida por um tribunal administrativo, o requerente alegue que um acto administrativo superveniente foi praticado com o intuito de obstar ilegitimamente à concretização do resultado visado no processo de execução, o juiz fique constituído no dever de verificar se assim é, e, portanto, se esse acto deve ou não ser qualificado como um *acto de inexecução da sentença exequenda*, para o efeito de ser anulado no âmbito do próprio processo de execução. Deste modo se consagra, neste particular, um *princípio de plenitude do processo de execução*, que tem por consequência que, sempre que alegue que o acto administrativo entretanto praticado não passa de uma execução meramente formal ou aparente da sentença, que, na realidade, mantém, sem fundamento válido, a situação ilegalmente constituída pelo acto anulado, o interessado coloca uma questão que ainda é de *inexecução da sentença* e que, como tal, pode e deve ser objecto da dedução de um incidente a apreciar no âmbito do processo executivo. Quando, pelo contrário, o interessado impute ao acto renovatório ilegalidades que já envolvam aspectos novos, a apreciação de tais vícios já não deve ter lugar no processo executivo, só podendo ser suscitada e decidida em processo declarativo autónomo de impugnação[354].

[354] Já neste sentido, cfr. MÁRIO AROSO DE ALMEIDA, "Reinstrução do procedimento e plenitude do *processo de execução das sentenças*", *Cadernos de Justiça Administrativa* nº 3, p. 15.

Uma consequência menos óbvia, que, para as entidades públicas em geral, ainda decorre da obrigatoriedade das decisões jurisdicionais, mas a que não se referem directamente os artigos 158º, 159º e 160º, por não dizer respeito às partes nos correspondentes processos, transparece dos nºs 3 e 4 do artigo 167º: para a execução material das suas decisões, os tribunais administrativos podem requisitar a colaboração de quaisquer entidades administrativas, em substituição daquela que não cumpriu, estando todas as entidades públicas obrigadas a prestar a colaboração requerida, sob pena de os responsáveis pela falta de colaboração incorrerem no crime de desobediência.

§ 2º – Formas do processo executivo e prazo para a sua utilização

243. O CPTA institui três formas de processos executivos, que podem ser intentados contra entidades públicas (cfr. artigo 157º, nº 1, e *supra*, nº 240), cujo regime consta dos capítulos II, III e IV do Título VII e que se diferenciam entre si em função do respectivo fim, do resultado que com eles o exequente pretende obter: o *processo de execução para pretação de factos ou de coisas* (artigos 162º a 169º), o *processo de execução para pagamento de quantia certa* (artigos 170º a 172º) e o *processo de execução de sentenças de anulação de actos administrativos* (artigos 173º a 179º).

Não parece possível a cumulação entre si de execuções com fins diferentes: assim, o pagamento de quantia certa com a entrega de coisa certa, ou qualquer delas com a prestação de um facto (cfr. artigo 10º, nºs 4 a 6, do CPC). Como, na verdade, parece evidente que o artigo 4º do CPTA não tem em vista os processos executivos, a solução impõe-se, por aplicação supletiva do artigo 709º do CPC. Essas pretensões devem ser, por isso, deduzidas em processos executivos separados.

O Código estabelece, entretanto, o prazo de um ano para o exercício da acção executiva (artigos 164º, nº 2, e 170º, nº 2). Com o decurso do prazo, extingue-se o poder de acção[355].

[355] No sentido da aplicação analógica, neste domínio, do artigo 58º, nº 3, cfr. VIEIRA DE ANDRADE, *Justiça Administrativa*, p. 352.

1. Execução para prestação de factos ou de coisas (artigos 162º a 169º)

244. O processo de *execução para prestação de factos ou de coisas* é regulado nos artigos 162º e segs., podendo ser utilizado para obter a execução, tanto de prestações de facto positivo, como de prestações de facto negativo, e, por outro lado, para obter execuções que se devam concretizar, tanto na realização de operações materiais, como na prática de actos jurídicos, incluindo actos administrativos e regulamentos.

O CPTA superou, pois, neste domínio, o preconceito da natural infungibilidade de todas as prestações a cargo da Administração, que tradicionalmente levava a excluir a possibilidade da adopção, nesse domínio, de quaisquer medidas estruturalmente executivas, de carácter *substitutivo* ou *subrogatório,* mediante as quais fosse possível obter que as condutas indevidamente recusadas ou omitidas pela Administração fossem realizadas por outrem, por determinação do tribunal.

Na verdade, na maior parte dos casos em que não haja que praticar um acto administrativo definidor da situação jurídica de terceiros, no exercício de uma competência reguladora típica, mas apenas que proceder à realização de operações materiais, estamos perante condutas fungíveis, que podem ser asseguradas por outrem, que não a entidade obrigada. Pense-se, sem mais, no exemplo da reintegração específica de danos a que a Administração tenha sido condenada, em acção de responsabilidade civil. Mas também as condenações da Administração à entrega de coisa certa ou à prestação de factos materiais não são, por natureza, insusceptíveis de execução forçada. Sem prejuízo das eventuais dificuldades de ordem prática que, dependendo dos casos, possa colocar, a execução forçada dessas sentenças é, por via de regra, possível[356].

Neste sentido, o artigo 167º, nº 5, habilita o tribunal a proceder à entrega judicial da coisa devida ou a determinar a prestação do facto material devido por uma entidade privada, a expensas da entidade pública obrigada, se o facto fôr fungível, determinando que se apliquem, com as necessárias adaptações, as correspondentes disposições do CPC. A remissão compreende o artigo 876º do CPC, respeitante à execução de factos

[356] Já neste sentido, cfr. M. Aroso de Almeida, "Pronúncias judiciais e sua execução na reforma do contencioso administrativo", *Cadernos de Justiça Administrativa* nº 22, p. 79.

negativos[357]. E, em ordem à execução das suas sentenças, os tribunais administrativos podem requisitar, não só a colaboração das autoridades e agentes da entidade administrativa obrigada, como, se necessário, de outras entidades administrativas, que, mesmo quando não disponham, no âmbito das suas competências, do poder de substituirem a entidade obrigada, podem ser chamadas a intervir, neste contexto, como agentes do tribunal (artigo 167º, nº 3), sendo que todas as entidades públicas, a começar pelo Estado, estão obrigadas a prestar a colaboração que, para este efeito, lhes for requerida, sob pena de incorrerem no crime de desobediência (artigo 167º, nº 4).

A fungibilidade não existe, porém, apenas quando se trate de realizar operações materiais, mas também quando esteja em causa a emissão de actos administrativos inteiramente vinculados. Com efeito, o artigo 167º, nº 6, permite que o tribunal emita um título capaz de produzir efeitos em substituição do acto administrativo legalmente devido de conteúdo vinculado.

De entre os casos em que, em sede de execução de uma sentença que tenha condenado uma entidade pública a emitir um acto administrativo estritamente vinculado, se afigura de admitir que o tribunal se pode substituir à Administração, emitindo uma decisão destinada a produzir os mesmos efeitos do acto administrativo ilegalmente omitido, avultam os chamados "actos de verificação necessária, a saber, as autorizações recognitivas ou declarativas [...] e ainda os actos ditos de 'verificação constitutiva', tais como as inscrições em ordens profissionais e em escolas públicas, as inscrições em listas eleitorais", ao que se podem juntar os actos estritamente vinculados a praticar "no domínio das subvenções, sobretudo em matéria de segurança social". Aos casos referidos parecem dever ser ainda acrescentados aqueles em que, embora a existência de poder discricionário resulte, em abstracto, da lei, o tribunal tenha reconhecido, na sentença de condenação, estar perante uma situação de *redução da discricionariedade a zero*, "ou porque a escolha já foi realizada, ou porque a avaliação subjectiva já teve lugar no decurso da fase instrutória do procedimento administrativo, ou ainda porque a concreta circunstância do caso elimina a possibilidade de escolha"[358].

[357] No mesmo sentido, Vieira de Andrade, *Justiça Administrativa*, p. 358.

[358] Cfr. João Pacheco de Amorim, *O Debate Universitário*, p. 382.

Este é o domínio no qual o CPTA introduziu transformações mais profundas. Com efeito, o regime do processo administrativo assentava, tradicionalmente, no pressuposto de que a generalidade dos deveres e obrigações que se impõem às entidades públicas não eram fungíveis, pelo que nem sequer era colocada a hipótese de dotar os tribunais administrativos de meios destinados a promover a execução forçada desses deveres e obrigações. E era fundamentalmente por este motivo que se recusava que os tribunais administrativos pudessem condenar as entidades públicas ao cumprimento desses deveres e obrigações. Que sentido tinha, na verdade, admitir que os tribunais administrativos emitissem condenações contra entidades públicas, se estas condenações não podiam ser objecto de execução forçada em caso de incumprimento? Em que situação ficariam, aliás, colocados os tribunais administrativos, se, uma vez decretada a condenação, não tinham outro remédio do que reconhecer a sua impotência para fazer cumprir a sentença proferida? Daqui resultava que a ninguém era possível exigir verdadeiramente o cumprimento da generalidade dos deveres e obrigações a cargo das entidades públicas. O máximo a que se podia aspirar era a uma indemnização pelo eventual incumprimento desses deveres e obrigações, na medida em se aceitava que, quando não quisesse cumprir, a Administração podia não o fazer, embora incorresse em responsabilidade pelo facto do incumprimento.

Talvez a esta luz se torne menos incompreensível a corrente jurisprudencial – que, entre nós, foi dominante durante décadas e ainda hoje, inexplicavelmente, continua a ter expressão pontual (cfr. *supra*, nº 226) – segundo a qual só se justificaria a suspensão da eficácia de actos administrativos nos casos em que a execução do acto fosse geradora de danos que, por não serem passíveis de avaliação pecuniária, não pudessem ser objecto de indemnização em dinheiro. Se bem virmos as coisas, subjacente a este entendimento estava o raciocínio de que a impugnação dos actos administrativos não tinha necessariamente de assegurar a utilidade específica que o acto impugnado tinha retirado ao impugnante, resumindo-se a tutela jurisdicional dos seus interesses à garantia de um sucedâneo, consubstanciado na indemnização pela perda dessa utilidade. A impugnação não tinha, pois, de assegurar, por exemplo, a restituição de uma coisa em risco de perecer, pois bastaria assegurar ao interessado uma indemnização pela perda da coisa.

Estas limitações eram impostas em nome do *princípio da separação dos poderes*, da necessidade de preservar o espaço próprio de intervenção da Administração contra a intromissão ilegítima dos tribunais. O CPTA parte, contudo, de uma diferente compreensão deste princípio. Com efeito, no entendimento tradicional, os tribunais administrativos só eram admitidos, por via de regra, a ter uma intervenção de sentido negativo sobre o exercício dos poderes administrativos, que se esgotava na eliminação da ordem jurídica das manifestações de poder ilegalmente emitidas pela Administração. Tudo o mais, considerava-se que já constituiria uma intromissão ilegítima no exercício da função administrativa, quanto mais não fosse, porque, a partir do momento em que se admitisse que os tribunais administrativos se pudessem pronunciar, pela positiva, sobre os termos em que o poder administrativo devia ser exercido, ficava aberta a porta a eventuais abusos por parte do poder judicial, em (ao menos, potencial) detrimento dos espaços de valoração próprios do exercício da discricionariedade administrativa.

Pelo contrário, o entendimento subjacente ao CPTA é o de que há, desde logo, amplos domínios em que, por não estar em causa o exercício de poderes de autoridade, mas apenas a execução de operações materiais, como a realização de obras ou a restituição de coisas, nada impede o recurso à execução forçada nos casos em que a Administração não realize as operações a que estava obrigada. Mas mesmo quando, em determinada matéria, o quadro normativo aplicável reserva para a Administração o poder de introduzir a definição jurídica primária através do exercício de poderes de autoridade, deve entender-se que a Administração só beneficia de uma *reserva de princípio* quanto ao poder de definir o Direito nessa matéria. A lógica do CPTA é, portanto, a de que o correcto entendimento do princípio da separação dos poderes só se opõe, salvo em circunstâncias excepcionais, a que, *em primeira linha*, os tribunais administrativos se substituam à Administração no exercício dos seus poderes de definição primária, introduzindo o acto jurídico destinado a proceder à definição formal do Direito no caso concreto, cuja emissão está reservada ao exercício das competências administrativas. Por conseguinte, o princípio da separação dos poderes não obsta ao reconhecimento aos tribunais administrativos do poder de procederem à execução forçada das suas decisões contra a Administração em caso de incumprimento por parte desta, mesmo quando esteja em causa o exercício de poderes de autoridade.

Com efeito, uma condenação não pode deixar de ter, nos termos gerais, o alcance (constitutivo) de colocar a entidade condenada à mercê, em caso de incumprimento, da adopção de medidas de execução forçada no âmbito de um eventual processo executivo. Portanto, se, no caso concreto, a Administração estava vinculada a praticar um acto administrativo com um determinado conteúdo e o tribunal a tinha, por isso, condenado a praticar um acto de conteúdo vinculado, o CPTA permite que, em caso de incumprimento por parte da Administração, o beneficiário da sentença intente um processo executivo dirigido a obter do tribunal a emissão de sentença destinada a produzir os efeitos do acto ilegalmente omitido (cfr. artigos 164º, nº 4, alínea *c)*, e 167º, nº 6). Ao fazer isto, o tribunal está a proporcionar ao exequente a adequada tutela executiva, sem por em causa o princípio da separação dos poderes. Com efeito, se o exequente tinha direito à emissão do acto vinculado e esse direito foi formalmente econhecido pela sentença de condenação, é da natureza desta sentença, enquanto título executivo, habilitar o seu titular a exigir, em caso de incumprimento por parte da entidade obrigada, a adopção das providências aptas a proporcionar-lhe o resultado a que tem direito. Ao emitir a sentença destinada a substituir o acto ilegalmente omitido, o tribunal limita-se, por isso, a proceder à *execução específica* do direito do exequente, proporcionando-lhe a prestação de conteúdo jurídico a que a entidade executada estava obrigada. Note-se que a Administração não deixa, no plano substantivo, de ser a titular do poder reservado de definição primária sobre a matéria. Apenas sucede que, no caso concreto, o titular do direito à emissão do correspondente acto, uma vez confrontado com uma situação de incumprimento, fez valer judicialmente esse direito, lançando mão dos mecanismos que para o efeito, e no estrito cumprimento do princípio constitucional da tutela judicial efectiva perante os poderes públicos, são disponibilizados pelo contencioso administrativo. E só há tutela judicial efectiva no plano executivo perante a Administração se forem instituídos mecanismos de execução forçada que permitam aos tribunais dar resposta, *no estrito exercício da função de que se encontram constitucionalmente investidos*, às situações em que a Administração resista ilegalmente a exercer os poderes de definição jurídica primária que lhe estejam reservados.

245. O artigo 168º institui a imposição de *sanções pecuniárias compulsórias* como o instrumento através do qual se deve procurar obter, no âmbito dos processos de execução para prestação de facto, o cumprimento das obrigações que sejam efectivamente infungíveis. Significa isto que, em caso de incumprimento, o titular do órgão administrativo responsável pela situação de incumprimento fica pessoalmente obrigado ao pagamento de uma quantia pecuniária por cada dia de atraso no cumprimento, para além do prazo limite estabelecido (cfr. artigo 169º, nº 1).

Como, nos domínios de infungibilidade, não é possível a adopção de providências estruturalmente executivas – isto é, de providências capazes de proporcionar ao credor a satisfação do seu direito, prescindindo do cumprimento por parte do obrigado e, portanto, da vontade e da actividade deste –, a satisfação dos direitos só pode ser obtida através da imposição de medidas de coacção – ditas, *de execução indirecta* –, destinadas a coagir o obrigado ao cumprimento. É, pois, neste contexto que se inscreve a previsão da imposição de sanções pecuniárias compulsórias no âmbito dos processos de execução para prestação de facto infungível – como será, por exemplo, o caso da emissão de actos administrativos de conteúdo não vinculado ou da emanação de normas regulamentares.

Com efeito, a imposição de sanções pecuniárias compulsórias não é uma medida estruturalmente executiva, na medida em que apenas visa obter o cumprimento por meio da coacção psicológica sobre o obrigado, sem ser capaz de proporcionar, por si própria, um resultado que não pode deixar de passar pelo cumprimento por parte do obrigado e, portanto, de depender, sempre e até ao fim, da vontade deste. Por este motivo, tal imposição pode ter, desde logo, lugar no próprio momento em que, no processo declarativo, o tribunal condena a Administração (cfr. artigos 3º, nº 2, e 95º, nº 4). E, nessa sede, ela não só aparece configurada, em termos gerais, como uma faculdade de que o tribunal pode lançar mão para prevenir situações de eventual incumprimento das suas decisões, como não surge necessariamente associada a condenações à realização de prestações de facto infungível[359].

Compreende-se, assim, que, no contexto específico dos processos executivos, primacialmente dirigidos à adopção de providências estruturalmente executivas, a imposição de sanções pecuniárias compulsórias surja no artigo 168º, e apenas por estar destinada a funcionar, no âmbito dos processos de execução para prestação de facto, como a *ultima ratio* – isto é, como a providência que *não pode deixar de ser adoptada* –, destinada a dar resposta a situações de incumprimento reiterado de um tipo específico de obrigações, as *obrigações de prestação de facto infungível*, para as quais não existe um remédio estruturalmente executivo. Com a revisão de 2015, a alínea *b)* do nº 6 do artigo 172º passou, no entanto, a admitir que também nos processos de execução para pagamento de quantia certa, em situações de insuficiência de dotação orçamental, o exequente possa requerer "a fixação à entidade obrigada de um prazo limite para proceder ao pagamento, com imposição de uma sanção pecuniária compulsória aos titulares do órgão competente para determinar tal pagamento".

[359] Cfr. também Vieira de Andrade, *Justiça Administrativa*, p. 364.

246. O CPTA admite que, em vez de conduzir à adopção das providências necessárias à execução no plano dos factos (cfr. artigo 167º), este processo possa ter por desfecho o reconhecimento de que a execução não é possível ou seria excepcionalmente prejudicial para o interesse público, e, por via disso, a fixação de uma indemnização destinada a compensar o exequente por esse facto (artigos 163º e 166º, nº 1). A convolação do objecto inicial do processo, dirigido à adopção das providências necessárias à execução, num processo de mera fixação da indemnização destinada a compensar o exequente tem lugar quando o tribunal julgue procedente uma eventual oposição fundada na existência de causa legítima de inexecução (artigo 166º, nº 1), com eventual conversão ulterior num processo de execução para pagamento de quantia certa, caso a Administração não proceda ao pagamento da indemnização devida (artigo 166º, nº 3).

A exemplo do que sucedia na legislação precedente, o Código consagra, deste modo, a figura das *causas legítimas de inexecução*[360], reconhecendo a impossibilidade absoluta de executar e o excepcional prejuízo para o interesse público que a execução possa envolver como circunstâncias cuja verificação, uma vez jurisdicionalmente reconhecida, legitima que a execução seja substituída pelo reconhecimento ao exequente do direito à "indemnização devida pelo facto da inexecução" (cfr. artigos 163º e 166º, nº 1) – indemnização que não parece cobrir, entretanto, a reparação de todos os danos que possam ter resultado da actuação ilegítima da Administração, que sempre poderá ser objecto de acção autónoma[361].

Como o processo executivo pressupõe a existência de um título executivo, que é, por regra (cfr. *supra*, nº 241), uma sentença de condenação, a existência actual do direito invocado pelo exequente presume-se, salvo demonstração em contrário, que deverá ser deduzida em oposição à execução. O titular da sentença exequenda está, por isso, em condições

[360] Sobre o conceito e as dificuldades que a seu respeito se colocam, cfr. Freitas do Amaral, *A execução das sentenças dos tribunais administrativos*, 2ª ed., Coimbra, 1997, pp. 115 segs., e, por último, M. Aroso de Almeida, *Anulação de actos administrativos...*, pp. 778 segs.

[361] Para a distinção entre a "indemnização devida pelo facto da inexecução" e aquela que se destina a reparar todos os danos causados pelo acto ilegal, cfr. M. Aroso De Almeida, *Anulação de actos administrativos...*, pp. 816 segs. A jurisprudência subscreve a distinção no âmbito dos processos executivos, para os efeitos da aplicação dos regimes dos artigos 166º e 178º: cfr., por exemplo, os Acórdãos do Supremo Tribunal Administrativo de 29 de Novembro de 2005, Proc. nº 41321-A, de 1 de Outubro de 2008, Proc. nº 42003-A, de 30 de Setembro de 2009, Proc. nº 634/09, e de 20 de Janeiro de 2010, Proc. nº 47578-A.

de requerer a execução judicial da sentença, mais não restando à entidade pública executada do que a possibilidade de deduzir oposição à execução, invocando eventuais circunstâncias supervenientes em relação à sentença exequenda. O exequente é, assim, admitido a requerer as providências executivas capazes de satisfazer o seu direito, que só poderão ser recusadas quando, em oposição à execução que o juiz venha a julgar procedente, seja invocada a superveniente extinção do direito ou a superveniência de obstáculos que obstem à adopção de tais providências[362].

Isto explica que a eventual existência de causa legítima de inexecução só releve se for alegada pela Administração, em momento prévio à instauração do processo executivo (artigo 163º, nº 3) ou mediante a dedução de oposição à execução (artigo 165º), assim como explica que a Administração só possa invocar como causas legítimas de inexecução "circunstâncias supervenientes ou que a Administração não estivesse em condições de invocar no momento oportuno do processo declarativo" (artigo 163º, nº 3). Tem-se, na verdade, em vista que, por regra, o processo executivo e baseia numa sentença de condenação, proferida no âmbito de um processo que, por não ser de mera anulação, se reportou à situação que existia no momento do encerramento da discussão em julgamento.

De referir ainda que o artigo 164º, nº 6, aproveita a previsão, no artigo 166º, do processo *sui generis* de fixação de indemnização em que o processo executivo se convola quando o tribunal julga procedente uma oposição fundada na existência de causa legítima de inexecução (artigo 166º, nº 1), para admitir que, quando o credor concorde desde o início que existe causa legítima de inexecução, ele não peça sequer a execução e avance directamente para a dedução de um pedido de fixação da

[362] Na verdade, uma sentença de condenação não consente margem para dúvidas quanto à existência, no momento em que é emitida, dos deveres que impõe ao condenado, só permitindo que eventuais superveniências possam vir a fundar a oposição de embargos à execução – situação que é, por definição, excepcional e não integra, *a título necessário*, a própria estrutura do processo executivo. É que o processo de oposição à execução pressupõe a *força probatória especial* do título executivo. Como o título prova a constituição da obrigação, à data por ele tomada como referência, a lei presume a inexistência de causas impeditivas, modificativas ou extintivas supervenientes: cfr. Antunes Varela *et alii*, *Manual de Processo Civil*, p. 79, em nota. Quando uma sentença não reúne as características indispensáveis para que se possa dar por demonstrada a constituição da obrigação, as coisas já se passam de outro modo: não há embargos à execução porque não há execução, visto que o credor tem de começar por propor uma acção declarativa.

indemnização devida, segundo o disposto no artigo 166º. O preceito institui, assim, um *processo declarativo especial autónomo*, que pode ser utilizado em alternativa à propositura de uma acção administrativa comum, para obter a fixação do montante da indemnização devida quando as partes concordem quanto à existência de causa legítima de inexecução, mas não cheguem a acordo no que se refere à determinação do montante a pagar.

247. Resulta do artigo 162º, nº 1, que, quando prazo diferente não resulte do próprio título executivo, as entidades públicas devem dar cumprimento aos deveres de prestação de factos ou de entrega de coisas em que sejam constituídos por título executivo no prazo de 90 dias. Este é um prazo procedimental, que deve ser, por isso, contado nos termos do artigo 87º do CPA, suspendendo-se nos sábados, domingos e feriados. No caso das sentenças, o prazo é contado da data do trânsito em julgado (cfr. artigo 160º). O processo executivo pressupõe o incumprimento desta obrigação, pelo que só pode ser intentado, nos termos do artigo 164º, após o decurso do respectivo prazo: se a entidade obrigada não der, portanto, espontâneo cumprimento, dentro do prazo de que dispõe para o efeito (cfr. artigos 160º e 162º), aos deveres que lhe incumbem, o exequente pode pedir a execução judicial (artigo 164º, nº 1).

Na petição, o exequente ou o Ministério Público, quando tenha sido autor no processo ou estejam em causa os valores referidos no nº 2 do artigo 9º, deve especificar os actos jurídicos e operações materiais cuja adopção considera necessária para o efeito (artigo 164º, nº 4). Caso o título executivo seja uma sentença, a petição deve ser dirigida ao tribunal que tenha proferido a sentença exequenda em primeiro grau de jurisdição; nos restantes casos, é aplicável o regime do CPC quanto à competência do tribunal (cfr. artigo 20º, nº 8). Tal como sucede em processo declarativo, também aqui a legitimidade passiva pertence às pessoas colectivas,aos ministérios ou às secretarias regionais (cfr. artigo 10º, nºs 1 e 2), dado que o Título VII não contém qualquer disposição especial, referente à legitimidade passiva em processo executivo. A petição de execução também deve ser, portanto, dirigida contra a pessoa colectiva, o ministério ou a secretaria regional obrigados, uma vez que é contra estas entidades que deve ser proposta a acção executiva.

Uma vez recebida a petição de execução, a entidade obrigada é notificada para cumprir ou deduzir *oposição à execução*, que só pode fundar-se em circunstâncias supervenientes em relação ao título exequendo. Essas circunstâncias podem consistir na superveniente extinção do direito exequendo – seja pelo cumprimento, seja por qualquer uma das causas de extinção das obrigações para além do cumprimento (o que inclui a impossibilidade absoluta, compreendida no conceito de causa legítima de inexecução) – ou na superveniência de circunstâncias excepcionais que façam com que a execução seja geradora de um grave prejuízo para o interesse público (situação também compreendida no conceito de causa legítima de inexecução, que, recorde-se, só pode dizer respeito a circunstâncias supervenientes em relação ao título exequendo: cfr. *supra,* nº 246).

A eventual dedução de oposição abre um incidente declarativo. A execução é suspensa e o exequente é notificado para replicar (artigo 165º, nº 2). Se este concordar com a oposição deduzida, o processo termina, a menos que, podendo sê-lo, seja convolado no processo de indemnização por causa legítima de inexecução, previsto no artigo 166º (cfr. artigo 165º, nº 3, e *supra,* nº 246). Se o exequente replicar ou não manifestar, em todo o caso, a sua concordância com a oposição deduzida, é aberta instrução, caso o tribunal a considere necessária (artigo 165º, nº 4), e o tribunal, no prazo máximo de 20 dias, decide a oposição, pronunciando-se sobre o bem fundado dos argumentos apresentados para que o título não seja executado nos termos requeridos (artigo 165º, nº 5)[363].

O processo de execução culmina, quando a entidade executada não tenha deduzido oposição ou esta tenha sido julgada improcedente (cfr. artigo 165º), na adopção das "providências necessárias para efectivar a execução da sentença" (artigo 167º, nº 1) (sobre estas providências, cfr. *supra,* nº 244). Excepcionam-se, porém, os casos em que estejam em causa prestações de facto infungíveis, na medida em que, nesses casos, não podem ser adoptadas providências estruturalmente executivas, mas apenas pode ser aplicada sanção pecuniária compulsória, segundo o disposto nos artigos 168° e 169º (cfr. *supra,* nº 245).

[363] Cfr. Mário Aroso de Almeida/Carlos Fernandes Cadilha, *Comentário...*, p. 1074.

2. Execução para pagamento de quantia certa (artigos 170º a 172º)

248. O processo de *execução para pagamento de quantia certa* está regulado nos artigos 170º e segs., podendo ser utilizado para obter a execução de obrigações que se consubstanciem no pagamento de quantias em dinheiro. Ao contrário do que sucede no processo de execução para prestação de factos ou de coisas, não há lugar, no âmbito deste processo, para indagações sobre a existência de causas legítimas de inexecução. Com efeito, a lei assume que o pagamento de quantias em dinheiro por parte de entidades públicas é sempre possível e nunca implica grave lesão de interesses públicos. O artigo 171º admite a possibilidade da dedução de oposição à execução. Essa oposição só pode, no entanto, fundar-se na "invocação de facto superveniente, modificativo ou extintivo da obrigação", e não na inexistência de meios financeiros que permitam a realização do pagamento ou de grave prejuízo para o interesse público no cumprimento da obrigação exequenda. Como refere o artigo 171º, nº 5, a inexistência de verba ou cabimento orçamental releva, no entanto, para o efeito de afastar a ilicitude da inexecução espontânea da sentença e, assim, de eximir o titular ou os titulares do órgão responsável pela execução da responsabilidade civil, disciplinar e criminal prevista no artigo 159º. E, por outro lado, o novo nº 6 do artigo 171º estabelece que, "quando a situação de incumprimento se deva à inexistência de verba ou cabimento orçamental que permita o pagamento imediato da quantia devida, a entidade obrigada deve, dentro do prazo previsto no nº 1, dar conhecimento da situação ao tribunal, que convida as partes a chegarem a acordo, no prazo de 20 dias, quanto ao pagamento escalonado da quantia em dívida", acrescentando o nº 7 que, na ausência de acordo, se avança para a execução, sendo aplicável o disposto nos nºs 3 a 9 do artigo 172º.

249. O artigo 172º prevê dois tipos específicos de providências de execução.

a) O primeiro tipo de providência consiste em o tribunal decretar a compensação do crédito do exequente com eventuais dívidas que o onerem para com a mesma pessoa colectiva ou o mesmo Ministério (cfr. artigo 170º, nº 2, alínea *a)*). Se for decretada pelo tribunal, a compensação funcionará como título de pagamento, total ou parcial, da dívida que o exequente tinha para com a Administração, sendo oponível a eventuais reclamações futuras do seu cumprimento por parte desta (cfr. artigo 172º, nº 2).

b) O segundo tipo de providência traduz-se em o tribunal oficiar junto do Conselho Superior dos Tribunais Administrativos e Fiscais, para que este se substitua à entidade faltosa, emitindo uma ordem de pagamento em favor do exequente, por conta de uma dotação que, para o efeito, deve estar inscrita à sua ordem no Orçamento do Estado (cfr. artigos 170º, nº 2, alínea *b)*, e 172º, nº 3). Este mecanismo estruturalmente executivo visa proporcionar ao exequente a satisfação, por via subrogatória, do seu crédito, através da mobilização de uma verba específica. Configura-se, deste modo, como uma alternativa à penhora de bens da entidade pública executada, que visa proporcionar, de modo expedito, o máximo de satisfação do direito do exequente com o mínimo de inconvenientes para o funcionamento da entidade executada. Com efeito, como a execução, por esta via, incide directamente sobre uma verba antecipadamente retirada da disponibilidade do executivo e, portanto, desafectada do exercício da função administrativa, não pode ser confrontada com as limitações que se opõem à penhorabilidade dos bens públicos; por outro lado, como não há lugar à apreensão de bens para venda em hasta pública, reduz-se ao mínimo a intromissão na vida da entidade executada, evitando a realização de operações materiais que para ela sempre poderiam ter consequências perturbadoras.

Sem prejuízo do disposto nos seus nºs 7 a 9, a que nos referiremos em seguida, o artigo 172º configura, assim, o instrumento previsto no seu nº 3 como um instrumento de utilização prioritária, só admitindo a título subsidiário, no nº 6, a possibilidade do recurso ao regime da execução para pagamento de quantia certa regulado na lei processual civil ou à imposição de sanção pecuniária compulsória, no caso de se verificar a existência de uma situação de insuficiência de dotação. No caso de se avançar para esta via de execução, mas o Conselho Superior dos Tribunais Administrativos e Fiscais se ver impossibilitado de emitir a ordem de pagamento, por não existir verba disponível em montante suficiente para o efeito no Orçamento do Estado, o processo executivo pode prosseguir, se o exequente o desejar, com a penhora de bens do executado e a venda dos bens penhorados, seguindo-se, para o efeito, os termos do processo de execução para pagamento de quantia certa, tal como regulado no CPC, ou, em alternativa, com a imposição de sanção pecuniária compulsória (cfr. artigo 172º, nº 6).

Esta solução justifica-se porque o reconhecimento da necessidade de uma tutela plena e efectiva das posições subjectivas dos particulares perante a Administração e a definitiva superação da clássica perspectiva da jurisdição administrativa como uma jurisdição limitada, incapaz de dispor dos mesmos poderes de actuação sobre a Administração de que dispõem os tribunais judiciais, exige que, pelo menos em último caso, o exequente possa requerer a execução forçada do seu crédito segundo os termos do processo de execução para pagamento de quantia certa do CPC[364].

Importa, porém, notar que, com a revisão de 2015, o artigo 172º incorporou, nos seus novos nºs 7 a 9, o regime introduzido pelo artigo 3º, nº 1, da Lei nº 67/2007, de 31 de Dezembro, que tinha vindo estabelecer que, quando esteja em causa a execução de sentenças que tenham condenado pessoas colectivas pertencentes à Administração indirecta do Estado ou à Administração autónoma ao pagamento de indemnizações, o crédito indemnizatório só pode ser satisfeito por conta da dotação orçamental inscrita à ordem do CSTAF a título subsidiário, quando, através da aplicação do regime da execução para pagamento de quantia certa regulado na lei processual civil, não tenha sido possível obter o respectivo pagamento junto da entidade responsável. Na hipótese especificamente prevista no nº 7 do artigo 172º, a dotação orçamental inscrita à ordem do Conselho Superior dos Tribunais Administrativos e Fiscais não é, portanto, de utilização prioritária, só podendo ser utilizada quando a aplicação do regime executivo do CPC não tenha permitido obter a execução. Note-se, entretanto, que da redação do nº 7 do artigo 172º parece resultar que o respetivo regime é aplicável à execução de quaisquer títulos executivos, e, no que diz respeito a sentenças, à execução de quaisquer tipos de sentenças, que não apenas de sentenças de condenação ao pagamento de indemnizações.

250. Resulta do artigo 170º, nº 1, que, quando prazo diferente não resulte do próprio título executivo, as entidades públicas devem dar cumpri-

[364] Cfr. M. Aroso de Almeida, "Pronúncias judiciais e sua execução...", p. 78.

mento aos deveres de pagamento de quantias em dinheiro em que sejam constituídos por título executivo no prazo de 30 dias. Este é um prazo procedimental, que deve ser, por isso, contado nos termos do artigo 87º do CPA, suspendendo-se nos sábados, domingos e feriados. No caso das sentenças, o prazo é contado da data do trânsito em julgado (cfr. artigo 160º). O processo executivo pressupõe o incumprimento desta obrigação, pelo que só pode ser intentado, nos termos do artigo 170º, nº 2, após o decurso do respectivo prazo: se a entidade obrigada não der, portanto, espontâneo cumprimento, dentro do prazo de que dispõe para o efeito, ao dever que lhe incumbe, o exequente pode pedir a execução judicial.

Tal como vimos suceder no processo de execução para prestação de facto ou de coisa, caso o título executivo seja uma sentença, a petição de execução deve ser dirigida ao tribunal que tenha proferido a sentença exequenda em primeiro grau de jurisdição; nos restantes casos, é aplicável o regime do CPC quanto à competência do tribunal (artigo 20º, nº 8); e a petição de execução deve ser dirigida contra a pessoa colectiva ou o ministério obrigados, uma vez que é contra estas entidades que deve ser proposta a acção executiva, em conformidade com as regras de legitimidade passiva do artigo 10º, nºs 1 e 2.

Uma vez recebida a petição de execução, a entidade obrigada é notificada para cumprir ou deduzir *oposição à execução*, que só pode fundar-se em facto superveniente em relação ao título exequendo, modificativo ou extintivo da obrigação (artigo 171º, nº 1). A eventual dedução de oposição abre um incidente declarativo. A execução é suspensa e o exequente é notificado para responder (artigo 171º, nº 2). Se este concordar com a oposição deduzida, o processo termina. Se o exequente responder ou não manifestar, em todo o caso, a sua concordância com a oposição deduzida, é aberta instrução, caso o tribunal a considere necessária (artigo 171º, nº 3), e o tribunal, no prazo máximo de 20 dias, decide a oposição, pronunciando-se sobre o bem fundado dos argumentos apresentados para que o título não seja executado nos termos requeridos (artigo 171º, nº 4).

O processo de execução culmina, quando a entidade executada não tenha deduzido oposição ou esta tenha sido julgada improcedente (cfr. artigo 165º), na adopção das providências necessárias para efectivar a execução da sentença, segundo o disposto no artigo 172º – isto, sem prejuízo, sendo caso disso, da eventual aplicação prévia do disposto nos nºs 5 a 7 do artigo 171º (sobre as providências do artigo 172º e o regime dos nºs 5 a 7 do artigo 171º, cfr. *supra*, nº 249).

3. Processo de execução de sentenças de anulação de actos administrativos (artigos 173º a 179º)

251. O Título VII do CPTA fecha com um capítulo IV, que tem por epígrafe *"Execução de sentenças de anulação de actos administrativos"*.

Embora permita que, logo no âmbito do próprio processo de impugnação de actos administrativos, o impugnante proceda à cumulação das pretensões que, na sua esfera jurídica, emergirão da eliminação do acto impugnado da ordem jurídica, o não exercício da faculdade de cumular pedidos no processo de impugnação não preclude a possibilidade de as mesmas pretensões serem accionadas no âmbito do processo de execução da sentença de anulação. Ou seja, o interessado que impugne um acto administrativo ilegal, pedindo a sua anulação ou a declaração da sua nulidade ou inexistência, pode optar por proceder apenas à impugnação do acto, deixando para momento ulterior à decisão do processo impugnatório a eventual actuação processual das pretensões complementares em relação à pretensão impugnatória, que, embora o pudessem ter sido, não tenham sido cumuladas no processo impugnatório e se dirijam ao cumprimento do dever que à Administração se impõe de extrair as devidas consequências da sentença que deu provimento ao processo impugnatório.

A este dever, que se impõe à Administração, é tradicionalmente dado o nome de *dever de executar a sentença de anulação*; por isso, o CPTA optou por dar o nome de *processo de execução de sentenças de anulação de actos administrativos* à forma específica de processo que entendeu instituir para a actuação processual do direito do impugnante ao cumprimento desse dever.

Embora isso não tenha expressão formal visível, o capítulo IV do Título VII apresenta uma estrutura dicotómica: regula, naturalmente, o dito *processo de execução de sentenças de anulação de actos administrativos;* mas, a preceder essa regulação, que só tem início no artigo 176º, começa por regular o próprio *dever de a Administração executar as sentenças de anulação de actos administrativos.* O artigo 173º refere-se, com efeito, ao conteúdo desse dever e os artigos 174º e 175º regulam aspectos relacionados com o cumprimento espontâneo desse dever por parte da Administração. Como claramente resulta do artigo 176º, nº 1, o processo de execução de sentenças de anulação só deve ser utilizado quando a Administração não observe o disposto nos artigos 173º a 175º, não dando, assim, cumprimento ao dever de executar que se lhe impõe.

Antes de avançarmos, pois, para a análise do *processo de execução de sentenças de anulação,* tal como ele surge regulado nos artigos 176º e segs., justifica-se que comecemos por uma referência ao regime dos artigos 173º a 175º e, antes de mais, ao regime do artigo 173º, que, como foi dito, regula o conteúdo do dever de a Administração executar as sentenças de anulação de actos administrativos.

Antes, porém, uma advertência importante. Embora tradicionalmente se fale apenas, neste contexto, das sentenças *de anulação,* por serem as mais frequentes, afigura-se-nos que o mesmo regime é aplicável às sentenças *declarativas da nulidade de actos administrativos*[365]. Na verdade, trata-se, sempre, de impor à Administração o dever de reconstituir a situação que deveria existir sem um acto administrativo ilegal e de assegurar ao impugnante que teve ganho de causa no processo impugnatório a possibilidade de fazer valer pela via jurisdicional o direito ao cumprimento desse dever. E o mesmo se diga, atenta a proximidade das situações, para as sentenças que, nos termos do artigo 73º, nº 2, declarem a ilegalidade, sem força obrigatória geral, de normas regulamentares cujos efeitos se produzam imediatamente, sem dependência de actos concretos de aplicação.

3.1. *O dever de a Administração executar a sentença*

252. O artigo 173º estabelece os parâmetros pelos quais se deve reger a actuação que a Administração deve desenvolver quando um dos seus actos administrativos tenha sido anulado (ou declarado nulo ou inexistente). Contém, pois, disposições que não têm natureza processual, mas substantiva, e consagra soluções aplicáveis, tanto nos casos em que o impugnante opte por só fazer valer as pretensões que emergem da anulação em processo autónomo, a intentar após a procedência do processo impugnatório, como nos casos em que, logo no âmbito do próprio processo impugnatório, ele opte por cumular com o pedido de anulação pretensões dirigidas à imposição da prática dos actos e operações que a Administração deve adoptar para (re)constituir a situação que deveria

[365] No mesmo sentido, cfr. RUI MACHETE, "Execução de sentenças...", p. 63; VIEIRA DE ANDRADE, *Justiça Administrativa*, p. 358-359.

existir se o acto ilegal não tivesse sido praticado. Também neste último caso, é, na verdade, ao artigo 173º que o juiz deve ir buscar os fundamentos da disciplina substantiva a aplicar[366]. A opção por inserir este regime no CPTA, e neste seu passo específico, deveu-se, em todo o caso, à estreita conexão que se estabelece entre o regime substantivo da execução espontânea, por parte da Administração, e o regime processual de actuação das pretensões dirigidas a obter essa execução através do chamado *processo de execução de sentenças de anulação*, quando o interessado opte por dele lançar mão.

Como resulta do artigo 173º, nº 1, os deveres em que a Administração pode ficar constituída na sequência da procedência do processo impugnatório de um acto administrativo podem situar-se em três planos: (a) reconstituição da situação que existiria se o acto ilegal não tivesse sido praticado; (b) cumprimento tardio dos deveres que a Administração não cumpriu durante a vigência do acto ilegal, porque este acto disso a dispensava; (c) eventual substituição do acto ilegal, sem reincidir nas ilegalidades anteriormente cometidas. Sendo certo que a eventual substituição do acto ilegal por outro com idêntico conteúdo, quando possível, pode ter o alcance, dependendo dos casos, de dispensar, total ou parcialmente, a Administração de cumprir aqueles dois primeiros tipos de deveres – mas que, se e na medida em que essa substituição não tenha lugar, prevalece o dever de reconstituir a situação que existiria se o acto ilegal não tivesse sido praticado[367].

No cumprimento dos deveres que, para ela, decorrem da anulação, a Administração, dependendo ainda dos casos, pode ter de actuar por referência à situação jurídica e de facto existente no momento em que deveria ter actuado (cfr. artigo 173º, nº 1) e de praticar, quando for caso disso, actos administrativos retroactivos, desde que estes actos "não en-

366 Para a detida fundamentação, em cada um dos seus aspectos, das soluções enformadoras do regime do artigo 173º, cfr. M. Aroso de Almeida, *Anulação de actos administrativos...*, designadamente a pp. 402 segs., 682 segs. e 720 segs.

367 Não pode, por isso, subscrever-se o entendimento, nesta matéria, de Vieira de Andrade, *Justiça Administrativa*, pp. 323-324. Com efeito, se e na medida em que o acto anulado não seja renovado, a anulação tem obviamente o alcance de recolocar o interessado na situação jurídica que lhe corresponde sem o acto anulado *e sem o acto renovatório*, que não só não foi (ainda) praticado, como, podendo embora ser até devido, pode dar-se o caso de nunca mais vir a ser praticado, sem que haja qualquer fundamento legal que permita afirmar, num caso desses, que a situação do interessado fica num eterno *limbo*, à espera que a Administração a defina.

volvam a imposição de deveres, a aplicação de sanções ou a restrição de direitos ou interesses legalmente protegidos", tal como também poderá ter de "remover, reformar ou substituir actos jurídicos e alterar situações de facto que possam ter surgido na pendência do processo e cuja manutenção seja incompatível com a execução da sentença de anulação" (cfr. artigo 173º, nº 2).

De referir, entretanto, as soluções que, a propósito dos actos consequentes em geral[368] e, em particular, a propósito das situações em que esteja em causa a reintegração ou recolocação de funcionários, se estabelecem no artigo 173º, nºs 3 e 4, e que apontam em sentidos divergentes. A solução geral favorece a posição de quem faz valer a invalidade do acto administrativo, limitando o âmbito das situações em que deve prevalecer a posição dos beneficiários dos actos consequentes[369]. Pelo contrário, o interesse da estabilidade dos serviços públicos determina que, por regra, a reintegração ou recolocação do funcionário deva ter lugar "em lugar de categoria igual ou equivalente àquela em que [ele] deveria ser colocado, ou, não sendo isso possível, à primeira vaga que venha a surgir na categoria correspondente", cabendo-lhe exercer transitoriamente funções fora do quadro até à integração neste[370].

253. Os artigos 174º e 175º estabelecem que o dever de executar a sentença, dando cumprimento ao disposto no artigo 173º, tanto pode recair sobre o órgão que praticou o acto anulado (artigo 174º, nº 1), como sobre outro ou outros órgãos (artigo 174º, nº 2). Em qualquer caso, o dever deve ser cumprido no prazo de 90 dias (artigo 175º, nº 1), salvo eventual invocação da existência de causa legítima de inexecução, que se pode fundar em circunstâncias já existentes à data em que o acto administrativo foi anulado (artigo 175º, nº 2). Quando o dever de executar a sentença de anulação consista, porém, no pagamento de uma quantia pecuniária, o pagamento deve ser realizado no prazo de 30 dias e não há lugar à invocação da existência de causa legítima de inexecução (artigo 175º, nº 3).

[368] Sobre a figura dos actos consequentes e seu actual enquadramento, decorrente da revisão de 2015 do CPA, cfr. Mário Aroso de Almeida, *Teoria Geral..., cit.*, pp. 313 segs.

[369] Cfr. M. Aroso de Almeida, *Anulação de actos administrativos...*, pp. 402 segs., e, por último, "Regime jurídico dos actos consequentes de actos administrativos anulados", *Cadernos de Justiça Administrativa* nº 28, pp. 16 segs., maxime p. 20.

[370] Sobre esta solução, cfr. M. Aroso de Almeida, *Anulação de actos administrativos...*, pp. 408 segs.

Estes prazos são procedimentais, regendo-se a sua contagem pelo disposto no artigo 87º do CPA.

3.2. *O processo de execução de sentenças de anulação*

254. Pressuposto do regime estabelecido nos artigos 174º e segs., é que no processo impugnatório não foi proferida qualquer condenação, por referência ao disposto no artigo 173º, quanto ao conteúdo dos deveres em que a Administração fica constituída por efeito da anulação do acto administrativo. O processo de execução de sentenças de anulação de actos administrativos foi, com efeito, concebido para dar resposta a situações em que o tribunal proferiu uma pura anulação (ou declaração de nulidade), deixando que a própria Administração se encarregue de extrair da sentença as devidas consequências. Está, por isso, estruturado, em primeira linha, como um processo declarativo a intentar contra a Administração e que funciona como uma via processual específica que foi instituída para a actuação processual das pretensões complementares em relação à pretensão anulatória, que, embora o pudessem ter sido, não tenham sido cumuladas no processo impugnatório e se dirijam a obter o cumprimento, por parte da Administração, do *dever de executar a sentença de anulação* que se lhe impõe, dela extraindo as consequências devidas.

Com efeito, nos casos em que, no processo impugnatório, tenha sido, desde logo, cumulado o pedido de condenação da Administração a extrair da anulação (ou da declaração de nulidade) as consequências a que se refere o artigo 173º, é evidente que, na parte em que dê provimento ao pedido de condenação, a sentença não é uma sentença de mera anulação (ou declaração de nulidade), mas uma sentença condenatória, e, por isso, um título executivo que habilita o respectivo titular, em caso de incumprimento por parte da Administração, a lançar mão de qualquer das duas formas de processo executivo, verdadeiro e próprio, que o Código prevê nos artigos 162º e segs. e 170º e segs., de execução para prestação de facto ou de coisa, ou para pagamento de quantia certa.

Pelo contrário, como a sentença de mera anulação (ou declaração de nulidade) de um acto administrativo não se pronuncia, de todo, sobre o conteúdo dos deveres em que a Administração pode ficar constituída em consequência dela, o respetivo processo de execução caracteriza-se por apresentar uma estrutura dicotómica, que parte de uma *necessária fase declarativa*, para chegar, se for caso disso, a uma *eventual fase executiva*. A primeira fase é indispensável, porque, como se trata de discutir questões que ainda não foram objecto da apreciação de um juiz, há que começar por identificar o conteúdo dos deveres em que a Administração ficou constituída por efeito da sentença e proceder à condenação da Administração ao cumprimento desses deveres, no âmbito de um litígio entre as partes. A segunda fase é eventual, porque já se destina a proporcionar ao interessado o resultado pretendido, em fase executiva, na eventualidade de a Administração não ter cumprido os deveres que lhe foram impostos na fase declarativa.

a) A natureza declarativa da fase inicial transparece logo do artigo 176º, nºs 1 e 3, em que se assume que a petição que desencadeia o processo se dirige a "exigir o cumprimento do dever de executar" da sentença de anulação e tem por objecto "pedir a condenação da Administração" ao cumprimento do correspectivo dever, a que se referem os artigos 173º a 175º. A mesma natureza declarativa está presente no artigo 177º, nºs 1 e 2, que se refere à "contestação" da petição e à respectiva réplica. Verdadeiramente decisivo é, em todo o caso, o artigo 179º, pois é aí que culmina a fase declarativa e, por isso, se estabelece a fronteira entre essa fase, a que se referem os nºs 1 a 3 e a primeira parte do nº 4, e a eventual fase executiva, a que já se referem a segunda parte do nº 4 e os nºs 5 e 6.

Com efeito, a fase declarativa culmina numa decisão em que o tribunal impõe, *pela primeira vez*, à Administração o cumprimento dos deveres em que, nos termos do artigo 173º, ela ficou constituída por efeito da sentença proferida no processo impugnatório, emitindo uma pronúncia na qual especifica o conteúdo dos actos e operações a adoptar e fixa o prazo dentro do qual o órgão ou os órgãos responsáveis devem adoptar esses actos e operações (cfr. artigo 179º, nº 1).

Note-se que, tal como sucede no âmbito do processo de execução para prestação de factos ou de coisas, também o processo de execução de sentenças de anulação de actos administrativos – quando, precisamente, se dirija a obter prestações de factos ou de coisas – pode terminar com o reconhecimento da existência de uma *causa legítima de inexecução*, por impossibilidade ou grave lesão do interesse público, e na fixação de uma indemnização destinada a compensar o interessado (sobre o regime das causas legítimas de inexecução de prestações de facto ou de coisa e respectiva indemnização, cfr. *supra*, nº 246), podendo seguir-se a conversão do processo num processo de execução para pagamento de quantia certa, no caso de a Administração não proceder ao pagamento da indemnização devida (cfr. artigos 176º, nºs 6 e 7, e 178º, com remissão para o artigo 166º).

Por outro lado, e, mais uma vez, a exemplo do que sucede, no âmbito do processo de execução para prestação de factos ou de coisas, com o artigo 164º, nº 6, também o artigo 176º, nº 7, aproveita a previsão, no artigo 178º, do processo *sui generis* de fixação de indemnização em que o processo de execução da sentença de anulação se convola quando o tribunal julga procedente a existência de causa legítima de inexecução invocada na contestação (artigo 178º, nº 1), para admitir que, quando o interessado concorde desde o início que existe causa legítima de inexecução, ele não peça sequer a execução e avance directamente para a dedução de um pedido de fixação da indemnização devida, segundo o disposto no artigo 178º. Também neste contexto, o preceito em referência institui, assim, um *processo declarativo especial autónomo*, que pode ser utilizado em alternativa à propositura de uma acção administrativa, para obter a fixação do montante da indemnização devida quando as partes concordem quanto à existência de causa legítima de inexecução, mas não cheguem a acordo no que se refere à determinação do montante a pagar.

b) É na eventualidade de a pronúncia declarativa não ser cumprida pela Administração que o artigo 179º reconhece ao interessado o direito de passar à fase executiva, que, dependendo do tipo de obrigação que esteja em causa, o pode conduzir a: *(i)* um processo de execução para pagamento de quantia certa (cfr. artigo 179º, nº 4); *(ii)* à emissão pelo tribunal de uma pronúncia que produza os efeitos do acto administrativo ilegalmente omitido (cfr. artigo 179º, nº 5); *(iii)* ou, embora isso não resulte expressamente do artigo 179º, a um processo de execução para prestação de coisas ou de factos, nas várias configurações que ela pode revestir à face dos artigos 167º e 168º[371], só nesta perspectiva se compreendendo a previsão do artigo 179º, nº 6, que retoma o disposto no artigo 168º, nº 3, prevendo que o processo possa desembocar na fixação de uma indemnização, a título de responsabilidade civil pela consumação da situação de inexecução ilícita (cfr. artigo 179º, nº 6), no caso de a obrigação em causa

[371] No mesmo sentido, Vieira de Andrade, *Justiça Administrativa*, p. 357.

ser infungível e se consumar o incumprimento definitivo, apesar da eventual imposição de sanção pecuniária compulsória[372].

255. O processo de execução de sentenças de anulação de actos administrativos é desencadeado através da apresentação de uma petição, dirigida a obter a condenação da Administração a cumprir os deveres que, para ela, decorrem da anulação contenciosa. Como já foi referido (cfr. *supra*, nº 252), os artigos 173º, 174º e 175º instituem o dever que à Administração se impõe de, no prazo de 90 dias (artigo 175º, nº 1), extrair as devidas consequências da anulação. Se este dever não for tempestivamente cumprido, o interessado pode dirigir-se directamente ao tribunal, no prazo de um ano, para pedir a condenação da Administração a esse cumprimento (artigo 176º). Sem prejuízo do dispositivo inovador do artigo 161º, nº 6, a legitimidade para o efeito pertence a quem teve ganho de causa no processo impugnatório[373], ou ao Ministério Público, "quando tenha sido autor no processo ou estejam em causa os valores referidos no nº 2 do artigo 9º" (artigo 176º, nº 1). Os eventuais interessados não abrangidos pela previsão do artigo 161º, nº 6, poderão lançar mão, na medida em que se demonstre a respectiva legitimidade, das acções declarativas adequadas[374].

O artigo 177º, nº 1, em matéria de legitimidade passiva, prevê a indispensável citação dos eventuais contra-interessados para contestarem[375] e, por outro lado, como a execução da sentença pode "competir, cumulativa ou exclusivamente, a outro ou outros órgãos", que não aquele que praticou o acto anulado (cfr. artigo 174º, nº 2), clarifica que tanto pode ser uma, como podem ser várias, as entidades demandadas, a quem cumpre

[372] Cfr., a propósito, Mário Aroso de Almeida/Carlos Fernandes Cadilha, *Comentário...*, p. 1140.

[373] No sentido de que "interessado nos termos e para os efeitos de apresentação dos requerimentos para execução do julgado, junto do competente órgão administrativo e para declaração judicial de inexistência de causa legítima de inexecução – arts. 5º e 7º, do Dec.-Lei nº 256-A/77, de 17 de Junho – é aquele que obteve vencimento no recurso contencioso, já que é ele o titular do direito subjectivo ao accionamento dos pedidos", cfr., por exemplo, os Acórdãos do Supremo Tribunal Administrativo de 11 de junho de 1996, *Acórdãos Doutrinais* nº 421, p. 48, e de 2 de junho de 1992, Proc. nº 30 459; cfr. também Freitas do Amaral, *Direito administrativo,* vol. IV, p. 234.

[374] Em sentido contrário, cfr. Vieira de Andrade, *Justiça Administrativa,* pp. 349.

[375] Contra-interessados que incluem os eventuais beneficiários de actos consequentes, mesmo que estes não tenham figurado como contra-interessados no processo declarativo.

notificar para contestar. Como é evidente, é também aplicável no âmbito este processo, como de todos os outros processos administrativos, o regime geral do artigo 10º, nº 10, tanto na parte em que este preceito remete para o "disposto na lei processual civil em matéria de intervenção de terceiros", como naquela em que prevê que, quando "a satisfação de uma ou mais pretensões deduzidas contra a Administração exija a colaboração de outra ou outras entidades, para além daquela contra a qual é dirigido o pedido principal, cabe a esta última promover a respectiva intervenção no processo".

256. Estabelece o artigo 175º, nº 1, que o dever que à Administração se impõe de executar as sentenças de anulação de actos administrativos deve ser integralmente cumprido no prazo de 90 dias. Se a execução da sentença consistir apenas no pagamento de uma quantia pecuniária, o pagamento deve ser realizado no prazo de 30 dias (artigo 175º, nº 3). Estes são prazos procedimentais, que são, por isso, contados nos termos do artigo 87º do CPA, suspendendo-se nos sábados, domingos e feriados, e que se começam a contar da data do trânsito em julgado da sentença a executar (cfr. artigo 160º). A instauração do processo de execução da sentença pressupõe o incumprimento destas obrigações, pelo que ele só pode ser intentado, nos termos do artigo 176º, após o decurso dos respectivos prazos: se a entidade obrigada não der, portanto, espontâneo cumprimento, dentro do prazo de que dispõe para o efeito, aos deveres que lhe incumbem, o exequente pode pedir a execução judicial (artigo 176º, nº 1).

Na petição, o exequente deve especificar os actos jurídicos e operações materiais em que considera que a execução deve consistir, podendo, para o efeito, pedir a condenação da Administração ao pagamento de quantias pecuniárias, à entrega de coisas, à prestação de factos ou à prática de actos administrativos (artigo 176º, nº 3). A petição deve ser dirigida ao tribunal que tenha proferido a sentença em primeiro grau de jurisdição (artigo 176º, nº 1) e nela deve ser demandada a pessoa colectiva ou o ministério responsáveis pelo acto anulado (cfr. artigo 174º), que já figuraram como demandados no processo impugnatório (cfr. artigo 10º, nº 2).

Uma vez recebida a petição, a entidade demandada e os eventuais contra-interessados são notificados para contestarem no prazo de 20 dias (artigo 177º, nº 1). Havendo contestação, o autor é notificado para replicar no prazo de 10 dias (artigo 177º, nº 2). Se, nas contestações, for invocada a existência de causa legítima de inexecução e o autor concordar com essa invocação, o processo termina, podendo ser convolado no processo de indemnização por causa legítima de inexecução, previsto no artigo 178º (cfr. artigo 177º, nº 3, e *supra*, nº 246). Se o exequente replicar ou não manifestar, em todo o caso, a sua concordância com a oposição deduzida, é aberta instrução, caso o tribunal a considere necessária (artigo 177°, nº 4), e o tribunal, no prazo máximo de 20 dias, profere decisão (artigo 177º, nº 5).

A fase declarativa do processo culmina, quando o tribunal julgue procedente a pretensão do autor, na especificação do conteúdo dos actos e operações a adoptar para dar execução à sentença, com fixação do prazo em que esses actos e operações devem ser pratica dos (artigo 179º, nº 1) e eventual imposição de sanção pecuniária compulsória (artigo 179º, nº 3). Quando seja devido o pagamento de uma quantia, o tribunal determina que o pagamento seja realizado no prazo de 30 dias (artigo 179º, nº 4).

Pode, entretanto, seguir-se uma fase executiva, em caso de incumprimento, por parte da Administração, dos deveres que lhe foram impostos na fase declarativa, que segue os termos da execução para prestação de factos ou de coisas, ou da execução para pagamento de quantia certa, consoante o fim a que a execução seja dirigida, em função do conteúdo das prestações devidas (cfr. artigo 179º nºs 4 a 6).

ADENDA
A Arbitragem Administrativa

257. Ao longo deste *Manual*, centrámos a atenção no *processo nos tribunais administrativos*, tomando por referência os tribunais do Estado que dirimem os litígios submetidos à jurisdição administrativa. A verdade, porém, é que o processo administrativo não se desenvolve apenas perante tribunais administrativos que integram a estrutura organizatória dos tribunais do Estado, mas também perante *tribunais arbitrais*.

Cumpre, aliás, notar que, ao contrário do que sucede em muitos outros países, a arbitragem sobre litígios de natureza administrativa – que, abreviadamente, designaremos por *arbitragem administrativa* – tem tradição em Portugal e se encontra em franca expansão entre nós. Trata-se, por isso, de uma realidade que não pode ser ignorada num *Manual de Processo Administrativo*.

1. Enquadramento constitucional

258. É desde há muito pacífico, no ordenamento jurídico português, o reconhecimento de que se podem constituir tribunais arbitrais para dirimir litígios de Direito Administrativo, respeitantes à interpretação, validade ou execução de contratos e à constituição em responsabilidade civil por danos causados pela Administração no âmbito da sua actividade de gestão pública[376].

[376] Cfr. MARCELLO CAETANO, *Manual de Direito Administrativo*, vol. II, 10ª ed. (reimpressão), Coimbra, 1986, pp. 1285-1286; SÉRVULO CORREIA, "A arbitragem voluntária no domínio dos

Pode, assim, dizer-se que não vigora em Portugal uma reserva de jurisdição estadual, no que concerne aos litígios que envolvam a Administração Pública. E neste sentido deve ser interpretado o artigo 212º, nº 3, da CRP, quando determina que "[c]ompete aos tribunais administrativos e fiscais o julgamento das ações e recursos contenciosos que tenham por objeto dirimir os litígios emergentes das relações jurídicas administrativas e fiscais".

Com efeito, o artigo 209º da CRP, ao enunciar as "categorias de tribunais" que são admitidas na ordem jurídica portuguesa, refere-se, no seu nº 2, aos tribunais arbitrais. Ao contrário do que sucede noutros países, a Constituição portuguesa não se limita, desta forma, a assumir a admissibilidade do recurso à arbitragem como uma forma normal de resolução de conflitos jurídicos, mas vai mais longe, consagrando, de modo inequívoco, a natureza jurisdicional dos tribunais arbitrais, da actividade que eles são chamados a desempenhar e, portanto, das decisões que por eles são proferidas[377].

Ora, como é evidente e tal como sucede, desde logo, com o artigo 211º da CRP, que define o âmbito da jurisdição dos tribunais judiciais, também o artigo 212º, nº 3, não pode deixar de ser lido de harmonia com o artigo 209º, nº 2, para o efeito de se reconhecer que ele só confere poderes de jurisdição aos tribunais (administrativos e fiscais) do Estado *sob reserva da existência de tribunais arbitrais* e, portanto, da possibilidade da sua intervenção, com a extensão que ao legislador cumpre delimitar no exercício da sua natural liberdade de conformação[378].

Do ponto de vista constitucional, essa liberdade de conformação não resulta do artigo 212º, nº 3, da CRP com uma extensão mais limitada do que aquela que, no que concerne à resolução de litígios de natureza privada, resulta do artigo 211º, nº 1. Para efeitos do disposto no artigo 212º, nº 3, da CRP, *tribunais administrativos*, em Portugal, não são, pois, apenas os tribunais permanentes do Estado, como tais previstos na lei, mas são

contratos administrativos", in *Estudos em memória do Professor Doutor João de Castro Mendes*, Lisboa, 1994, pp. 233 segs.

[377] Cfr. Sérvulo Correia, *op. cit.*, p. 231.

[378] Repare-se que já Artur Maurício/Dimas de Lacerda/Simões Redinha fundavam no artigo 209º, nº 2, da CRP (à época, artigo 212º, nº 2) a legitimidade constitucional da solução consagrada no artigo 2º, nº 2, do ETAF de 1984: cfr. *Contencioso administrativo*, 2ª ed., Lisboa, 1988, p. 19.

também os tribunais (administrativos) arbitrais que venham a ser constituídos para dirimir litígios jurídico-administrativos.

2. Âmbito da arbitragem administrativa

2.1. *Enquadramento na LAV*

259. Segundo estabelece o nº 4 do artigo 2º da LAV, "o Estado e outras pessoas coletivas de direito público podem celebrar convenções de arbitragem na medida em que para tal estejam autorizados por lei ou se tais convenções tiverem por objeto litígios de direito privado".

O primeiro aspeto que, a este propósito, deve ser assinalado é o de que deste preceito resulta claramente a *arbitrabilidade*[379], por aplicação direta do regime da LAV, dos litígios em matérias ditas *de gestão privada* dos entes públicos, relativas a relações de Direito privado. Trata-se de matérias que não pertencem à jurisdição dos tribunais administrativos, mas dos tribunais judiciais. São, por isso, aplicáveis, nesse domínio, as regras de natureza processual que também se aplicam aos privados – incluindo as que, por força da LAV, disciplinam a arbitragem, permitindo-a nos mais amplos termos[380].

Já no que diz respeito aos litígios emergentes de relações jurídicas administrativas, não existe uma norma de permissão geral da arbitragem em matéria administrativa, dependendo a concretização de convenções arbitrais da existência de lei que permita a sua celebração[381].

Daqui resulta que a admissibilidade da arbitragem em matéria administrativa não resulta do critério geral de arbitrabilidade que, para os litígios de direito privado, resulta do nº 2 do artigo 2º da LAV. É ao legislador que compete eleger o critério ou os critérios que o hão de orientar

[379] Embora seja de utilização corrente na doutrina e, por isso, também o utilizemos no presente texto, não podemos deixar de explicar ao leitor menos advertido de que o *heterodoxo* termo "arbitrabilidade" tem por objeto exprimir a qualidade dos litígios que podem ser submetidos a arbitragem, em termos de sobre eles poderem ser validamente celebradas convenções de arbitragem, ser constituídos tribunais arbitrais e esses tribunais proferirem decisões: sobre o ponto, cfr. Raul Ventura, "Convenção de arbitragem", *Revista da Ordem dos Advogados*, 1986, p. 317.

[380] Cfr. Sérvulo Correia, *op. cit.*, p. 239.

[381] Cfr., por todos, João Martins Claro, "A arbitragem no anteprojeto de Código de Processo nos Tribunais Administrativos", *Cadernos de Justiça Administrativa* nº 22, p. 85.

na identificação dos casos concretos ou dos domínios genéricos em que entenda dever autorizar a submissão da resolução de litígios de Direito público à decisão de árbitros. A questão de saber se, quando e com que extensão existe a possibilidade de arbitragem sobre litígios que não digam respeito a relações de direito privado não é, pois, respondida pela LAV: é ao Direito Administrativo que, em diploma ou diplomas próprios, cumpre definir um regime próprio no que toca aos critérios de arbitrabilidade a adotar no âmbito das relações jurídicas administrativas. Como é natural, a LAV não se pronuncia sobre essa questão, cuja sede própria reside nas disposições de Direito Administrativo[382].

2.2. *Arbitrabilidade de Direito Administrativo*

260. Até 2004, a matéria da arbitrabilidade de Direito Administrativo era regulada no artigo 2º, nº 2, do ETAF de 1984, nos termos do qual só eram admitidos tribunais arbitrais "no domínio do contencioso dos contratos administrativos e da responsabilidade civil por prejuízos decorrentes de atos de gestão pública, incluindo o contencioso das ações de regresso".

[382] Sem prejuízo da natureza unitária do instituto da arbitragem voluntária para a resolução de litígios e da aplicabilidade subsidiária da LAV também à arbitragem de Direito Administrativo (cfr. artigo 181º, nº 1), não pode deixar, assim, de reconhecer-se que, no que toca à questão da determinação do critério ou critérios que presidem à determinação das matérias que podem ser objeto de arbitragem, existe uma clara separação entre a arbitragem sobre questões de Direito Administrativo e a arbitragem sobre questões de Direito privado.
Discordamos, pois, da abordagem metodológica que, partindo – a nosso ver, de modo injustificado – do pressuposto contrário, é adotada por Ana Perestrelo de Oliveira, *Arbitragem de litígios com entes públicos*, Coimbra, 2007, e "Da arbitragem administrativa à arbitragem fiscal: notas sobre a introdução da arbitragem em matéria tributária", in *Mais Justiça Administrativa e Fiscal – Arbitragem*, Coimbra, 2010, pp. 131 segs., parecendo-nos, na verdade, inútil e inglório o esforço desenvolvido pela Autora para tentar reconduzir as diferentes previsões do artigo 180º do CPTA ao critério da disponibilidade das situações jurídicas que se encontrava consagrado no artigo 1º, nº 1, da LAV de 1986. Como, na verdade, resulta do texto, não vemos, ao contrário da Autora, que da natureza unitária do instituto da arbitragem voluntária para a resolução de litígios e da aplicabilidade supletiva da LAV também à arbitragem sobre litígios de Direito Administrativo (ainda que com as devidas adaptações) decorram quaisquer consequências no que toca à definição dos critérios que presidem à determinação das matérias que podem ser objecto de arbitragem – e isto, desde logo, porque a própria LAV tem o cuidado de o deixar claro, ao precisar que a arbitrabilidade sobre questões de direito público depende de critérios a estabelecer pela legislação própria.

Subjacente a esta solução, que vinha da tradição forjada no Estado Novo, estava o entendimento de que as matérias de Direito Administrativo passíveis de serem submetidas a arbitragem deviam ser delimitadas por referência a um vago critério de *disponibilidade,* de acordo com o qual poderiam ser submetidas à resolução por árbitros as questões que, por não respeitarem ao exercício de poderes públicos, não têm de ser dirimidas por estrita aplicação de disposições legais. E, nessa ordem de ideias, que os litígios emergentes das relações contratuais e de responsabilidade civil extracontratual das entidades públicas seriam litígios cuja resolução, por não ter por objeto a fiscalização da conformidade com o princípio da legalidade do exercício de poderes administrativos de autoridade, diria respeito a um domínio de *disponibilidade* das situações jurídicas em causa por parte da Administração.

Pela nossa parte, não podemos deixar de exprimir, no entanto, a nossa discordância em relação a ambas as asserções.

Com efeito, quando, no contexto a que nos referimos, se faz apelo à ideia de *disponibilidade,* pretende estabelecer-se um paralelismo entre a posição em que se encontra a Administração e aquela em que se encontram os particulares em relação aos seus direitos disponíveis, para o efeito de afirmar que, assim como os particulares podem submeter à decisão de árbitros a resolução de litígios respeitantes aos seus direitos disponíveis – ou seja, aos direitos de que podem livremente dispor, sem estarem condicionados pela aplicação de quaisquer normas jurídicas –, também a Administração deve poder submeter à decisão de árbitros a resolução de litígios respeitantes a situações jurídicas que estejam na sua disponibilidade – ou seja, a situações jurídicas de que a Administração pode livremente dispor, sem estar condicionada pela aplicação de quaisquer normas jurídicas.

Ora, a nosso ver, este entendimento não é fundado, por ser abusivo o paralelismo em que se pretende alicerçar. Com efeito, não é verdade que os domínios dos contratos e da responsabilidade civil extracontratual sejam domínios de disponibilidade da Administração, em que esta se encontre colocada em posição semelhante à dos privados.

Com efeito, a estrita funcionalização das entidades públicas à prossecução do interesse público e a sua vinculação à lei ou aos termos dos contratos que celebrou por razões de interesse público impedem que qualquer conduta de gestão pública da Administração possa ser objecto de um livre arbítrio comparável àquele que, no âmbito da sua autonomia privada, os particulares exercem quando livremente dispõem dos seus direitos que a lei não qualifica como indisponíveis.

Por este motivo, não pode reconhecer-se ao Estado um livre arbítrio quanto, v.g., à possibilidade de assumir a responsabilidade pela reparação de danos resultantes de condutas lesivas que lhe queiram imputar, mas que não lhe sejam imputáveis; ou à possibilidade de prescindir de obter o cumprimento das prestações a que tem direito, no âmbito das relações contratuais em que seja parte – e, precisamente por isso, em muitos países, não é admitido o recurso à arbitragem, nem em matéria de contratos, nem de responsabilidade (ou, neste último domínio, apenas é admitida quanto à quantificação monetária da indemnização devida, uma vez previamente apurado noutra sede o preenchimento dos pressupostos da responsabilidade).

261. No âmbito do regime do nº 2 do artigo 2º do ETAF de 1984, era discutida na doutrina a questão da admissibilidade da arbitragem sobre o exercício de poderes de autoridade da Administração.

Em conformidade com o vago critério de *disponibilidade* a que nos referimos atrás, era tradicionalmente vedada a arbitragem sobre o exercício de poderes de autoridade da Administração, como se, nos termos expostos, fosse apenas nesse domínio que a posição da Administração fosse estruturalmente diferente da dos privados[383].

Havia, no entanto, quem, na doutrina, viesse defendendo que, em bom rigor, mesmo no âmbito do exercício de poderes de autoridade da Administração, seria só nos domínios de estrita vinculação legal que as situações jurídicas estariam subtraídas à disponibilidade da Adminis-

[383] Na verdade, o domínio do exercício de poderes de definição jurídica unilateral da Administração era tradicionalmente subtraído à arbitragem, entendendo-se que a fiscalização da legalidade dos atos de autoridade da Administração era uma prerrogativa reservada aos tribunais estaduais, a quem deveria pertencer, em regime de monopólio, o poder de proceder à anulação dos atos administrativos ilegais. Por conseguinte, mesma a doutrina mais aberta, embora admitisse que a invalidade destes atos pudesse ser incidentalmente verificada, para efeitos indemnizatórios, pelo tribunal arbitral, excluía que este tribunal a pudesse reconhecer e declarar, a título principal: cfr. Diogo Freitas do Amaral, *Curso de Direito Administrativo*, vol. II, 1ª ed., Coimbra, 2001, pp. 656-657; Sérvulo Correia, *op. cit.*, p. 233; João Caupers, "A arbitragem nos litígios entre a administração pública e os particulares", *Cadernos de Justiça Administrativa* nº 18, pp. 5-6.

tração, pelo que seria de admitir a possibilidade de arbitragem sobre o próprio exercício de poderes de autoridade da Administração, desde que limitada a domínios de discricionariedade administrativa. Nesta perspetiva, como os litígios sobre os termos em que se processaria o exercício do poder discricionário da Administração não teriam por objeto a fiscalização da conformidade do exercício dos poderes administrativos de autoridade com o princípio da legalidade, também eles diriam respeito a domínios de *disponibilidade* das situações jurídicas em causa por parte da Administração[384].

E foi nesta perspetiva que, na delimitação do âmbito das matérias em que pode haver recurso à arbitragem administrativa, o artigo 180º do CPTA veio admitir a constituição de tribunais arbitrais para dirimir "questões relativas a atos administrativos que possam ser revogados sem fundamento na sua invalidade, nos termos da lei substantiva" (artigo 180º, nº 1, alínea *c*)).

Com efeito, a consagração desta previsão legal assentou no entendimento de que os actos administrativos que, nos termos da lei, podiam ser revogados sem fundamento em invalidade seriam *actos disponíveis*, no sentido em que a lei não exigia a demonstração da respectiva invalidade para que a Administração os pudesse retirar da ordem jurídica, pelo que os litígios que se constituissem em torno desses actos, como não diriam respeito a matéria indisponível, poderiam ser submetidos a arbitragem. Pelo contrário, quando estivessem em causa actos administrativos que só pudessem ser removidos da ordem jurídica com fundamento em invalidade e, portanto, em condições vinculadas, o destino das situações jurídicas por eles constituídas não estaria na disponibilidade da Administração, pelo que lhe estaria vedado submeter a repectiva apreciação a um tribunal arbitral.

E, a esta luz, foi defendido na doutrina que as "questões relativas a actos administrativos que possam ser revogados sem fundamento na sua invalidade", a que o preceito se referia, diriam respeito a litígios centrados na questão de saber se um determinado acto administrativo devia ser revogado por razões de mérito, conveniência ou oportunidade e, porventura, de determinar os termos em que essa revogação deveria ser decretada.

[384] Cfr. Sérvulo Correia, *op. cit.*, p. 235, nota 10; J. Caupers, *op. cit.*, pp. 8-9; Alexandra Leitão, *A protecção judicial dos terceiros nos contratos da Administração Pública*, Coimbra, 2002, p. 401.

Se houvesse um litígio quanto à decisão a adoptar pela Administração num caso desses, as partes poderiam, pois, acordar em submeter o assunto a decisão arbitral. A previsão em análise teria tido, assim, segundo esta perspetiva, o alcance de introduzir na ordem jurídica portuguesa a possibilidade de uma *arbitragem de mérito,* que teria por objeto a apreciação da conveniência ou oportunidade de atos administrativos[385].

A nosso ver, tanto a consagração da solução normativa em análise, de acordo com a perspetiva que, nos termos atrás expostos, a inspirou, como a linha interpretativa de que, na doutrina, ela foi objeto, nos termos que se acabam de enunciar, assentaram em equívocos que já noutra sede tivemos oportunidade de assinalar, sendo o primeiro deles o de se confundir discricionariedade administrativa com disponibilidade, e o segundo, o de se confundir o pressuposto de arbitrabilidade adotado na norma (como vimos, o da pretensa disponibilidade de certos tipos de atos administrativos) com o objeto dos litígios passíveis de serem submetidos a arbitragem (que, desse modo, seria reconduzido ao próprio poder de disposição da Administração sobre os atos em causa).

Vejamos, sucintamente, na estrita medida do indispensável ao objeto do nosso estudo[386].

O primeiro equívoco consubstanciava-se na confusão entre discricionariedade administrativa e disponibilidade, e radicava no clássico entendimento da discricionariedade como um domínio de indiferença jurídica, em que todas as soluções seriam boas, pelo que a escolha entre elas seria indiferente para o Direito, que desse modo a colocaria na livre disponibilidade da Administração. A verdade, porém, é que o poder discricionário não corresponde a um livre arbítrio, na medida em que a determinação dos termos do seu exercício não é indiferente para o ordenamento jurídico, que pretende que a Administração encontre a melhor solução, no respeito pelo fim legalmente imposto e pelos princípios jurídicos aplicá-

[385] Neste sentido, cfr. João Caupers, "A arbitragem na nova justiça administrativa", *Cadernos de Justiça Administrativa* nº 34, p. 67; Paulo Otero, "Admissibilidade e limites da arbitragem voluntária nos contratos públicos e nos atos administrativos", in *II Congresso do Centro de Arbitragem da Câmara de Comércio e Indústria Portuguesa (Centro de Arbitragem Comercial),* Coimbra, 2009, pp. 88-89.

[386] Para mais desenvolvimentos, cfr. Mário Aroso de Almeida, "Sobre o âmbito das matérias passíveis de arbitragem de direito administrativo em Portugal" in *Estudos em Homenagem a Miguel Galvão Telles,* vol. II, Coimbra, 2012, pp. 12 segs.

veis: não é, portanto, exacto que o ordenamento jurídico coloque a determinação dos termos do exercício dos poderes discricionários na livre disponibilidade da Administração.

O segundo equívoco resultava, por sua vez, do estranho entendimento segundo o qual, quando as partes confiam a árbitros a resolução de litígios respeitantes a situações jurídicas que se encontrem na sua disponibilidade, elas estariam a delegar nos árbitros o seu poder de disposição dessas situações jurídicas, para o efeito de os incumbirem de exercer esse poder de disposição em seu lugar. Ora, não é o caso: quando, em termos gerais, a lei adopta o critério da disponibilidade das situações jurídicas litigiosas como critério de arbitrabilidade, o que ela se limita a fazer é exigir essa disponibilidade como *pressuposto* para que possa haver abitragem sobre a matéria. Mas, uma vez admitida a arbitragem, a tarefa dos árbitros é a de dirimir um litígio, aplicando o Direito (e só quando tal seja admitido, a equidade), e não de disporem das situações jurídicas em causa como se fossem seus titulares.

Das observações precedentes resultam, a nosso ver, duas consequências da maior importância.

A primeira consequência é a de que qualquer arbitragem relativa ao exercício de poderes de autoridade da Administração – e, portanto, independentemente da extensão com que essa arbitragem seja admitida – não pode deixar de ter por objecto a fiscalização da legalidade do exercício desses poderes: na verdade, os árbitros são chamados a dirimir litígios aplicando regras e princípios jurídicos e, portanto, no domínio do exercício dos poderes de autoridade da Administração, mais não lhes competirá, fazendo as vezes do tribunal do Estado, do que "julgar do cumprimento pela Administração das normas e princípios jurídicos que a vinculam e não da conveniência ou oportunidade da sua actuação" (cfr. artigo 3º).

A nosso ver, era, pois, nesse sentido que devia ser interpretada a previsão da alínea *c)* do nº 1 do artigo 180º, na sua redação originária[387]: não, obviamente, no sentido de que esta previsão normativa visava permitir a constituição de tribunais arbitrais aptos a determinar os termos em que a Administração devia exercer o poder discricionário de revogar os seus atos válidos; mas no sentido de que a referida previsão normativa visava

[387] Para mais desenvolvimentos, cfr. Mário Aroso de Almeida, *op.* últ. *cit.*, pp. 22 segs.

permitir a constituição de tribunais arbitrais aptos a dirimir os litígios de natureza jurídica para cuja apreciação a jurisdição administrativa seja competente que se venham a colocar a propósito dos atos administrativos que podem ser revogados sem fundamento na sua invalidade, que terão, naturalmente, por objeto a fiscalização da legalidade destes atos.

E a segunda consequência é a de que, de modo ainda mais evidente do que nos domínios dos contratos e da responsabilidade, a arbitragem relativa ao exercício de poderes de autoridade da Administração, quer estes envolvam ou não poderes discricionários, não pode ser reconduzida a um critério de disponibilidade das situações jurídicas em causa. Pelo contrário, está, nesse domínio, sempre em causa um espaço normativamente conformado, de *indisponibilidade* da Administração, que como tal deve ser reconhecido: seja para dele se excluir a possibilidade de arbitragem, como era tradicionalmente entendido e ainda hoje tende, de um modo geral, a ser pacífico no direito comparado; seja para, pelo contrário, se admitir a sua possibilidade, mas, nesse caso, submetendo-a a regras próprias, adequadas a um *novo paradigma* de arbitragem.

262. Em jeito de síntese, pode dizer-se que a previsão do artigo 180º, nº 1, alínea *c)*, na sua redação originária, e a interpretação, nos termos enunciados, de que o preceito foi objeto na doutrina assentaram no pressuposto de que a resolução em sede arbitral de questões respeitantes a atos administrativos só poderia ter por objeto atos administrativos discricionários – os atos que, por poderem ser revogados por razões de mérito, se entendia, como vimos, que seriam atos cujo destino se encontraria na disponibilidade da Administração – e, ainda nesse caso, só poderia ter por objeto a determinação, segundo critérios de mérito, dos termos do exercício do próprio poder discricionário, mas não a fiscalização da legalidade dos atos em causa, matéria que, por dizer respeito a aspetos vinculados, que não estão na disponibilidade da Administração, não seria disponível, por parte desta, em favor de árbitros.

Ora, importa salientar que a evolução registada, no ordenamento jurídico português, desde a entrada em vigor do CPTA, em matéria de arbitragem de Direito público, veio pôr claramente em causa este pressuposto, lançando as bases para a instituição neste domínio de um *novo paradigma*.

A nosso ver, foi, para isso, determinante a importante reforma que, no âmbito do Direito Fiscal, foi introduzida pelo Decreto-Lei nº 10/2011, de 20 de janeiro, que veio permitir nos mais amplos termos, ainda que entretanto mitigados, a arbitragem institucionalizada de litígios sobre a legalidade de atos tributários[388].

Com efeito, pode dizer-se que, com essa reforma, o Direito Fiscal deixou para trás o Direito Administrativo, que, como foi dito, tinha uma tradição antiga em matéria de arbitragem, mas que tinha, em grande medida, estiolado em torno de um modelo clássico de arbitragem *ad hoc*, fundamentalmente centrado na resolução de litígios abrangidos por cláusulas compromissórias estipuladas em contratos públicos, e, portanto, em função do paradigma da arbitragem voluntária sobre litígios de Direito privado, como um instrumento sigiloso através do qual as partes dispunham das suas posições no litígio através de árbitros e que, por isso, só com grandes limitações poderia versar sobre o exercício de poderes de autoridade da Administração, e, tendencialmente, apenas quando a Administração gozasse de poderes discricionários.

Ora, em contraste com este modelo e, portanto, rompendo com esse paradigma, pode, a nosso ver, dizer-se que o regime da arbitragem institucionalizada em matéria fiscal, que foi consagrado em 2011, instituiu um *novo paradigma*, abrindo novas perspetivas de evolução para a arbitragem de Direito Público em Portugal. Por um lado, pela amplitude das matérias em relação às quais veio admitir a arbitragem, que estendeu, sem hesitações, aos litígios sobre o exercício de poderes de autoridade, ainda que vinculados. E, por outro lado, pelo concomitante reconhecimento de que uma verdadeira arbitragem de Direito público, que se estenda ao universo essencial das relações jurídicas de autoridade da Administração com os particulares, não deve ser moldada acriticamente sobre o modelo da arbitragem voluntária sobre litígios de Direito privado, como se a arbitragem tivesse de ser ontologicamente entendida como o referido instrumento sigiloso através do qual as partes dispõem das suas posições no litígio através de árbitros.

[388] Em geral sobre o tema, cfr., por todos, os interessantes textos incluídos nas obras coletivas *Mais Justiça Administrativa e Fiscal — Arbitragem* (Coord. Nuno Villa-Lobos /Mónica Vieira), Coimbra, 2010, e *A Arbitragem Administrativa e Tributária* (Coord.: Isabel Celeste Fonseca), 2ª ed., Coimbra, 2013.

Estes dois fatores foram de decisiva importância para que, na revisão de 2015 do CPTA, a arbitragem de Direito Administrativo desse um passo significativo, sob clara influência do modelo instituído em 2011 para a arbitragem em matéria fiscal, nos termos que serão objeto da exposição subsequente.

2.3. *Regime vigente de arbitrabilidade (artigo 180º)*

263. O CPTA regula a matéria da arbitragem no Título VIII, a que correspondem os artigos 180º a 187º[389]. No que se refere à delimitação do âmbito das matérias que podem ser submetidas a arbitragem, enuncia, no artigo 180º, um elenco de matérias para cujo julgamento, "sem prejuízo do disposto em lei especial", pode ser constituído tribunal arbitral; e o artigo 187º habilita o Estado a autorizar a instalação de centros de arbitragem permanente destinados à composição de litígios no âmbito dessas matérias. Tal como sucedia com o precedente artigo 2º, nº 2, do ETAF de 1984, e sempre sem prejuízo da existência de legislação avulsa, existe, assim, no nosso ordenamento jurídico, um regime do qual resulta uma permissão genérica, por categorias de matérias, do recurso à arbitragem em matérias de Direito Administrativo.

a) Arbitragem em matéria de contratos e responsabilidade civil

A exemplo do que, como vimos, sucedia com o artigo 2º, nº 2, do ETAF de 1984 que o precedeu, e sempre sem prejuízo da existência de legislação avulsa, o nº 1 do artigo 180º admite que possa ser constituído tribunal arbitral para o julgamento, tanto de questões respeitantes a contratos, como de questões de responsabilidade civil extracontratual da Administração, incluindo a efectivação do direito de regresso.

Como já era da tradição do Estado Novo, continua, pois, hoje, a existir, no nosso ordenamento jurídico, uma permissão genérica do recurso à arbitragem em matéria de contratos e responsabilidade da Administração. Dando acolhimento a proposta nesse sentido formulada durante

[389] Em geral sobre o regime do CPTA e seu enquadramento, cfr., por todos, Sérvulo Correia, *Direito do Contencioso Administrativo*, vol. I, Lisboa, 2005, pp. 675 segs.

a discussão pública que precedeu a elaboração do CPTA[390], o nº 1 do artigo 185º apenas afasta a possibilidade da existência de compromisso arbitral sobre questões de "responsabilidade civil por prejuízos decorrentes de actos praticados no exercício da função política e legislativa ou da função jurisdicional".

Com a revisão de 2015, a alínea *b)* do nº 1 do artigo 180º estendeu, entretanto, o âmbito da arbitrabilidade às questões respeitantes a "indemnizações devidas nos termos da lei, no âmbito das relações jurídicas administrativas", ainda que essas indemnizações, por imposição de sacrifícios, não se fundem na aplicação do instituto da responsabilidade civil extracontratual.

O CPTA vai, entretanto, mais longe do que sucedia no passado na delimitação do âmbito das matérias em que pode haver recurso à arbitragem no âmbito das relações contratuais, ao admitir que os tribunais arbitrais constituídos para o julgamento de questões respeitantes a contratos também possam proceder, por conexão, à "anulação ou declaração de nulidade de atos administrativos relativos à respetiva execução" (artigo 180º, nº 1, alínea *a)*).

A nova redação introduzida pela revisão de 2015 visou eliminar qualquer dúvida que pudesse subsistir quanto à questão de saber se a previsão da alínea permite que um tribunal arbitral constituído para dirimir litígios emergentes da execução de um contrato administrativo aprecie a validade e, quando seja caso disso, anule ou declare a nulidade dos eventuais atos administrativos praticados pelo contraente público no âmbito da execução do contrato, no exercício dos poderes de conformação que a lei confere aos contraentes públicos no âmbito das relações contratuais administrativas (cfr. artigos 302º e segs. do CCP).

No âmbito de arbitragens sobre contratos, os árbitros não dispõem, pois, apenas do poder de apreciar incidentalmente e pronunciar-se sobre a legalidade dos atos em causa, sem poderem anulá-los ou declará-los nulos: podem decidir, a título principal, pedidos de impugnação, anulando ou declarando a nulidade de atos administrativos destacáveis da execução dos contratos administrativos, o que se justifica pela vantagem de permitir que, no mesmo processo, seja apreciada a globalidade da relação jurídica controvertida, nos diferentes planos e dimensões em que ela se

[390] Cfr. João Martins Claro, *op. cit.*, p. 86.

desdobra. Recorde-se que, com idêntico propósito, o CPTA admite, em termos gerais, que, no mesmo processo, possa ser cumulado "qualquer pedido relacionado com questões de interpretação, validade ou execução de contratos com a impugnação de atos administrativos praticados no âmbito da relação contratual" (cfr. artigo 4º, nº 1, alínea *g)*).

b) Em particular, a impugnação de atos pré-contratuais

Na redação originária do artigo 180º, o CPTA deixou de fora dos domínios em que era admitida a arbitragem de Direito Administrativo a matéria respeitante à impugnação dos atos relativos à formação dos contratos, de cuja validade pode depender a validade dos próprios contratos[391]. A solução afigurava-se, porém, incongruente com a previsão da admissibilidade, nos mais amplos termos, da arbitragem sobre o contencioso dos atos praticados no âmbito da execução dos contratos. Aliás, a Lei nº 3-B/2010, de 28 de abril, tinha chegado a incluir, no seu artigo 128º, uma autorização legislativa que previa a alteração do artigo 180º do CPTA, no sentido de estender a arbitragem de Direito Administrativo ao contencioso pré-contratual, mas essa autorização legislativa não chegou a ser utilizada.

Os obstáculos à extensão a este domínio da possibilidade da constituição de tribunais arbitrais são de ordem prática e relacionam-se com as dificuldades que envolve a adequação do modelo binário da arbitragem a litígios que podem envolver um elevado número de interessados[392] – importando ter, a esse propósito, presente que, como dispõe o nº 2 do artigo 180º, "quando existam contrainteressados, a regularidade da constituição de tribunal arbitral depende da sua aceitação do compromisso arbitral".

No sentido, no entanto, de viabilizar a introdução da possibilidade de arbitragem nesse domínio, dando resposta a tais objeções, o artigo 180º

[391] A exclusão na previsão da alínea *a)* da matéria respeitante à impugnação dos atos relativos à formação dos contratos não impedia, em todo o caso, a previsão de tal possibilidade por lei especial, devendo a convenção de arbitragem ser aceite pelos concorrentes no momento da apresentação das propostas: neste sentido, cfr. Fausto de Quadros, «A arbitragem em Direito Administrativo», in *Mais Justiça Administrativa e Fiscal – Arbitragem*, Coimbra, 2010, p. 111. Era, no entanto, necessário um ato legislativo para cada tipo de situação.

[392] Em geral sobre o problema, cfr. Mário Aroso de Almeida, "Tópicos sobre o problema do âmbito subjetivo da arbitragem sobre relações jurídicas multilaterais ou poligonais de Direito Administrativo", in *V Congresso do Centro de Arbitragem Comercial — Intervenções*, Coimbra, 2012, pp. 209 segs., *maxime* 221.

passou, com a revisão de 2015, a incluir um novo nº 3, com a seguinte redação: "A impugnação de atos administrativos relativos à formação de contratos pode ser objeto de arbitragem, mediante previsão no programa do procedimento do modo de constituição do tribunal arbitral e do regime processual a aplicar, que, quando esteja em causa a formação de algum dos contratos previstos no artigo 100º, deve ser estabelecido em conformidade com o regime de urgência previsto no presente Código para o contencioso pré-contratual".

A nosso ver, esta nova previsão abre perspetivas de um recurso significativo à arbitragem neste domínio, em que a celeridade na obtenção de decisões clarificadoras interessa a todas as partes envolvidas. É, por isso, natural que venham a multiplicar-se, nos programas dos concursos, as previsões de cláusulas arbitrais. A nosso ver, resulta, entretanto, da parte final da disposição transcrita que, quando esteja em causa a formação de algum dos contratos previstos no nº 1 do artigo 100º – que, por serem os contratos protegidos pelas Diretivas europeias da contratação pública, estão abrangidos pelo regime do contencioso pré-contratual urgente –, o regime processual aplicável, a estabelecer nos programas dos concursos, deve assegurar o efeito suspensivo automático da impugnação do ato de adjudicação (em conformidade com o nº 1 do artigo 103º-A) e prever soluções de celeridade não inferior àquelas que, para o contencioso pré-contratual urgente que corre perante os tribunais do Estado, resultam do nº 2 do artigo 36º (na parte em que este preceito determina que os processos urgentes, e respetivos incidentes, correm em férias) e dos nºs 2 e 3 do artigo 102º.

c) Questões relativas à validade de atos administrativos

Em substituição da redação a que atrás fizemos referência crítica (cfr. *supra*, nº 261), a alínea *c)* do nº 1 do artigo 180º, na redação resultante da revisão de 2015, admite a arbitragem sobre *"questões respeitantes à validade de atos administrativos, salvo determinação legal em contrário"*.

Em boa verdade, o tradicional entendimento segundo o qual os tribunais arbitrais não podiam pronunciar-se, a título principal, sobre questões de validade de atos administrativos, anulando ou declarando a nulidade de tais atos, já tinha começado, de modo precursor, a ser posto em crise com a previsão introduzida pela alínea *a)* do nº 1 do artigo 180º do

CPTA, que, como vimos, permite a apreciação em sede arbitral, a título principal, de pedidos de impugnação de atos administrativos destacáveis da execução de contratos; ao que se seguiu a previsão do artigo 180º, nº 1, alínea *d)*, introduzida pela Lei nº 59/2008, de 11 de Setembro, que, sem estabelecer quaisquer outras restrições ou condicionalismos, já tinha vindo admitir a submissão a arbitragem dos "litígios emergentes de relações jurídicas de emprego público, quando não estejam em causa direitos indisponíveis e quando não resultem de acidente de trabalho ou de doença profissional".

No entanto, a análise a que atrás procedemos da evolução recente do nosso ordenamento jurídico em matéria de arbitrabilidade dos litígios de natureza administrativa permitiu verificar que as sucessivas e incoerentes brechas que o legislador nacional foi abrindo, ao longo dos últimos anos, na muralha da inarbitrabilidade das questões relativas a atos administrativos conduziram a um conjunto desarmónico de previsões de arbitrabilidade nessa matéria, que, por não se sustentarem em critérios lógicos, não permitiam delimitar de modo coerente as matérias passíveis de serem submetidas a arbitragem.

É nesse contexto que se inscreve, com a revisão de 2015 do CPTA, a opção da consagração nos mais amplos termos, na alínea *c)* do nº 1 do artigo 180º, da possibilidade de arbitragem sobre a legalidade de atos administrativos, salvo quanto a tipos específicos de atos em relação aos quais essa possibilidade seja excluída por determinação legal que, nesse sentido, conste do respetivo regime disciplinador. Numa palavra: a consagração da regra da admissibilidade da submissão à arbitragem dos processos de impugnação ou de condenação à prática de atos administrativos, e, com ela, da regra da própria arbitrabilidade da generalidade dos litígios de natureza administrativa.

Com efeito, uma vez abandonadas – bem ou mal – as razões de princípio que, a exemplo do que sucede em muitos outros ordenamento jurídicos, também em Portugal poderiam sustentar a exclusão, em termos gerais, da admissibilidade da arbitragem de Direito Administrativo, ou a sua redução à expressão mais simples, o caminho passa, em coerência, por abdicar, por falta de um critério coerente, de uma enunciação pela positiva das matérias de Direito Administrativo que são passíveis de ser submetidas a arbitragem. Ao legislador competirá, entretanto, identificar limites coerentes que, pela negativa, permitam identificar as matérias que não devam poder ser submetidas a arbitragem, e nas quais, por isso, ela deve ser expressamente proibida.

Ora, bem vistas as coisas, é isso que, com a revisão de 2015, o nº 1 do artigo 180º, passou, no essencial, a fazer, ao assumir genericamente que todos os tipos de litígios no domínio da fiscalização da legalidade dos atos administrativos podem ser submetidos a arbitragem e remeter para o legislador sectorial a tarefa de, quando o considere justificado, ressalvar, na legislação aplicável a cada tipo de ato administrativo, as situações que possa entender que devem ser objeto de uma *reserva constitucional da jurisdição do Estado*, para o efeito de serem vedadas à arbitragem – porventura por contenderem com mais relevantes interesses públicos ou dizerem respeito a direitos indisponíveis dos particulares nas suas relações com a Administração (*maxime,* direitos, liberdades e garantias).

3. Regime da arbitragem administrativa

3.1. *Limites da arbitragem e publicidade das decisões arbitrais*

264. Foi atrás referido (cfr. *supra,* nº 262) que o regime da arbitragem institucionalizada em matéria fiscal, que foi consagrado em 2011, instituiu um *novo paradigma,* abrindo novas perspetivas de evolução para a arbitragem de Direito Público em Portugal. E que foi sob clara influência desse regime que, na revisão de 2015, se procedeu à reconfiguração do regime do CPTA em matéria de arbitragem.

Importa, agora, explicar o exato sentido e alcance destas afirmações.

A *mudança de paradigma* decorre da consagração da regra da admissibilidade da submissão à arbitragem de todos os tipos de litígios no domínio da fiscalização da legalidade de atos administrativos.

Com efeito, se, como vimos, era, desde há muito, pacífico no ordenamento jurídico português o entendimento de que se podiam constituir tribunais arbitrais para dirimir litígios de Direito Administrativo, desde que a arbitragem nesse domínio tivesse exclusivamente por objeto dirimir litígios respeitantes a contratos ou a responsabilidade civil extracontratual, o pressuposto da solução radicava no clássico entendimento contratual da arbitragem, que a via como uma espécie de sucedâneo da transação, mediante o qual as partes confiavam a árbitros a tarefa de compor os seus litígios sem vinculação necessária ao Direito estrito – realidade em tudo incompatível com o contencioso de legalidade dos atos de poder da Administração, em que do que se trata é de aplicar o Direito estrito, sem lugar para juízos de oportunidade ou conveniência, ou para o recurso à equidade.

Ora, se, ao contrário do que ainda hoje tende a suceder na generalidade dos países, em Portugal se fez, ao longo dos últimos anos, um caminho no sentido da crescente abertura à admissibilidade da arbitragem no domínio da fiscalização da legalidade de atos administrativos, foi porque, desde logo no plano constitucional, se avançou no sentido da superação desse entendimento clássico.

Com efeito, quando, ao enunciar, no artigo 209º, as "categorias de tribunais" que são admitidas na ordem jurídica portuguesa, inclui nesse enunciado os tribunais arbitrais, a CRP consagra, de modo inequívoco, a natureza jurisdicional dos tribunais arbitrais, da actividade que eles são chamados a desempenhar e, portanto, das decisões que por eles são proferidas[393].

Ora, deste postulado decorrem relevantes consequências. E a primeira delas é a de que, desde que, no respeito pelo princípio da separação e interdependência dos poderes, os tribunais arbitrais, como tribunais que são, se limitem a julgar do cumprimento pela Administração das normas e princípios jurídicos que a vinculam, nada justifica que não possam julgar processos de impugnação de atos administrativos, procedendo à fiscalização da legalidade desses atos. Ou, dito de outro modo, que o reconhecimento da admissibilidade da submissão a árbitros do julgamento de processos de impugnação e condenação à prática de atos administrativos implica que, nesse domínio, aos árbitros seja imposto o dever de se limitarem a fiscalizar a legalidade da atuação administrativa, através da aplicação de regras e princípios jurídicos[394].

[393] Cfr. Sérvulo Correia, *op. cit.*, p. 231. Note-se que a longa controvérsia sobre a natureza (contratual ou jurisdicional) da arbitragem se tende a saldar, no direito comparado, pelo reconhecimento de que, embora assente numa convenção, a *op. cit.*, e a condução de um processo e a emissão de uma decisão em substituição das decisões dos tribunais estaduais, que, para muitos efeitos, é equiparada às decisões dos tribunais de primeira instância: cfr., por todos, Apostolos Patrikios, *L'arbitrage en matière administrative*, Paris, 1997, p. 244; Juan Rosa Moreno, *El arbitraje administrativo*, Madrid, 1998, pp. 61-62.

[394] No mesmo sentido, cfr. Patrikios, *op. cit.*, p. 263, para quem também aos tribunais arbitrais se deve opor a proibição imposta aos juízes estaduais de controlarem a conveniência ou oportunidade da atuação administrativa.

Essa é a consequência que resulta da circunstância de a arbitragem ser um *instrumento de heterodefinição*, mediante o qual os árbitros são investidos no exercício da função jurisdicional, e não em poderes delegados de disposição que lhes sejam confiados pelas partes, de onde decorre que, no domínio em referência, mais não lhes compete, fazendo as vezes do tribunal do Estado, do que "julgar do cumprimento pela Administração das normas e princípios jurídicos que a vinculam e não da conveniência ou oportunidade da sua atuação" (cfr. artigo 3º, nº 1).

Cumpre, na verdade, ter presente que o recurso à via arbitral não envolve necessariamente o reconhecimento aos árbitros da possibilidade de decidirem segundo critérios de equidade. Os árbitros julgam, em princípio, segundo o Direito constituído, a menos que as partes, na convenção de arbitragem ou em documento subscrito até à aceitação do primeiro árbitro, os autorizem a julgar segundo a equidade. Há, por isso, que estabelecer, em cada caso, se o tribunal arbitral pode julgar cada questão que lhe é colocada segundo a equidade, porque, de outro modo, ele só a pode decidir segundo o Direito constituído. E, como parece evidente, qualquer tribunal arbitral só estará habilitado a julgar segundo a equidade quando essa possibilidade lhe for conferida e na medida em que as questões que lhe forem colocadas não forem de estrita legalidade. Por conseguinte, ele não poderá deixar, naturalmente, de julgar segundo o Direito constituído sempre que, em concreto, seja chamado a pronunciar-se sobre questões de estrita legalidade.

Foi esse o caminho seguido pelo Decreto-Lei nº 10/2011, em matéria tributária, e, na sequência disso, é essa a regra que, com a revisão de 2015, também hoje consagra o novo nº 2 do artigo 185º: "Nos litígios sobre questões de legalidade, os árbitros decidem estritamente segundo o direito constituído, não podendo pronunciar-se sobre a conveniência ou oportunidade da atuação administrativa, nem julgar segundo a equidade".

Por outro lado, e no mesmo sentido o novo artigo 185º-B, também por influência do regime do Decreto-Lei nº 10/2011, introduziu a regra da *publicidade das decisões arbitrais*, estabelecendo que "as decisões proferidas por tribunais arbitrais transitadas em julgado são obrigatoriamente publicadas por via informática, em base de dados organizada pelo Ministério da Justiça". Deste modo se promove a transparência e a sindicabilidade em relação a uma arbitragem de indiscutível interesse público.

Coloca-se, entretanto, a questão de saber se as decisões arbitrais administrativas deveriam ser submetidas a um regime próprio de impugnação, distinto daquele que a LAV prevê, em geral, para as demais decisões arbitrais. Quanto a este ponto, no entanto, a revisão de 2015 não inovou, limitando-se a remeter, no artigo 185º-A, para os termos e fundamentos estabelecidos na LAV para a impugnação das decisões arbitrais.

3.2. *Arbitragem institucionalizada e direito à arbitragem: perspetivas de evolução*

265. O artigo 187º introduziu a previsão da possibilidade da existência de *arbitragem administrativa institucionalizada* no nosso ordenamento jurídico, tendo primacialmente em vista a abertura da arbitragem, que o CPTA encetou de modo precursor, à apreciação de litígios sobre questões de legalidade de atos administrativos.

Com efeito, enquanto os litígios de fonte contratual tendem a ser submetidos a arbitragem ao abrigo de cláusulas compromissórias inclusas no próprio clausulado do contrato, a submissão a arbitragem de litígios sobre questões de legalidade de atos administrativos, à partida, dependerá da outorga *ad hoc* de um compromisso arbitral entre as partes, o que dificultará muito a sua concretização. A abertura da arbitragem à apreciação de litígios sobre questões de legalidade de atos administrativos passa, pois, em grande medida, pelo incremento da arbitragem institucionalizada. É essa, na verdade, a melhor forma de se agilizar o acesso dos interessados à arbitragem nesse domínio. E é também essa a melhor forma de se promover a efetividade das regras que, nesse domínio, se devem impor à arbitragem.

Com efeito, são evidentes as dificuldades que coloca a dependência da outorga *ad hoc*, para cada ato concreto, de um compromisso arbitral entre as partes, nos termos previstos no artigo 184º.

Em sectores particulares, a solução pode passar pela consagração de regimes normativos específicos, a aplicar no âmbito das concretas relações jurídico-administrativas subjacentes à emissão dos atos a que se refere o litígio. É o que, desde logo, prevê o nº 3 do artigo 180º, no que especificamente diz respeito aos litígios emergentes de procedimentos de formação de contratos. Como vimos atrás, o preceito visa dar resposta, no sector particular do contencioso dos atos relativos aos procedimentos de formação dos contratos públicos, às dificuldades que, em procedimentos que podem envolver um número expressivo de interessados, decorrem da inexistência de um quadro pré-existente de relações jurídicas entre as partes envolvidas em litígios sobre a legalidade de atos administrativos. Mas, em tese, o mesmo tipo de regime poderá ser consagrados em outros domínios.

Na ausência de soluções específicas deste tipo, a expansão do recurso à arbitragem para a resolução de litígios sobre a legalidade de atos administrativos deve, entretanto, a nosso ver, passar pela vinculação das entidades públicas à jurisdição de centros de arbitragem institucionalizada para a resolução de amplas categorias de litígios.

Por outro lado, o incremento da arbitragem institucionalizada é a melhor forma de se promover a efetividade das regras que se devem impor à arbitragem sobre questões de legalidade de atos administrativos.

Com efeito, pode, a nosso ver, dizer-se que, desde a entrada em vigor do CPTA, a arbitragem administrativa tem vivido um período de transição, que foi marcado pelo alargamento do âmbito da arbitrabilidade aos domínios da fiscalização da legalidade do exercício dos poderes de autoridade da Administração, designadamente no âmbito das relações contratuais administrativas, mas sem a adoção das soluções normativas necessárias para salvaguardar as especificidades que não podem deixar de diferenciar a arbitragem administrativa de legalidade da arbitragem comercial de equidade.

Como vimos, a revisão de 2015 deu importantes passos nesse sentido, ao impor a publicidade dos acórdãos arbitrais em matéria administrativa e proibir que, nos litígios sobre questões de legalidade, os árbitros se pronunciem sobre a conveniência ou oportunidade da atuação administrativa, ou julguem segundo a equidade. Mas, em nossa opinião, outros passos devem ainda ser dados.

Na verdade, se um dos principais argumentos invocados em defesa da arbitragem diz respeito à mais valia que resulta da especialização dos árbitros nas matérias que julgam[395], não há como não se defender que os tribunais arbitrais em matéria administrativa devem ser constituídos por especialistas devidamente reconhecidos como tal – e, mesmo, que o preenchimento de tal requisito constitui um imperativo de ordem pública,

[395] Por último, cfr., com outras referências, Sérvulo Correia, "A arbitragem dos litígios entre particulares e a Administração Pública sobre situações regidas pelo Direito Administrativo", in *Estudos em memória do Conselheiro Artur Maurício*, Coimbra, 2014, p. 703.

atenta a relevância pública do contencioso administrativo de legalidade, que, por isso mesmo, está vedado à arbitragem na generalidade dos países.

Com efeito, se a verificação da conformidade dos atos administrativos com as vinculações legais que se lhes impõem tende a ser afirmada, no direito comparado, como sendo de ordem pública, para o efeito de se recusar que a sua apreciação possa ser submetida a arbitragem[396], num ordenamento jurídico como o nosso, em que, pelo contrário, um tal controlo não é excluído, a preocupação em garantir a boa aplicação da lei que, noutros países, está subjacente à defesa, por razões de ordem pública, da impossibilidade de essa matéria poder ser apreciada por tribunal arbitral deve ser acautelada através do reconhecimento de que, quando sejam chamados a julgar a impugnação de atos administrativos, os árbitros devem reunir as garantias que permitam esperar deles decisões imbuídas do espírito próprio que deve presidir à fiscalização jurisdicional da legalidade do exercício de poderes de autoridade da Administração, exercendo o poder de julgar no qual são investidos, segundo o Direito constituído, como se fossem tribunais do Estado.

Ora, parece-nos que só no quadro da arbitragem institucionalizada haverá condições para assegurar a efetividade das exigências que se devem impor à arbitragem administrativa de legalidade: aquelas que a revisão de 2015 introduziu no CPTA e outras, que a estas devem acrescer.

266. O artigo 182º consagra a controvertida previsão de um *direito à outorga de compromissos arbitrais,* estabelecendo que "o interessado que pretenda recorrer à arbitragem no âmbito dos litígios previstos no artigo 180º pode exigir da Administração a celebração de compromisso arbitral", mas remete para lei própria a determinação dos casos e termos em que esse direito poderá ser exercido[397].

[396] Cfr., por exemplo, PATRIKIOS, *op. cit.*, pp. 229-230, 268 e 284, nota 33; ROSA MORENO, *op. cit.*, p. 126.

[397] O direito consagrado no artigo 182º tem sido objeto de ampla controvérsia. Sobre o tema, cfr., por todos, MÁRIO AROSO DE ALMEIDA, "O novo direito à outorga de compromisso arbitral (artigo 182.º do CPTA", in *Quarta Conferência — Meios alternativos de resolução de litígios,* ed. DGAE, Lisboa, 2004, pp. 21 segs.; FAUSTO DE QUADROS, "Arbitragem 'necessária', 'obrigatória', 'forçada': breve nota sobre a interpretação do artigo 182º do Código de Processo nos Tribunais Administrativos", in *Estudos em Homenagem a Miguel Galvão Teles,* vol. II, Coimbra, 2012, pp. 257 segs.; ROBIN DE ANDRADE, "Arbitragem e contratos públicos" in *Estudos de Contratação Pública* (Coord.: PEDRO GONÇALVES), vol. I, Coimbra, 2008, pp. 943 segs.

A nosso ver, é altura de, em conexão com o que acaba de ser dito, se pensar em elaborar essa lei, no propósito de se expandir a arbitragem em matéria administrativa – tal como sucedeu, em 2011, no domínio da arbitragem em matéria tributária.

Na verdade, uma tal lei deveria identificar domínios em que é reconhecido aos interessados o direito à outorga de compromisso arbitral, sem necessidade de assentimento da entidade pública, estabelecendo, ao mesmo tempo, as condições em que esse direito deveria ser exercido. Tratar-se-ia, assim, por um lado, de identificar os tipos de litígios em relação aos quais os interessados poderiam invocar a titularidade de um direito à outorga de compromisso arbitral, independentemente da concordância da entidade pública; e, pelo outro, de definir os procedimentos a observar pelos titulares desse direito para poderem submeter efetivamente os litígios a arbitragem.

Do nosso ponto de vista, a solução, neste último plano, deveria passar pela consagração, para certos domínios, de regimes do tipo daquele que foi projetado para o novo nº 3 do artigo 180º, a que já foi feita referência; e pela imposição a diferentes categorias de entidades públicas e serviços do Estado da obrigação de se vincularem a centros de arbitragem institucionalizada para a resolução de certos tipos de litígios, com fixação de um prazo para o efeito.

O Centro de Arbitragem Administrativa (CAAD) tem desempenhado um papel relevante no âmbito da arbitragem administrativa institucionalizada, desde logo, em matéria tributária, mercê do regime introduzido pelo Decreto-Lei nº 10/2011, que configurou uma amplíssima vinculação pública à respetiva jurisdição, mas também no âmbito dos litígios de natureza administrativa, em que se tem vindo a alargar o número das entidades que optam por se vincular ao CAAD. Mas, a nosso ver, haveria interesse, de harmonia com a previsão do artigo 187º, em não se concentrar exclusivamente no CAAD a arbitragem institucionalizada de Direito público, designadamente promovendo, porventura através de parcerias entre várias autarquias locais, a constituição de centros de arbitragem administrativa de âmbito local.

Como estabelece o artigo 187º, o Estado pode, na verdade, autorizar a instalação de (diferentes) centros de arbitragem permanente para dirimir litígios de natureza administrativa. E pode reconhecer a centros de arbitragem institucionalizada já existentes a possibilidade de funcionarem (também) como centros de arbitragem de litígios de natureza administrativa, mediante o preenchimento de determinados requisitos.

Concomitantemente, afigurar-se-ia que a lei a que nos vimos referindo deveria estabelecer que: *(i)* a arbitragem administrativa deve correr em centros de arbitragem institucionalizada; *(ii)* o exercício da arbitragem administrativa depende da prévia acreditação dos centros de arbitragem interessados; *(iii)* a acreditação dos centros de arbitragem, para o efeito do exercício da arbitragem administrativa, depende da existência de listas de árbitros que foram, também eles, objeto de uma certificação, segundo critérios de especialização e exigência, e de regras transparentes de constituição dos tribunais arbitrais, e da garantia do cumprimento das regras da publicidade dos acórdãos arbitrais e da obrigatoriedade de os litígios sobre questões de legalidade serem julgados estritamente segundo o direito constituído.

A lei em referência poderia ainda estabelecer regras balizadoras das próprias cláusulas compromissórias a incluir nos contratos públicos. Essas regras poderiam passar *(i)* pela pura e simples imposição do recurso à arbitragem institucionalizada também nesse domínio, sem o que não será fácil assegurar a observância por tribunais *ad hoc* das exigências atrás apontadas, da publicidade dos acórdãos arbitrais e de que, nos litígios sobre as questões de legalidade respeitantes a atos administrativos destacáveis da execução contratual, os árbitros decidem estritamente segundo o direito constituído, não podendo pronunciar-se sobre a conveniência ou oportunidade da atuação administrativa, nem julgar segundo a equidade: na verdade, importa ter-se presente que, ao contrário do que sucedia no passado, toda a arbitragem administrativa, hoje, é, pelo menos potencialmente, arbitragem de legalidade, pelo que não pode deixar de estar submetida às correspondentes regras. Ou poderiam passar *(ii)*, pelo menos, pela imposição da obrigatoriedade da designação dos árbitros por referência a listas de árbitros oficialmente homologadas, constituídas por árbitros devidamente certificados segundo critérios de especialização e exigência e vinculados à observância das específicas regras conformadoras da arbitragem administrativa.

ÍNDICE

Siglas e abreviaturas 5

Nota prévia à 3ª edição 7

Nota prévia à 2ª edição 9

Prefácio 13

Indicações de leitura 25

Referências bibliográficas 29

Introdução 41

1. Objecto do estudo e orientação metodológica 41

1. Processo e processo administrativo 41

2. Conceitos fundamentais da Teoria Geral do Processo 44

2. Razão de ordem 44

2.1. Tutela declarativa, cautelar e executiva 44

3. Processos declarativos, cautelares e executivos 44

2.2. Relação processual e sujeitos do processo declarativo 47

4. Constituição da instância e identificação dos sujeitos processuais 47

2.3. A forma do processo declarativo: constituição, desenvolvimento e extinção da instância 48

5. Forma do processo: conceito e estrutura 48

2.4. Objecto do processo declarativo 49

6. Objecto do processo. Pretensão. Pedido e causa de pedir 49

2.5. Condições de existência, admissibilidade e procedência da acção declarativa – decisões de mérito e de absolvição da instância 51

7. Constituição da instância, pressupostos processuais e condições de procedência da acção. Absolvição da instância e decisão de mérito 51

PRIMEIRA PARTE
Elementos essenciais e pressupostos do Processo Administrativo

TÍTULO PRIMEIRO
Elementos essenciais do Processo Administrativo

CAPÍTULO PRIMEIRO
Sujeitos do Processo Administrativo

§ 1º – O Tribunal Administrativo 55
8. Enquadramento constitucional 55
9. Sentido da autonomia da jurisdição administrativa e fiscal 56
10. Unidade ou dualidade de jurisdições 58
11. Estrutura hierárquica dos tribunais administrativos 59
12. Tribunais administrativos e tribunais tributários 59

§ 2º – As Partes 60
13. Conceito de partes 60
14. Titulares de direitos e interesses legalmente protegidos 60
15. Titulares de interesse directo, acção pública, acção popular, litígios interadministrativos 61
16. Entidades públicas demandadas e particulares demandados 64

§ 3º – O Ministério Público 65
17. Caracterização das diferentes funções que desempenha 65

CAPÍTULO SEGUNDO
Objecto do Processo Administrativo

18. Enquadramento – razão de ordem 69
19. Atipicidade das pretensões dedutíveis 70
20. Princípio da livre cumulabilidade de pedidos 71

21. Espécies de acções: de simples apreciação, constitutivas e de condenação 72
22. Formas de processo e tipos de pretensões 74

PRIMEIRA SECÇÃO
Pretensões respeitantes a actos administrativos e normas regulamentres

23. Enquadramento 76

§ 1º - Pretensões respeitantes a actos administrativos 77
24. Tipos de pretensões 77
1. Impugnação de actos administrativos 78
1.1. Modalidades de impugnação de actos administrativos 78
25. Modalidades de impugnação de actos administrativos 78
1.2. Objecto dos processos de impugnação de actos administrativos 80
26. Objecto dos processos 80
1.3. Nota à margem: enquadramento das ações de inexistência de actos administrativos 87
27. Declaração de inexistência de acto administrativo 87
2. Condenação à prática de actos administrativos 89
28. Enquadramento 89
29. Delimitação em relação a outros tipos de condenações 90
30. Objecto do processo 91
31. Poderes de pronúncia do tribunal 97
3. Condenação à não emissão de actos administrativos 107
31-A. Caracterização geral 107

§ 2º - Pretensões respeitantes a normas regulamentares 110
32. Enquadramento 110
1. Desaplicação incidental de normas regulamentares 110
33. Descrição do regime 110
2. Declaração da ilegalidade de normas regulamentares sem força obrigatória geral 111
34. Descrição do regime 111
3. Declaração de ilegalidade de normas regulamentares com força obrigatória geral 112
35. Descrição do regime 112
4. Condenação à emissão de regulamentos 115
36. Descrição do regime 115

SEGUNDA SECÇÃO
Pretensões não respeitantes a actos administrativos e normas regulamentares
37. Enquadramento 118

§ 1º – Pretensões dirigidas a pronúncias de conteúdo meramente declarativo ou de simples apreciação 118
38. Caracterização 118

§ 2º – Pretensões dirigidas a pronúncias de conteúdo constitutivo 120
39. Caracterização 120

§ 3º – Pretensões dirigidas à obtenção de pronúncias de conteúdo condenatório 120
1. Caracterização geral 120
40. Enquadramento: confronto com a condenação à prática de actos administrativos 120
2. Pretensões relativas ao incumprimento de contratos (arts. 4º, nº 1, als. e) do ETAF e 37º, nº 1, alínea l), do CPTA) 123
41. Caracterização 123
3. Pretensões de responsabilidade civil extracontratual (art. 4º, nº 1, al. f) do ETAF e 37º, nº 1, al. k) do CPTA) 124
42. Caracterização 124
4. Pretensões dirigidas ao restabelecimento de direitos ou interesses violados e ao pagamento de indemnizações devidas pela imposição de sacrifícios, e pretensões fundadas no instituto do enriquecimento sem causa (art. 37º, nº 1, alíneas i) e m)) 126
43. Restabelecimento de direitos ou interesses violados 126
44. Indemnizações pela imposição de sacrifícios 128
45. Enriquecimento sem causa 129
5. Outras pretensões dirigidas a obter a realização de prestações de facto, de coisa ou de quantia, designadamente em situações emergentes de via de facto(art. 4º, nº 1, als. i) e k) do ETAF e art. 37º, nº 1, al. j) do CPTA) 129
46. Caracterização geral 124
47. Pretensões inibitórias 130
6. Pretensões dirigidas à abstenção de condutas (art. 37º, nº 1, al. h)) 130
48. Abstenção da prática de acto administrativo 130
7. Condenação de particulares à realização de prestações de facto, de coisa ou de quantia (art. 37º, nº 1, al. h), e nº 3) 131
49. Descrição do regime 131

Terceira Secção
Pretensões dedutíveis segundo as formas dos processos especiais urgentes (artigos 97º a 111º) e pretensão de extensão de efeitos de sentenças (artigo 161º)

1. Ação administrativa urgente 135
50. Caracterização geral 135
51. A transposição das Diretivas Recursos no contencioso pré-contratual 138
2. Intimação para prestação de informações, consulta de documentos e passagem de certidões 140
52. Descrição do regime 140
3. Intimação para protecção de direitos, liberdades e garantias 141
53. Caracterização geral 141
54. Tipos de situações abrangidas 142
55. Delimitação das situações de irreversibilidade 146
56. Problema da possibilidade de convolação em processo cautelar 147
4. Pretensão de extensão de efeitos de sentenças (artigo 161º) 148
57. Descrição do regime 148

TÍTULO SEGUNDO
Pressupostos do Processo Administrativo

58. Tipologia 151
59. Classificações. Indicação de sequência 153

Capítulo Primeiro
Pressupostos processuais relativos ao Tribunal

60. A competência do tribunal. Espécies. Razão de ordem 155

§ 1º – Competência em razão da jurisdição: delimitação do âmbito da jurisdição administrativa 156
1. Orientação metodológica 156
61. Jurisdição e competência 156
62. Dados normativos 158
63. Metodologia adoptada 160
2. Litígios incluídos no âmbito da jurisdição administrativa 161

2.1. *Em geral, os direitos e interesses de natureza jurídico-administrativa* 161
64. Caracterização 161
2.2. *Contencioso dos actos administrativos e regulamentos* 162
65. Caracterização geral 162
2.3. *Contencioso dos contratos* 163
66. Âmbito da jurisdição administrativa em matéria de contratos 163
2.4. *Contencioso da responsabilidade civil extracontratual* 170
67. Âmbito da jurisdição administrativa em matéria de responsabilidade civil extracontratual 170
2.5. *Outros tipos de situações expressamente incluídos no âmbito da jurisdição* 172
68. Previsões do artigo 4º, nº 1, alíneas *j)* a *m)* 172
2.6. *Situações não expressamente previstas: critério da alínea o) do nº 1 do artigo 4º do ETAF)* 176
69. Critério da relação jurídica administrativa 176
70. Tipos de litígios subsumíveis à previsão do artigo 4º, nº 1, al. *o)* 178
3. *Litígios excluídos do âmbito da jurisdição administrativa* 181
71. Âmbito próprio de competências dos tribunais judiciais e do Tribunal de Contas 181
72. Casos pontuais de derrogação do critério constitucional 182
73. Exclusões previstas no artigo 4º, nº 3, do ETAF 184
3.1. *Em especial, a delimitação em relação à função política e legislativa (artigo 4º, nº 2, alínea a))* 185
74. Actos praticados no exercício da função política e legislativa 185
3.2. *Em especial, as decisões jurisdicionais e o problema das decisões respeitantes ao visto prévio do Tribunal de Contas* 191
75. Decisões jurisdicionais e visto prévio do Tribunal de Contas 191

§ 2º - ***Competência em razão da matéria: delimitação da matéria administrativa e tributária*** 192
76. Âmbito da jurisdição em matéria tributária ou fiscal 192

§ 3º - ***Competência em razão da hierarquia*** 195
77. Conceito e modalidades 195
78. Competências dos tribunais de primeira instância 197
79. Competências dos tribunais superiores em primeiro grau de jurisdição 198
80. Tangibilidade na distribuição das competências por força da livre cumulabilidade de pedidos 199

§ 4º - ***Competência em razão do território: âmbito de competência territorial dos tribunais de primeira instância*** 199
81. Configuração do regime 199
82. Critérios de distribuição da competência 201

§ 5º - ***A não preterição de tribunal arbitral, em violação de convenção de arbitragem*** 203
83. Arbitrabilidade em matéria administrativa e violação de convenção de arbitragem 203

§ 6º - ***Regime aplicável às situações de falta de preenchimento dos pressupostos processuais respeitantes ao tribunal*** 204
1. *Incompetência em razão da jurisdição e resolução de conflitos* 204
1.1. Regime dos artigos 13º e 14º, nºs 2 e 3 204
84. Descrição do regime 204
1.2. Regime do Tribunal dos Conflitos 205
85. Descrição do regime 205
2. *Incompetência em razão da matéria e resolução de conflitos (art. 14.º do CPTA, 29º do ETAF, 135º segs. do CPTA e 109º segs. do CPC)* 206
86. Novo regime do artigo 14º 206
87. Resolução de conflitos pelo Plenário do Supremo Tribunal Administrativo 206
3. *Incompetência em razão da hierarquia e território* 207
88. Descrição do regime 207
4. *Caso particular da inobservância das regras respeitantes à intervenção de tribunal em formação alargada* 207
89. Descrição do regime 207

CAPÍTULO SEGUNDO
Pressupostos processuais relativos às partes

PRIMEIRA SECÇÃO
Enquadramento: personalidade judiciária, capacidade judiciária, patrocínio judiciário e legitimidade processual

§ 1º – Personalidade e capacidade judiciárias; patrocínio judiciário 210
1. Personalidade e capacidade judiciárias 210
90. Novo regime próprio do processo administrativo (art. 8º-A) 210
2. Patrocínio judiciário 212
91. Particularidades decorrentes do artigo 11º 212

§ 2º – Legitimidade processual 213
92. Conceito 213
93. Legitimidade e interesse processual 214

SEGUNDA SECÇÃO
Legitimidade processual

§ 1º – O autor: regime da legitimidade activa 215
94. Enquadramento 215
95. Filosofia inspiradora 217
1. Regime comum: artigo 9º 218
1.1. Titularidade da relação material controvertida (art. 9º, nº 1) 218
96. Enunciação 218
1.2. Legitimidade para defesa de interesses difusos (art. 9º, nº 2) 219
97. Descrição do regime 219
2. Regimes especiais 223
2.1. Legitimidade activa nas acções de impugnação de actos administrativos (art. 55º) 223
98. Descrição do regime 223
2.1.1. Alegação de "interesse directo e pessoal" (artigo 55º, nº 1, alínea a)) 223
99. Distinção entre interesse directo e interesse pessoal: legitimidade e interesse processual 223
2.1.2. Outros títulos de legitimidade (artigo 55º, nº 1 e nº 2) 229
100. Descrição dos regimes 229
2.2. Legitimidade activa nas acções de condenação à prática de actos administrativos (art. 68º, nº 1) 234

101. Descrição do regime 234
2.3. Legitimidade activa nas acções de impugnação e condenação à emissão de regulamentos (arts. 73º e 77º) 237
102. Legitimidade para impugnar normas regulamentares 237
103. Legitimidade para pedir a condenação à emissão de regulamentos 238
2.4. Legitimidade activa nas acções sobre contratos (art. 77º-A) 238
103-A. Descrição do regime 238
2.5. Legitimidade activa nos processos declarativos urgentes (arts. 97º, 98º, 103º, 104º e 109º) 244
104. Enquadramento 244
104-A. Contencioso eleitoral e dos procedimentos de massa 244
105. Contencioso pré-contratual 245
106. Intimação para prestação de informações, consulta de documentos e passagem de certidões 245
107. Intimação para protecção de direitos, liberdades e garantias 246

§ 2º – ***O demandado: regime da legitimidade passiva*** 246

1. Síntese do regime: artigo 10º, nº 1 246
108. Enunciação. Razão de ordem 246
2. Regime em matéria de legitimidade passiva das entidades públicas (art. 10º, nºs 2 e 4 e art. 11º, nº 1) 247
109. Regime do artigo 10º, nº 2 247
110. Regime do artigo 10º, nº 4 249
3. Regime especial de legitimidade passiva de órgãos públicos (art. 10º, nº 8) 250
111. Descrição do regime 250
4. Legitimidade passiva de particulares (arts. 10º, nº 9, e 37º, nº 3) 251
112. Descrição dos regimes 251

TERCEIRA SECÇÃO
Situações de pluralidade de partes

1. Enquadramento de âmbito geral 252
113. Conceitos: litisconsórcio e coligação, litisconsórcio voluntário e necessário, activo e passivo 252
2. Litisconsórcio necessário passivo e estatuto jurídico dos contra-interessados (arts. 57º e 68º, nº 2) 255

114. Litisconsórcio necessário passivo em geral 255
115. Contra-interessados 255
3. Regime da coligação (art. 12º) 260
116. Descrição do regime 260

Capítulo Terceiro
Pressupostos processuais em razão do objecto do processo

117. Enquadramento geral 263

Primeira Secção
Pressupostos processuais específicos das pretensões respeitantes a actos administrativos e normas regulamentares

118. Enquadramento. Razão de ordem 263
§ 1º - Impugnação de actos administrativos 264
119. Delimitação da análise: exclusão da inexistência de actos administrativos 264
1. Impugnabilidade dos actos administrativos e actos equiparados 265
120. Caracterização geral 265
1.1. Impugnabilidade dos actos administrativos 266
121. Elementos do conceito de acto administrativo (art. 148º do CPA) 266
122. Actos confirmativos 272
123. Actos de execução 273
1.2. Impugnabilidade de actos sem (necessária) eficácia externa 275
124. Actos intra-administrativos ou inter-orgânicos 275
125. Atos procedimentais 277
126. Impugnabilidade e legitimidade para impugnar 279
1.3. Ónus de impugnação e suas exceções 280
127. Descrição dos regimes 280
1.4. Requisito do conteúdo positivo do acto – enquadramento dos actos de conteúdo misto, positivo e negativo 282
128. Inimpugnabilidade dos actos de conteúdo negativo 282
129. Impugnação parcial e condenação à substituição do acto 288
130. Actos de conteúdo ambivalente 289
1.5. Requisito da eficácia do acto, relacionado com o interesse processual 291

131. Regra e excepções quanto à impugnabilidade de actos ineficazes 291
132. Autonomia do requisito da eficácia do acto 291
1.6. Requisito eventual da prévia utilização de impugnação administrativa necessária 296
133. Impugnação administrativa necessária 296
134. Autonomia do requisito nos casos em que legalmente previsto 299
135. Prazos e reacção contra o incumprimento do dever de decidir a impugnação administrativa 301
2. Tempestividade da impugnação 303
2.1. Prazos 303
136. Descrição do regime 303
2.2. Modo e início de contagem dos prazos 305
137. Modo de contagem 305
138. Contagem desde a notificação do destinatário 305
139. Contagem em relação a outros interessados e ao Ministério Público 307
140. Contagem desde o momento da eficácia do acto 308
141. Efeito suspensivo do prazo das impugnações administrativas facultativas 308
3. Não aceitação do acto impugnado 310
142. Descrição do regime 310

§ 2º – Condenação à prática de actos administrativos 311
1. Requisito da prévia apresentação de requerimento – situações em que o requisito é dispensado 311
143. Requerimento. Sua necessidade e desnecessidade 311
2. Silêncio ou decisão negativa ou parcialmente desfavorável perante o requerimento apresentado 314
2.1. Hipótese de silêncio perante o requerimento apresentado (artigo 67º, nº 1, alínea a)) 314
144. Regime aplicável em caso de incumprimento do dever de decidir 314
145. Regra e exceções nos casos de previsão legal de deferimento tácito 315
146. Incumprimento do dever de decidir impugnações administrativas 319

2.2. Hipótese de indeferimento do requerimento (artigo 67º, nº 1, alínea b)) 320
147. Descrição do regime 320
2.3. Hipótese de recusa de apreciação do requerimento (artigo 67º, nº 1, alínea b)) 321
148. Descrição do regime 321
2.4. Hipótese de ato administrativo de conteúdo positivo parcialmente desfavorável ao interessado (artigo 67º, nº 1, alínea c)) 322
149. Descrição do regime 322
3. Requisito eventual da prévia utilização de impugnação administrativa necessária 323
150. Descrição do regime 323
4. Prazos de propositura da acção 326
151. Descrição do regime 326
152. Situações de acto negativo nulo 327

§ 3º – Contencioso das normas regulamentares 328
153. Descrição do regime 328

SEGUNDA SECÇÃO

Pressupostos processuais relativos a outros tipos de pretensões

§ 1º – Prazos de propositura de ação – em particular, o regime aplicável às ações de invalidade de contratos (artigo 77º-B) 329
154. Descrição do regime 329

§ 2º – Condenação de particulares à adopção ou abstenção de comportamentos em acções propostas por outros particulares (art. 37º, nº 3) 331
155. Descrição do regime 331

TERCEIRA SECÇÃO

Pressupostos processuais específicos das pretensões dedutíveis segundo as formas dos processos especiais urgentes

156. Enquadramento 332
1. Contencioso eleitoral (artigo 98º) 332
157. Descrição do regime 332
2. Contencioso dos procedimentos de massa (artigo 99º) 333
158. Descrição do regime 333

3. *Contencioso pré-contratual urgente (artigos 100º, 101º e 103º)* 334
159. Descrição do regime 334
4. *Intimação para prestação de informações, consulta de documentos e passagem de certidões (artigos 104º e 105º)* 337
160. Descrição do regime 337
5. *Intimação para protecção de direitos, liberdades e garantias (artigo 109º)* 339
161. Descrição do regime 339

QUARTA SECÇÃO
Pressupostos de aplicabilidade geral a todas as formas de processo

162. Propriedade da forma de processo e do tipo de ação 340
163. Admissibilidade da cumulação de pedidos 340

SEGUNDA PARTE
Formas do Processo Administrativo

TÍTULO PRIMEIRO
Processos Declarativos

CAPÍTULO PRIMEIRO
Formas do processo declarativo e âmbito da sua aplicação

1. *Formas do processo declarativo: acção administrativa e processos urgentes* 345
164. Formas do processo declarativo 345
165. Sentido da estrutura adotada na revisão de 2015 346
2. *Tangibilidade das formas de processo, decorrente da livre cumulabilidade de pedidos (arts. 4º e 5º)* 350
166. Regime de cumulação de pedidos independentemente da forma do processo 350

CAPÍTULO SEGUNDO
Forma da ação administrativa

167. A ação administrativa como processo comum 353

*§ 1º – **Constituição e desenvolvimento da instância*** 354

168. Constituição da instância, citação dos demandados e contestações 354
169. Envio do processo instrutor 356
170. Intervenção eventual do Ministério Público 357
171. Conhecimento das excepções dilatórias, suprimento de excepções e aperfeiçoamento dos articulados 359
172. Audiência prévia 360
173. Despacho saneador 360
174. Despacho de prova 363
175. Instrução e alegações 364

§ 2º – *Vicissitudes da instância* 367
176. Flexibilidade da instância 367
177. Modificações subjectivas da instância de âmbito geral: intervenção de terceiros e constituição de assistentes (arts. 10º, nº 10, do CPTA e 311º segs. do CPC) 368
178. Prossecução da acção pelo Ministério Público (art. 62º) 371
179. Regime de modificação da instância do artigo 45º 372
180. Novo regime do artigo 45.º-A 377
181. Modificações objectivas da instância nos processos de impugnação de actos administrativos: regime do artigo 63º 380
182. Idem: regime dos artigos 64º e 65º em caso de revogação ou esgotamento de efeitos do acto impugnado 382
183. Modificações objectivas da instância nos processos de condenação à prática de actos administrativos (art. 70º) 385
184. Apensação de processos (arts. 28º e 61º) e regime de selecção de processos (art. 48º) 387

§ 3º – *Extinção da instância* 390
185. Julgamento. Julgamento em formação alargada e reenvio prejudicial para o Supremo Tribunal Administrativo 390

Capítulo Terceiro
Forma dos processos urgentes

186. Caracterização geral 393

§ 1º – *Ação administrativa urgente* 394
187. Tramitação dos processos 394

§ 2º – Intimações 399
188. Enquadramento 399
1. Intimação para prestação de informações, consulta de processos e passagem de certidões (arts. 107º e 108º) 399
189. Tramitação 399
2. Intimação para protecção de direitos, liberdades e garantias – modelos de tramitação (arts. 110º e 111º) 400
190. Tramitação 400

Capítulo Quarto
Recursos Jurisdicionais

§ 1º – Sistema de recursos 403
191. Espécies de recursos 403
192. Caracterização geral 404
1. Competência em matéria de recursos 405
193. Descrição dos regimes 405
2. Recursos ordinários 406
2.1. Recurso de apelação 406
194. Descrição do regime 406
2.2. Recursos de revista 408
195. Espécies 408
196. Regime do artigo 150º 409
197. Revista *per saltum* do artigo 151º 410
3. Recursos extraordinários 412
3.1. Recurso para uniformização de jurisprudência 412
198. Descrição do regime 412
3.2. Revisão de sentenças 412
199. Descrição do regime 412

§ 2º – Regime de admissibilidade de recursos: valor das causas e recursos 414
200. Regime de admissibilidade de recursos. Alçada do tribunal. Critérios de fixação do valor das causas 414

§ 3º – Legitimidade para recorrer 417
201. Descrição do regime 417

§ 4º – Efeitos da interposição de recurso 417
202. Efeito suspensivo, excepções e seu levantamento 417

§ 5º – Regime de interposição de recurso, tramitação e decisão 419
203. Regime de interposição de recurso 419
204. Tramitação e decisão 421

TÍTULO SEGUNDO
Processos cautelares

§ 1º – Função e características dos processos cautelares 423
205. Função dos processos cautelares 423
206. Características dos processos cautelares 423

§ 2º – Espécies de providências cautelares 429
207. Enquadramento 429
208. Providências conservatórias e antecipatórias 430

§ 3º – Pressupostos processuais 433
209. Legitimidade 433
210. Prazo 435

§ 4º – Incidentes do processo cautelar: decretamento provisório de providências; proibição liminar de executar o acto impugnado 437
1. Decretamento provisório de providências cautelares (artigo 131º) 437
211. Caracterização geral 437
212. Decretamento provisório como incidente do processo cautelar 439
213. Decretamento provisório e incidente de levantamento ou alteração da providência 440
214. Decretamento provisório e intimação para protecção de direitos, liberdades e garantias 441
2. Proibição de executar o acto administrativo (artigo 128º) 442
215. Caracterização geral 442
216. Proibição de executar e decretamento provisório de providências 444
217. Incidente da declaração de ineficácia dos eventuais actos de execução indevida 446
218. Caducidade da proibição de executar 447
219. Aplicabilidade aos contra-interessados 448
220. Apreciação geral 449

§ 5º – Forma do processo cautelar 451
221. Requerimento cautelar 451
222. Despacho liminar 453
223. Citação e oposições 453
224. Instrução 454

§ 6º – Critérios de atribuição das providências cautelares 456
1. Critérios gerais de atribuição de providências cautelares 456
225. Enquadramento 456
1.1. Critério do periculum in mora 456
226. Descrição do regime 456
1.2. Critério da aparência de bom direito 457
227. Descrição do regime 457
1.3. Critério da ponderação de interesses 460
228. Descrição do regime 460
2. Regimes especiais de atribuição de providências cautelares 462
229 e 230. Evidência da procedência do processo principal *(revogado)* 462
2.1. Suspensão do pagamento de quantia certa (artigo 120º, nº 6) 464
231. Descrição do regime 464
2.2. Suspensão da eficácia de actos já executados (artigo 129º) 465
232. Descrição do regime 465
2.3. Suspensão da eficácia de normas regulamentares (artigo 130º) 466
233. Descrição do regime 466
2.4. Providências relativas a procedimentos de formação de contratos (artigo 132º) 468
234. Caracterização geral 468
235. Critério de atribuição de providências 468
2.5. Providências em situações de grave carência económica (artigo 133º) 470
236. Descrição do regime 470

§ 7º – Possibilidade de convolação do processo cautelar em processo declarativo (artigo 121º) 470
237. Descrição do regime 470

§ 8º – Tutela cautelar em matéria de disciplina militar 472
238. Descrição e apreciação crítica do regime 472

§ 9º – Recursos jurisdicionais em matéria cautelar 474
238-A. Descrição do regime 474

TÍTULO TERCEIRO
Processos executivos

§ 1º – Conceitos gerais 479
239. Caracterização dos processos executivos 479
240. Entidades executadas 480
241. Títulos executivos 481
242. Obrigatoriedade das decisões dos tribunais e plenitude do processo executivo 482

§ 2º – Formas do processo executivo 484
243. Enquadramento 484
1. Execução para prestação de factos ou de coisas (artigos 162º a 169º) 485
244. Tipos de providências 485
245. Sanção pecuniária compulsória 489
246. Causas legítimas de inexecução 491
247. Tramitação do processo 493
2. Execução para pagamento de quantia certa (artigos 170º a 172º) 495
248. Caracterização geral 495
249. Tipos de providências 495
250. Tramitação do processo 497
3. Processo de execução de sentenças de anulação de actos administrativos (artigos 173º a 179º) 499
251. Enquadramento. Caracterização. Razão de ordem 499
3.1. O dever de a Administração executar a sentença 500
252. Conteúdo do dever 500
253. Entidades obrigadas e prazo de cumprimento 502
3.2. O processo de execução de sentenças de anulação 503
254. Caracterização geral 503
255. Partes no processo 506
256. Tramitação do processo 507

ADENDA
A Arbitragem Administrativa

257. Enquadramento 509
1. Enquadramento constitucional 509
258. Descrição do regime constitucional 509

2. *Âmbito da arbitragem administrativa* 511
2.1. *Enquadramento na LAV* 511
259. Inaplicabilidade dos critérios da LAV 511
2.2. *Arbitrabilidade de Direito Administrativo* 512
260. Tradicional arbitrabilidade de litígios contratuais e de responsabilidade 512
261. O problema da arbitragem sobre o exercício de poderes de autoridade 514
262. Evolução recente no CPTA e em matéria tributária 518
2.3. *Regime vigente de arbitrabilidade (artigo 180º)* 520
263. Descrição do regime 520
3. *Regime da arbitragem administrativa* 525
3.1. *Limites da arbitragem e publicidade das decisões arbitrais* 525
264. Novo regime dos artigos 185º e 185º-B 525
3.2. *Arbitragem institucionalizada e direito à arbitragem: perspectivas de evolução* 528
265. Perspectivas da arbitragem institucionalizada 528
266. Perspectivas do direito à outorga de compromisso arbitral 530

Índice 533